高等学校教材

供医学检验技术、基础医学、临床医学等专业用

临床遗传学检验技术

主 编 邢 艳 王 剑

副主编 刘青松 杨俊宝 周裕林 刘维强

编　　委（按章节顺序排列）

邢　艳　川北医学院检验医学院
杨俊宝　川北医学院检验医学院
蔡　燕　川北医学院附属医院
陈少谦　中山大学附属第一医院
周裕林　厦门大学附属妇女儿童医院
武其文　皖南医学院第一附属医院
方合志　中国医学科学院肿瘤医院
王　娅　温州医科大学检验医学院
张　颖　江苏大学医学院
龚爱华　江苏大学医学院
丁显平　四川大学生命科学学院
何娇雨　成都市第二人民医院
里　进　武汉大学第二临床学院
郭晓兰　川北医学院检验医学院
王　剑　上海交通大学医学院附属国际和平
　　　　妇幼保健院
刘维强　汕头大学医学院附属深圳妇儿医院
　　　　（龙岗）

夏　蓓　四川大学华西第二医院
赵倩颖　四川大学华西第二医院
李　荣　重庆医科大学附属第一医院
杜　鸿　苏州大学附属第二医院
刘青松　电子科技大学医学院附属妇女儿童
　　　　医院
许　颖　成都医学院检验医学院
刘靳波　西南医科大学附属医院
张　晖　西南医科大学附属医院
方　莉　川北医学院检验医学院
王玉明　昆明医科大学第二附属医院
何　霞　四川省医学科学院·四川省人民医院
邢　蔚　中国人民解放军联勤保障部队临潼
　　　　康复疗养中心
杨季云　四川省医学科学院·四川省人民医院
何晓燕　重庆医科大学附属儿童医院
王一鹏　首都医科大学附属北京妇产医院

编写秘书

彭韵霖　川北医学院附属医院

人民卫生出版社

·北 京·

图书在版编目（CIP）数据

临床遗传学检验技术 / 邢艳，王剑主编 . -- 北京：
人民卫生出版社，2025. 1. --ISBN 978-7-117-37390-6

Ⅰ. R394

中国国家版本馆 CIP 数据核字第 2025HW6566 号

人卫智网	www.ipmph.com	医学教育、学术、考试、健康，购书智慧智能综合服务平台
人卫官网	www.pmph.com	人卫官方资讯发布平台

临床遗传学检验技术

Linchuang Yichuanxue Jianyan Jishu

主　　编：邢　艳　王　剑

出版发行：人民卫生出版社（中继线 010-59780011）

地　　址：北京市朝阳区潘家园南里 19 号

邮　　编：100021

E - mail：pmph @ pmph.com

购书热线：010-59787592　010-59787584　010-65264830

印　　刷：人卫印务（北京）有限公司

经　　销：新华书店

开　　本：850×1168　1/16　印张：18

字　　数：520 千字

版　　次：2025 年 1 月第 1 版

印　　次：2025 年 3 月第 1 次印刷

标准书号：ISBN 978-7-117-37390-6

定　　价：89.00 元

打击盗版举报电话：010-59787491　E-mail：WQ @ pmph.com

质量问题联系电话：010-59787234　E-mail：zhiliang @ pmph.com

数字融合服务电话：4001118166　E-mail：zengzhi @ pmph.com

前　言

遗传性疾病(简称遗传病)的病种多,临床诊治困难,给家庭和社会带来沉重的负担。国家已把保障人民健康放在优先发展的战略位置,其中《中共中央 国务院关于优化生育政策 促进人口长期均衡发展的决定》把加强出生缺陷综合防治、规范人类辅助生殖技术应用作为提高优生优育服务水平的主要任务。国家卫生健康委也于2023年出台了《出生缺陷防治能力提升计划(2023—2027年)》的政策文件,聚焦提升出生缺陷防治服务能力,预防和控制严重出生缺陷发生,进一步提高三级预防措施覆盖率;聚焦人才培养,按照机构设置标准和服务需求配置专业技术人员,持续实施全国出生缺陷防治人才培训项目,到2027年,全国完成1.5万名紧缺人才培养。

随着医学遗传学学科的发展,临床对遗传病的认识逐步深入,大部分遗传病的致病基因已明确,逐步建立了现症者诊断、产前诊断、辅助生殖技术等诊断和预防遗传病的技术手段,给遗传病患者及其家庭带来福音,也促进了人口质量的提升。医疗机构对遗传病诊断实验室、产前诊断中心、生殖中心、新生儿疾病筛查中心等临床遗传学实验室建设的意识和需求日益提高。然而,目前我国医学院校未开设遗传学实验室技术相关专业,也未见设置专业课程对遗传病实验室检测技术进行系统介绍,导致掌握遗传学实验室检测知识和技能的专业人才严重缺乏。

为了提高优生优育服务水平,适应医疗卫生事业的发展需求,必须推动临床遗传学检验技术专门人才在医学院校的加快培养。但目前国内尚无相应的专业教材,编写《临床遗传学检验技术》教材显得尤为必要而紧迫。我们组织了一批从事医学遗传学教学、科研、临床的教师,以及从事产前诊断的技术专家来共同编写本教材。本教材共18章,除第一章绪论外,其余按内容模块分为四个部分:第一部分(第二~七章)介绍临床遗传学的理论基础,以及染色体畸变、基因组结构变异、基因变异与疾病,线粒体遗传病,肿瘤的遗传学基础;第二部分(第八~十章)介绍遗传学实验室常用技术,包括细胞遗传学检验技术、分子遗传学检验技术、基因组数据的分析与解读;第三部分(第十一~十六章)介绍临床常见遗传病的检验,包括染色体病检验、基因组病检验、单基因病检验、线粒体遗传病检验、肿瘤的遗传学检验、药物基因组检验;第四部分(第十七~十八章)介绍遗传咨询与遗传服务伦理、临床遗传学检验质量管理等内容。

本书作为临床遗传学检验技术教材,可与《临床血液学检验技术》《临床微生物学检验技术》《临床生物化学检验技术》《临床免疫学检验技术》《临床分子生物学检验技术》等教材配套,作为临床实验室检验技术系列教材的有益补充。本教材既可作为从事医学检验技术和临床遗传学检验技术人员的专业教材,也可作为临床医学、遗传学专业的选修教材,还可作为从事临床遗传学实验室技术工作者的工具书以及从事相关领域科研工作者的参考用书。

本教材是编委们集体智慧的结晶。由于本书是创新教材,编写思路的确立、编写大纲的制定、内容的取舍等重点环节均经过了主编团队的反复研讨,编委们在写作过程中对文稿和插图进行了仔细审定,以保证编写内容的科学性和专业性。在此对编写组全体成员的辛勤工作表示感谢,对其严谨治学的态度表达由衷的敬意!

虽然编委在本教材的编写过程中力求保证教材的"三基""五性",但受专业能力和写作水平所限,教材内容可能存在某些知识的错漏,恳请各位读者及专家批评指正,以便本教材修订完善。

邢 艳

2025年2月

目　录

第一章 绪 论

随着遗传学和医学的发展,临床对遗传性疾病(简称遗传病)的认识逐步深入,加之社会进步和经济水平的提高,优生优育、提高人口质量的意识和需求也在不断增强。而遗传病诊断技术、产前诊断技术、辅助生殖技术是诊断、治疗及预防遗传病以及提升人口质量的基础和前提,遗传病诊断实验室、产前诊断中心、辅助生殖中心在各大医疗机构应运而生,而临床遗传学检验技术的应用和发展对于开展相关工作尤为重要。

第一节 临床遗传学的概念和研究领域

医学遗传学对遗传病的起源和发生、病理机制、病变过程的阐释,是临床遗传学建立的基础;而临床遗传学检验技术的建立和发展,则促进了临床遗传学的发展,拓宽了临床遗传学的应用领域。

一、临床遗传学的概念

遗传和变异是生物界最普遍和最基本的特征,遗传学(genetics)是研究生物的遗传和变异的学科,其研究内容包括遗传物质的本质、遗传物质的传递和遗传信息的实现三个方面。遗传学研究的对象包括微生物、植物、动物和人类,由此派生出微生物遗传学(microbial genetics)、植物遗传学(plant genetics)、动物遗传学(animal genetics)和人类遗传学(human genetics)四大分支。医学遗传学(medical genetics)作为人类遗传学的分支学科,是利用人类遗传学的理论和方法研究遗传病的发生规律、病理机制、病变过程等,为遗传病的诊断、治

疗和预防提供理论依据的一门综合性学科。医学遗传学向临床延伸,则派生出临床遗传学(clinical genetics)。临床遗传学侧重于研究遗传病的诊断(包括产前诊断)、治疗、预后、预防和遗传咨询等内容,临床遗传学的建立和发展均有赖于临床遗传学检验技术的发展。

二、临床遗传学的研究领域

遗传病的诊断是开展遗传病预防、治疗和遗传咨询的前提。虽然单个病种的发病率很低,但遗传病种类繁多,且大多诊断困难。

1. **遗传病的诊断** 临床医生根据患者的症状、体征以及各种辅助检查结果,结合遗传学分析,确认是否患有某种遗传病,并判断其遗传方式及遗传规律。根据诊断时期的不同,将遗传病的诊断分为症状前诊断(presymptomatic diagnosis)、现症患者诊断(symptomatic diagnosis)、产前诊断(prenatal diagnosis)及胚胎植入前遗传学诊断(preimplantation genetic diagnosis,PGD)。产前诊断和胚胎植入前遗传学诊断是遗传病预防的重要手段,也是提高我国人口素质的重要措施。除了一般疾病的常规诊断方法外,遗传病的诊断还要用到特殊的方法,例如染色体的检测、染色质的检测及系谱分析等。随着现代遗传学的不断发展,人类对遗传病发病机制的认识不断深入,遗传病的诊断技术得到迅速发展,建立了细胞遗传学技术、分子遗传学技术、分子细胞遗传学技术等检测技术。

2. **遗传病的治疗** 遗传病的治疗是对遗传病患者采取一定的措施以纠正或改善机体的病理性状的医学措施。随着临床诊断和检测技术的进步,越来越多的遗传病发病机制被揭示,为有效治疗遗

传病翻开了新的篇章。遗传病的治疗,按方法不同分为手术治疗、饮食治疗、药物治疗及基因治疗四种,按治疗时间不同分为出生前治疗(宫内治疗)、症状前治疗和现症治疗三种。传统的临床治疗方法只能减轻或矫正患者的临床症状,不能改变患者所携带的致病基因,所以无法从根本上治愈或解决致病基因传代问题。基因治疗则可达到标本兼治的效果,尤其是生殖细胞基因治疗技术的建立,有望使致病基因的传代问题得到解决,为根治遗传病开辟了广阔的应用前景。

第二节
遗传病概述

根据遗传物质结构和功能改变的不同,可以将遗传病分为单基因遗传病、多基因遗传病、染色体病、体细胞遗传病、线粒体遗传病五大类。随着遗传学和医学的发展,临床上对遗传病的认识不断深入,其概念也在不断扩展。

一、遗传病的概念

遗传病(genetic disease)是指细胞内的遗传物质在数量、结构或功能上发生变化所导致的疾病。随着生命科学的发展以及研究技术的进步,人们发现的遗传病病种日渐增多,对遗传病的认识也在不断深入。现代医学研究表明,几乎所有的人类疾病都直接或间接地与基因有关,在这个意义上这些疾病都可被视为广义的"遗传病"。从机体与环境相统一的观点看,疾病是外因与内因相互作用形成的,可以说任何疾病都是环境因素与遗传因素相互作用的结果。遗传因素是构成机体内因的主要方面,即使是完全由环境因素所导致的疾病(例如烧伤、烫伤等),其病程长短和修复难易程度也与个体的遗传基础密切相关。

二、遗传病的分类

人类遗传病的种类繁多,根据遗传物质改变的不同,将遗传病分为五大类型。

1. 单基因遗传病　单基因遗传病(monogenic disorder)简称单基因病,是主要涉及一对基因异常

的遗传病。单基因病起因于基因突变,一对同源染色体中可能有一条带有突变基因,也可能两条都带有突变基因,通常呈现特征性的家系传递模式。单基因病又分常染色体显性遗传病、常染色体隐性遗传病、X 连锁显性遗传病、X 连锁隐性遗传病以及 Y 连锁遗传病。

2. 多基因遗传病　多基因遗传病(polygenic disorder)简称多基因病,是涉及两对以上基因的遗传病,这些基因称为微效基因(minor gene)。多基因病病因复杂,既有遗传因素(近年发现多基因病中可能存在主基因),又涉及环境因素,两方面因素的综合作用导致发病。因此,多基因病又称为多因子病或复杂疾病。多基因病有家族聚集现象,但不表现出像单基因病那样明确的家系传递模式。

3. 染色体病　染色体病(chromosome disorder)是染色体数目或结构改变所致的疾病。目前研究认为,人类结构基因有 2.0 万～2.5 万个,这些基因分布在 46 条染色体上,每条染色体上都有许多基因。因此,染色体畸变往往涉及许多基因,常常表现为复杂的综合征,包括先天发育异常、多发畸形及智力落后等。

4. 体细胞遗传病　体细胞遗传病(somatic cell genetic disease)是体细胞中遗传物质改变所致的疾病。体细胞中遗传物质的改变只影响由该细胞分裂产生的子代细胞,一般不会传给子女。肿瘤和一些先天畸形属于体细胞遗传病。

5. 线粒体遗传病　线粒体遗传病(mitochondrial genetic disease)是线粒体基因突变所致的疾病。线粒体 DNA(mitochondrial DNA,mtDNA)含有少量基因,主要编码呼吸链的部分肽链、线粒体 rRNA 和 tRNA。线粒体基因组是独立于细胞核基因组之外的第二套遗传系统,表现为特殊的母系遗传。

第三节
临床遗传学检验技术的发展简史

在遗传学的发展过程中,形成了传统遗传学分析方法,即细胞遗传学技术、生化遗传学技术。这些技术与现代分子生物学技术融合,产生了现代遗传学技术即分子遗传学技术,使人们能从基因水平认识各种疾病的本质。临床遗传学的服务内容已从遗传病的诊治、筛查拓展到以遗传手段开展遗

保健,以达到延长寿命和提高生存质量的目的。

一、从经典遗传学到临床遗传学

孟德尔于 1865 年发表的《植物杂交实验》一文揭示了生物遗传性状的分离和自由组合规律,标志着遗传学的诞生。但直到 1900 年英国遗传学家贝特森将孟德尔的论文由德文翻译成英文,才使孟德尔遗传理论得以传播,自此掀起了遗传学研究的浪潮。遗传学迅速向各个领域渗透,形成了遗传学的众多分支。遗传学与医学融合产生了医学遗传学,遗传学的理论被用来解释人类遗传病。早在 18 世纪,法国人莫佩尔蒂首先通过家系调查分析了白化病的遗传方式。1814 年,亚当斯发表有关临床疾病遗传性质的论文,这被认为是近代最早的一篇系统论述遗传病的文章。1908 年,英国医生加罗德首次提出"先天代谢异常"的概念,将遗传与代谢联系起来,并认为尿黑酸尿症等先天代谢异常的遗传规律符合孟德尔定律,开启了医学遗传学的篇章。医学遗传学主要研究人类(包括个体和群体)疾病的发生发展与遗传因素的关系,为遗传病及遗传有关疾病提供预防、诊断和治疗的科学依据,其中侧重于遗传病的预防、诊断和治疗等内容划归临床遗传学或遗传医学(genetic medicine)的范畴。

随着生命科学和医学的发展,人们对疾病发生发展的本质认识有了进一步提高,认为绝大多数疾病的发生、发展和转归都是内在(遗传)因素和外在(环境)因素综合作用的结果,医学遗传学的概念得到了空前拓展。结合传统遗传学分析方法和现代分子生物学技术,临床遗传学实验室检测技术应运而生,产生了细胞遗传(染色体检查)、生化遗传(酶和蛋白质分析)和分子遗传(分子水平的基因诊断)三大技术,它们互相补充,甚至正在融为一体,使人们能从基因水平揭示各种遗传病的本质,从而不断完善遗传病的诊断、治疗和预防措施。

二、从细胞遗传学技术到分子遗传学技术

遗传学和细胞学相结合,形成了细胞遗传学技术,该项技术是从细胞水平研究染色体的形态、数目、结构和畸变规律。细胞遗传学技术是遗传学中最早发展起来,也是最基本的遗传检测技术。1902

年美国细胞学家萨顿、1903 年德国实验胚胎学家博韦里各自在动植物生殖细胞的减数分裂过程中发现了染色体行为与遗传因子行为之间的平行关系,证实了孟德尔所设想的遗传因子就在染色体上,这是对染色体遗传学说的初步论证。1910 年,摩尔根创立了连锁定律并证实了基因在染色体上以直线方式排列,确立了遗传的染色体理论,标志着细胞遗传学技术的建立,自此细胞遗传学技术迅速发展。1952 年,徐道觉等建立了低渗制片技术;1956 年,蒋有兴等使用秋水仙碱获得了更多中期细胞分裂象,证实了人体细胞染色体数目为 46 条。在此基础上,科学家相继发现 21-三体综合征的核型为 47,XX(XY),+21,克兰费尔特综合征的核型为 47,XXY。随后染色体分析技术相继出现和建立:1970 年,染色体显带技术出现;1980 年,染色体高分辨率分析技术出现;1986 年,荧光原位杂交(fluorescence in situ hybridization,FISH)技术应用于染色体分析;1992 年,比较基因组杂交(comparative genomic hybridization,CGH)技术应用于染色体分析;1997 年,染色体微阵列分析(chromosomal microarray analysis,CMA)技术可在全基因组范围内检测基因组片段的缺失与扩增,即拷贝数变异(copy number variation,CNV)。这些分析技术的出现使人们对染色体结构的分析越来越精细化,更多的由染色体畸变引起的疾病不断被发现和报道。

随着遗传学、医学遗传学的发展和遗传物质分析技术的不断进步,遗传病的实验室诊断技术从细胞水平向分子水平迅猛发展,形成了分子遗传学技术,借此可在分子水平上研究基因的结构与功能以揭示生物遗传变异以及表达的分子机制。1953 年,Watson 和 Crick 研究了脱氧核糖核酸(deoxyribonucleic acid,DNA)的分子结构,根据 X 线衍射分析结果提出了著名的 DNA 双螺旋结构模型,进一步说明基因成分就是 DNA,DNA 控制着蛋白质合成,使人们认识了遗传物质的化学本质,为分子遗传学技术的建立和发展拉开了序幕。20 世纪末,分子生物学的发展日新月异,重组 DNA 技术、DNA 杂交技术、聚合酶链反应(polymerase chain reaction,PCR)技术和 DNA 测序技术等重要技术的出现,使分子遗传技术得到空前发展。

三、从遗传病诊治到遗传保健

临床遗传学检验技术经历了从现症患者的诊

断性检测到针对一些特定的高风险个体、家庭或潜在风险人群进行症状前检测、携带者筛查，再到产前筛查以预防严重遗传病患儿的出生。目前，临床遗传学检验技术正向与遗传相关的领域（如免疫遗传学、肿瘤遗传学、行为遗传学及药物遗传学等领域）发展。肿瘤是当今严重威胁人类健康的一类疾病，目前普遍认为肿瘤是一种体细胞遗传病。染色体异常是肿瘤细胞的重要特征之一，大多数人类恶性肿瘤常伴有染色体数目或结构畸变，如95%的慢性髓细胞性白血病（chronic myelogenous leukemia，CML）患者有一条异常染色体——费城染色体，该染色体可作为CML的诊断依据；急性白血病患者为7号染色体单体或9号染色体三体；小细胞肺癌患者存在3p14-p23缺失。近年来的研究还发现，与细胞生长、分化和信息传递有关的基因在癌变过程中起关键作用，这些基因被称为原癌基因和抑癌基因，而对原癌基因和抑癌基因的研究有望防止癌症的发生。此外，人类的寿命、对疾病的免疫力等，都与遗传有关。因此，在解决遗传伦理问题的基础上，临床遗传学的服务内容可能将从遗传病的诊断、治疗、预防和筛查等领域，拓展到以遗传手段开展遗传保健以达到延长寿命和提高生存质量的目的。

第四节

临床遗传学检验技术的发展

遗传病不仅需要早期诊断，更需要及早预防。所以产前诊断和胚胎植入前诊断可以实现人类对优质后代的主动选择。

一、产前诊断与无创产前筛查

产前诊断又称宫内诊断或出生前诊断，是对胚胎或胎儿在出生前是否患有某种遗传病或先天畸形做出诊断的技术，可用于染色体病（如21-三体综合征）、性连锁遗传病（如红绿色盲）、遗传性代谢缺陷病（如苯丙酮尿症）、先天畸形（如先天性心脏病）等的诊断。遗传病的产前诊断最早出现于1966年，Steele和Breg建立了通过培养羊水细胞来制备胎儿染色体，进而分析胎儿核型的方法。后来，随着物理学（超声诊断、影像诊断）、生物化学（生化分析）、

分子生物学（DNA分析）技术的发展，产前诊断得到了越来越广泛的应用。在遗传咨询的基础上，对高风险的胎儿进行产前诊断和选择性终止妊娠是防止遗传病、先天畸形患儿出生最有效的方法，对于减少群体中致病基因的频率和提高人口素质具有十分重要的意义。

产前诊断的取材方法包括绒毛吸取术、羊膜穿刺术和脐带穿刺术等，其操作具有创伤性，有一定的流产、胎儿损伤风险。随着第二代测序技术的出现和成熟，2010年建立了无创产前筛查（noninvasive prenatal testing，NIPT）技术，利用该技术对母体外周血中的游离DNA片段（含有胎儿游离DNA）进行测序，并将测序结果进行生物信息分析，可从中得到胎儿的遗传信息。NIPT避免了有创采样带来的风险，常用于检测胎儿是否患有13-三体综合征、18-三体综合征和21-三体综合征这三种常见的染色体病。这种方法对于胎儿常见染色体异常的风险提示非常准确，但因其存在假阳性和假阴性的可能，所以其临床应用的定位为产前筛查而非产前诊断，若NIPT发现异常胎儿，仍需通过产前诊断的方法进行确诊。

二、胚胎植入前遗传学诊断

随着试管婴儿技术的发展，建立了胚胎植入前遗传学筛查（preimplantation genetic screening，PGS）技术和胚胎植入前遗传学诊断（preimplantation genetic diagnosis，PGD）技术，以帮助人类选择生育最健康的后代。PGS是指在胚胎植入着床之前对早期胚胎进行染色体数目和结构畸变的检测，通过一次性检测胚胎23对染色体的结构和数目来分析胚胎是否有染色体异常的一种早期产前筛查方法；PGD主要用于检查胚胎是否携带有遗传缺陷的基因。PGS/PGD的出现是辅助生殖技术和分子生物学技术飞速发展的结果，应用PGS/PGD技术对挑选正常的胚胎意义显著。

（一）PGS/PGD可选择健康胚胎，提高试管婴儿成功率，降低流产率

此前常利用显微镜技术挑选形态学等级高的胚胎进行移植，而PGS可直接对胚胎的遗传物质进行分析，更为准确地判断胚胎是否存在染色体异常，进而筛选出健康的胚胎。

有临床试验数据显示,PGS可将接受辅助生殖治疗的反复流产人群的流产率从30%降低至7%,同时将临床妊娠率从依赖形态学的45%提高至70%。PGS可以显著改善第一代和第二代试管婴儿的各项指标,可以提高第一代和第二代试管婴儿技术的妊娠成功率,降低自然流产率,提高妊娠质量。

(二)避免多胎妊娠,减少实施减胎术

由于试管婴儿的平均成功率为20%~30%,为提高一次植入成功率,一般会同次植入2~3个胚胎,因此往往会出现一些多胎妊娠的现象。多胎妊娠比单胎妊娠更具有风险性,这种危险对于母体和胎儿来说都存在。多胎妊娠者更容易在妊娠期间发生妊娠糖尿病、妊娠高血压等妊娠期疾病,而且产后出血的概率也增高,也容易发生早产。因此,为了保护母体和胎儿的安全,对于三胎以上妊娠的情况,原则上需要进行减胎术,但减胎术有10%的概率造成全部胚胎流产。利用PGS技术可选择健康胚胎,提高试管婴儿成功率,避免因盲目地移植多个胚胎而不得不在妊娠期实施减胎术从而造成危害及伦理道德上的冲突。

第五节
临床遗传学检验技术在现代医学中的地位

精准医疗的核心思想是根据患者的个体特征(主要是遗传特征)制定相应的治疗策略,而临床遗传学检验技术是实现精准医疗的基础。加之临床上对遗传病诊断、治疗、预防的需求和对不孕不育患者进行治疗的需求,医疗机构的产前诊断中心和辅助生殖中心应运而生,使得临床遗传学检验技术得到空前的应用和发展。

一、检验技术与精准医疗

随着人类基因组计划的完成,个体基因组、肿瘤基因组、环境基因组、基因测序技术以及生物信息学的发展,"精准医疗"作为生物和医学领域的一个全新概念应运而生。精准医疗的概念始见于2011年美国国家科学院《迈向精准医疗:构建生物医学研究和知识网络及新的疾病分类体系》的报告中。精准医疗(precision medicine)是指利用患者的遗传组成和生活环境信息,对患者进行量身定制的医学治疗措施,以期获得理想化的治疗效果,减少不必要的治疗和避免副作用。精准医疗的短期目标是精准治疗,即基于个体差异的靶向药物筛选、运用适当的组合疗法和个体间差异化用药;长期目标是基于个体基因的健康管理,以此实现更有针对性的疾病预防、基于基因组学的药物匹配、提供合适剂量的药物治疗、通过移动设备强化健康管理以及为若干疾病的精准治疗奠定科学基础。目前精准医疗最突出的用途体现在患者的个体化药物筛选和遗传病、罕见病的治疗等方面。

精准医疗的基础是精准检验,精准检验是实现精准医疗的前提与保证。当今精准医疗概念的提出和不断强化,正是基于测序、质谱、微流控等实验室技术对致病因子和疾病相关生物标志物检测新技术的发展和生物信息学大数据分析技术的支撑。精准检验依赖于各类检验技术的进步,从早期的生化反应,基于免疫学的凝集反应、琼脂扩散试验、酶联免疫反应和化学发光法,到实时PCR、焦磷酸测序、生物芯片等分子生物学技术,再到今天的流式细胞术、生物质谱、微流控技术、第二代测序技术,无不与检验技术的进步密切相关。这些新技术的发展,使临床检验的灵敏度、准确性和特异度都取得了长足的进步。

尽管遗传病种类繁多,诊断和治疗相对困难,但精准检验的发展必将推动遗传病预防、诊断水平的提高及精准治疗的实现。

二、产前诊断中心建设

我国的产前诊断工作起步较晚,1978年在罗会元教授、孙念怙教授和赵时敏教授等老一辈遗传学家的努力下,北京协和医院率先开设了遗传咨询门诊,完成了国内第一例胎儿染色体病的产前诊断,建立了国内第一个产前诊断实验室。此后,北京、上海、广东、四川、湖南、黑龙江等地区的多家医疗机构先后成立了国内第一批临床细胞遗传学实验室,开展了早期核型分析和FISH等细胞遗传学技术。近年来,随着围产保健意识的不断提高和遗传学诊断技术的迅猛发展,我国产前诊断工作不断突破,在临床咨询、产前诊断取材、检测方法各方面都有了明显的进步。在卫生行政管理部门和广大医

务人员的共同努力下,目前我国产前筛查和诊断的技术水准与发达国家齐头并进。国家卫生计生委于 2015 年 10 月组织专家编写了《孕妇外周血胎儿游离 DNA 产前筛查与诊断技术规范》,并于 2016 年 10 月向全国发布,将该项技术的临床工作纳入常态化管理。

三、辅助生殖中心建设

据世界卫生组织(World Health Organization,WHO)评估,每 7 对夫妇中约有 1 对存在生殖障碍。2016 年我国不孕不育的人数已经突破 5 000 万,占育龄人口的 15%。预计未来短期时间内,这一比例还呈继续上升的态势。辅助生殖技术(assisted reproductive technology,ART)为不孕症患者带来了福音。ART 指采用医疗辅助手段使不育夫妇妊娠的技术,包括人工授精(artificial insemination,AI)和体外受精 - 胚胎移植(*in vitro* fertilization-embryo transfer,IVF-ET)及其衍生技术。

1. 人工授精   AI 是以非性交方式将精子置入女性生殖道内,使精子与卵子自然结合,实现受孕的方法。人类最早一例成功的 AI 治疗是 John Hunter 于 1790 年为严重尿道下裂患者的妻子进行的配偶间人工授精。至今虽已过去 200 多年,但 AI 仍是常用的有效助孕技术。

2. 体外受精 - 胚胎移植   IVF-ET 技术是将从母体取出的卵子置于培养皿内,加入经优选诱导获能处理的精子,使精子和卵子在体外培养体系中受精,发育成前期胚胎后再移植回母体子宫内,经妊娠后分娩婴儿。由于胚胎最初 2d 在试管内发育,所以又称试管婴儿技术。

3. 卵胞质内单精子注射   第二代试管婴儿技术卵胞质内单精子注射(intracytoplasmic sperm injection,ICSI),采用体外受精的微滴、透明带部分切除及下授精等方法,解决了男性精子数量不足、功能异常导致的受精障碍问题。1992 年,Palerme 等报道了用该技术授精获得的首例试管婴儿诞生。

4. 胚胎植入前遗传学诊断   PGD 也称第三代试管婴儿技术,是在体外受精之后,取胚胎进行遗传物质分析,筛选健康的胚胎后进行移植,从而防止遗传病的传递。

1978 年 7 月 25 日,世界第一例试管婴儿路易丝·布朗在英国曼彻斯特郊外的奥尔德姆总医院降生。路易丝的诞生轰动了全世界,她的照片登上了各报的头条,被称为"世纪之婴"。1980 年,爱德华兹创建了世界上第一个辅助生殖中心 Bourn Hall 临床中心,随后辅助生殖技术在全球得到推广和发展。北京大学第三医院张丽珠教授率先在我国开展试管婴儿技术的研究。1988 年 3 月 10 日,我国首例试管婴儿郑萌珠诞生。随后北京大学第三医院举办了第一期试管婴儿学习班。此后,国内各地的生殖医学中心纷纷成立,辅助生殖技术推广至全国。我国在试管婴儿技术方面已达世界领先水平。截至 2023 年 12 月 31 日,经批准开展人类辅助生殖技术的医疗机构共 602 家,经批准设置人类精子库的医疗机构共 29 家,从事人类辅助生殖技术的专业人员已达上万人。

小 结

临床遗传学主要研究遗传病的诊断(包括产前诊断)、治疗、预防、遗传咨询等内容。遗传病诊断技术、产前诊断技术、辅助生殖技术的建立和发展是治疗、预防遗传病以及提升人口质量的基础和前提。临床遗传学检验技术经历了从现症患者的诊断性检测,到针对一些特定的高风险个体、家庭或潜在风险人群进行症状前检测、携带者筛查,再到产前筛查以预防严重遗传病患儿的出生。目前,结合传统遗传学分析方法和现代分子生物学技术,临床遗传学实验室检测技术领域出现了细胞遗传技术(染色体检查)、生化遗传技术(酶和蛋白质分析)和分子遗传技术,它们互相补充,甚至正融为一体,使人们能从基因水平认识各种遗传病的本质,从而不断完善遗传病的诊断、预防以至形成疾病的精准治疗措施。临床遗传学正向非遗传病但与遗传相关的领域如免疫遗传学、肿瘤遗传学、行为遗传学及药物遗传学等方面发展。

(邢 艳)

第二章 临床遗传学的理论基础

遗传病是由遗传物质改变而引起的疾病。染色体是遗传物质的载体，人类的24种染色体（22种常染色体，2种性染色体）上共载有20 000~25 000个基因。不同的细胞类型虽具有相同的基因组序列，却具有不同的基因表达谱。除了DNA序列信息，细胞中还存在着其他可遗传信息，这些信息参与建立、维持或改变基因表达的模式。

第一节 临床遗传学检验的细胞基础

除病毒外，细胞是一切生物进行生命活动的基本结构单位和功能单位。真核细胞分裂间期细胞核内，DNA与蛋白质结合成染色质（chromatin）；在细胞分裂过程中，染色质高度螺旋化，压缩成染色体（chromosome），染色体是遗传信息的载体。原核细胞较小，没有成形的细胞核，没有染色体，DNA不与蛋白质结合。

一、染色质与染色体

染色质位于细胞核内且在分裂间期能够被碱性染料着色，是间期细胞遗传物质的存在形式。染色体存在于细胞分裂过程中，是间期染色质结构紧密盘绕折叠的结果。

（一）染色质的化学组成

染色质是由DNA、组蛋白、非组蛋白及少量RNA组成的线性复合结构，其中DNA和组蛋白的含量高且稳定，非组蛋白和RNA的含量随细胞生理状态不同而变化。

1. **DNA** 生物的遗传信息存在于DNA分子的4种脱氧核糖核苷酸排列而成的不同序列之中，同种生物的细胞内的DNA含量相对恒定，不同生物的细胞内DNA含量有所不同，但DNA含量并不完全随生物复杂性的增加而增加。

2. **组蛋白** 组蛋白是富含大量碱性氨基酸的碱性蛋白，带正电荷，在胞质内合成后即进入核内并与DNA结合形成染色质。组蛋白含量丰富，包括H1、H2A、H2B、H3和H4，除H1外，其他4种组蛋白在不同物种以及同一物种的不同组织中含量十分恒定，在进化上非常保守，没有种属和组织的特异性。组蛋白对维持染色质结构和功能的完整性起着关键作用，生物体可通过对组蛋白进行乙酰化、磷酸化或甲基化等表观遗传修饰来达到调控遗传信息表达的目的。

3. **非组蛋白** 非组蛋白是富含酸性氨基酸的蛋白质，具有种属和组织特异性，一般在功能活跃的细胞中非组蛋白的含量高于不活跃的细胞。非组蛋白种类多达数百种，包括多种参与核酸代谢与修饰的酶类，如DNA聚合酶、RNA聚合酶、高速泳动族蛋白、核质蛋白、染色体骨架蛋白、肌动蛋白及基因表达调控蛋白等。非组蛋白的主要功能是参与染色质的构建、启动DNA复制和调控基因表达。

4. **RNA** RNA是基因的初级表达产物，大部分为新合成的转运RNA（transfer RNA，tRNA）、核糖体RNA（ribosomal RNA，rRNA）及信使RNA（messenger RNA，mRNA）的前体。

间期染色质按其形态特征、活性状态和染色性质区分为两种类型：常染色质和异染色质。常染色质是指间期细胞核内染色质纤维折叠压缩程度低，相对处于伸展状态，用碱性染料染色时着色浅的染色质。异染色质是指间期细胞核中，染色质纤维折叠压缩程度高,处于聚缩状态,用碱性染料染色时着色深的染色质。异染色质又分为结构性异染色质(组成性异染色质)和兼性异染色质。结构性异染色质指的是各种类型的细胞中,除复制期以外,在整个细胞周期中均处于聚缩状态,DNA组装比在整个细胞周期中基本没有较大变化的异染色质。兼性异染色质是指在某些细胞类型或一定的发育阶段,原来的常染色质聚缩,并丧失基因转录活性,变为异染色质。

(二)染色质的基本结构

人单倍体细胞的DNA总长度约2m,而细胞核的直径只有5~8μm,这意味着从DNA到染色体要压缩至近10万分之一。1973年,Olins和Woodcock等在高分辨电镜下观察到数种真核细胞间期染色质的串珠样结构。1974年,Kornberg等根据染色质的酶切降解证实了核小体(nucleosome)是染色质的基本结构单位,提出了染色质的"串珠"模型。

每个核小体由组蛋白H2A、H2B、H3和H4各两分子组成八聚体的核心,核心被长约140碱基对(base pair,bp)的DNA链缠绕1.75圈,两个核小体之间由长约60bp的DNA连接,连接区结合有组蛋白H1。不同物种间其连接DNA长度差异较大,短的只有8bp,长的可达114bp。无数个重复的核小体串联起来形成一条串珠状的纤维,即染色质的一级结构(图2-1),DNA长度被压缩至原来的近1/7。

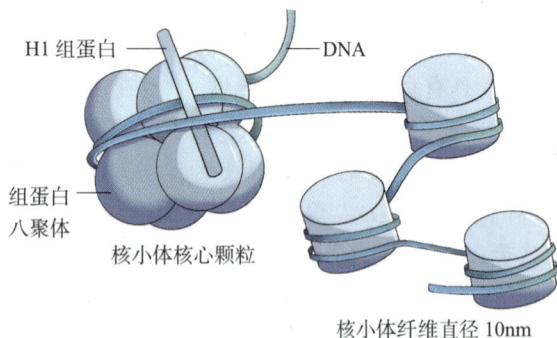
图2-1　核小体结构

(三)染色体的组装

在活细胞中染色质很少以伸展的串珠形式存在,当离子浓度达到一定程度且有H1存在时,串珠状的核小体螺旋盘绕,形成外径约30nm、内径约10nm、螺距约11nm的中空螺线管,每圈含6个核小体。H1位于螺线管内部,螺线管是染色质的二级结构。

1977年,Bak等从离体培养的胎儿细胞中分

离出染色体,经温和处理后,在电镜下看到直径约0.4μm、长11~60μm的染色线。这些染色线是由螺线管进一步螺旋化形成的圆筒状结构,称为超螺线管,是染色质的三级结构。超螺线管进一步螺旋折叠,形成长2~10μm的染色单体(chromatid),即染色质的四级结构。染色质经过这几级螺旋包装,长度共压缩了8 400倍(图2-2)。

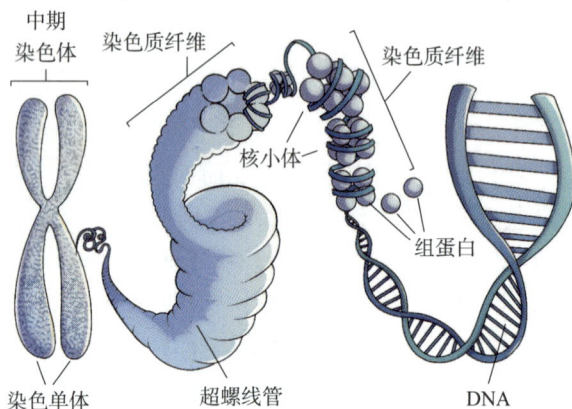
图2-2　染色质包装成染色体

二、人类染色体的结构及核型

1956年,蒋有兴和Levan等采用流产胎儿的肺组织细胞进行培养,确定了人体细胞中染色体数目为46条。1959年,随着21-三体综合征以及克兰费尔特综合征异常染色体的发现,形成了临床细胞遗传学这一新的领域。20世纪70年代以后相继出现了多种染色体显带技术,进一步提高了染色体分析的精确性。

(一)染色体的形态结构

在细胞有丝分裂中期,显微镜下观察到的染色体由两条姐妹染色单体构成,彼此依靠着丝粒(centromere)连结。着丝粒区又称为主缢痕(primary constriction)或初缢痕,该处染色体凹陷狭窄。着丝粒有两个基本功能:一是将两条姐妹染色单体结合在一起,二是为动粒装配提供结合位点。着丝粒将染色体分为长臂(q)和短臂(p)。除主缢痕外,染色体上的其他狭窄或浅染的缢痕区域称为次缢痕(secondary constriction),常见于1、9、16号及Y染色体。某些染色体末端有随体(satellite,s),随体的形态和数量的遗传方式遵循孟德尔遗传定律,在同一个体的所有细胞中都是一致的,但在群体中各不相同,因此可用来帮助鉴定染色体的来源。随体位于

人类 13、14、15、21 和 22 号染色体上。在染色体长臂和短臂末端的特化结构称为端粒（telomere），具有维持染色体结构稳定性的作用。

（二）染色体的类型

根据染色体的大小和着丝粒在染色体上所处的位置差异将中期染色体分为 4 种类型：①中着丝粒染色体（metacentric chromosome），着丝粒位于染色体纵轴的 1/2～5/8 处，两臂长度大致相等；②亚中着丝粒染色体（submetacentric chromosome），着丝粒位于染色体纵轴的 5/8～7/8 处，长臂和短臂差异明显；③近端着丝粒染色体（acrocentric chromosome），着丝粒位于染色体纵轴的 7/8 至末端间，具有微小短臂，短臂末端通常有随体；④端着丝粒染色体（telocentric chromosome），着丝粒位于染色体纵轴的末端（图 2-3），正常情况下人类没有端着丝粒染色体。

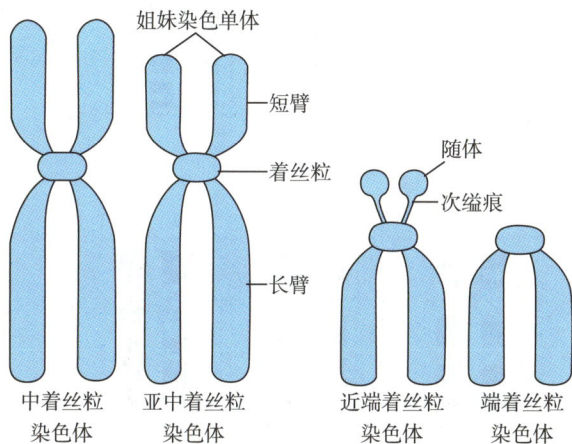

图 2-3 染色体的类型

（三）人类的正常核型

核型（karyotype）又称为染色体组型，是指有丝分裂中期细胞中染色体的数目、大小和形态特征的总汇。将待测细胞的全部染色体按照一定的规则（例如丹佛体制）进行分组、排列、配对并进行形态分析的过程称为核型分析（karyotype analysis）。

1. 非显带核型 体外培养细胞的有丝分裂中期染色体进行常规的吉姆萨（Giemsa）染色，除着丝粒和次缢痕外，整条染色体均匀着色。1960 年在美国丹佛（Denver）、1963 年在英国伦敦、1966 年在美国芝加哥分别召开了三次人类细胞遗传学国际大会，制定了人类非显带染色体的识别、编号、分组以及核型描述的统一标准命名系统，即丹佛体制

（Denver system）。根据染色体大小和着丝粒位置，将人类染色体分为 A、B、C、D、E、F、G 七组（表 2-1）。

表 2-1 人类染色体核型分组及特征

组号	染色体号	大小	着丝粒位置类型	随体	次缢痕
A	1～3	最大	中着丝粒	无	1 号常见
B	4～5	次大	亚中着丝粒	无	
C	6～12、X	中等	亚中着丝粒	无	9 号常见
D	13～15	中等	近端着丝粒	有	13 号常见
E	16～18	小	16 号中着丝粒，17 号和 18 号亚中着丝粒	无	16 号常见
F	19～20	次小	中着丝粒	无	
G	21～22、Y	最小	近端着丝粒	21 号和 22 号有，Y 染色体无	

人类的体细胞共有 46 条染色体，可配成 23 对。其中 1～22 号为常染色体（autosome），X 和 Y 为性染色体（sex chromosome）。女性与男性体细胞中的性染色体组成有差异，女性是 XX 染色体，男性是 XY 染色体。所以，正常女性的核型为 46,XX；正常男性的核型为 46,XY。

丹佛体制中，按照染色体编号的先后顺序，染色体的大小基本为从大到小，唯一例外的是 22 号染色体实际大于 21 号染色体。这是因为在丹佛体制制定之前，21-三体综合征患者多出的一条染色体已被规定为 21 号，而且已被广泛接受。

X 染色体的大小介于 7 号和 8 号染色体之间，在非显带的标本中，X 染色体与 7 号和 8 号非常难以区分。女性的 X 染色体比男性的 X 染色体易于识别，这是因为女性 X 染色体的其中一条 X 的边缘往往呈绒毛状，特别是短臂更为明显。Y 染色体略大于 21 号和 22 号染色体，长臂常平行伸展，短臂末端无随体，有时可见次缢痕，因此易与 21 号和 22 号染色体相区别。

2. 显带核型

（1）染色体显带：1968 年，瑞典的细胞化学家 Caspersson 首先用荧光染料氮芥喹吖因（quinacrine

mustard,QM)处理染色体标本,发现染色体长轴在荧光显微镜下出现宽窄和亮度不同的带纹,且每条染色体显示的带纹各不相同,借助于带型可以清楚地鉴别人类的每一条染色体。用喹吖因显带的方法称为 Q 显带(Q-banding),所显示的带纹称为 Q 带(Q-band)。

1971 年,Seabright 等发现真核生物的染色体标本经胰酶处理后进行吉姆萨染色,可显示出与 Q 带相似的带型。在普通显微镜下可见 Q 带的亮带被吉姆萨染色液染成深带,而 Q 带的暗带部分被染成浅带,这种显带技术被称为 G 显带(G-banding),所显示的带纹称为 G 带(G-band)。

此外,还有主要显示异染色质的 C 显带,显示染色体端粒结构的 T 显带,专门显示核仁组织区的 N 显带,以及专门用于研究染色体末端缺失或结构重排的 R 显带。

(2)染色体显带核型的识别:1971 年召开的巴黎会议和 1972 年的爱丁堡会议制定了人类显带染色体带型模式图(图 2-4)和显带染色体命名的基本体系,即人类细胞遗传学国际命名体系(International System for Human Cytogenomic Nomenclature,ISCN)。

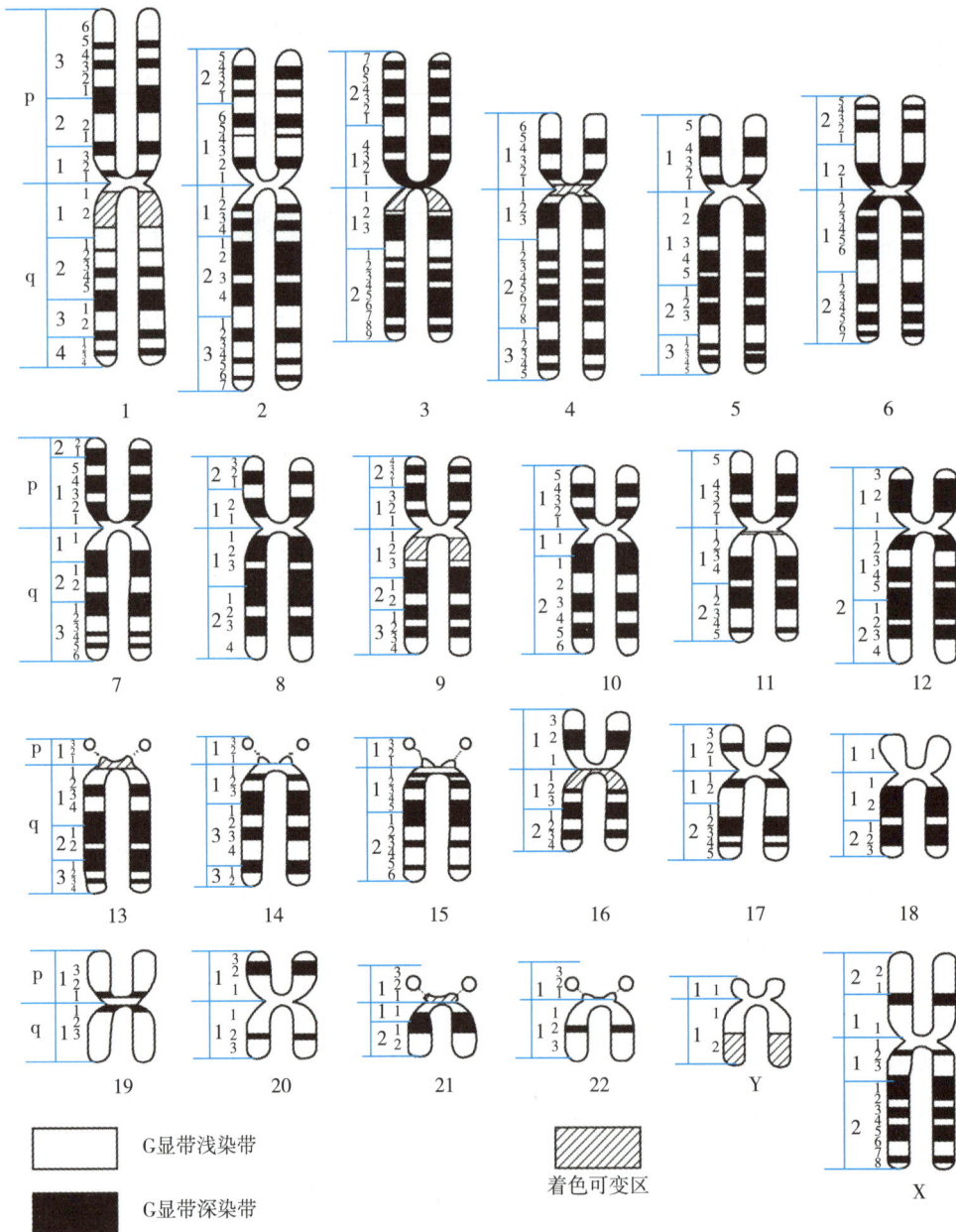

黑色:Q 带亮带,G 带深染带,R 带浅染带;斜纹:着色可变区。

图 2-4　人类显带染色体带型模式图

1）界标、区和带的定义：界标（landmark）是确认每条染色体上具有重要意义的一个稳定的、有显著形态学特征的指标，包括染色体两臂末端、着丝粒和某些稳定的带。区（region）是位于两相邻界标之间的区域。带（band）是染色体上着色深浅不同的横纹，每条染色体由一系列连贯的带组成。以着丝粒为界标，区分出染色体的短臂和长臂。

2）区和带的命名：区和带的命名是从着丝粒开始，分别向短臂和长臂远端以数字顺序命名。着丝粒定义为10，其向着短臂部分为p10，向着长臂的部分为q10；每条臂上与着丝粒相邻的区定义为1区，稍远的区定义为2区，以此类推；作为界标的带属于该界标远端的区，并且该带标为该区的1号带。

对带的描述需写明染色体序号、臂符号、区序号及带序号等4个参数，4项内容连续书写，中间不加标点符号。如2q32，表示2号染色体长臂3区第2带。

3. 高分辨显带染色体　中期染色体经历了高度压缩变短的过程，因而显示出的带纹有限，一套单倍染色体可显示出320条带。20世纪70年代后期，由于细胞同步化技术的应用和显带技术的改进，人们从早中期或晚前期得到了带纹更加丰富的显带染色体，一套单倍染色体可显示550条、850条或更多的带纹，这种显带技术称为高分辨显带（high resolution chromosome banding）。该技术能显示染色体更多细节，有助于发现更多的染色体细微结构的异常，使染色体结构畸变的断点定位更加准确。高分辨显带技术在临床染色体检查、肿瘤细胞染色体研究以及人类基因定位中具有十分重要的意义。

三、配子形成与性别决定

奥地利著名遗传学家孟德尔（Gregor Mendel，1822—1884年）是现代遗传学的奠基者，他开展了8年的豌豆杂交试验，于1865年提出了"遗传因子"的概念以及基因的分离定律和自由组合定律。1909年，丹麦植物学家和遗传学家约翰逊将孟德尔提出的"遗传因子"更名为"基因"（gene），后者比"遗传因子"更能反映遗传物质的本质。1910年，美国哥伦比亚大学的摩尔根（Thomas Hunt Morgan，1866—1945年）以果蝇为研究材料，发现了生物性状在传递过程中的连锁与交换现象，提出了基因的连锁定律，并证实基因存在于染色体上，呈线性排列。以上发现并称为遗传学的三大定律，奠定了现代遗传学的理论基础。

（一）遗传学三大定律

1. 分离定律　分离定律（law of segregation）即孟德尔第一定律，认为遗传性状由基因决定，在减数分裂过程中，等位基因彼此分离，分别进入不同的生殖细胞，从而产生数目相等的、两种类型的配子，且独立地遗传给后代。对于亲代，其某一遗传性状在子代中会出现分离的现象。

2. 自由组合定律　自由组合定律（law of independent assortment）即孟德尔第二定律，认为两对基因的杂合体在形成配子时，等位基因彼此分离独立，非等位基因随机组合，各自独立地分配到配子中。

3. 连锁定律　一条染色体上存在多个基因，这种多个基因存在于同一条染色体上的现象称为基因连锁（gene linkage）。在配子形成过程中，位于同一染色体上的两个或两个以上非等位基因可随染色体伴同遗传，也可由于同源染色体的非姐妹染色单体间交换而改变连锁状态，即连锁定律（law of linkage）。

连锁和交换是生物界普遍存在的现象，也是自然界生物多样性的重要原因之一。位于同一染色体上的基因在传递时彼此连锁，构成连锁群（linkage group）。一对同源染色体上的基因组成一个连锁群，同一连锁群中的各对等位基因之间可以发生交换而重组。一般而言，两对等位基因相距越远，发生交换的概率越大，即交换率越高；反之，相距越近，交换率越低。因此，交换率可用来反映同一染色体上两个基因之间的遗传学距离。当基因重组率为1%时，两个基因间的距离记作1厘摩（centimorgan，cM），即1厘摩表示1%的交换率。摩尔根通过研究，制作了关于染色体上基因之间位置关系及其距离的"基因连锁图"。摩尔根由于对染色体遗传理论的贡献，于1933年荣获诺贝尔生理学或医学奖。

（二）减数分裂

减数分裂（meiosis）是进行有性生殖的生物在配子形成过程中的一种特殊的细胞分裂方式。人类原始生殖细胞是二倍体（2n），有46条染色体。在细胞分裂过程中，DNA复制一次，细胞持续分裂两次,包括减数第一次分裂和减数第二次分裂,结果是 1 个母细胞分裂形成 4 个子细胞,子细胞的染色体数目减半(图 2-5)。

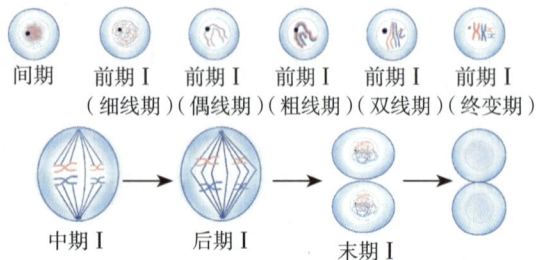

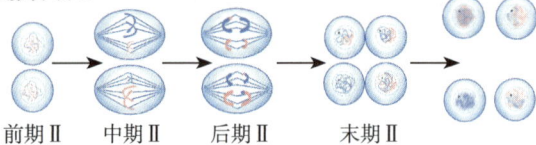

图 2-5　减数分裂过程

1. 减数第一次分裂(减数分裂Ⅰ)

(1)间期Ⅰ:DNA 进行半保留复制,其含量增加 1 倍。

(2)前期Ⅰ:此期是减数分裂过程中持续时间最长、变化最复杂的一个时期,根据核内染色体的变化可细分为 5 个时期。

1)细线期:细胞核内出现染色质细线,是 DNA 分子逐渐凝集的结果。

2)偶线期:同源染色体(homologous chromosome)开始配对联会,形成联会复合体(synaptonemal complex, SC),SC 是交换的前提。联会的结果是每对染色体形成一个紧密相伴的二价体(bivalent)。

3)粗线期:染色体进一步螺旋化,缩短变粗,在光学显微镜下可看到每条染色体包含 2 条姐妹染色单体。此时每个二价体均含 4 条染色单体,称为四分体(tetrad)。同源染色体的染色单体之间互称为非姐妹染色单体。在此期间,非姐妹染色单体之间发生交叉(chiasma),可能导致染色单体片段的交换。

4)双线期:二价体进一步缩短变粗,联会复合体解体,配对的染色体开始分离,交叉点逐渐向染色体臂的端部移动,称为交叉端化(chiasma terminalization)。据研究,人类生殖细胞中每个二价体平均有 2.36 个交叉。

5)终变期:二价体最大限度地凝集,交叉端化继续进行,交叉数目减少,核仁和核膜消失,纺锤体

进入核区,二价体移向细胞中部。

(3)中期Ⅰ:各二价体排列在细胞中央的平面上形成赤道板,纺锤体形成,同源染色体分别与本侧的动粒微管相连。

(4)后期Ⅰ:在动粒微管的牵引下,二价体彼此分离成二分体,分别移向细胞的两极。同源染色体分离的同时,非同源染色体之间随机组合并移向两极。因此,父源和母源的非同源染色体之间随机组合并进入 1 个子细胞。

(5)末期Ⅰ:移至细胞两极的二分体发生去凝集,核仁、核膜重新形成,胞质分开,两个子细胞形成。每个子细胞中有 n 条染色体,每条染色体含有 2 条染色单体。

2. 减数第二次分裂(减数分裂Ⅱ)

(1)间期Ⅱ:间期Ⅱ持续时间较短,没有 DNA 复制。

(2)前期Ⅱ:染色质凝集成染色体,核仁、核膜逐渐消失。

(3)中期Ⅱ:染色体排列在赤道板上,每条染色体两侧的动粒分别与两极的动粒微管相连。

(4)后期Ⅱ:着丝粒纵裂,姐妹染色单体彼此分离成单分体,分别移向细胞两极。

(5)末期Ⅱ:两组子染色体移到细胞的两极,解旋成染色质。核仁和核膜重新出现,形成 2 个子细胞核。每个细胞含 n 条染色体,随着胞质分裂完成,形成单倍体细胞。

3. 减数分裂的生物学意义　减数分裂保持了遗传信息的稳定,是进化的基础。生殖细胞经过减数分裂,染色体数目减少一半;通过受精作用,两个生殖细胞再结合形成二倍体细胞。减数分裂中出现的同源染色体彼此分离、非同源染色体自由组合以及非姐妹染色单体交叉互换等,增加了配子组合的多样性,使形成的子细胞之间各自的 DNA 组成各不相同,这是有性生殖中遗传多样性的基础。

(三)配子发生

配子发生(gametogenesis)是指有性生殖过程中精子和卵子的形成过程。

1. 精子发生　人类的精子发生在睾丸精曲小管中,精原细胞(spermatogonium)位于精曲小管复层上皮的基底部,由精原细胞到精子要经过增殖期、生长期、成熟期及变形期。

(1)增殖期:精原细胞经过多次有丝分裂形成

大量精原细胞的过程。精原细胞分 A 型和 B 型。A 型为精原干细胞,其有丝分裂为不对称分裂,分裂后一个子细胞仍为 A 型精原干细胞,而另一个则分化为 B 型精原细胞。

(2)生长期:B 型精原细胞经过多次有丝分裂后,细胞体积增大,分化为初级精母细胞(primary spermatocyte)。初级精母细胞是二倍体细胞,其染色体数目为 2n。

(3)成熟期:初级精母细胞经过减数分裂形成精细胞的过程。每个初级精母细胞形成 4 个精细胞,染色体数减半。

(4)变形期:圆形的精细胞逐渐分化为蝌蚪状精子的过程。

在人类,男性精原细胞的减数分裂和精子形成要到青春期才开始。

2. 卵子发生 卵原细胞(oogonium)形成卵子的过程称为卵子发生(oogenesis)。卵子形成发生在卵巢,其发生过程与精子发生过程基本相似,但没有变形期。

(1)增殖期:女性在胚胎第 6 周时,卵巢中原始生殖细胞经过有丝分裂形成大量的卵原细胞(oogonium)。

(2)生长期:卵原细胞经过生长体积增大,发育成初级卵母细胞(primary oocyte)。卵母细胞外有很多滤泡细胞,为其提供营养并参与卵膜的形成,在卵子成熟的过程中发挥重要作用。

(3)成熟期:卵母细胞具有显著的不对称性,其减数分裂是高度不对称的,减数第一次分裂形成一个较大的次级卵母细胞和一个较小的第一极体。排卵时,次级卵母细胞停留在中期 II,受精以后才迅速完成减数第二次分裂,形成一个卵子和一个第二极体;同时,第一极体也分裂形成两个第二极体。最终,一个初级卵母细胞形成 1 个卵子和 3 个第二极体,子细胞中染色体数目减半。

女婴出生时,初级卵母细胞均停留在前期 I 的双线期,停留时间可长达 40~50 年。自青春期开始,每月只有 1 个初级卵母细胞发育完成减数第一次分裂,排卵时停留在中期 II,若发生受精则完成减数第二次分裂,否则该细胞在 24h 内退化死亡。

3. 受精 在有性生殖中,配子是联系亲代和子代的桥梁,受精使得单倍体配子融合为二倍体合子,使物种染色体数目世代保持恒定;通过受精,受

精卵获得了新的染色体组合,新个体具有与亲代不完全相同的遗传性状,这也为进化提供了原材料。

4. 性别决定 人类的性别由细胞核中的 X 和 Y 染色体决定。正常女性的性染色体组成为同型的 XX,正常男性则为异型的 XY,这种性别决定的方式称为 XY 型性别决定机制。

1966 年,Jacobs 等将性别决定因子即睾丸决定因子(testis-determining factor,*TDF*)定位于 Y 染色体短臂远端。1990 年,Sinclair 等在 Yp11.3 处发现了 Y 染色体性别决定区(sex-determining region of Y,*SRY*),*SRY* 对性别决定至关重要。研究表明,*SRY* 可能为睾丸发育的启动者。此外,X 染色体短臂上的 *SRVX* 基因能抑制 *SRY* 的作用,而 4 号和 17 号染色体长臂上的转录因子基因 *SRA1* 可激活 *SRY*。所以有很多基因会影响性别分化。

四、染色体多态性

染色体多态性(chromosome polymorphism)是指不同个体之间染色体的结构和染色体的着色强度存在恒定且属于非病理性的细小差别,通常指 D 组、G 组染色体随体区变异(主要包括随体区增大、双随体)以及 1、9、16 号染色体次缢痕增加或缺失等。研究发现这种多态性有一定的临床效应,与某些疾病有一定联系。例如:

pstk+:指近端着丝粒染色体(13、14、15、21、22 号染色体)随体柄的增加可能增加染色体的不分离。

qh+:指染色体次缢痕增加,如 1qh+、9qh+、16qh+,可能出现自然流产、不孕不育等。

大 Y 染色体和小 Y 染色体:大 Y 染色体一般指 Y 染色体的大小大于 18 号染色体,可能造成精子生成障碍或影响精子受精能力,从而引起不育和流产;小 Y 染色体是指染色体部分丢失或异染色质减少,可能造成基因功能丧失和精子形成异常。

染色体多态性主要表现为异染色质的变异,特别是含有高度重复 DNA 的结构性异染色质,结构性异染色质集中分布于着丝粒、端粒、随体、次缢痕和 Y 染色体长臂。从分子水平上看,结构性异染色质所含 DNA 主要是"非编码"的高度重复序列,不含有结构基因,没有转录活性。研究表明,异染色质在着丝粒功能方面起着重要的作用,是姐妹染色单体结合和染色体分离所必需的。异染色质可以加强着丝粒区,以确保染色体的分离,并能使着丝粒

稳定化,同源染色体可通过其异染色质区的重复序列在减数分裂时配对,促进沿染色体全长的联会。因此,异染色质的异常有可能影响减数分裂时染色体配对联会,乃至影响配子的形成,进而导致不孕不育。

另外,常染色质经过染色体重排而移位到异染色质区或其附近,在异染色质影响下将导致常染色质的异染色质化,产生斑点位置效应,使其中的基因表达受到抑制。一些与生殖相关的基因沉默,可产生流产、不孕不育、死胎等临床效应。

第二节
临床遗传学检验的分子基础

人类对基因的认识经历了一个由浅入深的历史发展过程。从孟德尔最早提出的"遗传因子"到"基因",再到摩尔根创立遗传的染色体理论,科学家们一直在探寻基因的本质。

1941 年,Beadle 等提出了"一个基因一个酶"的学说,证明一个基因仅仅参与一个酶的生成,并决定该酶的特异性,影响其表型。1944 年,Avery 等首次证明了 DNA 是生物的遗传物质,揭开了基因本质的秘密。20 世纪 40 年代中期,美国遗传学家 McClintock 提出了转座子(transposon)的概念。1953 年,Watson 和 Crick 根据 X 线衍射分析,提出了著名的 DNA 双螺旋结构模型,进一步证明基因的成分就是 DNA。Crick 进一步分析了 DNA 在生命

活动中的功能和定位,于 1958 年提出了著名的"中心法则(central dogma)",深刻地揭示了生命活动的基本过程,奠定了分子遗传学的理论基础。

1957 年,美国分子生物学家 Benzer 以大肠杆菌噬菌体为材料,在 DNA 分子水平上深入研究,揭示了基因内部的精细结构,提出了顺反子(cistron)的概念。1961 年,Jacob 等提出了乳糖操纵子学说,并根据基因的功能把基因分为结构基因、调节基因、启动基因及操纵基因等类型。1966 年,Nirenberg 等破译了全部的遗传密码,揭示了基因控制蛋白质合成的本质。1977 年,英国科学家 Roberts 和美国科学家 Sharp 提出了"割裂基因(split gene)"的概念。

随着多学科的相互渗透、实验手段的更新以及人类基因组计划对 DNA 的解析,人们对基因本质的认识和研究不断深入,有助于揭示人类疾病的发生和发展机制,为临床有效地诊断、治疗及预防疾病提供了理论基础。

一、真核基因的结构

编码蛋白质或 RNA 的基因称为结构基因。多数原核生物的结构基因编码序列是连续的,真核生物的结构基因的编码序列往往被非编码序列隔开,形成镶嵌排列的割裂形式,因此真核生物的结构基因又称为割裂基因(图 2-6)。1977 年,英国科学家 Roberts 和美国科学家 Sharp 在对流行性感冒病毒的研究中首次发现了割裂基因,因此二位科学家于 1993 年获诺贝尔生理学或医学奖。

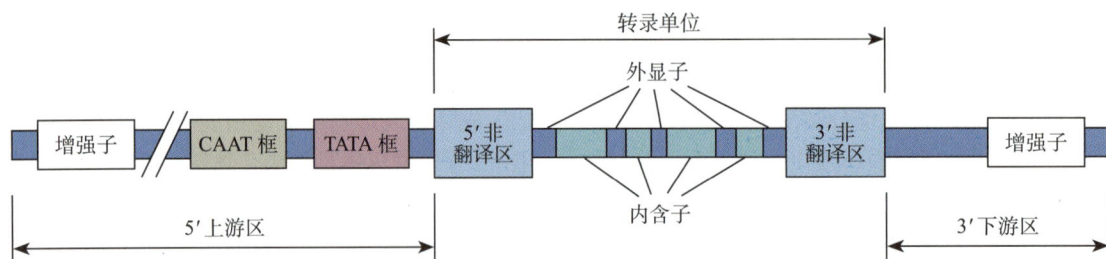

图 2-6　真核基因结构示意图

(一)外显子和内含子

真核基因中与成熟 mRNA、rRNA 或 tRNA 分子相对应的 DNA 编码序列称为外显子(exon,E),相邻两个外显子之间的非编码序列称为内含子(intron,I)。不同结构基因所含外显子和内含子数目不同,例

如人 β 珠蛋白基因含 3 个 E 和 2 个 I,人假肥大型肌营养不良基因则含 75 个 E 和 74 个 I。人类基因组中有少数结构基因无内含子,如 *SRY* 和干扰素基因。

(二)内含子接头

所有结构基因中内含子的 5′ 端多以 GT 开始,

3′端多以 AG 结束,即外显子和内含子接头区具有高度的保守性,这种接头形式称为"GT-AG"法则,它是核内不均一 RNA(heterogeneous nuclear RNA,hnRNA)加工的剪切信号。

(三)前导序列

前导序列(leader sequence)是位于转录起始点至第一外显子起始密码之间的一段序列,此段序列能被转录,但不被翻译,所以又称为 5′端非翻译区。转录后此段序列具有维持 mRNA 稳定性的作用。

(四)调控序列

调控序列通常是位于割裂基因的首尾外显子外侧,是一段不被转录的非编码序列,它们对基因的表达起重要的调控作用,故称为调控序列(regulatory sequence)或侧翼序列(flanking sequence),包括启动子、终止子及增强子等。

1. 启动子　启动子(promoter)位于割裂基因"上游",是决定 RNA 聚合酶转录起始位点的 DNA 序列。真核生物的启动子区域均是控制转录起始的序列,决定着某一基因的表达强度。有 3 种 RNA 聚合酶,因此有 3 种不同的启动子,包括 TATA 框、CAAT 框及 GC 框等结构。

(1)TATA 框:TATA 框(TATA box)位于转录起始点上游 −35~−10bp 处的一段高度保守序列。TATA 框的保守序列为 TATAAAT,周围为富含 GC 的序列。基因转录时,TATA 框先与转录因子(transcription factor,TF)ⅡD 结合,然后再与 RNA 聚合酶Ⅱ结合形成转录复合物,从而启动基因转录。

(2)CAAT 框:CAAT 框(CAAT box)位于转录起始位点上游 −70~−80bp 处、含有 CAAT 的保守序列,CAAT 框由 9 个碱基组成,保守序列为 GGCCAATCT。CAAT 框是定量高效转录所必需的序列。

(3)GC 框:GC 框(GC box)位于转录起始位点上游 −90bp 附近,能与转录因子特异性蛋白 1(Sp1)结合,促进转录。

2. 终止子　终止子(terminator)是位于结构基因 3′端非编码区下游,使 RNA 聚合酶终止 mRNA 合成的密码子,由特异序列 5′-AATAAA-3′ 及一段倒位重复序列组成。AATAAA 是多聚腺苷酸(poly A)的附加信号,能指导核酸内切酶在该信号下游的特定位点裂解 RNA 并加上多聚腺苷酸。倒位重复序

列转录后形成发夹式结构,阻碍 RNA 聚合酶移动,从而使转录终止。因此,终止子的终止作用不是发生在 DNA 序列本身,而是发生在转录成的 RNA 上。

3. 增强子　增强子(enhancer)是能够增强真核基因转录活性的一类调控序列。当这类序列缺乏时,转录水平大大降低。增强子具有组织特异性,这是因为不同细胞核有不同的特异因子与增强子结合,从而对不同组织、器官的基因表达产生不同的调控作用。例如,人类胰岛素基因 5′端上游约 250bp 处有一组织特异性增强子,而胰岛 β 细胞中有一种特异性蛋白因子可增强胰岛素基因的转录。

此外,基因组中还有对基因转录进行负调控的沉默子。

二、基因的表达与调控

基因功能包括基因复制和基因表达。基因复制的实质就是 DNA 复制。而基因表达是指 DNA 分子中蕴藏的遗传信息通过转录传递给 RNA,再经翻译形成各种特异性的蛋白质,从而使生物表现出千差万别的形态、生理特征以及复杂生命现象的过程。

(一)中心法则

DNA 是遗传物质,是携带遗传信息的载体。信息从基因的核苷酸序列中被提取出来用于指导蛋白质合成的过程,分子生物学家称之为中心法则(central dogma),由 Crick 于 1958 年首先提出。生物体的遗传信息以密码形式编码在 DNA 分子上,表现为特定的核苷酸排列顺序,并通过 DNA 的复制(replication)使遗传信息从亲代传向子代。在后代的生长发育过程中,DNA 分子中的遗传信息转录(transcription)到 RNA 分子中,再由 RNA 翻译生成体内各种蛋白质,行使特定的生物学功能。翻译过程是在核糖体上进行的。分子生物学的中心法则说明了遗传信息由 DNA 到 RNA,再到蛋白质的传递过程。

(二)复制

复制(replication)是指以亲代 DNA 分子为模板互补合成子代 DNA 的过程,广义也指 DNA 或 RNA 基因组的扩增过程。这种复制又称为半保留复制(semiconservative replication)。复制需要以 4 种脱氧核苷三磷酸(deoxyribonucleoside triphosphate, dNTP)，如 dATP、dGTP、dCTP 和 dTTP 为原料，以亲代 DNA 双链为模板，并由 ATP 供能及一系列酶催化。

（三）转录

转录（transcription）是指以 DNA 为模板，按碱基互补配对原则合成 RNA 的过程。

转录需要以 4 种核苷三磷酸（nucleoside triphosphate，NTP），如 ATP、GTP、CTP 和 UTP 为原料，以 DNA 单链为模板，由 ATP 供能，并由 RNA 聚合酶催化。真核细胞有 3 种 RNA 聚合酶（RNA 聚合酶Ⅰ、RNA 聚合酶Ⅱ及 RNA 聚合酶Ⅲ）。

DNA 双链中作为转录模板的单链称为模板链（template strand）或反义链（antisense strand），与其互补的另一条链称为编码链（coding strand）或有义链（sense strand）。一个双链 DNA 分子上有许多基因，并非所有基因的编码链都是同一条单链。

真核细胞 RNA 的转录过程复杂，转录产物为各类前体 RNA，不具有活性，必须在核内经过复杂的加工修饰才能成为成熟 RNA。

（四）翻译

翻译（translation）是指以 mRNA 为模板在核糖体上合成多肽链的过程。

1. 遗传密码　遗传密码是核苷酸序列所携带的遗传信息，是一套编码 20 种氨基酸和多肽链起始及终止的 64 个三联体密码子。在核基因组中，有 61 个为编码氨基酸的密码子，其中的 AUG 同时也是起始密码子，其余 3 个为终止密码子，分别为 UAA、UAG、UGA。

2. 氨基酸活化　合成蛋白质所需要的氨基酸必须与相应的 tRNA 结合形成氨酰 tRNA 复合体，通过 tRNA 的反密码子为媒介辨认 mRNA 上的密码子。氨基酸在氨酰 tRNA 合成酶的催化下与 ATP 反应生成氨酰 -AMP，然后，氨酰 -AMP 把氨酰基团转移到 tRNA 分子上，形成氨酰 tRNA 复合体，此过程称为氨基酸的活化。

3. 多肽链合成　多肽链的合成是在 mRNA、tRNA 和核糖体三者的密切配合下完成的。mRNA 是合成多肽链的模板或信息载体，tRNA 能转运氨基酸，核糖体提供多肽链合成的场所。

（五）基因表达的调控

人体的每个体细胞都具有完整的基因组，特定组织的体细胞中只有部分基因表达，并且不同的基因需要在不同的时期或条件下进行表达。基因的这种差异化表达造就了人体内形态和功能各异的细胞类型，使生物组织和器官在一定的环境条件下保持正常的功能。

基因表达调控主要表现在几个方面：①染色质水平上的调控。基因转录前染色质结构需要发生一系列重要的变化，这是基因转录的前提。活化的基因处于染色质的伸展状态之中，可以被转录，而非活化的基因则不能被转录。②转录水平上的表达调控。这是最主要的基因调控方式。转录水平调控的重点是在特定组织或细胞中、特定的生长发育阶段、特定的机体内外条件下，选择特定的基因进行转录表达。③转录后调控。这是指基因转录起始后对转录产物进行的一系列修饰、加工等调控行为，主要包括提前终止转录过程，对 mRNA 前体进行加工剪切，mRNA 通过核孔和在细胞质内定位等。④翻译水平上的调控。这是基因表达调控的重要环节。翻译的速率和细胞生长的速度之间是密切相关的。⑤蛋白质活性的调节。来自 mRNA 的遗传信息被翻译成蛋白质后，这些蛋白质如何活化并发挥其生物学功能，涉及蛋白质合成后的加工问题。对于真核生物中大部分蛋白质来说，还需要进一步加工、修饰和活化才具有生理功能。这种修饰有时还是不可逆转的过程。

基因表达的调控主要涉及以下几个因素：①基因转录成 RNA 的速率；② RNA 的加工；③ mRNA 的稳定性和降解速率；④ mRNA 翻译为蛋白质的速率；⑤蛋白质翻译后的修饰；⑥蛋白质的稳定性和降解速率。

三、人类基因组

基因组学是阐明整个基因组的结构、结构与功能的关系以及基因之间相互作用的学科。换言之，基因组学是以分子生物学技术、电子计算机技术和信息网络技术为手段，以生物体内基因组的全部基因为研究对象，从整体水平上研究全基因组在生命活动中的作用及其内在规律和内外环境影响机制的学科。人类基因组包括位于细胞核内染色体上的核基因组，以及位于细胞质中的线粒体基因组。随着人类基因组计划（Human Genome Project，HGP）的完成，人类基因组学已将研究重心从结构范畴转入了功能范畴。作为当今最活跃的前沿学科之一，基因组学研究包括细胞核基因组、线粒体基因组和基因多态性等方面的研究，且这些研究必将对生命科学、医学乃至人类社会产生深远的影响。

（一）细胞核基因组

基因组（genome）是细胞内一套完整单倍体遗传物质的总和。其中，核基因组的结构和功能十分庞大，包含了细胞绝大部分的遗传信息。HGP 完成的数据表明，核基因组 DNA 约为 3.2×10^9 bp，编码蛋白质的基因数目为 2.0 万～2.5 万个。

基因组学研究包括结构基因组学和功能基因组学两个方面。结构基因组学（structural genomics）以全基因组测序为目标，而人类结构基因组学的研究则主要通过 HGP 的实施来实现。随着 HGP 的完成，基因组学的研究重点已转移至基因组功能的解析。功能基因组学（functional genomics）是利用结构基因组学所提供的各种信息，在基因组或系统水平上全面分析基因组中编码序列和非编码序列的生物学功能；探讨单个细胞在生命的一定时刻、一定条件下所表达基因的种类和数量；或比较不同细胞之间、同一细胞在不同条件下基因表达的差异；研究和比较不同种族、人群和个体之间基因组的差异，从而为深入了解个体发育、生长、衰老和死亡机制及细胞增殖、分化和凋亡机制与疾病发生、发展机制以及个体对疾病的易感性或抗性差异等提供科学基础。

（二）线粒体基因组

线粒体是真核细胞的能量代谢中心。人体细胞的 ATP 约 95% 是由线粒体合成的，因此线粒体被称为细胞内的“动力工厂”。1963 年，Nass 首次发现线粒体中存在 DNA，后来研究者发现在真核细胞的线粒体中广泛存在线粒体 DNA（mitochondrial DNA，mtDNA），并具有相应的遗传学效应。

人类细胞核基因组包括 24 条染色体，细胞质基因组则是指线粒体基因组。线粒体基因组又称为人类的“第 25 号染色体”或“M 染色体”。线粒体基因组的改变与临床疾病表型的关系较为复杂，涉及的疾病种类较多，临床表现多样，最常累及的器官或组织是消耗 ATP 最多的器官或组织，如脑、骨骼肌及心脏。

（三）基因组多态性

人类基因组是一个十分稳定的体系，不同的民族、群体和个体都有 46 条染色体，有相同的基因数目和基因分布，也有基本相同的核苷酸序列。正是基因组结构的稳定性保证了人类作为一个物种的共同性和稳定性，也证明了目前基因组测定是有意义的，即有代表性的。然而在长期进化的过程中，基因组的 DNA 序列会不断地发生变异。这些变异可能是有害的、有益的或中性的，部分变异被保存下来，导致了不同种族、群体和个体间基因组的差异或多态性。除了同卵双生子外，没有两个个体的基因组是完全相同的。

单核苷酸多态性（single nucleotide polymorphism，SNP）是指在基因组水平上由单个核苷酸的变异所引起的 DNA 序列多态性，即指基因组内特定核苷酸位置上，存在两种不同的核苷酸且其出现的频率高于 1%。如果出现频率低于 1%，则看作点突变。SNP 是人类可遗传的变异中最常见的一种，占所有已知多态性的 90% 以上。SNP 在人类基因组中广泛存在，平均每 500～1 000 个碱基对中就有 1 个 SNP，估计其总数可达 300 万个甚至更多。

SNP 多只涉及单个碱基的变异，这种变异可以是转换，可以是颠换，也可由单个碱基的插入或缺失所导致。但大多数是转换，具有转换型变异的 SNP 约占全部 SNP 的 2/3，其他几种变异的发生概率相似。SNP 在 CG 序列上出现得最为频繁，而且多半是 C 转换成 T，因为人类基因组中大多数的 CpG（胞嘧啶-磷酸-鸟嘌呤）二核苷酸的胞嘧啶是甲基化的，胞嘧啶常自发地脱去氨基而形成胸腺嘧啶（T）残基。在基因组 DNA 中，SNP 既可以发生在非编码序列中，也可以发生在编码序列中。编码序列中的 SNP 称为编码区内单核苷酸多态性（coding SNP，cSNP），cSNP 根据是否改变编码产生的氨基酸，可进一步分为“非同义的”和“同义的”，cSNP 中约有一半为非同义的 cSNP。SNP 在整个基因组中的分布密度是不同的，基因组平均变异数是相似的。总的来说，位于编码区内的 SNP 比较少，但它在遗传病的研究中却具有重要意义，因此 cSNP 的研究更受关注。

第三节 表观遗传修饰与医学

表观遗传学（epigenetics）的概念由英国科学家 Waddington 于 1939 年提出，是指研究基因的核苷酸序列在不发生改变的情况下，基因表达会发生可遗传的变化的一门学科。

一直以来人们都认为基因组 DNA 决定着生物体的全部表型，但逐渐发现有些现象无法用经典遗传学理论来解释，如基因完全相同的同卵双生子在同样的环境中长大后，他们在性格、健康等方面仍会有较大的差异。这说明在 DNA 序列没有发生变化的情况下，生物体的一些表型却发生了改变。因此，科学家们提出了表观遗传学的概念，它是在研究与经典遗传学不相符的许多生命现象的过程中逐步发展起来的一门前沿学科，与经典遗传学相互补充。现在人们认为，基因组含有两类遗传信息：一类是传统意义上的遗传信息，即基因组 DNA 序列所提供的遗传信息；另一类则是表观遗传学信息，即基因组 DNA 的修饰，它提供了何时、何地、以何种方式去应用 DNA 遗传信息的指令。

表观遗传学研究的内容包括 DNA 甲基化、组蛋白修饰、非编码 RNA 调控、X 染色体失活、基因组印记、染色质重塑、表观基因组学以及人类表观基因组计划等。它是近年来生命科学发展最迅速的一个新研究领域，是一门具有广泛应用前景的新兴学科。表观遗传修饰不仅对基因表达、调控有重要作用，而且对肿瘤、免疫缺陷、发育异常等疾病的发生和防治具有十分重要的意义。

一、DNA 甲基化

DNA 甲基化是指在 DNA 甲基转移酶（DNA methyltransferase，DNMT）的催化作用下，将 S- 腺苷甲硫氨酸（S-adenosyl-methionine，SAM）的甲基以共价键结合的方式转移到基因组中 CpG 二核苷酸（胞嘧啶 - 磷酸 - 鸟嘌呤）的胞嘧啶第 5 位碳原子上，将胞嘧啶转变为 5- 甲基胞嘧啶（5-methylcytosine，5-mC）的化学修饰过程（图 2-7）。这种 DNA 甲基化修饰在细胞的正常发育、基因表达模式以及基因组稳定方面起着重要的作用，可随 DNA 复制过程遗传给子代。

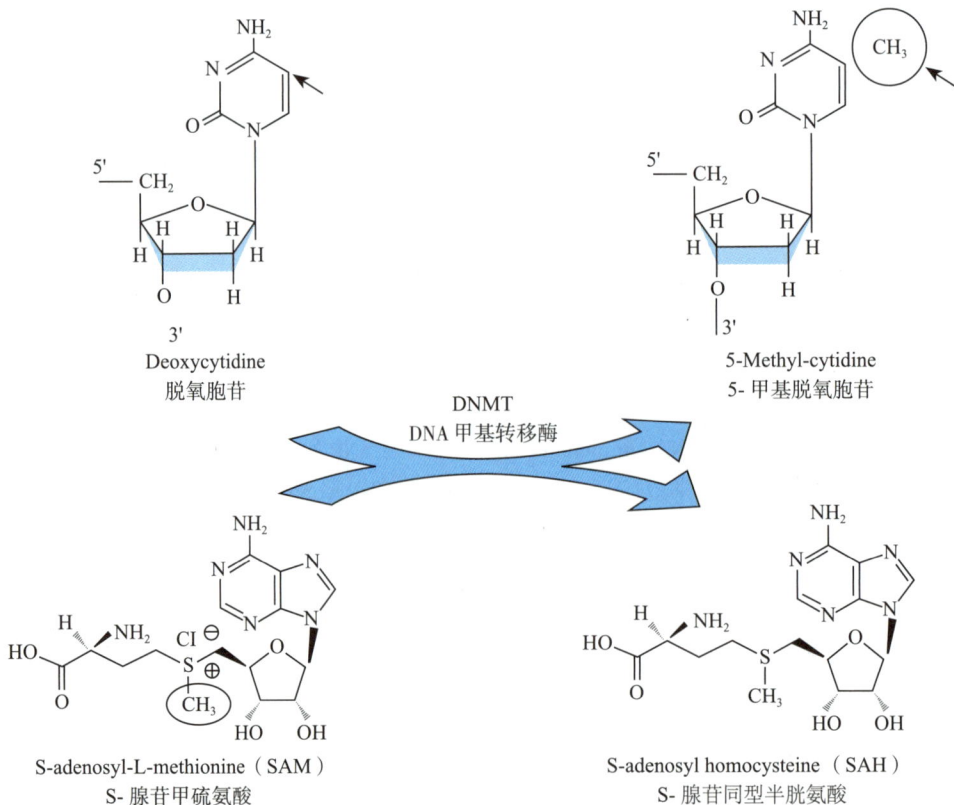

图 2-7　DNA 甲基转移酶催化 S- 腺苷甲硫氨酸形成 5- 甲基胞嘧啶

在哺乳动物中 CpG 以两种形式存在：一种分散于 DNA 序列中；另一种呈现高度聚集的状态，人们称之为 CpG 岛（CpG island），它存在于管家基因、发育基因以及组织特异性基因中的启动子或调控区域中。人类基因组序列草图分析结果表明，人类基因组中 CpG 岛数目约 28 890 个，大部分染色体上，1 兆碱基（megabase，Mb）就有 5～15 个 CpG 岛，平均为 10.5 个，其数目与编码序列的基因密度有良好的对应关系。

DNMT 有 DNMT1、DNMT3a 和 DNMT3b 三种。DNMT1 是一个维持性甲基转移酶，与 DNA 复制过程相偶联，催化子链 DNA 甲基化，使之获得与亲链 DNA 相同的甲基化模式，DNMT1 使基因组甲基化模式得以稳定遗传。而 DNMT3a 和 DNMT3b 具有从头合成甲基化的活性，催化生成新的甲基化位点，在甲基化模式的建立和重构方面发挥重要的作用。DNA 甲基化的逆过程，即 DNA 去甲基化，并非甲基化过程的简单逆转，而是涉及多个调控过程的生物学行为。

DNA 甲基化在调节和重编程基因表达模式中起着关键作用，涉及细胞的多个生理过程，如基因沉默、基因组印记、X 染色体失活以及细胞内特异性表达程序的建立和维持。由于 DNA 甲基化与人类发育和肿瘤等疾病的密切关系，特别是 CpG 岛甲基化所致抑癌基因转录失活的问题，DNA 甲基化已经成为表观遗传学和表观基因组学的重要研究内容。

二、组蛋白修饰

基因正常表达除了依赖相应转录因子诱导和启动子区的低甲基化外，还有一个重要的条件就是组蛋白修饰必须处于激活状态。通过改变组蛋白的修饰状态，使 DNA 和组蛋白的结合变松，能使相关基因表达，因此组蛋白是重要的染色体结构维持单位和基因表达的负控制因子。组蛋白修饰是表观遗传修饰的重要方式，主要以共价键的形式发生，包括组蛋白甲基化、乙酰化、磷酸化等。组蛋白中被修饰氨基酸的种类、位置和修饰类型被称为组蛋白密码（histone code），这种修饰本身并不是作用于蛋白质的特定识别位点，而是给特定蛋白质提供信息或代码，让其能够和染色质发生作用，进而产生协同或拮抗效应，影响 DNA 分子上遗传信息的关闭或表达。

组蛋白甲基化（histone methylation）是一种重要的组蛋白修饰方式，是指添加一个、两个或三个甲基到组蛋白中的某些氨基酸上，分别成为单甲基化、双甲基化和三甲基化的组蛋白。组蛋白甲基化通常发生在 H3 和 H4 的 N 端精氨酸（arginine，R）或赖氨酸（lysine，K）的残基上，过程由组蛋白甲基化转移酶介导催化。组蛋白甲基化主要在异染色质形成、遗传印记、X 染色体沉默、DNA 甲基化以及转录调控等方面发挥重要作用。

组蛋白乙酰化指由组蛋白乙酰转移酶（histone acetyltransferase，HAT）通过在组蛋白赖氨酸残基乙酰化，激活基因转录，而组蛋白脱乙酰酶（histone deacetylase，HDAC）使组蛋白去乙酰化，抑制基因转录（图 2-8）。组蛋白乙酰化是通过 HAT 和 HDAC 共同催化完成的，对染色体的结构修饰和基因表达调控发挥着重要的作用。组蛋白乙酰化和去乙酰化间的正常平衡对于细胞的正常生长至关重要，HAT 和 HDAC 通过对核心组蛋白进行可逆修饰来调节其乙酰化水平，从而调控转录的起始与延伸。

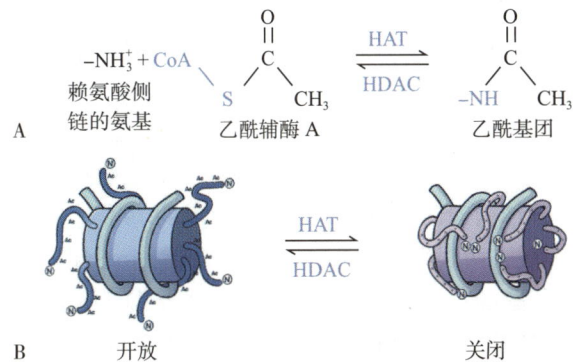

图 2-8 组蛋白乙酰化和去乙酰化反应
A. HAT 催化乙酰基团加在赖氨酸侧链的氨基上，HDAC 的作用是去除乙酰基团；B. 与组蛋白乙酰化和去乙酰化相关联的染色质开放和关闭结构。

组蛋白磷酸化是指对组蛋白 N 端氨基酸残基的磷酸化修饰，是一类重要的翻译后修饰，与有丝分裂和减数分裂的染色质压缩、染色质功能调节、转录的激活与抑制、DNA 损伤修复以及物质代谢等多种机制相关。组蛋白的磷酸化会改变组蛋白与 DNA 的结合，所有组蛋白的组分均能磷酸化。

从分子机制上看，组蛋白 N 端修饰的组合方式是构成组蛋白密码的关键，这些信息表达和传递间的交叉组合及相互调节极大地扩展了遗传信息的贮存方式和调控机制。

三、非编码 RNA 调控

非编码 RNA（non-coding RNA，ncRNA）是指不能被翻译为蛋白质的功能性 RNA 分子，分为看家非编码 RNA（housekeeping non-coding RNA）和调控非编码 RNA（regulatory non-coding RNA）。其中具有调控作用的非编码 RNA 按其大小主要分为两类：短链非编码 RNA（small non-coding RNA），包括小干扰 RNA（small interfering RNA，siRNA）、微 RNA（microRNA，miRNA）、Piwi 相互作用 RNA（Piwi-interacting RNA，piRNA）和长链非编码 RNA（long non-coding RNA，lncRNA）（表 2-2）。

表 2-2 表观遗传修饰中起主要调控作用的非编码 RNA

种类	长度 /nt	来源	主要功能
siRNA	21～25	长双链 RNA	转录基因沉默
miRNA	18～25	含发夹结构的初始 miRNA	转录基因沉默
piRNA	24～31	长单链前体或起始转录产物等多途径	生殖细胞内转座子的沉默
lncRNA	> 200	多种途径	基因组印记和 X 染色体失活

小干扰 RNA（small interfering RNA，siRNA）呈双链结构，其长度通常为 21nt，中间的 19nt 形成配对双链，两端为具有磷酸化的 5′ 端和两个不配对的核苷酸的羟基化 3′ 端。人类 siRNA 来源于长的双链 RNA 分子，经 Dicer 酶剪切为 21～25nt 的双链 RNA 片段，Dicer 酶和双链 RNA 结合蛋白将 siRNA 二聚体装载至 Argonaute2 蛋白（AGO2）而发挥作用。siRNA 介导的基因沉默机制分为转录前水平的基因沉默和转录后水平的基因沉默两类，其中后者指转录后的 mRNA 降解，从而使基因不表达。

微 RNA（microRNA，miRNA）是一种长度为 18～25nt、类似于 siRNA 的单链非编码 RNA，其 5′ 端有一个磷酸基团，3′ 端为羟基，不具有可读框（ORF）和蛋白质编码基团。miRNA 通常位于基因间或内含子区域，成熟的 miRNA 识别并结合靶向 mRNA 3′ 端非翻译区（3′-UTR），促进目标 mRNA 降解或抑制 mRNA 翻译，从而调控基因表达。miRNA 也可通过调控 DNA 甲基化酶的表达而影响 DNA 的甲基化。研究证实 miRNA 具有进化保守性与多样性，只能在特定的组织和发育阶段表达，广泛参与

细胞增殖、细胞分化、细胞凋亡、细胞代谢等各种细胞生物学活动，大部分 miRNA 的功能还有待深入研究。

Piwi 相互作用 RNA（Piwi-interacting RNA，piRNA）是一类长度为 24～31nt 的非编码 RNA。在所有的非编码 RNA 中，piRNA 数量最多，主要存在于生殖系统。piRNA 作为 Piwi 蛋白的向导，调控靶基因的表达以及转录和转录后的水平的修饰。

长链非编码 RNA（long noncoding RNA，lncRNA）是一类长度大于 200nt 的非编码 RNA 转录物。根据染色体上基因组位点或相关的 DNA 链的特征，lncRNA 可分为正义 lncRNA（基因位点通过共享相同的启动子而和某个蛋白编码基因有重叠）、反义 lncRNA（基因位点以反向的方式插入某个蛋白编码基因中）、基因内 lncRNA（基因位于某个蛋白编码基因的内含子内）、基因间 lncRNA（编码 lncRNA 的基因位点位于两个蛋白编码的基因中）、增强子 lncRNA（编码 lncRNA 的基因位点位于某一蛋白编码基因的增强子区域）和环状 lncRNA（通过共价键形成闭合的环状 lncRNA，其一般来自可变剪切的蛋白编码基因，形成机制有多种）。lncRNA 主要通过 3 个方面控制基因表达进而发挥表观遗传学作用：①基因组印记；②剂量补偿效应；③染色质修饰。lncRNA 在表观遗传调控中起着关键作用，具有协调 DNA 甲基化、染色质结构重塑和组蛋白化学修饰等作用。

四、X 染色体失活

对于哺乳动物的性染色体（X 染色体、Y 染色体），通常 X 染色体的体积比 Y 染色体大，携带更多的遗传信息，因此雌雄性之间的 X 连锁基因拷贝数存在较大差异。为保证机体的正常发育，哺乳动物在早期胚胎发育阶段必须将雌性个体的 1 条 X 染色体包装成为异染色质，使其失去染色体活性，从而对雄性 X 连锁基因进行剂量补偿，并平衡 X 连锁基因与常染色体基因间的表达差异。这种失活状态会通过有丝分裂稳定地遗传给下一代，未能进行剂量补偿的胚胎甚至会出现死亡。

在正常胚胎中，X 染色体失活分为父系印记失活和随机失活 2 种方式。其中，X 失活中心（X inactivation center，XIC）是形成 X 染色体失活的主要调控区域，X- 非活性特异性转录物（X-inactive specific transcript，*XIST*）是调控这一过程的主效基因。XIC 通过诱导 *XIST* 转录一段 15～17kb 的长链非编码 RNA 包裹染色体,同时招募染色体修饰因子、RNA 结合蛋白等辅助因子结合在此区域的染色体上,从而使该条染色体失活。此外,哺乳动物体内还存在另外一个与 *XIST* 在染色体上位置重叠但转录方向相反的基因 *TSIX*,其可通过在 *XIST* 启动子区富集 DNMT3a 并改变此区域染色体的组蛋白修饰,从而降低 *XIST* 的表达。*TSIX* 主要参与 X 染色体的随机失活。

五、表观遗传与医学

表观遗传涉及 DNA 遗传信息序列之外的甲基化、组蛋白修饰、非编码 RNA 调控等基因表达调控系统,其中任何一种修饰异常都将影响染色质结构或基因表达,导致发育异常、儿科多系统疾病以及复杂综合征等。细胞特定基因有序表达和关闭,决定了不同组织细胞特有的生理功能状态。若调控基因表达的正常机制发生变化,细胞的形态和功能也会随之改变。

（一）表观修饰异常与肿瘤发生

研究表明,在肿瘤发生时普遍存在全基因组低甲基化的状态,维持甲基化模式的酶调节失控,以及正常细胞中非甲基化的 CpG 岛出现高甲基化。肿瘤细胞基因组甲基化的程度为正常细胞基因组的 20%～60%。相反,肿瘤抑制基因、肿瘤转移基因、肿瘤转移抑制基因、细胞周期调节基因、DNA 修复基因、血管形成抑制基因等则呈局部区域性的高甲基化。所以,DNA 的甲基化异常与肿瘤发生密切相关,特别是 CpG 岛甲基化导致多种抑癌基因的失活是人类肿瘤发生的一个重要机制。

DNA 甲基化与去甲基化是目前肿瘤发生和治疗研究的重点之一。DNA 中 CpG 岛异常低甲基化使癌基因得以表达,从而使细胞发生恶性转化。在肿瘤发生过程中,甲基化模式发生逆转,相关基因的甲基化发生率很高。对 98 种人类主要肿瘤的非选择性的 1 184 个 CpG 岛的甲基化状态进行研究,结果显示在癌基因组的 4 500 个 CpG 岛中,有 600 个出现甲基化紊乱,并且 CpG 岛的甲基化具有肿瘤组织特异性。甲基化状态的改变又与点突变、基因缺失及基因表达异常有密切关系。已有研究表明,

在肿瘤细胞中,抑癌基因的错误甲基化会引起抑癌基因低表达,从而引发癌症。

组蛋白乙酰化和去乙酰化也是目前癌症研究的重点领域。大部分的经典 HDAC 在多种癌症中均有过量表达,目前认为 HDAC 的高表达对癌细胞的生长有促进作用。

miRNA 参与肿瘤发生的机制也是目前研究的热点领域。研究发现,约 50% 的 miRNA 基因位于基因组中的脆性位点或癌症相关区域,多数 miRNA 可作为肿瘤抑制因子而发挥作用,肿瘤细胞中的 miRNA 表达通常低于正常组织细胞。目前发现在与人类肿瘤有关的 miRNA 中,miR2143 和 miR2145 在乳腺癌、前列腺癌、宫颈癌、淋巴系统肿瘤及大肠癌的细胞中表达均下调。随着研究的深入,发现更多的 miRNA 与细胞分化成熟障碍、增殖失控以及肿瘤等疾病密切相关,人类肿瘤细胞内 miRNA 的表达水平和类型都与正常组织细胞有着明显不同,因而 miRNA 在肿瘤发生发展中的重要作用日益受到人们的关注。

综上所述,肿瘤表观遗传修饰机制贯穿肿瘤发生、发展的全过程,并具有一定的广泛性和组织特异性,因此对肿瘤的表观遗传修饰进行深入研究,对肿瘤的临床诊断、治疗和预防具有重要的指导意义。

（二）表观修饰异常与疾病发生

甲基化异常与成人精神疾病、儿童孤独症、神经退行性变性疾病以及先天性自身免疫病的发生密切相关。研究表明,精神分裂症和情绪障碍均与 DNMT 基因甲基化异常相关。DNMT 基因在精神分裂症患者脑组织的神经元中过表达,引起基因高度甲基化,从而抑制脑组织中 Reelin 蛋白的表达。Reelin 蛋白是维持正常神经传递、大脑信息存储和突触可塑性所必需的蛋白,而在精神分裂症患者的脑组织中,Reelin 蛋白表达水平降低,从而造成精神活动紊乱。

染色质重塑是 DNA 甲基化、组蛋白修饰和染色质重塑复合物共同作用的过程。它通过影响核小体的结构,为其他蛋白提供与 DNA 结合的位点。染色质重塑复合物发生突变,可导致染色质不能重塑,影响基因的正常表达,导致疾病的发生。突变引起抑癌基因的异常表达将会导致肿瘤,例如儿科癌症中检测到的 *SNF5* 丢失。编码 SWI/SNF 复合物

相关的 ATP 酶基因 *ATRX*、*ERCC6*、*SMARCAL1* 突变均可导致 B 型科凯恩综合征、Schimke 综合征甚至肿瘤。

(三)表观遗传药物的研发

表观遗传药物具有有别于传统药物的作用机制,是从基因调控层面着手开发的疾病治疗药物。研究认为,DNA 甲基化和组蛋白去乙酰化在关闭基因表达的过程中发挥着重要作用,前者可以阻断转录因子与启动子的结合,而后者则导致染色质的结构变得更加紧凑和难以接近。2004 年美国食品药品监督管理局(Food and Drug Administration,FDA)批准了第一个表观遗传学药物阿扎胞苷,使得表观遗传学药物成功迈出了从理论到应用的关键一步。特别是 2006 年,针对骨髓增生异常综合征(myelodysplastic syndrome,MDS)的地西他滨获批,开启了表观遗传学药物应用于肿瘤治疗的新篇章。

迄今已有利用靶向表观遗传靶点的药物问世,包括:非特异性的表观遗传小分子药物如 DNA 甲基化抑制剂;抑制组蛋白乙酰化水平异常的 HDAC 抑制剂;具有较强选择特异性的异柠檬酸脱氢酶(isocitrate dehydrogenase,IDH)抑制剂和组蛋白 - 赖氨酸 N- 甲基转移酶 EZH2 抑制剂等药物。

在多种肿瘤细胞中,DNMT 的表达上调和抑癌基因的异常甲基化抑制了抑癌基因的表达,使细胞周期失控,发生癌变。目前的两种 DNMT 抑制剂分别是核苷类似物(能够组装进入 DNA,从而将 DNMT 限制在 DNA 上)以及非核苷类似物(直接结合 DNMT 的催化结构域)。HDAC 抑制剂可通过提高染色质特定区域的组蛋白乙酰化水平,影响分化蛋白的表达与稳定性,进而诱导肿瘤细胞的凋亡和分化,其具有相对高的选择性与低毒的特点。

总之,表观遗传学不仅对基因的表达、调控、遗传具有重要作用,而且在肿瘤、免疫、发育障碍等许多疾病的发生和防治中也具有十分重要的意义。表观遗传学从基因序列以外的因素探索疾病发生的

机制,研究基因修饰作用产生的表型变化,调节基因对各种细胞的发育与分化所起的关键作用。这对全面理解人类遗传信息、真正揭示和正确认识包括癌症在内的人类重大疾病具有十分重要的意义。

小　结

临床遗传学检验技术的建立和发展依赖于对细胞内遗传物质形态结构和分子特性的阐明。人体细胞核内遗传信息的载体(染色质与染色体)的特性是临床遗传学检验技术的细胞基础,而真核基因的结构、基因的表达与调控以及表观遗传修饰是临床遗传学检验技术的分子基础。

真核细胞的间期细胞核内 DNA 与蛋白质结合成染色质;在细胞分裂的过程中,染色质高度螺旋化,压缩成染色体,染色体是遗传信息的载体。正常人类染色体的结构类型有中着丝粒染色体、亚中着丝粒染色体、近端着丝粒染色体。对有丝分裂中期细胞中染色体的数目、大小和形态特征进行研究即核型分析。在核型分析的基础上对染色体进行显带技术和高分辨显带技术的深入研究,是临床细胞遗传学检验的主要内容,这对临床染色体检查、肿瘤细胞染色体研究以及人类基因定位具有十分重要的意义。

真核生物的结构基因包含外显子和内含子、前导序列与调控序列等,其表达遵循中心法则。基因表达和调控包括在染色质水平、转录水平、转录后、翻译水平上进行的调控及对蛋白质活性的调节。基因组含有两类遗传信息:一类是基因组 DNA 序列所提供的遗传信息;另一类则是表观遗传学信息,即基因组 DNA 的修饰,包括 DNA 甲基化、组蛋白修饰、非编码 RNA 调控、X 染色体失活等。表观遗传修饰不仅对基因表达、调控有重要作用,而且对肿瘤、免疫缺陷、发育异常等疾病的发生和防治也具有十分重要的意义。

(杨俊宝)

第三章

染色体畸变与疾病

染色体畸变（chromosome aberration）是指体细胞或生殖细胞内染色体发生异常改变，可以分为染色体数目畸变和结构畸变。其中染色体数目畸变又分为整倍性改变和非整倍性改变；染色体结构畸变包括染色体结构的缺失、重复、倒位、易位等。由染色体畸变引起的疾病，称为染色体病。无论是染色体数目畸变还是结构畸变，其本质都是染色体上基因的增减或基因位置的移动，造成基因的表达或功能异常，从而导致染色体异常综合征或染色体病。目前已经报道的染色体病和染色体异常综合征有300多种，其中由常染色体畸变引起的疾病称为常染色体病，由性染色体畸变引起的疾病称为性染色体病。染色体病是导致出生缺陷的主要原因之一，对染色体病的防控重在一级防控和二级防控（出生缺陷防控），尽量避免严重缺陷患儿的出生。

第一节

染色体畸变类型

自然发生的染色体畸变称为自发畸变，由外界因素诱发的畸变称为诱发畸变。导致染色体畸变的因素有很多，归纳起来主要包括遗传因素和环境因素。遗传因素与父母一方或双方的染色体异常，以及母亲的年龄等有关，生育年龄超过35岁的高龄母亲，其后代发生染色体非整倍性改变的风险要高于一般人群，这与卵子老化以及合子所处的宫内环境等有关。例如，21-三体综合征是21号染色体发生畸变所致的染色体病，高龄女性孕育21-三体综合征患儿的风险大大增加。

环境因素包括化学因素、物理因素和生物因素。①化学因素包括一些化学药物、农药和工业毒素。其中化学药物包括环磷酰胺、白消安、氮芥、甲氨蝶呤等抗肿瘤药；敌百虫等有机磷农药和含有砷剂的除草剂可使染色体畸变的频率增高；长期接触苯、甲苯、铝、砷、二硫化碳、氯乙烯单体、氯丁二烯等工业毒物的化工厂工作人员，其自身发生染色体畸变或生育染色体异常患儿的概率远高于一般人群。②物理因素主要是指电离辐射，辐射源包括放射性物质爆炸后散落的尘埃、医用放射线、职业性辐射和日常生活辐射等。接受放射治疗或从事放射作业的人员，由于长期微小剂量辐射的积累效应，其体细胞或生殖细胞染色体会发生畸变。③生物因素主要包括生物体产生的毒素和病毒。霉菌毒素如黄曲霉毒素能使细胞内染色体发生畸变；病毒，尤其是致癌病毒（如肝炎病毒、EB病毒、人乳头瘤病毒、肉瘤病毒等）可引起染色体畸变，可能与病毒干扰DNA代谢有关。

一、染色体数目畸变

人类正常体细胞是二倍体（2n），有46条染色体。成熟的生殖细胞（精子和卵子）是单倍体（n），有23条染色体。如果细胞内染色体数目多于或少于46条，称为染色体数目畸变。染色体数目畸变可分为整倍性改变和非整倍性改变。

（一）整倍性改变

细胞内染色体的数目在二倍体（2n）的基础上，如果减少一个染色体组，称为单倍体（haploid）；以单倍体（n）的整倍数增加或减少，称为整倍性（euploidy）改变。如果染色体数目在2n的基础上增加一个染色体组（n），即为3n，称为三倍体（triploid）；如果增加两个染色体组（2n），即为4n，称为四倍体(tetraploid)。通常将三倍体以上的细胞或个体统称为多倍体(polyploid)。

1. 整倍性改变的类型

(1)三倍体:全身性的三倍体是致死性的,存活者多为二倍体和三倍体的嵌合(2n/3n)。在自发性流产的胎儿中,三倍体约占18%。三倍体胎儿易于流产的原因是在胚胎发育过程中,细胞有丝分裂形成了三极纺锤体,造成有丝分裂中后期染色体分配紊乱,最终导致子细胞染色体数目畸变,干扰了胚胎的正常发育而流产。

(2)四倍体:人类四倍体的体细胞染色体数目为92条(4n=92),全身性的四倍体是致死性的。四倍体比三倍体更为罕见,多为二倍体和四倍体的嵌合体(2n/4n)。在自发性流产的胎儿中,四倍体约占5%。

2. 整倍性改变的机制　整倍性改变的机制主要有:双雄受精、双雌受精、核内复制和核内有丝分裂。

(1)双雄受精:双雄受精(diandry)是指两个正常的精子或一个异常的二倍体精子同时与一个正常的卵子受精形成三倍体的合子,可形成69,XXX、69,XXY或69,XYY三种核型的受精卵(图3-1)。

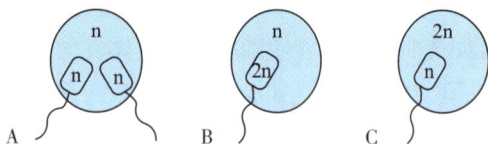

图 3-1　三倍体的形成
A、B.双雄受精;C.双雌受精。

(2)双雌受精:双雌受精(digyny)是指一个异常的二倍体卵子与一个正常的精子发生受精,形成一个三倍体的异常合子,可形成69,XXX或69,XXY两种核型。在形成卵子的第二次减数分裂中,次级卵母细胞由于某种原因未形成第二极体,应分给第二极体的染色体组仍留在细胞中,使该卵子形成异常的二倍体卵子,当其与一个正常精子结合时,就形成了含有三个染色体组的合子,即三倍体(图3-1)。

(3)核内复制:核内复制(endoreduplication)是指在一次细胞有丝分裂过程中,DNA复制了两次,而细胞只分裂了一次,形成的两个子细胞都是四倍体。核内复制是肿瘤细胞常见的染色体异常特征之一。

(4)核内有丝分裂:核内有丝分裂(endomitosis)是指在细胞有丝分裂过程中,染色体正常复制了一次,但核膜没有破裂,细胞质也没有分裂,细胞内染色体数目加倍而形成四倍体。

(二)非整倍性改变

一个体细胞内染色体数目增加或减少一条或数条,导致细胞内染色体数目不再是46条,而且不能被单倍体染色体数目整除,称为非整倍性改变;形成的细胞或个体称为非整倍体(aneuploid)。非整倍体是最常见的染色体数目畸变类型,多见于肿瘤细胞。

根据2020版的人类细胞遗传学国际命名体系(International System for Human Cytogenetic Nomenclature, ISCN),非整倍体异常核型的描述模式为"染色体总数,性染色体,+/− 异常的染色体序号","+"或"−"表示染色体数目的增加或减少。例如,一名21-三体综合征患儿有三条21号染色体,核型可描述为"47,XY,+21 或 47,XX,+21";一名流产男性胎儿有一条22号染色体丢失,核型可描述为"45,XY,-22"。发生非整倍性改变后,会产生亚二倍体、超二倍体、假二倍体等不同核型。

1. 非整倍性改变的类型

(1)亚二倍体:体细胞中染色体数目在2n的基础上减少了一条或数条,称为亚二倍体(hypodiploid)。若某对染色体少了一条,只剩下一条,称为单体型(haplotype)。单体型是最常见的亚二倍体。临床上常见的有21单体、22单体、X单体,单体型细胞由于缺少一条染色体而造成基因组失衡,多在胚胎期发生流产,仅有少数个体存活。如特纳综合征患者为X染色体单体,有性腺发育不全等临床表型。

(2)超二倍体:体细胞中染色体数目在2n的基础上增加了一条或数条,称为超二倍体(hyperdiploid)。若某对染色体多了一条(2n+1),细胞内有47条染色体,则为三体型(trisomy)。三体型是人类染色体数目畸变中最常见的一类畸变,几乎所有的染色体均有三体型病例的报道。三体型特别是较大染色体的数目增加,将造成染色体基因组的失衡,从而干扰胚胎的正常发育。绝大多数染色体三体型见于流产的胚胎,仅少数可存活至出生,且寿命不长,并伴有各种严重畸形。三体型以上的超二倍体统称为多体型(polysomy)。临床上常见性染色体多体型，如四体型、五体型，核型分别为 48,XXXX、48,XXXY、48,XXYY 以及 49,XXXXX、49,XXXYY 等。

（3）假二倍体：人类体细胞中染色体数目虽然正常，但表现为有的染色体数目增加，有的染色体数目减少，增加和减少的染色体数目相等，染色体总数目不变，仍为 46 条，称为假二倍体（pseudodiploid）。例如：46,XY,+8,−21 表示增加一条 8 号染色体，同时丢失一条 21 号染色体，染色体数目仍为 46 条，但出现了部分染色体的重复或者丢失，产生遗传物质不均衡的情况，可出现染色体病的表现，并与流产、胎儿畸形等有关。

2.非整倍性改变的机制　非整倍性改变产生的原因主要是在生殖细胞成熟的过程中或在受精卵早期卵裂的过程中，发生了染色体不分离或染色体丢失的情况。

（1）染色体不分离：在细胞分裂中后期，如果某对同源染色体或姐妹染色单体没有发生分离，而是同时进入一个子细胞，即导致其中一个子细胞因染色体增多成为超二倍体，另一个子细胞因减少一条染色体成为亚二倍体。

染色体不分离既可发生在细胞有丝分裂过程中，也可发生在减数分裂的过程中。

1）受精卵卵裂早期发生的染色体不分离。卵裂早期的某条姐妹染色单体不分离，可产生两种或两种以上细胞系组成的嵌合体。如果不分离发生在第一次卵裂，则形成具有两个细胞系的嵌合体，一个为超二倍体（2n+1），另一个为亚二倍体（2n−1）；若不分离发生在第二次卵裂以后，则形成具有三个或三个以上细胞系的嵌合体（45,46,47）。不分离发生得越晚，正常二倍体细胞所占的比例越大，临床症状也相对较轻。

2）减数分裂期发生的染色体不分离。如果染色体不分离发生在减数分裂Ⅰ，例如某对同源染色体不分离，同时进入一个子细胞，所形成的配子中，一个有 24 条染色体，一个有 22 条染色体，与正常配子受精后分别形成超二倍体和亚二倍体（47/45）。如果在减数分裂Ⅱ发生染色体不分离，所形成的配子中染色体数有 1/2 为 n、1/4 为（n+1）、1/4 为（n−1），它们与正常配子受精后，将分别形成二倍体、超二倍体、亚二倍体。

（2）染色体丢失：又称为染色体后期迟延（anaphase lag），在细胞有丝分裂过程中，某条染色体未与纺锤丝相连，不能移向两极参与子细胞的形成，或者在移向两极时行动迟缓，滞留在细胞质中，造成该条染色体丢失而形成亚二倍体。染色体丢失也是嵌合体形成的机制之一。

（三）特殊的染色体数目畸变

1.嵌合体　体内存在两种或两种以上不同核型的细胞系的个体称为嵌合体。人类常见的嵌合体为细胞染色体数目畸变的嵌合，例如 47,XX,+21/46,XX、47,XXY/46,XX 和 45,X/46,XX 等；此外还有染色体结构畸变的嵌合，以及染色体数目畸变和结构畸变之间的嵌合。根据细胞来源，嵌合体又分为同源嵌合体（mosaic）和异源嵌合体（chimera）。同源嵌合体是指由一个受精卵发育形成的嵌合；异源嵌合体是指卵子和极体均受精，两种受精卵紧密结合成一个胚胎并发育形成的嵌合。

2.单亲二倍体　单亲二倍体（uniparental disomy，UPD）是指体细胞中某同源染色体均遗传自同一个亲体。若遗传自同一亲本的两条同源染色体，即 2 条染色体碱基序列不同，称为单亲源异二倍体（heterodisomy uniparental disomy，hetUPD）；若遗传自同一亲体的同一染色体，则为单亲源同二倍体（isodisomy uniparental disomy，isoUPD）。UPD 发生的主要原因之一是三体的"自救"：胚胎细胞减数分裂或有丝分裂错误后产生了染色体三体，胚胎细胞将多余的染色体剔除进行"自救"，剔除的染色体为正常分裂的染色单体，而来自同一亲本未分离的两条染色单体被留存，从而导致 UPD。UPD 在活产婴儿中发生的概率为 1/5 000～1/3 500，UPD 不一定是致病的，若致病则可能为常染色体隐性遗传病或印记基因病。

3.X 染色体失活　X 染色体失活（X chromosome inactivation）是指雌性体细胞中一条 X 染色体失去活性，被包装成异染色质，即巴氏小体（Barr's body），其基因功能受抑制而沉默。X 染色体失活是一种表观遗传修饰，发生在胚胎植入期。一般情况下，来自父方或母方的 X 染色体呈随机失活，但在某些特殊情况下会倾向于失活其中特定的一条，称为 X 染色体的非随机失活。比如携带 X 连锁隐性遗传致病基因的女性杂合子，由于 X 染色体失活的偏移更倾向于野生型等位基因的表达，失活的多为含有突变的那条 X 染色体，故女性携带者理论上是不发病的。

二、染色体结构畸变

染色体结构畸变是指染色体发生结构的改变。染色体在理化等因素的作用下发生断裂,形成的断端具有黏性,易与其他断端接合,断裂后的片段如果移动位置与其他断端接合或丢失,可引起染色体结构畸变,又称为染色体重排(chromosome rearrangement),包括染色体内重排和染色体间重排。染色体内重排包括缺失、重复、倒位、环状染色体或等臂染色体等;染色体间重排包括易位、复杂性染色体重排、标记染色体等。

(一)染色体内重排

1. 缺失 缺失(deletion,del)是指染色体片段的丢失,位于片段上的基因也随之丢失。根据断裂点的位置可分为末端缺失和中间缺失。末端缺失是指染色体臂断裂后未发生重接,无着丝粒的片段不能与纺锤丝相连而丢失。中间缺失是指染色体的同一臂上发生了两次断裂,断裂点中间的片段丢失,余下两个片段重接。如5号染色体长臂1区3带(5q13)末端缺失的核型简式描述为46,XX,del(5)(q13),详式描述为46,XX,del(5)(pter→q13:)(图3-2A);5号染色体长臂1区3带至3区3带(5q13-5q33)中间缺失的核型描述简式为46,XX,del(5)(q13q33),详式为:46,XX,del(5)(pter→q13::q33→qter)(图3-2B)。

2. 重复 是指一个染色体上的某一片段增加了一个或以上的拷贝数。同源染色体或姐妹染色单体之间的不等交换或染色体片段的插入,可导致染色体重复(duplication,dup)。

3. 倒位 一条染色体发生了两次断裂,两个断裂点之间的片段发生180°旋转后重接,导致染色体上的基因重排,称为倒位(inversion,inv)。染色体倒位可发生在同一个染色体臂,也可发生在长臂和短臂之间,分别称为臂内倒位和臂间倒位。臂内倒位指一条染色体上的同一条臂发生了两次断裂,断裂点之间的片段发生180°旋转后重接;例如2号染色体p13和p23发生断裂,两个断裂点之间的片段倒转后重接,形成一条臂内倒位的染色体(图3-3A)。这种结构畸变的核型用简式描述为46,XX,inv(2)(p13p23),详式描述为46,XX,inv(2)(pter→p23::p13→p23::p13→qter)。臂间倒位指一条染色体的长臂和短臂各发生了一次断裂,带着丝粒的中间片段发生180°旋转后重接,形成一条臂间倒位染色体。如3号染色体p13和q21发生断裂,两个断裂点之间带着丝粒的片段倒转后重接(图3-3B)。这种染色体结构畸变的核型简式描述为46,XY,inv(3)(p13q21),详式描述为46,XY,inv(3)(pter→p13::q21→p13::q21→qter)。

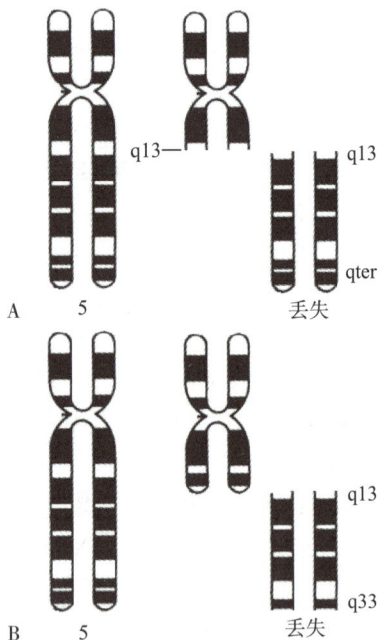

图3-2 5号染色体缺失
A. 末端缺失;B. 中间缺失。

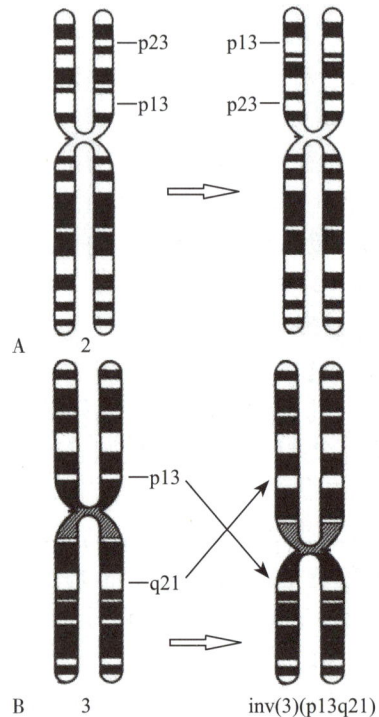

图3-3 染色体倒位
A. 2号染色体臂内倒位;B. 3号染色体臂间倒位。

发生倒位的染色体没有基因的丢失,具有倒位染色体的个体一般没有遗传效应,称为倒位携带者。倒位携带者的生殖细胞在减数分裂形成配子时,因同源染色体发生联会,倒位的染色体在减数分裂Ⅰ前期形成特有的倒位环。如果在倒位环内发生两条非姐妹染色单体的交叉互换,理论上会形成4种不同的配子,一种具有正常染色体,一种具有倒位染色体,其余两种分别带有部分重复和部分缺失的染色体。

4. 环状染色体　一条染色体的长臂和短臂同时发生断裂,含有着丝粒片段的两个断端发生重接,形成环状染色体(ring chromosome,r)。如 7 号染色体 p22 和 q36 同时发生断裂,断裂点末端片段丢失,带着丝粒片段的两个断端重接形成环状染色体。核型简式描述为 46,XX,r(7)(p22q36),详式描述为 46,XX,r(7)(::p22 → q36::)。

5. 等臂染色体　一条染色体的两个臂在形态和遗传结构上完全相同,称为等臂染色体(isochromosome,i)。在正常细胞的有丝分裂中,着丝粒发生纵裂,姐妹染色单体分离,形成的染色体具有长臂和短臂。等臂染色体一般是由细胞有丝分裂后期着丝粒发生横裂造成的,各自复制后形成具有两个短臂或两个长臂的等臂染色体。近端着丝粒同源染色体间的罗伯逊易位也会形成等臂染色体。例如等臂 Xq(图 3-4),用简式描述为 46,X,i(X)(q10),详式描述为 46,X,i(X)(qter → q10::q10 → qter)。表示有一条 X 染色体为长臂等臂的染色体。

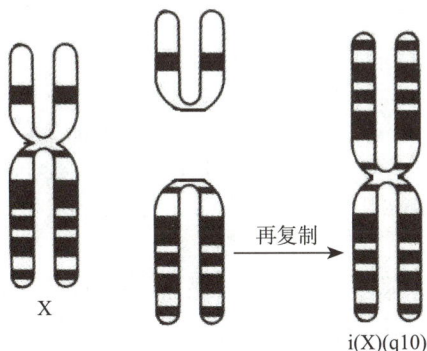

图 3-4　等臂染色体的形成

(二)染色体间重排

1. 易位　一条染色体发生断裂后的片段移接到另一条染色体上,这种结构畸变称为易位(translocation,t)。常见的易位包括相互易位、罗伯逊易位、插入易位。

(1)相互易位:两条染色体发生断裂后,相互交换无着丝粒的片段后重接,形成两条新的衍生染色体(derived chromosome),称为相互易位(reciprocal translocation)。相互易位仅涉及片段位置的改变(图 3-5)。如 2 号染色体长臂 2 区 1 带(2q21)和 5 号染色体长臂 3 区 1 带(5q31)同时发生断裂,断裂点末端片段发生相互交换,形成一条新的 2 号染色体和一条新的 5 号染色体,用简式描述为 46,XY,t(2;5)(q21;q31),详式描述为 46,XY,t(2;5)(2pter → 2q21::5q31 → 5qter;5pter → 5q31::2q21 → 2qter)。

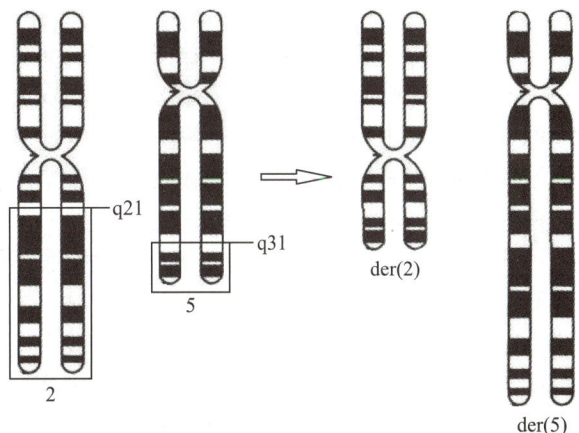

图 3-5　染色体相互易位

(2)罗伯逊易位:罗伯逊易位(Robertsonian translocation)又称着丝粒融合,这是近端着丝粒染色体(13、14、15、21、22 号染色体)之间的一种特殊类型的易位。两条近端着丝粒染色体在着丝粒的位置或其附近发生断裂,二者的长臂在着丝粒的位置接合,形成一条新的衍生染色体。罗伯逊易位通常伴有短臂的自发性丢失。罗伯逊易位携带者虽然只有 45 条染色体,但表型一般正常。罗伯逊易位用 der 描述,例如 13 号染色体和 21 号染色体的罗伯逊易位简式可描述为 45,XX,der(13;21)(q10;q10),详式描述为 46,XX,der(13;21)(13qter → 13q10::21q10 → 21qter)(图 3-6)。

(3)插入易位:两条染色体发生断裂,其中一条染色体的断裂片段插入另一条染色体的断裂位点,称为插入易位(insertional translocation)。这是一种单向的易位,如果插入发生在两条同源染色体间,将导致一条同源染色体上插入片段的重复,另一条同源染色体上相同片段的缺失。

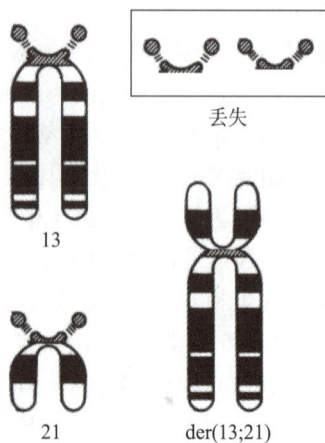

图 3-6　罗伯逊易位

2. 复杂染色体重排　复杂性染色体重排（complex chromosome rearrangement, CCR）是指涉及两条以上染色体、三个以上断裂点的染色体结构重排（涉及染色体倒位、易位等）。复杂性染色体重排属于罕见的染色体结构畸变，可为新发突变，也可来源于双亲。研究表明，复杂性染色体重排可能与肿瘤和不孕不育有关。

3. 标记染色体　标记染色体（marker chromosome, mar）是指不能通过细胞遗传学常规显带方法分辨的、结构畸变的染色体。只要该染色体上有可以辨认的部分，应视作衍生染色体，并按照衍生染色体的命名规则描述。核型描述中，mar 前必须写上"+"号。例如：47, XX, +mar，表示额外发现一条标记染色体。

（三）非编码 DNA 区域结构变异

非编码 DNA 区域结构变异包括异染色质、随体柄和随体的变异。变异是指人群中染色体片段的大小或染色体带纹的差异，包括长度的变异、数目和位置的改变。长度的变异通过在异染色质片段（heterochromatin segments, h）、随体柄（stalks, stk）或随体（satellite, s）对应的符号 h、stk、s 之后加上（+）或（−）号来描述，以此区分由其他结构异常导致的染色体臂的长度变化。例如，16qh+ 表示 16 号染色体长臂的异染色质区长度增加，21ps+ 表示 21 号染色体短臂的随体长度增加。异染色质区、随体柄和随体的位置变异也可以用前述命名符号描述，如 17ps 表示 17 号染色体短臂出现随体，1q41h 表示 1 号染色体长臂 4 区 1 带出现异染色质。

第二节
染色体畸变的疾病

染色体畸变如果涉及个体体内遗传物质的增加或减少，可能导致染色体病的发生，临床上可表现为早期自然流产（约占自然流产原因的 50%）、畸形、智力落后、生长发育迟缓、精神和行为异常等。目前已经报道的染色体综合征有 300 多种，其中由常染色体畸变引起的疾病称为常染色体病，由性染色体畸变引起的疾病称为性染色体病，二者又分别包括数目畸变和结构畸变。染色体整倍性改变是致死性的，常见为三倍体和四倍体，是自然流产的主要原因之一。常见的染色体病及其在活产新生儿中的发生率见表 3-1。

表 3-1　常见的染色体病及其发生率

染色体病种类	疾病名称	活产新生儿发生率
常染色体病	21- 三体综合征（唐氏综合征）	1/1 000～1/650
	18- 三体综合征（爱德华兹综合征）	1/5 000～1/3 500
	13- 三体综合征（帕托综合征）	1/25 000～1/15 000
	5p 部分单体综合征（猫叫综合征）	1/50 000～1/20 000
性染色体病	XXY 综合征（克兰费尔特综合征）	1/1 000～1/800
	XYY 综合征（超雄综合征）	1/900
	XXX 综合征（超雌综合征）	1/1 000
	特纳综合征（先天性卵巢发育不全）	1/5 000
染色体整倍性改变	三倍体综合征	几乎无法存活
	四倍体综合征	几乎无法存活
染色体微缺失微重复综合征	22q11.2 微缺失综合征	1/4 000～1/3 000
	22q11.2 微重复综合征	1/4 000～1/3 000
	普拉德 - 威利综合征	1/20 000～1/10 000
	快乐木偶综合征	1/40 000～1/10 000
	贝 - 维综合征	1/13 700
	威廉综合征	1/10 000

一、常染色体病

（一）常染色体数目畸变疾病

由于减数分裂时常染色体不分离可产生含有染色体数目畸变的配子，如果受精则会导致常染色体数目畸变疾病的发生，多为染色体非整倍性改变，临床上常见的有 21- 三体综合征、18- 三体综合征和 13- 三体综合征等，根据染色体数目畸变的情况，分为标准型、易位型和嵌合型。

1. 21- 三体综合征　早在 1866 年，英国医生 Langdon Down 发表的论文对一类具有特殊面容的患儿进行了描述，该类患儿被命名为唐氏综合征（Down syndrome）（MIM 190685），又称先天愚型。后来发现该病由染色体数目异常所引起，即患儿体内 G 组染色体多了一条 21 号染色体，故又称为 21- 三体综合征（21-trisomy syndrome）。其发病率在活产婴儿中为 1/1 000～1/650。

（1）临床特征：21- 三体综合征患儿俗称唐氏儿，首要表现为智力落后，随着年龄增长而愈发明显，智商为 25～50。面容特殊，可见圆脸、鼻梁低平；眼距增宽、斜眼、眼裂小、内眦赘皮；张口弄舌、流涎；耳郭畸形、小耳、耳位低；小头畸形、枕部扁平、头发少而软、前囟闭合晚于同龄儿；身材矮小，出生时可表现为体重偏低、体长小于平均值，四肢短小，手掌宽大，通贯掌、第 5 指特别短小或缺乏中间指节；肌张力低下，走路不稳，可伴腹直肌分离或脐疝。

部分 21- 三体综合征患儿可合并多个器官或系统的异常，30%～40% 的患儿可合并心脏畸形，如动脉导管未闭、房室共道畸形、房间隔缺损、室间隔缺损、心包积液等；消化系统畸形表现为十二指肠狭窄或闭锁、巨结肠、肛门闭锁、脐膨出等；脑部畸形可见小脑发育不良、脑部轻度萎缩（可能仅见脑室轻度扩张）、大脑额叶减小等。少数 21- 三体综合征患儿在妊娠期可能无明显结构异常，被常规超声检查所遗漏，更多的 21- 三体综合征患儿在胎儿期可能仅表现为微小结构的异常，如妊娠早期胎儿颈后透明层厚度（nuchal translucency，NT）增加、妊娠中期颈部皮肤皱褶（nuchal fold，NF）增厚、妊娠中晚期肠管回声增强、轻度肾盂增宽、心室强回声灶、长骨短（表现为股骨短和肱骨短）、轻度侧脑室扩张等。

部分 21- 三体综合征胎儿在妊娠期会发生流产

或死亡。出生后的 21- 三体综合征患儿常常发育迟缓，1 岁能坐，3 岁能走，少有攻击性，善于模仿，其发生肿瘤如白血病的概率高于正常人群，抵抗力低下，易发生肺部感染。平均寿命为 16 岁，近一半的 21- 三体综合征患儿会在 5 岁前死亡，如果没有合并器官或系统畸形、白血病或严重感染，其寿命可达 40 岁以上，之后可出现脑组织 Alzheimer 样病变，出现阿尔茨海默病的临床表现。女性患者几乎没有生育能力，无月经，但偶见结婚并生育者，其后代发生 21- 三体综合征的风险增高；男性患者常伴隐睾，精子生成数目减少，表现为不育。嵌合型者生育能力略有提高。

（2）遗传类型：①标准型，约占 95%，核型为 47，XX（XY），+21，是临床上最常见的染色体非整倍体核型，几乎全部为新发，大部分为配子形成过程中染色体不分离所致，与母亲高龄密切相关，发病风险随母亲年龄增长而增高，与父母的核型无关。②易位型：多为罗伯逊易位核型，以 14/21 易位最常见，约占 4%，核型为 46，XX（XY），der（14;21）（q10;q10），75% 为新发，25% 遗传自父母之一携带的罗伯逊易位。③嵌合型：由于受精后体细胞染色体异常分离，患儿体内存在两种或以上核型的细胞系，其中一种细胞核型为 21- 三体，核型多为 mos 47，XX（XY），+21/46，XX（XY）。临床表现随异常核型所占比例的不同而差型多样。

2. 18- 三体综合征　1960 年，John Hilton Edwards 首次发文描述了一种多发畸形的遗传病，主要为体内中胚层及其衍化物的发育异常，该疾病以其发现者的名字命名为爱德华兹综合征（Edwards syndrome）。后续研究发现患儿体内多了一条 E 组的 18 号染色体，故又称为 18- 三体综合征（18-trisomy syndrome）。其发病率在活产婴儿中为 1/5 000～1/3 500。

（1）临床特征：主要为重度智力落后、多发畸形，如颜面部畸形，高达 70% 为小下颌，小嘴巴，部分可见唇腭裂，鼻梁呈长窄形，眼裂小而短、内眦赘皮、小眼球、混浊角膜等；小头，但枕部突出；低位耳，扁平耳郭，似动物，耳朵上部略尖；短颈；胸骨短小；消化系统畸形，可见肠管旋转、胆道闭锁、肠道及肛门闭锁等；马蹄肾、双肾多囊性改变、肾盂积水；骨盆狭窄；男性患儿可表现为隐睾，女性患儿外阴发育不良，双子宫，卵巢发育不良。18- 三体综合征最具特征的表现是双手呈特殊握拳姿势，手指屈曲、第 3 指和第 4 指紧贴手掌、第 2 指和第 5 指压在上面，呈重叠姿势，而且固定。通贯掌在 1/3 的患儿中可见，手指的弓形纹过多，足部可呈摇椅状，指甲和趾甲均发育不良。

大部分 18- 三体综合征患儿可合并心脏畸形，如室间隔缺损、房间隔缺损、主动脉瓣异常、肺动脉瓣异常、胸腔大血管异常、动脉导管未闭等，可在妊娠期通过 B 超检查发现。约 45% 在胎儿期可见头颅形态呈草莓状，还可见脑膜膨出、Dandy-Walker 畸形、脊柱裂等。少数 18- 三体综合征患儿在妊娠期可能没有明显的结构畸形，仅表现为微小异常。报道显示 30%～50% 的 18- 三体综合征胎儿在妊娠期可检测到脉络丛囊肿；胎儿生长发育迟缓、后颅窝池增宽、胆囊增大、单脐动脉等与 18- 三体综合征具有相关性。

多数 18- 三体综合征胎儿在妊娠期会发生流产或死亡。出生后的 18- 三体综合征患儿一般在 1 岁之内死亡，即使能活到儿童期，也常伴有身体结构畸形和重度智力落后。嵌合型者如果正常细胞比例较高，其症状可能较轻，能活到 10 岁以上。

（2）遗传类型：①标准型，约占 80%，核型为 47，XX（XY），+18，为新发畸变，大部分为配子形成过程中染色体不分离所致，与父母核型无关。②易位型，少见，主要遗传自父母之一携带的 D 组染色体与 18 号染色体易位。③嵌合型，约占 10%，患儿体内存在两种或以上核型的细胞系，其中一种细胞核型为 18- 三体，核型多为 mos 47，XX（XY），+18/46，XX（XY）。临床表型随异常核型所占比例的不同而各有差异。

3. 13- 三体综合征 1957 年 Bartholin 等就对该病的临床特征进行了描述，1960 年帕托（Patau）确认其原因为患儿体内增加了一条 D 组的 13 号染色体，故命名为帕托综合征（Patau syndrome）和 13- 三体综合征（13-trisomy syndrome）。其发病率在活产婴儿中为 1/25 000～1/15 000。

（1）临床特征：大部分患儿有全前脑缺陷，表现为前脑无裂畸形，并伴视神经和嗅神经发育不良，小头畸形，囟门和矢状缝增大，枕部及头顶部头皮缺陷，前额可见毛细血管瘤；小眼球，虹膜缺损，眼距增宽；合并心脏畸形，如室间隔缺损、房间隔缺损、心脏向右移和动脉导管未闭等；还可见多囊肾样改变；男性患儿为隐睾、畸形阴囊，女性患儿阴蒂肥大，双子宫、双阴道，胎儿生长发育迟缓。约 2/3

患儿可合并唇裂或腭裂，或二者皆有，小下颌；低位耳，畸形耳郭，耳聋。约 1/2 为通贯掌，手指弓形纹增多，指甲发育不良呈狭窄状、明显突出，轴后多指，重叠手，特殊握拳姿势，多趾，足跟向后突出呈摇椅状。脐疝、单脐动脉和肾盂积水等与 13- 三体综合征具有相关性。

13- 三体综合征胎儿多在妊娠期发生流产或死亡。活产的 13- 三体综合征患儿平均寿命 130d，大多数在 1 个月内死亡，只有不到 5% 的患儿可能存活至 3 岁。幸存者常伴身体结构畸形、重度智力落后、肌张力低下、癫痫样发作。嵌合型者如果正常细胞比例较高，其症状可能较轻，存活时间可能延长。

（2）遗传类型：①标准型，约占 80%，核型为 47，XX（XY），+13，皆为新发，系配子形成过程中 13 号染色体不分离，与父母核型无关，但与母亲年龄相关。②易位型，约占 14%，少见，主要遗传自父母之一携带的 D 组 13 号染色体和 14 号染色体易位。核型为 46，XX（XY），der（13;14）（q10;q10）。90% 的 13/14 易位核型为新发。③嵌合型，约占 6%，患儿体内存在两种或以上核型的细胞系，其中一种细胞系核型为 13- 三体，核型多为 mos 47，XX（XY），+13/46，XX（XY）。临床表型随异常核型所占比例的不同而有所差异。为受精后体细胞染色体分离异常所致。

（二）常染色体结构畸变疾病

染色体易位或倒位携带者可产生染色体部分缺失或部分重复的配子，或者由于环境因素等的影响，染色体在分离过程中发生不等交换，产生含染色体结构畸变的配子，如果受精则发育成患有染色体结构畸变疾病的个体。其中常见的常染色体结构畸变疾病为 5p 部分单体综合征、环状染色体综合征、染色体微缺失微重复综合征（见第四章）等。

1. 5p 部分单体综合征 1963 年医生 Lejeune 等首次描述了该疾病，其原因为患儿体内的 5 号染色体短臂 1 区 5 带缺失，因患儿哭声似小猫叫声，故又称为猫叫综合征（cri-du-chat syndrome）（MIM 123450）。其发病率在活产婴儿中为 1/50 000～1/20 000。

（1）临床特征：5p 部分单体综合征患儿智力严重落后（IQ＜20）；小头畸形，脑萎缩、脑积水；满月脸、鼻梁低平、眼距增宽、外眦下斜、内眦赘皮；小下颌、高腭弓、牙齿错位咬合；耳位低；手足小、并指；

男性患儿阴茎和睾丸偏小,隐睾;50%可伴先天性心脏病;髋关节松弛脱位;皮肤纹理异常。大部分患儿可存活至儿童期,能独立行走,但伴有严重语言障碍,少数可存活至成年。

（2）**遗传类型**:核型为46,XX(XY),del(5)(p15),大部分为新发,呈散发性;少数可能为易位携带者发生不平等交换产生不平衡配子所致。

2. 环状染色体综合征　由于同一条染色体长臂和短臂同时发生断裂并重接后形成的圆环状染色体即为环状染色体,含有着丝粒片段。2、4、6、13、14、18、20 和 22 号环状染色体均有报道。环状染色体的总体发病率约为1/50 000。

（1）**临床特征**:由于染色体断裂重接过程中可能发生了遗传物质的丢失,环状染色体综合征患者的外观可能正常,也可能伴轻微的结构异常,部分可表现为轻度至中度智力落后、生长发育迟缓等,不同染色体来源的环状染色体综合征患者表型略有不同,主要与丢失染色体片段的大小和携带的基因等因素有关。

（2）**遗传类型**:核型为 46,XX(XY),r(2)(或者其他染色体),大部分为新发,呈散发性;少数可能遗传自具有环状染色体的父母。

二、性染色体病

（一）性染色体数目畸变疾病

减数分裂时如果发生不分离的是性染色体,则可形成性染色体非整倍体配子,受精后导致性染色体数目畸变的疾病发生,临床上常见的为 47,XXY、47,XYY、47,XXX 和 45,X 等,核型分为标准型和嵌合型。

1.XXY 综合征　1942 年,Klinefelter 等首先报道了该病,以其名字命名为克兰费尔特综合征(Klinefelter syndrome),患者最典型的表现为睾丸发育不良或小睾丸,故又名先天性睾丸发育不全或原发性小睾丸症。1956 年,Bradbury 等发现该类患者的间期细胞含 X 染色质;1959 年,Jacob 等研究发现这种患者虽然社会表型为男性,但其体细胞内含有 2 条 X 染色体,故又名 XXY 综合征。XXY 综合征在人群中的发病率较高,在男性不育患者中占 10%,在活产男性婴儿中为 1/1 000~1/800。

（1）**临床特征**:XXY 综合征患者的社会性别为

男性,外观无明显异常,其典型表现为不育,常常因为结婚后妻子不孕而就诊。患者身材高大、四肢修长、皮肤白净细嫩、体表脂肪堆积似女性体型;第二性征发育不良(喉结不明显、体毛稀少、大部分无胡须)、阴茎发育不良但不影响功能;25% 的患者有乳房发育症状,并因此而就诊;新生儿期睾丸大小正常,青春期睾丸体积约为正常人的 1/3,质硬,睾丸曲细精管呈毛玻璃样变性,无精子产生;体内雄激素水平下降,而雌激素水平增高;少数患者可能合并心脏畸形、骨髓异常;智力正常或轻度落后,部分患者可能有精神性疾病如精神分裂症倾向;患者发生糖尿病、哮喘、乳腺癌和甲状腺疾病的风险增高。嵌合型者如果正常细胞比例高可能具有生育能力。

（2）**遗传类型**:①标准型,占 80%~90%,核型为 47,XXY,约 1/2 为父亲减数分裂时 X 染色体不分离所致,余 1/2 为母亲减数分裂时 X 染色体不分离或合子有丝分裂时 X 染色体不分离所致。②嵌合型,占 10%~15%,患儿体内存在两种或以上的核型,常见 mos 47,XXY/46,XY、mos 48,XXXY/46,XY 等核型。临床表型随异常核型所占比例的不同而表型不一,嵌合型者可能具有生育能力,为受精后细胞有丝分裂时染色体分离异常所致。

2. XYY 综合征　1961 年,Sandburg 等首次发现并报道了该病,其原因为患者体细胞内含有 2 条 Y 染色体,故称为超雄综合征。核型分为标准型和嵌合型。在男性新生儿中发病率约为 1/900。

（1）**临床特征**:XYY 综合征患者社会性别为男性,表型一般正常,身材高大,多在 180cm 以上,脾气暴躁,生育能力大多正常,但后代出现 47,XYY 核型的概率增加,少数可见睾丸发育不良、隐睾、尿道下裂,可能因妻子不孕或反复自然流产而就诊。

（2）**遗传类型**:①标准型,核型多为 47,XYY,由于父亲减数分裂时 Y 染色体不分离,使得含有 2 条 Y 染色体的精子与正常卵子受精而形成。②嵌合型,少数为 mos 45,X/47,XYY 嵌合核型,是受精后体细胞染色体分离异常的结果。

3. XXX 综合征　1959 年 Jacob 等首次发现该综合征,其病因为患者体细胞内含有 3 条或多条 X 染色体,故又称为超雌综合征。核型分为标准型和嵌合型。在女性新生儿中发病率约为 1/1 000。

（1）**临床特征**:XXX 综合征患者的社会性别为女性,表型一般无明显异常,多数患者青春期时第二性征可正常发育,生育能力正常;但少数患者可出现卵巢功能低下、乳房发育不良，常常因为闭经而就诊；约 1/3 患者可合并结构畸形，如先天性心脏病、髋关节脱位等；部分还可出现精神异常；XXX 综合征患者的智力几乎正常，但 X 染色体如果增加，可表现为智力落后和结构畸形，且 X 染色体数目增加越多，智力落后和畸形也越严重。

(2)遗传类型：①标准型，核型多为 47,XXX，极少数为 48,XXXX、49,XXXXX 等，为母亲减数分裂时 X 染色体不分离，使得含有 2 条或多条 X 染色体的卵子与精子受精。②嵌合型，少数为 mos 45,X/47,XXX 嵌合核型，为受精后体细胞染色体分离异常的结果。

4. 特纳综合征 1938 年，Turner 首先报道了该综合征，故命名为特纳综合征(Turner syndrome)；患者可伴卵巢发育不良，故又名性腺发育不全或先天性卵巢发育不全。1959 年，Ford 证实该综合征患者细胞内仅含有 1 条性染色体，即 X 染色体，故又命名为 45,X 综合征。核型分为标准型和嵌合型。新生女婴中的发病率约为 1/5 000，研究发现在早期妊娠中的发病率高达 1.4%，绝大多数会发生自然流产。流产胚胎组织中该综合征的检出率为 18%～20%。

(1)临床特征：特纳综合征患者社会性别为女性，典型表现为身材矮小(身高为 120～140cm)、性器官发育幼稚、肘部外翻。可见小下颌、内眦赘皮、上眼睑下垂；50% 的患者可有颈蹼；后发际线低；性腺呈纤维条索状，无滤泡、无子宫，乳房及外生殖器呈幼稚型，无生育能力；50% 的患者可合并畸形，如主动脉狭窄、马蹄肾。患者常常因为身材矮小和原发闭经就诊。由于 X 染色体的随机失活，特纳综合征的表型差异较大，少数可能外观正常，月经不规律，常因不孕就诊。部分智力可能正常，但多数为轻度智力障碍，生活能自理。嵌合型者可能具有生育能力。

(2)遗传类型：①标准型，约占 55%，核型为 45,X，其中 3/4 为父亲减数分裂时 X 染色体不分离，1/4 系母亲减数分裂时 X 染色体不分离造成不含性染色体的配子受精。②嵌合型：患儿体内存在两种或以上的核型，常见为 mos 45,X/46,XX，偶有 mos 45,X/46,XY，临床表型随异常核型所占比例不同而表型不一，可能具有生育能力。系受精后染色体分离时 X 染色体或 Y 染色体丢失的结果。

(二)性染色体结构畸变疾病

性染色体易位或倒位携带者在配子形成过程中可发生不等交换，导致性染色体结构畸变，部分患者可有染色体畸变疾病表现。其中 X 染色体结构的畸变更为常见，如 X 染色体短臂或长臂部分缺失、重复、等臂、环状 X 染色体以及 X 染色体与其他染色体易位等；Y 染色体结构畸变有 Y 染色体短臂缺失、Y 染色体长臂缺失等。

1. X 染色体结构畸变 研究发现 X 染色体短臂 p11 → pter 和长臂 q13 → q25 区域与临床表型有关，如智力落后、精神障碍、月经不调或者闭经；而 X 染色体短臂 p11 → p22 和长臂 q26 → q28 区域则决定性发育，X 染色体结构畸变如果涉及这些区域，可导致性器官发育不良。

(1)临床特征：X 染色体结构畸变疾病严格来说属于特纳综合征的特殊类型，可具有典型特纳综合征的临床表型，也可只有部分表型。X 染色体短臂缺失的患者可有先天畸形、骨骼发育不良、身材矮小等症状；X 染色体长臂缺失则表现为生殖障碍(原发性闭经、不孕)。X 环状染色体常伴有孤独症的表现(交流障碍、智力落后、畸形等)。

(2)遗传类型：如果是等臂染色体，根据等臂的是 X 染色体的长臂或者短臂，核型分别为 46,X,i(X)(q10) 或 46,X,i(X)(p10)；如果缺失的是 X 染色体长臂或者短臂的一部分，核型为 46,X,del(X)(q?) 或者 46,X,del(X)(p?)(根据染色体分析结果来确定缺失的区带)；环状 X 染色体的核型为 46,X,r(X)；如果 X 染色体与其他染色体发生易位，根据与之易位的染色体不同核型也不同；有时也可能为结构异常的 X 染色体核型与正常核型的嵌合体，如 mos 46,X,r(X)/46,XX。

2.Y 染色体结构畸变 Y 染色体短臂上存在 Y 染色体性别决定区(sex-determining region of Y，*SRY*)、睾丸决定因子(testis determining factor，*TDF*)，*SRY* 主要决定胚胎向男性分化，*TDF* 和 *SRY* 共同影响精子的成熟；Y 染色体长臂上存在决定精子生成的重要区域无精子症因子(azoospermia factor，*AZF*)，位于 Yq11。

(1)临床特征：Y 染色体短臂缺失可引起 *SRY* 表达异常，导致 46,XY 女性性反转，或者影响精子的成熟；Y 染色体长臂缺失如果涉及 *AZF* 区域，则引起生精障碍，表现为小睾症、弱精症、少精症和无精症,以及不育、性功能障碍等。

(2)遗传类型:Y 染色体短臂缺失的核型为 46,X,del(Y)(p?),俗称 Yp-;Y 染色体长臂缺失核型为 46,X,del(Y)(q?),俗称 Yq-;另外还偶见 Y 染色体与其他染色体发生相互易位形成的核型;Y 染色体短臂和长臂发生断裂重接后形成的等臂双着丝粒染色体,核型 46,X,idic(Y)。

三、染色体整倍性改变

正常人的核型为二倍体核型,但由于双雄受精、双雌受精、核内复制和核内有丝分裂等原因,个体的染色体数目呈多倍性改变,导致三倍体综合征和四倍体综合征等的发生。染色体整倍性改变是发生早期自然流产的原因之一。

1.三倍体综合征　三倍体综合征患者体细胞内含有三条性染色体,染色体数目为单体型的三倍,总数为 69 条。核型分为标准型和嵌合型。

(1)临床特征:三倍体综合征的典型表现为生长发育迟缓、多发畸形、葡萄样变大胎盘、脐膨出;基因组印记可影响其表型,表达的父源性基因可影响胎盘发育,若三倍体为双雄受精所致,在妊娠中期后可见一个生长发育迟缓的畸形胎儿(常合并先天性心脏病、并指等)和大胎盘(伴局部性葡萄样改变),羊水过少;表达的母源性基因则主要影响胎儿发育,当三倍体为二倍母源配子和单倍父源配子受精所致时,常常在妊娠早期即发生自然流产,胎儿严重结构畸形,呈小躯体大头状,胎盘小而发育不全,但无葡萄样改变。

能存活的三倍体患儿极罕见,表现为头大腹小,后囟增大,颅骨顶部发育不良,脑积水;小眼睛,眼距增宽,鼻梁低平;畸形耳,低位耳;小下颌;手部第三指和第四指呈并指畸形,通贯掌;马蹄足内翻;房室间隔缺损;多囊性肾发育不良、肾盂积水;肾上腺发育不良;肌张力低下;男性阴茎发育不良,隐睾,尿道下裂等。

三倍体胎儿几乎不能存活,可识别的自然流产中约 7% 是由于三倍体所引起。大部分在产后 1h 内死亡,罕见超过 1 个月,报道的三倍体综合征患儿存活时间最长为 40 周。嵌合型者存活时间可能延长。

(2)遗传类型:①标准型,大部分三倍体的核型为 69,XXX,69,XXY,69,XYY。66% 为两个精子与一个卵子受精所致;24% 为精子在减数分裂时染色体不分离形成二倍体精子与一个卵子受精引起;10% 可能为次级卵母细胞在减数分裂时染色体不分离,形成二倍体卵子,导致双雌受精而形成。②嵌合型:少数为 mos 69,XXX(XXY/XYY)/46,XX(XY)核型,系受精后体细胞染色体分离异常。

2.四倍体综合征　四倍体综合征患儿体细胞内含有 4 条性染色体,染色体总数为 92 条。妊娠早期 B 超检查提示为空囊样改变,大部分在妊娠早期发生流产,占自然流产原因的 2%。四倍体综合征患儿几乎不能存活,偶有伴多发结构异常的活产四倍体综合征病例的报道,其罕见存活病例伴有多发结构畸形。核型为 92,XXXX 或 92,XXYY。

第三节
染色体病的防治

全世界每年大约出生 500 万缺陷患儿,表现为结构异常、机体功能异常和代谢异常。其中遗传因素导致的出生缺陷约为 25%,环境因素占 10%,原因未明的约为 65%。世界卫生组织(WHO)提出了三级出生缺陷防控策略来避免或者减少缺陷患儿的出生。2012 年,卫生部颁布的《中国出生缺陷防治报告(2012)》指出我国出生缺陷总发生率约为5.6%,可见出生缺陷已经成为我国重大的公共卫生问题和社会问题。自 2000 年《中共中央　国务院关于加强人口与计划生育工作稳定低生育水平的决定》公布以来,我国一直在全国范围内开展出生缺陷干预工程。染色体病是导致出生缺陷的主要原因之一,其防控应严格按照三级防控策略实施。

一、染色体病的防控

1.一级防控　婚前、孕前优生健康检查,避免孕育严重染色体病患儿。建议结构畸形(比如特殊面容)、功能异常(尤其是智力落后)和生长发育迟缓的患者行外周血染色体核型分析以确定是否为染色体病患者,若为患者,根据染色体异常的情况给予咨询意见,必要时不建议婚配或不建议生育后代;建议反复自然流产并生育过染色体异常患儿的夫妇行外周血染色体核型分析,若为同源性易位核型,建议采用供精或者供卵等方式来辅助生育。

2. 二级防控 即产前防控,通过遗传咨询、产前筛查、产前诊断等方法避免严重染色体病患儿的出生。其中遗传咨询和产前诊断分别在第十七章和第十一章进行详细描述。产前筛查指为降低出生缺陷的发病率,从外表正常的孕妇群体中发现可能孕育有先天性缺陷或者遗传病胎儿的高危孕妇。根据 2002 年原卫生部颁布的《21 三体综合征和神经管缺陷产前筛查技术规范》,要求产前筛查的方法应经济、简便、对孕妇和胎儿没有损伤或者较少损伤。目前我国采用的产前筛查方法有母体血清学筛查(即唐氏筛查)、无创产前筛查和产前超声筛查。

3. 三级防控 即出生后检查。建议结构畸形(如特殊面容)、功能异常(尤其是智力落后)和生长发育迟缓的可疑染色体病患儿行遗传学检测(如染色体核型分析、低深度高通量测序或者染色体芯片检测、全基因组测序或全外显子组测序等)。确诊患儿应加强儿童保健及康复训练,增强抵抗力、避免肺部感染,如有畸形可行相关手术,以降低患儿死亡率,提高患儿的生存质量。

二、染色体病的治疗

随着遗传学检测技术的发展,尤其是染色体微阵列分析(CMA)和低深度全基因组拷贝数变异测序(low depth whole genomecopy number variation sequencing, CNV-seq)技术在临床上的广泛应用,使得染色体病的诊断也更加便利。不仅识别染色体数目畸变和明显的结构畸变,染色体微缺失微重复综合征也能得到快速诊断。但目前尚无治愈染色体病的方法,仅可通过手术、激素补充、基因治疗等方法改善症状或者体征。

总之,染色体病的治疗方法比较局限,且不能从根本上解决问题。基因编辑、染色体重组等技术的应用有望根治染色体病,但目前由于其稳定性、安全性、导入基因的表达量、免疫排斥和伦理等问题,仍处于试验阶段。当前对染色体病的防治重在一级和二级出生缺陷防控。建议所有备孕的夫妇进行优生遗传咨询,尤其是有染色体病家族史、曾孕育染色体病患儿的女性,再次妊娠时建议行产前诊断,以避免罹患严重染色体病的胎儿出生。

小 结

染色体病是由染色体畸变引起的一类遗传病,由于染色体畸变会引起基因数目的增减或位置转移,造成生物体遗传性状的改变,可伴有机体结构畸形、功能异常和生长发育迟缓等异常表型。其中由常染色体畸变引起的疾病称为常染色体病;由性染色体畸变引起的疾病称为性染色体病。最常见的染色体数目畸变疾病是 21- 三体综合征,唯一能存活的染色体单体疾病是特纳综合征。染色体畸变与化学因素、物理因素、生物因素和母亲年龄等有关。畸变类型包括染色体数目畸变和染色体结构畸变,如缺失、重复、倒位、易位等。目前尚无可从根本上治愈染色体病的方法,可以通过手术、激素补充、基因治疗等方法改善症状或者体征。染色体病的预防重在一级防控和二级防控,尤其是通过遗传咨询、产前筛查、产前诊断等方法加强二级出生缺陷防控,避免严重染色体病患儿的出生。

(蔡 燕 陈少谦)

第四章

基因组结构变异与疾病

基因组（genome）是指一个生物体所有基因（遗传和功能单位）的总和。通常情况下，基因十分稳定，能在细胞分裂时精确地复制自己，但这种稳定性是相对的，在一定的条件下基因也可以从原来的存在形式突然改变成另一种新的存在形式。基因组中 DNA 分子发生的突然的可遗传的变异称为基因组变异，包括大片段基因的改变（缺少、重复和易位等）和单个碱基突变等多种形式。由于基因组控制着生物体的生长发育和生命活动。因此基因组变异，尤其是大范围的结构变化等，会导致生物体死亡和各类畸形的发生。

第一节

人类基因组结构

人类基因组结构庞大且复杂，包括核基因组和线粒体基因组两大部分。核基因组由细胞核内 24 条不同的染色体［包括 22 条常染色体，2 条性染色体（分别为 X 和 Y 染色体）］所对应的不同 DNA 分子组成，总长度约为 3.2×10^9bp。人类不同个体之间基因组表现出较恒定的排列顺序，其基因组结构基本一致，但有时也存在变化。目前，已有越来越多的疾病被发现与基因组结构的变化（缺失、重复、倒位或易位等）有关。了解和掌握人类基因组结构，有利于遗传病的诊断和防治。

一、基因组

基因组一词最早是由德国汉堡大学 Hans Winkler 于 1920 年提出，由 gene 与 chromosome 两词组合而成的，意为所有染色体上的全部基因。从经典孟德尔遗传学的角度表述，基因组是指单倍体细胞核、细胞器或病毒粒子所含的全部 DNA 或 RNA 分子，意即一个生命体遗传信息的总和。根据对象的不同，基因组可分为人类基因组、动物基因组、植物基因组和微生物基因组等。近些年，随着对象和研究技术等的融合深化，基因组的概念得到了进一步提升，出现了综合研究生态、环境和群体微生物的宏基因组（metagenome），意为宿主基因组与肠道微生物组群的基因组之和。

不同生物体之间存在着差异，这种差异正是由基因组所决定的。各种生物体的基因组大小存在较大差异，最小的只有 5 000bp，如最简单的病毒；最大的有 10^{11}bp，如一些高等植物。基因的数目和基因组的大小不成比例，基因组的大小与生物体的复杂性没有直接的关系。基因组中某些成分的位置并非一成不变，而且同种生物的不同个体之间，其基因组大小或基因数目也不是绝对固定的，甚至基因组的结构变化还会导致功能的变化。尽管如此，各类生物的基因组仍然有着基本的结构特点。基因组中不同的区域具有不同的功能，有些属于编码蛋白质的结构基因，有些属于参与结构基因的复制、转录及蛋白质表达调控的调节基因，有些功能目前尚不清楚。基因组控制着生物体的生长发育和生命活动。要想认识生物的本质，就必须先认识基因组，掌握基因组的所有核酸序列，解析基因组的全部遗传信息，理解遗传信息的组织结构及其在生物体内的表达。

二、人类基因组

人类基因组（human genome）是指构成人类个体的所有脱氧核糖核酸（deoxyribonucleic acid,

DNA）的总和，包括人的所有遗传信息，由细胞核基因组（nuclear genome）和细胞质内的线粒体基因组（mitochondrial genome）组成。核基因组总长度约为 $3.2×10^9$bp，结构庞大、复杂。人类基因组中，编码区只占 1.5%，含基因约 2.5 万个，每条染色体上的基因数目不同，结构基因占 3%，以单拷贝形式存在。非编码序列包括内含子、重复序列、移动元件、假基因等，目前尚不清楚其全部的含义和功能，但是其对于生命活动同样具有重要的意义。线粒体基因组指存在于线粒体中的闭环双链 DNA。

人类不同个体之间基因组的结构组成及其 DNA 序列不完全一样，但基本表现出恒定的排列顺序，这种排列顺序为细胞的生存、分化以及分裂等提供了必要的生物信息。绝大部分 DNA 序列的差异都作为遗传多态性存在于不同物种的基因组上，只有小部分已被证实能够导致疾病的发生。目前，已有越来越多的疾病被发现与基因组的重排有关，包括缺失、重复、倒位或易位等。

（一）核基因组及基因组结构

人类核基因组是指人的体细胞核中父源或母源整套 DNA，即每个体细胞有两套核基因组，人的每个核基因组 DNA 约 $3.2×10^9$bp。人类基因组中 DNA 序列的不同，决定了其具有的功能不同。人类基因组序列中约 1.5% 为编码蛋白质的基因序列，5% 为非编码的 RNA 基因和调控序列，约 75% 为基因外的非编码 DNA 序列。核基因组中不同基因长度差别大，但基本结构相同，包括启动子、增强子、终止子、外显子、内含子和上下游非编码调控序列等。

1. 重复序列

（1）人类核基因组中一些序列会出现重复，根据重复序列在基因组中的分布情况可分为散在重复序列（interspersed repeat sequence）和串联重复序列（tandem repeat sequence）等。

1）散在重复序列：其重复序列不是头尾相连紧密排列，而是分散于整个基因组中，彼此不相邻。根据重复序列的长短，可分为短散在核元件（short interspersed nuclear element，SINE）和长散在核元件（long interspersed nuclear element，LINE）。这些序列构成转座因子（transposable element），使 DNA 可在基因组内由一条染色体转移到另一染色体上。散在重复序列有时会增加或减少与其插入位点相邻

基因的表达，其影响可能有益，也可能有害。

2）串联重复序列：是指一定长度的核苷酸序列串联在一起形成的高度重复序列，一般重复单位长度为 2～200bp。根据重复单位的大小分为 3 种亚类，即卫星 DNA（satellite DNA）、小卫星 DNA（minisatellite DNA）和微卫星 DNA（microsatellite DNA）。短串联重复序列（short tandem repeat，STR）即微卫星 DNA，由重复单位为 2～6 个核苷酸的串联重复序列组成，长度可延伸至 150bp。STR 数量众多，分散于基因组中，一般构成染色体着丝粒、端粒和 Y 染色体长臂的异染色质区，大多通过复制滑动产生。二核苷酸重复是最常见的 STR 类型，约占基因组的 0.5%。STR 具有较高的多态性，可作为遗传学研究的遗传标记（genetic marker）。

（2）根据人类基因组中重复序列的频率，可分为低度重复序列（lowly repetitive sequence）、中度重复序列（moderately repetitive sequence）和高度重复序列（highly repetitive sequence）。

1）低度重复序列：是指在基因组中只含有 1～10 个拷贝的 DNA 序列，其中只有一个拷贝的称为单拷贝序列。在不同生物基因组中单拷贝序列和重复序列的比例差异很大，在人类核基因组中，单拷贝序列为 60%～65%。单拷贝序列中储存了巨大的遗传信息，可以编码各种不同功能的蛋白质，是一种极有价值的分子标记，在构建生命树的主干及主干和末梢之间的分枝中起着极其重要的作用。

2）中度重复序列：是指在基因组中重复频率为 $10～10^5$ 的序列，序列长 100～5 000bp；在基因组中所占比例为 10%～40%，一般是非编码序列，如 rRNA 基因和 tRNA 基因等。这类重复序列的平均长度大约为 300bp，往往在构成序列家族中，以回文序列的形式出现在基因组的许多位置上，有些同单一序列间隔排列。少数在基因组中成串排列在一个区域，大多数与单拷贝序列间隔排列。大部分中度重复序列与基因表达的调控有关，包括开启或关闭基因的活性、调控 DNA 复制的起始、促进或终止转录等。它们可能是与 DNA 复制和转录的起始、终止等有关的酶和蛋白质因子的识别位点。

3）高度重复序列：是在基因组中重复频率达百万以上（$>10^5$）的一组序列，其复性速度很快。在基因组中所占比例随种属而异，为 10%～60%，在人基因组中约占 20%。

卫星 DNA、小卫星 DNA 和微卫星 DNA 按照重

复次数属于高度重复序列,按照分布特点属于串联重复序列。其功能与进化有关,主要有参与复制水平的调节、基因表达的调控及转位作用,具有种属特异性。

2. 基因区段的划分 基因组序列是由成千上万个核苷酸对组成的,组成基因的核苷酸序列可以分为不同区段。1978年,沃尔特·吉尔伯特(Walter Gilbert)发表的《为什么基因是碎片》(Why Genes in Pieces)一文首次探讨了基因呈镶嵌排列的观点,即每条完整的核酸链不是连续编码的,而是被"沉默的"非编码区域打断的。在基因表达的过程中,不同区段所起的作用不同,其中能够编码蛋白质的区段称为基因的编码区(coding region)。编码区的序列称为编码序列(coding sequence),亦称编码DNA序列(coding DNA sequence,CDS),属结构基因组学术语,该区域的边界范围从靠近5′末端的起始密码子开始,到靠近3′末端的终止密码子为止。尽管这个术语有时也与外显子交替使用,但两者之间还是有明显的区别。外显子由编码区以及3′和5′非翻译区构成,而编码区则指的是专门为某种蛋白质编码的DNA或RNA的单一部分。

非编码DNA(non-coding DNA),是指基因组中不转录为RNA或转录后不翻译为蛋白质的DNA序列。过去科学家一度认为非编码DNA序列是进化过程中产生的没有功能的"垃圾DNA(junk DNA)"。随着研究的深入,人们觉察到所谓的"垃圾DNA"其实是人们尚未认识的宝藏,蕴含基因表达的调控信息,在真核生物基因四维时空表达调控方面发挥着重要的作用。此外,有些非编码DNA可能是一些RNA病毒感染后所遗留下来的痕迹。功能基因组学研究发现,非编码DNA序列确实具有特定的生物学功能,它们至少包含以下几类:① RNA基因,这部分非编码序列能够转录具有明确功能的RNA分子,主要有转运RNA、核糖体RNA和调节RNA;②蛋白质基因组,这部分非编码序列作为蛋白质基因结构的一部分与可读框(ORF)一同被转录,主要包括内含子(intron)和3′非编码区(3′UTR);③顺式作用元件(cis-acting element),与反式作用因子相互作用,共同调控基因的表达活性,主要包括启动子和增强子;④重复序列,真核生物基因组大量非编码DNA以重复序列的形式存在。

部分蛋白质编码基因由于无义或移码突变,成为非功能性DNA序列,被命名为假基因(pseudogene),也叫伪基因,最早于1977年由Jacq等三位科学家定义并使用。假基因在序列结构上与相应功能的基因高度同源,但已丧失了正常的蛋白质编码功能,例如基因不能表达,或编码的蛋白质没有功能。

在假基因的研究中,假基因的功能始终是人们关注的一大焦点。现有研究已证实假基因在基因表达调控、基因组进化等方面发挥着一些重要作用。假基因主要是通过其转录物对基因进行调控。①假基因反义链:假基因转录为反义RNA与亲本基因的转录物形成RNA双链,影响亲本基因的转录表达;②内源性小干扰RNA(endogenous small interfering RNA,endo-siRNA):这些endo-siRNA通常由双链RNA加工而成,重复序列的假基因转录物由核糖核酸内切酶剪切而成,这些小干扰RNA通过RNA干扰机制来调节亲本基因的表达;③假基因可作为竞争性内源RNA(competing endogenous RNAs,ceRNA)与微RNA(microRNA,miRNA)竞争与靶基因的结合,进而调控靶基因的表达。另外,有些假基因还可以编码短肽和蛋白质,从某种层面说明假基因最早的定义并不确切,这些假基因通过功能基因mRNA结合蛋白来调控RNA的表达或蛋白质的翻译。

随着计算机、网络、生物信息学技术等的发展,特别是测序技术的快速发展,众多物种的全基因组序列被揭示,各研究领域的研究人员通过现代分子生物学技术和生物信息学方法的综合应用,不断鉴定出假基因。据估计,人类基因组中有2万个左右的假基因及其片段。在Swiss-Prot和TrEMBL等网站收录的编码蛋白质的将近25 500个基因序列中,约10%在基因组中有一个或多个近全长假基因。核糖体蛋白基因是具有最多数量的假基因,约1 700个。少数基因,如亲环蛋白A(cyclophilin A)、肌动蛋白(actin)、角蛋白(keratin)、甘油醛-3-磷酸脱氢酶(glyceraldehyde-3-phosphate dehydrogenase,GAPDH)、细胞色素c(cytochrome c)和核仁磷蛋白(nucleophosmin)等,均有很多份假基因。

(二)线粒体基因组

线粒体是人类细胞中唯一具有自主复制DNA能力的细胞器。人类细胞中许多重要的生化过程都在线粒体内进行,它被称为"细胞的发电厂"。目前普遍认为,线粒体起源于原核细胞,即原核细胞(如细菌)被原始真核细胞所吞噬,长期共生演变特化形成线粒体,最终丢失了大部分基因,保留了与能量代谢等相关的重要基因。

线粒体基因组是唯一不存在于细胞核内的遗传物质,被称为"人类第 25 号染色体"。每个线粒体有两个至十几个线粒体 DNA(mitochondrial DNA,mtDNA),mtDNA 的复制不受细胞周期调控,即复制具有半自主性。人类每个 mtDNA 分子长度为 16 569bp,不与组蛋白结合,呈闭合环状双链 DNA 结构。mtDNA 共含有 37 个基因,包括 13 个蛋白质编码基因,编码细胞色素氧化酶、细胞色素 b、NADH 氧化酶、ATP 合成酶等与细胞呼吸相关的蛋白分子;22 个线粒体 tRNA 基因和 2 个线粒体核糖体 RNA 基因,是线粒体蛋白质合成所必需的成分。

mtDNA 基因没有内含子,排列紧凑,不含重复序列。线粒体基因的部分遗传密码的编码意义不同于核基因的通用密码子。线粒体内无 DNA 损伤修复系统,且缺乏组蛋白的保护作用。因此,mtDNA 易发生突变,在基因区任何位置的变异都可能破坏基因的结构及其功能表达。mtDNA 不能合成自身所需的所有蛋白质,仍需要线粒体外的核基因组表达的蛋白质,mtDNA 的表达及其稳定性受到核基因组的调控。约有 1 500 个核基因编码的蛋白质转运进入线粒体,参与了线粒体的组装。因此,80% 的线粒体疾病是由核基因突变引起的。

由于精子中大量线粒体没有进入受精卵,线粒体基因表现为母系遗传的特点。目前已知线粒体 DNA 的 100 多种点突变和 100 多种重排可导致人类疾病,越来越多的线粒体疾病及临床表型被发现。尽管线粒体基因组规模有限、功能相对简单,但除能量代谢外,线粒体还参与调节钙离子平衡和细胞凋亡等过程。一旦线粒体基因发生变异,能量消耗较大的组织细胞受到的影响最大,特别是心肌、骨骼肌和中枢神经系统。因此,线粒体病多见于肌病、脑病,视觉和听力受损也常常与线粒体相关。

第二节
人类基因组结构变异类型和疾病

人类基因组的常见变异类型有:①短序列变异,包括单核苷酸变异(single nucleotide variant,SNV)、插入变异(insertion)、缺失变异(deletion)等。②结构变异,包括平衡性结构变异,如倒位(inversion)、易位(translocation);非平衡性结构变异,如拷贝数缺失(copy number deletion)和拷贝数增加(copy number gain)。③其他,如动态突变等。

一、基因组平衡性结构变异和疾病

平衡性结构变异指不涉及遗传物质增减的基因组结构异常。常见的基因组平衡性结构变异包括易位、倒位等。

易位(translocation)是指基因组片段位置的改变。它伴有基因位置的改变。易位发生在一条染色体内时称为移位(shift)或染色体内易位(intrachromosomal translocation);易位发生在两条同源或非同源染色体之间时称为染色体间易位(interchromosomal translocation)。染色体易位方式包括两种。一种是非相互易位,一条染色体断裂后,其断片易位到另一条染色体上,如果连接点为其末端,称为末端易位;如果染色体断片插到另一条染色体臂的中间,则称为插入易位。另一种称相互易位,即发生易位的两条染色体都发生断裂,断片相互交换,亦称为平衡易位。

倒位(inversion)指同一条染色体发生两次断裂后,产生的片段颠倒 180° 后重新连接而成的一类染色体。根据发生倒位的部分是否包括染色体的末端而把倒位分为末端型与中间型两类。如果倒位发生在染色体的一条臂上,称为臂内倒位;如果倒位的片段包含了着丝粒区,则称为臂间倒位。倒位会使基因排列顺序发生部分倒转导致突变,是最常见的染色体结构变异类型。

基因组平衡性结构变异可以是新发的,也可以是遗传的。由于其一般不涉及遗传物质的增减,所以大部分不致病。但如为平衡易位携带者或染色体臂间倒位携带者,在其配子生成过程中,减数分裂期间可因不平衡分离生成染色体部分缺失的配子,与另一正常配子受精后即为杂合性丢失的合子,在生育过程中,会造成不孕、流产或者分娩多发畸形、智力落后的孩子。

在下述特殊情况下,基因组平衡性结构变异也可导致疾病。其一是染色体的改变并不是真正"平衡"的。染色体核型分析等检测技术由于本身分辨率的限制,其对结构变异断裂点的判断并不精确,所以断裂点附近微结构的改变不能被检测出来,断裂重接可造成微缺失或微重复,从而引起临床表现。其二是基因关键序列被破坏。如果断裂点正好处于一个基因的外显子区或调控区域，断裂以后将影响到基因的功能，从而引起相关疾病。对于倒位染色体来说，有时候由于序列正反顺序的改变，也可能引起临床表型。其三是一种被称为单亲二倍体的现象（详见本节第三部分），这也会导致一些遗传病的发生。

二、基因组非平衡性结构变异和疾病

基因组非平衡性结构变异包括前面描述的染色体结构畸变和拷贝数变异（copy number variation，CNV），CNV 指人类基因组中存在的大量大于 50bp 的 DNA 片段多态，由基因组发生重排而致，在基因的总变异中占 20%，是基因组超微结构变异的一种类型，常规染色体显带不能识别此种变异。这种变异既有个体的正常多态性变异，也有致病性的变异。目前，CNV 可分为致病性 CNV、可能致病 CNV、临床意义未明 CNV、可能良性 CNV 以及良性 CNV。

与单基因病的序列发生碱基突变不同，发生基因组非平衡性结构变异疾病的基础是 DNA 重组，往往涉及剂量敏感基因的缺失、重复或打断。根据其遗传方式可分为常染色体显性遗传病、常染色体隐性遗传病、X 连锁遗传病以及 Y 连锁遗传病四类（表 4-1）。

表 4-1　基因组非平衡性结构变异疾病举例

表型	MIM	位点	结构变异
常染色体显性遗传病			
面肩肱型肌营养不良	158900	4q35/*FRG1*	缺失
普拉德 - 威利综合征	176270	15q11.2-13	缺失
快乐木偶综合征	105830	15q11.2-13	缺失
威廉姆斯综合征	194050	7q11.23	缺失
迪格奥尔格综合征	188400	22q11.2/*TBX1*	缺失
腭心面综合征	192430	22q11.2/*TBX1*	缺失
22q11.2 微重复综合征	608363	22q11.2	重复
神经纤维瘤病 I 型	162200	17q11.2/*NF1*	缺失
常染色体隐性遗传病			
21- 羟化酶缺陷症	201910	6p21.3/*CYP21*	缺失
戈谢病	230800	1q22/*GBA*	缺失
垂体性侏儒	262400	17q23/*GH1*	缺失
脊髓性肌萎缩	253300	5q13/*SMN1*	缺失
β 地中海贫血	141900	11p15/*HBB*	缺失
α 地中海贫血	141750	16p13.3/*HBA*	缺失
X 连锁遗传病			
血友病 A	306700	*F Ⅷ*	倒位 / 缺失
黏多糖贮积症 Ⅱ 型	309900	*IDS*	缺失 / 倒位
鱼鳞病	308100	*STS*	缺失
精神发育迟滞	300706	*HUWE1*	重复
MECP2 重复综合征	300260	*MECP2*	重复
红绿色盲	303800	Opsin genes	缺失
Y 连锁遗传病			
男性不育 *AZFa* 微缺失	400042	Yq11.2	缺失
男性不育 *AZFc* 微缺失	415000	Yq11.2	缺失

三、基因组特殊结构变异

基因组结构变异除了前面阐述的常见结构变异外,还有一些特殊性的结构变异,如杂合性丢失(loss of heterozygosity,LOH)和单亲二倍体(uniparental disomy,UPD)等。

杂合性丢失(LOH)是基因组中曾经存在杂合性,但现在杂合性不存在的情况;即在一定范围内连续的等位基因序列都是纯合子而无杂合子(图4-1)。从遗传学水平上讲,正常二倍体的一个位点是杂合性的,两个等位基因之间可存在不一致的DNA序列,由于染色体或部分染色体缺失(拷贝数变异)、基因转换、体细胞重组和有丝分裂不分离等机制导致原来处于杂合性状态的位点转化为纯合性状态。LOH没有发生拷贝数变异,即发生LOH的区域仍然是两个拷贝,如果这两个拷贝均来自父亲或母亲,这种类型的LOH为单亲二倍体(UPD)。

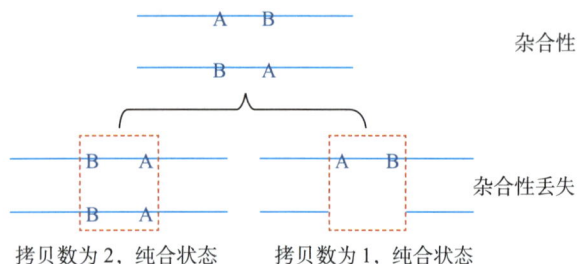

图 4-1　杂合性丢失示意图

单亲二倍体(UPD)指来自父母一方的染色体区域/片段被另一方的同源部分取代,或一个个体的两条同源染色体都来自同一亲体。UPD的发生概率在活产婴儿中为1/3 500～1/2 000,UPD不一定是致病的,若致病会出现常染色体隐性遗传病或印记基因病。

UPD按其来源可分为同源UPD(isodisomy uniparental,iso-UPD)和异源UPD(heterodisomy uniparental,hetero-UPD)(图4-2)。iso-UPD是指两条染色体来自同一亲体的同一染色体,是LOH的一种特殊形式。导致单亲二倍体表型的发病机制主要是基因印记效应。

基因组印记(genomic imprinting),又称遗传印记,是指在一个基因或基因组域上标记其双亲来源信息的遗传学过程。这类基因表达与否取决于它们所在染色体的来源(父系或母系)以及在其来源的染色体上该基因是否发生沉默。有些印记基因只从母源染色体上表达,而有些则只从父源染色体上表达。与可以影响遗传基因表达能力的基因组突变不同,基因组印记并不影响DNA序列本身,而是通过化学修饰DNA或改变染色质的结构来影响基因的表达。典型的基因组印记疾病包括普拉德-威利综合征、快乐木偶综合征、贝-维综合征以及Silver-Russell综合征等。

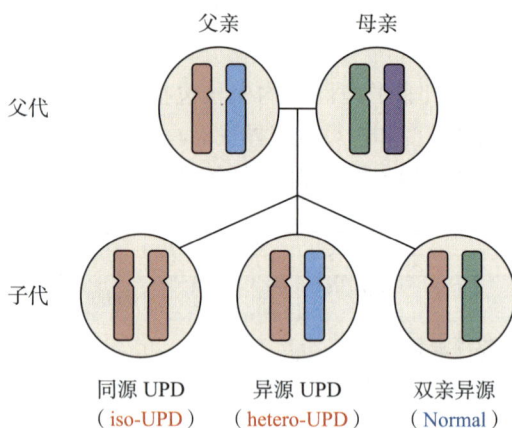

图 4-2　单亲二倍体示意图

第三节

常见基因组结构变异疾病

本节将选择几种常见的、有代表性的基因组结构变异导致的疾病,从疾病概述、临床表现、致病机制及遗传机制等方面进行具体阐述。

一、22q11.2 微缺失综合征

(一)疾病概述

22q11.2微缺失综合征(22q11.2 deletion syndrome)是指由人类染色体22q11.21-22q11.23区域微缺失或关键基因突变而引起的一类临床综合征。迪格奥尔格综合征(DiGeorge syndrome,DGS)、腭心面综合征(velo-cardiofacial syndrome,VCFS)及椎干异常面容综合征(conotruncal anomaly face syndrome,CAFS)、Takao综合征、Sedlackova综合征等均为有相同上述遗传性基础的临床综合征。22q11.2微缺失综合征是人类最常见的微缺失综合征之一,在人群中的发病率仅次于21-三体综合征。活产婴儿中该病的发病率为1/4 000～1/3 000。

(二)主要临床表现

患有 22q11.2 微缺失综合征的个体具有异质性,即使在同一家族中,也可能表现出一系列高度可变的特征。主要临床表现(表 4-2)包括:先天性心脏病,尤其是圆锥动脉干畸形(室间隔缺损、法洛四联症、主动脉弓中断和永存动脉干畸形);腭部异常(腭咽闭合不全、腭黏膜下裂、悬雍垂裂和腭裂);

免疫缺陷;面部特征;学习困难。听力损失可能是感音神经性或传导性的;喉气管食管、胃肠道、眼科、中枢神经系统、骨骼和泌尿生殖系统也会出现异常,精神疾病和自身免疫性疾病在 22q11.2 微缺失综合征患者中同样常见。22q11.2 微缺失综合征有三个主要的亚型:迪格奥尔格综合征(DGS)、腭心面综合征(VCFS)和椎干异常面容综合征(CAFS)。

表 4-2 22q11.2 微缺失综合征临床表现

分类	临床表现
1. 先天性心脏病	室间隔缺损、法洛四联症、主动脉弓畸形、先天性主动脉弓离断 B 型、房间隔缺损、肺动脉瓣闭锁、其他心脏流出道畸形
2. 颜面异常、腭裂	1)头面部:小颌、长脸、上颌垂直过长、颊部平坦、下颌后移、面部不对称、大头畸形、颅底扁平 2)耳:双耳低位、小耳畸形、中耳畸形、小耳郭、耳郭异常折叠、耳轮肥厚、中耳炎 3)眼:闭眼不能、睑裂狭小、视神经乳头变小、视网膜血管扭曲、视网膜缺损、白内障 4)鼻:球状鼻、方鼻尖、宽鼻梁、鼻翼发育不全、鼻孔狭窄、鼻孔前倾、鼻后孔闭锁、慢性鼻窦炎 5)口腔:U 形嘴、小口畸形、上唇较薄 6)腭:腭裂、悬雍垂裂、高腭弓、腭帆缩短、腭黏膜下裂
3. 先天性胸腺不发育或发育不全	反复肺炎、鼻窦炎、中耳炎、鹅口疮等细菌、病毒、真菌、原虫的感染和自身免疫病,细胞免疫缺陷
4. 甲状旁腺功能低下	惊厥、喉痉挛、手足抽搐等低钙血症的表现
5. 认知和精神异常	1)(青春期或成年患者)书写、计算、理解困难或学习能力缺失,注意力缺陷或高度缺陷,智商通常在 70~90(主要表现为认知问题) 2)精神分裂症(主要为妄想型精神分裂症)、注意力缺陷、多动症、强制性障碍、心境障碍、恐怖症、抑郁症、对立违抗障碍等精神异常
6. 生长发育问题	1)喂养困难 2)生长激素缺乏 3)生长发育落后

诊断要点说明:
①典型患者具有 1~4 项表现。
②学龄期儿童、青少年、成人患者可能合并 5、6 两项表现。
③最常见的是先天性心脏病加上后 5 条表现的 1 项或多项。
④以免疫缺陷和低钙血症为突出表现的应考虑迪格奥尔格综合征(DGS)。
⑤以认知、精神异常为突出表现,伴有 1~3 项表现的患者,应考虑腭心面综合征(VCFS)。

(三)致病机制及遗传机制

22q11.2 微缺失综合征是一种常染色体显性遗传综合征。大约 93% 先证者的缺失为新发生,7% 的缺失由父母遗传而来。22q11.2 微缺失综合征的致病基因是位于 22q11.2 上的 *TBX1* 基因,这是一个在进化上保守的基因家族成员之一,该家族有着共同的 DNA 结合结构域。*T-box* 基因的转录因子参与调控发育过程,小鼠的 *TBX1* 在早期胚胎发育过程中的咽弓、袋和耳泡内表达。研究也显示

TBX1 与 22q11.2 微缺失综合征的五大主要表征(异常面容、心脏缺陷、胸腺发育不良、腭裂与腭咽闭合不全、甲状旁腺功能不全与低钙血症)相关。基因突变类型:22q11.2 区域缺失,85% 的缺失片段大小为 2.54Mb〔seq〔GRCh37〕del(22)(q11.2) chr22:18,912,231-21,465,672〕,7%~8% 的缺失片段为 1.5Mb〔seq〔GRCh37〕del(22)(q11.2) chr22:20,731,986-21,465,672〕;另外还包括一些非典型的小片段缺失,*TBX1* 基因点突变等。

二、史密斯 - 马盖尼斯综合征

(一)疾病概述

史密斯 - 马盖尼斯综合征(Smith-Magenis syndrome)是由包含视黄酸诱导 1 基因(RAI1)的 17p11.2 染色体微缺失(约 3.7Mb)或 RAI1 杂合突变而引起的一种常染色体显性遗传病。其最显著的临床特征是独特的身体特征、发育迟缓、行为异常和睡眠障碍;还可能出现癫痫、听力损失、肾脏异常、眼部异常、唇裂和腭裂。90% 的人在 10 岁后超重或肥胖。自我伤害行为和痛阈低下是史密斯 - 马盖尼斯综合征区别于其他综合征的特征之一,90% 以上的患儿可有咬手或手腕行为,其他常见的自我伤害行为包括拍掌、撞头、拉头发、抓皮肤、剔指甲等。

此疾病于 1982 年首次在美国被发现,发病率(出生患病率或群体患病率)约为 1/25 000,目前尚无有效治疗办法。

(二)主要临床表现

史密斯 - 马盖尼斯综合征具有临床可识别的表型,包括身体、发育和行为特征。史密斯 - 马盖尼斯综合征的诊断是建立在先证者身上的,先证者有提示性临床表现,如提示性特殊面容,并有染色体 17p11.2 微缺失或涉及 RAI1 的杂合突变。但在婴儿期和幼儿期,其表型特征(特征性的面部外观和行为表现)不容易显现,导致该病经常被延迟到学龄期才得以确诊。

(三)致病机制及遗传机制

1. 致病基因或 DNA/ 染色体区域 17p11.2 区域,RAI1 基因。

2. 关键基因 RAI1(MIM 607642)基因定位在 17p11.2 范围内,全长约 130kb,包括了 6 个外显子。其突变与精神分裂症患者表型的严重程度和药物敏感性有相关性。

3. 基因突变类型 90% 的史密斯 - 马盖尼斯综合征患者出现 17p11.2 微缺失;约 10% 的史密斯 - 马盖尼斯综合征患者 RAI1 基因突变,突变类型包括点突变、缺失等。

三、5p 部分单体综合征

(一)疾病概述

5p 部分单体综合征(partial monosomy 5p syndrome)是常见的缺失综合征之一,是 5 号染色体短臂部分缺失引起的,又称为猫叫综合征或 cri-du-chat 综合征(cri-du-chat syndrome,CdCS)或 5p⁻ 综合征。患儿哭声高调尖锐,与猫叫相似,因而称之为猫叫综合征。临床表现为智力障碍和生长发育迟缓、小头、低出生体重、婴儿期肌张力低下,特殊面容表现为圆脸、小下颌、宽眼距和低耳位。活产新生儿的发病率为 1/50 000~1/15 000,占极重度智力障碍(IQ < 20)患者的 1% 左右。5p 部分单体综合征可在任何种族和地域发生,女性发病率略高于男性,男女比例约为 3∶4。

(二)主要临床表现

大部分患儿出生体重低于 2.5kg,由于喉部发育异常,患儿均有尖锐的、猫叫样的哭声。小头、圆脸(成年后狭长的面部取而代之),鼻梁低平,眼距宽、内眦赘皮,眼裂下斜,口角下垂,上颌扁平、下颌后缩。面部不对称,耳位低,皮纹异常,出现通贯掌。其他可见唇腭裂、不同类型的心脏畸形、视神经萎缩、短颈、手指弯曲、并指 / 趾、脾肾缺如、腹股沟疝、脊柱侧凸、尿道下裂及隐睾等。

患儿出生后生长发育迟缓、智力落后(几乎 100% 出现,常见 IQ < 20),运动功能发育迟缓。新生儿期喂养困难,发绀,窒息发作,出生后第一年易出现反复呼吸道感染。语言落后,多动,注意力不集中,易激怒,可有自残行为。

5p 部分单体综合征患儿的哭声为单音调、高频,是该病最典型的表现,多在出生后数月或数年消失。少数的非典型病例无特殊哭声,但有持续的吸气性喉喘鸣。猫叫样哭声可能与咽喉局部发育异常有关,如喉软骨发育不良或会厌软骨软化。患儿的特殊哭声还可能与相关基因缺失,导致神经系统结构与功能的异常有关。

(三)致病机制及遗传机制

5p 部分单体综合征患者 5 号染色体短臂缺失

的长度从 10Mb 到 45Mb 不等,可以从 5p15.2 区域到整个短臂的缺失。患者的症状与 5 号染色体短臂上的基因缺失相关,关键缺失区域位于 5p15,一般缺失的片段越大,患者的症状越严重。

配子形成时,减数分裂过程中染色体不能准确排列,染色体联会配对不能正常交叉重组。若父母是染色体臂间倒位携带者或平衡易位携带者,在减数分裂期间可能因为不平衡分离而产生染色体部分缺失的配子,与另一正常配子受精后即为杂合性丢失的合子。88% 的 5p 部分单体综合征病例为新发缺失变异,12% 的病例由双亲之一的染色体相互易位或倒位引起。

因 5p 区域含有 *TERT*、*SLC6A3*、*SEMA5A*、*MARCH6*、*CTNND2*、*CDH18*、*CDH12*、*CDH10*、*CDH9* 这 9 个重要基因,这些基因的单倍剂量不足,可能与发育迟缓、智力障碍及发音异常等症状有关。5p15.2 是 5p 部分单体综合征的致病染色体区域,其中 *CTNND2* 为关键基因。*SEMA5A* 和 *CTNND2* 基因均与神经系统发育有关,缺失会影响脑的发育,进而导致神经发育迟缓。目前认为一些患者严重的智力落后与 *CTNND2* 基因的缺失密切相关,该基因编码的蛋白在维持成熟大脑皮层的树突及树突棘中起到重要作用。*MARCH6* 是定位于内质网的 E3 泛素连接酶,参与蛋白质的降解,推测与猫叫样声音有关。

四、Wolf-Hirschhorn 综合征

(一)疾病概述

Wolf-Hirschhorn 综合征(Wolf-Hirschhorn syndrome, WHS)是一种罕见的染色体病,与 4 号染色体 p16.3 部分缺失相关。该综合征在 20 世纪 60 年代首先由 Hirschhorn 和 Wolf 分别独立发现,并以他们的名字命名。WHS 的发病率为 1/50 000~1/20 000,女男比例为 2∶1,但这一比例可能由于患病个体的误诊而被低估。

(二)主要临床表现

WHS 的临床特征表现为婴儿时期颅面部"希腊武士头盔外观"(宽阔的鼻梁一直延伸到前额)、小头畸形、眼距过宽、前发际高、眉间突出、小下颌畸形、耳朵有凹陷/赘生物等;产前生长缺陷,产后发育迟缓;所有患者都有不同程度的智力障碍;

90%~100% 的 WHS 患儿发生癫痫。其他临床表现包括骨骼异常(60%~70%)、先天性心脏缺陷(50%)、听力丧失(多数为传导性耳聋)(> 40%)、泌尿系统畸形(25%)和脑结构异常(33%)。WHS 的临床表型尤其是面部形态非常典型。已有几个关于 4p 近端缺失的个体的报道,缺失通常涉及 4p12-p16 区域,不在 WHS 关键区域,而在该区域近端,此类疾病是一种离散综合征,不同于 WHS。

(三)致病机制及遗传机制

WHS 的遗传机制为染色体 4p16.3WHS 关键区域(Wolf-Hirschhorn syndrome chromosome region, WHSCR)缺失。家庭成员患病的风险取决于缺失的发生机制。约 55% 的 WHS 个体在 4p16.3 区域为新发缺失,40%~45%WHS 个体是 1 条 4 号染色体短臂缺失与另一条其他染色体部分三体的非平衡易位(可能是新发的,也可能是遗传自父母的平衡易位)。其余 WHS 个体为其他复杂染色体重排所致的 4p16.3 缺失(如环状 4 号染色体)。有证据表明,WHS 的核心表型(生长迟缓、智力障碍、癫痫发作和独特的颅面特征)是由于几个密切相关的基因单倍剂量不足造成的,推测 WHS 分子的遗传机制为由接近基因组 chr4:419,224-2,010,96 位置的 1.6Mb 区域内基因缺失导致的邻近基因综合征。*WHSC1* 基因横跨长 90kb 的基因组区域,其三分之二在 WHSCR 的端粒末端,在早期发育和蛋白质结构域的选择性表达提示 *WHSC1* 可能在正常发育过程中发挥着重要作用,其缺失可能导致 WHS 表型。WHS 表型的不同严重程度表明位于 WHSCR 近端和远端的基因可能发挥作用,包括 *WHSC2* 和 *LETM1* 基因,*WHSC2* 参与 mRNA 加工和细胞周期的多个方面。*LETM1* 是癫痫发作的候选基因,几乎所有患病个体都有 *LETM1* 缺失。LETM1 蛋白在离子交换、细胞信号转导和能量产生中发挥潜在作用,但研究表明 *LETM1* 并不是导致癫痫发作的唯一基因。目前已明确与 WHS 表型相关的基因还包括 *CTBP1*、*CPLX1*、*PIGG* 和 *FGFRL1* 等。

五、16p11.2 微重复综合征

(一)疾病概述

16p11.2 微重复综合征(16p11.2 duplication syndrome)

是一种较为罕见的染色体结构畸变疾病,其物质基础是 16 号染色体短臂近着丝粒 p11.2 区域的拷贝数增加,属基因组微重复综合征,其与 16p11.2 微缺失综合征是一组具有部分镜像表型(体重指数和头围)的互补拷贝数变异疾病。染色体 16p11.2 区域的 CNV 与多种临床特征有关,包括智力残疾和孤独症谱系障碍。据估计,其发病率约为 3/10 000,而在有心理健康问题或言语和语言障碍的人群中,16p11.2 区重复的携带率更高,约为 4/10 000,这与许多 CNV 携带者由于没有相关的心理健康或发育问题而未被诊断相关。

(二)主要临床表现

16p11.2 微重复综合征是第 16 号染色体 p11.2 部分重复引起的染色体异常综合征,临床表型范围广泛,高度可变。在 16p11.2 重复的个体中出现的体征和症状差异很大,即使是同一家族中具有相同微重复的不同成员,其特征也不尽相同。有些人在语言、行为和学习方面有困难,同时健康和发育也可能受到影响;而有些人似乎不受额外遗传物质的影响,其原因目前尚不完全清楚。其最常见的典型特征包括:

(1)语言、发育和运动技能方面发育迟缓(特别是语言)。

(2)存在学习困难或智力障碍。

(3)行为问题,包括孤独症谱系障碍和注意缺陷多动障碍的特征。

(4)不寻常的面貌(倒三角形脸,凹陷的眼睛,宽而突出的鼻梁,向上倾斜或狭窄的眼睑特征,远视过度)。

(5)易患精神疾病,包括精神分裂症、焦虑和抑郁。

(6)生长模式改变,如身材矮小或体重增加困难、体型纤细。

(7)大脑结构和功能的差异,包括较小的头围(小头症)。

(8)易出现癫痫发作。

(三)致病机制及遗传机制

16p11.2 区域两端都具有一段长度约 147kb 的高同源性低度重复序列(lowly repetitive sequence),该序列在细胞分裂过程中不稳定,易发生同源染色体上非等位基因的重组,导致 16p11.2 片段发生缺

失或重复。16p11.2 的拷贝数变异异常涉及两段核心易感区域,一段为 Chr16:29.6~30.2Mb(GRCh37/hg19)断裂位点(break point,BP)(BP4-BP5,断裂位点 4-5)的近端区域,片段大小约为 600kb;另一段为 Chr16:28.8~29.0Mb(GRCh37/hg19)(BP2-BP3)的远端区域,片段大小约为 220kb。前一区域发生的微重复又称近端 16p11.2 微重复综合征(ORPHA:370079);后一区域发生的微重复又称远端 16p11.2 微重复综合征(ORPHA:261222),常与 16p11.2-p12.2 微重复综合征(ORPHA:261204)存在重叠。

16p11.2 区域重复为常染色体显性遗传模式,意味着只要有一条 16 号染色体上存在重复就足以引起遗传效应,但据临床统计,其存在不完全外显率和可变表达率,这也是 16p11.2 重复的个体中出现的体征和症状差异很大的主要原因。16p11.2 区域拷贝数变异可以随机发生,也可以从父母那里遗传,确定是新发还是遗传的唯一方法是检查父母双方的染色体。新发 16p11.2 微重复是在父母配子形成时,或在受精后胎儿早期发育过程中随机发生的,通常在其家族中没有相关的体征或症状史,但他们的子女有 1/2 的概率遗传这种染色体畸变。研究表明,目前已报道的大多数 16p11.2 重复是遗传自父母。染色体的微小变化会发生在每个人身上,微重复是一种自然现象,现有研究未发现已知的环境、饮食或生活方式因素会导致 16p11.2 微重复的发生。

根据 2020 年最新的人类基因组信息(GRCh37/hg19),600kb BP4-BP5 定位在 29 606 852 到 30 199 855 碱基对之间,该区域包含 HIRIP3、MVP、SEZ6L2、KCTD13、MAPK3、DOC2A 等 27 个已知基因。其中 HIRIP3 基因与心脏发育相关,其表达的蛋白结合 HIRA 及 H2B、H3 核心组蛋白形成 HIRA-HIRIP3 复合体,可调节局部染色质的结构,参与细胞周期的调节,在早期胚胎发育中有重要的调控作用。MVP、SEZ6L2、KCTD13 基因与孤独症谱系障碍相关;MAPK3 是 16p11.2 微重复综合征的关键调节因子,其下游的孤独症谱系障碍靶基因参与轴突靶向和皮层细胞结构的调节;DOC2A 编码钙离子传感器参与胞吐作用中的囊泡组装,与突触缺陷引起的癫痫和孤独症谱系障碍相关。220kb BP2-BP3 区域包含 ATXN2L、TUFM、SH2B1、ATP2A1、RABEP2 和 CD19 等 9 个已知基因。TUFM 基因纯合或复合杂合突变与常染色体隐性遗传的联合氧化磷酸化缺陷

症 4 型（combined oxidative phosphorylation deficiency 4, COXPD4）相关，临床表型包括宫内生长迟缓、小头畸形、眼球震颤、肌张力减退、囊性脑白质营养不良等。*SH2B1* 基因编码一种 Src 同源适配器蛋白，参与瘦素和胰岛素的信号转导。已有报道该基因的显性突变可导致肥胖、社交孤立、攻击行为和语言迟缓。已有研究报道评估该片段缺失的外显率约为 11.2%，提示该片段的重复存在不完全外显率或者表现度差异。

六、快乐木偶综合征

（一）疾病概述

快乐木偶综合征（Angelman syndrome, AS）又称天使综合征、安格尔曼综合征，是一种遗传异常所致的神经发育障碍性疾病，属于非进展性脑病。该疾病表现为一种非孟德尔遗传现象，是基因组印记疾病的典型代表性疾病。发病率为 1/40 000～1/10 000。目前尚无有效治疗方法。

（二）主要临床表现

快乐木偶综合征患者主要表现为智力落后及全面的发育延迟，特别是语言发育延迟、小头畸形、多动，存在共济失调、宽基底步态及肢体震颤等运动障碍，常有频繁、无诱因、与周围环境不相适应的爆发性笑、微笑、表情愉悦、拍手等快乐行为。

（三）致病机制及遗传机制

快乐木偶综合征是由于母亲遗传的 *UBE3A* 缺失所导致。*UBE3A* 定位于 15q11.2-q13，编码 E6 相关蛋白泛素蛋白连接酶 E3A。

致母源遗传的 *UBE3A* 等位基因表达或功能缺陷是快乐木偶综合征的主要致病机制，包括母源遗传的 15q11.2-q13 位点（包括 *UBE3A* 基因）缺失、母源 *UBE3A* 基因存在致病性变异、父源 15 号染色体存在单亲二倍体以及母源染色体 15q11.2-q13 位点存在印记缺陷导致的 15q11.2-q13 区域甲基化异常（图 4-3）。此外，仍有约 10% 具有快乐木偶综合征典型表型特征个体的遗传机制尚不明确。

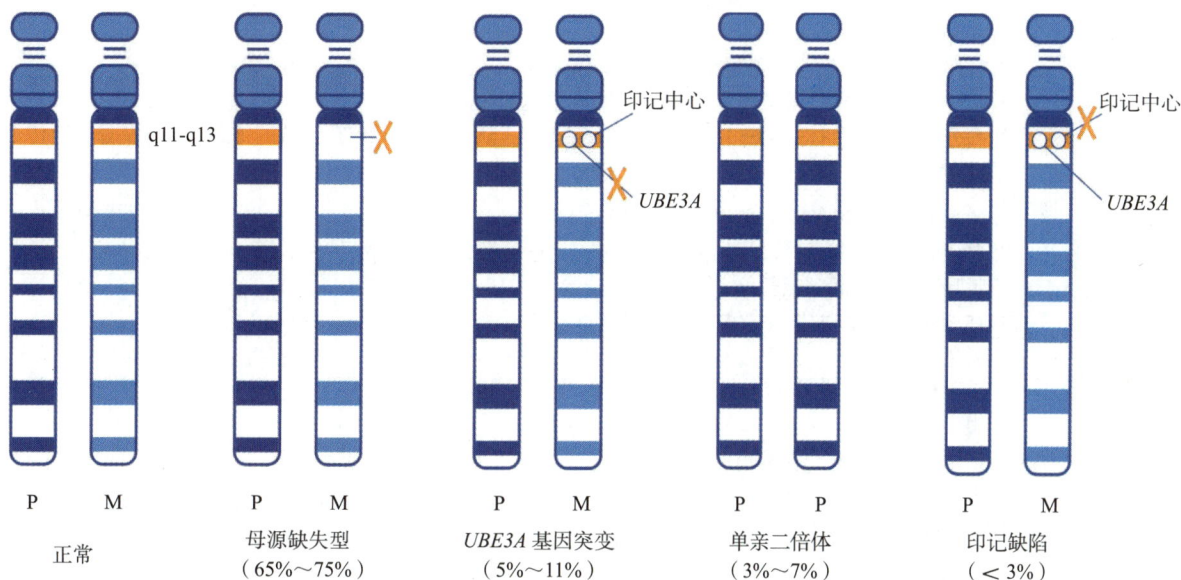

P. 父源染色体 / 等位基因；M. 母源染色体 / 等位基因。

图 4-3　快乐木偶综合征遗传机制示意图

七、普拉德 - 威利综合征

（一）疾病概述

普拉德 - 威利综合征（Prader-Willi syndrome, PWS）又称为肌张力低下 - 低智力 - 性腺发育低下 - 肥胖综合征，是导致人类肥胖最常见的遗传性综合征之一。该疾病和快乐木偶综合征一样，是一种典型的基因组印记疾病。

该综合征的特征是在婴儿期早期出现严重的

低张力和喂养困难,随后在婴儿期晚期或儿童期早期出现过度饮食,逐渐发展为病态肥胖,部分发展为2型糖尿病。此病的典型特征包括运动和语言发育迟缓、轻度至中度智力障碍和学习困难、脾气暴躁、倔强和强迫症、前额狭窄、杏仁眼和三角嘴等特殊面容、身材矮小、手足短小。其他常见特征包括斜视、脊柱侧凸。由于促性腺激素分泌不足,受累的男性和女性都存在性腺功能减退,表现为生殖器发育不全,青春期发育不全,大部分患者没有生育能力,部分患者皮肤和毛发色素浅。

PWS的人群发病率为1/20 000~1/10 000,大部分(65%~75%)是由于父源染色体15q11.2-q13部分缺失,20%~30%是由于15号染色体为母源性单亲二倍体,1%左右是由于印记缺陷,不到1%是染色体易位重排导致15q11.2-q13缺失而引起。此外,少数患者是SNRPN基因突变而引起。

(二)主要临床表现

英国剑桥大学Whittington等提出PWS临床诊断标准(表4-3),按照该表,0~36个月的新生儿或婴儿得分5分以上,其中主要指标4分以上的,即可诊断为PWS;3~18岁的儿童、青少年得分8分以上,其中主要指标5分以上的,可以诊断为PWS。

表4-3　PWS临床诊断标准

项目	临床表现
主要指标 (每条1分)	1. 新生儿期或婴儿期肌张力减退,吮吸力差,随年龄增大有所改善 2. 婴儿期喂养困难,需使用鼻饲等特殊方式,发育停滞 3. 1~6岁间快速地增长体重,发展为向心性肥胖 4. 婴儿期双顶径宽,窄脸,窄前额,杏仁眼,小而凸起的嘴,上唇薄,口角下斜(至少满足三点) 5. 饮食过量 6. 性腺发育不全 儿童期:男性表现为阴囊发育不良,隐睾,小阴茎或小睾丸;女性表现为没有小阴唇或阴蒂,或者小阴唇和/或阴蒂严重发育不全 青春期:男性表现为小生殖腺,面部和全身体毛少,不变声;女性表现为闭经或月经稀发 7. 6岁前全身发育迟缓,6岁后表现为轻度或重度的智力障碍 8. 高分辨显带染色体(>650条带)显示15q11-q13缺失或其他PWS区域的细胞遗传学/分子遗传学异常
次要指标 (每条0.5分)	1. 胎动少,婴儿期哭声弱,随年龄增大好转 2. 典型的行为异常:脾气暴躁,强迫行为,好辩,好计较,亢奋,顽固,持续偷窃,说谎(至少3项) 3. 睡眠紊乱或睡眠呼吸暂停 4. 15岁前,若不增加生长激素,则身材矮小 5. 低色素沉着 6. 小手(小于平均大小的75%)和/或小脚(小于平均大小的90%) 7. 眼异常(内斜视、近视) 8. 口水量多、黏稠、聚在嘴角 9. 发音障碍 10. 抠抓皮肤(皮肤斑)
支持性指标 (不计分)	1. 痛阈高 2. 呕吐反射减弱 3. 体温调节异常 4. 脊柱侧凸或后凸 5. 肾上腺皮质功能过早出现,阴毛过早发育 6. 骨质疏松 7. 具有特殊的拼图才能

注:支持性指标不计分但可以增加诊断的准确性。

（三）致病机制及遗传机制

普拉德 - 威利综合征是由 15q11.2-q13 父源性缺失、母源性单亲二倍体或 *SNRPN*、*NDN*、*MAGEL2*、*MKRN3* 等印记基因异常所引起的一种印记遗传病。

1. 父源性染色体 15q11.2-q13 微缺失型 ① I a：缺失区间大小、断裂大小、产生机制与快乐木偶综合征相同，即由 15 号染色体上 *HERC2* 基因的低拷贝重复，通过非等位同源重组产生微缺失。② I b：不到 1% 的患者是由染色体易位重排导致 15q11.2-q13 的缺失而引起的。

2. 15 号染色体母源性单亲二倍体型 大多数是由于卵母细胞减数分裂期间发生染色体不分离，正常精子与具有两条 15 号染色体的卵母细胞结合后，经三体自救机制丢失 15 号染色体导致的；少数是由于正常卵子与缺失 15 号染色体的精子结合后，母源性 15 号染色体复制导致的。

3. 印记缺陷或印记中心缺失型 印记缺陷（imprinting defect）或印记中心缺失（imprinting center deletions）型约占 1%。

4. *SNRPN* 基因突变型 *SNRPN* 基因位于 15q12，在脑和中枢神经元有表达，该基因缺失或其 5 号内含子区域内的甲基化可引起 PWS。

八、复杂性状基因组疾病

复杂性状基因组疾病（complex trait genomic diseases）是遗传和环境因素共同作用的结果，具有明显的遗传异质性和表型复杂性。在人群中的发病率高，严重影响人们的身心健康。具有家族聚集现象，但无明确的遗传方式；先证者同胞的发病率远低于 1/2 或 1/4。具有家族聚集现象，即一个家族中患者越多，亲属复发的风险越高；当存在性别差异时，发病阈值较高的性别对子代的影响较大。事实上，90% 以上的疾病相关变异都位于基因组非编码区。复杂性状基因组疾病通常不是单个基因突变的结果，只有约 5% 的复杂疾病是由单基因遗传引起的，绝大多数复杂疾病都是由多基因遗传引起的。自身免疫病和风湿性疾病、动脉粥样硬化以及许多形式的心脏病、神经系统疾病和精神疾病均属于此类疾病。

由于外显不全和遗传异质性等原因，这一类性状的基因克隆难度较大。常联合多种检测手段如第二代测序（next-generation sequencing，NGS）、CNV-seq 等进行检测。下面以儿童孤独症为例，简要介绍复杂性状基因组疾病特点。

孤独症谱系障碍（autism spectrum disorder，ASD）又称孤独障碍（autistic disorder，AD），是一种严重影响儿童健康的神经发育障碍性疾病，于 1943 年由美国儿童精神病学家 Kanner 首先报道了 11 例表现为环境接触不良、刻板行为、拒绝任何改变、人际沟通困难伴有代词错用、乱语等异常的患儿。在美国，每 68 名儿童中就有 1 名患有这种疾病，并且是更广泛的发育障碍群体的一部分，影响六分之一的儿童。

研究显示，孤独症谱系障碍与遗传因素、神经生物学因素、社会心理因素相关，但迄今为止，尚未能阐明孤独症谱系障碍的病因及发病机制。有证据显示遗传学因素在疾病的发生中起着重要作用，但也仅有 10%～20% 的 ASD 患者能够有明确的遗传学病因。常见的染色体结构畸变包括断裂和重复、末端缺失和中间缺失、平衡易位和非平衡易位、倒位以及非整倍性改变。细胞遗传学研究结果显示与孤独症谱系障碍有关的染色体异常涉及所有 24 种染色体，其中 19 种发现了非平衡染色体畸变，反映出高度的异质性。1%～3% 的 ASD 患者为母源性 15q11-q13 的重复；另有约 2% 患者为 7q11.23 和 17p11.2 的重复以及 Y 染色体的非整倍性改变；此外还有 7q22-q31、2q13.3、2q37、18q21-q23 以及 Xp22 的缺失。

近年的研究中也揭示了 CNV 在 ASD 病因中占有重要的地位。Sebat 等利用比较基因组杂交（comparative genomic hybridization，CGH）芯片分析了 118 例散发性、77 例家族性孤独症患者和 196 例正常对照及他们的家系成员，结果在 4 例患者和 2 例对照中鉴定到 17 个新的 CNV。这些 CNV 在散发孤独症患者中的频率是 10.2%（12/118），在家族性患者中的频率为 2.6%（2/77），而在对照中的频率仅为 1%（2/196），表明这些新的 CNV 是引起孤独症的主要原因；Marshall 等的研究也有类似的结果，7% 的散发 ASD 患者检测到新发的 CNV。在 Christian 等的研究中，11.6% 的孤独症患者存在 CNV（其中 14% 为新发，86% 为遗传性）。

此外，多项研究均发现 15q13.3 区域 BP4、BP5 这两个低度重复序列之间 1.5Mb 大小片段缺失的患者存在智力障碍、癫痫及不同程度的精神症状；Ben-Sharchar 等对 8 200 例样本进行微阵列比较基因组杂交（array-based Comparative genomic hybridization，aCGH）技术检测，在 12 个家系的 20 名成员中检测到 15q13.3 缺失，其中 6 人均表现出 ASD；Miller 等对 2 886 例诊断为孤独症或者神经精神发育异常的患者进行 aCGH 检测，共发现 5 例 15q13.3 区域 BP4、BP5 的缺失。

Brunetti-Pierri 等报道了 21 例 1q21.1 微缺失和 15 例 1q21.1 微重复的患者表现出先天畸形、智力障碍以及神经精神发育异常（如认知障碍、注意力缺陷多动障碍、孤独症、焦虑、抑郁等）。

小　结

人类基因组结构庞大、组成复杂，包括核基因组和线粒体基因组两大部分。核基因组总长度约为 3.2×10^9 bp，其中编码区只占 1%～3%，其余的非编码序列包括内含子、简单重复序列、移动元件、假基因等。

人类基因组由于大片段基因重组导致其结构发生变异，包括平衡性结构变异（异位、倒位等）、非平衡性结构变异（拷贝数变异等）和特殊结构变异（杂合性丢失、单亲二倍体等）。这些结构变异往往涉及剂量敏感基因的缺失、重复或打断，影响人体生长发育和正常生命活动，导致疾病的发生。目前，已有越来越多的疾病被发现与基因组结构变异有关，涉及微缺失综合征、微重复综合征、复杂性状疾病等。

较常见的基因组结构变异疾病有：22q11.2 微缺失综合征、史密斯-马盖尼斯综合征、5p 部分单体综合征（猫叫综合征）、Wolf-Hirschhorn 综合征等。基因组结构变异是人类疾病的重要致病因素之一，导致的疾病通常为散发性，多为新发变异。随着测序技术及基因组信息研究手段的提升，临床对基因组结构变异导致的人类疾病认识越来越深入和清晰。了解基因组结构变异类型，相关疾病临床表型特点、主要致病机制及遗传机制，可为临床该类疾病的预防、诊断和治疗提供指导。

（周裕林）

第五章

基因变异与疾病

基因是具有特定遗传效应的 DNA 片段。基因变异与疾病的关系是临床医学的重大问题之一,对疾病相关基因检测和鉴定也是临床遗传学最重要的领域。随着分子遗传学研究的发展,人们在分子水平上逐步揭示了基因在疾病的发生、发展、治疗及预后中的重要作用。2003 年,人类基因组计划的完成极大地促进了对遗传病、常见病和多发病相关基因的鉴定。目前,对疾病相关基因的鉴定已具有较成熟的策略,研究成果层出不穷,并得到了广泛应用。其中,基因序列数据库(GenBank)载录了每个基因的序列信息,在线人类孟德尔遗传数据库记载了大量孟德尔遗传疾病与相关基因变异的最新信息。二者均是以互联网为基础的数据库平台,已成为临床遗传工作者和研究者的重要工具。

第一节

基因突变

人类基因组 DNA 既要保持相对稳定,又要有所变化,即遗传变异。这种变异是人类进化的动力和多样性的源泉。基因突变(gene mutation)为发生在分子水平上的 DNA 碱基对组成与序列结构的变化,是遗传变异的主要来源。自然界中 DNA 一级结构会发生极低频率的偶然性突变,人类突变频率约为百万分之一,大多数突变会自发地通过 DNA 复制而修复。基因突变可以发生在编码序列或非编码序列;可以发生在体细胞,不传递给子代;也可以发生在配子,传递给子代。一些有利于人类生存的或中性的基因突变,会伴随着人类世代繁衍、交替而得以逐渐累积与稳定;而那些不利于人类生存的或有害的基因突变,则会导致人类各种遗传病的发生,构成和增加了人类的遗传负荷(genetic load)。

一、基因突变的类型

根据 DNA 分子序列变异的物理形态,可将基因突变大致分为点突变、移码突变和动态突变三类(图 5-1)。

(一)点突变

点突变(point mutation)是指单个碱基被另一个碱基所替代,又称碱基置换(base substitution),是最常见的突变类型。嘧啶之间或嘌呤之间的替换称为转换(transition);嘌呤与嘧啶之间的替换称为颠换(transversion)。转换突变多于颠换突变。碱基替换可以发生在基因组 DNA 序列的任何部位,当碱基替换发生在基因外 DNA 序列时,一般不会产生效应;如果发生在基因的调控区域,如转录因子结合的顺式作用元件,可能造成基因表达的改变;如果突变发生在基因的编码序列,导致 mRNA 的密码子改变,对多肽链中氨基酸序列的影响可能出现不同的突变效应。常见的点突变包括以下几种。

1. 同义突变 同义突变(synonymous mutation)是指碱基替换后,一个密码子变成另一个密码子,但是所编码的氨基酸没有改变,因此并不影响蛋白质的功能。这是由于遗传密码的简并性导致的,同义突变常发生在密码子的第三个碱基,例如密码子 GCA、GCG、GCC 和 GCU 均编码丙氨酸,它们的第三碱基发生突变并不改变所编码的丙氨酸。

2. 错义突变 错义突变(missense mutation)是指碱基替换后使 mRNA 的密码子变成编码另一个氨基酸的密码子,改变了氨基酸序列,影响蛋白质

DNA……	AGT	CAG	CAG	CAG	TTT	TTA	CGT	AAC	CCG	正常
氨基酸……	Met	Gln	Gln	Gln	Phe	Leu	Arg	Asn	Pro	
DNA……	AGT	CAG	CAG	CAG	TTT	TTG	CGT	AAC	CCG	同义突变
氨基酸……	Met	Gln	Gln	Gln	Phe	Leu	Arg	Asn	Pro	
DNA……	AGT	CAG	CAG	CAG	TTT	TCA	CGT	AAC	CCG	错义突变
氨基酸……	Met	Gln	Gln	Gln	Phe	Ser	Arg	Asn	Pro	
DNA……	AGT	CAG	CAG	CAG	TTT	TGA	CGT	AAC	CCG	无义突变
氨基酸……	Met	Gln	Gln	Gln	Phe	终止				
DNA……	AGT	CAG	CAG	CAG	TTT	TTA	CGT	AAC	CCG	终止密码突变
氨基酸……	Met	Gln	Gln	Gln	Phe	Leu	Arg	Asn	Pro	
DNA……	AGT	CAG	CAG	CAG	TTT	TAC	GTA	AAC	CG	移码突变
氨基酸……	Met	Gln	Gln	Gln	Phe	Tyr	Val	Thr	Arg	
DNA……	AGT	CAG	CAG	CAG	CAG	CAG	CAG	CAG	CAG	动态突变
氨基酸……	Met	Gln	Gln	Gln	Gln	Gln	Gln	Gln	Gln	

（点突变包括：同义突变、错义突变、无义突变、终止密码突变）

图 5-1 基因突变的类型

的功能。这种突变常发生在密码子的第一或第二碱基。例如 DNA 序列中 TCA 的 T 突变为 G，使 mRNA 的密码子 UCA 变成 GCA，结果是丝氨酸被丙氨酸所替换，可造成产生的蛋白质无活性或活性降低。

3. 无义突变 无义突变（nonsense mutation）是指碱基替换后，使一个编码氨基酸的密码子变为终止密码子（UAG、UAA、UGA），致使多肽链的合成提前终止，肽链长度缩短，成为无活性的多肽片段。例如正常血红蛋白 β 珠蛋白基因的第 145 密码子 TAT 突变为 TAA，mRNA 上 UAA 为终止密码子，其结果是翻译提前终止，产生长度变短的 β 珠蛋白链而形成了异常血红蛋白 Hb McKees-Rock。

4. 终止密码突变 如果因为碱基替换的发生而使 DNA 分子中某一终止密码变成了具有氨基酸编码功能的遗传密码子，此种突变形式即为终止密码突变（terminator codon mutation）。与无义突变相反，终止密码突变会使本应终止延伸的多肽链合成，非正常地持续进行。其结果也导致形成的蛋白质功能异常。

（二）移码突变

移码突变（frameshift mutation）是指在 DNA 编码序列中插入或丢失一个或几个碱基，造成插入点或缺失点下游的 DNA 编码框架全部改变，其结果是突变点以后的氨基酸序列都发生改变。例如编码 α 珠蛋白的基因的第 138 密码子 TCC 中的 C 缺失，造成该突变点以后的编码全部改变，最终的 α 链从第 138 氨基酸以后的序列不同于正常，而且没有终止于第 141 密码子，而是延长至第 147 密码子，此为异常血红蛋白（HbW）的形成机制。

（三）动态突变

人类 DNA 分子中的某些短串联重复序列，尤其是基因编码序列或侧翼序列的三核苷酸重复，在世代交替传递的过程中其重复次数出现逐代递增的累加突变效应，从而导致某些遗传病的发生，称为动态突变（dynamic mutation）。例如脆性 X 综合征患者，其 X 染色体易断的脆性部位 q27.3 存在三核苷酸（CGG）$_n$ 重复拷贝数可达 60～200 个，而正常人的拷贝数仅为 6～60 个，(CGG)$_n$ 两边的侧翼序列在患者和正常人之间却几乎无差异。研究表明，姐妹染色单体的不等交换或重复序列中的断裂修复错位，可能是导致发生动态突变的机制。

二、基因突变的生物学效应

基因突变特别是位于编码区或调控区的突变可对蛋白质的功能产生不同的影响，主要包括功能丢失、功能增强、新特性获得、显性负效应以及异时表达或异位表达五种。

（一）功能丢失

大多数情况下，基因突变造成的生物学效应是蛋白质功能的丢失。编码区突变形成的异常（突变）蛋白质多数功能丢失并且其稳定性较差，往往在细胞内的含量也相应下降。调控区的突变一般不影响基因编码正常蛋白质,但其表达量常常明显下降,从而造成蛋白质功能的丢失。

(二)功能增强

少数情况下,突变所造成的蛋白质结构的改变也有可能因增强了蛋白质的活性而改变机体的生化表型,这种称为功能增强的突变。一些可使蛋白质合成量增加的调控区域突变,其蛋白质功能活性也相应增强。然而,蛋白质功能的增强不一定是都有益的,有些同样可以导致疾病的发生。例如血管性血友病是由于编码血管性血友病因子(von Willebrand factor,vWF)的基因突变造成的。vWF基因存在多种突变,部分为表型正常的个体,部分为损伤后出血不止的患者。其发病机制是当突变造成vWF活性增强时,它与血小板的结合能力相应增强,当个体因损伤而出血时,vWF不易从血小板上分离,影响到血小板与血管内皮接触和依附的止血功能而出血不止。

(三)新特性获得

另有一些突变使蛋白质获得新的特性,从而导致疾病的发生。例如镰状细胞贫血是由于编码β珠蛋白的基因发生突变,第6位氨基酸(谷氨酸)被缬氨酸所代替,形成异常的血红蛋白HbS取代了正常的血红蛋白。虽然HbS具有相对正常的运氧能力,但在缺氧的情况下产生了相互聚集的新特性,使红细胞变形能力下降且易受损,从而造成溶血性贫血。

(四)显性负效应

在一对等位基因中,如果其中一个基因突变,另一个基因正常,即使突变基因的功能完全丧失,理论上仍应保留一半的功能,类似于显性遗传病的杂合子。但在某种情况下,突变蛋白不仅自身没有生理功能,还会影响另一个正常蛋白质发挥其生理功能,这种由蛋白质相互作用产生的干涉现象称为显性负效应(dominant negative effect)。

(五)异时表达或异位表达

异时表达是指基因突变导致基因在错误的时间进行表达,例如某些血红蛋白基因的调控元件突变造成只在胎儿时期高表达的γ-珠蛋白基因在成年期继续表达,由此引起遗传性胎儿血红蛋白持续存在。异位表达是指基因突变导致基因在错误的地点进行表达,最常见例子是癌症,即在正常细胞中一般不表达或低表达的癌基因发生突变,导致癌基因异常表达,形成恶性肿瘤。

第二节　基因突变的影响因素

根据基因突变发生的原因,可将之划分为自发突变和诱发突变。自发突变(spontaneous mutation)是在自然条件下,没有人为干涉,未经任何人工处理而发生的突变。自发突变发生的原因可能为环境中的本底辐射及其他可致突变物质,或者生物机体代谢活动过程中的某些中间代谢产物对遗传物质的影响或损伤。而诱发突变(induced mutation)则是指在人为的干涉下,经过特殊的人工处理所产生的突变。然而,无论是自发突变还是诱发突变,都是一定的内外环境因素作用于遗传物质的结果。能够引起突变的因素极其复杂多样,分为内部因素和外部因素。内部因素主要包括DNA自身的不稳定性、DNA复制错误、机体代谢过程产生的有毒生物活性分子等。外部因素则主要包括物理因素、化学因素和生物因素等类型。

一、内部因素

(一)DNA自身的不稳定性

DNA结构自身的不稳定性是DNA自发性损伤中最频繁和最重要的因素。当DNA所处环境的pH值发生改变或温度升高时,DNA分子上连接碱基和核糖之间的糖苷键可自发发生水解,导致碱基的丢失或脱落,其中以脱嘌呤最为普遍。另外,含有氨基的碱基还可能自发脱氨基反应,转变为另一种碱基,即碱基置换,如C转变为U,A转变为I(次黄嘌呤)等。

(二)DNA复制错误

在DNA复制过程中,碱基的异构互变、4种dNTP间比例的不平衡等均可能引起碱基错配,产生非沃森-克里克碱基配对。尽管绝大多数错配的碱基会被 DNA 聚合酶的校读功能所纠正,但依然不可避免地有极少数的错配碱基被保留下来,DNA 复制的错配率约 $1/10^{-10}$。此外,复制错误还表现为片段的缺失或插入。

(三)机体代谢过程中产生的活性氧

机体代谢过程中产生的活性氧(reactive oxygen species,ROS)可以直接作用于碱基,比如作用于鸟嘌呤可产生 8-羟基脱氧鸟嘌呤等。

二、外部因素

(一)物理因素

辐射是诱发基因突变的主要物理因素,如电离辐射或紫外线辐射。

1. 电离辐射 X 射线、γ 射线、α 粒子和 β 粒子等能直接或间接引起被穿透组织发生电离,属于电离辐射。它们诱变作用的原理是一定强度或剂量的射线或电磁波击中遗传物质,其被吸收的能量引发遗传物质内部的辐射化学反应,导致 DNA 分子发生碱基氧化修饰、碱基环结构破坏与脱落、DNA 链交联或断裂等多种变化。

2. 紫外线 按照波长不同,紫外线分为 UVA(320~400nm)、UVB(290~320nm) 和 UVC(100~290nm)。260nm 左右的紫外线,其波长正好在 DNA 和蛋白质等生物大分子的吸收峰附近,容易导致这些生物大分子损伤。低波长紫外线的吸收,可使 DNA 分子中同一条链两个相邻的胸腺嘧啶碱基(T)通过共价键连接形成胸腺嘧啶二聚体结构(TT)。嘧啶二聚体的形成改变了 DNA 的局部结构,当 DNA 复制或 RNA 转录进行到这一区域时,造成碱基互补配对的错误。

(二)化学因素

1. 碱基类似物 碱基类似物是人工合成的一类与 DNA 正常碱基结构类似的化合物,通常被用作诱变剂或抗肿瘤药物。因结构类似,一些碱基类似物可以掺入 DNA 分子中而取代某些正常碱基,引起突变的发生。如 5-溴尿嘧啶(5-BU)的化学结构与胸腺嘧啶(T)极为相似,其在酮式结构时与腺嘌呤(A)配对,烯醇式结构时与鸟嘌呤(G)配对。一

旦其取代 T,并形成了与 G 的配对,那么,经过 DNA 的一次复制,即可导致 AT 配对与 GC 配对的相互转变。

2. 自由基 自由基是指能够独立存在、外层轨道带有未配对电子的原子、原子团或分子。自由基性质活泼,可引发多种化学反应,影响细胞的功能。自由基的产生可以是外界因素与体内物质共同作用的结果,如电离辐射或物体内代谢过程均可产生自由基。这些自由基可与 DNA 分子直接相互作用,导致碱基、核糖、磷酸基的损伤,从而 DNA 结构与功能出现异常。

3. 亚硝酸类化合物 这是一种非常有效的诱变剂,其基本反应是氧化脱氨基作用。如腺嘌呤(A)被脱氨基后即衍生为次黄嘌呤(H),H 将不能与胸腺嘧啶(T)正常配对,而与胞嘧啶(C)互补结合。

4. 羟胺类 羟胺(hydroxylamine)是一种还原性化合物,可引起 DNA 分子中胞嘧啶(C)发生化学成分的改变,并因此不能与其互补的碱基鸟嘌呤(G)正常配对,而是与腺嘌呤(A)配对结合。

5. 烷化剂类物质 包括甲醛、氯乙烯、氮芥等。该类物质能够将烷基基团引入到核苷酸链上的任一位置,从而造成被烷基化的核苷酸发生配对错误而导致突变的发生。

6. 嵌入性染料 溴化乙锭、吖啶橙等染料可直接插入 DNA 分子中,导致碱基对间的距离增大,极易造成 DNA 两条链发生错位,在 DNA 复制过程中发生核苷酸的缺失、移码或插入。

7. 药物 某些肿瘤化疗药物通过诱导 DNA 损伤,包括碱基改变、单链或双链 DNA 断裂等,阻断 DNA 复制或 RNA 转录,进而抑制肿瘤细胞增殖。

(三)生物因素

1. 病毒 DNA 病毒和 RNA 病毒均具有诱发基因突变的作用,常见的生物诱变因素有流行性感冒病毒、麻疹病毒、风疹病毒、疱疹病毒等。目前 DNA 病毒的诱变作用机制尚不十分清楚;RNA 病毒可能是通过其 cDNA 对宿主细胞 DNA 序列的插入引起突变发生的。

2. 细菌和真菌 细菌和真菌所产生的毒素或代谢产物往往具有强烈的诱变作用。例如,花生、玉米等作物中的黄曲霉产生的黄曲霉毒素就具有致突变作用,并被认为是肝癌发生的重要诱发因素。

第三节　单基因遗传病

由单个基因或一对等位基因突变所引起的遗传病称为单基因遗传病（monogenic disorder），简称单基因病。单基因病的世代传递遵循孟德尔定律，故又称孟德尔遗传病。根据致病基因所位于的染色体，以及基因的"显性"或"隐性"性质，将单基因遗传方式分为5种：①常染色体显性遗传（autosomal dominant inheritance，AD）；②常染色体隐性遗传（autosomal recessive inheritance，AR）；③X连锁显性遗传（X-linked dominant inheritance，XD）；④X连锁隐性遗传（X-linked recessive inheritance，XR）；⑤Y连锁遗传（Y-linked inheritance）。与单基因遗传相关的概念如下：

1. **基因座**　基因座（locus）是指染色体上成对的基因所占的特定位置。

2. **等位基因**　等位基因（allele）是指位于一对同源染色体相同位置上控制着相对性状的一对基因。若群体中同源染色体的相同位点上存在两种以上的等位基因，遗传学上称为复等位基因（multiple alleles）。

3. **基因型**　基因型（genotype）是某一生物个体所含的全部基因的总和。

4. **表型**　表型（phenotype）是基因决定的性状在环境作用下的具体表现，表型是基因型个体发育的结果。

5. **纯合子**　二倍体个体中一对等位基因中两个等位基因完全相同，则该个体是纯合子（homozygote）。

6. **杂合子**　二倍体个体中两个等位基因各不相同，则该个体是杂合子（heterozygote）。

7. **显性基因**　显性基因（dominant gene）是在杂合状态下表现出相关性状的等位基因，常用大写英文字母表示。杂合子中表现出来的性状为显性性状（dominant character）。

8. **隐性基因**　隐性基因（recessive gene）是在杂合状态下不表现，只在纯合状态下表现出相关性状的等位基因，常用小写英文字母表示。杂合子中不能显示出来的性状为隐性性状（recessive character）。

系谱分析（pedigree analysis）是目前临床上研究人类性状或疾病的遗传常用的方法，主要通过观察性状或疾病在家系内的分离或传递来判断遗传方式。家系中第一个被医生或研究者发现的罹患某种遗传病的患者或带有某种性状的成员，称为先证者（proband）。系谱分析从先证者入手，详细调查其所有家系成员的亲属关系及遗传病或性状的分布情况，并用特定的系谱符号（图5-2）按一定的格式绘制成图解，这种图解称为系谱（pedigree）。系谱中不仅要包括患病或具有某种性状的个体，还必须包括全部健康的家族成员。借助系谱，可以对家系进行回顾性分析，以确定某一疾病或性状在该家族中是否有遗传因素的作用及其可能的遗传方式；还可以进行前瞻性遗传咨询，评估家庭成员的患病风险或再发风险。对某一种遗传病或性状进行系谱分析时，仅依据一个家系的系谱资料有时无法明确该病或性状的遗传方式，需要将多个具有相同遗传病或性状的家系系谱作综合分析，才能做到比较准确的判断。

一、常染色体显性遗传

一种遗传病或性状的致病基因位于1~22号常染色体上，并且该基因是显性的，这种遗传方式称为常染色体显性遗传，此病称为常染色体显性遗传病。人类有许多性状都是常染色体显性遗传，例如，人类的耳朵形状，长耳壳、宽耳壳和有耳垂均为显性性状；人类的许多疾病也呈常染色体显性遗传，如软骨发育不全、马方综合征、视网膜母细胞瘤等（表5-1）。

（一）婚配类型和子代发病风险

假如用 A 代表决定某种显性疾病的等位基因，用 a 代表其相应正常的隐性等位基因，则在完全显性遗传的情况下，患者的基因型为 AA 或 Aa，正常个体的基因型为 aa。临床上最常见的是杂合子患者（Aa）与正常个体（aa）之间的婚配，其子女大约有一半是患者，这对夫妇再生育子女的发病风险为1/2。如果夫妇双方都是杂合子患者（Aa），则子女的发病风险为3/4。

（二）典型的常染色体完全显性遗传的共同特征

1. 致病基因位于常染色体，因而致病基因的遗传与性别无关，即男、女患病机会均等。

2. 系谱中连续几代都能看到患者，疾病呈连续传递。

☐ 男性	☐—○ 结婚
○ 女性	☐----○ 婚外恋
◇ 性别不确定	☐—╫—○ 离婚
4 ② 出生后代数	☐═○ 近亲结婚
■ ● 患者	单卵双生儿
常染色体性状的杂合子	双卵双生儿
⊙ 性连锁隐性性状的携带者	? 单、双卵未知双生儿
■↗ 先证者	
⊘ 已死亡个体	
出生前死亡	
流产	
收养儿	
送养儿	

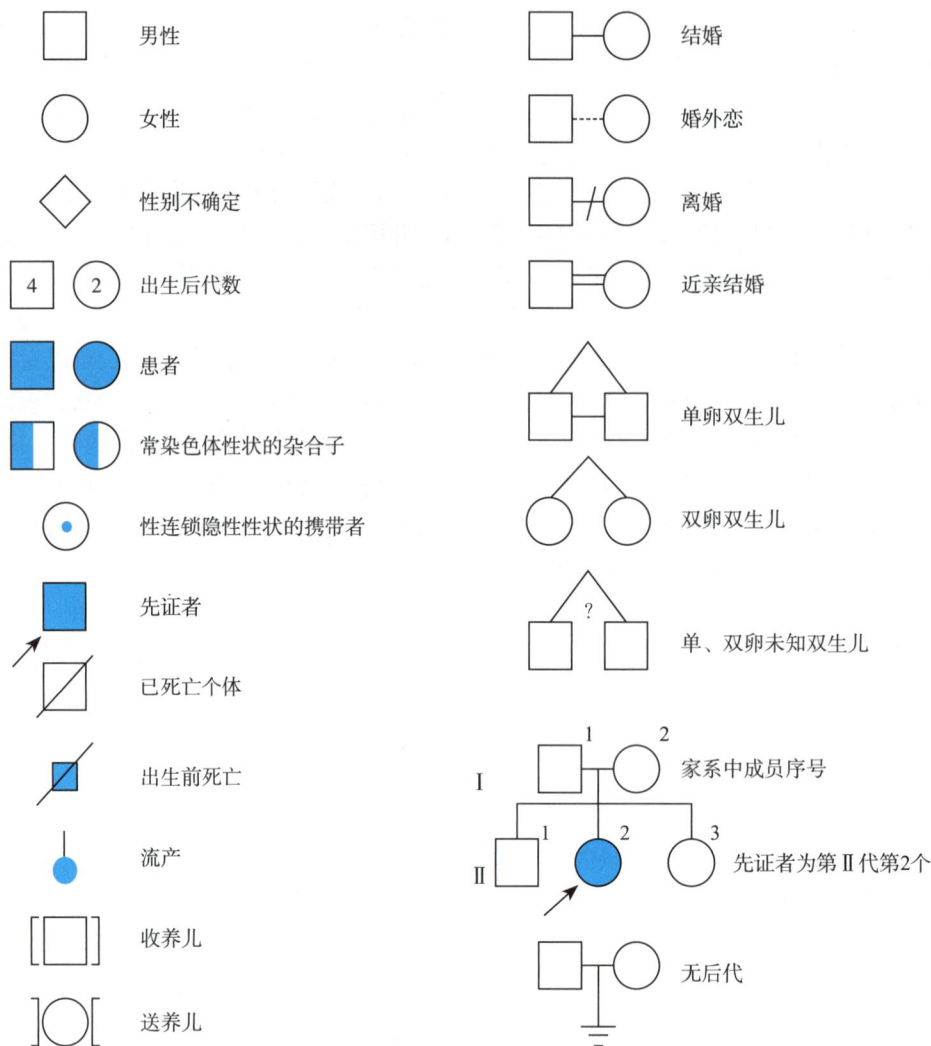

图 5-2　常用的系谱绘制符号

表 5-1　人类常见的常染色体显性遗传病

疾病中文名	疾病英文名	MIM	致病基因	染色体定位
软骨发育不全	achondroplasia，ACH	100800	*FGFR3*	4p16.3
家族性腺瘤性息肉病	familial adenomatous polyposis	175100	*APC*	5q22.2
马方综合征	Marfan syndrome	154700	*FBN1*	15q21.1
神经纤维瘤病Ⅰ型	neurofibromatosis，type Ⅰ	162200	*NF1*	17q11.2
神经纤维瘤病Ⅱ型	neurofibromatosis，type Ⅱ	101000	*NF2*	22q12.2
常染色体显性遗传多囊肾病	autosomal dominant polycystic kidney disease	173900	*PKD1*	16p13.3
多指/趾轴后 A1 型	polydactyly postaxial type A1	174200	*GLI3*	7p14.1
视网膜母细胞瘤	retinoblastoma	180200	*RB1*	13q14.2
强直性肌营养不良 1 型	myotonic dystrophy-1	160900	*DMPK*	19q13.32

3.患者的双亲中通常有一个是患者,致病基因由患病的亲代遗传下来;如果双亲都未患病,则可能是由新发突变导致,多见于突变率较高的遗传病。

4. 双亲均无病时,子女一般不会患病,除非发生新的基因突变。

5. 患者的同胞和后代有 1/2 的风险患病。

(三)常染色体显性遗传病例

1. 亨廷顿病　亨廷顿病(Huntington disease,HD)(MIM 143100)又称遗传性舞蹈病,1872 年由 Huntington 首先报道,后以其名字命名,是一种典型的常染色体显性遗传病(图 5-3)。该病致病基因 *huntingtin*(*HTT*)定位于 4p16.3,全长 180kb,有 67 个外显子,编码 huntingtin 蛋白。该病通常于 30～45 岁时缓慢起病,主要累及大脑基底神经节和大脑皮层,引起广泛的脑萎缩,主要有尾状核、豆状核和额叶等部位的病变。临床表现为特征性的舞蹈动作、精神障碍及进行性痴呆。患者舞蹈样运动的动作快,累及全身肌肉,以面部和上肢最明显。每一阵舞蹈运动间有较长时间的间歇期,且不自主运动在睡眠时消失。随着病情的加重,会出现语言不清,甚至发音困难。不自主运动发生 1～2 年或数年后出现精神症状。智力障碍进行性加重,最终出现痴呆。患者大都有阳性家族史,与母亲为患者相比,当父亲为患者时,所生子女的发病年龄提前,临床症状加重,即遗传早现现象。该病的致病机制是 *HTT* 基因的 5′端(CAG)$_n$ 发生异常扩增,而(CAG)$_n$ 重复次数的多少与发病的早晚、疾病的严重程度成正比。正常人的(CAG)$_n$ 重复次数为 13～26 次,主要集中在 16 次,而亨廷顿病患者常常大于 36 次,最多可超过 120 次。

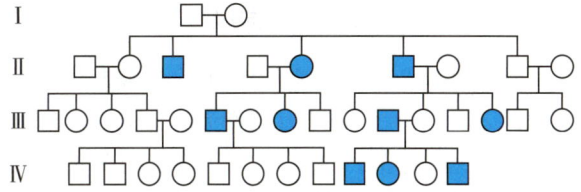

图 5-3　一个亨廷顿病的系谱

2. A1 型短指/趾症　A1 型短指/趾症(brachydactyly A1)(MIM 112500)为有记录的第一种孟德尔显性遗传病。1903 年由 William Curtis Farabee 首次报道了一个人类短指/趾症的遗传家系,是一种常染色体完全显性遗传的典型例子。该病的症状是患者身材明显变矮,手变得更宽,所有的指/趾短小或缺失,致使手指(或足趾)变短。该病致病基因 *IHH* 定位于 2q35。*IHH* 基因除了调控软骨细胞的增殖和分化以外,对远端肢体骨骼的发育和关节的形成也是必需的。*IHH* 基因突变破坏了骨髓组织中 Hedgehog 蛋白与相关蛋白之间的相互作用,最终导致中间指/趾骨的发育异常甚至缺失,引起骨骼发育畸形,形成 A1 型短指/趾症的表型。

二、常染色体隐性遗传

如果一种遗传病或性状的控制基因位于 1～22 号常染色体上,其突变基因呈隐性,这种遗传方式称为常染色体隐性遗传。人类常见的常染色体隐性遗传病包括苯丙酮尿症、囊性纤维化等(表 5-2)。

表 5-2　常见的常染色体隐性遗传病

疾病中文名	疾病英文名	MIM	致病基因	染色体定位
尿黑酸尿症	alcaptonuria	203500	*HGD*	3q13.33
半乳糖血症	galactosemia	230400	*GALT*	9p13.3
苯丙酮尿症	phenylketonuria	261600	*PAH*	12q23.2
囊性纤维化	cystic fibrosis	219700	*CFTR*	7q31.2
肝豆状核变性	hepatolenticular degeneration	277900	*ATP7B*	13q14.3
血色素沉着病 I 型	haemochromatosis, type 1	235200	*HFE*	6p22.2
β 地中海贫血	β thalassemia	141900	*HBB*	11p15.4
镰状细胞贫血	sickle cell anaemia	603903	*HBB*	11p15.4
同型半胱氨酸尿症	homocystinuria	236200	*CBS*	21q22.3

（一）婚配类型及子代发病风险

对于常染色体隐性遗传病，假设突变基因为等位基因 a，呈隐性，只有当基因型为纯合子（aa）时才表现为疾病，纯合子（AA）或杂合子（Aa）的表型正常。两个致病基因分别来自患者双亲，因而临床上所见到的患者，往往为双亲都是携带一个致病基因的杂合子（Aa）婚配所生的子女。携带者虽然表型正常，但再次生育时仍可能把致病基因传给后代。当一对夫妇均为常染色体隐性遗传病的携带者时（$Aa×Aa$），婚配后，其子女的发病风险为 1/4,3/4 的概率为表型正常的个体，表型正常的子女中有 2/3 的概率是携带者。人群中实际上最多的婚配类型是杂合子与正常人的婚配（$Aa×AA$），子代表型全部正常，但其中将有 1/2 是携带者。杂合子与患者婚配（$Aa×aa$）可能发生于近亲婚配时，子代中将有一半为患者，另一半为携带者。这种家系由于连续两代出现患者，子代比例模拟显性遗传的方式，称为类显性遗传，不易与常染色体显性遗传区分。近亲婚配可明显增加常染色体隐性遗传病的发病风险。

在临床上所看到的常染色体隐性遗传病家系中，对患者同胞发病风险的统计常常高于预期的 1/4，这是由于选择偏倚不完全确认造成的。在常染色体隐性遗传病家系中，一对夫妇都是携带者，子女中有 1 个以上患病者的家庭才会被确认，而无患病子女的家庭将被漏检，称为不完全确认（incomplete ascertainment）。

（二）常染色体隐性遗传的共同特征

典型的常染色体隐性遗传系谱（图 5-4）有如下特点。

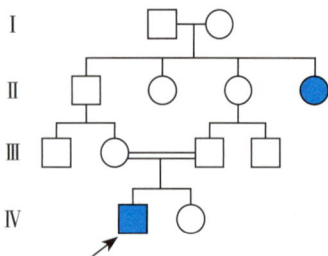

图 5-4　常染色体隐性遗传的典型系谱图

1. 由于致病基因位于常染色体上，因而致病基因的遗传与性别无关，即男、女的患病概率均等。

2. 系谱中通常看不到连续传递现象，往往是散发病例，但同胞中可有多人患病。

3. 患者的双亲一般不患病，但都是致病基因的携带者。

4. 患者的同胞有 1/4 的风险患病，患者表型正常的同胞中有 2/3 的概率为携带者。

5. 患者的后代一般不发病，但一定是携带者。

6. 近亲婚配时子女的发病风险显著提高，因为共同的祖先可能传递给他们共同的突变基因。

（三）常染色体隐性遗传病例

1. **白化病 I 型**　白化病 I 型（albinism type I）（MIM 203100）是一种常见的常染色体隐性遗传病，以眼睛、皮肤、毛发缺乏黑色素为特征。该病致病基因为编码酪氨酸酶（tyrosinase，TYR）的基因，定位于 11q14，由 5 个外显子组成。正常人皮肤、毛发、眼睛等组织的黑色素细胞内能够编码酪氨酸酶，酪氨酸酶能将 L- 酪氨酸羟化为多巴醌，多巴醌再氧化成多巴（3,4- 二羟苯丙氨酸），后者聚合并与蛋白质结合形成黑色素蛋白，使组织呈现相应的颜色。而在白化病 I 型的患者体内 TYR 基因发生突变，使患者体内酪氨酸酶缺乏而导致黑色素的合成发生障碍，从而引起白化病表现，如出现虹膜、皮肤、毛发缺乏黑色素，畏光等。

2. **肝豆状核变性**　肝豆状核变性（hepatolenticular degeneration）（MIM 277900）是一种常染色体隐性遗传病，致病基因 ATP7B 定位于 13q14.3，含 21 个外显子，编码铜转运蛋白 -P 型 ATP 酶。ATP7B 基因突变导致体内铜离子转运及排泄障碍，肝脏铜蓝蛋白合成减少，胆道铜排泄障碍，铜在肝脏内沉积，肝细胞坏死，所释放的游离铜沉积于神经、肾脏、角膜等其他器官组织中，导致多脏器损害。中国人中最常见的突变是 c.2333G > T（p.R778L）（34.5%）、c.2621C > L（p.A874V）（11.9%） 和 c.2975C > T（p.P992L）（9.7%）。

三、X 连锁显性遗传

如果一种遗传病或性状的致病基因位于 X 染色体上且其突变基因呈显性，这种遗传方式称为 X 连锁显性遗传。人类常见的 X 连锁显性遗传病有奥尔波特综合征、口面指综合征 I 型、色素失调症等（表 5-3）。

表 5-3　常见的 X 连锁显性遗传病

疾病中文名	疾病英文名	MIM	致病基因	染色体定位
奥尔波特综合征	Alport syndrome	301050	COL4A5	Xq22.3
小眼畸形	microphthalmia	309801	HCCS	Xp22.2
口面指综合征 I 型	oro-facial-digital syndrome I	311200	OFD1	Xp22.2
色素失调症	incontinentia pigmenti	308300	IKBKG	Xq28
鸟氨酸氨甲酰转移酶缺乏症	ornithine transcarbamylase deficiency	311250	OTC	Xp11.4

男性只有一条 X 染色体，Y 染色体上缺少相应的等位基因，故男性 X 染色体上的基因是不成对的，只有成对等位基因中的一个，称为半合子（hemizygote）。男性 X 染色体上的基因有突变即表现出疾病，且病情较重，其 X 染色体的致病基因只能从母亲传递而来，将来只能传递给女儿，不会传递给儿子。

正常女性有两条 X 染色体，X 连锁显性时纯合子和杂合子均表现为疾病，故女性的发病率一般为男性的 2 倍。女性杂合子患者的数量比纯合子要多，杂合子还存在一个正常的等位基因，在不完全显性的情况下病情一般比男性轻。另外，由于女性 X 染色体随机失活，当患者带有致病基因的 X 染色体失活时，病情则较轻且常有变化。

（一）婚配类型及子代发病风险

X 连锁显性遗传时，可以用 X^A 代表 X 染色体上突变的显性致病基因，则女性患者的基因型为 X^AX^A 或 X^AX，大多数情况下女性多为杂合子患者 X^AX，男性患者的基因型为 X^AY。临床上最常见的婚配类型为女性杂合子患者（X^AX）与正常男性（XY）之间的婚配，其子女中男女均有 50% 的发病风险；男性患者（X^AY）与正常女性（XX）之间婚配，其后代中女性全部为患者，男性则全部正常。

（二）X 连锁显性遗传的共同特征

典型的 X 连锁显性遗传方式有如下特点。

1. 人群中女性患者数目多于男性患者，一般约为男性患者的 2 倍，但女性患者病情通常较男性轻。

2. 患者双亲中必有一名患病，若双亲均不患病，则致病基因为新发突变。

3. 男性患者的女儿全部患病，儿子全部正常。

4. 女性患者（杂合子）的子女中各有 1/2 的可能性是该病的患者。

5. 系谱中常可见连续传递现象，但无父子传递

现象，这可与常染色体显性遗传相区别。

（三）X 连锁显性遗传病例

1. 低磷酸盐血症性佝偻病　低磷酸盐血症性佝偻病（hypophosphatemic rickets）（MIM 307800）是 Albright 在 1937 年首先报道的一种 X 连锁显性遗传病，又称抗维生素 D 佝偻病（vitamin D-resistant rickets）。其致病基因为磷酸调控内肽酶同源物（phosphate-regulating endopeptidase homolog，PHEX），定位于 Xp22.11。PHEX 基因有 18 个外显子，编码 749 个氨基酸残基，蛋白质分子量为 86.5kDa，属于 II 型膜整合的锌依赖性内肽酶家族。点突变和缺失是导致疾病发生的主要原因。患者由于肾小管对磷酸盐的再吸收障碍，导致血磷下降，尿磷增多，肠道对磷、钙的吸收不良，从而影响骨质钙化，形成佝偻病。患儿多于 1 周岁左右下肢开始负重时，才表现出症状，最先出现的症状为 O 型腿或 X 型腿。严重的病例有进行性骨骼发育畸形、多发性骨折，并伴有骨骼疼痛、不能行走、生长发育缓慢等症状。从临床观察，女性患者多为杂合子，数目虽多于男性患者，但病情较轻，少数只有低磷酸盐血症，没有明显的佝偻病骨骼变化（图 5-5）。

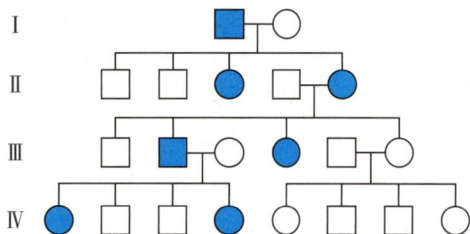

图 5-5　一个低磷酸盐血症性佝偻病系谱图

2. 奥尔波特综合征　奥尔波特综合征（Alport syndrome）亦称遗传性肾炎，临床特点是血尿、蛋白尿及进行性肾功能减退，部分患者可合并感音神经性聋、眼部异常、食管平滑肌瘤等肾外表现。该

病由编码肾小球基底膜型胶原 α3～α5 链的基因 *COL4An*（n=3,4,5）突变导致。约 85% 的奥尔波特综合征患者是 *COL4A5* 或 *COL4A5* 和 *COL4A6* 两个基因突变导致的 X 连锁显性遗传型奥尔波特综合征（MIM 301050），其中男性患者病情较重，40 岁前出现肾衰竭的比例高达 90%，女性患者病情相对较轻。另外，约 15% 的奥尔波特综合征患者是 *COL4A3* 或 *COL4A4* 基因突变导致的常染色体遗传型奥尔波特综合征，其中以奥尔波特综合征（MIM 203780）患者为主，几乎均在 30 岁前出现肾衰竭。

四、X 连锁隐性遗传

如果一种遗传病或性状的致病基因位于 X 染色体上且其突变基因呈隐性，这种遗传方式称为 X 连锁隐性遗传。X 连锁隐性遗传时半合子男性只有一个等位基因，发生突变即表现出性状或疾病；而女性纯合突变时才表现出性状或疾病，杂合状态下表型正常，但可以作为携带者将突变传递给后代。人类 X 连锁隐性遗传病较多，如进行性假肥大性肌营养不良、血友病 B 等（表 5-4）。

表 5-4　常见的 X 连锁隐性遗传病

疾病中文名	疾病英文名	MIM	致病基因	染色体定位
黏多糖贮积症 II 型	mucopolysaccharidosis type II	309900	*IDS*	Xq28
X 连锁鱼鳞病	Xichthyosis, X-linked	308100	*STS*	Xp22.31
血友病 B	hemophilia B	306900	*F IX*	Xq27.1
进行性假肥大性肌营养不良	Duchenne muscular dystrophy	310200	*DMD*	Xp21.2-p21.1
法布里病	Fabry disease	301500	*GLA*	Xq22.1
慢性肉芽肿病	chronic granulomatous disease	306400	*CYBB*	Xp21.1-p11.4
全垂体功能减退症	panhypopituitarism	312000	*SOX3*	Xq27.1
免疫缺陷伴高 IgM1 型	immunodeficiency with hyper-IgM, type 1	308230	*CD40LG*	Xq26.3
眼白化病 I 型	ocular albinism type I	300500	*GPR143*	Xp22.2
眼白化病 II 型	ocular albinism type II	300600	*CACNA1F*	Xp11.23

（一）婚配类型及子代发病风险的预测

X 连锁隐性遗传时，可以用 X^a 代表 X 染色体上突变的隐性致病基因，则男性患者的基因型为 X^aY，女性患者的基因型为 X^aX^a，女性杂合子携带者的基因型为 XX^a。所有携带致病基因突变的男性都发病，因而男性患者的发病率可以体现致病基因在群体中的频率。而女性在纯合突变时才发病，因而女性患者的发病率是男性发病率的平方，女性携带者的频率是男性发病率的 2 倍。

临床上最常见的婚配类型为表型正常的女性携带者（XX^a）与正常男性（XY）之间的婚配，子代中儿子有 1/2 的发病风险，女儿不发病但有 1/2 的概率为携带者；正常女性（XX）与男性半合子患者（X^aY）之间的婚配，其子女表型都正常，但由于交叉遗传，父亲的 X^a 一定会传给女儿，所有女儿均为携带者；偶尔能见到男性半合子患者（X^aY）与女性携带者（XX^a）之间的婚配，其儿子和女儿均有 1/2 的发病风险，表型正常的女儿均为携带者。

（二）X 连锁隐性遗传的特征

典型的 X 连锁隐性遗传方式（图 5-6）有如下特点。

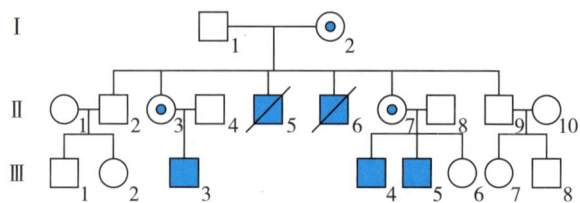

图 5-6　X 连锁隐性遗传的典型系谱图

1. 群体中男性患者的数目远远多于女性患者，系谱中往往只见到男性患者。

2. 男性患者的致病基因由携带者母亲传递而来，如果母亲不是携带者，则致病基因可能源自新发突变，也可能是由于母亲的生殖腺嵌合。

3.携带者母亲再生育时,其儿子有 1/2 的风险患病,女儿有 1/2 的概率是携带者。

4.男性患者的兄弟、外祖父、舅父、姨表兄弟、外甥、外孙等也有可能是患者。

5.如果出现女性患者,则其父亲是患者,同时母亲是携带者。

(三)X 连锁隐性遗传病例

1. 血友病 A 血友病 A(hemophilia A)(MIM 306700)又称甲型血友病、抗血友病球蛋白(antihemophilic globulin)缺乏症、第Ⅷ因子缺乏症、经典型血友病。血友病 A 是一种 X 连锁隐性遗传病,编码凝血因子Ⅷ的基因定位于 Xq28,基因全长超过 186kb,有 26 个外显子,编码 2 351 个氨基酸残基组成的凝血因子Ⅷ,参与凝血过程。血友病 A 发病年龄多在儿童期,患者轻微外伤后出血不止。皮肤出血往往为缓慢持续地渗血,可形成皮下血肿;关节、肌肉出血常导致关节血肿,以踝、膝、肘关节多见,可导致跛行,不经治疗者往往形成关节永久性畸形;严重者可因颅内出血而死亡。主要突变形式包括倒位、点突变、缺失和插入等。历史上有一个著名的血友病 A 家系,其第一代致病基因携带者为 19 世纪英国的维多利亚女王,致病基因通过通婚而传到欧洲多个国家的皇室成员,因此血友病 A 又被称为"皇室病"。

2. 黏多糖贮积症Ⅱ型 黏多糖贮积症Ⅱ型(mucopolysaccharidosis type Ⅱ)(MIM 309900)是由于艾杜糖 -2- 硫酸酯酶基因(iduronate 2-sulfatase gene,*IDS*)突变导致的 X 连锁隐性遗传型多系统受累性疾病。*IDS* 基因位于 X 染色体 Xq28,含 11 个外显子。绝大多数患者为男性,极少数女性携带者可以发病。临床表现轻重不同,典型患者表现为出生后逐渐出现面容丑陋、进行性多发骨骼畸形伴矮小、智力落后和心脏病变等。

五、Y 连锁遗传

如果一种遗传病或性状的致病基因位于 Y 染色体上,则其遗传方式称为 Y 连锁遗传。Y 连锁遗传只存在于男性,其传递规律也比较简单(图 5-7),致病基因随着 Y 染色体的传递而传递,由父亲传给儿子、儿子传给孙子,这样的遗传方式又称为限雄遗传或全男性遗传。人类 Y 染色体上编码蛋白质的基因约 43 种,主要有外耳道多毛症基因、Y 染色体性别决定区(*SRY*)及无精子症因子(*AZF*)等。人类 Y 连锁遗传病和基因较少,图为一个外耳道多毛症的系谱图,从中可以看出家系中全部男性均有外耳道多毛的性状(外耳道长出常伸出至耳孔外的黑色硬毛),而系谱中的女性均无此性状。

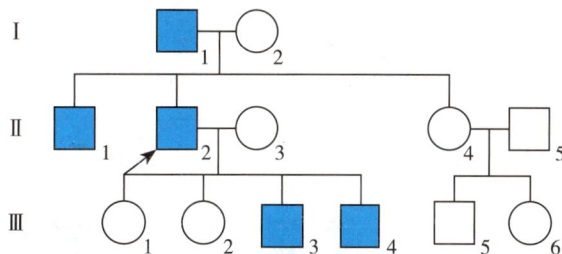

图 5-7 一个外耳道多毛症的系谱图

六、影响单基因病分析的因素

(一)表现度和外显率

表现度(expressivity)是在不同遗传背景和环境因素的影响下,相同基因型的个体在性状或疾病的表现程度上的差异。例如,多指 / 趾轴后 A1 型也是一种常染色体显性遗传病,不同的杂合子(*Aa*)患者可以表现为多指 / 趾的数目不同,或多出指 / 趾的长短不同。而这些差异既可出现在不同个体身上,也可出现在同一个体的不同部位。

外显率(penetrance)是指某一显性杂合基因在特定的群体及环境中表现出相应表型的比例,常用百分率(%)来表示。外显率为 100% 时称为完全外显(complete penetrance);外显率低于 100% 时称为不完全外显(incomplete penetrance)或外显不全。

外显率与表现度是两个不同的概念,其根本的区别在于外显率阐明了基因表达与否,是个"质"的问题;而表现度要说明的是在基因表达的前提下,其表现程度如何,是个"量"的问题。

(二)遗传早现和延迟显性

遗传早现是指一些遗传病(通常为显性遗传病)在连续几代的遗传过程中,发病年龄逐代提前和 / 或病情逐代加重的现象。如脊髓小脑性共济失调 1 型是一种常染色体显性遗传病,多在 30~40 岁发病,临床表现为步态不稳、行走困难、语言不清、吞咽困难、上肢共济失调、摇头和舞蹈样动作等。由图 5-8 可见 I₁ 在 39 岁开始发病,II₂ 发病年龄为

38岁，Ⅲ₃在30岁发病，而Ⅳ₁在23岁就已发病。本病的致病基因 *ATXN1* 定位于6p23，发病原因是其外显子中的三核苷酸（CAG）重复存在动态突变。正常人的CAG重复19～38次，患者的CAG重复40～81次。重复次数越多，患者的发病年龄越早、病情越严重。

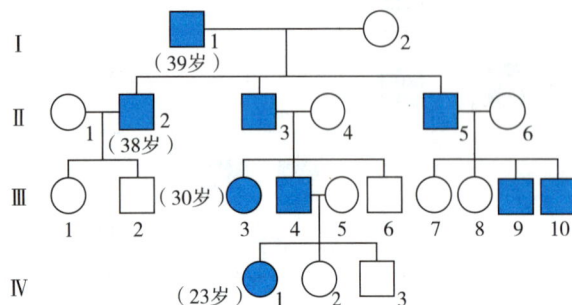

图5-8　一个脊髓小脑性共济失调1型的系谱图

一些带有显性致病基因的杂合子（*Aa*）在生命早期，因致病基因不表达或者表达尚不足以引起明显的临床表现，在达到一定的年龄后才表现出疾病，称为延迟显性（delayed dominance）。亨廷顿病通常在30～40岁才发病，属于延迟显性的一个例子。

（三）遗传异质性和多效性

遗传异质性（genetic heterogeneity）是指同一种遗传性状或疾病可以由不同的基因所控制，可分为基因座异质性（locus heterogeneity）和等位基因异质性（allelic heterogeneity）。基因座异质性是指同一种遗传性状或疾病由不同基因座的突变引起。等位基因异质性是指同一种遗传性状或疾病由同一基因座上的不同突变引起。

基因多效性（pleiotropy）是指一个基因可以控制或影响多个性状。生物体发育过程中的许多生理和生化反应都是互相联系和互相依赖的。基因的作用是通过调控新陈代谢的一系列生化反应，进而影响到个体的发育方式并决定性状的形成。因此，一个基因的变异能够直接或间接地影响多个生化过程，导致多个性状发生相应的改变。基因多效性并不是基因本身具有多重效应，而是基因的编码产物参与机体复杂代谢的结果。

（四）从性遗传和限性遗传

从性遗传（sex-influenced inheritance）是位于常染色体上的基因，由于性别的差异而显示出男女性分布比例上的差异或基因表达程度上的差异。

限性遗传（sex-limited inheritance）是指位于常染色体上的基因，由于基因表达的性别限制，只在一种性别表现，而在另一种性别则完全不能表现。这主要是由于男女在解剖学结构上的差异造成的，也可能受性激素分泌方面的性别差异影响。

（五）遗传印记

生物体的一对同源染色体或相应的一对等位基因分别来自父亲和母亲，某些来自双亲的同源染色体或等位基因存在功能上的差异，因而当它们发生相同的改变时，所形成的表型会有所不同，这种现象称为遗传印记（genetic imprinting）或亲代印记（parental imprinting）、基因组印记（genomic imprinting）。因为存在印记效应，人类的一些单基因遗传病的外显率和表现度会因突变基因的亲代来源不同而不同。遗传印记的存在使得突变基因的表型不符合孟德尔遗传规律，其发生机制与DNA水平的甲基化修饰有关，印记相关的甲基化是终生不变的。

（六）莱昂假说

莱昂假说是在1961年由M. F. Lyon提出的X染色体失活假说，是哺乳动物的一种剂量补偿效应。假说认为女性的两条X染色体在胚胎发育早期就有一条随机失活，即为X染色体失活（X chromosome inactivation）。因此，女性体细胞的两条X染色体只有一条在遗传上是有活性的，其结果是X连锁基因得到了剂量补偿，保证雌雄个体具有相同的有效基因产物。

（七）拟表型

由于营养或环境因素的作用使个体产生的表型恰好与某一特定基因所产生的表型相同或相似，这种由环境因素引起的表型称为拟表型（phenocopy）或表型模拟。拟表型是由环境因素与特定的遗传因素相互作用导致，并非完全由生殖细胞中基因本身的改变引起。

（八）同一基因的显性或隐性突变

许多同一基因的不同突变可引起显性或隐性遗传病。如定位于11p15.5的β珠蛋白基因第127

位密码子的突变使 β 链的第 127 位氨基酸从正常的谷氨酰胺变成了脯氨酸，从而形成 Hb Houston（MIM 141900.0319），导致 β⁺-Houston- 地中海贫血，其遗传方式为常染色体显性；若是 β 珠蛋白基因第 26 位密码子的突变，则使 β 链的第 26 位氨基酸从正常的谷氨酸变成了赖氨酸，形成 Hb E（MIM 141900.0071），导致 β⁺-E- 地中海贫血，其遗传方式为常染色体隐性。

第四节
多基因遗传病

人类许多遗传性状或疾病是由多对等位基因共同控制的。疾病表型取决于相关的多个基因效果的累加或相互作用，这些性状称为多基因性状，又称为数量性状。每一对基因对遗传性状或疾病形成的作用是微效的，称为微效基因（minor gene）。由多个微效基因的累加效应（additive effect）控制遗传性状或疾病的遗传方式称为多基因遗传（polygenic inheritance）或多因子遗传（multifactorial inheritance），所影响的疾病称为多基因遗传病，也称复杂性状或复杂疾病（complex disorder）。与单基因遗传疾病的罕见性不同，多基因遗传病多为常见病如糖尿病、肥胖症、原发性高血压、冠状动脉粥样硬化性心脏病（简称冠心病）、肿瘤、精神分裂症和阿尔茨海默病等，不遵循孟德尔遗传规律，常由环境因素和遗传因素共同决定。目前研究认为，多基因遗传的微效基因中可能存在一些起主要作用的基因，称为主基因（major gene）。主基因有可能存在显、隐性关系，了解主基因将有助于理解多基因遗传病的发病、诊断、预防和治疗。

多基因遗传病和单基因遗传病的划分是一种人为的分类，某些单基因病基因也与多基因遗传病相关。同时，虽然绝大部分常见病的遗传学基础是多基因的，但这些病种仍存在小部分可由单基因所引起。例如 95% 的肿瘤是体细胞多基因的突变所致，但也有约 5% 的肿瘤被认为主要是由生殖细胞遗传的单基因的突变所引起。

一、多基因遗传的特点

单基因遗传中基因型和表型之间存在直接的因果关系，这种性状的变异在群体中的分布往往是不连续的，可以明显地分为 2～3 群，各个性状之间具有质的差异，因而单基因性状被称为质量性状（qualitative character）。多基因遗传与单基因遗传不同，其性状在群体中的分布呈连续的单峰分布，波峰处为平均值或中位数，不同个体间的差异只是量的变异，且差异较小，因而多基因性状又称为数量性状（quantitative character）。例如，人的身高、体重、血压、智商等遗传性状都属于多基因数量性状。如果对任何一个群体的身高进行随机调查，可以发现极矮和极高的个体只占少数，大部分个体的身高接近平均值，并且由矮向高逐渐过渡，这种身高变异分布绘制的曲线呈正态分布。

多基因遗传的数量性状受许多微效基因控制，每对微效基因的作用是微小的，但若干对基因的作用具有累加效应，环境因素也起着增强或抑制性状的作用。因此，多基因遗传的数量性状具有很高的复杂性，这也是多基因遗传病研究的难点之一。虽然多基因遗传从宏观上观察数量性状的遗传规律不符合孟德尔定律，但每一对基因的遗传方式仍遵循孟德尔定律，即分离定律和自由组合定律。

二、易感性与发病阈值

在多基因遗传病中，环境因素对多基因遗传病同样产生影响，将遗传因素和环境因素共同作用决定个体患病的风险称为易患性（liability）。由遗传因素决定的个体患病的风险称为易感性（susceptibility）。一般群体中，易患性极高或极低的个体都占少数，大多数个体都接近平均值，易患性同多基因性状一样，在群体中呈正态分布。在环境因素相同的条件下，个体间的患病风险差异可以认为是由不同的易感性造成的，易感性的高低可代表易患性的高低。

发病阈值（threshold）是指易患性决定的多基因遗传病发病的最低限度，一个个体的易患性超过阈值就可能发病。阈值将人群连续分布的易患性变异分为两部分，即低于阈值的健康群体和达到并高出阈值的患病群体（图 5-9）。

一个个体易患性的高低无法测量，只能通过生育子女的患病情况做粗略的估计，但一个群体的易患性平均值可以通过该群体的患病率做出估计。以多基因遗传病易患性正态分布曲线下的面积代表总人群,则易患性超过阈值的那部分曲线下面积占总面积的比例为患者占总人群的百分数,即为患病率。可见,一种多基因病的发病阈值越低,与易患性平均值的距离越近,表明易患性高,阈值低,群体患病率越高。相反,阈值越高,与易患性的平均值的距离越远,表明易患性低,群体患病率低。

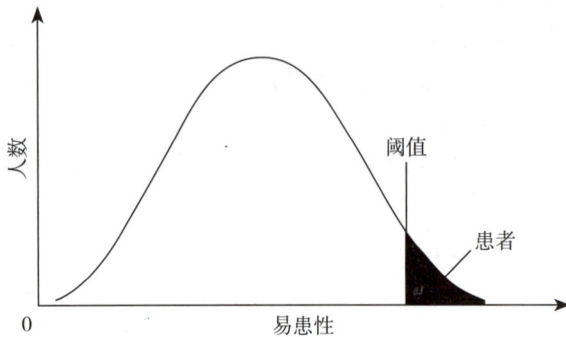

图 5-9　群体易患性变异分布图

三、遗传率

多基因遗传病是遗传因素和环境因素共同作用所致,其中,遗传因素作用的大小可用遗传率来衡量。遗传率(heritability)是指多基因的累加效应对疾病易患性的作用大小,又称遗传度。常用百分率(%)表示。遗传率越大,表明遗传因素对疾病发生的作用越大。多基因遗传病中极少见到遗传率为 0 或 100% 这两种极端情况的疾病。遗传率达 70%～80% 的多基因病,表明遗传因素在决定疾病易患性变异上起重要作用,而环境因素的作用较小。若遗传率仅为 30%～40%,表明环境因素在决定疾病易患性变异上起重要作用,而遗传因素的作用不显著,可能不会出现明显的家族聚集现象。

表 5-5 列出了一些常见的多基因遗传病的患病率和遗传率。需要注意的是某种疾病遗传率的估计是根据特定环境中特定人群的患病率估算出来的,不同的环境和人群遗传率会有所不同,因此不能完全适用于其他环境或人群。同时,遗传率是群体统计量,用到个体没有意义。比如某种疾病的遗传率为 50%,并不是说某个患者的发病 50% 由遗传因素决定,而是说在这种疾病的总变异中,一半与遗传变异有关,一半与环境因素有关。此外,遗传率的估算仅适合于没有遗传异质性,也没有主基因效应的遗传病。

表 5-5　常见多基因病的一般群体患病率和遗传率

疾病	一般群体患病率 /%	先证者一级亲属发病率 /%	男 / 女比值	遗传率 /%
原发性高血压	4～8	20～30	1	62
精神分裂症	1	10	1	80
哮喘	4	20	0.8	80
冠心病	2.5	7	1.5	65
脊柱裂	0.3	4	0.8	60
无脑儿	0.2	2	0.4	60
强直性脊柱炎	0.2	7(男先证者) 2(女先证者)	0.2	70
唇裂 ± 腭裂	0.17	4	1.6	76
腭裂	0.04	2	0.7	76
先天性心脏病	0.1～0.2	4(男先证者) 1(女先证者)	0.2	70
先天性畸形足	0.1	3	2	68
先天性巨结肠	0.02	2(男先证者) 8(女先证者)	4	80
先天性幽门狭窄	0.3	2(男先证者) 10(女先证者)	5	75

四、影响多基因遗传病再发风险估计的因素

(一)发病率与亲属级别有关

多基因遗传病的发病有明显的家族聚集倾向,患者亲属发病率高于群体发病率,而且随着与患者亲缘关系变远(或亲缘系数增大),发病率剧减,向群体发病率靠近。

在相当多的多基因遗传病中,群体发病率(q)常在 0.1%～1%,遗传率为 70%～80% 之间,那么患者一级亲属的再发风险可利用 Edwards 公式计算:$q_r=\sqrt{q_g}$,q_r 为患者一级亲属再发风险,q_g 为群体发病率。当遗传率低于 70% 时,患者一级亲属再发风险低于群体发病率的平方根;当遗传率高于 80% 时,一级亲属再发风险高于群体发病率的平方根。

例如,某地区群体中唇腭裂的发病率为 0.17%,遗传率为 76%,患者一级亲属再发风险计算为:$q_r=\sqrt{q_g}=\sqrt{0.0017}\approx4\%$,如果遗传率为 100%,患者一级亲属的再发风险上升到约 9%;如果遗传率为 50%,患者一级亲属的再发风险下降到约 2%。可见,多基因遗传病的再发风险与疾病的遗传率高低有关。群体发病率、遗传率和患者一级亲属发病率之间的相互关系如图 5-10 所示,横坐标为群体发病率,纵坐标为患者一级亲属发病率,斜线为遗传率,可以依据此图估计多基因遗传病的发病风险。例如,无脑畸形伴脊柱裂的群体发病率为 0.38%,遗传率为 60%,查图中横坐标上 0.38 处垂直线与遗传率 60% 的斜线交点,其对应的纵坐标刻度近于 4,则该病患者一级亲属发病率接近于 4%。有些多基因病,在遗传率相同的情况下,群体发病率不同,患者亲属发病率也不同,同样可以从图中进行估计。

(二)患者亲属再发风险与亲属中受累人数有关

在多基因遗传病中,一个家庭中患病人数越多,则亲属再发风险越高。例如一对夫妇表型正常,第一胎出生唇裂患儿以后,再次生育唇裂患儿的风险为 4%;如果他们又生了第二个唇裂患儿,第三胎生育唇裂患儿的风险则上升到 10%。说明这对夫妇带有更多能导致唇裂的致病基因,他们虽然未发病,但他们的易患性更接近发病阈值,因而造成其一级亲属再发风险增高(表 5-6)。表 5-6 由 Smith 于 1971 年绘制,可根据双亲和同胞中已患病人数来估计患者一级亲属的再发风险。

(三)患者亲属再发风险与疾病严重程度有关

多基因遗传病发病的遗传基础是微效基因,故有共显累加效应。在多基因遗传病中,如果患者病情严重,证明其易患性远远超过发病阈值而带有更多的易感基因。与病情较轻的患者相比,其父母所带有的易感基因也更多,易患性更接近阈值。因此,再次生育时其后代再发风险也相应增高。例如,单侧唇裂的患者,其同胞的再发风险为 2.46%;单侧唇裂并腭裂的患者,其同胞的再发风险为 4.21%;双侧唇裂加腭裂的患者,其同胞的再发风险为 5.74%。这一点不同于单基因遗传病。在单基因遗传病中,不论病情的轻重如何,一般不影响其再发风险率,仍为 1/2 或 1/4。

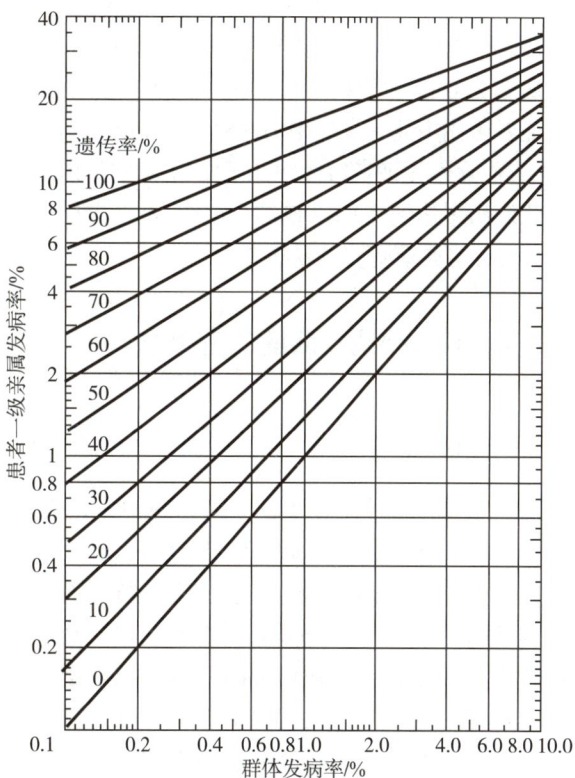

图 5-10 群体中发病率、遗传率与患者一级亲属发病率的关系

表 5-6　根据亲属患病人数和遗传率估计患者一级亲属的再发风险　　　　单位:%

一般群体发病率	遗传率	再发风险率								
		双亲 0 人患病			双亲 1 人患病			双亲 2 人患病		
		同胞患者数			同胞患者数			同胞患者数		
		0	1	2	0	1	2	0	1	2
1.0	100	1	7	14	11	24	34	63	65	67
	80	1	8	14	8	18	28	41	47	52
	50	1	4	8	4	9	15	15	21	26
0.1	100	0.1	4	11	5	16	26	62	63	64
	80	0.1	3	10	4	14	23	60	61	62
	50	0.1	1	3	1	3	9	7	11	15

(四)多基因遗传病的群体发病率存在性别差异时,亲属再发风险与性别相关

群体中发病率较低但阈值较高性别的先证者,其亲属再发风险相对增高;相反,群体中发病率相对高,阈值较低性别的先证者,其亲属再发风险相对较低。这种情况称为卡特效应(Carter effect)。例如,人群中先天幽门狭窄男性发病率为 0.5%,女性发病率为 0.1%,男性发病率是女性的 5 倍,则男性先证者后代中儿子发病率为 5.5%,女儿的发病率是 2.4%;而女性先证者后代中儿子发病率高达 19.4%,女儿发病率达到 7.3%。该结果说明,女性先证者比男性先证者带有更多的易感基因。

五、多基因遗传病的研究策略

(一)连锁分析

连锁(linkage)指位于同一条染色体上的 DNA 序列由于物理位置相近而一同向子代传递的倾向。连锁分析(linkage analysis)是利用上述特征而进行致病基因定位(gene mapping)的分析方法。连锁分析常常利用基因组已知位置的遗传标记来定位未知致病基因的位置。全基因组连锁分析是分析者通过对全基因组遗传标志物的扫描及连锁分析,寻找与致病基因相连锁的遗传标志物,其可以指示致病性基因在染色体上的大致位置。

连锁分析分为参数型(parametric)和非参数型(non-parametric)。参数型连锁分析一般只适用于单基因病的基因定位,在分析时必须给出计算所需的参数,如等位基因频率、外显率、传递模型等。而非参数连锁分析(non-parametric linkage analysis)是一类没有任何预先设定的模拟的连锁分析,故可用于多基因遗传病的基因定位。非参数连锁分析最具有代表性的是同胞对分析(sib-pair analysis)。在同胞对分析中,研究者收集多个患有同一疾病的同胞兄弟姐妹,以未患病的同胞作为对照,对其进行基因分型,通过比较同胞的等位基因或者基因型,来检测遗传标志是否与疾病位点基因关联或者连锁。由于患者及对照具有相同的遗传背景,可有效地避免人群分层混杂现象。

(二)关联研究

关联研究是一种主要基于统计学方法找寻多基因遗传病相关基因的研究方法。关联研究最常用病例-对照研究,其基本原理是分析比较等位基因或基因型的频率在某一疾病的病例组及对照组之间的差异,并计算其显著性,排除各种混杂因素之后,在病例组中显著高于对照组的等位基因/基因型则被认为与这一疾病相关;而在对照组中显著高于病例组的等位基因/基因型则被认为与对这一疾病的抵抗性相关。

1. 病例-对照研究　病例-对照研究(case-control study)是以候选基因为导向的研究,即研究者首先筛选与所研究的疾病可能相关的候选基因,然后在病例组和对照组两大样本群体中进行这一基因遗传变异频率的检验及统计学分析。这一研究的结果可能受人群分层(population stratification)的影响。人群分层指人群亚结构中由于祖先不同

而造成的等位基因频率的不同。比如，如果我国北方人群等位基因 A 频率显著多于南方人群，若病例组中北方人群居多，对照组中北方人群少，这就可能会导致 A 与这一疾病相关的错误结论。因此，病例 - 对照研究应在同质性（homogenous）人群中进行或对统计学结果进行与人群分层有关的校正。

2. 全基因组关联分析　全基因组关联分析（genome-wide association study，GWAS）是一种在全基因组范围内，通过大量单核苷酸多态性（single nucleotide polymorphism，SNP）测定筛选发现与疾病表型关联的 SNP，研究确定疾病易感区域和相关基因，寻找疾病的标志物，从而探究复杂疾病遗传机制的方法。GWAS 的研究设计所需样本量大，基因分型位点多，任务重，耗资多。人类单体型图计划（HapMap Project）表明利用单倍体的标签单核苷酸多态性（tag single nucleotide polymorphism，tag SNP）分型可提高 GWAS 的效率，节约成本，进行全基因组的 tag SNP 扫描来捕获与某一疾病关联的单倍体。但是，全基因组关联研究只是在单倍体水平上的研究。每一单倍体内可含有数个 / 多个基因。同时由于基因组板块间由重组热点隔开，这一方法对位于重组热点的基因缺乏检测效率。此外，GWAS 的遗传统计分析的任务不仅要从几十万个 tag SNP 中发现与疾病表型的关联，同时需要严格控制由于人群混杂可能带来的假阳性，以及因多重比较而带来的 I 类错误概率扩大等问题，从大量的阳性结果中筛选出那些与疾病真正相关的基因组内序列变异。

3. 基于家系的关联研究　鉴于病例 - 对照研究可能受人群分层的影响，一类以家庭为基础的关联研究（family-based association study）应运而生，其中最具代表性的是传递不平衡检验（transmission disequilibrium test，TDT）。在这一研究中，研究者收集患者及其父母三者的核心家系（trio）的血样，在多个这种家庭中进行候选基因的基因型鉴定，然后进行传递不平衡检验。如果某个等位基因向下一代遗传的概率没有遵循随机的原则，而是过多地传给了子代，而子代为这一疾病的患者，则是"不平衡"传递，故这一等位基因被认为与这一疾病相关。由于这一检验是在家庭中进行的，故不受人群分层的影响。

六、多基因遗传病研究示例——支气管哮喘

支气管哮喘（bronchial asthma）简称哮喘，是一种以气道阻塞、气道炎症和气道高反应性为特征的慢性炎症性呼吸系统疾病。哮喘的发病率和病死率呈逐年上升的趋势，在我国发病率为 1%～5%，以儿童多见。发达国家患病率高于发展中国家，城市高于农村，哮喘已经成为全球范围内严重的公共卫生问题之一。哮喘是一种具有不同表型的复杂性疾病，多为多基因遗传，具有家族聚集性特点和明显的遗传倾向，其遗传率可达 60%～80%。哮喘的发生、发展由多种基因之间的相互作用以及基因与环境之间的相互作用所决定。

（一）哮喘的临床特征

哮喘是由多种刺激因素引起的支气管反应性增高的疾病。临床上表现为发作性伴有哮鸣音的呼气性呼吸困难，可在数分钟内发作，持续数小时至数天，经治疗后可缓解或自行缓解，严重时可持续数日或数周，反复发作；长期反复发作哮喘可并发慢性支气管炎或肺气肿。哮喘大致可分为外源性和内源性两大类，其产生机制尚不清楚。一般认为外源性哮喘的产生与异常免疫反应有关，而内源性哮喘则多由于自主神经功能紊乱导致。外源性哮喘常于幼年期发病，具有明显的过敏原变态反应史。内源性哮喘常于成年发病，支气管迷走神经反应性增高，倾向于常年发作，且较为严重。各型哮喘共同的病理特征是气道慢性炎症，主要表现为支气管平滑肌痉挛、黏膜下组织水肿及气道上皮下炎性细胞浸润，气道分泌物增加等。

（二）哮喘遗传因素关联研究策略

近年来，通过关联研究等方法，确定了多条染色体上的多个区域或基因与哮喘或者哮喘相关性状如咳嗽、喘鸣、呼吸困难、气道高反应性及血清 IgE 水平等相关。特别是近年的支气管哮喘 GWAS 在世界范围内取得了可喜成果，发现了很多与哮喘相关联的疾病易感位点和区域。复杂疾病关联研究的策略见图 5-11。

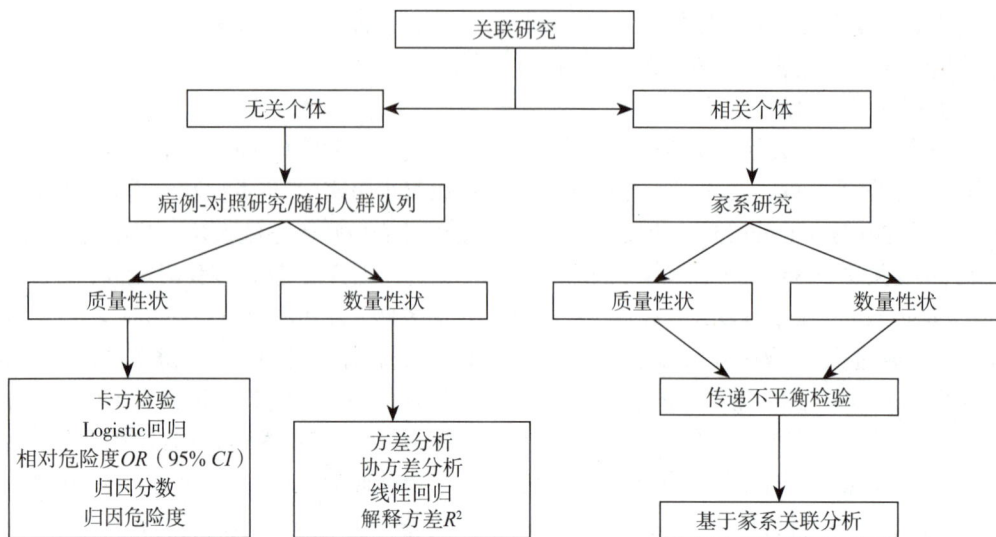

图 5-11　复杂疾病关联研究的策略

（三）支气管哮喘易感基因的全基因组关联分析

1. ORMDL3 基因　2007 年,英国科学家 Moffatt 与德国科学家 Kabesch 联合在 *Nature* 上发表了一项有关儿童支气管哮喘的 GWAS,被认为是第一个真正意义上的哮喘 GWAS。该研究入选了 994 例儿童哮喘患者和 1 243 例非哮喘人群作为对照,利用基因芯片高通量的分型方法对全基因组 317 000 多个 SNP 进行了基因分型。分析的结果显示染色体 17q21.1 区域上的 SNP 与儿童哮喘存在很强的关联性。进一步研究发现该区域调控 ORMDL3 基因表达的遗传变异可能是决定儿童是否对哮喘易感的重要因素。

2. PDE4D 基因　2009 年,Himes 等研究发现位于染色体 5q12 区域的 *PDE4D* 基因为一个新的哮喘易感基因,并且该研究结果在两个白种人群中得到验证。由于 *PDE4D* 基因表达产物(PDE4 蛋白)具有调节气道平滑肌收缩的功能,已有研究人员开始研制 PDE4 蛋白抑制剂来治疗哮喘。

3. TLE4 基因　同样在 2009 年,Hancock 等对墨西哥人进行了大规模的哮喘 GWAS,应用含有 550 000 个 SNP 的基因芯片对 492 个支气管核心家系(患病儿童及其双亲构成一个核心家系)进行基因分型,结果发现位于染色体 9q21.31 的 *TLE4* 基因的 rs2378383 位点与哮喘明显相关($P=7.1 \times 10^{-6}$),并在一个独立的人群中获得了验证。

4. CRB1 和 DENND1B 基因　2010 年,Sleiman 等对 793 例欧洲裔的北美儿童进行了 GWAS,这些儿童均患有持续性哮喘并且每日吸入糖皮质激素进行治疗。该研究同时匹配了 1 988 例正常儿童作为对照。研究结果发现了一个新的哮喘易感区域 1q31,该染色体区域包含两个基因 CRB1 和 DENND1B。CRB1 编码的是一种跨膜蛋白,在视网膜上皮的维持和形成中发挥一定的作用。DENND1B 蛋白主要在树突状细胞中表达,激活 T 细胞。

5. RAD50-IL13 区和 HLA-DR/DQ 区　Li 等针对严重哮喘和难治性哮喘进行了一项 GWAS,他们分析了 292 443 个 SNP,利用基因组连锁不平衡的原理,最终发现两个与哮喘相关的易感区域,分别为 5q31.1 上的 RAD50-IL13 区和 6p21.3 上的 HLA-DR/DQ 区。他们的研究结果表明 Th2 细胞的细胞因子以及与抗原提呈相关的基因在哮喘发病中可能起着重要作用。

除上述基因外,利用 GWAS,还发现在非洲人中,5q33 区的 *ADRA1* 基因、20p12 区的 *PRNP* 基因以及 2q12 区的 *DPP10* 基因与哮喘相关;在澳大利亚人中,*IL-6R* 基因与哮喘相关;在韩国人中,*CTNNA3* 基因 rs10762058 位点与哮喘明显相关。

大样本量是确保 GWAS 具有足够统计效能的基础,因此,多机构、多中心的合作研究对于复杂疾病的 GWAS 来说意义深刻。最近,《新英格兰医学杂志》发表了一项多中心协作的大规模支气管哮喘 GWAS,包含了 10 365 例患者和 16 110 例对照。研究结果共发现了 6 个支气管哮喘候选基因,分别为 *IL1RL1/IL18R1*、*HLA-DQ*、*IL33*、*SMAD3*、*ORMDL3/*

GSDMB 和 *IL2RB*。*IL1RL1* 和 *IL33* 均为影响 Th2 细胞分化的重要因子,该研究表明激活气道炎症的相关通路的基因可能是哮喘重要的易感基因。

小 结

基因突变为发生在分子水平上的 DNA 碱基对组成与序列结构的变化,是遗传变异的主要来源。根据基因突变发生的原因,可分为自发突变和诱发突变。根据 DNA 分子序列变异的物理形态,可将基因突变大致分为点突变、移码突变和动态突变三类。位于编码区或调控区的突变可对蛋白质的功能产生不同的影响,主要包括功能丧失、功能增强、新特性获得、显性负效应以及异时或异位表达五种。单基因遗传病为由单个基因或一对等位基因突变所引起的遗传病,又称为孟德尔遗传病。根据致病主基因所在染色体和等位基因间显隐性关系的不同可分为常染色体显性遗传、常染色体隐性遗传、X 连锁显性遗传、X 连锁隐性遗传和 Y 连锁遗传五种遗传方式,每一种遗传方式都有其独特的系谱特征,但一些遗传背景或环境因素会对某些突变基因性状的传递造成影响,导致许多影响单基因遗传病分析的因素存在。多基因遗传其数量性状受许多微效基因的控制,每对微效基因的作用是微小的,但若干对基因的作用具有累加效应。环境因素也起着增强或抑制性状的作用。多基因遗传的数量性状具有很高的复杂性,且从宏观上来看,数量性状的遗传规律不符合孟德尔定律,故对多基因病遗传学因素的鉴定很具有挑战性。

(武其文)

第六章　线粒体遗传病

线粒体是真核生物细胞中广泛存在的一种重要的细胞器，其内膜上富含呼吸链－氧化磷酸化的酶复合体，可通过电子传递和氧化磷酸化生成ATP，为细胞进行的各项生命活动提供能量，被形象地称为细胞的"动力工厂"。线粒体是人体中唯一的半自主性细胞器，其自我繁殖和一系列功能活动受核基因组和线粒体基因组两套遗传系统的控制。因是线粒体基因和／或核基因突变引起线粒体功能障碍而出现的疾病，所以称为线粒体遗传病，简称线粒体病。

第一节
线粒体氧化磷酸化

线粒体氧化磷酸化（oxidative phosphorylation, OXPHOS）是指呼吸链电子传递过程中偶联ADP磷酸化生成ATP的过程，供人体生命活动所需95%以上的能量。电子传递链由复合体Ⅰ、Ⅱ、Ⅲ和Ⅳ组成，定位于线粒体内膜上，承担着电子传递的作用。其中，复合体Ⅰ是NADH-泛醌还原酶，分子量为850kDa，其辅基是黄素单核苷酸（FMN）和铁硫蛋白

（Fe-S protein）。复合体Ⅰ是电子传递链中最大、最为复杂的复合体，其作用是催化NADH脱氢，并将电子传递给泛醌（UQ），同时利用电子释放的能量将基质中的4个H^+泵到膜间隙。复合体Ⅱ是琥珀酸脱氢酶，分子量为140kDa，其辅基是黄素腺嘌呤二核苷酸（FAD）、细胞色素b（Cyt b）和铁硫蛋白。复合体Ⅱ的作用是催化琥珀酸脱氢，并将电子经FAD和铁硫蛋白传递给泛醌，该过程不伴随H^+的转移，电子释放的能量以热能的形式散失。复合体Ⅲ是泛醌细胞色素c还原酶或称细胞色素c还原酶，分子量为480kDa，其辅基是细胞色素b、细胞色素c_1（Cyt c_1）和铁硫蛋白。复合体Ⅲ作用是催化电子从泛醌传递给细胞色素c，使细胞色素c还原，此过程伴随着H^+的转移。复合体Ⅳ是细胞色素c氧化酶，分子量为160kDa，其辅基是细胞色素a（Cyt a）、细胞色素a_3（Cyt a_3）和铜，其作用是催化电子从细胞色素c传递给分子氧而生成水，此过程伴随着H^+的转移。泛醌和细胞色素c是电子传递链的成分，起传递电子的作用。复合体Ⅰ、Ⅲ、Ⅳ组成主要呼吸链，催化NADH氧化和H^+的传递，复合体Ⅱ、Ⅲ、Ⅳ组成另一条呼吸链，催化琥珀酸氧化（图6-1）。

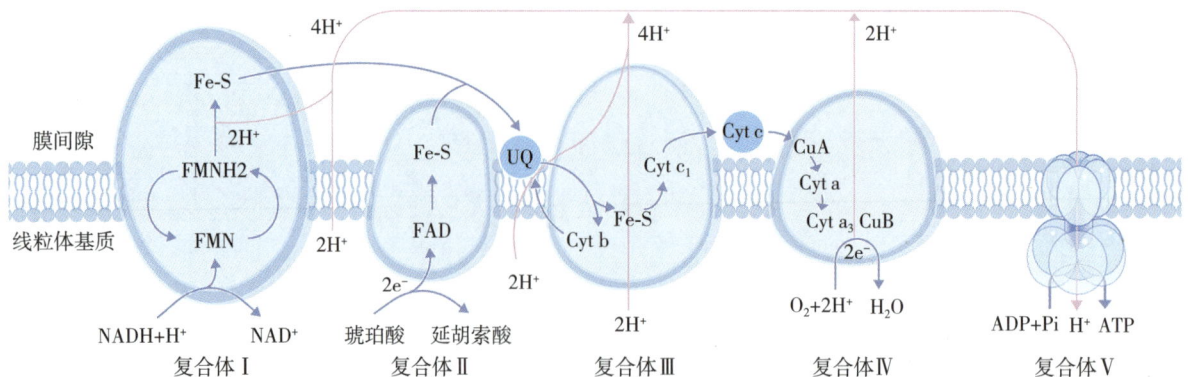

图6-1　线粒体电子传递链模式图

负责合成 ATP 的酶位于线粒体内膜上,称为复合体 V 或 ATP 合酶或 F_1F_0-ATP 合酶。目前,化学渗透假说(也称电化学偶联学说)用来解释电子传递同氧化磷酸化的偶联机制。该学说认为,电子传递链在传递电子的同时,也起到了质子泵的作用,使释放的能量转化成了跨膜的 pH 梯度和电化学梯度,质子经由复合体 V 返回基质时,释放的能量驱动复合体 V 催化 ADP 磷酸化生成 ATP。

线粒体呼吸链复合体的存在形式有多种理论。最早认为呼吸链中五个复合体是独立且随机分布在线粒体内膜上的,彼此之间不存在实质的相互作用或相互接触,泛醌和细胞色素 c 作为电子传递的载体在各个复合体间游走(流体模型),这种模型的电子传递效率无疑是很低的。随后的研究又认为呼吸链中五个复合体是紧密连接并组合成了一个大复合体,泛醌和细胞色素 c 直接镶嵌于复合体 I 与 III 以及 III 与 IV 之间进行电子传递(固体模型),这种模型的电子传递效率无疑远高于第一种流体模型。随着非变性凝胶技术的发展,有研究提出呼吸链兼具了流体模型与固体模型两种形态(流体可塑模型)。在这种模型中,除了散在的复合体 I、II、III、IV、V 外,复合体 I、III 和 IV 还可以组合形成更大的复合体,称之为超级复合体。早期研究认为,超级复合体的形成仅仅是为了缓解线粒体膜上蛋白的过度拥挤,给复合体单体功能的行使提供足够的空间环境,但目前研究普遍认为超级复合体具有提高电子传递效率,减少线粒体内活性氧(reactive oxygen species,ROS)生成的功能。

第二节
线粒体基因组结构及遗传特点

一、线粒体基因组的结构

线粒体 DNA(mitochondrial DNA,mtDNA)是位于细胞核染色体外相对独立的基因组,可自主复制,具有多拷贝数的特点。1981 年,剑桥大学 S. Anderson 等首次测定了人 mtDNA 的完整核苷酸序列,又称为"剑桥序列"。人 mtDNA 全长 16 569bp(图 6-2),不与组蛋白结合,为裸露的环状双链 DNA 分子。外环又称为重链或 H 链,富含鸟嘌呤(G),内

环又称为轻链或 L 链,富含胞嘧啶(C),两条链均具有编码功能。mtDNA 分为编码区和非编码区。编码区包含 37 个基因,包括 13 个 mRNA、22 个 tRNA 和 2 个 rRNA。13 个 mRNA 编码 13 种氧化磷酸化酶复合体亚基,其中 7 种为复合体 I 的亚基(ND1、ND2、ND3、ND4L、ND4、ND5 和 ND6)、3 种为复合体 IV 的亚基(COX1、COX2 和 COX3)、2 种为复合体 V 的亚基(ATP6 和 ATP8),还有 1 种为复合体 III 的亚基(CYB)。mtDNA 还含有 2 段非编码区,分别是 L 链复制起始区(O_L)和控制区,后者又称 D 环区(displacement loop region,D-loop),位于双链 3' 端的 $tRNA^{Pro}$ 和 $tRNA^{Phe}$ 基因之间,由 1 122 个碱基对组成,包含 H 链复制的起始点(O_H)、H 链和 L 链转录的启动子(PH1、PH2、PL)以及 4 个保守序列(分别在 213~235、299~315、346~363bp 和终止区 16 147~16 172bp)。D 环区富含 A-T 碱基,遗传上是高突变区,主要作用是调控 mtDNA 的复制和转录。但可能由于缺乏编码的压力,控制区进化速度相对较快,其序列的变异不仅有核苷酸之间的替换,还有不同长度核苷酸序列的缺失、插入或不同拷贝数的串联重复,是 mtDNA 序列和长度变异最大的区域。

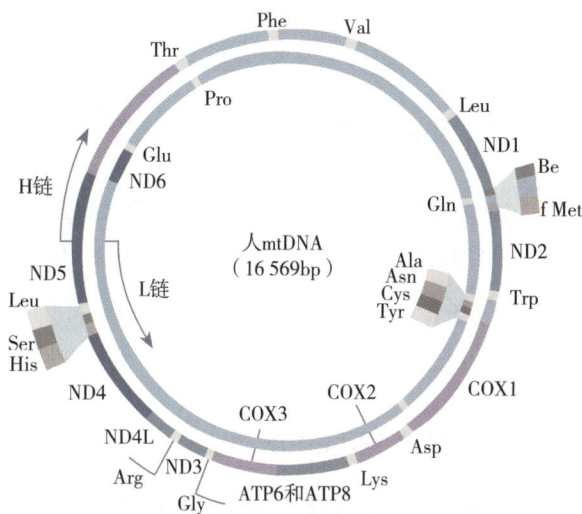

图 6-2　人线粒体 DNA 的基本结构

二、线粒体基因组的遗传特点

(一)半自主性

线粒体具有相对独立的核外遗传系统。自 1963 年,Nass 首次报道了鸡胚肝细胞线粒体中存在

mtDNA,人们相继在线粒体基质中发现了 DNA 聚合酶、RNA 聚合酶、tRNA、核糖体、氨基酸活化酶、RNA 等用于 DNA 复制和基因表达的全套生物分子,线粒体能够独立复制、转录和翻译,表现出一定的自主性。但 mtDNA 遗传信息量较少,在呼吸链 - 氧化磷酸化系统的 90 多种蛋白质亚基中,mtDNA 仅编码 13 种,其余蛋白质亚基和其他维持线粒体结构与功能的蛋白质都依赖于核 DNA(nuclear DNA,nDNA)编码,在细胞质中合成后经特定运输方式进入线粒体。此外,mtDNA 基因的表达受 nDNA 的调控,线粒体氧化磷酸化系统的组装和稳态维持需要 nDNA 和 mtDNA 的协同作用,因此线粒体的自我繁殖和一系列功能活动都受到 nDNA 和 mtDNA 两套遗传系统的共同控制,是一种半自主性细胞器。

(二)部分遗传密码与通用密码不同

在哺乳动物中,mtDNA 的遗传密码与通用密码(nDNA 的遗传密码)存在部分差异(表 6-1)。例如通用密码中 AGG 编码精氨酸,而在哺乳动物线粒体中则为终止密码。此外,线粒体的 tRNA 兼用性较强,22 个 tRNA 便可识别线粒体 mRNA 的全部密码子,而通用密码中要识别 64 个密码子最少需要 32 种 tRNA。

表 6-1　哺乳动物线粒体遗传密码与通用密码的差异

遗传密码	线粒体密码	通用密码
UGA	色氨酸(Trp)	终止信号
AGA、AGG	终止信号	精氨酸(Arg)
AUA、AUU	甲硫氨酸(Met)	异亮氨酸(Ile)
CUU、CUC、CUA、CUG	苏氨酸(Thr)	亮氨酸(Leu)

(三)多质性、同质性和异质性

mtDNA 的多质性是区别于 nDNA 的重要特性。正常细胞中只有一套核基因组,同一个体也只有一个核基因组,一个基因座上只有两个等位基因,一个来自父方,一个来自母方。而一个人体细胞内通常有数百个线粒体,每个线粒体内含 2～10 个 mtDNA 分子(血小板和未受精的卵子除外,其线粒体内只含一个 mtDNA 分子),因此每个细胞内有数千个 mtDNA 分子,即为 mtDNA 的多质性

(polyplasmy)。多质性是 mtDNA 遗传异质性和同质性的基础。当同一组织或细胞中所有的 mtDNA 分子都是一致的,称为同质性(homoplasmy)。由于 mtDNA 的随机突变会产生部分突变型的 mtDNA,导致同一个体不同组织、同一组织不同细胞、同一细胞的不同线粒体甚至同一线粒体内有不同的 mtDNA 拷贝,则称为异质性(heteroplasmy)。不同组织中异质性水平的比例和发生率各不相同,中枢神经系统和肌肉组织中异质性的发生率较高,血液中异质性的发生率较低。且随着年龄的增长,异质性的发生率增高,在成人中的发生率远高于儿童。

(四)母系遗传

在精卵结合时,由于卵母细胞拥有上百万拷贝的 mtDNA,而成熟的精子中只有很少的线粒体且受精后被吞噬或自行降解。因此,受精卵中的 mtDNA 几乎全部来自卵子,这种双亲信息的不等量表现决定了线粒体病的遗传方式不符合孟德尔遗传定律,而表现为母系遗传(maternal inheritance),即母亲将 mtDNA 传递给子女,但只有女儿能将其 mtDNA 传递给下一代。但近年研究显示在少数情况下,父亲也可以将 mtDNA 遗传给后代。

(五)遗传瓶颈和复制分离

人类每个卵子中约有 10 万个 mtDNA,但只有随机的一小部分(2～200 个)可以通过成熟的卵子传给后代,这种卵子形成期 mtDNA 数量剧减的过程称为遗传瓶颈效应(genetic bottleneck effect)。这种效应使具有 mtDNA 异质性的女性将不定量的突变型 mtDNA 传递给子代,造成子代个体间 mtDNA 的种类、水平不同,从而表现出不同的临床表型。

细胞分裂时,突变型和野生型 mtDNA 发生分离,随机分配到子细胞中,使子细胞拥有不同比例的突变型 mtDNA 分子,这种随机分配导致 mtDNA 异质性变化的过程称为复制分离。在连续的分裂过程中,异质性细胞中突变型 mtDNA 和野生型 mtDNA 的比例会发生漂变,向同质性的方向发展。分裂旺盛的细胞(如血细胞)往往会排斥突变型 mtDNA,使细胞向全部野生型 mtDNA 方向发展。在分裂不旺盛的细胞(如肌细胞)中,突变型 mtDNA 具有复制优势而逐渐积累,形成只有突变型 mtDNA 的同质性细胞。

（六）高突变率

mtDNA 的突变率比 nDNA 高 10～100 倍，其主要原因为：① mtDNA 中基因排列十分紧凑，部分区域还可能出现重叠（前一个基因的最后一段碱基与下一个基因的第一段碱基相衔接），因此任何 mtDNA 的突变都可能会影响到其基因组内的某一重要功能区域。②哺乳动物类细胞的 mtDNA 缺乏组蛋白和其他 DNA 结合蛋白的保护，且线粒体中缺乏 DNA 损伤修复系统。③ mtDNA 复制频率较高，复制时不对称，亲代重链被替换下来后处于单链状态，在复制的过程中容易产生碱基错配而导致大片段 DNA 的缺失。④ mtDNA 与线粒体内膜相连，直接暴露于呼吸链代谢产生的氧自由基中，极易受氧化损伤，导致点突变或缺失。

mtDNA 高突变率导致其高度多态现象，两个无关个体的 mtDNA 中碱基变化率可达 3%，尤其 D 环区是线粒体基因组中进化速度最快的 DNA 序列，极少有同源性，而且参与的碱基数目不等，其 16 024～16 365bp 及 73～304bp 两个区域为多态性高发区，分别称为高变区Ⅰ（hypervariable regionⅠ，HVRⅠ）及高变区Ⅱ（hypervariable regionⅡ，HVRⅡ），这两个区域的高度多态性导致了个体间的高度差异，适用于法医学和群体遗传学的研究，如生物进化、种族迁移等。

（七）阈值效应

异质性细胞的表现型依赖于细胞内突变型和野生型 mtDNA 的相对比例，通常将引起特定组织器官功能障碍的突变型 mtDNA 的最少数量称为阈值。在特定组织中，突变型 mtDNA 积累到一定程度，超过阈值时，能量的产生就会急剧地降至正常细胞、组织和器官功能最低需求量以下，从而引起某些器官或组织功能异常，这就是阈值效应（threshold effect）。

阈值是一个相对概念，易受突变类型、组织特性、老化程度的影响，且个体差异很大。mtDNA 突变产生有害影响的阈值明显依赖于受累细胞或组织对能量的需求，对能量依赖程度较高的组织比其他组织更易受到氧化磷酸化损伤的影响，较低的突变型 mtDNA 水平就会引起临床症状。中枢神经系统对 ATP 依赖程度最高，对氧化磷酸化缺陷敏感。其他依次为骨骼肌、心脏、胰腺、肾脏、肝脏。同一组织在不同功能状态对氧化磷酸化损伤的敏感性也不同，如线粒体脑病患者在癫痫突然发作时，对 ATP 的需求骤然增高，脑细胞中高水平的突变型 mtDNA 无法满足能量需求，导致细胞死亡，患者表现为梗死。

第三节 mtDNA 突变与线粒体病

1962 年，Luft 等报道了因线粒体电子传递和 ATP 合成之间的偶联松散导致代谢亢进的病例，第一次将线粒体功能与人类疾病联系在一起。1977 年，Shapria 首次提出了线粒体脑肌病的诊断。1987 年，Wallace 等发现 mtDNA 点突变与 Leber 遗传性视神经病相关。1988 年，Holt 等首次在线粒体肌病患者中发现 mtDNA 的缺失，证实 mtDNA 突变是人类疾病的重要原因。

广义的线粒体病是指以线粒体功能异常为主要病因的一大类疾病，包括 mtDNA 和 nDNA 的遗传缺陷及两者之间的通讯缺陷；狭义的线粒体病是指 mtDNA 突变（自发或遗传）所致的线粒体功能异常而引起的疾病。通常所指的线粒体病为狭义的线粒体病。线粒体病是一组多系统疾病，因中枢神经系统和骨骼肌对能量的依赖性最强，故临床症状以中枢神经系统和骨骼肌的病变为特征。如果病变以骨骼肌为主，称为线粒体肌病；若病变以中枢神经系统为主，称为线粒体脑病；若病变同时累及中枢神经系统和骨骼肌，则称为线粒体脑肌病。线粒体病通常累及多个系统，临床表型多种多样。研究表明，不同的 mtDNA 突变可导致相同疾病，而同一突变也可引起不同表型。

一、mtDNA 突变的类型

（一）点突变

mtDNA 的点突变多为错义突变。发生突变的部位不同，所产生的效应也不同。已发现的 390 多种与疾病相关的 mtDNA 点突变中，大约 60% 的点突变位于编码线粒体 tRNA 的基因上，35% 位于编码线粒体多肽链的亚单位基因上，仅有 5% 位于编码线粒体 rRNA 的基因上。典型疾病为肌阵挛性癫痫伴破碎红纤维综合征（myoclonic epilepsy associated with ragged red fiber，MERRF）、莱伯遗传性视神经病变（Leber hereditary optic neuropathy，LHON）和线粒体脑肌病（mitochondrial encephalomyopathy）等。

（二）大片段重组

DNA 的大片段重组包括缺失和重复，以缺失较为常见。大片段的缺失往往涉及多个基因丢失，导致线粒体氧化磷酸化功能严重下降。最常见的缺失是 8 483～13 459 位点之间长达 5.0kb 片段的缺失，该缺失约占全部缺失患者的 1/3，故称"常见缺失（common deletion）"。缺失使得 ATP8、ATP6、COX3、ND3、ND4L、ND4、ND5 及部分 tRNA 基因丢失，这种缺失见于线粒体脑肌病和缺血性心脏病等；另一个较为常见的缺失位于 8 637～16 073 位点之间长达 7.4kb 的片段，该片段两侧有 12bp 的同向重复序列，丢失了 ATP6、COX2、ND3、ND4L、ND4、ND5、ND6、CYB，部分 tRNA 和 D 环区的序列，见于与衰老有关的退行性疾病；第三种常见的缺失位于

4 389～14 812 位点之间长达 10.4kb 的片段，包含 mtDNA 的大部分基因。引起 mtDNA 缺失的原因可能是 mtDNA 分子中同向重复序列的滑动复制或同源重组。

（三）mtDNA 数量减少

mtDNA 数量的减少是指 mtDNA 拷贝数大大低于正常细胞。这种突变较少见，仅见于一些致婴儿呼吸障碍、乳酸中毒、肌病或肝肾衰竭的病例。

二、mt-mRNA 突变与线粒体病

人的 mt-mRNA 编码 13 种 OXPHOS 复合体亚基，mt-mRNA 基因突变可影响复合体的结构和活性，导致 OXPHOS 功能下降，ATP 合成减少，从而影响细胞、组织和器官的功能。已报道与线粒体病相关的 mt-mRNA 突变位点如表 6-2 所示。其中 T8993G、T8993C、G11778A、T14484C 为热点突变。

表 6-2　与线粒体病相关的 mt-mRNA 突变

复合体	相关基因	突变位点	临床表型
复合体 I	ND1	G3316A、T3394C、G3460A、G3733A、C4171A	LHON
		G3380A、G3946A、T3949C	MELAS
	ND3	T10158C、T10191C、G10197A	LS
	ND4	G11696A、G11778A、T12338C	LHON
		C11777A	LS
	ND4L	T10663C	LHON
	ND5	A12770G、A13045C、G13849A	MELAS
		G13513A	LS/MELAS
	ND6	G14453A	MELAS
		G14459A、T14484C、A14495G、T14502C	LHON
复合体 Ⅲ	CYB	G15257A	LHON
复合体 Ⅳ	COX1	G7444A	LHON
	COX3	T9957C	MELAS
复合体 V	ATP6	T8993C、T8993G	NARP/LS
		T9185C	LHON

注：LHON. 莱伯遗传性视神经病变；MELAS. 线粒体脑肌病伴高乳酸血症和卒中样发作；LS. Leigh 综合征；NARP. 神经源性肌萎缩 - 共济失调 - 色素视网膜病变综合征。

T8993G 或 T8993C 突变是指 mtDNA 第 8 993 位点的碱基由 T 突变为 G 或 C，该突变使 ATP6 基因编码的第 156 位氨基酸由亮氨酸突变为精氨酸

或脯氨酸，ATP 合酶结构发生改变，大脑及视网膜细胞 ATP 合成减少，从而导致细胞死亡，引发 NARP 和 LS。其 mtDNA 的异质性水平与临床症状的轻重程度

相关,低异质率时可导致 NARP,高异质率(> 90%)时导致 LS。

G11778A 突变使 ND4 的第 340 位高度保守的精氨酸突变为组氨酸,ND4 的空间构造改变,NADH 脱氢酶活性降低,线粒体产能效率下降,视神经细胞提供的能量不能长期维持视神经的完整结构,导致神经细胞退行性变和死亡。T14484C 突变使 ND6 的第 64 位氨基酸由低度保守的甲硫氨酸突变为缬氨酸,影响复合体 I 和泛醌的结合。G3460A 突变位点使 ND1 第 52 位氨基酸由中度保守的丙氨酸突变为苏氨酸,同样影响复合体 I 和泛醌的结合。90% 以上的 LHON 病例是由 mtDNA ND4 G11778A、ND6 T14484C 和 ND1 G3460A 中一种错义突变引起的,也被称为 LHON 的原发性突变位点。其中,ND4 G11778A 最为常见,但预后较差,自愈率仅为 4% 左右。而 ND6 T14484C 引起的症状较轻,自愈率可达 37% 左右。

三、mt-tRNA 突变与线粒体病

人 mtDNA 含有 22 个 tRNA 基因。与真核细胞质中的 tRNA 不同,mt-tRNA 具有数量上的低冗余性和不稳定结构两个显著特点。在人的线粒体中,除了 tRNA^Leu 和 tRNA^Ser 具有两种等受体外,其他 18 种氨基酸仅对应唯一的 tRNA,因此任何一种 tRNA 的功能发生改变,都可能影响线粒体的蛋白翻译系统。在结构方面,人线粒体 tRNA 二级结构中不稳定的非 Watson-Crick 配对和 A-U 配对的含量明显偏高,这使得线粒体 tRNA 的二级结构常出现茎、环的改变,有些甚至缺失了整个茎、环结构。这种不稳定结构及其所处的高氧化环境决定了线粒体 tRNA 的功能容易受到碱基突变的影响,进而影响 mtDNA 编码的全部多肽链的翻译过程,导致呼吸链中多种酶合成障碍。目前已发现 200 余种 mt-tRNA 位点突变与线粒体病相关(表 6-3),其中最常见的是 A3243G 和 A8344G 等突变。

表 6-3 与线粒体病相关的 mt-tRNA 突变

tRNA 类型	突变位点	临床表型(一种或多种)
tRNA^Phe	G583A、T593C、G611A	MERRF、LHON、MM
tRNA^Val	G1606A、C1624T、G1642A、G1644A	MELAS、AMDF

续表

tRNA 类型	突变位点	临床表型(一种或多种)
tRNA^Leu(UUR)	A3243G、G3244A、G3249A、T3250C、A3252G、C3254T、G3255A、C3256T、T3258C、A3260G、T3271C、T3291C	MELAS、MERRF、KSS
tRNA^Lys	A8296G、T8316C、A8344G、T8356C、G8361A、G8363A	MELAS、MERRF
tRNA^Asp	A7551G	DEAF
tRNA^Ile	A4282G、G4296A、G4298A、G4308A	LS、CPEO
tRNA^Asn	T5692C、T5693C、G5698A、G5703A	CPEO、MM
tRNA^Cys	T5802C、G5821A	DEAF
tRNA^Ser(UCN)	A7456G、A7472C、G7506A、T7512C	CPEO、AMDF、MM
tRNA^Gly	T9997C、T10003C	MCM、DM
tRNA^Glu	A14692G、A14693G	MELAS、LHON、DEAF
tRNA^Thr	A15923G、G15927A、A15951G	MERRF、LHON、DEAF
tRNA^Gln	G4332A、T4363C	MELAS、LHON
tRNA^His	A12146G、G12147A	MELAS、MERRF
tRNA^Pro	G15967A、G15986GG、C15990T	MERRF、LHON、CPEO
tRNA^Met	A4435G、G4450A	LHON、LS
tRNA^Ala	T5587C、T5613C、T5628C、T5636C	LHON、CPEO
tRNA^Leu(CUN)	G12276A、G12294A、T12297C、A12308G、T12311C、G12315A	MELAS、KSS、CPEO、MCE、LHON
tRNA^Ser(AGY)	G12207A、C12224T	MELAS、DEAF
tRNA^Tyr	C5877T	CPEO

注:MERRF. 肌阵挛性癫痫伴破碎红纤维综合征;LHON. 莱伯遗传性视神经病变;MM. 线粒体肌病;MELAS. 线粒体脑肌病伴高乳酸血症和卒中样发作;AMDF. 共济失调、肌病和耳聋;KSS. 卡恩斯 - 塞尔综合征;DEAF. 耳聋;LS. Leigh 综合征;CPEO. 慢性进行性眼外肌麻痹;DM. 糖尿病;MCM. 线粒体心肌病。

A3243G 突变位于 tRNA^Leu(UUR) 基因的双氢尿嘧啶环中,此处是 16S rRNA 和 tRNA^Leu(UUR) 基因的交

界部位,也是转录终止因子的结合部位,在进化上高度保守。该位点突变使 tRNA^{Leu(UUR)} 基因结构异常,导致转录终止因子结合障碍,线粒体氧化磷酸化蛋白合成缺陷,能量供给不足,最终引发多种线粒体疾病,如 MELAS、LS、CPEO 和 MERRF 等。约80% 的 MELAS 是由该位点突变所导致。一般情况下,A3243G 突变表现为异质性,其 mtDNA 的异质性水平和组织分布与引起临床症状的轻重程度相关。当血细胞中突变型 mtDNA 达 10%～30% 时,导致糖尿病伴或不伴耳聋;当肌肉细胞中突变型 mtDNA ≥ 70% 时,造成心肌病和 MELAS 等。

A8344G 突变破坏了 tRNA^{Lys} 中与核糖体连接的 TΨC 环,导致呼吸链复合体缺陷,特别是复合体 I 和复合体 IV 缺陷,从而使氧化呼吸链功能下降,器官能量供应障碍,患者出现 MERRF,表现为多系统病变,包括肌阵挛性癫痫、共济失调、肌病、智力减退、耳聋等,其病情严重程度与突变型 mtDNA 所占比例呈正相关。例如在肌肉和神经细胞中,突变型 mtDNA ≥ 90%,出现典型的 MERRF 症状,而 mtDNA 所占比例较少时,症状也随之减轻。此外,发病阈值还与年龄相关,20 岁以下的个体,肌肉和神经细胞中 A8344G 的异质性达到 95% 以上才会出现典型症状,而 60 岁以上个体 mtDNA 的异质性在 63% 时就表现为中度症状,异质性达到 85% 时表现为严重症状。

四、线粒体单体型与疾病

在人类的迁移和进化过程中,母系遗传的 mtDNA 为适应环境形成了广泛的碱基位点多态性(如 SNP)。将具有一些相同 SNP 位点的集合称为线粒体单体型(mitochondrial haplotype),它们组成了线粒体多态树的主要分支,并以发现的先后对照字母顺序命名(A～Z)。不同的线粒体单体型可能会在一定程度上影响线粒体功能,进而导致疾病发生。

LHON 是一种较明确的母系遗传病,mtDNA ND1 G11778A、ND4 G3460A 和 ND6 T14484C 是 LHON 的 3 个原发性突变位点。研究发现在欧洲人群中线粒体单体型 J 的亚型 J1 会增加 G11778A 突变携带者的 LHON 外显率,而 J2 则会增加 T14484C 突变携带者的 LHON 外显率,线粒体单体型 H 可以降低 G11778A 突变携带者的 LHON 外显率。在东亚人群中线粒体单体型 M7b1'2 是 G11778A 突变携带者 LHON 发病的危险因素,而 M8a 是保护因素。

母系遗传性耳聋(maternal hereditary hearing loss,MHHL)与 mtDNA 的突变有关。位于线粒体 12S rRNA 上的 A1555G 和 C1494T 突变位点与氨基糖苷类抗生素具有很强的亲和力,阻碍了氨酰 tRNA 的正常结合,抑制线粒体蛋白质的合成,进而引发氨基糖苷类抗生素致聋和非综合征性耳聋。除核基因修饰外,线粒体单体型也在线粒体 12S rRNA A1555G 或 C1494T 突变相关的耳聋表型上起协同作用。研究发现在日本人中线粒体单体型 D4b,尤其是亚单体型 D4b2 特有的 C1382A 位点会影响 12S rRNA 的功能。在 A1555G 突变的亚洲人中,线粒体单体型 B 会增加耳聋的外显率。

2 型糖尿病(diabetes mellitus type 2,T2DM)由遗传和后天获得性因素共同引起。目前已发现多种基因异常所致的单基因突变糖尿病,其中以线粒体基因突变糖尿病最为常见。在中国人中携带单体型 N9a、G2a 和 B0a 的个体患 T2DM 的风险较高,而在日本人中,单体型 N9a 会降低 T2DM 的发病风险。

第四节
nDNA 突变所致的线粒体病

线粒体中含有 1 500 余种蛋白质,mtDNA 仅编码其中的 13 种,其余蛋白质均由 nDNA 编码。因此,编码线粒体蛋白的 nDNA 突变也会导致线粒体病。与 mtDNA 突变不同,nDNA 突变所致的线粒体病通常比较严重,多在婴儿期发病,且遵循孟德尔遗传定律。导致线粒体病发生的 nDNA 突变大致可分为四类:① mtDNA 复制和表达调控相关基因突变;② OXPHOS 复合体亚基编码基因突变;③ OXPHOS 复合体组装因子编码基因突变;④ 非 OXPHOS 调控基因突变。

一、mtDNA 复制和表达调控相关基因突变与线粒体病

mtDNA 复制、转录和翻译过程中所需的各种酶及蛋白质因子均由 nDNA 编码。因此,编码这些调控因子的基因发生突变可影响 mtDNA 的数量和质

量,破坏线粒体功能,进而导致疾病发生。如 *POLG* 基因突变损害 DNA 聚合酶 γ 的催化活性、持续合成能力以及 DNA 结合能力,破坏 mtDNA 复制的保真性和完整性,造成 mtDNA 缺失、突变或耗竭,进而引发 Alpers 综合征等线粒体病;RNA 聚合酶 *POLRMT* 基因突变损害 mtDNA 转录,从而诱发神经系统疾病。

二、OXPHOS 复合体亚基编码基因突变与线粒体病

OXPHOS 由 5 个酶复合体(Ⅰ～Ⅴ)组成,目前已知的 OXPHOS 亚基共有 92 个,其中 79 个亚基由 nDNA 编码。已报道有 25 个 OXPHOS 复合体亚基编码基因突变与线粒体病相关(表 6-4)。

表 6-4　与线粒体病相关的 OXPHOS 复合体亚基

复合体	nDNA 编码亚基 / 总亚基数	已报道的亚基编码基因	临床表型
复合体Ⅰ	37/44	*NDUFS1*、*NDUFS3*、*NDUFS4*、*NDUFS7*、*NDUFS8*、*NDUFV1*、*NDUFA1*、*NDUFA2*、*NDUFA10*、*NDUFA9*、*NDUFA12*	Leigh 综合征
		NDUFS2、*NDUFS6*、*NDUFB3*、*NDUFV2*、*NDUFA11*	线粒体心肌病 / 致死性新生儿脑病
复合体Ⅱ	4/4	*SDHA*	Leigh 综合征
		SDHB、*SDHC*、*SDHD*	嗜铬细胞瘤 / 副神经节瘤
复合体Ⅲ	10/11	*UQCRB*	低血糖 / 高乳酸血症
		UQCRQ	Leigh 综合征
复合体Ⅳ	11/14	*COX6B1*	致死性新生儿脑病
		NDUFA4	Leigh 综合征
复合体Ⅴ	17/19	*ATP5E*	高乳酸血症 /3- 甲基戊烯二酸尿症、轻度智力发育落后

三、OXPHOS 复合体组装因子编码基因突变与线粒体病

nDNA 编码的 OXPHOS 复合体组装因子发生突变也可引起氧化呼吸链功能障碍。nDNA 至少编码 35 个 OXPHOS 复合体组装因子,目前报道与线粒体病相关的组装因子编码基因有 25 个(表 6-5)。

表 6-5　与线粒体病相关的 OXPHOS 复合体组装因子突变

复合体	已报道的组装因子编码基因	临床表型
复合体Ⅰ	*NDUFAF2*、*NDUFAF5*、*NDUFAF6*、*FOXRED1*	Leigh 综合征
	NDUFAF1	线粒体心 - 脑肌病
	NDUFAF3、*NDUFAF4*	新生儿脑病
	NUBPL	线粒体脑肌病
	ACAD9	线粒体心 - 脑肌病
复合体Ⅱ	*SDHAF1*	脑白质病
	SDHAF2	副神经节瘤
复合体Ⅲ	*BCS1L*	Leigh 综合征、乳酸酸中毒、GRACILE 综合征、Björnstad 综合征
	TTC19	进行性神经退行性变性疾病、Leigh 综合征、脊髓小脑性共济失调

续表

复合体	已报道的组装因子编码基因	临床表型
复合体Ⅳ	*SURF1*、*COX10*、*COX15*、*LRPPRC*、*TACO1*、*PET100*	Leigh 综合征
	COX20	小脑性共济失调、肌张力低下
	SCO1、*SCO2*、*COX10*、*COX15*、*FASTKD2*	致死性新生儿脑病
复合体Ⅴ	*ATPAF2*	乳酸酸中毒、致死性婴儿多系统疾病
	TMEM70	ATP 合酶缺陷、新生儿脑病伴心肌病

四、非 OXPHOS 调控基因突变与线粒体病

(一)线粒体蛋白转运体缺陷

nDNA 编码的线粒体蛋白质在胞质合成后以前体的形式存在,随后在线粒体外膜 TOM 复合体(包括 3 个表面受体 TOM20/22/70 和 4 个转位因子 TOM5/6/7/40)和内膜 TIM 复合体(包括 TIM22 和 TIM23 复合体)的协助下穿膜运输至线粒体,加工为成熟蛋白质执行其功能。线粒体蛋白转运体缺陷可导致线粒体功能障碍,引发线粒体病,如 *TOM70* 基因突变影响 OXPHOS 复合体Ⅳ的活性和稳定性,导致患者出现严重贫血、发育延迟和乳酸酸中毒。

(二)线粒体铁代谢障碍

铁硫蛋白是氧化磷酸化过程中重要的氧化还原蛋白,通过二价铁离子与三价铁离子转化参与电子传递。铁硫蛋白缺陷可引起线粒体铁代谢异常,进而导致疾病发生,如 *NFU1* 和 *BOLA3* 基因突变可导致多重线粒体呼吸链功能障碍综合征。

(三)线粒体脂肪酸氧化障碍

线粒体脂肪酸氧化是脂肪酸分解产生能量的主要途径,是大脑、心脏、肝脏等器官的重要能量来源,也是产生酮体的主要底物来源。线粒体脂肪酸氧化代谢途径需要一系列的酶参与,如 *ACADS* 基因编码短链酰基辅酶 A 脱氢酶,在饱和短链脂肪酸的线粒体 β- 氧化中起重要作用,该基因突变可引起线粒体脂肪酸氧化障碍,能量生成不足,患者通常表现为神经系统损害,如发育迟缓、癫痫发作和肌张力异常等。

(四)丙酮酸脱氢酶复合物缺陷

丙酮酸脱氢酶复合物(pyruvate dehydrogenase complex,PDC)催化丙酮酸不可逆地生成乙酰辅酶 A,是连接糖酵解与三羧酸循环的枢纽。PDC 由丙酮酸脱氢酶(E1)、二氢硫辛酸转乙酰转移酶(E2)、二氢硫辛酸脱氢酶(E3)和一些辅助因子组成,其中编码 E1α 亚基的 *PDHA1* 基因是 PDC 缺乏最常见的致病基因,该基因突变将导致丙酮酸氧化障碍,致使能量供应不足和酸性物质堆积,临床表现为新生儿乳酸酸中毒、Leigh 综合征和间歇性共济失调。

(五)线粒体凋亡缺陷

参与线粒体凋亡的 *FASTKD2* 基因突变可引起线粒体脑肌病,表现为发育迟滞、偏瘫、抽搐、非对称性脑萎缩以及细胞色素 c 氧化酶缺陷。

小 结

线粒体主要功能是进行氧化磷酸化合成 ATP,为细胞生命活动直接提供能量。氧化磷酸化是呼吸链电子传递偶联 ATP 生成的过程,由位于线粒体内膜上的氧化还原酶复合体Ⅰ、Ⅱ、Ⅲ、Ⅳ和Ⅴ组成。复合体Ⅰ、Ⅲ、Ⅳ组成主要呼吸链,催化 NADH 氧化和 H^+ 传递,复合体Ⅱ、Ⅲ、Ⅳ组成的呼吸链则催化琥珀酸氧化。

mtDNA 是裸露环状双链 DNA 分子,全长 16 569bp,含 37 个基因,编码 13 种呼吸链复合体亚单位、22 种 tRNA 和 2 种 rRNA。与 nDNA 相比,mtDNA 有以下特点:①功能上具有半自主性;②少数遗传密码和通用密码不同;③在细胞、组织或个体中存在多质性、同质性和异质性;④表现为母系遗传;⑤遗传瓶颈和复制分离;⑥突变率比 nDNA

高;⑦阈值效应。

线粒体病是由线粒体功能异常引起的一大类疾病,狭义的线粒体病是由 mtDNA 缺陷所导致的疾病,广义的线粒体病可由 mtDNA 缺陷、nDNA 缺陷或两者之间的通讯缺陷导致。mtDNA 突变主要包括复合体编码蛋白基因突变和 tRNA 突变。线粒体单体型也可在一定程度上影响线粒体的功能。

nDNA 突变可分为 mtDNA 复制和表达调控相关基因突变、OXPHOS 复合体亚基编码基因突变、OXPHOS 复合体组装因子编码基因突变以及非 OXPHOS 调控基因突变(线粒体蛋白转运体缺陷、线粒体铁代谢障碍、线粒体脂肪酸氧化障碍、丙酮酸脱氢酶复合体缺陷、线粒体凋亡缺陷等)。

（方合志　王　娅）

第七章 肿瘤的遗传学基础

肿瘤遗传学（cancer genetics）是研究遗传因素在恶性肿瘤的发生、发展、易感、防治及预后中的作用的遗传学分支学科，也是遗传学与肿瘤学相互渗透发展起来的一门交叉学科。20世纪70年代以来，随着分子遗传学技术的发展，癌基因、抑癌基因、肿瘤转移基因及肿瘤转移抑制基因相继被发现，人们对肿瘤的发生、发展和防治的认识也随之深入。大量研究证明，肿瘤是基因或染色体异常引发的体细胞遗传病。遗传基础和环境因素决定其发生与发展，物理、化学和生物等环境因素可引起细胞内遗传物质的改变，是诱发肿瘤发生的主要外部因素。肿瘤遗传学的研究不仅可以深入探索肿瘤发生、发展、浸润、转移的机制，而且也可为临床对肿瘤的诊断和治疗提供理论依据。

第一节
肿瘤的遗传物质改变类型

细胞基因组的完整性和稳定性是细胞正常生长、分裂和分化的重要物质基础。基因组不稳定性是指DNA复制异常所致的DNA序列改变或因染色体分离等异常所致的染色体畸变，前者称为DNA序列不稳定性，后者称为染色体不稳定性。基因组不稳定性通常被认为是致癌作用的关键因素，也是各种人类恶性肿瘤的重要特征。若这些突变发生在生殖细胞中则会导致相对罕见的遗传性肿瘤综合征；更常见的是发生在体细胞中的突变，并导致常见的非遗传性肿瘤。基因组的不稳定性体现了肿瘤的细胞遗传学基础。

一、DNA序列不稳定性与肿瘤发生

DNA序列不稳定性是指DNA修复系统缺陷所致的DNA序列异常，包括碱基置换（点突变）、插入、缺失与重排。DNA序列不稳定性主要表现为核苷酸切除修复相关不稳定性和微卫星不稳定性。

（一）肿瘤细胞核苷酸切除修复相关不稳定性

核苷酸切除修复（nucleotide excision repair，NER）系统缺陷可引起肿瘤细胞发生点突变，称为NER相关不稳定性（NER-related instability，NI）。核苷酸切除修复基因的遗传变异或突变可以通过影响修复效果而增加肿瘤的发生风险，如着色性干皮病（xeroderma pigmentosum，XP）、科凯恩综合征（Cockayne syndrome，CS）和毛发低硫营养不良（trichothiodystrophy，TTD）。XP是一种常染色体隐性遗传病，以多发性皮肤肿瘤为特征，是第一个被发现的与NER系统缺陷相关的肿瘤。XP患者最主要的特征是皮肤对阳光敏感，对紫外线诱发形成的嘧啶二聚体不能进行切除、修复，故暴露于阳光下的体表部位易发生癌变。几乎90%的患者会在10多岁时发生基底细胞癌、鳞状癌、黑色素瘤等皮肤癌，并可伴有智力发育迟缓、神经系统功能紊乱等症状。

（二）肿瘤细胞微卫星不稳定性

微卫星DNA（microsatellite DNA）也叫短串联重复序列（short tandem repeat，STR），是指两个或多个核苷酸重复排列，且不同的重复序列相邻的形式，长度为2～10bp。在一些肿瘤细胞或癌前病变细胞中，微卫星DNA的重复序列插入或丢失而导致微卫星长度的改变,称为微卫星不稳定性(microsatellite instability,MSI)。MSI 的发生是 DNA 错配修复(mismatch repair,MMR)基因出现功能性缺陷所致,与肿瘤的发生密切相关。临床上常见 *MLH1*、*MSH2*、*MSH6* 和 *PMS2* 发生基因突变导致的 DNA 错配修复缺陷。DNA 序列的改变和表观遗传改变(如 DNA 甲基化)是导致其失活的主要机制。其中一个或多个 MMR 基因失活时可导致 MSI 的发生,引起相关区域抑癌基因的失活,进而引发肿瘤。正常情况下,错配修复基因行使错配修复的功能,MSI 为阴性;当错配修复基因失活时,MSI 为阳性。MSI 与结肠癌、胃癌、子宫内膜癌、卵巢癌、肝癌、胆道癌、尿道癌、脑癌和皮肤癌有关,临床上已将 MSI 作为结直肠癌及其他实体瘤预后和制定辅助治疗方案的重要分子标志物,并应用于协助 Ⅱ 型遗传性非息肉病性结肠癌(hereditary non-polyposis colon cancer 2,HNPCC2)的筛查。

由于 NER 系统仅能修复外源性诱变剂(如紫外线)所引发的突变,而微卫星 DNA 遍布于人类整个基因组中,因此,MSI 在肿瘤细胞中较核苷酸切除修复相关不稳定性更常见。

二、染色体不稳定性与肿瘤发生

染色体不稳定性(chromosome instability,CIN)是实体瘤中广泛存在的特征,表现为染色体数目畸变或结构畸变。染色体不分离、DNA 损伤修复异常、微生物如幽门螺杆菌和 EB 病毒感染、细胞周期调控相关基因突变以及端粒功能异常均可导致染色体不稳定性的发生。

(一)肿瘤细胞染色体数目畸变

在有丝分裂期,负责染色体分离的蛋白质(如纺锤体纤维)的缺陷可导致肿瘤细胞染色体数目畸变。90% 左右的实体瘤表现为染色体非整倍性,包括亚二倍体、亚三倍体、亚四倍体、超二倍体、超三倍体和超四倍体等,其中以三倍体最为常见。非整倍体可以通过产生额外的癌基因副本或删除抑癌基因来促进肿瘤的发生。除整条染色体拷贝数的变化外,染色体非整倍性还包括了染色体臂的增加或缺失。肿瘤细胞染色体非整倍性改变可增加遗传异质性,使细胞得以适应不同的生长环境,促进肿瘤的发生。肿瘤细胞染色体非整倍性也与肿瘤转移密切相关。

(二)肿瘤细胞染色体结构畸变

染色体结构畸变是在各种理化因素的作用下,染色体发生断裂并且异位重接或者丢失,形成特殊结构的标记染色体。肿瘤细胞的染色体结构畸变以易位和缺失最为常见。标记染色体分为特异性和非特异性两种类型。非特异性标记染色体只见于某类肿瘤的少数细胞,不具有代表性。特异性标记染色体广泛存在于某类肿瘤的大多数或全部细胞,是该肿瘤特征性的表现。

费城染色体(Philadelphia chromosome)又称 Ph 染色体,是人类肿瘤细胞中最具代表性的特异性标记染色体。1960 年 Peter Nowell 和 David A. Hungerford 在慢性髓细胞性白血病(CML)患者的血液中发现一个小于 G 组的近端着丝粒染色体,因其首先在美国费城发现,故命名为费城染色体。费城染色体即 t(9;22)(q34;q11),是 9 号染色体长臂和 22 号染色体长臂易位的结果,易位使 9q34 上的原癌基因 *ABL* 和 22q11 上的 *BCR* 基因重新组合成融合基因(图 7-1),编码产生 BCR-ABL 蛋白。该蛋白具有很强的酪氨酸激酶活性,能够激活细胞增殖信号而导致 CML。大约 95% 的 CML 病例都具有 Ph 染色体,但是,其对诊断是否为 CML 的特异度不高,因为 Ph 染色体亦发现于急性白血病以及个别的急性髓系白血病的案例中。

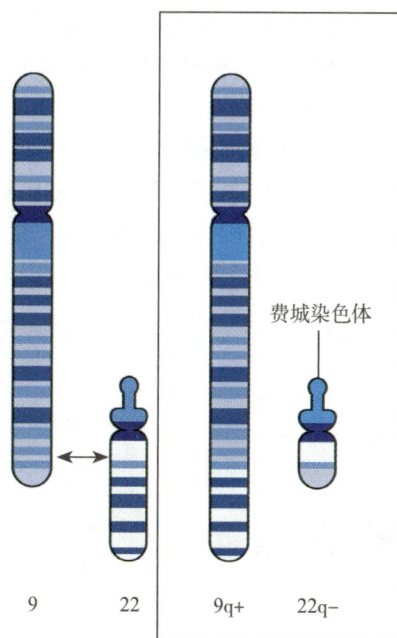

费城染色体

| 9 | 22 | 9q+ | 22q- |

图 7-1　慢性髓细胞性白血病染色体易位

另一种常见的染色体易位 t(15;17)(q22;q11.2-12)存在于急性早幼粒细胞白血病(acute promyelocytic leukemia,APL)患者中。17 号染色体上的视黄酸受体 α(retinoic acid receptor alpha,*RARα*)基因和 15 号染色体上的早幼粒细胞白血病(promyelocytic leukemia,*PML*)基因融合形成 *PML-RARα*(图 7-2),使细胞无法正常分化并异常增殖,从而使骨髓中堆积大量的异常早幼粒细胞,导致 APL。因此,15 号

和 17 号染色体的这种突变成为诊断 APL 的重要标志。治疗 APL 的方法,除了使用化疗药物杀死肿瘤细胞外,还可以采用药物抑制 PML-RARα 融合蛋白。1993 年,王振义团队与张亭栋团队合作研究发现,联合使用三氧化二砷和全反式视黄酸能使 APL 患者体内错误产生的 PML-RARα 融合蛋白失效、降解,使病变的早幼粒细胞停止过度增殖而进行正常分化,从而改善患者病情。

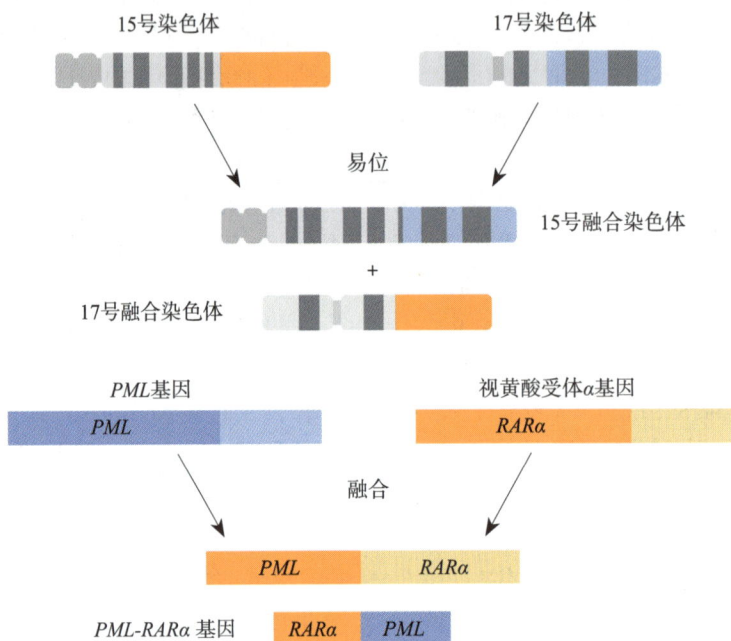

图 7-2　急性早幼粒细胞白血病染色体易位

14q+ 染色体是 Burkitt 淋巴瘤(Burkitt lymphoma,BL)的特异性标记染色体(图 7-3)。80% 的 BL 患者携带一条长臂增长的 14 号染色体(14q+)。14q+ 染色体即 t(8;14)(q24;q32),是一条 8q24 与 14q32 的平衡易位染色体,易位使得 *MYC* 基因移至免疫球蛋白基因的下游,因后者具有增强子的功能,致使易位的 *MYC* 基因过度表达。

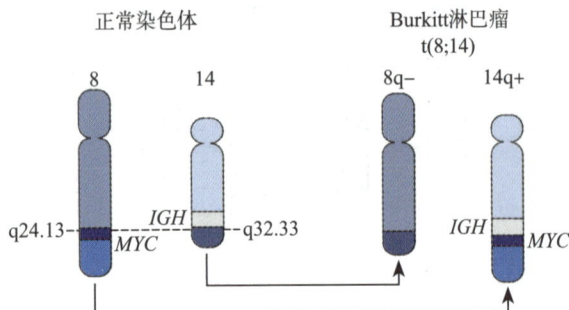

图 7-3　Burkitt 淋巴瘤染色体易位

三、端粒与肿瘤发生

即使肿瘤细胞已经逃脱了肿瘤抑制因子或 DNA 修复蛋白的调控,它也必须克服获得无限增殖化的另一个障碍:每个细胞分裂数量的内在限制。正常情况下细胞在经过 50～70 次有丝分裂后,会在基因的调控下发生凋亡。而当正常组织细胞分裂次数调节机制失灵时,细胞则获得无限增殖化的能力,可以无限增殖并形成肿瘤。

端粒(telomere)是存在于真核细胞染色体末端的一小段 DNA- 蛋白质复合体,端粒短重复序列与端粒结合蛋白一起构成了特殊的"帽子"结构,发挥着保持染色体的完整性和控制细胞分裂周期的作用。由于 DNA 聚合酶不能复制染色体末端,因此随着细胞分裂,染色体的端粒都会略微缩短。一旦

端粒减少到一定长度,细胞将立即启动凋亡机制。端粒的缩短会限制细胞分裂的次数,抑制染色体不稳定性的发生。这一过程将严重限制肿瘤中增殖的细胞,阻止克隆的进一步扩展。端粒酶是一种逆转录酶,其作用是在 DNA 末端连接上新的端粒片段,确保细胞能进行无限复制。端粒酶的活化对细胞无限增殖化起着关键性作用。大多数正常细胞中缺乏这种酶,但在 85%~90% 的肿瘤细胞中具有不断更新的端粒酶活性,功能失调的端粒酶可以促进基因组不稳定,并发生各种异常的改变。这种不受抑制的细胞分裂使肿瘤变得更大,并且由于 DNA 继续复制积累了额外突变,进一步增强肿瘤细胞的侵袭性。最近的全基因组测序研究表明,*TERT* 基因启动子区域的突变在黑色素瘤中可达 70%。这些突变增加了 *TERT* 基因的表达,并可能促进黑色素瘤细胞中端粒酶活性的增加。

第二节
肿瘤遗传的分子基础

与癌变有关的基因被分为两大类:抑癌基因和原癌基因。抑癌基因充当细胞增殖的"刹车",编码抑制细胞生长和防止细胞恶性转化的蛋白质;原癌基因是一类存在于正常细胞基因组中的基因,功能正常的原癌基因并不会导致癌症,当原癌基因发生片段丢失、点突变、异常复制等突变后转化为癌基因。癌基因编码促进细胞生长和恶性转化的蛋白质,充当细胞增殖的"油门"。在正常的组织和器官中,细胞增殖和凋亡处于动态平衡状态,保持着组织器官的高度有序和完整性。然而,在致癌因素的作用下,正常细胞出现原癌基因和抑癌基因结构或表达水平的异常,失去对其生长的正常调控,引发细胞的恶性转化(图 7-4)。原癌基因的激活和抑癌基因的失活是肿瘤发生发展过程中重要的遗传学事件。

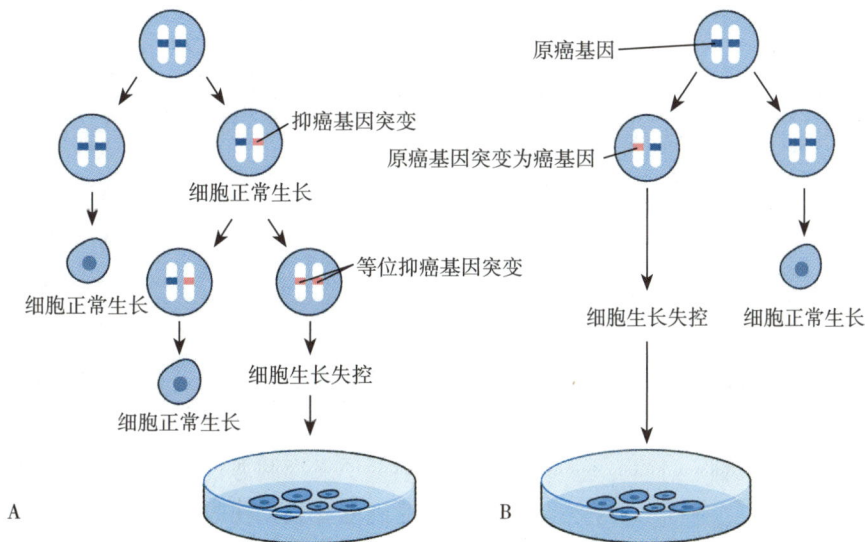

图 7-4　抑癌基因和癌基因的效应对比

一、抑癌基因

抑癌基因(tumor suppressor gene)也称抗癌基因,是一类存在于正常细胞中的对细胞增殖、分裂和分化起负调控作用的基因。当抑癌基因发生变异、功能缺失或下降时,可使细胞发生恶性转化。

(一)抑癌基因的发现

20 世纪 60 年代,H. Harris 应用显微细胞技术将含有一条正常染色体的鼠成纤维细胞与恶性的 HeLa 细胞融合在一起,发现由这种融合形成的杂交细胞失去了它的恶性特征,这表明正常细胞可能具有抑制癌细胞生长的因子。1986 年,研究者成功定位、克隆和鉴定了首个抑癌基因 *RB1*,该基因定位于染色体 13q14。该基因的缺失与家族性视网膜母细胞瘤(retinoblastoma,RB)、三阴性乳腺癌和小细胞肺癌等多种实体瘤有关。此后,通过对杂合性丢失的研究,又陆续发现了 *VHL* 等多个抑癌基因。抑癌基因的杂合性丢失是肿瘤细胞中普遍存在的现象。

(二)抑癌基因的功能分类

抑癌基因编码的蛋白质发挥抑制细胞增殖和促进细胞凋亡的作用。因此,抑癌基因的失活可导致肿瘤的发生和发展(表 7-1)。在大多数情况下,抑癌基因可以抑制癌基因激活的信号通路。根据抑癌机制的不同,可分为"看门基因""管理基因"和"微环境改变基因"三类。"看门基因"(gatekeeper)能够直接抑制肿瘤细胞的增殖,如细胞周期抑制因子类抑癌基因的编码产物为细胞周期抑制因子,包括细胞周期抑制蛋白和细胞周期蛋白依赖性激酶(CDK)抑制因子,使细胞周期无法继续运行,从而抑制细胞分裂,进而抑制肿瘤增长。在肿瘤细胞中恢复"看门基因"的表达能够抑制肿瘤的发生。"管理基因"(caretaker)主要指 DNA 损伤修复基因,通过保证遗传密码的准确性来间接地抑制细胞的恶性增殖,在维持基因组稳定性中发挥着重要作用。"微环境改变基因"(landscaper)主要通过直接或间接地作用于细胞外基质蛋白、细胞表面特异性蛋白、黏附蛋白或者分泌蛋白,调节肿瘤生长的微环境。

表 7-1　常见抑癌基因功能和相关肿瘤

抑癌基因	相关肿瘤	功能
RB1(p107,p130)	视网膜母细胞瘤、成骨肉瘤、乳腺癌、肺癌、结肠癌	细胞周期抑制因子、转录抑制因子
P53	胶质母细胞瘤、结肠癌、乳腺癌、肺癌、胃癌	细胞周期抑制因子、凋亡诱导因子
CDKN2A(p14,p16)	黑色素瘤、神经胶质瘤、骨肉瘤、乳腺癌	CDK 抑制因子
P15	成胶质细胞瘤	CDK 抑制因子
APC	家族性腺瘤性息肉病	Wnt 信号通路中与 β-catenin 相互作用
NF1	神经纤维瘤病Ⅰ型、神经鞘瘤	RAS-GTP 酶激活因子
BRCA1	乳腺癌、卵巢癌	DNA 损伤修复因子
BRCA2	乳腺癌、胰腺癌	DNA 损伤修复因子
PTEN	卵巢癌、前列腺癌、乳腺癌、肺癌	磷脂酶,负调控 PI3K/AKT 信号通路
CDH1	胃癌	细胞黏附分子
DPC4	幼年性息肉病综合征	调控 TGF-β 信号通路
TSC2	结节性硬化症、淋巴管平滑肌瘤病	下调 mTOR

(三)抑癌基因失活机制

1. 遗传学水平失活机制

(1)关键部位的点突变使抑癌基因失活。如碱基置换使其不编码蛋白、蛋白表达水平降低或产生无功能突变蛋白;缺失突变致抑癌基因整个拷贝或部分序列丢失;碱基插入可使某些抑癌基因失活,如 *PTEN* 的第 7 外显子不同部位的碱基插入可引起不同类型的突变,致 *PTEN* 基因失活。

(2)野生型等位基因的缺失或效应不足。抑癌基因突变的作用大多是隐性的,即如果抑癌基因的一对等位基因中的其中一个发生缺失或突变失活,另外一个仍为野生型,该基因仍能发挥正常功能,不会诱发细胞恶性转化。只有当两个等位基因均受到变异或损伤时,才出现功能紊乱,引发恶性转化。但也有一些抑癌基因仅发生等位基因中的一个拷贝失活就会引起肿瘤发生,如 *P53* 基因,当其一个等位基因突变失活后,其表达的 p53 突变蛋白则能抑制另一个正常等位基因产生的野生型(即正常 p53 蛋白)的功能,这种基因突变称为显性负效突变(dominant negative mutation)。

2. 表观遗传学失活机制

(1)启动子区高甲基化可抑制抑癌基因的转录,使其不产生有功能的蛋白或蛋白表达水平降低。

（2）非编码 RNA 调控异常，如 miRNA 等表达水平异常增高时，将抑制其靶向（抑癌）基因的表达水平。

（3）组蛋白去乙酰化使带正电的组蛋白与带负电的 DNA 紧密结合，染色质呈致密卷曲的阻抑结构，从而抑制相关抑癌基因的转录。

二、原癌基因

正常细胞生长发育所必需，且具有促使细胞癌变潜能的基因称为原癌基因（proto-oncogene）。原癌基因与细胞生长、增殖和分化等生理过程密切相关，在进化上高度保守。其编码产物广泛分布于细胞外、细胞膜、细胞质和细胞核中。正常细胞在 DNA 损伤修复失败、细胞周期进程受阻等功能异常时会启动细胞程序性死亡，清除受损细胞，维持组织稳态。但当原癌基因在致癌因素的作用下发生突变后，转变为癌基因（oncogene），细胞就会过度增殖，导致肿瘤的形成。与抑癌基因不同，原癌基因向癌基因的突变一般是获得功能的显性突变，一对等位基因中只要有一个基因座上的原癌基因突变为癌基因就可能导致正常细胞转变成癌细胞（表7-2）。然而，抑癌基因通常因缺失或功能缺失突变而失活。相比之下，虽然癌基因在散发肿瘤中很常见，但引起遗传性肿瘤综合征的种系致癌的基因突变却很少见。

表 7-2　抑癌基因与原癌基因的比较

特征	抑癌基因	原癌基因
正常生理功能	调控细胞生长、分化，部分具有诱发凋亡的功能	促进细胞生长和分化
细胞水平的突变	隐性（纯合子致病）	显性（杂合子致病）
突变后果	功能失去突变	激活癌基因，功能获得突变
胚系突变导致遗传性肿瘤综合征	见于大多数抑癌基因	见于少数癌基因

（一）原癌基因的发现

20 世纪初，科学家们发现细胞恶性转化与病毒感染密不可分。1970 年，G. S. Martin 从能使鸡产生肉瘤的 Rous 肉瘤病毒中分离获得了第一个能够使细胞恶性转化的病毒癌基因（viral oncogene，v-onc）src。因此将病毒基因组中可使宿主细胞发生癌变的基因称为 v-src。1976 年，J. M. Bishop 等用 v-src 的 cDNA 为探针与正常鸡细胞基因组进行杂交，发现鸡细胞基因组中存在 v-src 基因的同源序列并命名为 c-src，表明动物细胞自身正常的细胞中存在具有使细胞发生癌变潜力的基因，称为细胞癌基因（cellular oncogene，c-onc）即原癌基因（proto-oncogene）。c-src 成为首个被发现的原癌基因。

（二）原癌基因的功能分类

目前尚无统一的分类标准，通常按照原癌基因的表达产物的功能分为以下几个主要类别（表7-3）。

表 7-3　常见癌基因功能和相关肿瘤

名称	相关肿瘤	作用
生长因子类		
SIS	神经胶质瘤、尤因肉瘤	血小板衍生生长因子 β 链
HIT	胃癌	成纤维细胞生长因子
KS3	卡波西肉瘤	成纤维细胞生长因子
生长因子受体类		
ERBB	乳腺癌、卵巢癌、肺癌、胃癌	受体酪氨酸激酶
ERBA	急性早幼粒细胞白血病	受体甲状腺激素
NEU（ERBB2）	神经母细胞瘤、乳腺癌	受体蛋白激酶

续表

名称	相关肿瘤	作用
信号转导分子类		
RAS	肺癌、结肠癌、膀胱癌、直肠癌	GTPase
BRAF	恶性黑色素瘤、结肠癌	丝氨酸/苏氨酸激酶
ABL	慢性髓细胞性白血病、急性淋巴细胞白血病	非受体酪氨酸蛋白激酶
SRC	Rous 肉瘤	非受体酪氨酸蛋白激酶
转录因子类		
MYCN	神经母细胞瘤、肺癌	DNA 结合蛋白
MYB	结肠癌	DNA 结合蛋白

1. 生长因子类   生长因子(growth factor)属于分泌性生长因子,能够与细胞膜上的特异性、高亲和的生长因子受体结合,参与调控细胞生长与其他的细胞功能。生长因子类原癌基因代表 *SIS* 编码产物为血小板衍生生长因子 β 链,可与血小板衍生生长因子(platelet-derived growth factor,PDGF)受体结合,刺激间叶组织细胞分裂增殖,导致肿瘤的发生。

2. 生长因子受体类   生长因子受体(growth factor receptor)位于细胞膜上,与生长因子专一性结合后被激活,进一步激活下游信号分子,启动一系列细胞信号转导过程。大多数具有酪氨酸激酶活性,是重要的细胞增殖信号调控因子。例如,*ERBB* 基因,该基因编码产物为表皮生长因子受体(epidermal growth factor receptor,EGFR),包含四种受体酪氨酸激酶:EGFR(ErbB-1)、HER2/c-neu(ErbB-2)、HeR3(ErbB-3)以及 HeR4(ErbB-4),在众多实体瘤中存在高表达或者异常表达的现象。大约 30% 的乳腺癌患者存在 ErbB-2 过表达,是影响乳腺癌细胞生长与转移的重要因素之一。

3. 信号转导分子类   信号转导分子(signal transduction factors)多为蛋白或脂类激酶。激酶(kinase)是一种能够催化高能供体分子(如 ATP)转移磷酸基团到特定靶分子的酶,这一过程称为磷酸化。激酶类原癌基因包括:①丝氨酸/苏氨酸蛋白激酶,代表性的原癌基因如磷脂酰肌醇 3-激酶(phosphatidylinositol 3-kinase,PI3K),PI3K 可被 EGFR 在内的多种生长因子激活,将细胞膜上的磷脂酰肌醇 4,5-二磷酸(phosphatidylinositol 4,5-biphosphate,PIP2)磷酸化为 PIP3。PIP3 可以活化信号蛋白分子 Akt 激酶(又称蛋白激酶 B),在细胞增殖、分化和凋亡中发挥着重要作用。②非受体酪氨酸蛋白激酶,如 *ABL* 基因,定位于 9q34。在肿瘤细胞中发现 *ABL* 基因与其他多种基因发生融合,最常见的为 t(9;22)(q34;q11)染色体易位,导致 *BCR*(breakpoint cluster region)与 *ABL* 基因的融合,形成费城染色体,在 95% 的慢性髓细胞性白血病者血液中可检测到此特异性标记染色体。

调节性 GTP 酶能够与 GTP 结合,并具有 GTP 水解酶活性。G 蛋白类原癌基因的代表如 *RAS* 基因家族,这种基因在至少 25% 的人类肿瘤中发生了突变。*RAS* 基因家族(*H-RAS*、*K-RAS* 和 *N-RAS*)在进化上高度保守,对正常细胞的增殖分化起到重要的调节作用。*RAS* 基因被激活最常见的方式就是点突变,突变后 RAS 蛋白空间构象发生改变。活化的 RAS 蛋白持续激活磷脂酶 C(phospholipase C,PLC)产生第二信使,造成细胞无限增殖化。

4. 转录因子类   转录因子(transcription factor)的本质是与 DNA 特异性结合的一系列蛋白质,可以识别和结合基因启动子区的顺式作用元件,启动和调控相关基因的转录和复制,促进细胞的增殖。转录因子类原癌基因的代表有 *c-MYC* 和 *NF-κB*。在 PIP3 介导的细胞信号转导通路中,活化的 Akt 激酶可通过级联反应使 *NF-κB* 得以从细胞质 NF-κB/IkBa 复合物中释放出来,并活化、暴露核定位域,迅速发生核转位,与靶基因的反应元件结合,从而启动靶基因的转录过程。*c-MYC* 基因主要通过扩增和染色体易位重排的方式激活,可使细胞无限增殖,与某些组织肿瘤的发生、发展和演变转归有重要关系。

(三)原癌基因的激活

原癌基因在细胞正常的增殖分化中发挥重要的调控作用。当原癌基因被激活成为癌基因后，其编码产物过度表达或活性增强，通过参与相关信号转导通路促进癌症的发生发展。原癌基因的激活是受多种因素调控的。原癌基因转变为癌基因主要有两种机制，其一是遗传水平激活机制：①原癌基因片段上发生了使该基因编码的蛋白质功能出现异常的突变，进而引发癌变；②原癌基因的表达水平由于基因扩增或染色体的易位与重排而上升，超过了正常水平引发癌变；③部分源于病毒的基因也可能引发癌症。其二是表观遗传水平的激活机制。

此外，原癌基因的激活也受基因外因素的调控。

1. 遗传水平的激活机制

(1)基因突变：可发生在编码区和非编码区，是最主要的一种癌基因的激活方式，尤其是点突变的累积。如 *RAS* 基因是肿瘤患者最常见的原癌基因，*RAS* 基因被激活的最常见的方式是点突变，多发生在 N 端的第 12、13 和 61 密码子编码序列（图 7-5）。生理状态下，活化和失活的 RAS 蛋白之间可以相互转化，处于动态平衡状态。但点突变使 RAS 蛋白构型发生改变，使得 RAS 对下游信号的激活不能及时终止，导致细胞增殖信号持续激活，细胞出现失控性增殖。

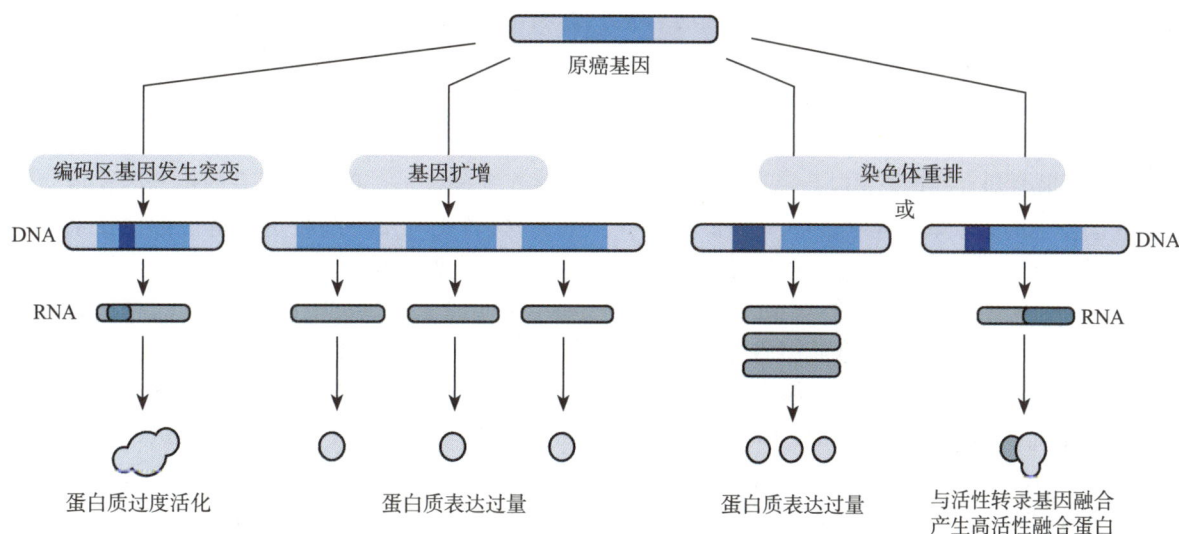

图 7-5　原癌基因在遗传水平的激活

(2)基因扩增：是指原癌基因中 DNA 序列拷贝数的增加。原癌基因扩增使其编码的蛋白质产物过度表达，引发细胞功能异常。发生基因扩增的小片段会脱离染色体，连在一起时形成双点样结构，称为双微体（double minute）；当扩增片段未脱离染色体时，该节段染色体相对解旋、长度增加，从而形成均质染色区（homogeneously staining region）（见图 7-5）。

(3)染色体的易位与重排：这一现象将导致两种结果，一种是使原癌基因转移到新的染色体位点的强启动子或增强子附近，从而增加表达水平。如 14q+ 染色体即 8q24 与 14q32 的平衡易位，使 *MYC* 基因移至免疫球蛋白基因下游，因后者具有增强子功能，致使易位的 *MYC* 基因过度表达，诱发 Burkitt 淋巴瘤（见图 7-3）。另一种是使原癌基因与另一基

因相整合，产生具有致癌活性的融合基因，导致肿瘤的发生。如费城染色体，9q 和 22q 易位使位于 9q 的 *ABL1* 原癌基因和位于 22q 的 *BRC* 基因发生融合，产生 BRC-ABL1 蛋白使蛋白激酶活性增强，激活细胞增殖信号，导致慢性髓细胞性白血病的发生（见图 7-1、图 7-5）。

(4)插入激活：除了由原癌基因突变产生的癌基因外，部分源于病毒的基因也可能引发癌症。逆转录病毒感染宿主细胞后，能够将其基因组整合到宿主细胞的基因组中。逆转录病毒基因组中包含的强启动子或增强子序列如果插入宿主细胞的原癌基因附近时，癌基因也可被激活。

2. 表观遗传水平的激活机制　原癌基因的表观修饰变化，如启动子序列的去甲基化、原癌基因转录产生的 mRNA 稳定性增强或非编码 RNA 调控

异常、组蛋白的乙酰化等,均可使原癌基因的编码蛋白出现失控性高表达。

3. 基因外因素的重要作用　除基因本身变化带来的影响外,基因外因素也在细胞的恶性转化中发挥了重要作用,如肿瘤微环境和组织微结构的异常。

三、肿瘤遗传易感性

肿瘤是多基因交互影响、多种环境因素协同作用引起的复杂性疾病。目前已知与肿瘤发生发展相关的环境因素包括吸烟、饮酒、致癌物暴露等。但即使暴露于相似的环境,不同遗传背景的个体发生肿瘤的风险有很大不同,这是由个体遗传易感性的差异导致的。因此,研究肿瘤的易感性对理解肿瘤发生发展乃至诊断治疗都有重要意义。随着基因组检测技术的发展,全基因组关联研究的方法已成为肿瘤易感性研究的重要手段。

肿瘤发生的家族聚集现象,为人们提供了最早的肿瘤遗传特性的线索。最典型的案例就是 G 家族。G 家族是美国密歇根大学的 Warthin 教授在偶然间发现的一个肿瘤家族,该家族中的先证者为男性,1796 年生于德国,1856 年死于癌症。此后,他的子孙后代中陆续出现了多名肿瘤患者。至 2002 年止,G 家族已发展到七代人共 929 名后代,其中发现了 115 名肿瘤患者,发病率远远超出一般人群,其中以结直肠癌为主,子宫内膜癌次之。除了上述家族聚集现象外,肿瘤的遗传易感性还体现在不同个体对肿瘤发生倾向性的差异。早在 20 世纪 50 年代,英国研究者 Doll 和 Hill 就发现吸烟是肺癌最重要的危险因素。然而尽管吸烟量和吸烟年限相同,最终也只有不到 20% 的吸烟者会发展为肺癌,这说明在相同的环境暴露下,具有不同遗传背景的个体对肺癌的易感性存在差异。将这种由遗传基础决定不同个体的患病风险称为易感性。因此,筛选具有遗传易感性的高危个体,并对其采取针对性的预防措施或治疗手段,有助于控制恶性肿瘤的发生。

(一)肿瘤易感基因

尽管影响肿瘤发生的最主要的因素是环境暴露,但肿瘤易感基因在肿瘤发生中的作用仍不容忽视。人类的遗传信息保存在由 DNA 构成的基因组序列中。人类基因组计划(Human Genome Project,

HGP)发现,人类基因组由大约 30 亿个碱基对组成,其中 99.9% 的碱基序列在不同个体间是一致的,剩余的 0.1% 基因组序列差异决定了不同个体间、不同种族间表型的差异,也导致了不同个体对于包括肿瘤在内的某些特定疾病的易感性存在差异。BRCA1 是迄今为止发现的与乳腺癌发生有关的最重要的抑癌基因。研究发现,40%～45% 的遗传性乳腺癌与 BRCA1 基因突变有关,而在乳腺癌和卵巢癌都高发的家族中,80% 的患者存在 BRCA1 基因突变。携带 BRCA1 基因突变的女性其一生中患乳腺癌、卵巢癌的危险显著增加,70 岁时发生乳腺癌的预测累积风险可达到 50%～80%,并且容易出现早发的现象。因此,肿瘤易感基因的变异能够影响个体对于肿瘤的易感倾向,而发现这些遗传变异将对肿瘤防治产生巨大的推动作用。

(二)肿瘤易感性分析

连锁分析是一种基于家系的单基因遗传病研究方法,首先利用一些特定的遗传标记在家系中进行分型,再利用数学方法分析遗传标记在患病和不患病的家庭成员中的分布情况,将疾病表型同某个等位基因的多态性标记联系起来,进而发现疾病易感基因。20 世纪 80 年代末 90 年代初,连锁分析被广泛应用于肿瘤的易感性研究,发现了一系列乳腺癌和结直肠癌的易感基因。其中包括 APC(adenomatous polyposis coli)、ATM(ataxia-telangiectasia mutated)、BRCA1/2(breast-cancer gene 1/2)、PTEN(phosphatase and tensin homologue) 和 TP53(tumor protein p53)等经典的抑癌基因。尽管连锁分析在发现肿瘤易感基因方面取得了很多重要成果,但要发现具有较低的致癌风险且主要影响散发性肿瘤的肿瘤易感基因,连锁分析却并不适用。SNP 是人类可遗传的变异中最常见的一种多态性,是指在基因组水平上由单个核苷酸的变异所引起的 DNA 序列多态性,占所有已知可遗传变异的 90% 以上,平均每 500～1 000 个碱基对中就有 1 个。因此,SNP 成为探索包括肿瘤等疾病遗传易感基因的研究重点。研究人员可以通过计算癌症患者和健康对照人群各自携带的发生突变(多态性位点的突变基因型)的等位基因的频率,来估计携带突变基因型的个体和携带野生型基因型的个体未来发生某种肿瘤的风险,进而判断肿瘤的遗传易感程度。

早期的研究策略由于技术和成本的制约，主要是针对与肿瘤发生密切相关的基因或DNA序列选择功能性多态位点，每次研究仅能鉴定几个位点。随着基因分型技术的进步，上述策略逐渐发展到多基因多位点研究，通常一次研究可以鉴定几十个甚至上百个位点。近年来，高通量基因分型芯片的出现，使肿瘤易感性研究进入全基因组检测时代，这种被称为全基因组关联分析（genome-wide association study，GWAS）策略，一次可以对数以百万计的遗传变异进行检测。在过去的十余年间，GWAS在恶性肿瘤遗传因素的研究中取得了巨大的进展，在20余种恶性肿瘤中发现了超过200个肿瘤易感位点（区域），其中包括在中国人群开展的肺癌、胃癌、肝癌等12种肿瘤GWAS发现的60个遗传易感位点。这些易感位点可以为遗传标志物用于个体肿瘤发病风险预测、筛选肿瘤高危人群、实施目标明确的前期预防以及开展肿瘤早诊早治提供科学依据。

第三节
肿瘤发生的遗传学理论

虽然原癌基因和抑癌基因突变理论在一定程度上解释了细胞恶性转化和肿瘤发生发展的过程和机制，但细胞生命活动的复杂性决定了仍有许多问题是这一理论无法回答的。目前学界认为肿瘤发生的遗传理论有多种，虽然说法不一，但单克隆起源假说、二次打击假说和多步骤遗传损伤假说在一些肿瘤中被普遍接受。

一、单克隆起源假说

单克隆起源假说（monoclonal theory of cancer origin）认为，致癌因子引起体细胞基因突变，然后在一些促癌因素的作用下，单个突变细胞增殖形成肿瘤细胞群。同一个体肿瘤的不同细胞具有相同的标记染色体和同工酶，提示这些细胞来源于一个共同的突变细胞，女性的一些恶性肿瘤的所有肿瘤细胞都含有相同失活的X染色体，表明他们是单一细胞起源。正常细胞中基因突变发生的频率是相当高的，如果DNA的修复不正常，细胞将发生恶性转化，导致肿瘤发生。由于这样的肿瘤细胞克隆群

体受内外因素的影响而处于不断变异之中，因此这个群体中不同细胞的核型往往不完全相同，而且不同核型细胞的生存繁殖能力也不相同，在肿瘤微环境中的细胞遵循着"物竞天择，适者生存"的原则，即造成广泛的肿瘤异质性（heterogeneity of tumor）。肿瘤生长演进过程中异质性的出现导致肿瘤由不同的克隆构成，而多次突变则成为肿瘤细胞异质性的基础。其中数目占主导的克隆构成肿瘤干系（stemline），干系肿瘤细胞的染色体数目称为众数（modal number）。数目非主导的克隆称为肿瘤旁系（sideline）。因此，肿瘤的准确诊断和精准治疗依据单一肿瘤标本活检是不全面的，因其不能代表整块肿瘤。由于细胞内外环境的影响，干系和旁系可以相互转化，肿瘤的动态进化产生抵抗型亚群，增加癌症治疗的复杂性。近年来，有学者已开始从进化学的角度探讨肿瘤治疗，如"适应治疗"实验，给卵巢癌模型小鼠注射不同条件和剂量的化疗药，发现接受低剂量组的小鼠比接受高剂量组的小鼠生存期更长，可能是因敏感亚群对低剂量药物产生了一定的适应而得以保存，而抑制抵抗亚群繁殖。适应治疗本质上是阻止迅速分裂的抵抗细胞依靠生态学的"竞争性解放"而成为整个肿瘤的优势群体。

二、二次打击假说

RB1 基因是第一个被研究并最终被克隆的抑癌基因，它与视网膜母细胞瘤有关（图7-6）。1971年，Alfred Knudson通过研究48例患者的视网膜母细胞瘤家系和发病情况，提出二次打击假说（two-hit hypothesis），解释了视网膜母细胞瘤的遗传基础。Knudson认为视网膜母细胞瘤的发生是单个视网膜细胞中*RB1*基因两次突变打击的结果。在非遗传性视网膜母细胞瘤的病例中，同一体细胞的*RB1*基因的两个等位基因都经历了连续的自发突变（图7-6）。由于同一基因的两个等位基因在同一细胞中连续接受两次打击的概率极低，因此一般人群中的视网膜母细胞瘤发病年龄较晚且多为单侧眼睛受累。相比之下，在遗传性肿瘤中，第一次突变打击发生在患者亲代的生殖细胞中，第二次突变打击发生在患者的体细胞中，发生率较高，因此发病年龄较早且多为双侧眼睛受累。这一假说较清晰地说明家族性肿瘤遗传至后代的并不是肿瘤本身，而是肿瘤的易感性。在此遗传的基础上尚须经过

某种内、外因素的进一步作用(第二次打击),方能形成肿瘤。在多种情况下,对于出生时就已经携带了导致抑癌基因失活的突变(第一次打击),虽然该基因在基因组中还存在一个正常的拷贝,但由于单个基因的剂量不足、表观遗传修饰或者因为存在的突变体对野生型产生干扰等原因,存在的另外一个正常的抑癌基因即使不发生 DNA 序列层面的突变(第二次打击),也很难阻止癌症的发生和发展。因此,二次打击假说部分地解释了家族性肿瘤发生的原因。

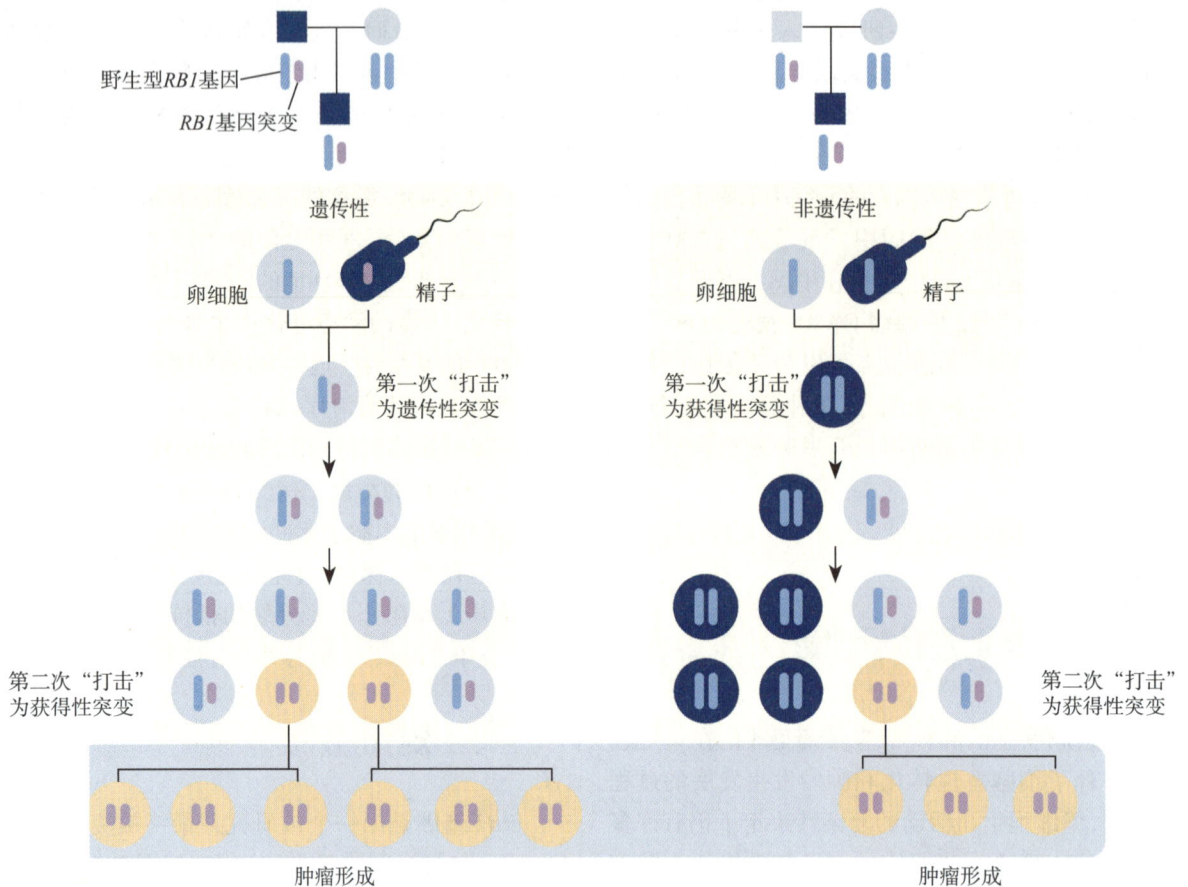

图 7-6 视网膜母细胞瘤发病的二次打击假说

三、多步骤遗传损伤假说

对于一些由单基因控制的罕见肿瘤如视网膜母细胞瘤,只要两个等位基因均失活,肿瘤就会发生。然而对于其他大多数肿瘤,情况则不然。多步骤遗传损伤假说认为癌症的发生至少需要两种致癌因素的联合作用,每一个基因的改变只能完成其中的一个步骤,另一些基因的变异最终完成癌变过程。这种打击可以是原癌基因的激活,或是抑癌基因的突变或失活,以及环境因素促发某种遗传损伤等。在该假说中,致癌过程分为启动期、促进期和进展期,肿瘤的发生要经过多阶段的演化,不同阶段涉及不同基因的失活与激活。这一假说可以解释肿瘤的进展现象,即由最初细胞行为的轻微紊乱逐渐演变成癌症。结肠癌的发生过程是典型的多步骤致癌过程(图 7-7),从上皮细胞开始,经历了异性增生、早期腺瘤、中期腺瘤、晚期腺瘤和恶性肿瘤等多个阶段。首先,APC 基因突变,导致非典型上皮增生,DNA 去甲基化后发展为早期腺瘤,此时 KRAS 基因突变导致发展至中期腺瘤阶段,然后在 18 号染色体长臂的杂合性丢失和 DCC 基因的突变作用下进展为晚期腺瘤,最后在 P53 的突变作用下演变为结直肠癌,而其他相关基因的突变会进一步导致结直肠癌具有侵袭性和转移性。

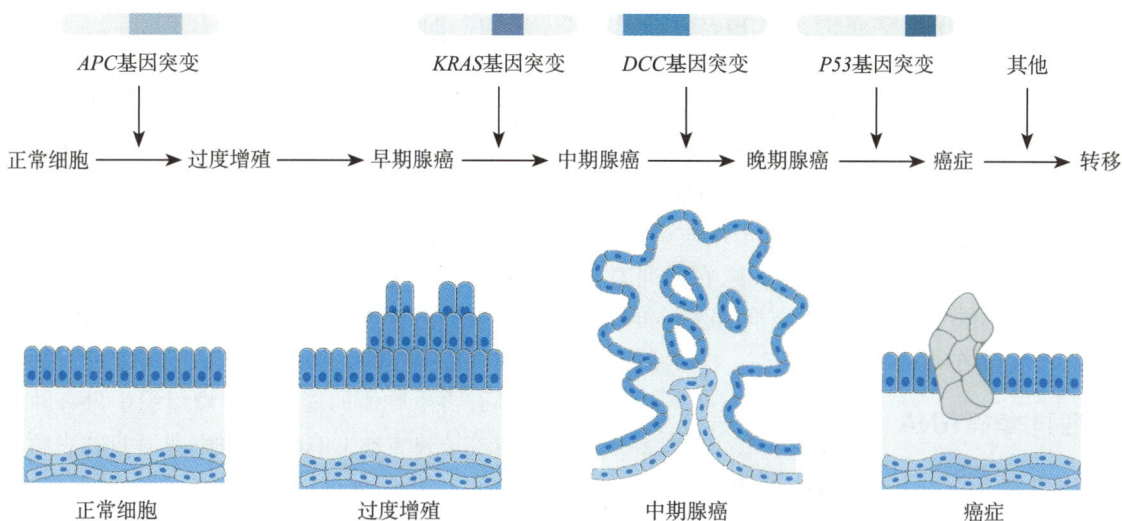

图 7-7 结肠癌发展中的分子事件

四、表观遗传改变学说

随着人类基因组计划的完成和新一代测序技术的进步,研究者发现绝大部分肿瘤具有表观遗传修饰的异常改变。表观遗传改变涉及遗传印记丢失、染色质重塑、非必需重复序列转录、原癌基因异常活化以及抑癌基因异常沉默等,在肿瘤发生发展的过程中发挥重要作用。

(一)DNA 甲基化及组蛋白修饰改变

异常的组蛋白修饰模式及 DNA 甲基化模式使基因组总体的表达模式发生改变,导致一些基因的表达强度发生改变,进而导致肿瘤的发生。

基因组总体的 DNA 低甲基化和一些基因启动子区域 CpG 岛甲基化水平的增高在肿瘤细胞中最为常见。肿瘤细胞中 DNA 甲基化改变表现为原癌基因的低甲基化、抑癌基因的高甲基化、DNA 修复基因的超甲基化等。同时基因组中总体甲基化水平的降低可使基因组的不稳定性增加,以及 DNA 甲基化导致的基因突变等也是导致肿瘤发生的重要原因。

核小体核心由组蛋白八聚体(H2A、H2B、H3 和 H4)构成,组蛋白任何微小的变化都会对核小体结构、染色质构象和基因表达模式产生巨大影响。组蛋白尾部可以发生乙酰化、甲基化、磷酸化、ADP 核糖基化、泛素化和 SUMO 化等多种翻译后修饰。在肿瘤的发生发展过程中出现的组蛋白的异常修饰,可导致癌基因的异常激活和抑癌基因的失活,出现染色体不稳定和 DNA 修复的缺陷。

(二)遗传印记丢失

遗传印记是指来自父母双方的等位基因在通过精子和卵子传递给子代时,机体特异性地对源于父方或母方的等位基因做一个印记,使带有亲代印记的等位基因具有不同的表达特性。基因印记受 DNA 甲基化和组蛋白乙酰化等修饰的调控,使一对等位基因中一个发生表达,而另外一个不表达。肿瘤中一些基因丢失其遗传印记后会导致两个等位基因在肿瘤细胞中共表达。如成人肿瘤中的胰岛素样生长因子 2(IGF2),当 IGF2 等位基因发生共表达后,IGF2 蛋白异常增多,过度激活下游相关信号通路进而引发肿瘤,在结直肠癌和肾母细胞瘤(维尔姆斯瘤)患者中常发现 IGF2 基因遗传印记的丢失。

(三)染色质重塑

染色质重塑是染色质表观遗传调控的重要方式之一。染色质重塑复合物通过水解 ATP 提供能量改变染色质上核小体的装配、拆解和重排等,从而调控转录相关因子等在其染色质 DNA 局部的可接近性。目前已知的染色质重塑因子根据所含功能结构域的不同,大致分为 SWI/SNF、ISWI、CHD 和 INO80 四大家族。

研究表明 SWI/SNF 家族复合物是肿瘤抑制因子,在特定组织中发挥特殊功能。在对 44 项全基因组和外显子组测序报道的人类肿瘤中,哺乳动物的 SWI/SNF 复合物的突变率达到 19.6%,涉及实体瘤和血液系统肿瘤,包括卵巢透明细胞、胰腺、肾细胞、肝细胞、膀胱、胃、乳腺和血液的恶性肿瘤。INO80 复合物能促进 DNA 复制叉的稳定、DNA 合成的恢复和 DNA 损伤的耐受,这些与复制叉上重构核小体有关。INO80 复合物还参与端粒调节、着丝粒稳定性和染色体分离。研究发现,在前列腺癌中 TP53 位点的缺失与局部三维结构的改变和新的拓扑相关域边界的形成有关。

(四)非编码 RNA

高等生物基因组中存在多种非编码 RNA 分子,包括 miRNA、piRNA 以及 lncRNA 等。这些非编码 RNA 分子参与 DNA 的转录和翻译、甲基化修饰、染色质重塑等过程,在生理病理过程中发挥重要的调节作用。

miRNA 具有组织特异性和时序性,在肿瘤细胞中行使类似原癌基因和抑癌基因的功能。

成熟的 piRNA 长度为 24~31nt,主要在哺乳动物生殖细胞中表达,在维持生殖系 DNA 的完整性,抑制转座子转录和翻译,参与异染色质形成,表观遗传调控和生殖细胞发生中起着重要作用。最近的证据表明,piRNA 在肿瘤的发展中发挥致癌和抑癌的作用,并可能成为新的生物标志物和治疗靶点,为肿瘤的诊断和治疗提供新的策略。

lncRNA 是一类转录本长度超过 200nt 的 RNA 分子,它们并不编码蛋白,因此起初被认为是基因组转录的"噪声",不具有生物学功能。近年来随着第二代测序技术的发展,研究者发现 lncRNA 可通过与 DNA、RNA、蛋白质的相互作用在表观遗传、转录水平或转录后水平等多种层面上调控基因的表达,并参与染色质核内运输、原癌基因活化调节和免疫系统调控等重要过程,且与癌症的发生发展存在密切的关系。研究表明,lncRNA 在维持肿瘤细胞的生长与增殖、躲避生长抑制因子、抑制细胞凋亡、保证复制的连续进行、促进转移和侵袭、诱导肿瘤内血管生成等方面发挥重要作用。另外,研究显示在肿瘤的浸润、转移及血管生成的过程中都伴有 lncRNA 表达的改变,而肿瘤的这些行为的改变均涉及肿瘤的代谢变化,即 lncRNA 可以通过影响糖代谢、脂肪代谢等来影响肿瘤的发生发展。

五、肿瘤干细胞学说

肿瘤干细胞(cancer stem cell)是指肿瘤组织中一小群具有自我更新能力并产生异质性肿瘤细胞的细胞,是肿瘤产生的"种子"细胞(图 7-8)。肿瘤干细胞和肿瘤组织细胞不同。传统观念认为,肿瘤是由体细胞突变而成,每个肿瘤细胞都可以无限制地生长。但这无法解释为何并非所有的肿瘤细胞都能维持肿瘤的生物学特性,以及并非所有肿瘤细胞都有再生肿瘤的能力。肿瘤组织中只有肿瘤干细胞才是肿瘤发生的起源细胞,具有自我更新和迁移的能力,能够保持肿瘤细胞的恶性表型。从本质上讲,肿瘤干细胞通过自我更新和无限增殖维持着肿瘤细胞群的生命力;肿瘤干细胞的运动和迁徙能力又使肿瘤细胞的转移成为可能;肿瘤干细胞可以长时间处于休眠状态并具有多种耐药分子而对杀伤肿瘤细胞的外界理化因素不敏感,因此肿瘤往往在常规肿瘤治疗方法消灭大部分普通肿瘤细胞后一段时间复发。

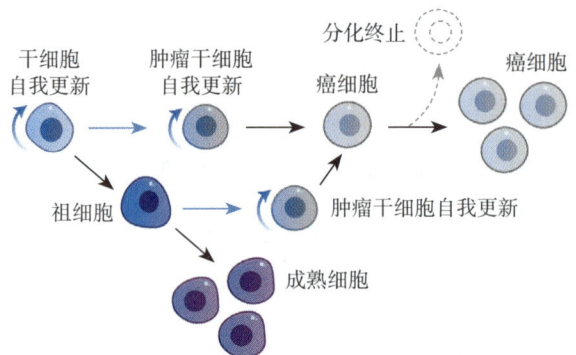

图 7-8　肿瘤干细胞模型

干细胞通过不对称分裂产生两个子细胞,一个子细胞仍然是干细胞(自我更新),另一个子细胞成为祖细胞,经过扩展和进一步分化成为成熟细胞。与分化细胞相比,干细胞增殖潜力最高且拥有更长的寿命,因此有更大的机会积累基因突变。表面标记表明肿瘤干细胞来源于成体干细胞。肿瘤发生首先是机体中正常干细胞异常分化和增殖成为肿瘤干细胞,肿瘤干细胞再进一步增殖分化形成肿瘤组织,来自不同干细胞类别的肿瘤,形成的肿瘤类别不同。这一理论为重新认识肿瘤的起源和本质,以及临床肿瘤治疗提供了新的方向和视角。

第四节
常见遗传相关性肿瘤

恶性肿瘤的发生是正常细胞转变为肿瘤细胞的多阶段过程,是遗传因素和环境因素共同作用的结果。90%～95%的恶性肿瘤是由体细胞内遗传物质的改变而引起的,属于体细胞遗传病,一般不会遗传给子代。但也有少数恶性肿瘤是由种系突变引起的。因为突变发生在生殖细胞中,它可以代代相传。这类恶性肿瘤的特点是发病年龄轻,常呈双侧发生或多病灶原发,并有显著的二次肿瘤发生高风险和家族癌症易感倾向。

一、遗传性结直肠癌

结直肠癌是一种结肠和直肠上皮的恶性病变,占所有癌症的10%～15%,为最常见的癌症之一。大部分结肠癌呈散发性,仅一小部分为常染色体显性遗传的家族性腺瘤性息肉病(familial adenomatous polyposis,FAP)和林奇综合征(Lynch syndrome)。FAP是一种常染色体显性遗传病,表现为结直肠布满(通常不少于100个)大小不一的癌前息肉。FAP及其亚型加德纳综合征(Gardner syndrome)的发病率约为1/10 000。FAP杂合子的患者在20岁前结直肠部位可出现许多腺瘤样息肉,早期呈良性生长。但几乎所有未进行治疗的患者会在40岁前发展成结直肠癌,完全切除大肠和直肠可消除患癌风险。抑癌基因*APC*发生突变是其致病原因。由于本病为常染色体显性遗传病,患者亲属应进行基因检测或阶段性结肠镜检查。患者的子女从出生起直至5岁,也应接受针对肝母细胞瘤的检测。

林奇综合征又称遗传性非息肉病性结肠癌(hereditary nonpolyposis colorectal cancer,HNPCC),是一种染色体显性遗传病,占结肠癌的2%～4%。与FAP相比肠息肉较少,但更易癌变。男性基因突变杂合子的结肠癌发病风险约为80%,女性杂合子的发病风险约为70%,但40%～60%的女性林奇综合征患者会发生子宫内膜癌,发病率与大肠癌的发病率相当,甚至超过大肠癌的发病率。林奇综合征约占全部子宫内膜癌患者的2%。DNA错配修复基因(*MLH*、*MSH2*、*MSH6*和*PMS2*)发生种系突变是

林奇综合征患者发病的遗传学基础。

二、多发性内分泌腺瘤病2型

多发性内分泌腺瘤病2型(multiple endocrine adenomatosis type 2,MEN2)是一种以甲状腺髓样癌、嗜铬细胞瘤和甲状旁腺增生或腺瘤为特征的常染色体显性遗传病,一般人群的患病率约为1/30 000。MEN2可分为3种不同的亚型:MEN2A、MEN2B和家族性甲状腺髓样癌。临床表现根据受累腺体的性质不同而有所不同。*RET*基因是致病基因,定位于10q11.2,含有21个外显子,可编码酪氨酸激酶受体超家族的跨膜蛋白RET,在神经系统的成熟、精原细胞的分化及肾的形态发生中发挥着重要作用。*RET*基因发生功能性丧失的突变也可导致某些先天性巨结肠的发生。

三、视网膜母细胞瘤

视网膜母细胞瘤(retinoblastoma,RB)是一种罕见的于儿童期发病的视网膜恶性瘤,起源于神经嵴,并发神经纤维瘤、神经嵴瘤和嗜铬细胞瘤等。活产婴儿中发病率为1/20 000,约40%的患儿属于遗传型,呈常染色体显性遗传,发病早。致病基因为*RB1*。在这些患儿中,包括视网膜细胞在内的全身细胞已经携带了一个*RB1*突变基因,若体细胞中的正常*RB1*等位基因再发生一次突变,则造成唯一正常的等位基因功能的丧失,引起肿瘤。由于遗传型的第二次突变发生的概率较高,故杂合子常为单眼的多病灶肿瘤,或双眼的双侧视网膜母细胞瘤,累及松果体时则称为"三侧"视网膜母细胞瘤。值得一提的是,第二次突变的发生是随机的,因而视网膜母细胞瘤的外显率虽然超过90%,但为不完全外显。散发型占60%,在这些病例中,单个视网膜细胞的2个*RB1*等位基因均因发生突变而失活。

四、*BRCA1/2*突变导致的家族性乳腺癌

我国乳腺癌患者中约有10%的乳腺癌属于家族性乳腺癌,定位于17q21上的*BRCA1*和13q12.3的*BRCA2*是目前发现的与家族性乳腺癌发病关系最为密切的两个易感基因。由这2个基因突变引发的乳腺癌分别占常染色体显性遗传家族性乳腺

癌的 1/2 和 1/3。携带 *BRCA1/2* 基因突变的女性发生乳腺癌的风险是正常人群的 10 倍,其一生累计乳腺癌发病风险高达 60%~80%。*BRCA1/2* 杂合子突变的女性罹患卵巢癌和输卵管癌的风险也显著增高。10%~20% 的男性乳腺癌患者源于 *BRCA2* 基因的突变。

五、神经纤维瘤病Ⅰ型

神经纤维瘤病Ⅰ型(neurofibromatosis type Ⅰ,NFⅠ)是一种常染色体显性遗传病,发病率约为 1/3 000。约一半病例为家族遗传型,新生突变多见于父源染色体。NFⅠ的标志性特征是患者的躯干外周神经有多发的神经纤维瘤、皮肤上浅棕色的"咖啡牛奶斑"及虹膜色素结节。NFⅠ由染色体 17q11.2 的 *NF1* 基因致病变异导致,携带该基因变异者一定会出现该病表现,即完全外显,但表现度却不尽相同。

六、遗传性弥漫性胃癌

遗传性弥漫性胃癌(hereditary diffuse gastric cancer,HDGC)是一种常染色体显性遗传的肿瘤综合征,也称为印戒细胞癌或孤立细胞型癌,主要以弥漫性胃癌和小叶性乳腺癌的高患病率为特点,在总的胃癌患者中占 1%~3%。HDGC 的平均发病年龄为 38 岁,80 岁的男性和女性胃癌累积发病风险均为 80%,女性患小叶性乳腺癌的风险为 39%~52%。*CDH1* 是唯一已知的致病基因,定位于 16q22.1。

七、肾母细胞瘤

肾母细胞瘤(nephroblastoma),也称维尔姆斯瘤(Wilms tumor),是一种婴幼儿肾脏的胚胎性恶性肿瘤。肾母细胞瘤中,遗传型占 38%,呈常染色体显性遗传,发病早,双侧同时或相继发病;散发型占 62%,发病晚,多呈单侧发病。Ⅰ型肾母细胞瘤的致病基因为 *WT1*,定位于 11p13;Ⅱ型肾母细胞瘤的致病基因为 *WT2*,定位于 11p15.5。

小 结

肿瘤从本质上讲是一种遗传相关性疾病,环境因素和遗传基础决定其发生与发展。物理、化学和生物等环境因素仅仅是肿瘤发生的始动因素,个体的遗传因素才是肿瘤在分子水平上最直接的病因。基因突变、染色体畸变以及表观遗传异常普遍存在于肿瘤细胞中。细胞基因组的完整性和稳定性是细胞正常生长、分裂和分化的重要物质基础。基因组不稳定性通常被认为是致癌作用的关键因素,也是各种人类恶性肿瘤的重要特征。肿瘤的发生和发展涉及原癌基因、抑癌基因和关键信号转导通路的改变。肿瘤发生的遗传学理论主要有肿瘤起源的单克隆起源假说、二次打击假说、多步骤遗传损伤假说、表观遗传改变学说和肿瘤干细胞学说等。探索恶性肿瘤的发生、发展及转移等过程的分子机制对于寻找新的检测方法、新的治疗靶点和方法具有重要的意义。对遗传性肿瘤相关基因进行检测,明确个体是否携带遗传性肿瘤相关基因突变,可评估受检者罹患肿瘤的风险,并以此制定可行的风险管理方案,实现肿瘤的早筛查、早诊断、早治疗。

(张 颖 龚爱华)

第八章

细胞遗传学检验技术

细胞遗传学是遗传学中形成与发展最早的一个分支，是遗传学与细胞学相互交叉与结合的产物，是旨在阐明生物有机体遗传与变异的细胞学基础的一门学科。其主要研究对象是遗传物质的载体——染色体，主要是通过制备染色体标本，分析染色体数目和结构的改变与人类疾病的相关性。具体任务主要包括研究染色体的数目、形态、结构和功能等特征以及它们在细胞分裂过程中的行为及其在遗传中的作用。染色体结构和数目畸变及其发生的频率通常会对遗传信息的传递、重组、表达与调控产生重要的作用和影响，进而引发相关疾病和病症。

第一节

染色体核型分析技术

染色体核型分析是以细胞分裂中期的染色体为研究对象，根据染色体的长度、着丝粒位置、长短臂比例和随体的有无等特征，通过借助显带技术对染色体进行分析、比较、排序和编号，来诊断染色体的数目和结构变异情况。对处于旺盛有丝分裂的组织细胞（如外周血淋巴母细胞、骨髓、绒毛、胸腔积液、腹水、肿瘤组织、皮肤、肝脏、肾脏等）进行特定处理，可获得染色体标本，从而在光镜下进行核型（karyotype）分析。各物种细胞的染色体数目和结构是相对稳定的，通过染色体的核型分析可以为细胞遗传分类、物种间亲缘关系以及染色体数目和结构变异的研究提供重要依据。染色体显带技术是在显示染色体的基础上发展起来的技术，其优点是能显现染色体本身更细微的结构，该技术极大地促进了细胞遗传学的发展，有助于更准确地识别每

条染色体及染色体结构的异常，适用于各种细胞染色体标本，也为基因定位的研究奠定了基础。

一、染色体核型分析原理

在细胞分裂的中期，松散的染色质丝通过多级螺旋化，形成在光镜下可辨认的染色体。染色体经过某种特殊的处理或特异的染色后，呈现出明暗交替或着色深浅相间的横纹的过程即染色体显带。核型分析则是按照染色体的数目、大小和着丝粒位置、臂比、次缢痕、随体等形态特征，对生物核内的染色体进行配对、分组、归类、编号等分析的过程。染色体标本制备为核型分析的关键，以外周血淋巴细胞进行的核型分析为例：通过采集外周静脉血，以植物血凝素（PHA）刺激不再分裂的外周血淋巴细胞转化成淋巴母细胞，恢复其增殖能力，短期培养 72h，使细胞进入增殖旺盛期，此时加入秋水仙碱抑制细胞分裂，使细胞分裂停止在中期以获得足够量的分裂期细胞，经低渗、固定、制片、染色后镜下观察，进行核型分析。染色体显带技术可清楚地显示和识别每条染色体及其发生的结构畸变，从而达到诊断染色体病的目的。

二、染色体核型分析的显带方法

1968 年，瑞典细胞化学家 Caspersson 等应用荧光染料氮芥喹吖因处理染色体后，在荧光显微镜下观察到染色体沿其长轴显示出一条条宽窄和亮度不同的横纹，即染色体的带（band）。随后又出现了其他几种染色体显带技术，主要有 G、C、Q 和 R 显带技术。这些显带技术可将人类的 24 种染色体显示出各自特异的带纹，称为带型（banding pattern）。

（一）常用染色体核型分析显带技术

1. G 显带技术 G 显带是染色体经胰蛋白酶处理后，用一种能与 DNA 相结合的化学染料吉姆萨染色液染色，使染色体呈现深浅不同的带型的方法。G 显带技术的操作流程为：制备好的染色体玻片经烘烤老化后，使用胰蛋白酶液去掉染色体上与 DNA 结合疏松的组蛋白，将 pH 调至中性后使用 10% 的吉姆萨染色液染色，晾干行镜检观察。

2. C 显带技术 C 显带是染色体标本经强碱 [NaOH 或 Ba(OH)$_2$] 热处理后，在着丝粒周围区域和异染色质区经吉姆萨染色液染成深色，而染色体两臂的常染色质部分仅有浅淡轮廓。常用的为氢氧化钡处理 Giemsa 染色 C 显带（C-band by barium hydroxide using Giemsa，CBG）法，即用 Ba(OH)$_2$ 处理后进行吉姆萨染色。这是一种染色体上不显示带纹的特殊显带法，这种技术称为着丝粒区异染色质法，所显示的带纹主要为着丝粒异染色质（centromeric heterochromatic）和其他区段的异染色质部分，故简称 C 带。此法用于在染色体中检测异染色质和着丝粒的位置，相对于传统的 G 显带技术能够更为精细和准确地在显微镜下观察染色体的形态特征。

3. Q 显带技术 Q 显带又称为 QFQ 法（Q-band by fluorescence using quinacrine），是染色体经氮芥喹吖因荧光染料染色处理后，其 DNA 内 AT 丰富区增强喹吖因荧光而显出亮带，反之出现暗带，在荧光显微镜下染色体呈现暗亮不同的条纹的显带方法。非同源染色体上的带纹不一致，而同源染色体上的带纹是相同的，因此，可应用 Q 显带技术来鉴定和识别各条染色体的变异。Q 带条纹与 G 带相同，即 Q 带亮区为 G 带的深染区，Q 带暗区为 G 带浅染区。Q 显带技术处理后的各条染色体都显示出各自独特的带纹，由此可准确地识别人类每一号染色体。

4. R 显带技术 R 显带是经高温（80～90℃）处理后诱发染色体蛋白质变化的显带技术。Comings（1978 年）认为在高温环境下 G 带中的 AT 丰富区会变性而显出特别亲染的特性，但在 R 带中正好相反，AT 丰富区并不显出亲染性，电镜的观察进一步表明了这些带和间带区域的差异主要在于电子密度的不同，R 带带纹所显示的深浅区域同 G 带带纹的深浅区域相反，即 G 带深染区为 R 带的浅染区，反之亦然。由于这种技术所显示的深浅带纹正好与 G 带相反，故称逆相 G 带（reverse G-band），又称 R 带。G 带染色体的两末端都不显示深染，而在 R 带中则被染上深色，因此 R 带有利于测定染色体长度以及末端区域结构的变化。目前所用的 R 显带方法是经 BrdU 处理后 Giemsa 染色（R-band by BrdU using Giemsa）法，即 RBG 法。

（二）染色体核型分析显带技术的临床意义

人类的 24 种染色体都可显示出各自特异的带纹，因此 Q 显带技术可以准确地识别人类的每一号染色体。G 显带是针对 DNA 碱基对含量在不同染色体区域的不同而设计的，是最常用的染色体显带技术，其主要应用于染色体畸变的鉴别和诊断，还可用于确定新的染色体畸变、发育畸形和恶性肿瘤的细胞遗传学。R 显带是一种指定探测 DNA 序列重复性的技术，能显示出染色体的反向条纹，有利于测定染色体长度，观察末端区的结构，因此它可用于染色体末端缺失、染色体结构重排以及全基因组重复性序列的研究。C 带显示的主要是邻近着丝粒的结构性异染色质区，因此 C 带技术通常用以检测着丝粒区、次缢痕区及 Y 染色体结构上的变化，也可以检测出弱化的染色体部位，以及染色体中的卫星 DNA 和变异结构。

三、染色体核型分析的操作流程

染色体核型分析在临床上适用于外周血淋巴细胞、羊水细胞、妊娠早期绒毛细胞以及胸腔积液、腹水、骨髓等细胞，以下为染色体核型分析在不同细胞中的操作流程。

（一）外周血染色体核型分析流程和结果分析

外周血染色体核型分析的检测样本为外周血，样本经 37℃ 培养 67～70h 后加入溴乙锭（EB）以获得更长的高分辨染色体标本；在收获前 30min 加入秋水仙碱（终浓度为 0.5μg/ml）抑制细胞分裂前期纺锤体的形成，使细胞分裂停止于中期，最后按常规方法收获、制片、显带，制备后的染色体玻片在显微镜下进行观察、计数、拍照、分析，综合得出染色体核型结果。相较传统的染色体显带技术，高分辨染色体显带技术可展示更为细微的染色体结构变异，其在细胞有丝分裂早中期或晚前期制备染色体标本,可以显示出550条以上清晰且细微的带纹,可以观察到常规染色体G显带技术不能发现的染色体细微异常。

外周血染色体核型分析是一种细胞遗传学基因检测技术,可以用于检查人体染色体数目、结构及功能是否存在异常。在生殖医学方面,外周血染色体核型分析主要应用于21-三体综合征、特纳综合征等染色体相关遗传病的筛查和分析判断。血液系统疾病染色体检查,则可经外周血染色体分析行急性白血病、骨髓增生异常综合征等疾病的辅助诊断。

(二)羊水细胞染色体核型分析流程和结果分析

羊水细胞染色体核型分析首先需要抽取待检孕妇羊水,羊水离心后的羊水细胞转入培养瓶培养5~7d,其间多次观察细胞的贴壁生长情况并更换培养基,待观察到较大的细胞"克隆"和10个及以上球形发亮的分裂象细胞后,加入秋水仙碱溶液抑制细胞纺锤丝的形成,从而将细胞停留在有丝分裂期中期,在秋水仙碱的作用下继续培养一定时间后即可终止细胞培养。弃去羊水细胞瓶中的培养基,加入EDTA-胰蛋白酶消化后离心获得羊水细胞,羊水细胞经低渗和固定处理后采用气干法滴片制得玻片,再通过显带技术可获得羊水细胞的染色体核型。

羊水染色体核型分析常用于临床上遗传病的产前诊断,用于检查胎儿是否具有染色体数目和结构畸变,从而诊断胎儿是否患有某些染色体异常的疾病。例如21-三体综合征(21号染色体上的数目畸变)以及4p部分单体综合征、5p部分单体综合征等(染色体结构畸变)。

(三)妊娠早期绒毛细胞染色体核型分析流程和结果分析

绒毛细胞染色体核型分析的标本制备包括绒毛的选取和识别、绒毛细胞染色体制备等步骤。绒毛的选取和识别:选择6~10周产前诊断适应证的孕妇,查明子宫位置、大小和胚胎着床的可能部位,塑料管在卵圆钳的帮助下,由宫颈口进入宫腔,在B超的指示下负压吸取胚胎着床部位附近的叶状绒毛。采集绒毛组织样本后,将样本置于含有双抗生素(通常是青霉素和链霉素)的RPMI 1640或Hank's平衡盐溶液中漂洗,以去除可能存在的微生物污染。显微镜确认为绒毛组织后,可直接制备染色体标本或绒毛细胞培养后再使用。绒毛细胞染色体制备主要有直接制备法和培养法两大类。绒毛标本直接制备染色体容易出现细胞分裂象少、染色体分叉和弯曲等形态不佳的问题。培养法可解决上述问题,但操作烦琐,可能会出现母体蜕膜细胞污染。

胚胎绒毛染色体的核型分析是通过检测胚胎绒毛染色体的结构和数目是否异常来明确胎儿的健康状况。一般情况下,胚胎绒毛染色体检查发现染色体结构和数目都正常,就表示胎儿是健康的。

(四)胸腔积液、腹水及骨髓细胞的染色体核型分析流程和结果分析

胸腔积液、腹水及骨髓细胞的染色体检查方法较多,但仍然可分为直接法和培养法两大类。

1. 直接法

(1)**胸腔积液、腹水细胞染色体的直接制备:**取新鲜胸腔积液、腹水离心后获得细胞沉淀,加入培养液(TC199或RPMI1640)/D-Hank's液和秋水仙碱混匀后孵育,取细胞沉淀并低渗处理,经两次固定并滴片染色处理即可。

(2)**骨髓细胞染色体的直接制备:**抽取骨髓加入温育液中(0.075mol/L KCl:0.25%EDTA-胰蛋白酶液为9:1,终浓度0.08μg/ml温育液加入秋水仙碱)混匀后孵育,孵育后离心取细胞沉淀经两次固定,气干法滴片,微火加温以助分散并经瑞氏染液[甲醇配制的25mg/ml瑞氏染液:0.06mol/L磷酸盐缓冲液(pH=6.8)=1:3]染色,不做预消化处理,染色后水洗,空气干燥即可。

2. 培养法

(1)**胸腔积液、腹水细胞染色体制备培养法:**抽取新鲜胸腔积液、腹水,离心后取底部细胞与细胞悬液混匀后孵育,终止培养前2h加入秋水仙素,继续培养至收获,按常规方法收获、制片、显带。

(2)**骨髓细胞的染色体制备短期培养法:**从髂骨抽取骨髓0.2~0.5ml,无菌操作注入培养基瓶中,混匀后置37℃下培养23~25h,在终止培养前4~6h,加秋水仙碱使细胞分裂停止于中期,继续培养至收获。收获及制片步骤均与外周血基本相同。

胸腔积液、腹水及骨髓细胞的染色体检查中,若发现有染色体数目和结构畸变,则很可能是恶性肿瘤的标志。

四、染色体核型分析在临床诊断中的应用

目前,已获知 3 000 余种人类染色体数目畸变和结构畸变,其中近百种已确认为染色体综合征,在临床上可表现为个体的智力落后和生长发育迟缓,常可造成流产、先天愚型、先天性多发畸形等。染色体核型分析显带技术可以检测出染色体结构和数目的变异情况,用以判断生物是否患有某种染色体片段缺失、重复或倒置等引起的遗传病。

除了因常染色体异常导致的 21- 三体综合征和 5p 部分单体综合征外,性染色体引发的疾病也可采用染色体核型分析进行检测。特纳综合征是一种最为常见的性发育异常病,患者性腺为条索状,仅有一个 X 染色体,既往称此类疾病为先天性性腺发育不全;后发现此类患者无 Y 染色体,性腺发育为卵巢,故又称为先天性卵巢发育不全。克兰费尔特综合征(Klinefelter syndrome)又称 XXY 综合征,现已成为性腺发育不全和男性不育最主要的原因。染色体核型分析发现 47,XXY 核型即可确诊为 XXY 综合征,导致此病症的原因有半数是父方第一次减数分裂出现错误,另外可能是由于母亲第一次减数分裂或第二次减数分裂异常,还有一小部分是合子形成后出现有丝分裂异常。临床表现主要为语言表达障碍,行为异常倾向,智力迟钝,伴或不伴有长腿,生殖器发育不全和性腺发育不全。

羊水细胞主要源于胎儿皮肤、消化道、尿道和呼吸道等脱落细胞,这些细胞大部分是衰老和固缩的。羊水细胞培养在世界上首次获得成功,为遗传病的产前诊断开辟了一个新的领域,在此基础上以优生优育为目的进行产前诊断的羊水细胞核型分析显得更加重要了。

绒毛滋养层细胞是受精卵有丝分裂的衍生物,可准确反映胎儿的遗传特性。妊娠早期的绒毛细胞有较高的有丝分裂活性,可以作为早期检出胎儿染色体异常的材料。妊娠早期绒毛细胞的获取操作技术简易、快速、准确,对孕妇损伤小,是目前进行产前诊断的重要方法之一。

第二节 荧光原位杂交技术和光谱核型分析

分子遗传学是在分子水平上研究生物遗传和变异机制的遗传学分支学科。经典遗传学主要围绕基因在亲代和子代之间的传递问题进行研究,分子遗传学则主要研究基因的本质、基因的功能以及基因的变化等问题。近代分子生物学技术与细胞遗传学技术相结合,便形成了细胞和分子遗传学技术。其中比较成熟、具有实用价值的技术包括荧光原位杂交和染色体光谱核型分析。

一、荧光原位杂交技术

荧光原位杂交(fluorescence *in situ* hybridization, FISH)是基于 20 世纪 80 年代末的放射性原位杂交技术而发展起来的一种以荧光标记取代同位素标记的新原位杂交方法,是一种基因诊断技术,属于非放射性分子生物学和细胞遗传学结合的新技术,能够检测个体 DNA 序列上的突变、缺失、重复、移位等异常。

(一)FISH 的基本原理

荧光原位杂交技术是一种重要的非放射性原位杂交技术,基本原理是通过直接或间接地将报告分子[如生物素、地高辛、2,4- 二硝基苯酚(DNP)、氨基乙酰氟(AAF)等]标记于核酸探针,经标记的探针与染色体或 DNA 纤维切片上的靶 DNA 杂交,核酸探针与待测样品中的核酸序列按照碱基互补配对的原则进行杂交,荧光标记的核酸探针在变性后与已变性的靶核酸在退火温度下复性,若两者同源互补,即可形成靶 DNA 与核酸探针的杂交体。利用该报告分子与荧光素标记的特异抗生物素蛋白之间的免疫化学反应,经荧光显微镜下观察荧光信号,在不改变被分析对象(即维持其原位)的前提下实现待测 DNA 的定性、定量或相对定位分析(图 8-1)。

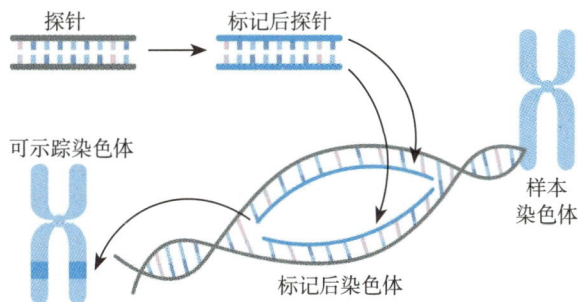

探针　标记后探针

可示踪染色体

样本染色体

标记后染色体

图 8-1　FISH 的原理示意图

（二）FISH 的分类

DNA 荧光标记探针是其中最常用的一类核酸探针，利用此探针可对组织、细胞或染色体中的 DNA 进行染色体及基因水平的分析。荧光原位杂交与其他原位杂交技术相比，具有很多优点。如荧光标记探针标记使用的报告分子不对环境构成污染，因此更安全经济；实验周期短、探针稳定性高、特异性好、定位准确且可通过多次免疫化学反应，增强杂交信号，实现与放射性探针相当的杂交灵敏度。随着技术的发展，荧光原位杂交技术又分为多色荧光原位杂交（multicolor fluorescence *in situ* hybridization，M-FISH）和 DNA 纤维荧光原位杂交（DNA fiber fluorescence *in situ* hybridization，DNA fiber-FISH）技术。以上方法既可适用于玻片以显示中期染色体数量或结构的变化，也可用于悬液中以显示间期染色质 DNA 的结构变化，适用范围广。

1. 多色荧光原位杂交技术　M-FISH 是在荧光原位杂交基础上发展起来的新技术，它不仅具有 FISH 的优点，而且弥补了 FISH 的许多局限，其最大特点是可将多次烦琐的 FISH 实验和多种不同的基因定位在一次 FISH 实验中完成。M-FISH 可同时检测多个基因，能分辨复杂的染色体易位和微小缺失，区分间期细胞多倍体和超二倍体等。M-FISH 可根据激发光谱和吸收光谱不同的荧光素按一定调色方法标记不同的探针，达到对不同靶 DNA 同时进行定位和分析的目的，并能对不同探针在染色体上的位置进行排序。

M-FISH 探针荧光素颜色调配的方法有非调色法、混合调色法和比例调色法。这 3 种调色法中，比例调色法只需要极少几种荧光素就可标记多种探针，因而更有发展潜力。染色体描绘（chromosome painting）、比较基因组杂交（comparative genomic hybridization，CGH）、光谱核型分析（spectral

karyotyping，SKY）、交叉核素色带分析（cross-species color banding，Rx-FISH）和多彩色原位启动标记（multicolor primed *in situ* labeling）等技术都是在 M-FISH 的基础上发展起来的。

2. DNA 纤维荧光原位杂交技术　FISH 的分辨率取决于载体 DNA 的浓缩程度，Wiegant 和 Heng 等首先利用化学方法对染色体进行线性化，再以此为载体进行 FISH，显著提高 FISH 的分辨率，实现最初 DNA 纤维荧光原位杂交（DNA fiber-FISH）的构建。DNA fiber-FISH 的原理是应用各种不同技术，将待研究细胞的全部遗传物质即 DNA 转换为载玻片上的 DNA 纤维，并以不同颜色荧光物质标记的探针与待测 DNA 纤维进行杂交，在荧光显微镜下观察结果并进行分析。

DNA fiber-FISH 的成功与否关键在于高质量线性 DNA 纤维的制备。理想的 DNA 纤维长度与完全自然伸展的 DNA 相近且断裂点尽可能少。近年来已发展了多种制备 DNA 纤维的方法，纤维-FISH 能进行定量分析，所需模板量少且对模板浓度和纯度等要求不高，具有分辨率高和灵敏度高等优点，对于基因重组的研究以及临床染色体基因序列的检测工作有着十分重要的作用。

（三）FISH 的操作流程及结果解读

首先对固定于玻片上的细胞进行煮片和蛋白酶 K 消化等预处理（以获得良好的标本用于后续的杂交），再进行烤片、变性和脱水处理。将 FITC 标记的探针在 75℃恒温水浴中变性，滴于前述已脱水处理的细胞上进行杂交，杂交完成后采用洗脱液洗脱去除非特异性结合的探针，然后采用碘化丙啶（propidium iodide，PI）对细胞核进行荧光染色，最后用封片液封片。在荧光显微镜下选用合适的滤片进行观察，FITC 标记的探针发出绿色荧光，通过观察绿色荧光所在位置，即可判断染色体数目和结构是否正常。PI 有助于对探针进行定位，以排除非特异性染色。

FISH 技术应用不同的特异性探针，可定位突变基因，可检测染色体数目与结构是否正常，可检测是否有融合基因、基因缺失并能检测间期细胞的 DNA 扩增水平。如慢性髓细胞性白血病骨髓和外周血中 *BCR-ABL* 融合基因检测，膀胱癌尿脱落细胞 3、7、17 号染色体数目和羊水细胞或绒毛细胞样本中 13、16、18、21、22 号染色体和 X 染色体、Y 染色体数目异常检测,采用不同显色荧光探针对上述染色体进行标记,经荧光显微镜检测标记的荧光数量可直观地反映染色体的数目。

(四)荧光原位杂交在临床诊断中的应用

FISH 诊断技术是一种分子生物学技术与细胞遗传学技术相结合的实验诊断技术,它集分子生物学技术与细胞遗传学技术于一体,具有结果稳定、直观明确、重复性好、分析趋于自动化等优点,因而应用范围十分广泛。

1. 在产前诊断中的应用　产前诊断是指在出生前对胚胎或胎儿的发育状态、是否患有疾病等方面进行检测诊断,从而掌握先机,对可治性疾病,选择适当时机进行宫内治疗,对于不可治疗性疾病,能够做到知情选择。这是实现优生优育、提高人口素质的重要措施。遗传病有多种,而染色体病发病率高,危害性大,经典细胞遗传学方法不能实现快速诊断的目的,而荧光原位杂交则可弥补上述不足。FISH 可通过检测胎儿细胞(如羊水、绒毛、脐带血、皮肤细胞等)的间期细胞染色体,不经培养即可提供准确的染色体信息,能够快速高效地完成检测目的。对于人群中常见染色体(13,18,21,X,Y)异常可同时运用上述五个探针达到同时检测的目的,对于染色体水平的缺失或重复等结构畸变以及基因水平的缺失或重复问题也能通过 FISH 技术得到诊断。

2. 在植入前遗传学诊断中的应用　在胚胎植入母体子宫之前有针对性地进行遗传病的诊断,可避免不良胚胎的植入,降低生育畸形胎儿的发生率,提高孕育健康胎儿的成功率。植入前胚胎能贡献出的用于遗传分析的细胞数量有限(1~2 个细胞)且为间期细胞,因此只能用 FISH 或引物原位标记(primed in situ DNA synthesis,PRINS)技术对胚胎的染色体进行分析,从染色体或者基因水平实现胚胎或者基因病的诊断。

3. 在肿瘤诊断中的应用　肿瘤严重威胁人类的健康,且涉及的种类和器官多样,但从发病机制的角度看均属于基因和染色体水平的变异。在基因层面或者染色体层面明确其发病原因,采用特定靶点进行精准治疗,提高治疗效果,减少药物副作用,是目前肿瘤相关的诊治思路。以新鲜的组织标本、石蜡包埋的组织标本、细胞涂片(如外周血细胞)或培养细胞(包括间期和中期细胞)为样品,进行基因

水平或者染色体水平的研究,包括以 FISH 技术对某些白血病进行诊断或早期诊断,是目前肿瘤诊断的常规应用技术。

二、光谱核型分析

FISH 技术较染色体核型分析而言灵敏度、特异性和分辨率更高,缺点是具有光谱不重叠性的荧光染料数目有限,且当前技术无法同时采用不同颜色分辨人类的所有染色体,因此只适用于分析已经完成定位的染色体。1996 年,Schrock 等在 FISH 基础上发展了光谱核型分析(spectral karyotyping,SKY),通过联用光学显微镜、高分辨率成像和荧光染料发射光谱技术,计量样本在可见光和近红外范围内点的发射频谱,使用多个荧光染料的频谱重叠的探针,一次杂交即可实现 24 种人类染色体的分辨。Speicher 提出的多重荧光原位杂交(multiplex-FISH)也可以实现 24 种染色体的多色核型分析,但不同于 SKY 滤镜设置和软件涉及的具体算法。

(一)SKY 的基本原理

标记了不同荧光染料的染色体涂染探针的发射光谱通过制定的三重带通过滤镜测量,在经过一个干涉仪后使染色体涂染探针上荧光基团发射出的光产生光程差。这些荧光基团的发射光谱在通过干涉仪后产生了细微的区别,使电荷偶合设备相机捕获其特异光谱而成像,通过染色体所标记的荧光染料差异或荧光染料的组合差异,荧光染料的发射光谱的差别不小于 15nm,即可区分染色体。

(二)SKY 的操作流程及结果解读

SKY 的操作流程:首先需要对细胞进行低渗处理、固定并制片,制作好的标本经 RNA 酶溶液孵育去除染色体中的 RNA 干扰,并经 SSC 溶液洗涤和梯度乙醇脱水固定。预处理的染色体标本经胃蛋白酶消化,再次经 SSC 溶液洗涤以及梯度乙醇脱水后固定,得到染色体标本。SKY 探针变形后加入标记好的杂交区进行杂交,杂交后以洗液洗涤、Tween20 封闭和 CY5.5 荧光染料显色。最后加入二氨基苯基吲哚(DAPI)进行复染后观察结果。

通过对硬件与软件的改进,SKY 可同时用不同颜色分辨所有的人类染色体,经染色分辨出的中期分裂象结合 SKY 染色体图像自动分析仪和 SKY

View 进行核型分析,可清楚地鉴别染色体的数目是否异常,有无重排、异位、插入以及其他复杂的染色体结构变异情况。

(三)SKY 在临床诊断中的应用

SKY 技术适用范围广,凡是 FISH 技术应用的范围,SKY 技术均适用,且在淋巴造血系统恶性疾病和实体瘤的诊断中更为有效。

1. 在血液肿瘤诊断中的应用 由于 SKY 需要对肿瘤的中期染色体进行分析,所以许多研究围绕淋巴造血系统肿瘤展开,如对患有急性淋巴细胞白血病(acute lymphoblastic leukemia,ALL)的儿童进行 SKY,检测到 12 号和 21 号染色体间的易位,该易位表明预后良好,用 G-banding 方法则检测不到该易位。同时 SKY 还可利用 24 种组合标记的染色体涂抹探针,与中期染色体杂交后,每对同源染色体呈现出相同的颜色,而非同源染色体呈现出不同的颜色,以识别 ALL 的复杂染色体重排。采用 SKY 技术也实现了儿童前 B 细胞型 ALL 中期分裂象的检测,证实并更细致地分析了 G 显带检出的染色体畸变,并能识别出新的染色体易位。

2. 在实体瘤诊断中的应用 Padilla 等建立的膀胱移行细胞癌细胞系 BK-10,通过 SKY 肯定了 12 个过去 G 显带已描述的标记染色体,重新定义了 11 种染色体异常,并发现了 4 种隐藏的染色体重排,21 种易位中有 20 种是不平衡易位。结合了传统 G 显带、FISH 和 SKY 技术,一个全新的所谓"SKY 图谱"充分展示了膀胱移行细胞癌细胞系 BK-10 结构复杂又数目众多的全部染色体异常,而在 HeLa 宫颈癌细胞系中发现的细胞遗传学改变,也进行了重新鉴定、校正,填补了之前的染色体异常发现。

第三节
染色体微阵列和比较基因组杂交技术

染色体微阵列分析(chromosomal microarray analysis,CMA)和比较基因组杂交(comparative genomic hybridization,CGH)技术是一种高分辨率、高通量检测人类基因组 DNA 拷贝数变异(copy number variation,CNV)的技术。CMA 通过对染色体片段的核苷酸序列进行特异性的高通量测量,可

以同时检测数千个基因的表达情况,CGH 则通过单一的一次杂交即可对某一肿瘤整个基因组的染色体拷贝数量的变化进行检查。主要用于研究基因组在不同条件下的基因表达、基因变异和基因剪接等,这些技术高效且快速,目前广泛应用于基础生物学研究、生物医学研究、药物开发和临床诊断等领域。

一、染色体微阵列分析技术

染色微阵列分析是一种基于微阵列技术的高通量遗传学检测方法,用于检测染色体异常和染色体不平衡重排。该技术可以同时检测数千个 DNA 序列,快速高效地鉴定染色体异常,已成为细胞遗传学研究和临床诊断的热门技术之一。

(一)CMA 的基本原理

CMA 是用来检测 CNV 和染色体是否异常的方法之一。CMA 技术也被称作"分子核型分析",通过在支撑物上固定特定数量的探针,实现和 DNA 分子(整合荧光标记)的杂交,再对每一个杂交探针的信号强度加以检测。这种高通量的技术能够简单快速地分析样品的核酸序列,并取得其序列信息和分子数目,能在全基因组水平筛查大量的 CNV,尤其是在对于染色体微缺失、重复(5kb~3Mb)等异常的诊断优势突出。依据所检测出的 CNV 类型及其对应芯片平台的不同,CMA 技术分为微阵列比较基因组杂交(array-based comparative genomic hybridization,aCGH)技术以及单核苷酸多态性微阵列(single nucleotide polymorphism array,SNP array)技术两大类。aCGH 技术可以较好地检测出拷贝数变异;SNP array 技术的优点在于不仅能检测出拷贝数变异,同时还可以检测出大多数的低水平嵌合体及单亲二倍体。

染色体芯片技术的样本通常为外周血、羊水、绒毛、流产物等,常规染色体核型分析技术在临床工作中存在一定的短板,例如染色体的微重复、微缺失、杂合性丢失和单亲二倍体等无法被辨识,而通过 CMA 则能对上述情况进行有效检测。因此,美国的细胞遗传学会曾在 2010 年对多发畸形、不确定因素的智力落后以及孤独症等疾病的优选诊疗方法建议中,推荐用染色体芯片技术替代核型分析技术。应用染色体芯片技术来实现产前、产后的诊

断,能够大幅度地提高染色体病的检出概率,以求更快地查明病因,从而更好地指导患儿家庭进行下一胎的生育。

(二)CMA 的操作流程及结果解读

CMA 的操作流程:首先取患者(家系)的样本进行 DNA 提取,将生物样品 DNA 中的许多小片段固定在玻璃芯片上,与不同染色体上的良种学基因进行杂交,这些小片段涵盖了人类基因组中的所有区域。接下来,将待测的样品 DNA 用荧光标记染色体矢量标记,并将其与芯片上的参考 DNA 混合。混合的 DNA 在芯片的表面进行杂交反应,运用激光扫描器来扫描历经荧光标记的染色体矢量,通过与参考 DNA 进行比较,分析出待测样品中拷贝数增多或减少区域的位置和程度,获得数据进行初步分析,初步分析结束后结合收集到的患者(家系)临床表型信息和检测资讯信息进行数据的深入分析,最后经芯片及其他检测技术再次验证患者(家系)。

CMV 的结果解读,建议采用致病性 CNV、可能致病 CNV、临床意义未明 CNV、可能良性 CNV 和良性 CNV 的 CNV 5 级报告系统,报告中明确细胞遗传学位置(染色体和条带)、CNV 类别(即缺失或重复)及机制(如果已知)、CNV 大小与基因组构建的坐标(即 hg19)、5 级制度界定的重要声明(包括证据和参考文献)、所涉及的基因(如果 CNV 与已知综合征相关,则列出与病症相关的基因;其他情况下列出所有参考序列基因)以及适当的临床随访建议。CMA 检测标本类型宽泛,可精准且直观地展示核型上所检测到的结果,能精确定位异常的片段来源,更加精确判断基因型和表型的关系以及预后,分辨率相较于以往传统染色体核型技术更高。但其也存在一些局限性,比如有一定概率不能检测平台上没有覆盖的基因组区域的拷贝数变异和多倍体,特别是四倍体,对于低水平嵌合,基因组平衡易位、倒位现象难以检测,也不能够检出特定综合征所有有关异常位点的情况。

(三)CMA 在临床诊断中的应用

在常规临床细胞遗传学检测中,不明原因的发育迟缓、智力障碍或精神障碍、孤独症谱系障碍(autism spectrum disorder,ASD)和各种先天性异常等发生染色体畸变的比例较大。上述患者染色体核型分析时,核型异常者占 3%,而 CMA 检测时,异常者为 15%～20%。因此,CMA 检测已经成为这些适应证的一线临床诊断检测技术。

关于 CMA 检测报告内容,目前不同实验室的报告方式和信息量有很大差异。随着人类基因组库的不断改进,CMA 检测报告内容也在不断修改和更新。如何判断拷贝数变异对基因功能的影响,细胞基因组阵列国际标准委员会(international standards for cytogenomic arrays,ISCA)将其分为 5 类:致病性、可能致病、临床意义未明、可能良性和良性。报告方式要结合临床和基础研究数据,清晰地阐述每种异常对基因功能的影响。

1. 在自然流产、死胎病因诊断中的应用 临床诊断自然流产与死胎并不困难,但分析自然流产与死胎产生原因较困难。根据临床研究,染色体的异常是引发死胎与自然流产的最普遍因素。以往临床通常会利用绒毛、胎儿组织等行体外培养以制备中期染色体,并采取 G 显带染色体核型分析技术,以诊断流产的胚胎是否存在异常核型,但该检测培养易失败且染色体形态不够理想,以此方式进行细胞遗传学诊断,也仅有 45%～65% 的死胎原因得以明确,而采用 CMA 技术可以通过一次实验得出整个基因组的拷贝数变异,并确定致病性的变异。临床研究显示,CMA 技术不仅能够检测出染色体整倍性改变以及染色体非整倍性改变,还可以精准检测出染色体的微重复、微缺失等,其最小分辨率为 50～100kb,灵敏度明显高于核型分析,同时其自动化的程度很高。

2. 在智力障碍患儿病因检测中的应用 智力障碍(intellectual disability,ID)和发育迟缓(developmental delay,DD)是儿科临床诊疗中常见的疾病,对儿童的生理及心理健康的影响较为严重,其在世界人口中的发病率为 3% 左右,在中国的发病率约为 0.9%,其中 6 岁以下的儿童数量就有 95.4 万人。ID 和 DD 的临床特征为 18 岁以前,患儿在沟通能力、自我照顾能力、逻辑思维以及解决问题能力方面有着极大的缺陷,智力能力以及适应性能力显著低于同龄的正常儿童,大多数国内的 ID 和 DD 患儿由于未及时查明病因而错失最佳的治疗及康复机会。

CMA 是目前普遍用于不确定原因的 ID 和 DD 儿童的检测手段。与传统的细胞遗传学检测和诊断技术相比有较大的差别,其可以为 ID 和 DD 的精准检测提供医学遗传学意义上更良好的分辨率,为病因的诊断提供了新的方式。

根据研究表明，人类的基因组中缺失的频率可能高于随机重复频率。有研究表明，全部基因拷贝数异常缺失与重复的比例约为 1 : 1，而可致病的 CNV 患儿中微缺失和微重复的比例为 7 : 2，以上结果表明缺失比重复更容易导致人类基因组异常。表型和基因型的对应方式是较为复杂的，所以从表型来推断致病基因组的区域是较为困难的，因此不管 ID 和 DD 患儿的病理特征如何，例如有无畸形以及特殊面容，都应该对不明病因的 ID 和 DD 患儿展开 CMA 检测。

3. 在婴幼儿先天性心脏病中的应用　先天性心脏病（congenital heart disease, CHD）是人类最常见的出生缺陷之一，其患病人数大约占先天畸形患儿的 1/3，在新生儿中先天性心脏病的患病率为 0.12%～1.70%。从 2005 年开始，先天性心脏病成为我国婴儿出生缺陷的主要疾病，多种病因都能导致，例如染色体的微重复或微缺失、单基因病、表观遗传学、染色体异常以及环境等因素。以往的 FISH 以及染色体的核型分析技术表明有 8%～13% 的先天性心脏病新生患儿中出现合并染色体异常现象，另外大量的临床研究发现先天性心脏病与 CNV 关联紧密。

利用 CMA 技术，可为先天性心脏病的病因探究提供一类全新的医学遗传学手段，借助 CMA 可以检出新生儿的全基因组内 CNV，发现在该区域内的致病基因或可能存在基因组的致病区域。利用针对全基因组的高分辨染色体微阵列分析技术对先天性心脏病婴幼儿完成基因组学的分析，可以发掘 CMA 技术在先天性心脏病医学遗传学检查与诊断中的实际价值，鉴别出潜在的致病基因以及先天性心脏病关联 CNV，如今很多国际组织提供的指南都建议将 CMA 用作检测先天畸形患儿的一线方法。

4. 在胎儿颅内结构异常产前诊断中的应用　神经系统畸形是胎儿阶段较为普遍的先天性异常疾病，其患病率为 0.14%～0.16%。在胚胎的第 15～17 天，神经系统就会开始发育，发育至 22d 左右，神经系统的两边开始相互靠拢形成一个管道，称为神经管，它的前端称为神经管前孔，尾端称之为神经管尾孔，胚胎发育至 24～26d，神经管孔会相继关闭。这是一个很重要的阶段，如果其中的某一过程出现了问题，胎儿会有神经系统畸形的问题产生。

相关研究指出，胎儿的染色体病（如结构畸变、数目畸变等）通常可以致使神经系统结构的异常，特别是 13- 三体综合征和 18- 三体综合征。以往在医学遗传学产前诊断中针对胎儿的神经系统畸形的检测大多采用传统的显带核型分析，但是这种经典的手段无法甄别到低于 5Mb 的染色体异常现象，并且无法检出染色体的微重复和微缺失。临床工作中，也经常出现利用经典的染色体核型分析技术不能检出胎儿结构畸形或异常的病例，在这些病例中通常有低于 5Mb 的 CNV 未被发现。

CMA 能够检测出 50～100kb（下限）的 CNV，而且可以检出常规染色体核型分析技术所不能够检出的微重复、缺失，还能够检出染色体亚 / 微结构的异常现象，进一步改善了传统核型分析手段的不足及局限性。此外，CMA 技术不需要细胞以及组织的培养，检测所需要的时间较短，同时能够规避母体的污染，在医学遗传学及分子、细胞遗传学方面是里程碑式的新成就。

5. 在精神运动发育迟缓患儿中的应用　临床特征为认知功能及运动损伤的精神运动发育迟缓是儿童中发生率较高的发育疾病，其发病率为 1%～3%。在某些课题中利用 CMA 检出的精神运动发育迟缓的 150 例患儿中，16.7%（25 例）的阳性结果发生了 CNV 的致病性改变，因此 CMA 是针对非已知遗传性综合征、难以诊断的智力落后 / 发育迟缓等疾病原因诊断的优选检测手段。

CMA 为定位患儿基因异常位置、后续诊疗方案确定指引了新的方向，同时也为不断深入探究发育迟缓患儿基因缺陷形成的分子机制提供了一定的基础。以拷贝数变异为代表的基因变异是引起智力落后和发育迟缓的主要因素，患儿应该优先接受 CMA 检查。需要注意的是，由于 CMA 无法检出倒位、平衡异位等，因此临床医生需要依据患儿的具体特征及病理情况，采用合理的补充检测方法。

对于精神运动发育迟缓的患儿，如果不能及时开展早期干预，大多患儿在 3 岁之后会演变为智力发育问题，较为严重的可能导致终身性残疾。在临床诊疗中，需要从婴儿阶段就进行发育状态的筛查和监测，对发育迟缓的患儿（包含无躯体畸形的患儿）进行 CMA 检测，能取得患儿更多的遗传信息。这些措施不仅能够降低再生儿童的发病风险、提供相应的康复方案，也为医学遗传学领域众多疑难病例提供了可参考的基因组诊疗信息。

二、比较基因组杂交技术

比较基因组杂交（comparative genomic hybridization，CGH）技术是在荧光原位杂交（FISH）基础上结合消减杂交技术的一种新型分子细胞遗传学技术，可实现细胞间期基因组的快速检测，可完成物种间染色体同源性比较，可同时检出待测标本完整基因组拷贝数变异。

（一）CGH 的基本原理

采用不同的荧光标记待测和参照细胞群的等量基因组 DNA，并用过量的未标记 Cot-1 DNA 抑制散在重复序列（interspersed repeat sequence）。不同标记的 DNA 可同时与正常中期染色体杂交，通过正常染色体每个位点上的两种荧光强度之比反映待测与参照基因组 DNA 序列的拷贝数之比。

（二）CGH 的操作流程及结果解读

CGH 操作分为染色体涂片的制备、DNA 的制备、DNA 探针标记、原位杂交与信号检测，以上均与 FISH 的操作过程十分相似但是又有所不同。首先采用常规的植物血凝素（PHA）刺激和甲氨蝶呤（AMD）同步化处理外周血淋巴细胞获取正常中期染色体，随后采用福尔马林固定、石蜡包埋切片从肿瘤组织中分离高分子量的基因组 DNA，用不同的半抗原（hapten）标记正常和肿瘤 DNA，标记的 DNA 与正常中期染色体进行原位杂交，荧光显微镜检查和数字化图像分析，最后对中期染色体产生的绿红荧光密度比率相对应的拷贝数异常进行分析。

（三）CGH 在临床诊断中的应用

CGH 已被广泛应用于辅助核型分析、血液系统疾病以及实体瘤等标本的研究。CGH 主要用于检测肿瘤细胞的染色体不平衡，可作为临床细胞遗传学核型分析的辅助手段，也可代替需特殊探针的经典 FISH 技术，用于染色体异常的快速产前诊断。CGH 结合传统核型分析和 FISH 等分子细胞遗传技术广泛应用于血液系统疾病有核血细胞的 DNA 拷贝数变异与血液病的相关性研究。如对儿童急性淋巴细胞白血病的分析结果显示 CGH 的成功检出率接近 100%，远高于细胞遗传学方法。它可以显示实体瘤中染色体 DNA 拷贝数的变化，分析拷贝数的变化与肿瘤分化程度的关系，分析疾病的发病机制和研究肿瘤耐药的分子机制，以此实现疾病的诊治并判断其预后。CGH 技术还被应用于揭示肿瘤恶性转变的进展途径，分析原发癌和转移癌间以及不同部位转移癌间的遗传物质差异。

第四节 全基因组光学图谱

全基因组光学图谱（whole genome optical mapping）是一种基于光学显微技术的高通量基因组分析方法，通过 DNA 分子基因组的限制性内切酶，快捷高效得到有序、高分辨率的全基因组限制性内切酶图谱，通过将高质量 DNA 分子展开成线性形态，并在高清晰度的芯片上通过光学显微镜观察，生成高质量的全基因组映射图谱。它与传统的测序技术相比，无需依赖 PCR 扩增、文库构建和二代测序等多个步骤，消除了 GC 偏见、局部扩增和低质量序列等问题，能够保证更高水平的分辨率和准确率。基因组光学图谱实验流程更加高效、快速、直观，可以了解细菌、真菌和酵母等菌株细胞的基因组结构，用于快速、准确地检测 DNA 序列中的基因组结构，以及插入、删除和拷贝数变异等遗传变异，其中以光学图谱技术最为常用。

一、光学图谱技术的基本原理

光学图谱技术使用内切酶识别 DNA 并进行酶切，从而进行荧光标记，再使用毛细管电泳（极细）来拉直 DNA 分子，从而得到有较高分辨率的超长单分子的荧光成像结果，通过酶切位点进行拼接即得出酶切位点的分布图。国内外的研究人员在不需要扩增、构建克隆、构建末端配对文库、纯化培养或特异性基因组的纯化试剂等前提下，已经使用基因组光学图谱技术对微生物基因组的功能、结构、多样性以及遗传学特性等开展了许多研究。

结构变异（structure variantion，SV）代表一类基因组变异，包括大型基因组片段的缺失、插入、倒位和易位。在癌症中，获得性 SV 已经用于分子分类，而且还能预测癌症病变和治疗应答反应，且已有研究发现大型复杂基因组重排（CGRs）或链接融合（多个较远的基因组区域的异常连接）也是多种恶性肿瘤中常见的遗传学改变，科学家已在多种恶性肿瘤中发现了特异重排基因。

基因组重排非常复杂,会导致多个染色体片段融合并产生衍生染色体,已有研究发现该染色体畸变与多种疾病的恶化和治疗应答有关。虽然已经有多种检测染色体异常的方法,如长读长测序、链读测序(linked-read sequencing)等,但由于这些方法自身的局限性与基因突变事件的复杂性,此前人们仍无法精确重构复杂的基因组重排和基因链接融合事件。

为克服上述方法的局限性,澳大利亚加文研究所的研究人员开发了一种能够直接检测完整重排基因组的新型光学图谱方法,可快速高效识别癌细胞中的基因组结构变异并构建 Mb 级别的基因组图谱,该方法还可对所有检测到的 SV 进行分型。光学图谱的流程(图 8-2)和基本原理如下:500kb 左右的片段 DNA 分子经微孔道拉伸后附着于带正电荷的玻璃支架,以限制性内切酶切割和荧光染料染色后,在显微镜下拍照,获得由限制性内切酶切割 DNA 分子产生小序列结构的物理图谱。

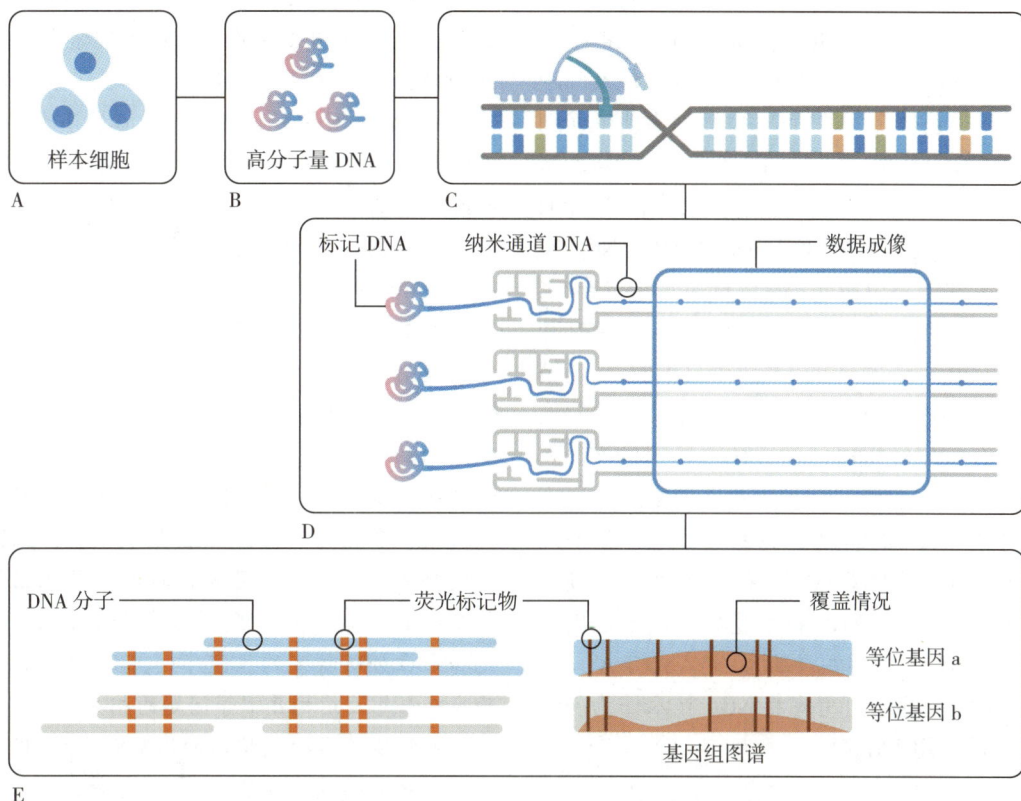

图 8-2 基因组光学图谱技术流程图

二、光学图谱技术的操作流程和结果解析

操作流程:提取样本完整度极高且越长越好的 DNA,对超高分子量 DNA(150kb~2.5Mb)上的特定基因序列进行荧光标记,用识别 7~8 个碱基的核酸内切酶,切去双链中对应链上碱基,产生一系列的缺刻,用带有荧光标记的碱基修复缺刻,得到在特定酶切位点上有荧光标记的 DNA 长链。在 DNA 通过纳米孔道电泳时成像并检测出所标记的荧光在基因组 DNA 双链上的相对距离,获得特定酶切位点在染色体中的分布情况。

基因组光学图谱技术能够提供全基因组范围内的结构变异,并能够提供变异的顺序以及方向,能够检测诸如倒位、平衡易位等,大小为 kb 级别的平衡变异事件,与第二代测序技术相比,在大的结构变异检测方面,单分子光学图谱技术还能够提供更高的灵敏度。

三、光学图谱技术在临床诊断中的应用

新型光学图谱方法为捕获更高水平复杂基因组结构提供了一种有效方法,为重新解读人类癌症相关测序数据搭建了一个平台,有助于癌症相关研

究,如监测癌症的进展、治疗及复发情况等。

(一)光学图谱技术在 SV 检测中的应用

SV 是血液肿瘤中一组重要的遗传学异常形式,包括染色体易位、倒位、微缺失、基因拷贝数变异以及染色体碎裂等。不同的 SV 可导致融合基因形成、基因缺失或扩增、基因结构受损或表达调控异常等,在肿瘤发生中起重要作用。基因组光学图谱技术电泳时采集到的荧光信号反映了所标记序列在基因组上的分布,基因组发生 SV 时,荧光信号间距模式发生变化,并且可定位相关序列在正常基因组中对应的位置。该技术所测得的荧光图像及间距具有类似于染色体带型的特征,也被称为新一代细胞遗传学(NGC)技术。另一方面该技术对特定的基因序列进行荧光标记和定位分析,具有类似于 FISH 的特征,也可称其为纳米 FISH(nano FISH)。NGC 技术应用于急性髓系白血病(acute myeloid leukemia,AML)的研究中,每例患者中可检测到 30~70 种 SV,揭示了很多新发现的 SV。在目前最大规模 NGC 技术应用于 AML 患者的评估中,NGC 技术能鉴定出所有常规细胞遗传学方法可检出的 SV,其中 11% 的病例中检测到有临床意义但常规方法未能鉴定的 SV,24% 的病例中 NGC 技术进一步明确了核型异常所累及的基因组区域和 / 或发现了新的具有临床意义的 SV,NGC 技术还可直接鉴定出隐匿性染色体易位对应的融合基因(如 *NSD 1-NUPo8* 等),该研究结果显示可考虑将 NGC 技术作为一线 SV 检测方法应用于临床。

(二)光学图谱技术与融合基因检测研究

新型光学图谱方法分析了一种已知发生高度重排的脂肪肉瘤细胞系,组装得到 3 338 个具有一致性基因组图谱,其中包括 72 个融合图谱,为疾病的发生和机制的研究提供了新的研究方向。但需要注意的是,由 NGC 技术分析到的易位及对应的融合基因主要是基于基因结构的推测,尤其对于少见类型或结构特殊(如断裂或拼接位点位于基因的非编码区等)的基因交互易位是否有融合转录本生成,还需进一步验证方能确定。在平衡易位时,NGC

技术也可能因等位基因比例等原因只捕获到非主要致病的 SV 序列。如只分析到 *BCR-ABL* 易位的证据时,应注意寻找对应的主要致病 *BCR-ABL* 融合基因存在的证据。NGC 技术对于一些特殊结构的 SV 可能会漏检,有研究报告应用 NGC 技术漏检了 *STIL-TAL1* 融合基因。

小 结

细胞遗传学技术是分析染色体数目和结构改变与人类疾病相关性的一门技术。常用的染色体结构分析方法是通过处理染色体使其呈现深浅条带的 G、R、Q 显带等传统技术。随后产生了经荧光标记染色体的 FISH 主流技术和 SKY 新技术。传统的显带技术能显示染色体本身的细微结构,有助于准确识别各条染色体,但实验烦琐且分辨率低。FISH 分辨率更高,但检测范围小。而从 FISH 基础上发展起来的 SKY 则可经一次杂交展示完整染色体核型图谱。CMA 可同时检测数千个基因的表达情况,分辨率更高,但因现阶段对人类基因组结构变异的认识不足,CMA 的数据分析及结果解释仍然是一个大挑战。CGH 技术是 FISH 与消减杂交技术结合产生的一种新型分子细胞遗传学技术,可实现物种间染色体同源性比较和完整基因组拷贝数变异的检测。全基因组光学图谱技术能荧光标记和定位分析特定的基因序列、检测多种疾病和明确疾病与基因结构异常等问题的相关性。

细胞遗传学检测技术的运用和发展,促进了相关研究领域的蓬勃发展,解决了生命科学和医学领域中的许多难题,但细胞遗传学技术作为产前诊断的主要技术也有其局限性,例如只有 6Mb 以上的结构异常才会被检测出,即使高分辨技术也只能检测到 3Mb 以上的结构异常。胎儿细胞的获得需经羊膜腔、脐血管和绒毛膜穿刺,这种有创的产前诊断技术存在一定的风险,也给孕妇造成一定的心理压力。随着产前诊断技术的发展,尤其是新一代测序技术的普及,相信未来细胞遗传学检测技术将会为人类健康事业的发展发挥更为重要的作用。

(丁显平 何娇雨)

第九章

分子遗传学检验技术

临床分子遗传学检验有两个重要的组成部分，一个是湿实验（wet lab），另一个是干实验（dry lab）。湿实验是通过各种液体试剂在实验室里对各类分子、生化指标、免疫指标、微生物或细胞的检测，类似于医院的检验科或第三方实验室的检测项目。干实验是通过生物信息学方法对湿实验的结果进行分析解读或深入研究，也可以泛指运用电子设备进行的实验（不需要任何液体试剂）。本章介绍的内容是湿实验的核心部分。熟练掌握本章阐述的各类 PCR 技术、测序技术、质谱技术，对临床遗传病的检测十分重要，而有关干实验的内容将在第十章详细介绍。

第一节
PCR 相关基因检测技术

聚合酶链反应（polymerase chain reaction, PCR）是一种在体外迅速扩增 DNA 片段的核酸检测技术。它能以极少量的 DNA 为模板，在短时间内将模板数量扩增上百万倍，其检测原理见图 9-1。如果说 DNA 双螺旋结构的发现标志着分子生物学时代的开启，那么 PCR 技术的发明则标志着分子生物学的腾飞。而且，PCR 技术是一个具有强大衍生能力和拓展空间的基础技术。在过去近 40 年里，人们基于 PCR 技术发明了各种特殊功能和特殊用途的 PCR 衍生技术，如实时荧光定量 PCR（real time fluorogenic quantitative PCR）、跨越断裂点 PCR（gap PCR）、PCR- 反向斑点杂交（PCR reverse dot blot, PCR-RDB）、多重连接探针扩增技术（multiplex ligation-dependent probe amplification, MLPA）、聚合酶链反应 - 限制性片段长度多态性分析（PCR restriction fragment length polymorphism, PCR-RFLP）、数字 PCR（digital PCR, dPCR）、扩增受阻突变系统 PCR（amplification refractory mutation system PCR, ARMS-PCR）、逆转录 PCR（reverse transcriptase PCR, RT-PCR）、多重 PCR（multiplex PCR）等。本节将对分子遗传学检验常用的 PCR 技术进行介绍。

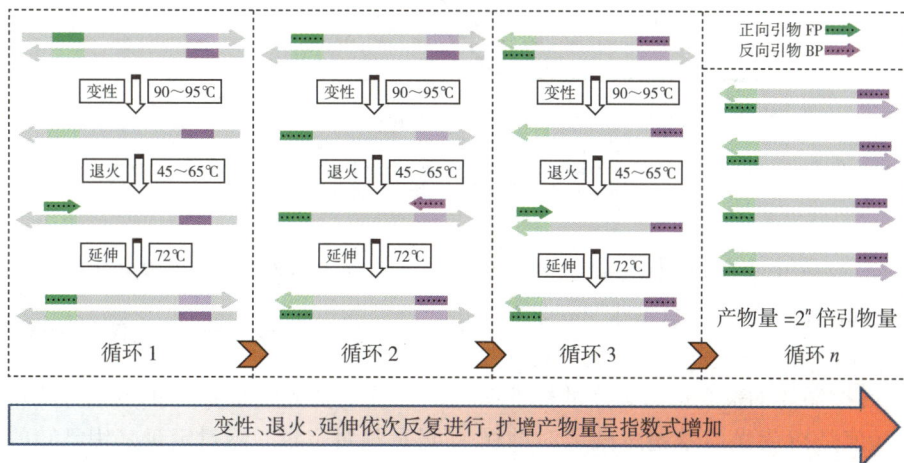

图 9-1　PCR 的反应原理
本图为以正向引物（FP）为起始的扩增反应；图中箭头所指方向表示 DNA 从 5′ 端至 3′ 端。

一、实时荧光定量PCR

实时荧光定量PCR（real time fluorogenic quantitative PCR），也称定量PCR，是利用PCR进程中扩增产物量随循环次数的增加而呈指数递增的特性，在反应体系中加入荧光染料或荧光探针，以实时监控反应过程中的产物变化，最后通过内参或外参对待测样品中的初始模板DNA进行定量分析的方法。实时荧光定量PCR不仅实现了PCR从定性到定量的飞跃，而且拥有比常规PCR的灵敏度更高、特异性更高、检测速度更快、自动化程度更高等特点，目前已在基础研究和临床诊断中得到广泛的应用。另外，实时荧光定量PCR实现了全程封闭检测，从而避免了开盖所致的产物污染，也大大提高了PCR的应用范围。

（一）实时荧光定量PCR的理论基础

在PCR中，扩增产物的量将随循环次数的增加而不断增加，但不同扩增阶段，其产物量增长速度明显不同。如果通过实时荧光信号强度监控反应过程，并以循环数为横坐标，以荧光强度为纵坐标绘制扩增曲线，可得如图9-2所示的实时荧光定量PCR扩增曲线。一般而言，扩增曲线可分为三个阶段：基线期、指数扩增期和平台期。在基线期，由于产物量较少，故荧光信号低，此时的产物相关荧光信号被背景荧光信号所掩盖，无法观察到产物量的变化。在指数扩增期，扩增产物量呈指数级增加（荧光值也呈指数级增加），故该阶段的荧光数据被选择用于定量分析。值得注意的是，基线期的产物也是呈指数级增加的，但产物量少，荧光变化情况被背景所掩盖。处于指数扩增期的PCR，当经过 n 轮扩增循环后，反应体系中扩增产物的量可表达为：$Y_n = X \times (1+E)^n$。其中，Y 为扩增产物的拷贝数，X 为初始模板的拷贝数，E 为扩增效率（介于0和1之间）。在平台期，扩增产物已不再呈指数级增加（甚至不再增加），扩增效率明显降低，扩增产物量与起始模板量之间不再是指数关系，无法用于定量分析。

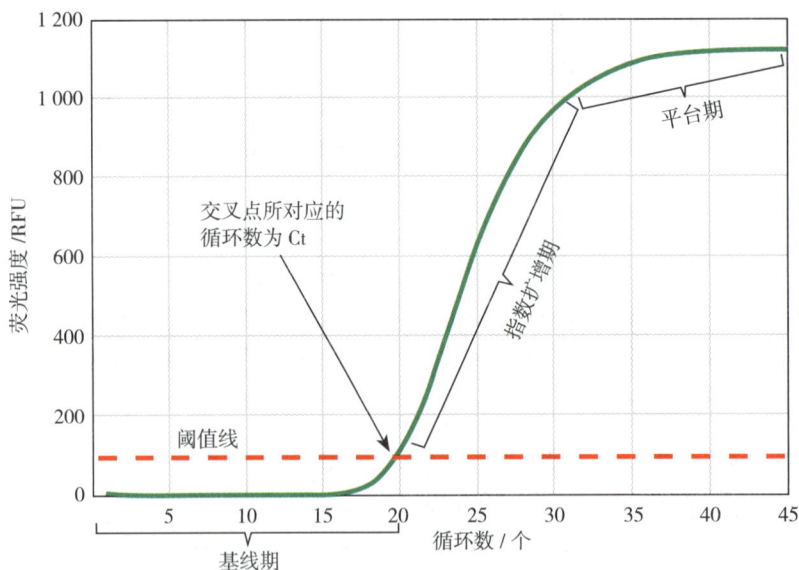

图 9-2　典型的 PCR 扩增曲线

实时荧光定量PCR测定过程中，需要引入两个概念，阈值（threshold）和Ct值（cycle threshold）。阈值是人为设定的一个荧光信号值，一般将其设置为PCR前3～15个循环的荧光信号强度的标准偏差的10倍。Ct值是指荧光信号超过阈值时的循环数，是荧光信号开始进入指数增长阶段的拐点。PCR的Ct值与该反应的初始模板拷贝数的对数存在线性关系，起始拷贝数越多，Ct值越小。

（二）实时荧光定量PCR的定量方法类型

实时荧光定量PCR的定量方法可分为相对定量和绝对定量。绝对定量是用已知的标准曲线来推算未知样本的量。绝对定量的实施路径是将标准品稀释至不同浓度，作为模板进行PCR。以标准品拷贝数的对数值为横坐标,以测得的 Ct 值为纵坐标,绘制标准曲线。对未知样品进行定量时,通过分析未知样品的 Ct 值,即可从标准曲线上查找出该未知样品的初始拷贝数。质粒 DNA 和体外转录的 RNA 常作为绝对定量的标准品。相对定量是指通过分析待测样品(实验组)相对于参考样品(对照组)中某个基因表达量的相对变化,来说明待测样品中该基因的表达差异,即升高或降低的情况。在相对定量过程中,由于系统误差的存在,不同的样品很难获得相同量的 RNA,这时就有必要引入管家基因来对所有样品进行归一化处理(校正 RNA 的量),然后再对不同样品之间的目的基因表达量进行比较。相对定量具体计算方式最常采用双标准曲线法、$2^{-\triangle\triangle Ct}$ 和动力学法等。

(三)实时荧光定量 PCR 的荧光信号产生方式

按照荧光信号的产生是否与特异性碱基序列相关,可将实时荧光定量 PCR 的荧光信号分为:非特异性荧光信号和特异性荧光信号。根据荧光信号产生的机制,可将实时荧光定量 PCR 的荧光信号的产生方式分为:荧光染料法、水解探针法、杂交探针法和荧光引物法等。

1. 基于非特异性荧光信号的实时荧光定量 PCR 基于非特异性荧光信号的 Q-PCR 是利用 DNA 能非特异性地结合荧光染料分子,并使结合后的荧光染料的荧光信号增强这一特性,来监测反应体系中 DNA 量的变化。常用的荧光染料包括 SYBR Green Ⅰ、Eva Green 和 LC Green 等,其中 SYBR Green Ⅰ 最为常用。SYBR Green Ⅰ 能结合到双链 DNA 的双螺旋小沟之中。在游离状态下,SYBR Green Ⅰ 发出微弱的荧光,但一旦与双链 DNA 结合后,荧光大大增强,其荧光信号强度与双链 DNA 的数量呈正相关。因此,在 PCR 体系中加入过量的 SYBR Green Ⅰ,监测荧光信号强度就能检测出反应体系中双链 DNA 的数量。SYBR Green Ⅰ 的最大吸收波长约为 497nm,最大发射波长约为 520nm(图 9-3)。

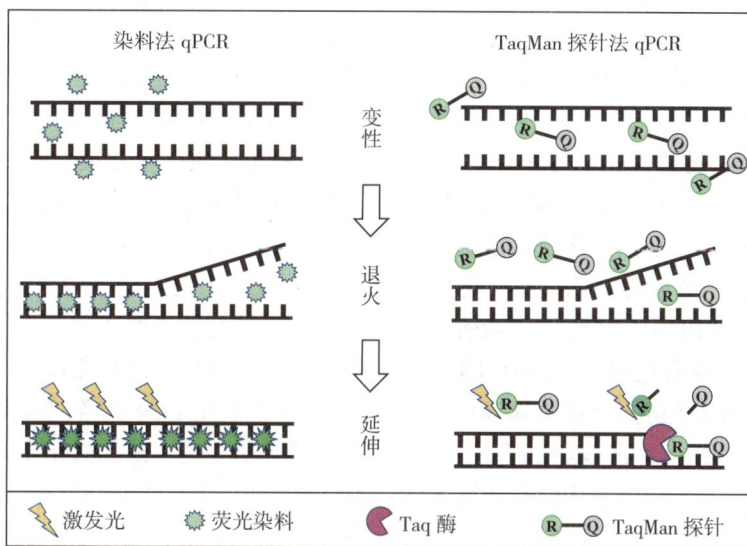

图 9-3 实时荧光定量 PCR 的荧光信号产生原理

荧光染料法实时荧光定量 PCR 的优势在于无须设计探针就可以对任何 PCR 进行定量分析,这使检测方法变得简便易行,同时也降低了检测的成本。然而,正是由于荧光染料能和任何双链 DNA 结合,故非特异性扩增产物(如引物二聚体)也能引起荧光信号增加,从而导致假阳性信号的产生。当然,非特异性扩增产物可以借助解链曲线(melting curve)分析来进行识别。另外,SYBR Green Ⅰ 对 PCR 有一定的抑制性,并且荧光强度较低,故 SYBR Green Ⅰ 的用量需要仔细优化。

2. 基于特异性荧光信号的实时荧光定量 PCR 指在 PCR 中添加标记荧光基团的特异寡核苷酸探针来检测扩增产物的方法,常用方法包括水解探针法和杂交探针法。探针法不仅解决了荧光染料法的非特异性缺陷,还因反应结束后无需再进行解链曲线分析而大大缩短了检测时间。另外,由于探针法的特异性很高,可以识别单碱基错配,故特别适用于 SNP 的检测。

水解探针法实时荧光定量 PCR 是目前应用最为成功、最为普遍的特异性荧光定量方案,水解探针的典型代表是 TaqMan 探针。下面将以 TaqMan 探针实时荧光定量 PCR 为例(见图 9-3),介绍水解探针法的原理。在 TaqMan 探针实时荧光定量 PCR 扩增体系中,在添加一对普通 PCR 引物的基础之上,还加入一条特异性的 TaqMan 荧光探针,该探针为一段寡核苷酸,其 3′ 端和 5′ 端分别标记了一个荧光淬灭基团(如 BHQ、Dabcyl)和一个荧光报告基团(如 FAM、HEX、Cy3)。探针完整时,5′ 端荧光基团吸收能量后将能量转移给邻近的 3′ 端荧光淬灭基团(即发生荧光共振能量转移),反应体系无明显荧光信号产生。当反应体系中出现待测靶标时,即出现特异性扩增产物时,引物与探针同时与待测靶标结合。然后,在 DNA 聚合酶(如 Taq DNA 聚合酶)的催化下,引物沿模板延伸。当延伸至探针结合处时,DNA 聚合酶利用 5′ → 3′ 外切酶活性将探针水解,将探针的 5′ 端荧光基团切割下来并游离于反应体系中,从而使相互靠近的荧光基团和淬灭基团变得相互远离。此时,荧光基团和淬灭基团之间不再发生荧光共振能量转移,故荧光基团在受到激发光照射后发出强烈的荧光信号。在此过程中,每扩增一条 DNA 链,就有一个游离荧光基团形成,从而实现了荧光信号的累积与 PCR 产物的形成完全同步。

杂交探针法有双杂交探针和分子信标两种常见方案。双杂交探针,又称为 FRET 探针或 Light Cycle 探针。FRET 探针由两条相互靠近(相距 1~5bp)的上、下游特异性探针组成,上游探针的 3′ 端标记供体荧光基团,相邻下游探针的 5′ 端标记受体荧光基团(3′ 端通过磷酸修饰或双脱氧终止,以防止作为引物而延伸)。当反应体系中存在待测靶标时,两探针在退火过程中同时结合在待测靶标上,供体基团和受体基团紧密相邻,供体基团产生的荧光能量被受体基团吸收,并发出特定波长的荧光信号。分子信标(molecular beacon),是一种呈茎环结构的双标记寡核苷酸探针。该探针的 3′ 和 5′ 两端的核酸序列互补配对,因此,当反应体系中不存在与之配对的待测靶标时,探针会形成茎环结构,使分别标记在 3′ 和 5′ 两端的荧光基团和淬灭基团紧紧靠近。在 PCR 加热变性的过程中,分子信标的茎环结构解开,如果反应体系中存在特异性扩增产物,解开的分子信标会在退火过程中与特异性扩增产物配对,从而使得荧光基团与淬灭剂分开,淬灭

作用被解除,发出荧光信号。

二、跨越断裂点 PCR

跨越断裂点 PCR(gap-PCR),也称为缺口 PCR,是 Molchanova 等于 1994 年发明的 PCR 衍生技术,主要用于检测大片段基因缺失,最先用于 α 地中海贫血的基因检测,也是目前检测 α 地中海贫血热点基因缺陷的常用方法之一。

gap-PCR 的检测原理如下:首先,针对正常基因和缺失异常基因分别设计 2 对引物(图 9-4),普通正向引物(FP1)和普通反向引物(BP1)用于扩增无大片段缺失的正常基因,而缺失正向引物(FP2)和缺失反向引物(BP2)用于扩增有大片段缺失的异常基因。FP1 和 FP2 可以设计成相同序列,以减少引物数量。扩增缺失基因的两条引物(FP2 和 BP2)应位于缺失区域的两侧,而扩增正常基因的两条引物(FP1 和 BP1)既可以都设计在缺失区域内,也可以将其中一条设计在缺失区域外,而另一条引物设计在缺失区域内。当待测样本 DNA 无基因缺失时,即正常基因型样本,由于该模板 DNA 上 FP2 和 BP2 结合位点相距较远,故难以发生有效的 PCR 扩增(受模板二级结构和聚合酶效率等因素的影响,PCR 的扩增效率一般随扩增片段长度的增加而下降);但是,该正常基因上的 FP1 和 BP1 结合位点距离合适,故可以进行正常扩增,并产生与正常基因相对应的特征性扩增产物。当待测样本 DNA 存在基因缺失时,FP1 和 BP1 因缺乏对应的引物结合位点,而不能发生 PCR 扩增,但此时 FP2 和 BP2 引物结合位点由于基因缺失而相互靠近,故可以进行有效扩增,并产生与缺失基因相对应的特征性扩增产物。扩增完成后,将扩增产物进行凝胶电泳分析,即可根据扩增产物的有无和片段大小进行结果判读。另外,也可以针对待测靶标设计序列特异性探针,通过实时荧光 gap-PCR 进行靶基因缺失情况的检测。

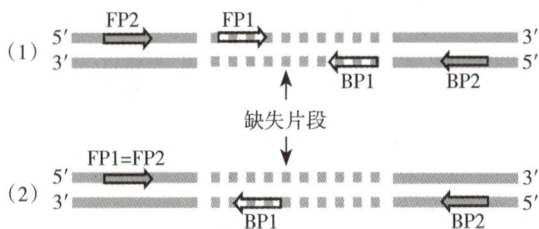

图 9-4 gap-PCR 的引物设计示意图

三、PCR-反向斑点杂交技术

核酸杂交技术可根据检测目的和检测手段的不同,分为液相杂交、固相杂交和细胞内原位杂交。固相杂交又可分为斑点杂交和凝胶电泳印迹转移杂交。而反向斑点杂交(reverse dot blot,RDB)是Saiki等提出的一种斑点杂交技术。该技术比正向斑点杂交和凝胶电泳印迹转移杂交更加快速、简便,且特异性更好,故在基因分型、基因突变检测、病原体检测等方面有其独特的优势。PCR-反向斑点杂交(PCR-RDB)技术,顾名思义,就是将PCR扩增技术和RDB杂交技术相结合,用于特定核酸检测的实验方案(图9-5)。PCR-RDB集成了PCR的高灵敏度和RDB的高特异性,因此,PCR-RDB技术已被广泛用于病原体检测、肿瘤基因检测、病毒基因分型、基因突变检测以及基因多态性等多个研究领域。

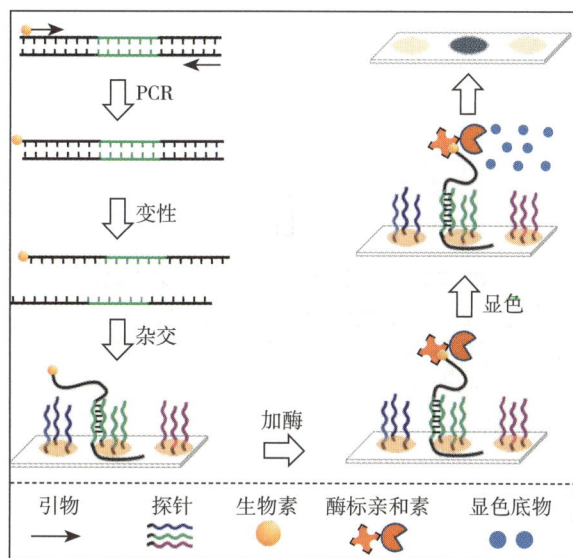

引物　　探针　　生物素　　酶标亲和素　　显色底物

图 9-5　PCR-RDB 的检测原理

PCR-RDB是通过固相探针检测靶核酸(PCR扩增产物)的核酸杂交反应。其过程是:首先通过PCR对待测样本进行扩增(所用PCR引物的5'端需预先进行生物素修饰),然后将带有生物素修饰的PCR扩增产物与固相探针进行杂交,再偶联化学发光或显色反应来指示待测样本中靶核酸的存在与否和数量多少。RDB与常规DNA杂交反应明显不同。常规DNA杂交反应是将靶核酸固定于硝酸纤维素膜或尼龙膜上,然后再用标记探针和已固定靶核酸进行杂交,最后进行显色检测。这种常规DNA杂交

反应每次只能检测一种靶核酸,对于某些基因座位可能含有十几至几十个等位基因(如HLA-DRB位点和地中海贫血突变基因),用常规DNA杂交反应就难以完成。而RDB正好可以解决这一难题,RDB可以在一次杂交反应中同时检测数种到数十种靶核酸。RDB是先将多个已知序列的特异性寡核苷酸探针(15～20nt)分别固定(点样)到硝酸纤维素膜或尼龙膜上,形成独立的检测位点,每个点对应一个探针和一个待测基因。再将待测样本(PCR扩增产物)与膜上固定好的寡核苷酸进行杂交,经洗涤去除未结合的非特异性DNA。由于PCR扩增产物带有生物素标记,故结合在固相探针上的特异性PCR产物可以进一步与酶标生物素进行反应,最后再经相应的化学发光反应或显色反应输出杂交信号,并报告待测靶标的有无。值得注意的是,RDB是将多种探针固定在同一膜上,膜上的多种探针同时与不同的待测DNA进行杂交,这就要求所有探针的熔解温度值基本相同,以保证RDB的灵敏度和特异性。

四、多重连接探针扩增技术

多重连接探针扩增技术(multiplex ligation-dependent probe amplification,MLPA)是荷兰学者Schouten于2002年研发的一种建立在PCR技术基础之上的基因相对定量分析技术。MLPA可通过简单的杂交、连接和PCR扩增,在一次实验中同时检测出多达45种靶基因的拷贝数变异。凭借其操作简单、稳定可靠、分辨率高、通量高、设备要求低等诸多优势,MLPA在遗传病的分子诊断领域得到迅速的推广,目前已被广泛应用于基因组拷贝数变异、点突变及甲基化等相关分子生物检测。MLPA与基因芯片结合而建立的多重连接探针扩增微阵列芯片技术,不但真正具备了超高通量的检测能力,还使MLPA的可靠性得到了进一步的提高。

MLPA最大的特点在于巧妙的探针设计,其通过巧妙的探针设计实现了在一次实验中,仅用一对引物即可扩增45个不同的核苷酸序列。MLPA探针由长链和短链两条寡聚核苷酸链组成,短链探针可以通过化学合成,长40～50nt;长链探针是通过M13噬菌体衍生法制备而成,长80～440nt。短链探针包括一个位于其5'端的与靶序列完全互补的杂交序列和一个位于其3'末端长为19nt的通用引物

序列,该通用引物序列与后续反应步骤中通用 PCR 引物一致。长链探针由三部分组成,包括一个位于其 3′ 末端的与靶序列完全互补的杂交序列,一个位于其 5′ 末端长为 23nt 的通用引物序列,以及两序列间的长度特异性填充片段。长链探针的 5′ 端通用引物序列与通用 PCR 引物互补配对。由于填充片段长短不一,故连接后的探针长度在 130~480nt,相邻探针长度相差 6~9nt。

MLPA 的反应步骤包括杂交、扩增和电泳三个环节(图 9-6)。首先,长、短链探针与靶序列杂交,针对特定靶基因的长、短两条探针因杂交而相互靠近,然后在连接酶的催化下,连接成一条完整的寡核苷酸探针。若其中一条探针的序列与待测靶基因序列不完全互补,即使仅有一个错配碱基,就会使杂交不完全,从而使连接反应无法完成。然后,以连接后的探针为模板,由一对通用引物进行 PCR 扩增反应。最后,扩增产物可通过琼脂糖凝胶电泳或毛细管电泳进行分离和检测,并通过软件对电泳结果进行分析,根据探针峰信号的增高、降低、缺失等变化来确定靶基因存在与否和拷贝数变异等情况。

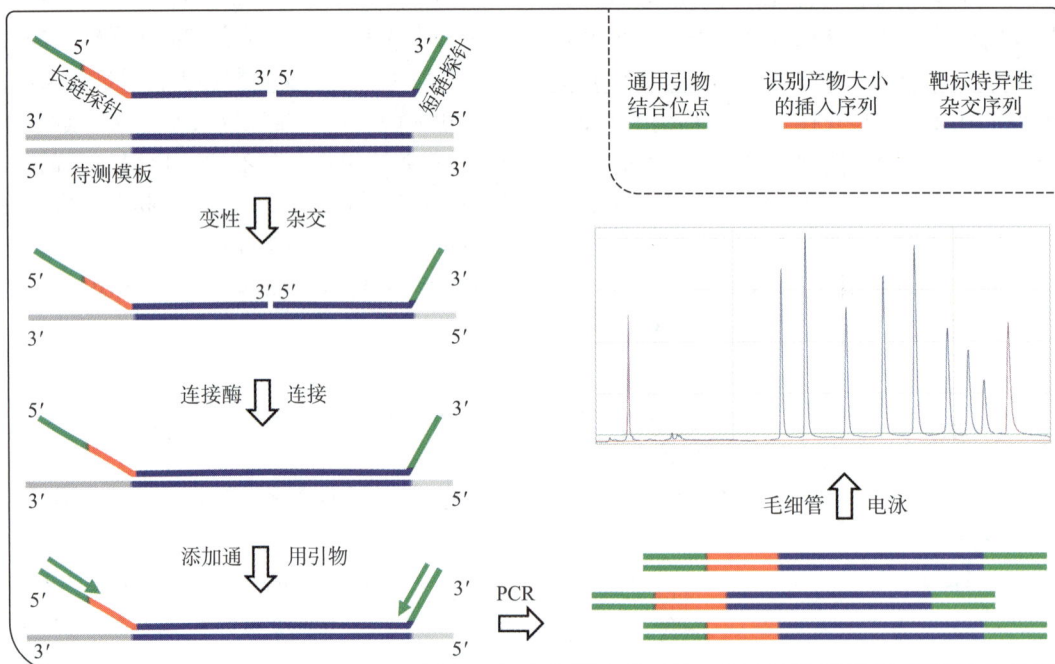

图 9-6 MLPA 的检测原理

MLPA 集通量高、稳定性好、成本低、效率高等优势于一体,在同其他技术联合使用时可以取长补短,可为临床提供更为精确的遗传咨询信息,在遗传病的诊断和预防中发挥着不可替代的作用。同时 MLPA 在基因拷贝数检测方面具有很大的应用潜力,在发现个体间基因拷贝数差异方面具有重要作用。MLPA 的检测分辨率也是其一大优势,从单个碱基的突变到整条染色体数量的变化都在它的检测范围之内。此外,从 MLPA 衍生出来的逆转录酶多重连接探针扩增法(reverse transcript MLPA,RT-MLPA),以及甲基化特异性多重连接探针扩增法(methylation specific MLPA,MS-MLPA)在 mRNA 表达检测和甲基化检测中亦具有较好的应用价值。尽管 MLPA 具有诸多优点,但也存在一些不足,如操作烦琐等。

五、数字 PCR

数字 PCR(digital PCR,dPCR)是近年发展起来的一种核酸绝对定量技术,被称为"第三代 PCR 技术"。相较于实时荧光定量 PCR,数字 PCR 能够直接测出 DNA 分子的个数,因此是对起始样品的绝对定量。数字 PCR 的起源可追溯到 20 世纪 90 年代,澳大利亚的科学家 Morley 于 1992 年首次提出极限稀释 PCR,建立了数字 PCR 的雏形。随后,美国科学家 Bert 于 1999 年首次提出数字 PCR 这一概念。最后,美国 Fluidigm 公司于 2006 年推出了第一台商品化数字 PCR 系统,使数字 PCR 走向了临床应用。

目前数字 PCR 主要有两种形式,芯片式和液滴式,两者的基本原理都是将 PCR 反应液"分割"为纳升至皮升级别的微小反应单元。每个反应单元都是一个独立的 PCR 体系,每个反应单元的核酸模板数少于或者等于 1 个。这些含模板的反应单元,其局部的模板核酸浓度高达 10^6 copies/ml(以 1 纳升微滴含一个模板为例),这使得 PCR 扩增可以高效快速地发生。另外,在微体积中,其分子运动规律、相互作用、周围环境都与大反应体积明显不同,这赋予了数字 PCR 许多独特的性能特征。分割后的微反应单元经过 PCR 循环之后,有核酸模板的反应单元就会发生剧烈的扩增反应并释放出荧光信号(阳性),没有模板的反应单元则不会发生扩增反应且没有荧光信号(阴性)。根据泊松分布原理和阴、阳性微滴数量即可得出起始模板的拷贝数,从而实现对初始模板的绝对定量。

数字 PCR 技术在灵敏度、特异性、重复性、精确度等方面都有着常规实时荧光定量 PCR 技术无法比拟的优势。数字 PCR 本质上是将一个传统的实时荧光定量 PCR 分成了数万个独立的定性 PCR,在这些反应中可以精确地检测到很小的目的片段的差异,因此其灵敏度很高。数字 PCR 之所以特异性好,是因为靶标序列和背景序列都被分配到多个微滴中,在显著提高局部靶标浓度的同时,大大降低了背景核酸和抑制物对反应的干扰,扩增基质效应也大大减小。数字 PCR 通过直接计数阴、阳性微滴,并利用泊松分布原理来计算初始 DNA 含量,不依赖 Ct 值和标准曲线,避开了标准品的制备问题和一致性问题,实现了真正意义上的绝对定量。这使得数字 PCR 的重复性和精确度非常好。然而,数字 PCR 也有一些不足之处,如成本高昂、通量有限、操作烦琐等。目前的大多数分子诊断项目,采用常规实时荧光定量 PCR 就能够很好地满足用户需求,因此数字 PCR 增加的收益成本比例并不算高,其使用场景受到了较大限制。如果数字 PCR 能够降低实验成本、提高自动化程度以及满足"样本进-结果出"等实际需求,数字 PCR 未来会得到更加广泛的临床应用。

六、扩增受阻突变系统 PCR

扩增受阻突变系统 PCR(amplification refractory mutation system PCR,ARMS-PCR),又称等位基因特异性 PCR(allele specific PCR,AS-PCR),是 Newton 等首先建立的,用来检测已知点突变的 PCR 衍生技术。ARMS-PCR 自提出以来就广泛应用于 SNP 和肿瘤基因突变的检测,已成为一种简单快捷、准确和成本低廉的点突变检测技术。ARMS-PCR 通过与实时荧光定量 PCR 的联合应用实现了 SNP 的实时分析和高通量检测,为临床基因分型检测提供了快捷、准确的技术手段,加速基因分型检测向临床诊断的演变,以及为临床诊断和个体化用药提供了依据。

ARMS-PCR 的基本原理是:针对 SNP 位点、等位基因或突变位点,设计 2 条等位基因特异性寡核苷酸(allele-specific oligonucleotide,ASO)引物,其中一条 ASO 引物的 3′ 端与野生型基因序列完全互补配对,另一条 ASO 引物的 3′ 端与突变型基因序列完全互补配对。这两条 ASO 引物与同一条反向引物构成两套独立的 PCR 引物(野生型引物和突变型引物)。ARMS-PCR 所用的耐热 Taq DNA 聚合酶缺乏 3′→5′ 外切校正活性,当引物 3′ 端与模板存在错配时,延伸反应会受阻,故称之为扩增受阻突变系统。ARMS-PCR 的实施过程中需要设立两个反应管,分别采用野生型和突变型引物进行平行扩增,其扩增结果呈现为三种情况:"野生管"扩增,"突变管"阻碍(野生型);"野生管"阻碍,"突变管"扩增(突变型);"野生管"和"突变管"均扩增(杂合型)。

普通 ARMS-PCR 需要分管检测,较为烦琐。为实现单管检测,研究者通过优化引物设计,研发出了引物加长型 ARMS-PCR,其技术路径是在其中一条 ASO 引物的 5′ 端添加一段寡核苷酸尾巴。以在突变型引物添加尾巴为例,其突变型扩增产物比野生型产物更长,熔解温度值更高,最后通过凝胶电泳或解链曲线分析即可得出检测结果。

理论上,Taq DNA 聚合酶必须在引物 3′ 末端与模板完全互补情况下才能进行有效的聚合反应,但由于 Taq DNA 聚合酶的特异性受多种因素影响,某些情况下,即使引物的 3′ 末端碱基与模板存在错配,延伸仍然可以进行。因此,ARMS-PCR 的突变检出率依赖于反应条件的优化。反应条件的优化包括以下方面:优化引物设计、调整引物浓度、靶 DNA 浓度、Taq DNA 聚合酶浓度、反应温度、盐离子浓度,以及加入 PCR 添加剂等。例如,在反应体系中加入甲酰胺也可减少非特异性扩增,在引物 3′ 末端引入第二个碱基错配也可以增强"受阻"作用,从而提高 ARMS-PCR 的突变检出率。优化良好的 ARMS-PCR 具有较高的突变检出率,可检出样品中含量低至 0.1%~1% 的突变基因。

ARMS-PCR 凭借其较好的突变检出率(高于测序法,低于数字 PCR),已成为肿瘤个体化分子检测最重要、最先进的技术之一,其在临床应用中的优势已被业内专家广泛认可。然而,ARMS-PCR 也存在一些不足之处,例如只能检测已知突变、存在一定的假阳性率、检测通量较低、反应条件难以优化等。

第二节　基因测序技术

2001 年,长达 30 亿碱基对的人类基因组草图第一次被绘制完成,这不仅是人类历史上的一项壮举,也是分子遗传学领域的一个巨大里程碑,这项工作被称为人类基因组计划(Human Genome Project,HGP)。人类基因组计划于 1990 年正式启动,由美国、英国、法国、德国、日本和中国的上百名科学家共同参与,前后历经 10 余年、耗资 30 亿美元。其使用的测序技术就是第一代基因测序技术——Sanger 测序法。借助人类基因组计划的成果,2005 年,第二代测序(next-generation sequencing)技术诞生,开创了基因组测序的新时代。目前,最先进的二代测序技术完成一个人 30 亿个碱基对的测序,仅需几名实验员、2~3d 以及不到 1 000 元的费用,与第一代测序耗费的人力、物力相比,第二代测序技术的应用为临床遗传学带来了翻天覆地的改变。第三代测序技术也逐步从学术走入临床应用之中。目前,基因测序技术不仅在分子遗传学检验领域起着中流砥柱的作用,在病原微生物、司法、农业、环境等领域也得到了广泛的应用。

一、基因测序技术发展简史

无论是第一代、第二代还是第三代基因测序技术,其本质都是对构成生命最基本的物质——核酸(nucleic acid)进行测序,分析核酸上 A/T(U)/C/G 五种碱基的序列顺序。图 9-7 列出了核酸测序史上几个关键事件。1953 年,Watson 和 Crick 发现了 DNA 双螺旋结构,开启了分子生物学时代,人们从此清楚地了解遗传信息的构成和传递的途径,此后分子遗传学、分子免疫学、生物信息学等新兴学科如雨后春笋般出现。1977 年,Sanger 发明并提出了目前应用最为广泛的第一代测序技术——双脱氧链终止法(Sanger 测序法)。1987 年,基于 Sanger 测序法的第一台商业化 DNA 测序仪诞生。2005 年,借助于人类基因组计划的成果,全球第一台二代测序仪由 Jonathan Rothberg 博士领导的团队研发成功,这一事件被当年的 *Nature* 杂志评价为测序史上的里程碑。随后的几年里,商品化的三代测序仪陆续推出,形成了目前第一代、第二代、第三代测序技术各显身手、精彩纷呈的基因测序时代。

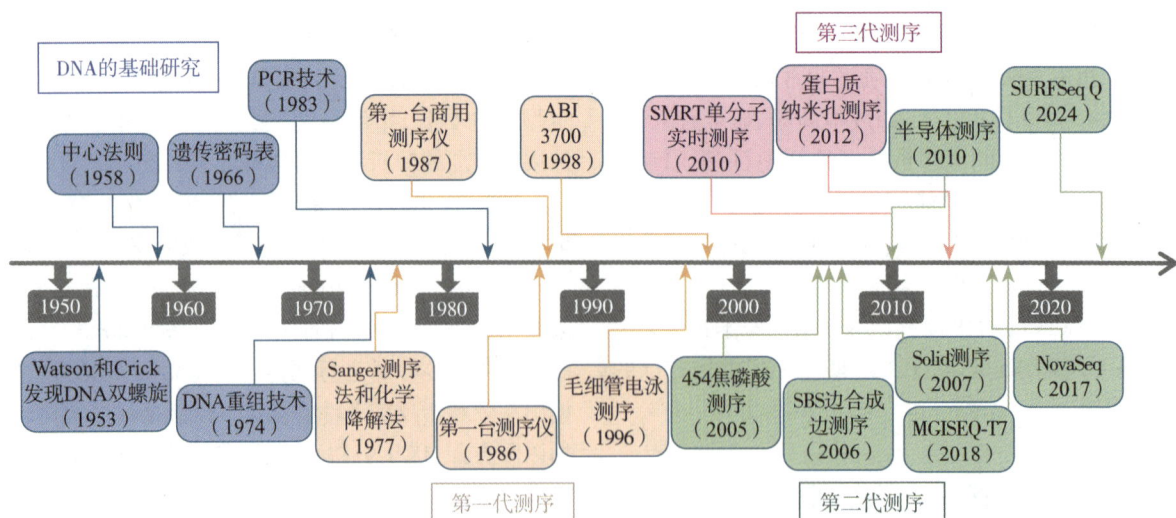

图 9-7　基因测序技术发展简史

二、第一代基因测序技术

虽然说第二代、第三代测序技术的检测能力远胜于第一代测序技术,但这并不意味着第一代测序技术是一种过时的技术,反而它在某些领域的结果比第二代、第三代更有说服力,因此,学习和掌握第一代测序技术的原理仍然很重要,也只有明白了第一代测序的原理,才能更好地理解第二代和第三代测序技术。

(一)第一代基因测序技术的种类和概念

第一代 DNA 测序技术可分为三类:①由 Sanger 发明的链终止法;②由马克西姆(Maxam)和吉尔伯特(Gilbert)发明的化学降解法;③由罗纳吉(Ronaghi)等发明的焦磷酸测序法。这三种第一代测序技术曾在一段时间内同时存在,但随着时间的推移,Sanger 发明的链终止法最终凭借着优良的性能和低廉的成本赢得了人们的喜爱,Sanger 教授也凭借此项成果于 1980 年再度获得诺贝尔化学奖。

目前,临床工作中使用的第一代测序技术仍然是 Sanger 测序法,Sanger 测序法也因其经久不衰的价值成为第一代测序技术的代名词。Sanger 测序法也称为链终止法,顾名思义,Sanger 教授采用了一种可以使链终止的方法来检测核酸中碱基的序列,其原理是用一种链终止子(ddNTP)使 DNA 链在延伸的过程中发生"随机性的终止事件",产生不同大小的 DNA 片段,再将产物进行电泳分析,最终通过电泳前后顺序来辨认碱基位置、通过荧光颜色来辨识碱基种类的测序方法。下面将以 Sanger 测序法为代表详细介绍第一代测序技术的原理。

(二)第一代基因测序技术的原理

Sanger 测序法的测序准确率高达 99.999%,这意味着每检测 10 万个碱基仅有 1 个测错的可能,其超高的准确性被业内公认为测序界的金标准(gold standard)。下面以 Sanger 测序法为代表详细介绍第一代基因测序技术的原理。

1. 测序准备阶段　制备四个平行的测序反应体系(图 9-8)。四个反应体系中均加入 4 种脱氧核糖核苷三磷酸(dNTPs,N 代表 A、T、C、G 4 种碱基)、DNA 聚合酶、待测模板和特异性引物,然后分别加入同位素标记的双脱氧核苷三磷酸(dideoxyribonucleoside triphosphate,ddNTP)中的一种(ddATP、ddTTP、ddCTP 或 ddGTP)。ddNTP 是在 dNTP 的核糖分子中进一步脱去了 3′ OH 基团,故称为"双脱氧"。

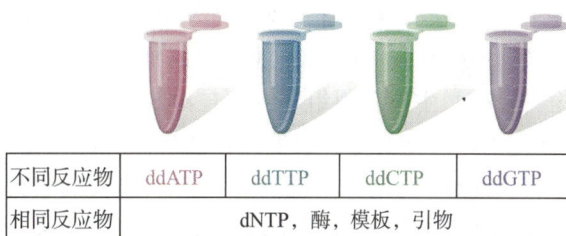

不同反应物	ddATP	ddTTP	ddCTP	ddGTP
相同反应物	dNTP, 酶, 模板, 引物			

图 9-8　Sanger 测序法反应管中的成分

2.PCR 阶段　反应体系在适当的条件下进行 PCR。dATP 和 ddATP 随机结合到延伸链上,但 ddNTP 因缺乏延伸所需的 3′ OH 基团,使寡聚核苷酸链的延伸过程选择性地在 T、A、C 或 G 处终止。通过这种"随机性终止事件",得到大量以 T、A、C、G 为末端的不同长度的 DNA 片段(图 9-9)。

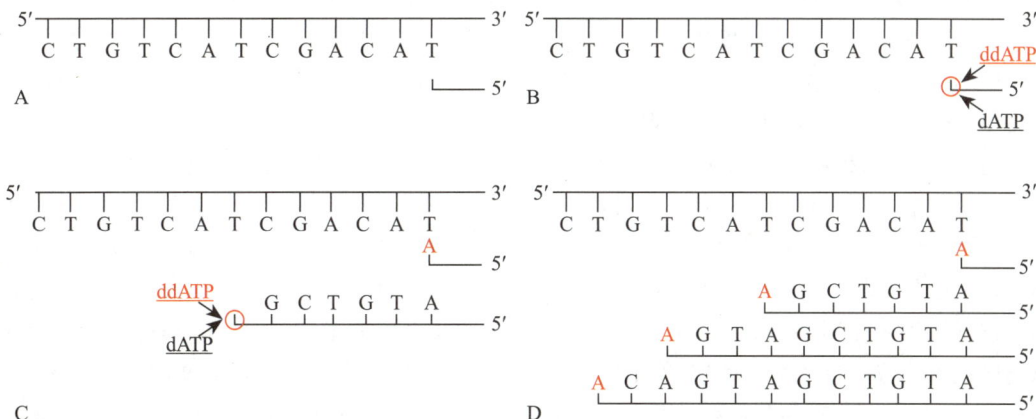

图 9-9　Sanger 测序法中的"随机性终止事件"

3. 测序产物的识别与分析 PCR 结束后,将四个反应产物变性成单链 DNA 后进行凝胶电泳分析,最后通过放射自显影技术显示不同大小的 DNA 单链片段,从凝胶底部往上依次读取即可得到待测模板上的 DNA 序列。

Sanger 测序法发明之初,4 种 ddNTP 均采用同一种标记物进行标记,无法区分 4 种碱基,故需要设置四个反应体系才能实现对 4 种碱基的测定。随着技术的不断进步,ddNTP 标记技术有了很大的提高,4 种 ddNTP 可以被不同荧光物质所标记,从而显示不同颜色的荧光,使最初的四个反应体系被单个测序反应体系所取代,从而实现了 Sanger 测序的自动化。

(三)第一代基因测序技术的临床应用

四十多年来,Sanger 测序法为生命科学研究立下了赫赫战功,除了前文提到的人类基因组计划,美国国家生物技术信息中心(NCBI)早期公布的动物、植物、微生物基因组序列都是由 Sanger 测序完成的。Sanger 测序法目前主要应用于全外显子组测序结果的重验证以及一些特殊的遗传病的检测,例如脆性 X 综合征、脊髓性肌萎缩、Y 染色体微缺失等(参见第十三章)。

三、第二代基因测序技术

随着人类基因组计划的完成,以链终止法测序为代表的第一代测序技术已不能满足生命科学和临床检测的需求,研究人员希望通过更廉价、更快捷的方法全面、深入地分析各类物种的基因组、转录组及其与蛋白质之间相互作用的关系,于是,第二代基因测序技术应运而生。2005 年底,基于焦磷酸测序原理的二代测序研发成功。2006 年,基于边合成边测序(sequencing by synthesis)原理的二代测序研发成功。2007 年,推出基于双碱基编码原理的二代测序。边合成边测序技术因其具有高准确性、高通量、高灵敏度和低运行成本等突出优势最终脱颖而出,成为主流的第二代测序技术。近几年,半导体测序技术和纳米球测序技术应运而生,特别是纳米球测序技术为我国自主知识产权,使中国成为少数几个掌握二代测序核心技术的国家之一。下文详细介绍了目前市场上三大主流的第二代测序技术原理:边合成边测序技术、半导体测序技术和

DNA 纳米球(DNA nano ball,DNB)技术。

(一)边合成边测序技术

边合成边测序技术是测序过程和 DNA 延伸同时进行,其识别的方式是根据碱基所携带的不同荧光标记进行检测,其实检验步骤大致可以分为以下几步:文库制备(library preparation),文库质控(library quality control),簇生成(cluster generation),测序(sequencing)和数据分析(data analysis)。

1. 文库制备 文库制备简称"建库",其目的是扩增基因组 DNA 并同时加上特殊接头(adapter)以供测序芯片识别。"建库"前,需将各类型样本(血液、组织、分泌物等)中的基因组 DNA 提取出来,并使用限制性内切酶或化学方法将其剪切成几百 bp 长度(或更短)的小片段(图 9-10A)。由于 DNA 被剪切以后会出现末端不平整的情况(图 9-10B 第一条双链),需用特殊的 DNA 聚合酶(如 T4 DNA 连接酶)进行末端补平(图 9-10B 第二条双链),同时在 5′ 端加上磷酸基团。完成末端补平以后,在 3′ 端使用克列诺酶加上一个特异的碱基 A(图 9-10C)。加上 A 碱基之后就可以利用碱基互补配对的原则,连接上专用的接头,接头(图 9-10D 彩色双链)包括三个组成部分:① P5 和 P7 接头:这一部分的作用是与芯片上的 P5.P7 接头互补连接,以使每个文库片段锚定于芯片上;② index:中文翻译为"标签序列",其目的是给每个文库片段加上标签,使不同样本具有唯一的辨识码;③正向测序引物 / 反向测序引物(Rd1 SP/Rd2 SP):一对测序引物。测序是以单链为单位的,每条 DNA 单链均一端连有测序引物 Read1 Sequencing Primer(Rd1 SP),另一端为 Rd2 SP。最后经过纯化扩增,"建库"过程就全部完成,如图 9-10E 灰色(为待测序列)和彩色(为专用接头)相间的 DNA 双链就是制备好的文库片段。

2. 文库质控 "建库"完成后要对所建好的文库进行质控,质控的目的有两个:①评价文库的质量。由于高通量测序芯片和试剂成本很高,不合格的文库上机后会造成空测或占据有限的数据量,因此要从文库的浓度、纯度和完整性几个方面衡量文库的质量,不允许不合格的文库上机测序。由于基于紫外分光光度的测定方法相对不够精准,推荐使用染料法和 PCR 法进行文库质控。②文库 Pooling。文库 Pooling 可以称为混合文库(pooling libraries),

目的是提高高通量测序的经济效益,高通量测序不是每一次测序只测一个样本,通常实验设计会将一批样本的文库按一定浓度比例混合后上机测序,由于每个文库所带的 index 号不一样,因此下机数据分析时可以通过 index 号来区别不同的样本,以提高测序通量,节约成本。

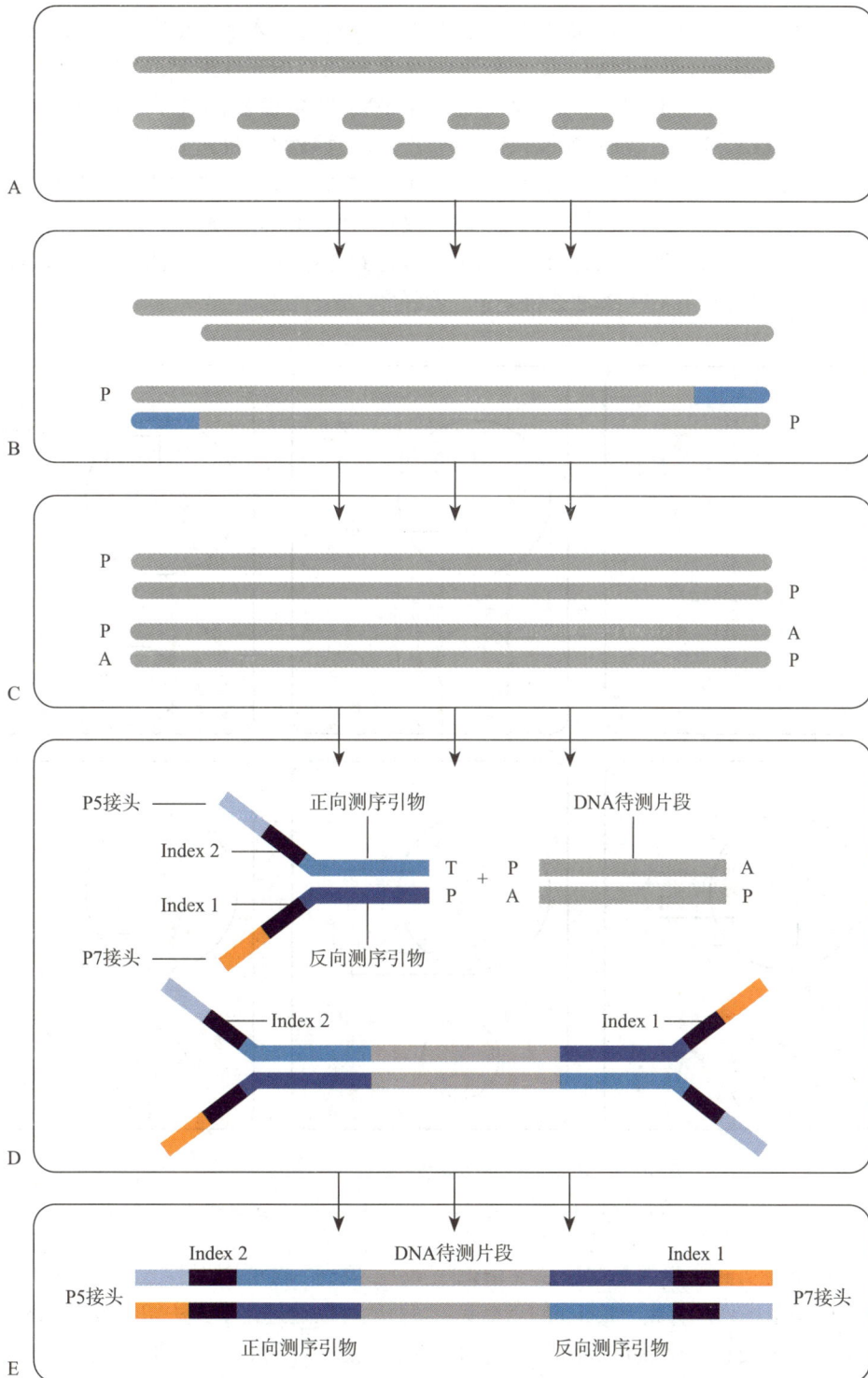

图 9-10 边合成边测序技术文库制备过程

A. DNA 片段化;B. 末端修复并加上磷酸基团;C. 3′端加 A 碱基;D. 加专用接头;E. 待测文库片段。

3. 簇生成　簇生成的作用是扩增文库片段，为下一步测序做准备。簇生成开始前先将构建好的文库变性成单链 DNA(ssDNA)，然后加入测序芯片，文库中每个 ssDNA 片段末端的 P5.P7 接头与芯片表面固定的 P5.P7 接头互补杂交，从而使文库单链 DNA 被固定在芯片表面(图 9-11A)。接下来簇生成正式开始，被固定的单链 DNA 经 Taq DNA 聚合酶延伸成为双链 DNA，变性后、洗脱掉模板链留下的合成 DNA 链就是待测序列(图 9-11B，锚定于芯片上的单链 DNA)。单链与邻近的 P5.P7 接头互补杂交，在芯片上形成桥式连接(图 9-11C)。向反应体系中加入 dNTP 和 DNA 聚合酶进行 PCR，

其中，固定于芯片表面的寡核苷酸片段为引物，桥式单链 DNA 为模板，经一轮扩增将桥式 ssDNA 扩增成桥式双链 DNA(dsDNA)(图 9-11D)。变性解链，将原来的桥式 dsDNA 解链成两条单链 DNA(图 9-11E)，随之进入下一轮循环，桥式连接→Taq DNA 聚合酶延伸→变性解链，最终经过几十个循环，一个 DNA 原始模板形成了一个簇(图 9-11F)，这一技术原理被称为桥式 PCR。簇生成的目的是使单个 ssDNA 片段分子扩增放大，使之成为单克隆的簇(一个簇里包含成千上万相同的 ssDNA 片段)，以达到能够支持下一步测序反应所需的信号采集强度。

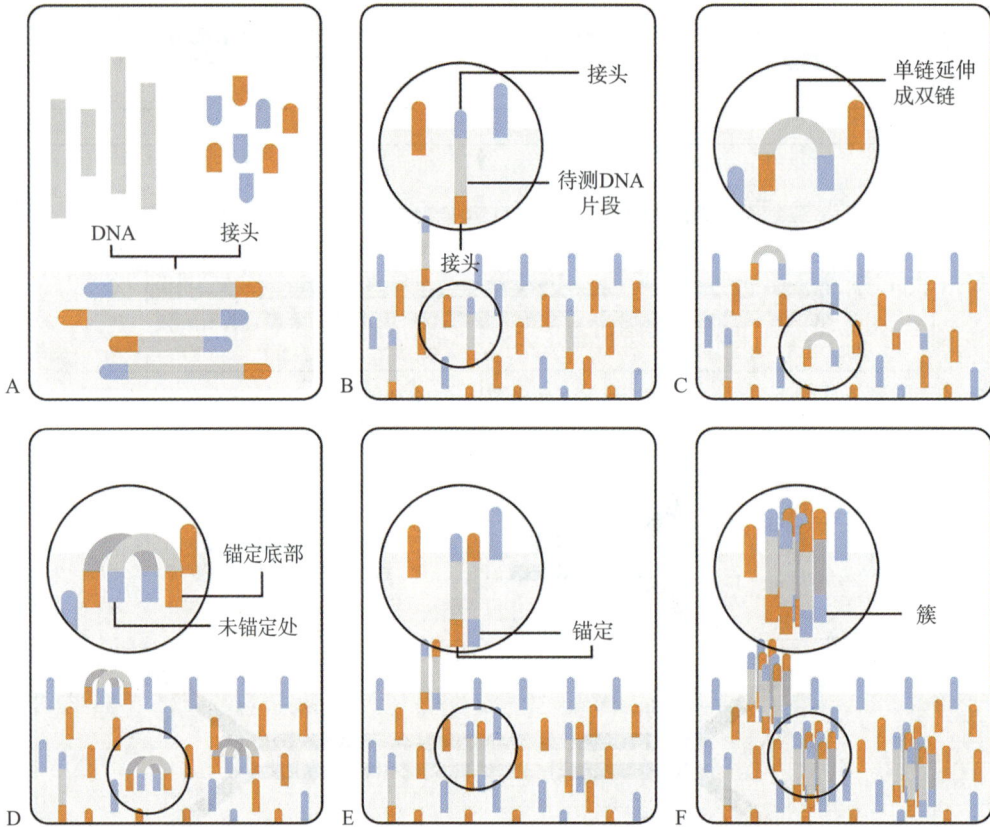

图 9-11　边合成边测序技术桥式扩增和簇生成原理
A. 建库;B. 文库锚定;C. 桥式连接;D. 桥式扩增;E. 双链解链;F. 簇生成。

4. 边合成边测序　测序步骤是测序仪开始识别待测片段上的碱基序列。将簇上的双链 DNA 变性，酶切掉其中一条，使得每个簇形成同向单链的簇，接下来，可逆终止子使每个测序循环反应只能延伸一个正确互补的碱基，从而实现边合成边测序。测序时，在反应体系中加入 DNA 聚合酶和带有 4 种荧光标记的可逆 ddNTP，进行单碱基延伸测序

反应，在每一轮单碱基掺入并和模板结合采集信号后，就可以通过化学方法切除可逆 ddNTP 上标记的化学保护基因和荧光信号基团，使之还原成可延伸的 dNTP，然后就能继续掺入下一个可逆 ddNTP，进行新一轮的测序(图 9-12A)。图 9-12B 反映的是某一轮循环时芯片上成百上千个簇同时测序的景象，芯片上的每一个点反映的是一个簇的序列结果。

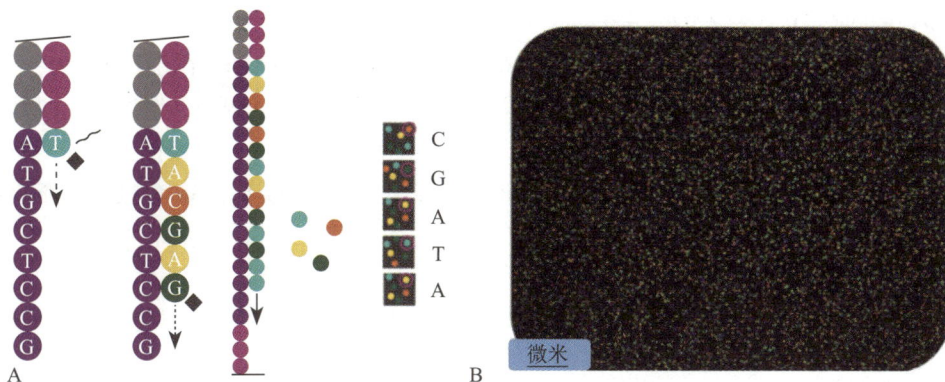

图 9-12 边合成边测序技术反应信号采集过程
A. 边合成边测序(SBS);B. SBS 测序芯片上的瞬时图。

5. 数据分析 是所有二代测序技术中的重要组成部分,前面四步实验由于需要在实验室操作,常被称为"湿实验",测序后的实验部分由于不需要试剂被称为"干实验","干实验"目前已成为高通量测序领域不可替代的一环。测序完成后,得到的结果并非一个完整的核酸序列,而是几百个碱基对(bp)的读长(reads),首先需要对读长进行各项指标的检测(例如 Q30、UR、GC 含量等),去掉质量差的,留下质量好的读长进入下一步分析。然后,再根据读长之间的重叠区域进行拼接,先拼接成较长的连续序列重叠群(cotigs),再将这些序列拼接成更长的、允许包含测序未覆盖片段的序列缺口(gaps)的基因组骨架(图 9-13)。未覆盖到的序列缺口(gaps)指的是测序时没有检测到的基因组部分。最终可以将基因组骨架定位到对应检测物种的参考基因组上,从而获得一个高质量的全基因组图谱。

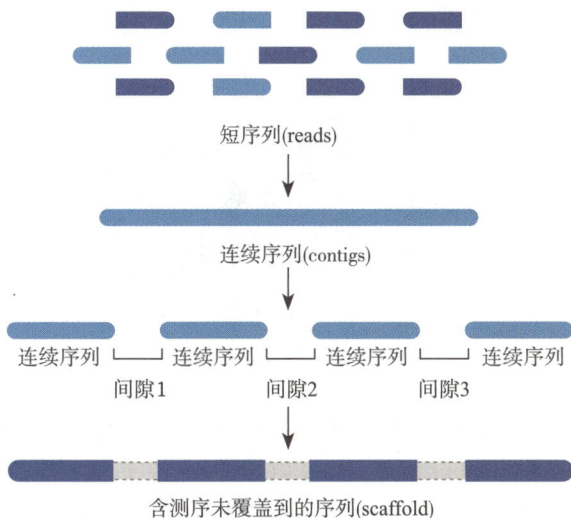

短序列(reads)

连续序列(contigs)

连续序列　连续序列　连续序列　连续序列
间隙1　　间隙2　　间隙3

含测序未覆盖到的序列(scaffold)

图 9-13 高通量测序结果数据分析流程

(二)半导体测序技术

半导体基因测序技术是通过半导体芯片在化学和数字信息之间建立联系,对碱基合成时氢离子的释放的检测来间接判读碱基。由于其硬件设备无需光学检测和扫描系统,并使用天然核苷酸和聚合酶,因此测序成本较低,其应用范围涵盖微生物基因组测序、转录组测序和肿瘤靶向测序等方面。半导体基因测序技术实验步骤可分为:文库制备、文库质控、"油包水"PCR 扩增、半导体测序和数据分析。其中,文库质控和数据分析原理与边合成边测序技术一致,在此不再赘述,下面重点介绍半导体基因测序技术特有的文库制备、"油包水"PCR 扩增和半导体测序。

1. 文库制备 与边合成边测序技术"建库"时随机打断基因组 DNA 不同,半导体基因测序技术的"建库"采取的是一种基于高度多重的 PCR 文库制备方案——基于扩增子测序的文库构建。文库构建是使用 12~24 576 对可定制的扩增子引物,通过 PCR 扩增基因组 DNA 中所需要的目标序列,而不是随机扩增,因此这种扩增方案特别适合靶向测序,可以帮助研究人员精准地将研究集中在感兴趣的目标基因、区域或变异上。PCR 扩增结束后,为了不让扩增引物占用测序读长和数据量,实验中使用试剂切掉扩增产物上大部分的引物序列,使得测序时尽可能多地测到样本序列。此外,与边合成边测序技术使用的黏性末端接头不同,半导体基因测序技术"建库"中加入的接头是平头的,在加入 P1 接头时同步加入 A 接头或者 X 接头。X 或 A 接头是未来的测序起始端,而 P1 接头是连到测序磁珠的这一端,X 接头和 A 接头的差别是:X 接头是带 barcode 序列的,而 A 接头是不带 barcode 序列的(barcode 序列类似于边合成边测序技术的 index 序列,起到标签样本的作用,当使用 A 接头时一次只能测序一个样本,当使用 X 接头时一次可测序多个样本)。P1、X 或 A 接头连接好后,经纯化、质控和 pooling 后就可以进入下一个实验步骤。

2. "油包水"PCR 扩增 与边合成边测序技术"簇生成"的目的一样,半导体基因测序技术的"油包水"PCR 也是使单个文库片段分子扩增放大,使之能够有足够的信号强度供测序仪采集。"油包水"PCR 也叫"乳状液"PCR(emulsion PCR),包括水相和油相,其中水相是核心,油相起到分隔的作用。实验开始前,先把文库、引物、DNA 聚合酶、预混液和测序微珠(测序微珠上有很多接头,起到测序载体作用)在水相中混合,然后加入油相进行充分混合,形成乳浊液。在这个乳浊液当中,大部分是油,油把水相分隔成一个一个的小水滴,每个小水滴当中都可能含有 0 个到数个文库分子,还会包含 0 个到数个测序微珠。与此同时,几乎每个小水滴中都有足够量的引物、酶和 Master Mix。接着进行 PCR:在一个小水滴当中,如果同时有一个文库分子和一个测序微珠,就会发生 PCR;如果缺少了文库分子或者测序微珠,就不会发生 PCR;如果同时有几个文库分子和一个测序微珠,即使发生 PCR 也将无法正常测序。PCR 之后,70%~80% 微珠的表面会覆盖以同一个文库分子拷贝出来的单克隆簇,对于没有发生 PCR 的微珠,将被专门的洗脱液去掉。

3. 半导体测序 半导体基因测序技术的测序芯片是一个半导体芯片,上面有上千万个小孔,每个小孔视作一个微珠的容器,又是一个微型的 pH 计,而且每个小孔只能容纳一个测序微珠。在测序过程中,通过测量并记录每个小孔中的 pH 的变化,来间接测出文库的序列。其原理是:每个 dNTP 分子都有 3 个磷酸基团,当 dNTP 被 DNA 聚合酶结合到链上时,释放 1 个焦磷酸分子,该分子再进一步分解成 2 个磷酸分子,多出的两个酸性分子会引起微环境里 pH 的变化。与此同时,小孔里每一个微珠上覆盖着成千上万的单克隆 DNA 链,每次发生聚合反应,就会多出几千甚至几万个酸性分子,这样的 pH 变化足以让小孔里的微型 pH 计探测到,进而转化为数字信号并记录下来。每一轮测序循环,dATP/dTTP/dCTP/dGTP 四种碱基是依次加入测序芯片中,每当小孔中 pH 电极产生电信号,就证明这一轮加入的某一种 dNTP 在小孔里发生了反应,从而对文库序列进行了测定。例如,如果芯片中加入的是 dATP 溶液,而小孔模板上正好有 T 碱基,就能与之发生聚合反应,于是 pH 电极的电压会发生变化,并将 A 碱基记录下来。如果加入的 dNTP 与模板上的碱基不匹配,就不会发生聚合反应,也就没有电压变化,这种情况不会有碱基被记录下来。如果正好有 2 个相同的碱基相邻,一次就会有 2 个碱基被聚合到 DNA 链上,电压变化值就会加倍。

(三)DNA 纳米球测序技术

DNA 纳米球测序技术是我国自主知识产权的测序技术,2017 年,基于 DNA 纳米球测序技术的 MGISEQ-200/2 000 基因测序仪被成功研发出来,2023 年,我国又研发出全新的 DNBSEQ-T20×2 测序仪,后者单次运行通量达 42Tb(PE100)或 72Tb(PE150),这台"怪兽"级测序仪将个人全基因组测序的成本降至 1 000 元以下。下文将介绍 DNA 纳米球测序技术流程中的文库制备、滚环扩增和双色测序三个部分,文库质控和数据分析与前文提到的测序平台类似,不再赘述。

1. 文库构建 与边合成边测序技术和半导体测序技术的"建库"策略不同,DNA 纳米球测序技术采取了一种环状"建库"的方式。首先,基因组 DNA 经过片段化处理,再通过克列诺酶将其黏性末端补齐为平行末端。用 T4 DNA 连接酶加上接头后(图 9-14A),将双链 DNA 片段变性成单链 DNA 片段,并加入特殊的引物连接片段两端的接头,使之形成环状单链 DNA(图 9-14B)。环状 DNA 构建好后立即进入下一步。

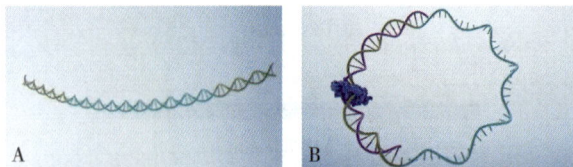

图 9-14　DNA 纳米球测序技术文库制备过程
A. 待测 DNA 片段加接头;B. 环状单链 DNA。

2. 滚环扩增 全称为环状 DNA 扩增技术(rolling circle amplification,RCA),其目的与边合成边测序技术的"簇生成"及半导体测序技术的"油包水"PCR 一样,使单个 DNA 片段扩增放大以达到测序仪传感器所需要的信号强度。滚环扩增是以环状单链DNA为模板，通过一个短的DNA引物（与部分环状模板互补），在DNA聚合酶的催化下将dNTPs合成到环状DNA链上，由于DNA聚合酶既有$5' \to 3'$聚合酶活性，又有$3' \to 5'$外切酶活性，就使得DNA聚合酶绕着环不停地转圈，转圈的同时在同一条环状DNA上复制出成百上千份单克隆拷贝，形似一股毛线团，这个结构被称为DNA纳米球（DNA nano ball，DNB），纳米球里包含着需要测序的样本片段。这种滚环扩增技术可将单链环状DNA扩增$10^2 \sim 10^3$个数量级，其最大的优点是不同于PCR指数扩增，滚环扩增依靠DNA聚合酶进行直线扩增，其扩增错误率不会被累积放大。

3. 双色测序　由于四色荧光标记技术对光学系统要求较高且存在荧光串扰的现象，近年来越来越多的平台研发出双色测序技术。DNA纳米球双色测序技术是基于一种专利——CoolMPS技术。DNA纳米球双色测序的第一阶段只加入2种可分别特异性结合A、C碱基的抗体，绿激光只能激发A碱基，红激光只能激发C碱基，摄像机采集荧光信号后洗脱抗体。同理，第二阶段只加入2种可分别特异性识别G、T碱基的抗体，获得G、T碱基的荧光信号，从而完成一轮测序。双色测序有效地避免了四色荧光标记的光谱串扰并降低了仪器硬件成本，但测序时间有所增加。

（四）第二代测序技术在临床中的应用

从第二代测序技术诞生之日起，科学家、临床医生乃至投资商就意识到其在生命科学研究和临床疾病诊断中蕴含的巨大潜力，十多年来，第二代测序技术就像一股旋风席卷了全球的生物医疗行业，从单细胞研究到环境监测，从司法鉴定到临床医疗，处处可见第二代测序技术的身影。第二代测序技术在临床医疗领域的应用最为广泛，包括：产前筛查与诊断、肿瘤精准诊断、感染性疾病检测、遗传病检测、药物基因组学及新药研发、个体疾病筛查、微生物宏基因组等。

四、第三代基因测序技术

由于第一代和第二代测序技术存在依赖于模板扩增及读长短等缺点，因此在全基因组从头测序和一些特殊遗传病的检测中的弊端日益凸显（如致

病性的重复序列、基因组结构变异、真假基因等）。如何使测序既能兼顾高通量，又具有长读长的优势，这就为第三代测序技术提供了开发思路。第三代测序技术共同的一个特点是均采用了单分子测序技术，2010年，单分子实时测序（single-molecule real time sequencing，SMRT）技术诞生，这种技术是通过纳米技术和现代光学系统对单分子碱基上的荧光信号进行识别，并将光信号转化为电信号的测序过程，其平均读长在千碱基级别。2012年，基于蛋白质纳米孔的单分子实时测序仪MinION和GridION被成功研发出来，其测序原理是捕获单分子碱基穿过蛋白质纳米孔时的实时电流变化，将电信号转换为碱基序列的测序过程，最长读长已达到兆碱基级别，读长优势更加明显。另外，MinION测序仪是目前世界上最小的测序仪，外形比U盘大不了多少，由于其外形与其他高通量测序仪差异巨大，业内也称其为第四代测序仪。下面将从技术特点和应用领域两方面来介绍单分子实时测序技术以及蛋白质纳米孔测序技术这两种第三代测序技术。

（一）单分子实时测序技术

1. 技术特点

（1）哑铃状文库：单分子实时测序技术采取的建库方式简单快捷，整个过程也不需要借助PCR扩增，因而没有PCR扩增偏向性和GC偏移的问题（高或低GC含量区域覆盖均匀，尤其不会湮没稀有突变）。跟所有高通量测序技术的文库制备一样，单分子实时测序技术首先也是将全基因组片段化，由于测序仪的读长很长，单分子实时测序技术制备的片段长度可达3~30kb。DNA片段的黏性末端被补平为平行末端，两端分别连接环状单链，单链两端分别与DNA片段平行末端连接上，得到一个类似哑铃状的结构，称为SMRT Bell。这种哑铃形状的文库的好处在于整个序列实际上是一个圆环DNA，在测序的过程中可以周而复始地进行测序，这种测序的过程被称作滚环测序，滚环测序最大的优点是可以提高测序的准确度，这也是单分子实时测序技术的特别之处。

（2）零模波导孔和SMRT测序：和第二代测序技术一样，单分子实时测序技术也需要借助芯片（SMRT cell），这种芯片上有许多测序微孔，每一个测序微孔被称为零模波导孔（zero model waveguide，

ZMW)。测序过程中,合格的零模波导孔里包含一个被固定在玻璃底板上的 DNA 聚合酶、一个 SMRT Bell 文库和许多荧光标记的游离 dNTP。根据物理学的零模波导原理,光波只能穿透直径大于光波波长的微孔,如果孔径小于波长,光波只能在小孔中传输很短的距离。这个直径比检测激光波长还小的测序微孔就称为零模波导孔,一个 SMRT cell 里有许多这样的圆形纳米小孔,激光从底部打上去后不能穿透小孔,能量被限制在一个小范围内,正好足够覆盖正在工作的 DNA 聚合酶,使得信号仅来自这个小反应区域。孔外过多的游离核苷酸单体依然留在黑暗中,使背景降到最低。

借助于零模波导孔(ZMW),第三代测序技术单分子实时测序得以实现。一个 SMRT Cell 芯片上有 2 500 万个零模波导孔,但不是每个零模波导孔都能进行测序,加入测序反应试剂后,合格的孔中的 DNA 聚合酶在高速合成,每合成一个碱基即显示为一个脉冲峰,碱基合成速度可超过 100 个 /min,配合高分辨率的光学检测系统,就能进行实时核酸检测。

(3)99.999% 的测序准确度:单分子实时测序结果有着接近一代测序的准确度,但它的准确度并非与生俱来,其真实的碱基判读准确度约为 90%,也就是说,平均每 10 个碱基,就有 1 个是错的。将单分子实时测序技术测序的准确度提高到了 99.999%,主要依靠三个方面:①滚环测序。如前文所述,单分子实时测序采取的是滚环测序策略,即一条模板链循环测序很多次,因此同一个文库可以得到很高的覆盖度。例如一个文库序列被反复读取了 15 次,可以产生 30 条互补的测序片段(序列),这 30 条测序片段在同一碱基位置上有 26～27 次的碱基结果都是一致的,这就足以判断出该位置碱基的正确信息;②无测序偏向性。对于一些 GC 含量高(> 50%)的 DNA 序列,第二代测序技术测序的结果质量都不好甚至完全测不到,其准确率基本为 0。由于 SMRT 测序建库无需 PCR 扩增,因此文库序列没有 DNA 的偏向性,测序结果产生的误差是随机误差而非系统误差。③测序结果的读长长。基因组上的重复区域或回文区域由于序列高度一致,即使能被第二代测序技术检测到,也不能通过生信分析有效地还原,出现很多错误匹配,从而造成假阳性的变异,SMRT 测序因为其读长长,长达上万碱基的测序片段可以跨越基因组中的重复区域,并且

这些区域可以被定位在基因组上的正确位置,以纠正错误的序列分配。

2. 应用领域　随着测序成本的降低和技术的普及,单分子实时测序技术已逐渐走进临床,如对先天性肾上腺皮质增生症(congenital adrenal hyperplasia,CAH)、脊髓性肌萎缩(spinal muscular atrophy,SMA)、地中海贫血等特殊单基因遗传病的筛查已具备大规模临床应用的技术前提。其中,利用单分子实时测序技术检测地中海贫血,一次性可以针对 2 288 种与 α 地中海贫血、β 地中海贫血、异常血红蛋白病、血红蛋白变异体、HBD 基因等相关的变异进行鉴定,基本上对已知的地中海贫血基因相关突变一网打尽,极大程度地降低了地中海贫血遗传筛查中的残余风险。

(二)蛋白质纳米孔测序技术

早在 1992 年,牛津大学的 Bayley 教授就提出了"纳米孔"的概念,但由于当时技术条件的限制而停留于理论层面。直到 2005 年,人类基因组计划的全部完成才明确了纳米孔技术应用于 DNA 测序的可行性,此后经过反复的技术改进和应用探索,最终于 2012 年成功研制出蛋白质纳米孔测序技术。蛋白质纳米孔测序技术既不需要精密复杂的光学设备,也不需要 DNA 碱基合成的各种试剂,目前已成为便携式 DNA 测序的代表,业内也有人称之为第四代测序技术。

1. 技术特点

(1)超长文库:由于蛋白质纳米孔测序技术不需要 DNA 聚合酶催化的合成反应,所以不存在 DNA 聚合酶的失活问题,也没有二代测序的"簇生成"产生的碱基超前 / 滞后问题,因此理论上 DNA 文库分子有多长,蛋白质纳米孔测序仪就可以测多长。在实际工作中,蛋白质纳米孔测序的文库建库方式有三种:① 1D 建库。1D 建库与二代测序的边合成边测序方法类似。动力蛋白是 DNA 解螺旋酶,当动力蛋白与纳米孔上的孔道蛋白结合时起到解螺旋的作用,Tether 蛋白是锚定蛋白,把 DNA 链吸附在测序芯片的膜上,不让它在测序时游走。②快速建库。快速建库不需要末端修复和加碱基 A,也无需纯化,其原理是使用已连接了序列接头的转座子酶,整个过程几十分钟就可完成,但缺点是测序质量不高。③ $1D^2$ 建库。$1D^2$ 建库是在 1D 建库基础之上发展起来的一个高质量的建库方式,$1D^2$ 建

库在末端修复和加碱基 A 后需要加上一个类似于互补引物的 $1D^2$ 接头，然后再加上带着动力蛋白的测序接头和 Tether 蛋白，$1D^2$ 接头的作用是使反义链紧跟着正链测序，由于反义链和正链是互补的，从而把两条序列进行相互校正，以提高碱基序列判读的准确性。

（2）生物纳米孔测序： 蛋白质纳米孔测序芯片中的核心部件是由蛋白质构成的纳米级小孔，称作"孔道蛋白"。将孔道蛋白整齐地镶嵌在一个人工合成的薄膜上，薄膜两侧都浸没在含有离子的水溶液当中，当两边加上电压后离子就会通过孔道蛋白，小孔中有电流通过时，孔道内的孔道蛋白就会检测到电流的变化。同样，当 DNA 单链通过这个小孔时，就会对离子的流动造成阻碍，不同的碱基造成的电流扰动是不一样的，因此这些电流波动信号被记录下来，经过分析还原成经过小孔的碱基序列，这就是蛋白质纳米孔测序的基本原理。然而，蛋白质纳米孔测序的结果判读是一个复杂的工作，虽然最新的孔道蛋白能够感受单个碱基的电流变化，但碱基修饰（甲基化、乙酰化等）以及前后碱基类型的不同都会造成同样的碱基对应不同的电流，最终得到的测序结果是计算机经过复杂的拟合后近似得出的，这也是为什么蛋白质纳米孔测序技术准确度

不高的原因。近 10 年来，通过研发者的不断努力，蛋白质纳米孔测序技术不断迭代，使得测序更加准确、简单、灵活。

2. 应用领域　染色体平衡易位、倒位、复杂重排是第二代测序技术的盲区，纳米孔测序技术由于其单分子、长度长的优势，能够轻松定位携带者的平衡易位断裂点位置，从而为后续的检测提供精准靶点，帮助染色体平衡易位的夫妇获得核型正常的胎儿。此外，纳米孔测序还能够对单体型构建和染色体结构畸变进行检测。随着技术的不断发展和成本的不断降低，未来将有望成为产前诊断和辅助生殖领域的重要检测技术。

五、各类测序技术的比较及临床应用场景

三代测序技术各具特点。从通量上看，第二代测序的边合成边测序技术和 DNA 纳米球测序技术的数据产出最高；从准确度上看，第一代测序的 Sanger 测序法仍是金标准；从发展潜力上看，第三代测序的纳米孔测序技术可以给人们带来无限的想象空间。由于各种测序技术各有所长，在实际工作中往往有其特定的应用场景（表 9-1）。

表 9-1　常用的第一代、第二代、第三代测序技术对比列表

代数	测序技术	读长（*2x 表示双端测序，*1x 表示单端测序）	通量	优点	缺点	临床应用场景
第一代	Sanger 毛细管电泳测序	600～1 000bp	忽略不计	准确度高；金标准	通量低；市场垄断；仪器贵	点突变、下一代测序验证等（详细应用参见第十三、十四、十五章）
第二代	可逆终止子加边合成边测序	*2x150bp	1.2Gb～6Tb	通量高；单位测序成本低；配套软件全	市场垄断；试剂仪器贵	无创产前筛查、染色体微缺失微重复、全外显子组测序等（详细应用参见第十二、十三、十四、十五章）
	半导体芯片测序	*2x200bp 或 *1x600bp	0.3～15Gb	速度快；适合靶向测序	通量低；高重复和同种多聚序列时易错	无创产前筛查、胚胎植入前检测、靶向测序（详细应用参见第十二章）
	滚环扩增加 DNA 纳米球测序（DNB）	*2x100～300bp 或 *1x50～100bp	150Gb～76Tb	通量高；无扩增累积错误；试剂仪器性价比高	测序周期较长	无创产前筛查、染色体微缺失微重复、全外显子组测序等（详细应用参见第十二、十三、十四、十五章）

代数	测序技术	读长（*2x 表示双端测序，*1x 表示单端测序）	通量	优点	缺点	临床应用场景
第三代	单分子实时测序技术（SMRT）	10～18kb	90～360Gb	读长长；准确度高；无扩增累积错误	成本高；仪器品种单一；通量低	特殊遗传病检测（如地中海贫血、先天性肾上腺皮质增生症、脊髓性肌萎缩等）
	纳米孔实时测序	10kb～1Mb	10Gb～1Tb	便携性；读长超长；无扩增累积错误；对环境要求低	准确度低；芯片成本高	主要应用于病原微生物检测（遗传病检测正在研发中）

测序技术发展四十多年以来，通量越来越大、速度越来越快而单位碱基测序成本却越来越低。第二代测序技术给人类疾病诊断带来了惊人的成果，第三代测序技术在未来有望和人工智能（AI）相结合实现家庭化云端检测。同时基于第一代测序技术所绘制的第一个人类基因组图谱也不应被遗忘，因为没有这个基本框架，就不可能产生第二代、第三代测序技术，正如牛顿所说："之所以能比别人看得远一些，是因为我站在巨人的肩膀之上。"

第三节

质谱技术

质谱（mass spectrometry，MS）是一种强大的分析技术。不同于生物化学和免疫学检测技术均是间接检测目的化合物，质谱是直接通过检测目的化合物的质量来评估其在样本中含量的一种方法。因此，质谱法是一种高准确度、高灵敏度和高选择性的检测技术，近年来在临床检测中起到了越来越重要的作用。

一、质谱技术发展简史

1906 年，英国学者 Thomson 在实验中发现带电荷离子在电磁场中的运动轨迹与它的质荷比有关，并制造了质谱仪的雏形。1919 年，Aston 动手改进了老师 Thomson 的质谱仪原型机，制造了世界上第一台高精密度质谱仪，使观察结果从"可观测"提升到了"可测量"，因此 Aston 也被普遍认为是质谱仪真正的发明者。1940—1960 年，高分辨率质谱仪出现，质谱技术开始应用于有机化合物的分析。1956 年，Dehmelt 首次描写了离子阱相对于高分辨率质谱的优点，此后数年他不断改进这种技术。1960—1970 年，气相色谱 - 质谱（GC-MS）联用仪得到广泛应用，成为进行有机混合物分离分析的重要仪器，促进了天然有机化合物结构分析的发展。1973 年，液相色谱 - 质谱（LC-MS）联用仪的出现进一步提高了质谱仪的灵敏度和分辨率。20 世纪 80 年代后，出现了一系列新的质谱技术，如基质辅助激光解吸电离技术、电喷雾电离技术、大气压化学电离源、电感耦合等离子体质谱等。这一系列新技术的出现，使得质谱更适合用于分析生物大分子聚合物，由此进入了质谱技术在医学研究和临床应用的新时代。图 9-15 展示了一百年间质谱技术的发展历程。

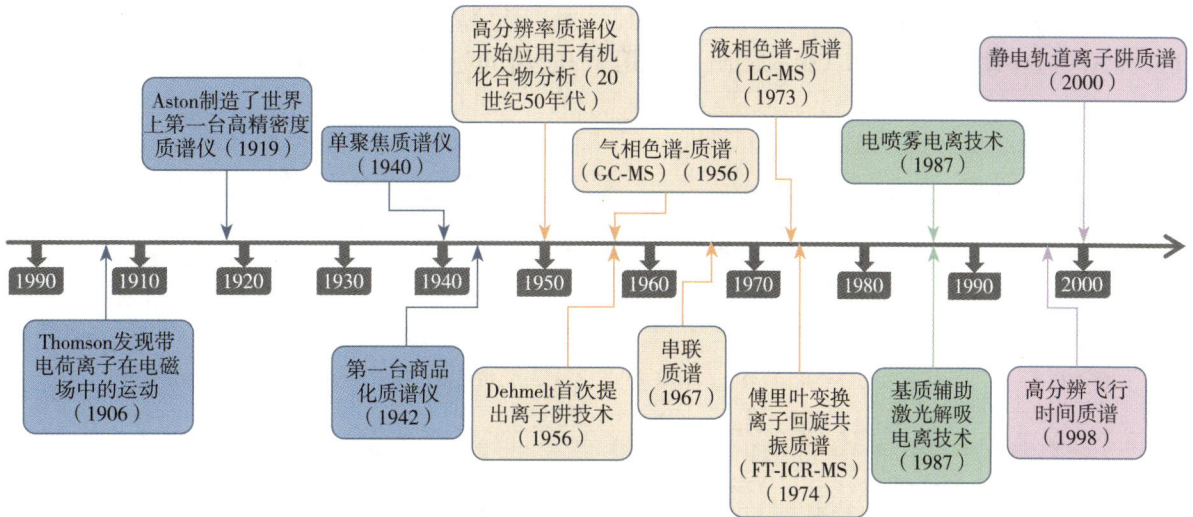

图 9-15　质谱技术发展简史

二、质谱技术的基本原理及质谱仪核心构造

质谱分析技术的原理是先将待测物质离子化，然后利用电磁学原理，对生成的离子按质荷比进行分离，通过检测器检测并放大信号，整个过程记录下来绘制成质谱图，通过分析质谱图可获得目标物质的定性、定量及分子结构等多方面的信息。实现质谱分析的仪器叫质谱仪。可以简单地认为质谱仪就像一杆通过各种物理化学手段去检测原子、分子、肽段或蛋白质的"精准的秤"。在临床检验工作中，每天的标本大部分是生物液体样本（例如血清/血浆、尿液、胸腔积液、腹水、脑脊液等），这些液体样本是复杂的混合物，需要通过生物化学、免疫学、分子生物学以及培养等手段对样本中的目的物质进行逐步分离、富集、检测及鉴定，而质谱技术与众不同，它是直接对目的物质进行称重。

质谱仪检测物质的过程包括：①将待测样本配制成待测溶液；②待测溶液转化为气态分子；③气态分子电离形成一系列相关离子；④相关离子通过电磁场，由于速度和轨迹的不同，依据质荷比的大小进行排序；⑤排序好的相关离子依次通过检测器，得到质谱信号（图 9-16A）。

要实现以上过程，质谱仪需要如下的配置：①进样装置。使样本导入仪器中，当色谱与质谱联用时，色谱仪起到了进样装置的作用。②离子源。将样本气化并离子化，生成一系列相关离子，离子源是整个质谱仪器的"心脏"，其性能直接影响着质谱

仪的灵敏度和分辨率。③质量分析器。对于不同质荷比的离子按照大小顺序进行区分。④检测器。将微弱的离子信号转换成电信号并放大，大多数质谱仪使用的检测器为电子倍增器。⑤数据分析系统（计算机）。数据分析系统将电信号记录下来，并处理成可视化的分析数据。⑥真空系统。为保证样本离子运动不受空气中其他离子的影响，离子源、质量分析器及检测器需要处在高真空环境下，因此，质谱仪还需要真空系统。整个质谱仪的核心是离子源和质量分析器（图 9-16B），不同的离子源与质量分析器的组合形成多种构造不同、用途不同的质谱仪。

（一）质谱仪的离子源

离子源的种类有很多，总体上可以分为两大类：①需要在高真空环境下工作的离子源，例如电子轰击电离源（electron ionization，EI）、化学电离源（chemical ionization，CI），EI 和 CI 是将气相分子直接引入真空下离子化的技术，常用于气相色谱-质谱联用仪，另一种需要在高真空环境下工作的离子源是基质辅助激光解吸电离（matrix-assisted laser desorption ionization，MALDI），这种技术于 2002 年获得诺贝尔奖，由于其可以对肽段、蛋白质等大分子物质进行检测，在临床中的应用越来越普遍；②可在大气压下工作的离子源，如高效液相色谱-质谱联用仪（high performance liquid chromatography-mass spectrometry，HPLC-MS）常用的电喷雾电离（electrospray ionization，ESI）源和大气压化学电离

（atmospheric pressure chemical ionization, APCI）源，ESI 和 APCI 这两种是目前临床实验室质谱仪中使用

最广泛的离子源，其他可在大气压下工作的离子源还包括电感耦合等离子体电离、大气压光电离等。

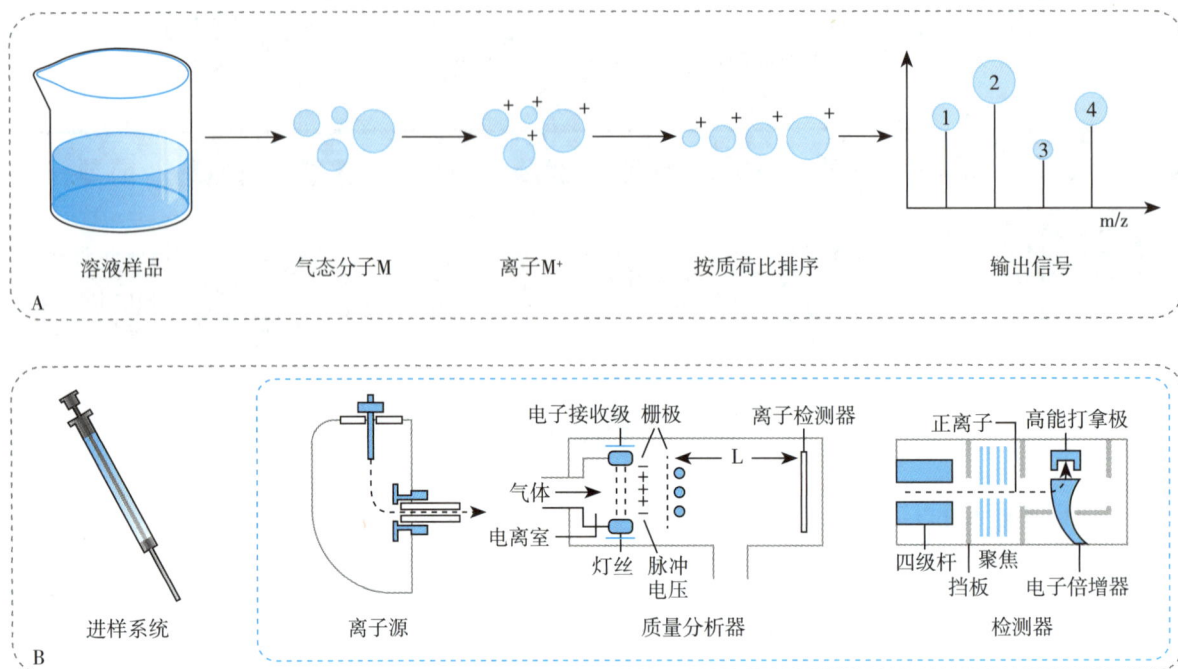

图 9-16　质谱仪的检测原理及基本构造
A. 质谱分析过程；B. 质谱仪构造。

（二）质谱仪的质量分析器

质量分析器总体也分为两大类：①束型质量分析器，是通过飞行直接撞击到探测器进行质量分析，这类质量分析器属于破坏性检测，整个检测过程仅需要微秒到毫秒。其主要种类包括四极杆质量分析器和飞行时间质量分析器，四极杆质量分析器由于性价比高、体积小等实用性优势已得到广泛应用，为了增加四极杆质量分析器的灵敏度和定性能力，常将三个四极杆串联使用，组成三重四极杆质量分析器，以三重四极杆作为液相色谱-质谱（LC-MS）法的质量分析器已成为临床应用的标准配置。飞行时间质量分析器有速度快、分辨率高以及瞬时记录离子全谱信息等优点，已逐渐成为质谱领域的新宠，在众多飞行时间质谱仪中，与基质辅助激光解吸电离源组合形成的基质辅助激光解吸电离飞行时间质谱（MALDI-TOF-MS）技术常应用于临床对各种蛋白质和大分子物质的检测。②捕获型质量分析器，是指将离子限制在一个由磁场、静电场和/或射频电场组合而成的狭小空间中进行检测的质量分析器，捕获时间从几分之一秒到数分钟不等。

其种类包括四极离子阱（quadrupole ion trap）、线性离子阱、轨道阱（orbitrap）以及傅里叶变换离子回旋共振（Fourier transfer ion cyclotron resonance），捕获型质量分析器具有分辨率好、精度极高等特点，但价格昂贵，维护成本高，一般用于探索性的研究。

三、质谱技术在临床遗传学中的应用

在众多类型的质谱仪中，临床应用最广泛的是基质辅助激光解吸电离飞行时间质谱（MALDI-TOF-MS）仪和液相色谱-质谱（LC-MS）仪。MALDI-TOF-MS 因其检测质量线性范围广，分析标志物基本涵盖了所有生物大分子，包括 DNA/RNA、脂类、肽链、蛋白质等，因此广泛应用于细菌/真菌鉴定、遗传病检测、DNA 甲基化分析及基因突变分析等领域。LC-MS/MS 由于其对极性和非极性化合物具有广泛的适用性，理论上只要目标物质能溶解在液体中就可以通过 LC-MS/MS 进行检测，因此广泛应用于新生儿遗传代谢病筛查、脂溶性维生素检测、类固醇激素检测、胆汁酸谱检测等遗传代谢性疾病的检测。

（一）MALDI-TOF-MS 在临床遗传疾病检测中的应用

核酸质谱平台是质谱技术在临床遗传学检测中的一个重要分支，其原理是将经典分子生物学的 PCR 方法与 MALDI-TOF-MS 相结合的一种技术，整个流程包括以下几步：先使用多重 PCR 将含有靶位点的目的基因扩增，随后通过特异性质量探针进行单碱基延伸，最后质谱仪鉴定不同探针的分子量并得到检测结果。核酸质谱平台在临床遗传学检测中的应用包括以下四个方面。

1. 基因突变检测　基于核酸质谱平台在临床基因突变检测的项目已越来越多，常见的有遗传性耳聋基因突变检测、地中海贫血基因突变检测、脊髓性肌萎缩基因突变检测等，这些遗传病的特点是致病位点多、位点突变类型复杂，部分还存在真假基因的现象，使用 MALDI-TOF-MS 技术检测基因突变的优势在于一次可以检测多个突变位点，且分辨率极高（区分真假基因），极大地提高了多基因多位点的检测效率，减少了样本的用量，满足临床的新需求。

2. 单核苷酸多态性检测　基于核酸质谱的单核苷酸多态性检测在指导临床药物使用、评估药物不良反应中具有非常重要的作用，目前在高血压、高脂血症、糖尿病、癫痫、抑郁等患者的个体化用药中具有十分广泛的应用潜力。

3. DNA 甲基化检测　在人类基因组的海洋中，分散着一种特殊的岛——CpG 岛，它们数量稀少，却可以通过甲基化和去甲基化控制着人类 70% 的基因表达。许多研究已证实 CpG 岛的甲基化水平与肿瘤、印记缺陷、精神分裂症、抑郁症等复杂遗传病都有一定的相关性。与传统的检测技术相比，质谱检测 DNA 甲基化在引物设计、检测成本及数据分析等方面具有更加便捷、快速和准确的优势。

4. 高通量测序结果的验证　高通量测序技术（第二代、第三代测序技术）已在临床得到了广泛的应用，其结果的验证主要依靠一代测序技术，然而一代测序技术检测突变的灵敏度较低，一般对低于 15% 的突变无法进行有效的辨识，这时候核酸质谱技术就适合用于对高通量测序结果的进一步验证，美国食品药品监督管理局（FDA）也推荐核酸质谱作为高通量测序结果验证的候选方法。

（二）LC-MS/MS 在临床遗传代谢病中的应用

1. 新生儿遗传代谢病筛查　遗传代谢性疾病是一类重要的遗传病，发生率占出生人口的 1%～2%，总体发生率为 1/5 000～1/3 000。遗传代谢性疾病多数于婴幼儿期发病，进行性加重，临床上难以确诊，所以一旦出现症状，身体和智力的损害已不可逆。采用 LC-MS/MS 可以检测新生儿足跟血涂片中数十种氨基酸、游离肉碱及酰基肉碱的水平，筛查氨基酸代谢障碍、有机酸血症等多种遗传代谢病，现已广泛应用于新生儿出生缺陷的防控。

2. 类固醇激素检测　由于 LC-MS/MS 能提供高通量、高灵敏度、高稳定性的激素分析结果，现已广泛应用于睾酮、雌二醇、醛固酮、皮质醇等多种类固醇激素的检测，在先天性肾上腺皮质增生症（CAH）、原发性醛固酮增多症（primary aldosteronism，PA）、库欣综合征（Cushing syndrome）、多囊卵巢综合征（polycystic ovary syndrome，PCOS）等复杂遗传病的确诊中起到重要的辅助作用。

小　结

实时荧光定量 PCR、跨越断裂点 PCR（gap-PCR）、多重连接探针扩增技术（MLPA）、数字 PCR（dPCR）、扩增受阻突变系统 PCR（ARMS-PCR）等基于 PCR 的实验技术是临床分子遗传学检验中的常规技术，熟练掌握这些技术相关的知识是从事分子遗传工作的基础。第一代、第二代、第三代测序技术是目前临床分子遗传学检验的核心技术，也是整个湿实验的核心，如果能把这几类测序技术的基本原理和临床应用融会贯通，那么在临床工作中面对各种复杂的遗传病时就能应对自如。质谱技术在检验领域的应用十分广泛，分子遗传学检测仅是质谱技术在临床应用中的一个方向，因此，质谱技术的基本理论和相关知识是检验专业的必备技能。分子遗传学检验技术是遗传学检测领域中发展最快的一个分支，用日新月异来形容一点也不为过。保持终身学习的习惯，是对一名优秀的临床遗传学检验人员的基本要求。

（里　进　郭晓兰）

生物信息学作为一门新兴学科,已成为基因组、转录组等组学研究中数据分析的重要工具,在推动高通量测序技术的临床应用中发挥了关键作用。同时,海量测序数据的涌现也促进了在线数据库和网络分析工具的快速发展。本章节将详细阐述生物信息学在多种组学数据中的应用,并重点介绍临床遗传病基因组数据分析中可参考的生物信息学工具。

生物信息学与常用数据库

生物信息学(bioinformatics)是一门以生物学、计算机科学、数学为主的多学科交叉新兴学科,是现代生物学研究的重要工具。其主要以计算机科学和数学为研究手段,对生物信息进行获取、加工、存储、检索、传播、分析与解析,从而理解各种数据的生物学意义。

生物信息学自产生以来大致经历了前基因组时代、基因组时代和后基因组时代三个发展阶段。20 世纪 90 年代之前为前基因组时代,该阶段的标志性工作包括各种序列比对算法和生物数据库的建立、检索工具的开发以及 DNA 和蛋白质序列的分析等。20 世纪 90 年代至 2001 年,即人类基因组计划开展期间,为基因组时代,其标志性工作包括基因的识别与发现、网络数据库系统的建立和交互界面工具的开发等。随着人类基因组计划的完成及相关转录组、蛋白质组、代谢组、表观基因组等计划的开展和第二代测序(next-generation sequencing,NGS)技术的发展,生物信息学的主要研究内容已经从对 DNA 和蛋白质序列的比较、编码区分析和分子进化转移到大规模的数据整合、可视化,包括比较基因组学、代谢网络分析、基因表达谱分析、蛋白质组分析以及药物靶点筛选等。在后基因组时代,生物信息学分别与功能基因组、蛋白质组、结构基因组等领域相互配合、紧密相关,成为目前极其热门的系统生物学研究的重要基石。

一、生物信息学的临床应用

生物信息学在基因诊断中发挥着重要作用,并已成为研究疾病遗传病因的重要工具。以染色体微阵列分析和高通量测序分析为代表的基因组检测和分析技术,使得原来单一基因层面的检测,革命性地发展为基因组层面全方位检测的基因组解析(genomic profiling)。在这些新技术和工具的支持下,生物信息学在精准医学的实践中起到了重要作用。

生物信息学在临床中应用广泛,包括组学技术、代谢通路和信号通路、生物标志物的发现和开发、计算生物学、基因组学、蛋白质组学、代谢组学、药物基因组学、转录组学、高通量图像分析、人类分子遗传学、人体组织库、医学数学和生物学、蛋白质表达和分析以及系统生物学。生物信息学数据可用于分析与疾病相关的生物分子网络,这些网络可将基因型和疾病表型结合起来,以确定复杂疾病的生物学机制。如何将生物信息学结果进行临床转化,实现个性化医疗,是该领域的挑战之一。这个过程需要能够有效管理和解释复杂数据的强大工具,还需要为临床医生开发在日常实践中使用的用户友好型工具,比如评估遗传性癌症风险、罕见和常见疾病的危险因素、个性化药物的选择和剂量等的工具。

二、生物信息学数据分析基本处理流程

生物信息学的数据处理对象主要是芯片数据和高通量测序数据。早期的生物信息学数据都是由芯片产生，但随着 NGS 技术的快速发展，目前主流的生物信息学数据为组学数据，包括基因组、转录组、蛋白质组和表观组等。本文主要对使用最广泛的基因组和转录组数据分析处理流程进行简要介绍。

（一）基因组测序

基因组测序（DNA-seqencing，DNA-seq）可检测基因组 DNA 的点突变和小插入缺失（insertions and deletions，indels）。同时测序数据质量的提高也为检测基因组结构的变异提供了可能。DNA-seq 数据可以是有针对性的，例如靶向的基因包（panel）测序和全外显子组测序（whole exome sequencing，WES），或非靶向的全基因组测序（whole genome sequencing，WGS）。WGS 提供了覆盖基因组的无偏倚测序，避免了外显子捕获所带来的偏向性，使得其在检测变异特别是结构变异方面比 WES 更有效。DNA-seq 数据临床分析的主要流程如图 10-1 所示。

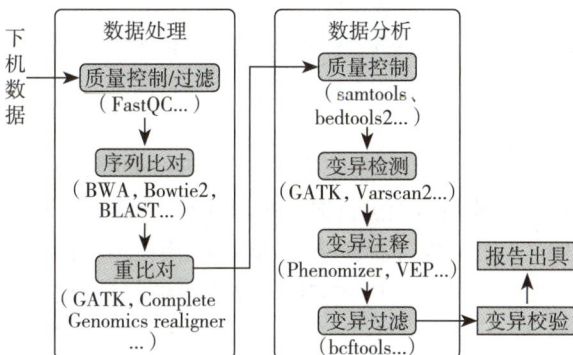

图 10-1　DNA-seq 临床分析流程示意图

1. 质量控制 / 过滤　分析原始测序数据的质量，以确定测序过程是否符合定义的质量要求。验证不同的指标，例如测序读数的数量、长度分布及质量，并将其与已使用的特定测序仪的技术预期值进行比较。FastQC 是一种常用的验证原始数据质量的工具，可生成完整的原始数据统计列表。在此初始质量控制阶段，可使用 fastp 工具等来过滤原始测序数据，包括丢弃与定义的质量标准不匹配的读数、去除接头等。

2. 序列比对　将质控后的测序数据与人类参考基因组进行比对。在此过程中，每个测序片段都放置在参考基因组上最合适的位置，这取决于所使用的算法和参数。当比对来自重复区域或包含插入 / 缺失的序列时，这个过程会特别复杂。常用的序列比对工具有 BWA、Bowtie2 和局部序列比对检索基本工具（basic local alignment search tool，BLAST）。

3. 重比对和质量控制　除了比对之外，还有一些工具可以提高现有比对的质量，例如 GATK 和 Complete Genomics realigner 等；以及质量控制相关工具，如 samtools、bedtools2 等。

4. 变异检测　序列比对并验证质量后，可以分析个体变异。检测过程通过比较比对序列与参考序列，以创建样本中存在的变异列表文件，通常用 VCF（variant call format）格式保存。变异可以根据不同的标准进行过滤，例如变异位置的最小覆盖率或样本中变异等位基因的频率等。常用工具有 GATK、samtools 和 Varscan2。

5. 变异注释与过滤　对变异的深入理解需要对其生物学功能进行标注。比较流行的方法之一是使用来自 Phenomizer 和 Ensembl（VEP）的变异效应预测器，它可将临床相关信息批量注释到检测到的变异上，后续解读相关的过滤步骤可通过 bcftools 等工具实现。

（二）转录组测序

识别变异通常是基于 DNA 测序数据，而差异表达分析则需要使用转录组测序（RNA-sequencing，RNA-seq）数据。DNA-seq 和 RNA-seq 的比对、读段预处理和后处理的过程大致类似，但有一些关键差异，例如与参考序列比对时必须执行特殊的间隙对齐，因为 RNA 存在剪接事件，RNA 读段有时不会连续与参考序列对齐，而是映射到长距离的不同外显子上。常用的 RNA-seq 比对工具有 STAR 和 TopHat。与 DNA-seq 比对相反，由于基因表达水平不同，RNA 比对的覆盖范围因基因组中的不同区域而异。因此，RNA 比对的覆盖率可用于在相对总读段计数、基因长度和其他可能的混杂因素（如 GC 含量）归一化后推断基因表达水平。这里常用的工具包括 HTSeq 和 featureCounts。后续差异基因分析的工具包括 DESeq2 和 EdgeR，它们直接对读段计数进行建模，解释各种混杂来源，并为参数估计提供稳健的统计支持。

三、临床常用数据库

临床医生不仅仅需要掌握疾病相关的知识,也要能够利用遗传学和基因组学的资源,获取和分析先证者及家系成员的病史资料,选择合适的基因组学检测手段,解读基因检测报告并了解致病机制,进一步提供遗传咨询服务、确定治疗方案、评估再发风险和指导再生育等。互联网的普及使得各种网络资源的检索以及获取信息变得容易。目前有 1 000 多种分子生物学数据库以及关于遗传信息的在线数据库。

本章节列出了对临床和科研较为实用的遗传学资源网站,其所提供系统精炼的综述性信息对专业人员具有参考价值。熟练掌握并应用这些网络资源,可极大地便利临床及科研工作。

(一)疾病表型与相关基因数据库

这部分数据库以专业性术语和规范化命名、相应文献资料、其他数据库资料等整合而成,主要数据库网站见表 10-1。通过查询这些数据库,有助于了解罕见遗传病的表型、遗传方式、基因与疾病的相关性等,协助患者诊断;此外,还可以获取致病基因、研究现状以及治疗进展等方面的信息。下面主要详细介绍人类表型术语数据库、在线人类孟德尔遗传数据库。

表 10-1 疾病表型与相关基因数据库列表

数据库	概述
Human Phenotype Ontology（HPO）	人类表型术语数据库,包含超过 13 000 项名词和 156 000 余项关于遗传病的注释
Online Mendelian Inheritance in Man（OMIM）	人类基因与遗传疾病的目录,可通过表型或基因来搜索相关信息,涵盖详细的人类基因遗传信息,并收录了典型的疾病遗传相关性样本研究信息
GeneReviews	包含描述特定遗传病的标准化同行评议文章和单个基因及表型信息的章节,主要聚焦于单基因遗传病,提供目前关于诊断、管理和遗传咨询的疾病特异性信息
Orphanet	权威和丰富的罕见病知识库,提供全面综合的罕见病和治疗所需药物等信息,旨在改善罕见病患者的诊断和治疗,目前已收录 5 865 种罕见病,涉及 3 573 个基因
PhenoTips	收集和分析遗传信息患者表型信息的软件工具
ClinGen	利用现有研究成果对基因组区域、基因和变异进行评审、筛选、审核,建立基因、变异与疾病的临床相关性的知识库

1. 人类表型术语数据库　phenotype 即表型,是由基因和环境共同作用使生物体外在表现出来的形态与功能特征;而 ontology 是描述专业领域的标准化词汇及词汇间的语义关系。人类表型术语数据库(Human Phenotype Ontology,HPO)就是描述人类疾病表型特征的标准词汇表,每个术语描述了一种异常表型。HPO 对从相关医学文献、在线人类孟德尔遗传数据库、Orphanet 数据库以及 DECIPHER 数据库等获得的信息进行了整合归纳,目前包含超过 13 000 项名词和 156 000 余项关于遗传病的注释。HPO 还提供了一套针对 4 000 多种疾病的注释。通过 HPO 规范化表型术语,可将临床资料、遗传学数据及生物学信息等进行专业高效地匹配,HPO 转化采集到的患者表型信息,是后续深入分析的基础。

中文人类表型标准用语联盟(The Chinese Human Phenotype Ontology Consortium,CHPO)由国内相关领域专业人士,包括临床医生、遗传咨询师、分子生物学领域知名人士自愿组织,共同发起成立。对国外已有的 HPO 词条进行翻译优化,旨在逐步在中国建立一个开放的中文临床表型术语标准平台,以指导、服务于中文使用者的临床和科研工作。CHPO 目前已与 OMIM 数据库建立连接,不仅能应用在临床、科研、遗传学分析、基因检测等领域,也有助于机器学习,提高计算机的辅助分析能力,以推动人工智能与医疗的深入结合与应用。

2. 在线人类孟德尔遗传数据库　在线人类孟德尔遗传(online mendelian inheritance in man,OMIM)数据库是一个综合性的、权威的人类基因和遗传数据库。该数据库收录人类孟德尔病信息,包括对遗传病的分类与命名、表型的收录,以及相关致病基因等,可通过检索表型或基因型来获取以上信息。除简要描述各种疾病的临床特征、诊断、鉴别诊断、治疗与预防外,还提供已知有关致病基因的连锁关系、染色体定位、组成结构和功能、动物模型等资料信息，并附有经缜密筛选的有关参考文献。OMIM 制定的各种遗传病、性状、基因的编号，简称 MIM 号，为全世界所公认。相关疾病在报道时须加上 MIM 号以明确具体是何种遗传病。

OMIM 主要组成包括：① OMIM 数据库，可查询收录的遗传病、性状或基因的资料；② OMIM 基因图谱，可查看人类基因定位等信息；③ OMIM 疾病基因图谱，可查看疾病的基因定位等信息；④ OMIM 号系统，介绍 MIM 号的编排体例；⑤ OMIM 最新修订情况，介绍 OMIM 新增加或删改条目的信息；⑥ OMIM 最新统计数据，提供 OMIM 所有内容的最新统计；⑦ OMIM 基因列表，列出收录基因的代号及 MIM 号等。值得注意的是，OMIM 并没有囊括所有遗传病，通过输入疾病名称可查询该病是否收录于 OMIM 中。对于含义相同的异名，OMIM 会自动指向同一疾病。虽然 OMIM 列出的参考文献不如 PubMed 广泛，但其提供的精炼的综述性内容，对专业人员更具参考价值。

（二）人群基因组数据库

人群基因组数据库适用于获取某变异在大规模人群中发生频率的相关信息，如 Genome Aggregation Database（gnomAD）、Exome Aggregation Consortium（ExAC）、千人基因组数据库（1 000 genomes project）、NCBI dbSNP 等（表 10-2）。通过搜索公共人群基因组数据库，利用已发表文献中相同种族的对照数据可进行基因变异频率的分析。分析变异基因在对照人群或普通人群中的携带频率，有助于评估该变异的潜在致病性。不同种类的数据库有其独特的优缺点，如 NHLBI 外显子测序数据库的数据来源于白种人和非裔美国人群，根据其数据覆盖量能识别是否存在基因变异，尽管千人基因组数据库缺乏评估基因变异的能力，但它囊括了更多的种族人群，因此其数据具有更广泛的代表性。下面主要介绍 gnomAD。

表 10-2　人群基因组数据库列表

数据库	概述
Exome Aggregation Consortium（ExAC）	数据库中的变异信息是通过对 61 486 个独立个体进行全外显子组测序而获得的，同时也是多种特殊疾病和群体遗传学研究中的一部分，库中不包括儿科疾病患者及其相关人群
Genome Aggregation Database（gnomAD）	包含 125 748 个全外显子组和 15 708 个全基因组的测序数据，来源于各种疾病研究项目及大型人群测序项目，为目前最大的人群数据库
Exome Variant Server（EVS）	数据库中的变异信息是通过对欧洲和非洲裔几个大规模人群的全外显子组测序而获得的，测序数据难免会有些区域未能测到，当缺乏变异信息时，默认该数据已覆盖
1 000 Genomes Project	数据库中的变异信息是通过对 26 个种群进行低覆盖度的全基因组测序和高覆盖度的靶序列测序而获得的，本库所提供的信息比 EVS 更具多样性，但也包含有低质量的数据
Single Nucleotide Polymorphism Database（dbSNP）	数据库由多种来源的短片段遗传变异（通常 ≤ 50bp）信息组成，库中可能缺乏溯源性研究细节，也可能包含致病性突变
dbVar	数据库由多种来源的基因结构变异（通常 > 50bp）信息组成

gnomAD 是由各国研究人员共同协作建立的一个基因组变异频率数据库。建立该数据库的目的是汇集和协调来自众多大规模测序计划与不同级别的大规模测序项目的数据，包括全外显子组与全基因组数据，为广泛的科学研究团体提供汇总数据。目前该数据库包括 125 748 个个体的全外显子数据与 15 708 个个体的全基因组数据，这些数据来源于各自不同的疾病研究项目与大型人口种群测序项目。该数据库包括前文提到的千人基因组数据、ESP 数据库及绝大部分的 ExAC 数据库。gnomAD 是目前最大的人群频率数据库。gnomAD 对收录的人种类型及测序数据进行了分类统计，该数据库所有的数据都可免费下载。通过 gnomAD 浏览器，可以在搜索框中输入基因、变异或者区域进行相关信息的查询。变异注释表格记录了变异位点、来源、注释信息、变异等位基因数、等位基因总数、等位基因频率等信息。也可以选择包含或排除 SNPs、indels、外显子组变异、基因组变异及被过滤掉的变异进行

筛选,通过数据库进行全外显子组、全基因组变异 vcf 格式文件及覆盖度数据的下载。

由于该数据库去除了患严重儿科疾病的个体及其父母的基因组数据,应用该数据库查询单基因遗传病致病基因变异位点人群频率对评估变异位点的致病性有重要价值。一般而言,某一等位基因变异频率超过 5% 时,可认为是良性变异的独立证据。变异在对照人群中的频率大于在疾病预期人群中的频率,可作为该变异是良性变异的强证据。如果数据库中未收录某个变异的频率,则该变异存在致病的概率,但应该确认建立该数据库采用的测序读长与深度是否足以检测出该变异。

(三)疾病基因变异数据库

目前人类基因组中的大量变异不断被发现,且已被许多数据库广泛收录。当临床实验室需要对某一变异进行分类并出具报告时,可在已有的数据库及发表的文献中寻找到有价值的参考信息。疾病基因变异数据库存储了基因变异与疾病的关系等信息。查询疾病基因变异数据库有助于分析变异位点是否被报道过以及对其致病性进行评估。以下为常用数据库(表 10-3),尽管部分数据库内容之间有交叉,但每一个数据库仍有其独特性。

表 10-3　疾病基因变异数据库列表

数据库	概述
ClinVar	对变异与表型和临床表型之间的关联进行确定的数据库
Human Gene Mutation Database(HGMD)	本数据库中的变异注释有文献发表
Leiden Open Variation Database(LOVD)	免费的开放源代码数据库,旨在收集和显示 DNA 序列中的变异并包括是否为致病性的信息,目前包含 162 000 个患者中超过 515 500 个变异
DECIPHER	使用 Ensemble 基因组浏览器,将基因芯片数据和临床表型进行关联,便于临床医生和研究人员使用的细胞分子遗传学数据库
Database Genomic Variants(DGV)	提供人类基因组结构变异的概况,涉及大于 50bp 的 DNA 片段的基因组改变,数据库记录了一系列基因变异与表型相关的信息

在使用数据库时应注意:①确定数据库的更新频率,确定数据库收录相关数据时是否进行了校勘,以及采用了何种方法进行数据校勘;②确认采用人类基因组变异协会(HGVS)命名体系,并确定描述变异的基因组版本和转录本参考序列;③确定数据分析准确度的验证程度,并分析用于评估数据准确度的各种指标,要获得这些信息可能需要阅读相关的文献;④确定收录对象的来源及其唯一性等。下面以单核苷酸变异常用的人类基因变异数据库(Human Gene Mutation Database,HGMD)、ClinVar 数据库及拷贝数变异常用疾病数据库 Database of Genomic Variation and Phenotype in Humans using Ensembl Resources(DECIPHER)为例详细介绍。

1. HGMD 和 ClinVar 数据库　人类基因变异数据库(Human Gene Mutation Database,HGMD)为人类疾病基因变异注释数据库,收集文献发表的基因变异与疾病的关系信息。该数据库包括在编码区、调控区和剪接区域的点突变,还包括插入、缺失及重复等突变。突变信息主要包括染色体定位、突

变类型及相关表型。查询 HGMD 可获得某个特定基因或疾病的变异谱,提供有关人类遗传病突变的综合性数据。能简单、快速地确认某种变异是否已被报道、是否有功能学实验验证等。HGMD 分为普通免费版和专业收费版,专业版集实时更新、结果下载、高级检索等多项功能于一体。

ClinaVar 数据库是包含人类基因变异与疾病表型相关性的一个公共数据库。其主要目的在于整合不同来源的分散数据,包括变异、临床表型以及功能注释等方面的信息,形成一个标准的、可信的、稳定的基因变异 - 临床表型相关的数据库。通过该数据库可查询人类基因变异的致病性及与临床表型的关系,可免费访问与下载。HGMD 收集文献中基因变异位点,而 ClinaVar 收集第三方实验室和部分文献,两者是互补的。

2. DECIPHER　一个基于网络的可交互数据库,其整合了 200 多家研究中心上传的超过 10 000 例的病例信息,旨在帮助解读基因组结构变异。DECIPHER 包含患者基因组拷贝数变异信息,如缺

失或重复等的位置、大小、致病性等,通过整合多种生物信息学资源及患者临床表型来帮助判断基因变异的临床意义。实际应用中,可以通过检索数据库,输入拷贝数变异的相应基因组位置来获取一系列相关的遗传病信息,包括临床表型、区域包含的基因等,从而提高临床诊断效能。

四、生物信息学分析工具

多种公共和商业化计算机工具可以辅助解读序列变异,每种工具使用的算法可能有差异,但都会包含对序列变异在核苷酸及氨基酸水平上的作用的判断,包括变异对主要转录本、可变转录本、其他基因组元件的影响的确认,也包括对蛋白质潜在作用的判定,这些工具主要分为两类:一类可以预测错义变异是否会破坏蛋白质的功能或结构,如PolyPhen-2、SIFT、Mutation Taster 等(表 10-4);另一类可以预测是否影响剪接,如 GeneSplicer、Human Splicing Finder、MaxEntScan 等(表 10-5)。这些软件分析结果只是预测,在序列变异解读的实际应用中需要慎重使用,不建议仅使用这些预测结果作为唯一证据来进行临床判断。

表 10-4　错义变异预测工具列表

错义变异预测工具	依据
SIFT	进化保守性
Consurf	进化保守性
FATHMM	进化保守性
MutationAssessor	进化保守性
PANTHER	进化保守性
PhD-SNP	进化保守性
PolyPhen-2	蛋白结构/功能和进化保守性
Mutation Taster	蛋白结构/功能和进化保守性
Align GVGD	蛋白结构/功能和进化保守性
MAPP	蛋白结构/功能和进化保守性
MutPred	蛋白结构/功能和进化保守性
PROVEAN	变异序列和蛋白序列同源性之间的相似性比对和测量
SNP&GO	蛋白结构/功能
nsSNPAnalyzer	多序列比对和蛋白结构分析
Condel	综合 SIFT、PolyPhen-2 和 MutationAssessor 进行综合预测

续表

错义变异预测工具	依据
CADD	对于来自模拟变异的等位基因进行不同的注释
REVEL	基于工具评分
ClinPred	基于工具评分和人群突变

表 10-5　剪接位点变异预测工具列表

剪接位点变异预测工具	依据
GeneSplicer	马尔可夫模型
Human Splicing Finder	位置依赖的逻辑
CRYP-SKIP	多元 Logistic 回归分析
MaxEntScan	最大熵原则
Berkeley Drosophila Genome Project(BDGP)	神经网络
NetGene2	神经网络
NNSplice	神经网络
FSPLICE	基于权重矩阵模型进行种特异性预测

全基因组多序列比对的主要目的是揭示基因组在进化上保守的和非保守的序列以及它们所分布的区域。主要的核酸保守性预测软件见表 10-6。可以通过基于 UniProt 的有关蛋白序列和注释的信息,以及多物种序列比对软件 Clustal Omega 来评估错义变异位点的进化保守性。在碱基层面上分析不同物种的多序列比对结果和序列保守性非常不方便,此外,许多功能结构域的保守性介于高度保守和完全不保守之间。为了使保守性比对结果更加清晰明确地显示,UCSC 基因组浏览器使用两个软件 PhastCons 和 PhyloP 把多序列比对结果转换成两种单一的保守性计分和展示。PhastCons 对于保守序列的分析更敏感且对于保守区域的界定更有效。PhyloP 和 PhastCons 多物种比对文件可以从 UCSC 基因组浏览器的网站上下载。

表 10-6　核酸保守性预测工具列表

核酸保守性预测工具	依据
Genomic Evolutionary Rate Profiling(GERP)	基因组进化速率分析
PhastCons	保守打分及鉴定保守元件

续表

核酸保守性预测工具	依据
PhyloP	比对和分子进化树:在家系特异性单倍群或者所有分支中,计算保守或加速进化的 P 值
UniProt	蛋白序列和注释
Clustal Omega	多物种序列比对

2015 年,美国医学遗传学与基因组学学会(ACMG)发布了针对序列变异的解读的标准和指南,根据 28 个证据类别,以排列组合的方式对变异位点的致病性进行分类,将变异分为致病性(pathogenic)、可能致病(likely pathogenic)、临床意义未明(variant of uncertain significance)、可能良性(likely benign)和良性(benign)五大类来描述孟德尔病致病基因中发现的变异。人工判读耗时耗力,特别是临床样本量大的实验室。辅助结合相应变异注释工具(表 10-7)有助于节约时间成本。例如 InterVar 是一种基于 ACMG 指南对遗传变异进行临床解释的生物信息学软件工具,可以直接调用 ANNOVAR 来运行注释流程,也可以输入其他注释软件的结果文件。其自动化解读有助于变异分析人员快速进行初步评分,在此基础上再根据 ACMG 指南证据类别进行人工审校和补充,一定程度上提高了变异解读效率,减少判读过程中的时间及人力的投入。

表 10-7　变异注释工具列表

变异注释工具	概述
InterVar	实现对 ACMG 的 28 条判读标准中的 18 条进行自动化评分,其余 10 条由于需要后续证据输入或者参数调整,即自动判读完成后需人工审校和调整
Reference Variant Store(RVS)	使用多种注释方法保存超过 520 000 000 万个遗传变异的信息,提供包括表型和疾病、人群频率及预测分数等的注释
VarCards	通过该数据库,用户可以方便地搜索、浏览和注释编码区变异

第二节 拷贝数变异的结果分析

拷贝数变异(copy number variation,CNV)是指由于基因组发生重排导致的显微或亚显微水平的基因组片段的缺失、重复等。微缺失或微重复片段的大小范围一般大于 50bp。有研究表明,平均每个个体的基因组中可以携带 3～7 个罕见 CNV,5%～10% 的个体中可携带大于 500 000bp 甚至更大的 CNV,其中 1%～2% 的个体携带的 CNV 可以大于 100 万 bp。

缺失或重复的 CNV 区域内可能包含一个或多个剂量敏感的基因或重要的功能调控元件,如增强子、启动子,这些基因或重要的功能调控元件由于发生了缺失或重复,导致基因剂量表达的不足或过多,或影响下游基因的表达,一旦超过机体所能承受的阈值就可能出现疾病表型,这类可以导致疾病的 CNV 称为致病性 CNV。

由致病性 CNV 导致的染色体微缺失或微重复综合征已超过 300 种,综合发病率达 1/600,是重要的致病因素之一。近年来,随着染色体微阵列分析(CMA)、基于第二代测序技术的 CNV-seq 以及全外显子组测序(WES)等高分辨分子检测技术的应用,临床工作中检测出越来越多的罕见 CNV。对这些罕见 CNV 的临床意义进行正确的判读和分类,可以为临床医生和受检者提供更精准的遗传咨询意见。

一、CNV 的分类

对 CNV 进行结果分析,首先要对得到的数据进行质控判断,确保检测到的 CNV 信号真实可靠。对数据质量差、质控不过关可能造成的假信号要先进行甄别、去除。

对 CNV 进行数据分析,首先要明确 CNV 是缺失还是重复,是纯合缺失还是杂合缺失,是 3 个拷贝还是更多拷贝的重复(图 10-2)。

明确了 CNV 的类型后,再进一步对 CNV 是否致病进行深入分析。2019 年,ACMG 和临床基因组资源(Clinical Genome Resource,ClinGen)发布了关于原发性 CNV 数据解读和报告的共同共识建议,给实验室数据分析人员规范化分析 CNV 结果提供了专业的技术参考标准。

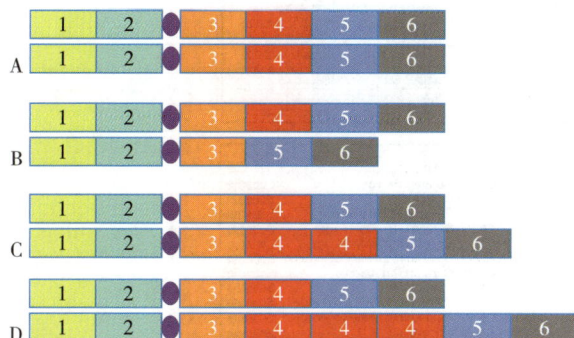

图 10-2　CNV 的类型

A. 正常基因组序列示例（区段 1~6 各有两个拷贝）；
B. 基因组发生了 CNV 缺失（一条同源染色体的区段 4 发生了缺失）；C. CNV 发生了重复（一条同源染色体的区段 4 发生了重复）；D. 基因组多拷贝重复（一条同源染色体的区段 4 发生了多拷贝重复）。

　　CNV 数据分析实验室应根据自己实验室所选用的技术平台建立经内部验证过的数据质控标准及分析流程——标准操作规程（standard operating procedure，SOP）。参考 ACMG 和 ClinGen 的技术标准，对 CNV 分类的判断主要依据包括：① CNV 区域内是否涵盖蛋白编码基因或重要调控元件（图 10-3）；②所含基因或区域的剂量敏感性（图 10-4）；③蛋白编码基因的数量；④已发表的文献报道情况，ClinVar、DECIPHER、OMIM 等数据库收录情况及实验室内部数据库收录情况，基因组变异数据库（The Database of Genomic Variants，DGV）与 gnomAD 数据库的普通人群频率，家系共分离情况，变异的来源（新发或遗传自父母）情况等；⑤类似第④步，针对本次检测到的病例进行已发表文献、数据库收录及实验室内部数据库、人群频率、家系共分离等分析。

　　ACMG 和 ClinGen 提出了关于 CNV 致病性分析的半定量评分系统。根据以上 CNV 分析中关键的证据类别以及在这些证据类别加上的权重系数进行评分。0.90 分或更高分数的证据被认为是"非常有力的证据"；0.45 分认为"强证据"；0.30 分视为"中等强度证据"；0.15 分或更低的分数被认为是"支持性证据"。通过对所有证据项的分值进行汇总，包括支持致病性证据（正分）和否定致病性证据（负分），以最后的得分来进行 CNV 的分类。将 CNV 分为五类（致病性 CNV、可能致病 CNV、临床意义未明 CNV、可能良性 CNV 和良性 CNV）。

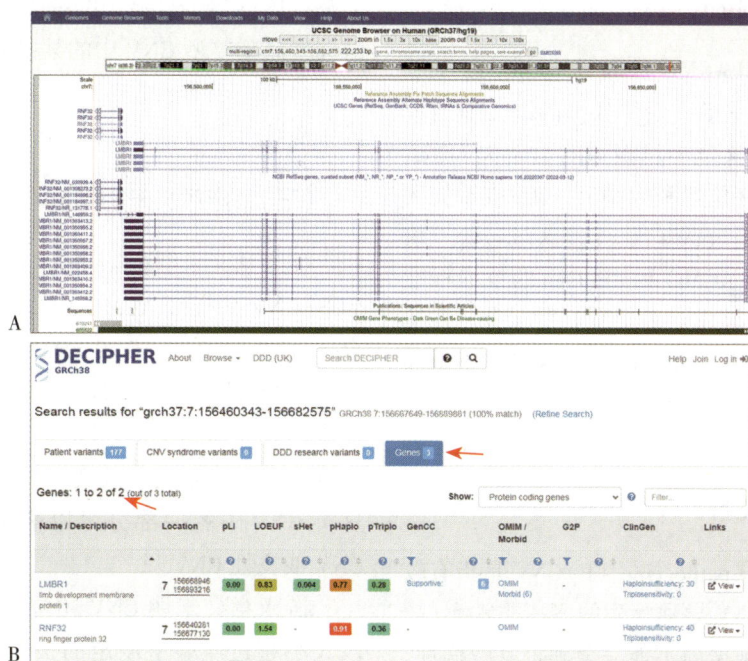

图 10-3　通过 UCSC genome browser 或 DECIPHER 专业网站获得 CNV 片段内基因或调控元件信息

A. UCSC genome browser 网站中选择基因组参考序列（GRCh37/hg19），输入 CNV 片段在基因组中位置信息（chr7:156460343-156682575），则可以查询到此 CNV 内包含的基因信息；B. 在 DECIPHER 专业网站中输入 CNV 位置信息，可以查询到此 CNV 包含 3 个基因，其中蛋白编码基因数量为 2 个（红色箭头所示）。

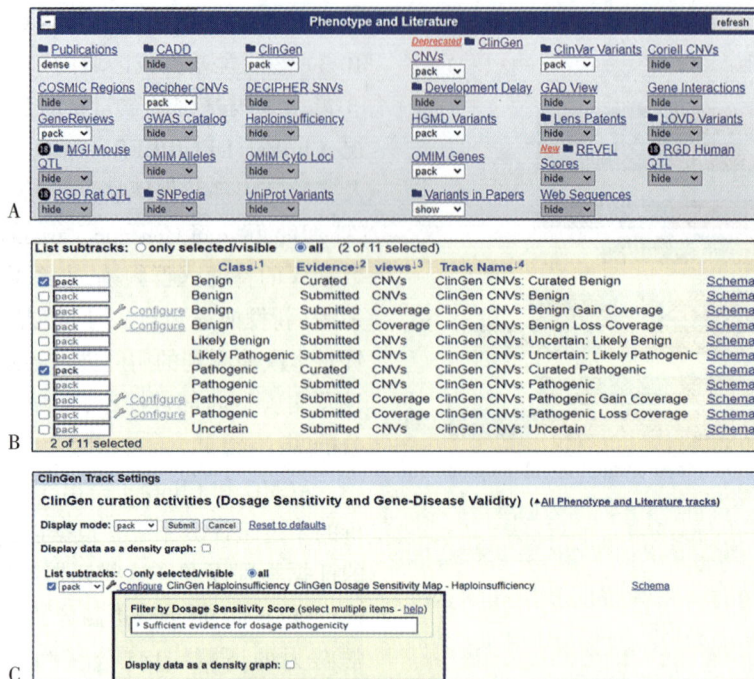

图 10-4　通过 UCSC genome browser 专业网站获得已知单倍剂量不足（haploinsufficiency）敏感基因或片段信息

A. UCSC genome browser 网站 Phenotype and Literature 选项中勾选 ClinGen 和 ClinGen CNVs 两个条款用于单倍剂量不足敏感基因或片段信息查询；B. ClinGen CNV 条款中勾选 Curated Benign 和 Curated Pathogenic 两个选项用于查询已知单倍剂量不足敏感基因或片段信息；C. ClinGen 条款中勾选 Sufficient evidence for dosage pathogenicity 选项，可以直接在网站上显示该 CNV 是否存在已知单倍剂量不足敏感基因或区域，对三倍剂量敏感基因或片段信息的查询亦可通过此方法获得。

（一）致病性 CNV

根据 ClinGen 和 ACMG 的技术标准，致病性（pathogenic，P）CNV 是指一段待分析的缺失型或重复型 CNV 与在多篇文献中已报道的微缺失/微重复综合征致病区域在位置和大小上匹配；或缺失区域包含单倍剂量不足敏感基因，重复区域包含三倍剂量敏感基因；或按 ACMG 和 ClinGen 的技术标准中的综合评分体系，得分大于或等于 0.99 分。在某些待评估个体中，可能因为该 CNV 存在外显不全和表现度差异而导致表型的不完全显现，但这个 CNV 仍应判定为致病性 CNV。

（二）可能致病 CNV

可能致病（likely pathogenic，LP）CNV 是指有较强的证据表明，该 CNV 导致疾病的概率非常大（超过 90%），但目前的证据尚不能完全确定其致病性。可能致病 CNV 主要包括以下类型：在已知不存在其他转录起始位点的情况下，缺失型 CNV 涉及明确知单倍剂量不足敏感基因的 5′ 端及其他编码序列；缺失型 CNV 涉及已知单倍剂量不足敏感基因包括

3′ 端在内的多个外显子的缺失；与多篇病例报道的缺失型或重复型 CNV 中的某些关键基因重叠，表型一致且高度特异；或按 ACMG 和 ClinGen 的技术标准中的综合评分介于 0.90～0.98 分。

（三）临床意义未明 CNV

临床意义未明（variant of uncertain significance，VUS）CNV 是指按 ACMG 和 ClinGen 的技术标准综合评分介于 -0.89～0.89 分的一类 CNV。其中一些 CNV 可能随着临床数据的积累或医学知识的不断进步而发现新的证据表明其与疾病有一定的关联。通过查询更多新发表的文献找寻其他额外证据后，这类 CNV 中的一部分可以被重新归类为致病性 CNV 或良性 CNV。

临床意义未明 CNV 还包括以下情况：CNV 片段大小超过实验室制定的报告阈值，但 CNV 内不包含任何基因；CNV 在普通人群中可检出，但频率不高，小于 1%，不足以被认为是多态性；CNV 区域内包含少量基因，但尚不清楚这些基因是否对剂量敏感；文献或数据库对 CNV 的分类存在争议，对此

CNV 的分类尚无明确的结论；基因内的 CNV，其对可读框的影响尚不明确。

（四）可能良性 CNV

可能良性（likely benign，LB）CNV 是指有较强证据表明该 CNV 与孟德尔遗传疾病不相关，但目前还没有达到"良性"分类的充分证据。按 ACMG 和 ClinGen 的技术标准综合评分介于 −0.98～−0.90 分。该类 CNV 可在普通人群中多次被观察到，但频率 < 1%。可能良性 CNV 在病例组和对照组中无显著的统计学差异。

（五）良性 CNV

良性（benign，B）CNV 是指按 ACMG 和 ClinGen 的技术标准综合评分小于或等于 −0.99 分的 CNV。这一类 CNV 通常已在多篇同行评审过的文献中有报道，或被权威数据库标注为良性变异，尤其是良性性质已非常明确的 CNV 和 / 或在普通人群中已常见的多态 CNV，如在人群中此 CNV 的检出频率大于 1%。需要强调的是，对良性 CNV 是否完全没有剂量效应要进行仔细分析，例如，某些片段的重复可能是良性的，而相同区段的缺失则可能具有临床致病性。

二、对 CNV 的总体分析流程

无论是 CMA、CNV-seq 还是 WES 技术平台产生的 CNV 数据，都是基于全基因组水平的分析，产生的数据较多，建议在进行 CNV 结果的初步分析时根据不同平台的性能设定可信的 CNV 片段大小检测阈值。阈值设定过大可能将一些有临床意义的小片段 CNV 过滤掉，造成假阴性的结果。阈值设定过小可能带来更多的不确定结果或假阳性结果。实验室人员在撰写 CNV 检测报告时应将设定的阈值范围在报告中明确说明，在检测前的知情同意书中也应明确告知受检者。

对检测数据的总体分析流程建议如下。

（一）判断染色体数目

通过仪器自带的可视化数据分析软件，首先判断所检测标本是否存在三倍体、非整倍体等染色体数目畸变。如果分析发现三倍体、非整倍体等染色体数目异常，则可直接报告染色体病。需要注意的是，目前用于 CNV 检测的主流技术如 CMA、CNV-seq 或 WES，无法检测平衡易位、倒位等染色体结构畸变，CNV-seq 技术需结合其他方法才能有效地检出三倍体。

（二）判断是否存在嵌合体

通过软件分析，有些标本的数据信号虽然不是明显的三倍体或非整倍体，但软件提示标本存在嵌合体现象。

（三）判断 CNV 是否为致病性或可能致病 CNV

通过查询 DECIPHER、ClinGen、ClinVar、GeneReviews 等数据库及 PubMed 已发表的文献，分析检测到的 CNV 是否与已知明确的致病性 CNV 区域完全重叠，或 CNV 区域内包含一个或多个已明确为剂量敏感的致病基因。

（四）判断 CNV 是否为良性或可能良性 CNV

通过检索 ClinGen-curated benign、DGV-gold 及 gnomAD 等数据库以及查询 PubMed 已收录的文献报告，判断检测到的 CNV 是否与已知的良性 CNV 区域完全重叠或被其完全覆盖，是否在多篇文献中已报道为明确的良性 CNV 或 CNV 在普通人群中的检出频率是否大于 1%，或是否符合本节前文中关于良性或可能良性 CNV 的判断标准。对于良性或可能良性 CNV，不建议在报告中提及。

（五）对临床意义未明 CNV 的分析

如果经过前述以上步骤的分析，待分析的 CNV 不能明确为良性、可能良性、致病性或可能致病 CNV，建议按 ACMG 和 ClinGen 的技术标准进行综合得分评估。在分析网址中，针对重复型 CNV 或缺失型 CNV 需选择不同的入口进行分析。分析的流程主要从 CNV 区域内包含的基因组内容、是否包含蛋白编码基因或调控元件、是否包含剂量敏感基因或区域、蛋白编码基因的数量等方面，通过检索已发表的文献、公共数据库和 / 或内部实验室数据库分析是否为新发 CNV、有无家系共分离证据、有无病例 - 对照研究数据以及分析 CNV 的遗传模式或亲本来源等步骤来开展，对每一个环节进行证据评分，最后汇总得分后对 CNV 进行分类。

三、缺失型 CNV 的结果分析

基于 ACMG 和 ClinGen 的技术标准进行 CNV

的评分流程主要是针对常见的单个拷贝缺失的 CNV 来进行。在应用各证据条款时需要寻找片段范围、类型与被评估的 CNV 相同或相似的证据。对于纯合缺失（0 拷贝），在评估时要综合考虑单倍剂量不足敏感以及纯合缺失的证据。当两个拷贝均缺失时，患者可能面临更严重的患病风险。

四、重复型 CNV 的结果分析

对重复型 CNV 的结果总体流程与缺失型 CNV 一致，分成五个步骤。需要指出的是，重复型 CNV 具有一定的复杂性，例如评估一个 4 拷贝数重复，在证据查找过程中要重点收集文献中已报道的 4 拷贝的证据。重复片段可能是串联重复，也可能重复片段插入基因组其他部位。对于发生在基因内的重复，要综合考虑重复是否为串联重复、可读框是否被打乱、是否会发生无义介导的 mRNA 衰变。

五、对复杂重排的分析

对于同时存在重复及缺失的情况，例如检测到不平衡易位，应该分别对每个 CNV 进行评估。使用缺失评分标准来评估缺失型 CNV，并使用重复评分标准来评估重复型 CNV，分别给待评估的 CNV 进行评分。最终 CNV 对受检者的临床意义的评判应按所有评估 CNV 分类中危害程度最高的那一类来评定。例如，如果缺失型 CNV 被分类为"致病性 CNV"，而重复型 CNV 被分类为"临床意义未明 CNV"，报告时应分别描述检测到的 CNV 及分类，总体而言，该 CNV 对个体产生的影响可以评估为"致病性 CNV"。

第三节
单基因变异的结果分析

随着高通量测序技术的广泛普及，越来越多的序列变异被检出，如何分析出可靠、有意义的结果，如何正确、合理解读基因（组）变异，使之能被有效地应用于临床诊疗中面临着新的挑战。因此，美国 ClinGen 组织专家制定了系统开展基因校勘的标准流程，提供基因与疾病的关联程度的评判标准；ACMG 制定了基因变异解读指南，建立了变异的五

级分类标准。本章将详细阐述基因与疾病相关性的评估系统及最新的序列变异的分类标准和指南。

一、明确基因与疾病的关系

全外显子组基因测序与全基因组测序可以对人类基因组的所有 2 万多个基因进行测序，但目前为止并未完全了解每一个基因的临床意义。有些基因与疾病的关系较明确，属于"因果关系"，一般可导致单基因病；有些是易感基因，属于"相关联关系"，可能与寡基因病或多基因病相关；更多的基因与疾病的关系尚不明确，需要进一步的医学研究。

ClinGen 组织专家制定了系统开展基因校勘的标准流程，其内容主要是从公共数据库（包括普通人群的变异数据库、患者基因组变异数据库等）和信息库（包括发表的病例、文章等）中收集遗传学及功能研究两大方面的证据，同时了解是否有不支持的或矛盾的证据存在。不同程度的遗传性证据给予不同的分值，例如已经报道的携带有不同致病变异的病例数、变异的种类、家系中变异和疾病的共分离（减数分裂）次数或富集的统计差异的程度（考虑 P 值、比值比及置信区间）等给予不同的分值。功能的证据可以源自体内（in vivo）或体外（in vitro）的研究体系，就功能研究的具体证据水平给予不同的分值。例如动物模型的证据水平高于细胞的证据水平，有拯救实验的证据水平高于单纯的基因敲除实验的证据水平，用患者来源的细胞做体外功能研究的证据水平高于用非患者来源的细胞的实验证据水平。

整合以上所有证据的分值再考虑证据的重复性、非矛盾性等事实，将基因与疾病的关系分成：①肯定级（definitive）；②强支持级（strong）；③中等级（moderate）；④有限级（limited）；⑤无明确疾病关系；⑥矛盾性证据；⑦冲突性报道。

二、单基因变异等级分类

ACMG 制定了基因变异解读指南，建议使用特定标准术语来描述孟德尔病（单基因）相关的基因变异，即将变异的临床意义分为 5 类：致病性（pathogenic）、可能致病（likely pathogenic）、临床意义未明（variant of uncertain significance，VUS）、可能良性（likely benign）和良性（benign）（图 10-5）。

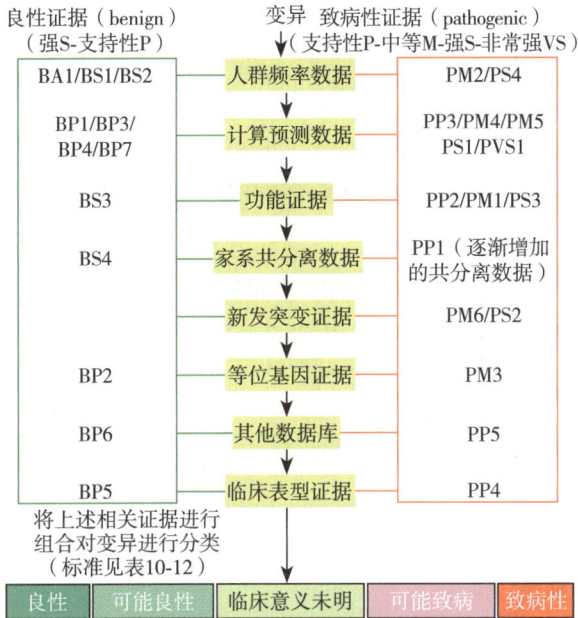

图 10-5 基因变异分类流程图

该指南提供了两套标准：一套是用于对致病性或可能致病的证据进行分类（表 10-8），另一套是用于对良性或可能良性的证据进行分类（表 10-9）。这些变异的证据包括人群数据库频率、基因变异的类型、基因的功能学研究、以往病例报道、家系成员分离度以及计算机功能预测等。致病变异证据可分为非常强（very strong，PVS1），强（strong，PS1~4）；中等（moderate，PM1~6），或支持证据（supporting，PP1~5）。良性变异证据可分为独立（stand-alone，BA1），强（strong，BS1~4），或支持证据（BP1~7）。其中，数字只是作为帮助参考的分类标注，不具有任何意义。每个类别中的数字不表示分类的任何差异，仅用于指代不同的规则。对于一个给定的变异，分析人员基于观察到的证据来选择标准。根据表 10-10 的评分规则把标准组合起来，进而从 5 级分类系统中选择一个分类。

表 10-8 致病性证据分类标准

致病性证据	分类
非常强	PVS1：当一个疾病的致病机制为功能丧失（LOF）时，无功能变异（无义突变、移码突变、经典 ±1 或 2 的剪接突变、起始密码子变异、单个或多个外显子缺失）
强	PS1：与先前已确定为致病性的变异有相同的氨基酸改变。例如：同一密码子，G > C 或 G > T 改变均可导致缬氨酸变为亮氨酸。注意剪切影响的改变 PS2：患者的新发变异，且无家族史（经双亲验证）。注：除了双亲，还需注意胚胎移植等差错的情况 PS3：体内、体外功能实验已明确会导致基因功能受损的变异（注：功能实验需要确定是有效的，且具有重复性与稳定性） PS4：变异出现在患病群体中的频率显著高于对照群体
中等	PM1：位于热点突变区域和 / 或位于已知无良性变异的关键功能域（如酶的活性位点） PM2：ESP 数据库、千人数据库、ExAC 数据库中的正常对照人群中未发现的变异（或隐性遗传病中极低频位点） PM3：在隐性遗传病中，在反式位置上检测到的致病变异（注：这种情况必须通过患者双亲或后代的验证） PM4：非重复区框内插入 / 缺失或终止密码子丧失导致的蛋白质长度的变化 PM5：新的错义突变导致的氨基酸变化，此变异之前未被报道，但是在同一位点，导致另外一种氨基酸的变异已被确认是致病性的，如：现在观察到的是 Arg156Cys，而 Arg156His 是已知致病的，注意剪切影响的改变 PM6：未经双亲样本验证的新发变异
支持证据	PP1：突变与疾病在家系中共分离（在家系中有多个患者中检测到此变异） PP2：对某个基因来说，如果这个基因的错义变异是造成某种疾病的原因，并且这个基因中的良性变异所占的比例很小，在这样的基因中所发现的新的错义变异 PP3：多种统计方法预测出该变异会对基因或基因产物造成有害的影响，包括保守性预测、进化预测、剪接位点影响等 PP4：变异携带者的表型或家族史高度符合某种单基因遗传病 PP5：有可靠信誉来源的报告认为该变异为致病的，但证据尚不足以支持进行实验室独立评估（需注意，2018 年 ClinGen SVI 工作组已剔除 ACMG 指南中的 PP5 证据）

表 10-9　良性证据分类标准

良性证据	分类
独立证据	BA1：最初 BA1 标准定义为 ESP 数据库、千人数据库、ExAC 数据库中等位基因频率 > 5% 的变异
强	BS1：等位基因频率大于疾病发病率 BS2：对于早期完全外显的疾病，在健康成年人中发现该变异（隐性遗传病发现纯合、显性遗传病发现杂合，或者 X 连锁半合子） BS3：在体内外实验中确认对蛋白质功能和剪接没有影响的变异 BS4：在一个家系成员中缺乏共分离（注：这部分需要考虑复杂疾病和外显率的问题）
支持证据	BP1：已知一个疾病的致病原因为某基因的截短变异，在此基因中所发现的错义变异 BP2：在显性遗传病中又发现了另一条染色体上同一基因的一个已知致病变异，或者是任意遗传模式的遗传病中又发现了同一条染色体上同一基因的一个已知致病变异 BP3：功能未知重复区域内的缺失 / 插入，同时没有导致基因编码框改变 BP4：多种统计方法预测出该变异会对基因或基因产物无影响，包括保守性预测、进化预测、剪接位点影响等 BP5：在已有另一分子致病原因的病例中发现的变异 BP6：有可靠信誉来源的报告认为该变异为良性的，但证据尚不足以支持进行实验室独立评估（需注意，ClinGen SVI 工作组已删除 ACMG 指南中的 BP6 证据） BP7：同义变异且预测不影响剪接

表 10-10　遗传变异分类联合标准规则

变异分类	证据条件
致病性	1.1 个非常强（PVS1）和 　　①≥ 1 个强（PS1~PS4）或 　　②≥ 2 个中等（PM1~PM6）或 　　③1 个中等（PM1~PM6）和 1 个支持（PP1~PP5）或 　　④≥ 2 个支持（PP1~PP5） 2. ≥ 2 个强（PS1~PS4）或 3.1 个强（PS1）和 　　①≥ 3 个中等（PM1~PM6）或 　　②2 个中等（PM1~PM6）和≥ 2 个支持（PP1~PP5）或 　　③1 个中等（PM1~PM6）和≥ 4 个支持（PP1~PP5）
可能致病	1.1 个非常强（PVS1）和 1 个中等（PM1~PM6）或 2.1 个强（PS1~PS4）和 1~2 个中等（PM1~PM6）或 3.1 个强（PS1~PS4）和≥ 2 个支持（PP1~PP5）或 4. ≥ 3 个中等（PM1~PM6）或 5.2 个中等（PM1~PM6）和≥ 2 个支持（PP1~PP5）或 6.1 个中等（PM1~PM6）和≥ 4 个支持（PP1~PP5）
良性	1.1 个独立（BA1）或 2. ≥ 2 个强（BS1~BS4）
可能良性	1.1 个强（BS1~BS4）和 1 个支持（BP1~BP7）或 2. ≥ 2 个支持（BP1~BP7）
临床意义未明	1. 不满足上述标准或 2. 良性和致病标准相互矛盾

　　以上分类规则适用于目前所有的单基因变异，无论是基于调查现有案例获得的数据，还是来源于先前公布的数据。分析单基因序列变异的临床意义不是一个简单或直接的过程，变异的临床意义应基于最新的证据进行全面分析。一些以前分析过的变异在有新的证据出现后需要重新分析，所以这是一项持续性的工作。

三、结合临床表型解读基因报告

按照上述指南出具基因检测报告后,需结合受检者的临床表型、系谱图、影像学等信息,依据临床提供的表型评估检测结果是否能够解释受检者的表型,来进一步对结果进行确认。若检测结果无法解释受检者的表型,则需要分析可能的原因,以及可能采用的解决方法,如补充其他检测、确认临床表型描述的准确性等。必要时可组织疑难病例讨论会,确定下一步诊疗方案。

以下为三类检测结果的解读要点。

(一)阳性结果

1. 阳性结果的判断标准及解释。
2. 结合家族史、病史、检测结果,根据具体情况,解释结果的临床意义。
3. 再发风险的评估。
4. 告知是否需要对家系其他成员进行检测。
5. 疾病治疗进展或疾病预防及生育指导。
6. 若需要,推荐临床专科医师或专家。

(二)阴性结果

告知阴性结果的意义(不能完全排除遗传学病因)、检测范围和局限性、残余风险和后续检测方案推荐及意义等。

(三)临床意义未明结果

告知结果的意义(不能确定致病原因)、后续家系验证的意义及局限性、残余风险和功能研究分析等科研方案的可能性等。

小　结

随着人类基因组计划的完成,生物信息学作为一门多学科交叉的新兴学科,已成为基因组、转录组等组学研究中数据分析的重要工具,推动了高通量测序的临床转化,为疾病的精准诊疗提供了新方法。以基因组测序为例,通过对测序数据进行质量控制、序列比对、变异过滤等生信分析,可获取个体基因组的变异信息。同时,海量的测序数据的涌现也促进了在线数据库和网络分析工具的快速发展。实际工作中可通过检索遗传学和基因组学相关的数据库和分析工具来获取全面而准确的科学信息。

然而如何对高通量测序数据中所发现的基因变异进行正确、合理的解读和分类,目前仍是该技术实现有效应用于临床的关键。拷贝数变异(CNV)和单基因变异是最常见的与人类疾病相关的变异。按国际标准,目前两类变异均分为五类:致病性、可能致病、临床意义未明、可能良性、良性。CNV 分类的主要流程可概括为根据 CNV 片段所涉及的内容、文献报道、公共数据库收录、实验室内部数据库收录、疾病的共分离等进行半定量评估,最终根据综合的分值进行分类。单基因变异的分类证据包括人群数据库频率、基因变异的类型、基因的功能学研究、以往病例报告、计算机功能预测等,根据证据选择对应的标准,再依据标准的组合进行五级分类。

（王　剑　刘维强）

染色体病（chromosome disorder）是人类遗传病的一大类，是由染色体数目畸变和/或结构畸变导致的疾病。目前已发现的染色体病有数百种，根据所累及染色体的不同，通常可分为常染色体病和性染色体病。常染色体病患者一般具有以下临床表型：先天性智力障碍、生长发育迟缓，常伴有颅面部、皮纹、骨骼肌肉、心脏结构等异常。性染色体病患者一般具有以下临床特征：性发育不全或两性畸形、轻度智力障碍、精神行为异常等。总之，染色体病常常导致多个组织器官的异常，表现出一系列严重的临床症状或体征，故又称为染色体畸变综合征（chromosome aberration syndrome）。

第一节　染色体病的临床诊断策略、适应证及样本处理

一、染色体病的临床诊断策略

染色体病患者通常因面容异常、智力障碍、发育落后、心脏结构异常等就诊。临床实践中应遵照一般疾病的诊断策略，包括详细的病史采集、系统的体格检查、一般及针对性实验室检查等。家族史可为遗传病的诊断提供重要信息。遗传学检测则是染色体数目畸变及结构畸变等疾病确诊的关键方法。

（一）症状、体征及病史特点

染色体病属于遗传病，具有先天性的特点，患者常常自出生即被发现面容异常、心脏结构异常等临床症状或体征。此外，遗传物质的异常通常导致

全身多系统的改变，临床上患者往往表现出一组包含多个组织器官受累的综合征，包括面容异常、皮纹异常、多器官先天畸形、全面发育迟缓及神经系统发育异常等。性染色体病患者还有内、外生殖器发育异常等表现。因此，临床采集病史时应做到全面、细致，需明确病史有无先天性、全身性等特点，全身查体应做到系统性，避免遗漏重要的表型。

（二）家族史

家族史的采集是遗传病诊疗的重要环节。但是，严重的染色体病多为新发遗传物质改变所致，因此可能缺乏阳性的家族史。家族史的采集通常以先证者为中心，以先证者及其直系亲属构成核心系谱，通过对核心系谱病史及表型的采集，可为临床诊断等提供重要的信息。

（三）一般检查

外周血检查、影像学检查、电生理检查、病理检查及神经系统评估等可为临床诊断及病情严重程度评估提供依据。

染色体病所致的面容异常、多发畸形、发育迟缓等可存在表现度的差异，例如性染色体病患者的以上表型可能较轻，无法在早期被识别。一般检查结果可提示重要信息：外周血检查可提示生化功能、代谢功能及性激素水平等异常，心脏彩超等影像学检查可提示器官的结构异常。例如，特纳综合征患者的性激素检查可提示雌激素水平降低，青春期后可出现垂体促性腺激素水平升高。XXY综合征患者性激素检查可提示睾酮水平低下，而促卵泡激素和黄体生成素水平升高。精液检查可提示少精子症或无精子症。

其他染色体病相关检查包括病理检查、智力语

言发育评估、脑电图、肌电图等。

二、染色体病检测适应证

与一般临床疾病的诊断不同，遗传病因诊断是染色体病诊断的突出特点。染色体病患者临床常常表现出面容异常、智力障碍及多发畸形等。临床实践中应积极识别以上提示染色体病的表型，指导完善病因诊断相关的遗传学实验室检测。此外，各种染色体病的临床表现并非特异性的，单纯依靠患者症状及体征难以鉴别诊断，因此，染色体病的遗传学病因诊断尤为重要。染色体病的精确诊断可为患者及亲属的风险评估、治疗以及预防提供重要的依据。

通过病史及家族史采集、临床表现特点及一般检查结果，以下情况应考虑进行染色体病的相关检查：女方存在流产、引产、死胎、死产或新生儿死亡等不良孕产史；女方存在不孕史或男方存在不育史；临床怀疑染色体病：患者存在智力障碍、发育迟缓、面容异常及多发畸形等。产前染色体病诊断的指征及对象：羊水过多或者过少；胎儿发育异常或者胎儿可疑畸形；妊娠早期接触过可能导致胎儿先天缺陷物质；有遗传病家族史或者曾经分娩过先天性严重缺陷婴儿的孕妇；妊娠年龄超过35周岁；产前筛查评价为高风险的孕妇；其他医生认为需要进行产前染色体病诊断的情况。

三、染色体病遗传学检测样本的处理

获取适宜的样本进行恰当的处理是染色体病遗传学检测及诊断的重要环节。出生前样本可为羊水、绒毛、脐血等，出生后先证者多采集外周血样本进行检测。

（一）样本来源

样本主要来源于可疑遗传病的患者及出生前需进行染色体病诊断的胎儿及其附属物。近年来随着非介入性产前筛查技术的不断进步，介入性产前诊断手术日渐减少，但是介入性检查结果依然是诊断胎儿遗传病的"金标准"。

（二）样本采集及接收

样本采集是指通过外周静脉血采样、绒毛活检、羊膜腔穿刺、脐血管穿刺以及组织活检等方法，获取可用于分析的样本，常见样本类型为外周血、绒毛、羊水、脐血等样本，其他样本类型包括皮肤组织、肿瘤组织、骨髓等。以上样本的恰当处理是获取准确遗传学检测结果和诊断的基础。

遗传检测诊断实验室应拒收未标明受检者姓名或其他重要信息的样本。接收样本后应按照实验室标准操作规程（standard operating procedure，SOP）进行样本接收、核实、分类、编号及登记等。

（三）细胞培养检测样本的处理

细胞培养是样本处理的核心操作，其基本要求包括保持细胞的活性、无菌操作及避免标本混淆等。

1. 样本处理 各种类型细胞的培养步骤及工作流程基本一致，包括样品采集、培养、收获、制片、染色及分析。样本处理中首先要选择适当的容器，在适当的温度下将样本收集到对应的培养基或抗凝剂中。样本的收集器必须是无菌的，一般包括注射器、真空采血管、塑料离心管、无菌培养皿等。样本采集人员应进行无菌操作，实验技术人员需要密切关注细胞的生长情况，及时发现隐匿性的污染等。绒毛等固体组织在运输过程中宜使用等渗生理盐水等介质，减少细胞在容器表面干燥的情况，起到缓冲和营养细胞的作用。血液、羊水等液体样本在培养基中更易保持活性。细胞遗传学检测需要活的细胞，因此常推荐室温储存和运输样本。

（1）绒毛样本：采用绒毛活检术（chorionic villus sampling，CVS）。绒毛是胎盘的主要成分，可很大程度地代表胎儿的遗传特征，可作为妊娠早期产前诊断的主要样本来源。绒毛取样一般可选在孕11～13^{+6}周进行，包括经腹绒毛活检和经宫颈绒毛活检两种路径，路径的选择主要由胎盘位置决定，二者均需在超声的引导下进行。术前应充分告知限制性胎盘嵌合所致的局限性，可能获得与羊水样本不一致的结果，在排除手术禁忌后施行手术。手术的主要流程是在超声引导下按穿刺路径依次经过母体腹壁、子宫肌层及胎盘蜕膜板，刺入绒毛膜部位，取出针芯，接注射器，抽负压后上下反复移动穿刺针，再连同注射器一同拔出取样针，将内容物注入装有生理盐水的离心管中，检查是否抽出绒毛组织。

1)实验室处理:绒毛细胞培养的方法可分为直接收获(direct harvest)和长期培养(long term culture)。直接收获即不需要进行细胞培养,而是利用酶进行处理,使细胞分离为单个状态后进行收获,经历2～3h即可得到中期细胞以用于染色体分析。长期培养需要7～10d,绒毛细胞经过酶处理后从绒毛组织中分离出来,绒毛核心中的成纤维细胞在体外培养时分化能力强,可得到大量的中期细胞用于核型分析。由于直接收获得到的细胞的核型结果对母体细胞污染和/或限制性胎盘嵌合体的诊断具有重要的参考价值,所以为常用方法。

2)注意事项:取样后必须将纯净的绒毛放入无菌密封的试管中,并迅速送到遗传检测诊断实验室进行细胞培养前的处理,每例纯净绒毛需要量约10mg。绒毛与母体蜕膜结合较为紧密,如抽吸位置位于叶状绒毛膜板边缘,可能会抽吸到部分蜕膜。母体细胞混入也是绒毛活检过程中的常见现象,发生率约1.9%。为减少母体蜕膜细胞或血液细胞的污染,必须进行胎儿绒毛净化,由有经验的技术人员将母体的蜕膜从绒毛组织中分离并弃去,同时清除血凝块及其他杂质。净化好后的绒毛形态呈树枝状。

(2)羊水样本:采用羊膜腔穿刺取样术。若羊水样本拟用于细胞核型分析,羊膜腔穿刺术通常在孕16～22周进行,在此期间羊膜腔的空间相对较大,方便避开胎儿,且羊水中的活细胞所占比例较高,体外培养时细胞生长活力强。随着孕周增长,活细胞的比例逐渐减少,培养难度及检测失败的风险增加。但是,特殊情况也可在妊娠中期、妊娠晚期,或权衡手术利弊、受检方充分知情同意后的任何时间进行,这种情况下获取的羊水样本多用于分子遗传学检测和分析。在手术指征恰当、无绝对手术禁忌的情况下,羊膜腔穿刺术通常也在超声引导下经腹完成。羊膜腔穿刺术应避开胎儿及脐带,尽可能避开胎盘,进针时应迅速进入羊膜腔,且深度适宜。起始段的约2ml羊水通常被弃去,以避免母体细胞污染,一般抽取的羊水量为20～30ml,应记录羊水的性状及量。将羊水样本放置在无菌离心管中,在室温(15～30℃)下保存和运送,24h内送到遗传诊断实验室进行后续处理,以保证细胞培养效果。

1)实验室处理:羊水细胞是胎儿皮肤、消化道、呼吸道等脱落的细胞,必须通过克隆,使活细胞得以增殖,从而收获中期细胞进行染色体核型分析。抽取的羊水送回实验室后应先低速离心,将具有生长能力的羊水细胞分离出来,放入培养液中进行培养。羊水细胞贴壁生长成单克隆细胞株,即可连续传代。如果羊水细胞在培养初期生长较好,大约在培养7d后出现肉眼可见克隆,即可用于染色体制备。如果在培养后第14天仍未见新的细胞长出,则需考虑再次行羊膜腔穿刺或脐血管穿刺采样等。羊水细胞常用的培养方法有:T型培养瓶培养法和原位培养法。用于分子遗传学检测的羊水细胞则应按SOP进行DNA提取等实验。

2)注意事项:羊水标本在操作过程中需注意个人生物安全防护。羊水采集后应及时送检,以当天接种为佳。若羊水性状异常,如呈血性、褐色或绿色等,须做好记录。培养中注意观察二氧化碳培养箱的温度、湿度及二氧化碳的浓度,保证羊水细胞处于最适宜的生长环境。二氧化碳培养箱应定期换水、消毒,防止羊水细胞生长受到污染。根据细胞的生长状况来确定收获时间,多为9～12d。分子遗传学检测分析时需注意排除母体细胞污染等因素。

(3)脐血及外周血淋巴细胞:脐血管穿刺一般在孕18周后、超声可分辨的情况下进行,可在穿刺探头(或穿刺架)的引导下完成。穿刺部位可根据具体情况及操作者的习惯进行选取,进入脐静脉后可见血液自行进入到穿刺针与注射器接口处,小心抽取血液,采集完毕后迅速拔针。外周血采样遵循一般静脉穿刺流程。

1)实验室处理:外周血中的淋巴细胞几乎处于G_0期或G_1期,通常不分裂。当在培养中加入植物血凝素后,小淋巴细胞受到刺激而转化成淋巴母细胞,进行有丝分裂。经过短期培养,并用秋水仙碱处理后可获得大量的中期分裂象细胞,即可进行染色体制备用于核型分析。

2)注意事项:与羊水细胞的培养基本相同。每份血液标本采集后立即培养效果最佳,否则置于4℃冰箱(不超过7d)或室温(不超过24h)保存后再接种,应避免保存时间过久而影响细胞活性。培养基的pH和培养箱温度、湿度均会影响细胞的生长,应确保适宜的条件。秋水仙碱作用时间、低渗液的浓度和作用时间、固定液的新鲜度、操作手法、制片条件等均需要准确把控,以免影响染色体的形态及计数等。烤片时间不宜过长,以免影响染色体带纹

(4)流产组织样本:流产组织由胚胎或胎儿组织、胚胎绒毛或胎盘等胎儿附属物、蜕膜和母体血细胞混合而成。通过检测流产组织中的肌肉组织,可提高胚胎染色体数目畸变等的检出率。流产组织或肌肉样本取样后,应使用无菌生理盐水浸泡,并置于无菌容器中,尽快送达实验室。将流产组织或胎儿的肌肉标本放入培养皿中,用生理盐水或磷酸缓冲盐溶液反复多次洗涤,弃去洗液。剪取黄豆大小的胚胎或肌肉组织放入 EP 管中,用眼科剪尽量将其剪成糊状。

大多数进行核型分析的样本在收获之前需要进行一段时间的培养,培养周期取决于样本类型、样本量、细胞存活情况等。悬浮状态的样本组织,如羊水、骨髓、外周血、脐血等,在培养前不需要进行分散处理,可以直接进行培养。固态组织,如绒毛、皮肤、肿瘤组织等,培养前需要用酶进行处理,促其分散,以获取足量的单细胞以供培养。血液、骨髓等多悬浮在培养基中,不附着于培养容器上,即悬浮培养法。羊水、皮肤或成纤维细胞等需要黏附在培养容器表面,进行贴壁培养。根据培养系统是否与环境进行气体交换,可分为开放培养系统或封闭培养系统,前者有利于原位培养和收获,后者则可减少微生物污染的机会。实验室可根据需求选择不同种类的培养基。通常,在 5% 二氧化碳、37.5℃的温度下培养人类细胞,将培养基缓冲液的 pH 维持在 7.25～7.40,温度近似人类的生理体温,有利于细胞生长。

2. 细胞收获及染色体制备　自发分裂或培养后能够生长的细胞可进行收获处理,以获得中期分裂象的细胞进行分析。收获的主要流程包括:

(1)细胞周期的同步化处理。

(2)用秋水仙碱阻滞细胞的有丝分裂。

(3)用氯化钾、柠檬酸钠等进行低渗处理。

(4)用少量固定液进行预固定。

(5)使用 3∶1 甲醇 - 乙酸混合液等对收获的细胞进行固定。

细胞密度、细胞类型、环境因素及收获试剂等均可影响收获细胞的质量,可适当调整以上因素,使收获的细胞满足分析要求。收获实验的重要流程是将细胞阻滞在有丝分裂的中期,最常用的有丝分裂抑制剂是秋水仙碱,其作用是阻止纺锤体的形成,从而使姐妹染色单体无法向细胞两极移动。实验中可根据不同的样本类型,通过调整抑制剂的浓度、作用时间等来调整染色体的形态、分散程度等。低渗处理是细胞收获的另一重要步骤,其可在一定程度上增大细胞的体积,促使细胞分散得更均匀。需要注意的是,不同细胞对不同低渗溶液的反应不同,在染色体制备的过程中可通过中期细胞的形态来判断低渗处理的效果。染色体收获的第三个重要步骤是细胞的固定,该步骤可去除细胞中的水分,灭活并固定细胞,固化细胞膜和染色质,制备染色体以供显带。若沉淀多或有红细胞的污染,则需要格外的固定处理,以清除可能干扰染色体制片和显带的细胞碎片。

细胞遗传学检查样本处理步骤包括取样、接种、培养、收获,后续分析还需滴片、显带、扫描、分析等。随着计算机成像技术、信息自动化技术和人工智能技术等的不断发展,细胞遗传学检查分析也可引入现代信息技术,实现高通量、自动化的检测,从而得以大大节省人力成本,提高检测效率,保证实验处理的一致化和可重复性,减少工作中的差错,使检测分析结果更加可靠。信息自动化仪器主要包括自动接种仪、细胞收获仪、染色体制片机、染色体分散仪、染片机、扫描分析仪及信息管理系统等。

(四)分子遗传检测样本的处理

分子遗传学则通过对受检者血液、组织细胞等的 DNA 进行检测,从而实现遗传病的筛查、诊断等。高质量的样本是获得准确分子诊断结果的前提。样品的采集和转运过程应充分考虑潜在的干扰结果的因素,应采用适宜的容器,选择合适的温度等。不同于细胞遗传学检测,分子遗传学检测的样本采集、处理以及保存过程中需要避免核酸(如扩增产物核酸、样本核酸)气溶胶的污染。除按照 SOP 进行各实验步骤外,还应对所获得的样本产物进行质量检测和控制,包括含量、浓度、完整性等。分子实验中为了排除误差,还应设置阴 / 阳性对照、采用重复实验等措施,以达到检测的效能,包括检出率、特异性、灵敏度、参考范围等。分子遗传学检测可涉及多种仪器,如生物安全柜、冰箱、移液枪、核酸提取仪、扩增仪、杂交仪、扫描仪、测序仪等,这些设备都应定期进行质量管理与控制。

第二节
常见染色体数目畸变疾病的实验室检测

染色体病是一类重要的人类遗传病,染色体数目畸变疾病是重要的染色体病的类型,也是流产、死胎及新生儿死亡等的重要病因之一。本节将主要介绍常见的染色体数目畸变疾病的临床诊断及常用的遗传学检测方法,并以常见的染色体数目畸变疾病为例着重介绍实验室检测的适用范围、结果的临床意义及遗传咨询要点等。

鉴于染色体数目畸变疾病的临床表现多为全身系统性的,且并不特异,因此遗传学检测是确诊染色体病最重要的手段。常见的染色体数目畸变可通过染色体核型分析(非显带及显带技术)来确定。随着染色体检测技术的不断进步,目前常用的分子遗传学检验技术可大大提高染色体数目畸变的识别率及分辨率,主要包括荧光原位杂交、微阵列分析以及低深度全基因组拷贝数变异测序。

一、荧光原位杂交技术

荧光原位杂交(FISH)技术是利用荧光标记物(如地高辛配基、生物素等)标记某条染色体或染色体某区域的特异核酸探针,将其与间期细胞染色体进行杂交,通过荧光显微镜观察分析荧光信号,确定目标染色体或区域的分布与形态等。FISH 技术具有灵敏度高、信号强、背景低、检测快速、可多色同时分析等优势,能鉴别普通核型分析较难辨别的染色体重排,迅速确定染色体数目畸变,是分子遗传学检测的常用手段之一,可分为常规分裂期FISH、间期 FISH、多色 FISH(multi-color FISH)。常规分裂期 FISH 主要用于分析 G 显带技术无法识别的微小标记染色体、含有微小着丝粒的染色体等。间期 FISH 避免了细胞培养烦琐耗时的流程,并可直接在组织切片上进行检测,能更快捷、直接地检测出遗传物质的异常。该技术可用于羊水及绒毛等样本的产前诊断、肿瘤细胞的染色体异常检测及精子细胞的非整倍体检查等。多色 FISH 采用两种或两种以上多色荧光素标记不同的 DNA 探针,与中期染色体或间期细胞杂交后,使用相应的荧光

检测系统对不同颜色的杂交信号进行观察及分析。颜色的呈现主要取决于标记物连接的荧光物质与复染染料。一般连接物有罗丹明(rhodamine)(红色)、AMCA(蓝色)、FITC(绿色),复染荧光染料有 PI(红色)、DAPI(蓝色)、喹吖因(quinacrine)(绿色)等。该技术可检测染色体易位、染色体微缺失、不同染色体区域的结构异常、同时存在多种染色体数目畸变等情况。染色体 G 显带核型分析及 FISH 技术虽可发现染色体结构畸变,但实验操作较烦琐、分辨率较低,难以明确定位染色体畸变的精确位点。其他分子遗传学检测技术可以弥补以上传统检测的不足。

二、染色体微阵列分析技术

染色体微阵列分析技术包括 aCGH 技术和 SNP array 技术。aCGH 技术用红色和绿色荧光染料分别标记待测 DNA 和正常对照 DNA,随后与基因组DNA 芯片进行杂交,杂交完成后进行激光扫描,由计算机算出拷贝数,得出拷贝数重复(绿色过多)或缺失(红色过多)的结果。aCGH 的技术流程如下:用荧光染料分别标记对照组和实验组的基因组DNA,混合样本后与 aCGH 芯片杂交,杂交完成后进行冲洗、芯片扫描,随后提取数据、进行计算机分析。aCGH 技术可更加精准地检测出与疾病相关联的染色体异常,能更深入地探究基因组拷贝数变异在遗传病中的意义。aCGH 技术与传统细胞遗传学相比,具有更高的分辨率与灵敏度,能够在全基因组水平上精确检测出染色体数目畸变及局部区域的拷贝数变异。

SNP 是在基因组水平上由单个核苷酸的变异所引起的 DNA 序列多态性,是人类最常见的遗传变异之一,占已知多态性的 90% 以上。人类基因组中,SNP 总数达 300 万个甚至更多。SNP 可引起不同遗传性状的改变,即遗传多态性,如红细胞的 ABO 血型位点标记、白细胞的 HLA 位点标记及个体药物代谢差异等。随着近年对 DNA 序列变异检测的不断增加,以及对其与疾病相关性研究的不断深入,SNP 在疾病的诊断、治疗及预后评估的应用中可能具有重要的影响及深远的意义。SNP array 的技术流程包括:提取待测样本的基因组 DNA,质检后进行扩增、标记、杂交、洗脱,随后用相关共聚焦扫描仪进行芯片扫描,获取数据并进行计算机处理,确定 SNP

位点的核苷酸变化及相关分析(含 SNP 位点的过滤、频率统计、关联分析、单体型分析)。与 aCGH 相似,SNP array 技术具有高灵敏度和准确性的特点,可进行高通量检测。

aCGH 和 SNP array 技术取材后不需要进行细胞培养,且可直接使用基因组 DNA 进行检测分析,适用于各种组织和细胞。aCGH 和 SNP array 技术在检测多种染色体微缺失微重复综合征及常见染色体数目畸变中的应用已较为成熟,在儿童智力障碍、先天性结构缺陷等患者的遗传诊断、产前诊断、流产组织病因诊断、血液及实体肿瘤辅助检测中发挥着重要的作用,但 aCGH 和 SNP array 等无法检出染色体平衡易位、倒位等染色体结构重排,需与染色体核型分析结合起来使用。

三、低深度全基因组拷贝数变异测序技术

第二代测序技术通过对基因组进行从头测序,获得大量的基因变异信息,除主要用于基因病的诊断外,也可以用于染色体数目畸变的检测。

低深度全基因组拷贝数变异测序(CNV-seq)利用第二代测序(又称高通量测序)对全基因组进行从头测序,可获得大量的遗传变异信息,可用于染色体数目畸变及拷贝数变异的检测,具有广泛的临床应用前景。

CNV-seq 的主要流程为:构建 DNA 模板文库并进行文库扩增,然后通过循环检测不断将生化反应转化为光学信号、数字信号,获得测序结果后与人类基因组碱基序列进行比对,经生物信息学分析可发现受检样本是否存在染色体数目畸变等。与染色体核型分析等传统技术比较,CNV-seq 技术主要具有检测范围广、速度快、通量高、成本低等优势。CNV-seq 技术可检出绝大多数染色体数目畸变,分辨率可达 100kb,核型分析则一般仅能检出 5Mb 以上的染色体异常。CNV-seq 技术直接针对全基因组 DNA 进行检测,无需进行细胞培养,实验操作简单、流程固定,并且数据分析可实现高度自动化,从而大大缩短报告周期、降低人为误差等。

CNV-seq 技术可对血液、羊水、绒毛及流产组织等样本进行检测,广泛应用于染色体数目畸变、染色体微缺失微重复综合征等遗传变异的检测,有助于明确发育迟缓、面容异常、多发结构异常等患者

的遗传病因,胎儿是否存在染色体数目畸变,以及流产原因等。CNV-seq 技术也有一定的局限性,包括无法检出三倍体及多倍体、平衡性染色体重排以及低比例嵌合体等,或检出的 CNVs 可能临床意义尚不明确,需要结合其他检测结果、临床信息等进行综合分析及结果解读。

四、常见染色体数目畸变疾病的遗传学检测及临床意义

(一)常染色体数目畸变

各种常染色体数目畸变疾病的临床表型存在交叠,有一定的相似性,但根据导致疾病的具体染色体的不同,临床病情程度或表现度等存在差异:

21-三体综合征的临床表现多样,主要包括特殊面容、智力障碍、生长发育迟缓、肌张力减退、先天性心脏病、通贯掌等。

18-三体综合征是仅次于 21-三体综合征的常见染色体三体综合征,除死胎和死产率极高外,主要临床表现为生长发育迟缓、肌张力增高,特殊面容(上睑下垂、小眼球、白内障、低位耳、耳郭发育不全、小下颌),心脏畸形、胸骨短、肋骨细小、神经系统和器官发育异常等,特殊握拳姿势、摇椅足则为该综合征相对特异的表现。18-三体综合征患者出生时体重低,发育程度类似早产儿,一般严重畸形,约 1/3 的患者出生后 1 个月内死亡,约 1/2 的患者出生后 2 个月内死亡,90% 以上的患者在 1 岁内死亡,极个别患者可存活到儿童期。

13-三体综合征的临床表型包括中枢神经系统发育的严重缺陷,前脑无裂畸形,低出生体重,特殊面容(小头、小眼球或无眼球、小下颌、多数有唇裂或伴腭裂、低位耳),常有耳聋,约 4/5 有先天性心脏病,无脾或有副脾,约 1/3 的患者有多囊肾,男性隐睾,女性多有双角子宫及卵巢发育不全。其他表型包括通贯掌、轴后多指、摇椅足及皮纹异常等,且有严重的智力障碍、发育迟缓及癫痫发作等。50% 的患者在出生 1 个月内死亡,90% 的患者在 1 岁内死亡。

此外,部分染色体数目畸变疾病可在胎儿时期出现临床表现,及时发现相关表型、完善产前遗传学诊断,是预防出生缺陷的重要手段。产前通常综合考虑孕妇年龄、孕妇血清学筛查结果及胎儿超声

检查,综合评估胎儿发生 21- 三体综合征等染色体病的风险。产前血清学筛查指标包括妊娠相关血浆蛋白 A(PAPP-A)、β- 人绒毛膜促性腺激素(β-hCG)等。产前筛查还可以使用母体外周血进行胎儿游离 DNA 检测以评估 21- 三体综合征、18- 三体综合征及 13- 三体综合征的发生风险。以上产前筛查结果提示高风险的孕妇,需进一步进行介入性产前诊断手术,明确胎儿染色体是否存在异常及具体的染色体病。

妊娠早期产前超声筛查一般包括孕 11~13[+6] 周测量胎儿颈后透明层厚度和胎儿鼻骨的完整性等。常见染色体数目畸变疾病相关的其他胎儿期表现包括:18- 三体综合征胎儿宫内生长迟缓,伴胎盘小、单脐动脉、胎动少、羊水过多等,95% 胚胎或胎儿会出现自发流产;头颅形态异常(如草莓头)及手指屈曲、重叠且姿势固定是 18- 三体综合征最具有特征性的畸形表现之一,约 90% 的患者可有心脏结构异常,主要包括室间隔缺损等。13- 三体综合征可引起严重的多发结构畸形,累及颅脑、颜面及心脏等,预后极差,常常表现为严重的致死性畸形。妊娠期应通过积极完善针对性产前诊断彩超来及时发现胎儿异常,促使孕妇进一步完善介入性产前诊断手术,明确胎儿染色体病的诊断,从而大大减少出生缺陷的发生。

【典型案例】

患者,男,3 岁,因"面容异常、发育落后"至遗传咨询门诊就诊。简要病史:家属述患者系足月顺产儿,自出生即发现面容异常(眼距宽、鼻梁塌、耳位低),自幼智力、语言、运动发育落后,2 岁多时在外院行彩超检查提示:心脏室间隔缺损。

【遗传检测】

鉴于临床表型的非特异性,以上常染色体数目畸变疾病需通过遗传学检测明确诊断及鉴别诊断。

1. 21- 三体综合征 21- 三体综合征是由 21 号染色体全部或部分重复所致,为显性遗传。主要分为标准型、嵌合型、部分型及易位型等。基于全基因组 DNA 测序的分子遗传学方法如微阵列分析和 CNV-seq 等分子遗传学方法可检出 21- 三体综合征,但无法区分具体核型,核型具体类别需由染色体显带核型分析技术来明确。

标准型 21- 三体综合征的核型为 47,XN,+21,约占 21- 三体综合征患者的 95%,几乎都属于新发,与父母的染色体核型无关,是减数分裂中 21 号染色体不分离导致的。约 90% 的标准型 21- 三体综合征发生在母源配子形成的过程中,因此,生育 21- 三体综合征患儿的风险随母亲孕龄的增加而增加(特别是在 35 岁以后):当孕妇年龄为 35 岁时,风险率约为 1/380;当孕妇年龄 40 岁时,风险率增高到约 1/100。此外,有 21- 三体综合征孕育史的妇女再次孕育 21- 三体综合征患(胎)儿的风险增加。因此,有标准型 21- 三体综合征患(胎)儿孕育史的夫妻虽可不行核型分析,但再次妊娠时应该进行产前诊断(图 11-1)。

嵌合型 21- 三体综合征是合子形成后、有丝分裂过程中 21 号染色体不分离的结果,通常表现为正常核型的细胞株与 21- 三体核型的细胞株共同存在。患者的表型具有明显的临床异质性,可能与患者 21- 三体核型细胞株所占比例有关。对于嵌合型 21- 三体综合征患者,分子遗传学检测根据所使用的技术平台差异,可检出 5%~30% 的嵌合。FISH 技术适用于嵌合体的诊断,通过计数各细胞中 21 号染色体探针的信号数目,明确被检样本中 21- 三体综合征核型与正常核型的比例。需要指出的是,外周血、羊水等样本检测出的 21- 三体综合征核型细胞株所占比例并不能完全准确地提示患者或胎儿的表型程度及预后,必要时需针对特定的表型行靶器官或多胚层组织的采样及检测,以进一步评估病情及预后。由于嵌合型 21 号染色体不分离发生在有丝分裂期,因此再发风险较低。但是,孕育过两次及两次以上标准型 21- 三体综合征患(胎)儿的夫妻需考虑生殖腺嵌合体患儿的可能,再次妊娠时建议权衡利弊行介入性产前诊断(图 11-2)。

其他罕见核型可见部分型 21- 三体综合征,患者父母可能为正常核型,也可能为涉及 21 号染色体的易位或倒位携带者,后者在配子形成时发生染色体重排,从而导致 21 号染色体部分三体。部分型 21- 三体综合征患者较适宜采用分子遗传学检测技术来明确诊断。相较于标准型,部分型 21- 三体综合征患者的临床表型可能较轻,但难以准确评估。若需准确评估病情的严重程度,可进一步进行基因相关检测及多组织器官组织取样检测。由于部分型 21- 三体综合征的发生可能与父母的核型有关,因此建议部分型 21- 三体综合征患者孕育史阳性的父母进行染色体核型分析。若父母核型正常,属新发,则再发风险较低,是否行产前诊断需权衡介入性产前诊断操作的风险和再发风险;若父母之一存在 21 号染色体的易位或倒位,则需评估再发风险, 再次妊娠时应行产前诊断,或可采取胚胎植入前遗传学检测进行辅助生育(图 11-3)。

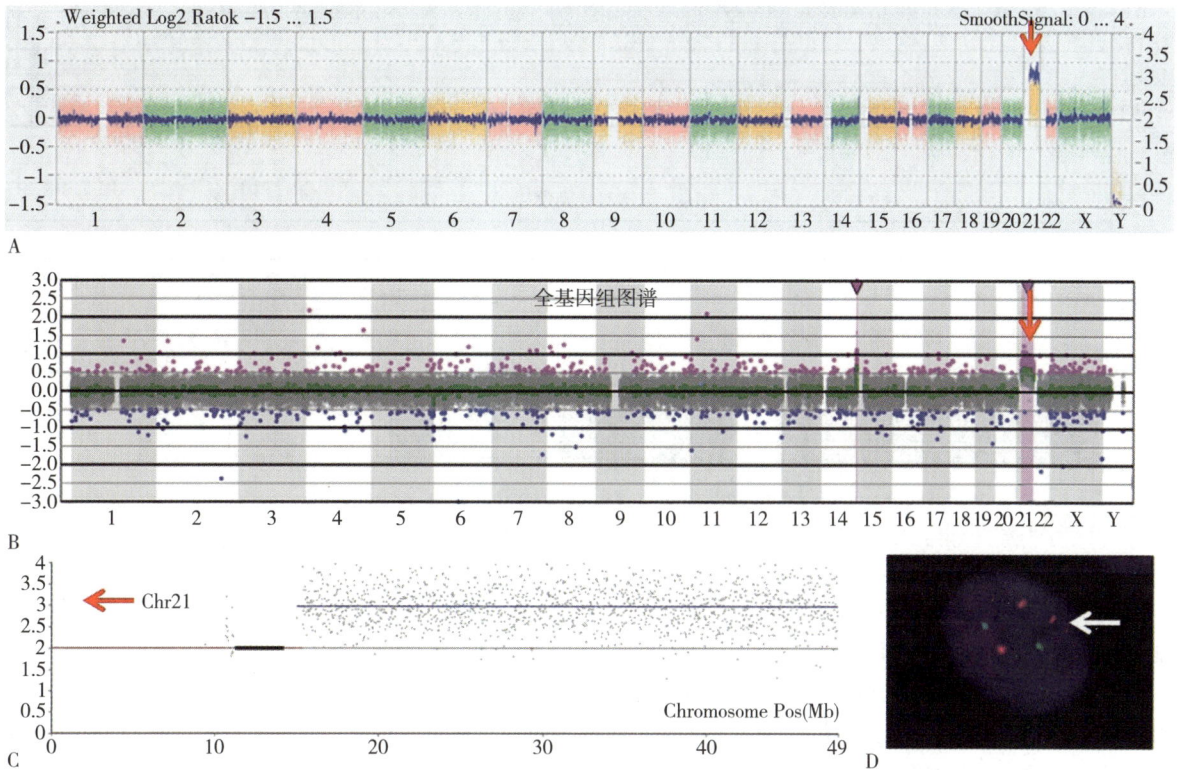

图 11-1　标准型 21- 三体综合征的分子遗传学检测结果

A. SNP array 检测可见 21 号染色体拷贝数为 3;B. aCGH 检测可见 21 号染色体拷贝数为 3;

C. CNV-seq 检测可见 21 号染色体拷贝数为 3;D. FISH 检测可见 21 号染色体探针杂交结果为

3 个红色信号,对照 13 号染色体探针杂交结果为 2 个绿色信号。

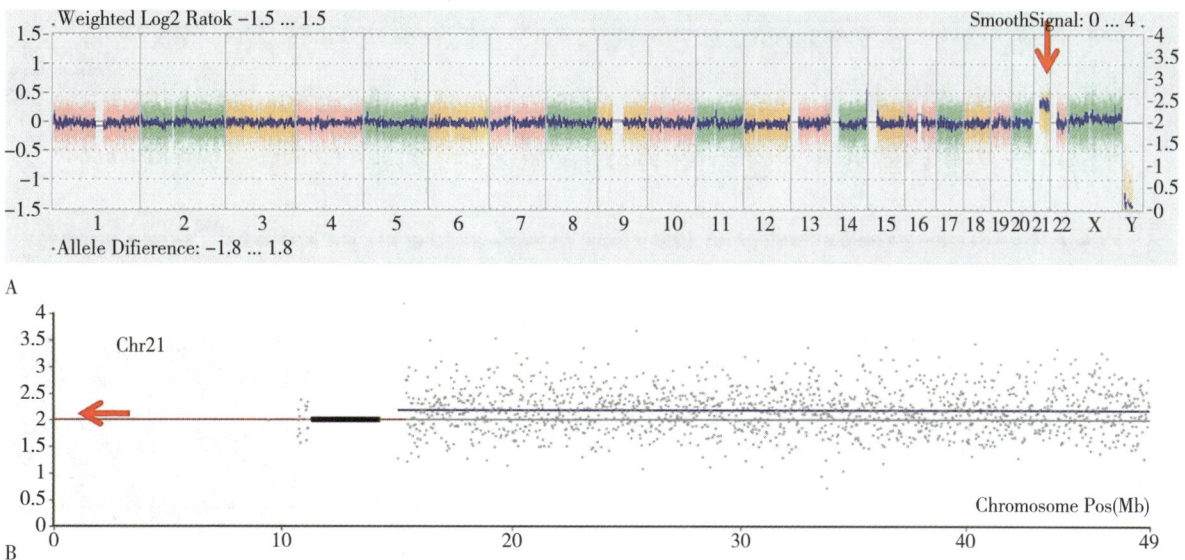

图 11-2　嵌合型 21- 三体综合征的分子遗传学检测结果

A. SNP array 检测可见 21 号染色体拷贝数为 2~3;B. CNV-seq 检测可见 21 号染色体拷贝数为 2~3。

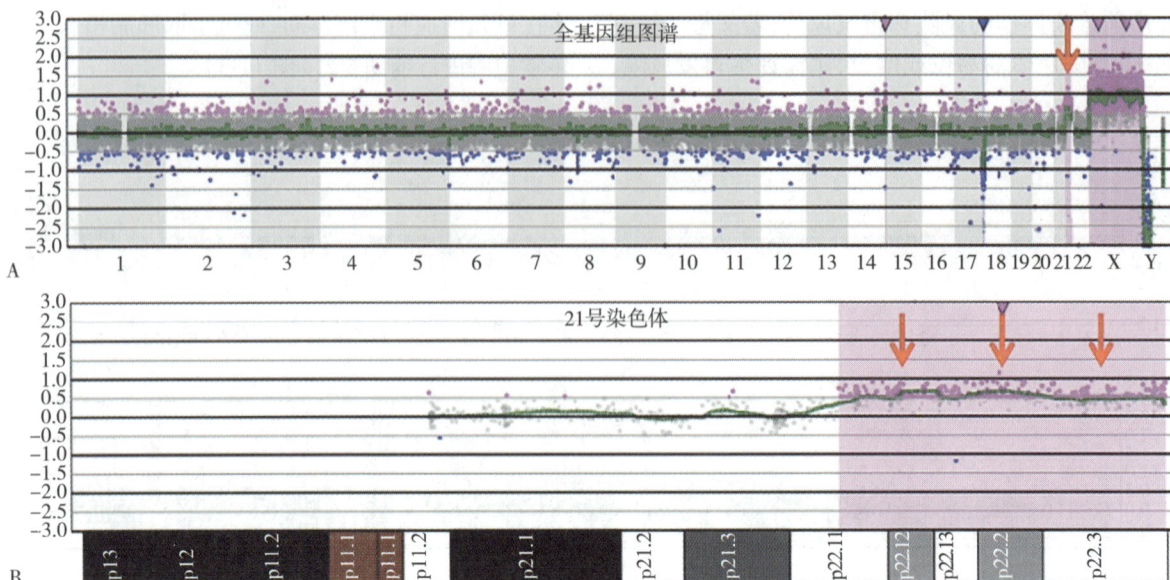

图 11-3 部分型 21- 三体综合征的分子遗传学检测结果
A. aCGH 检测可见 21 号染色体部分长臂拷贝数为 3；B. 图 A 的局部放大图。

2. 18- 三体综合征 18- 三体综合征根据遗传机制的不同主要包括标准型和嵌合型,罕见核型包括部分型和多重三体型等,均可被染色体微阵列分析、低深度全基因组高通量测序以及荧光原位杂交等分子遗传学方法检出。染色体核型显带分析技术有助于识别标准型 18- 三体综合征和嵌合型 18- 三体综合征。标准型 18- 三体综合征核型为 47,XN,+18,约占18- 三体综合征的 80%,绝大多数是由于减数分裂时母源性 18 号染色体不分离,特别是第二次减数分裂时姐妹染色单体不分离导致。孕龄增加是 18- 三体综合征发生的高危因素。几乎所有的标准型 18- 三体综合征都属新发,与父母的染色体核型无关,父母可以不行核型分析。18- 三体综合征孕育史阳性的夫妻再次生育时风险增加,因此建议进行产前诊断(图 11-4)。

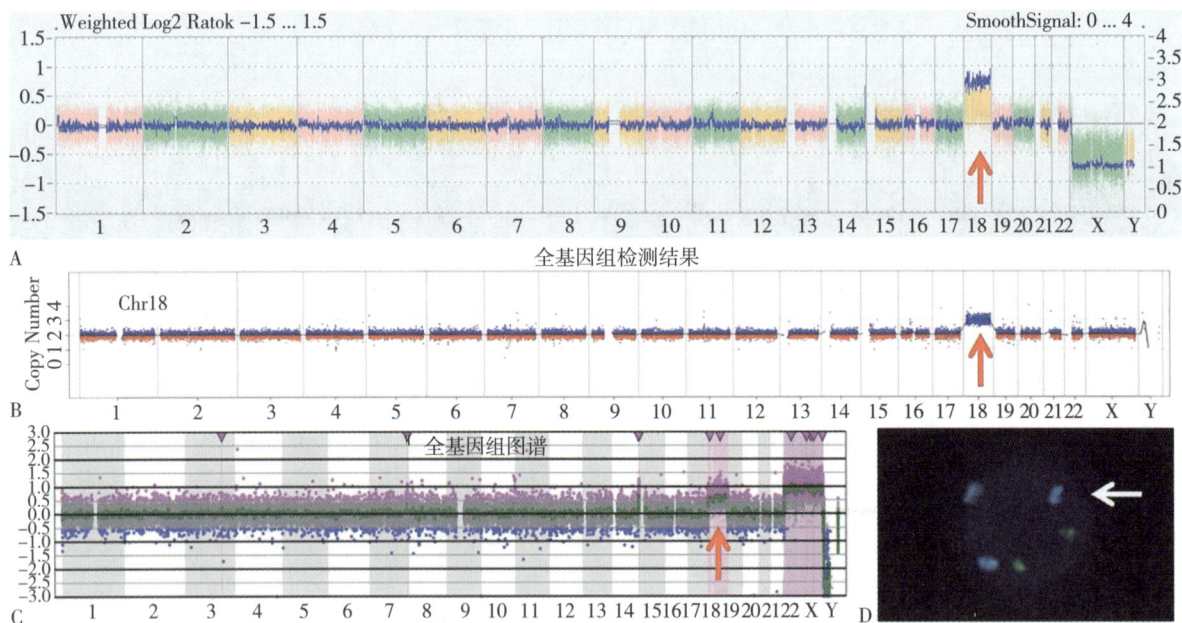

图 11-4 标准型 18- 三体综合征的分子遗传学检测结果
A. SNP array 检测可见 18 号染色体拷贝数为 3；B. CNV-seq 检测可见 18 号染色体拷贝数为 3；
C. aCGH 检测可见 18 号染色体拷贝数为 3；D. FISH 检测可见 18 号染色体探针杂交结果为
3 个天蓝色信号,而对照的 X 染色体探针杂交结果为 2 个绿色信号。

嵌合型 18-三体综合征核型多为 46,XN/47,XN,+18,18 号染色体不分离多发生在胚胎早期、有丝分裂过程中,约占 18-三体综合征的 10%。嵌合型 18-三体综合征的表型严重程度难以确定,必要时需行多组织的遗传学检查以评估预后。由于嵌合型 18 号染色体不分离发生在有丝分裂过程中,因此再发风险低。但是,曾有两次及以上标准型 18-三体综合征患者孕育史的夫妻需考虑生殖腺嵌合型患者的可能(图 11-5)。

部分型 18-三体综合征患者的父母之一可能为 18 号染色体的易位或倒位携带者。减数分裂时发生了异常,形成的异常配子与正常配子结合后形成部分 18 号染色体三体的合子。部分型 18-三体综合征的再发风险取决于父母的染色体核型,建议患者父母行染色体核型分析以明确是否存在相互易位或倒位。若存在,再次妊娠时应该进行产前诊断,或可采取胚胎植入前遗传学检测进行辅助生育(图 11-6)。

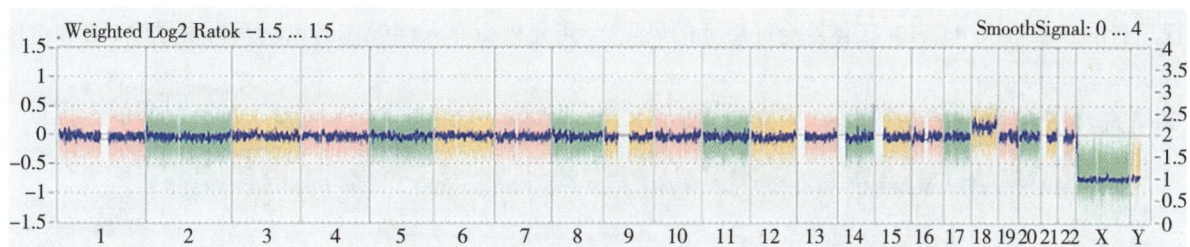

图 11-5　嵌合型 18-三体综合征的分子遗传学检测结果
SNP array 检测可见 18 号染色体拷贝数为 2~3。

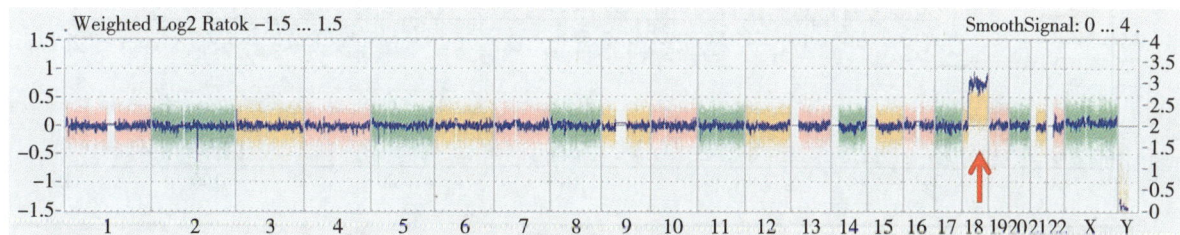

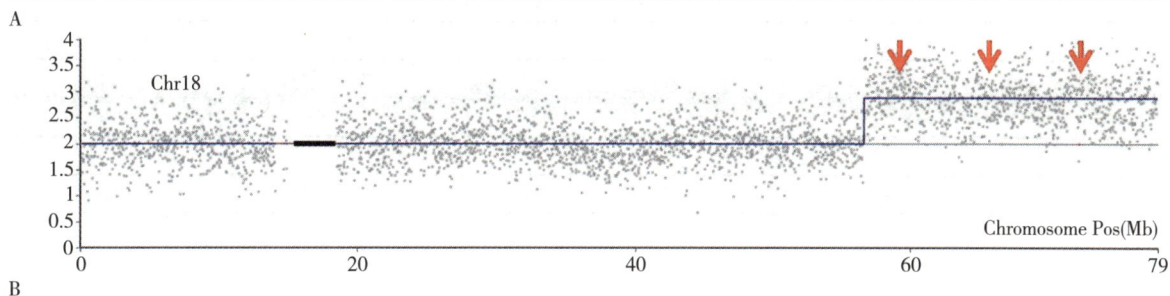

图 11-6　部分型 18-三体综合征的分子遗传学检测结果
A. aCGH 检测可见 18 号染色体长臂拷贝数为 3;B. CNV-seq 检测可见 18 号染色体部分长臂拷贝数为 3。

多重 18-三体综合征的核型如 48,XYY,+18,相对罕见,遗传机制尚不明确,提示可能存在染色体不分离易感性的遗传或非遗传因素。

3. 13-三体综合征　13-三体综合征主要分为标准型、嵌合型及易位型,亦可见部分型。染色体显带技术核型分析是传统的诊断 13-三体综合征的

"金标准",特别是针对易位型 13-三体的遗传学诊断。嵌合型和部分型 13-三体综合征的症状可能较轻或不典型,临床表现的异质性大且为非特异性,可采用微阵列分析、荧光原位杂交以及全基因组高通量测序等分子遗传学方法进行检测,有助于染色体病的鉴别。

标准型 13- 三体综合征约占 13- 三体综合征的 80%，是由于生殖细胞减数分裂时 13 号染色体未分离，形成的 13 号染色体二体的配子与正常配子受精后形成了 13- 三体的受精卵。绝大多数标准型 13- 三体是初级卵母细胞第一次减数分裂时发生异常所致，发生风险与孕妇的年龄相关。除传统染色体显带技术外，常用的分子遗传学检测方法均可检出标准型 13- 三体综合征。标准型 13- 三体综合征几乎都属新发，与父母的染色体核型无关，因此父母可以不行核型分析。但是，孕育过 13- 三体综合征患者的双亲再次生育 13- 三体综合征患者的风险会增加，可能与生殖腺嵌合有关，因此再次妊娠时建议权衡利弊进行产前诊断（图 11-7）。

嵌合型 13- 三体综合征核型多为 46,XN/47,XN, +13，多是受精后胚胎早期有丝分裂过程中 13 号染色体不分离导致的，约占 13- 三体综合征的 6%。嵌合型 13- 三体综合征的临床表型变化大。外周血、羊水等样本检出的嵌合比例无法完全准确地提示患儿或胎儿表型的严重程度，必要时需根据表型对靶器官行遗传学检测。嵌合型 13- 三体异常发生在有丝分裂阶段，因此再发风险低，是否进行产前诊断需充分权衡介入性操作的风险及再发风险（图 11-8）。

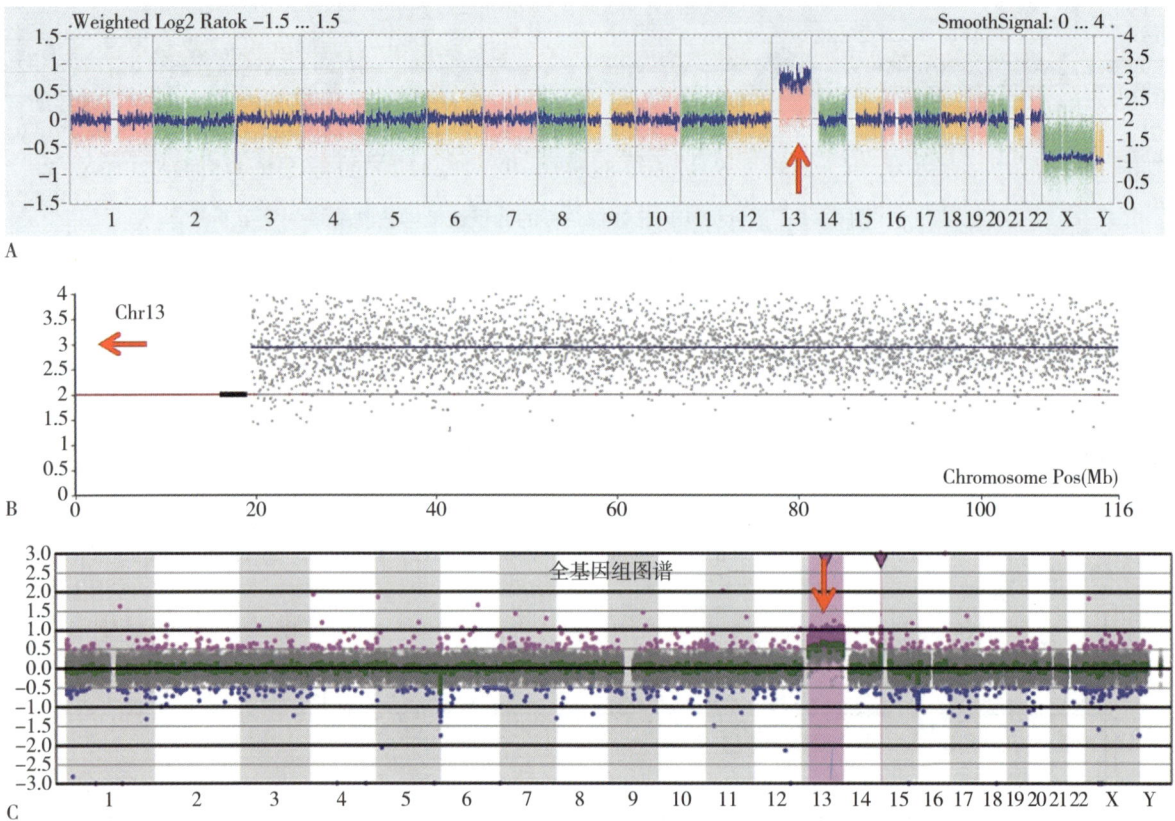

图 11-7　标准型 13- 三体综合征的分子遗传学检测结果
A. SNP array 检测可见 13 号染色体拷贝数为 3；B. CNV-seq 检测可见 13 号染色体拷贝数为 3；
C. aCGH 检测可见 13 号染色体拷贝数为 3。

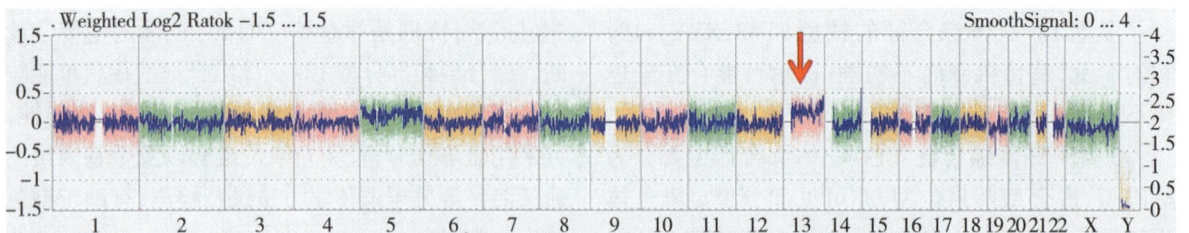

图 11-8　嵌合型 13- 三体综合征的分子遗传学检测结果
SNP array 检测可见 13 号染色体拷贝数为 2～3。

部分型 13- 三体综合征的临床异质性大,需与其他染色体病或基因组病相鉴别,宜采用染色体微阵列分析、低深度全基因组高通量测序等分子技术进行检测。部分型 13- 三体综合征的再发风险取决于父母的染色体核型,若双亲之一为相互易位或倒位核型携带者,再次妊娠时应该进行产前诊断,或可采取胚胎植入前遗传学检测进行辅助生育(图 11-9)。

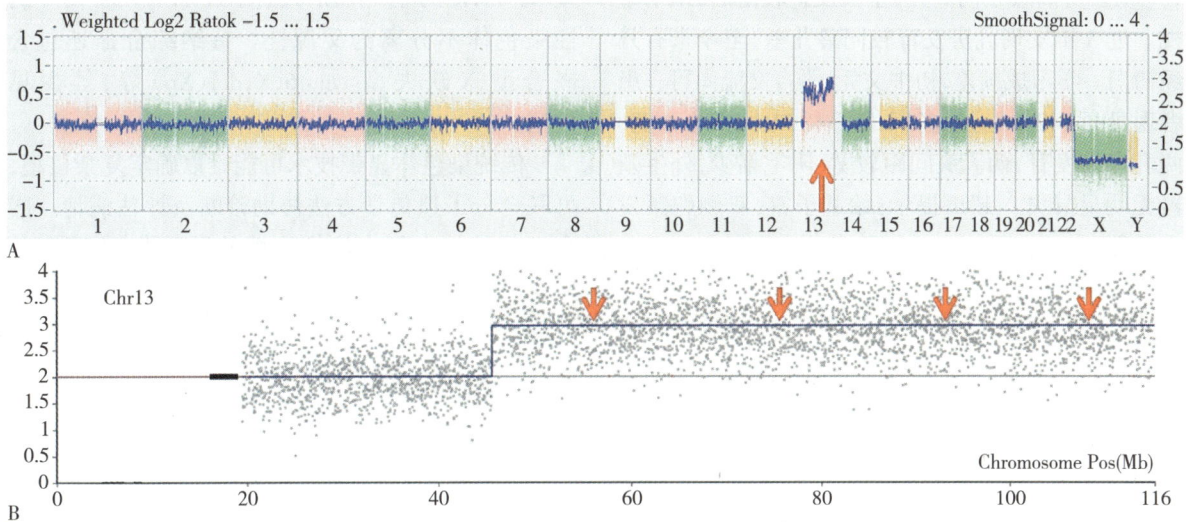

图 11-9　部分型 13- 三体综合征的分子遗传学检测结果

A. SNP array 检测可见部分 13 号染色体拷贝数为 3;B. CNV-seq 检测可见部分 13 号染色体拷贝数为 3。

(二)性染色体数目畸变

1.克兰费尔特综合征

【典型案例】

患者,男,29 岁,因“婚后不育 3 年”至遗传咨询门诊就诊。简要病史:已婚,婚后有规律性生活,未避孕未育 3 年,否认智力异常等。身高 178cm,体重 74kg,喉结不明显,声音尖细,双侧乳房发育明显,无结节及溢乳,皮肤细腻,无胡须及腋毛,阴毛稀少,阴茎发育不良,睾丸小。精液常规检查未发现精子。

【遗传检测】

克兰费尔特综合征(Klinefelter syndrome),又称 XXY 综合征,是一种常见的性染色体病,患者核型为 XXY,是由于生殖细胞减数分裂时同源 X 染色体或姐妹染色单体不分离导致的。少部分患者为嵌合体,主要是由于合子形成后、早期有丝分裂过程中发生异常。绝大多数克兰费尔特综合征可被传统染色体显带技术所检出,亦可选择分子遗传学方法来明确诊断,包括染色体微阵列分析、全基因组测序及染色体 FISH 检测等(图 11-10)。

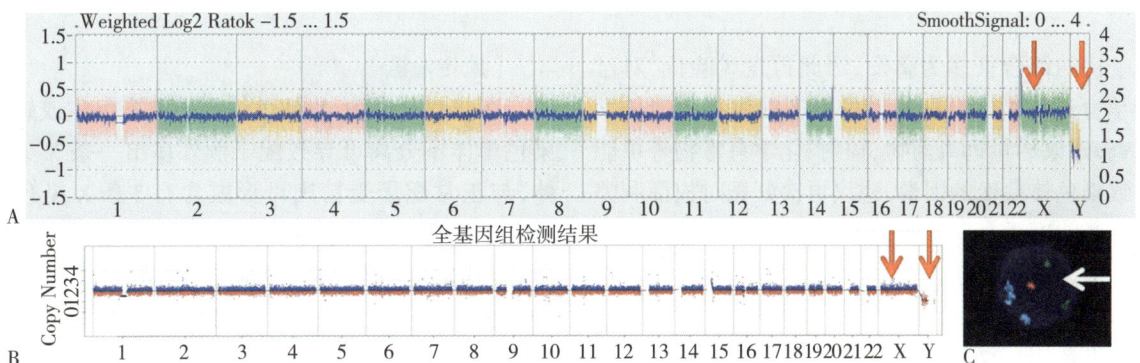

图 11-10　克兰费尔特综合征的分子遗传学检测结果

A. SNP array 检测可见 X 染色体拷贝数为 2,Y 染色体拷贝数为 1;B. CNV-seq 检测可见 X 染色体拷贝数为 2,Y 染色体拷贝数为 1;C.FISH 检测可见 X 染色体探针杂交结果为 2 个绿色信号,Y 染色体探针杂交结果为 1 个红色信号,而对照 18 号染色体探针杂交结果为 2 个天蓝色信号。

2. 特纳综合征

【典型案例】

患者,女,16岁,因"月经初潮未至"由妇科转诊至遗传咨询门诊就诊。简要病史:家属发现患者自10岁起,身高矮于同龄儿,生长发育较落后,未予重视。近3年发现乳房发育较同龄儿差,至今未有月经初潮。学习成绩差,初中文凭,语言交流尚可。患者现身高142cm,全身多痣,腋毛稀少,胸部平而宽,两乳房未发育,两乳头间距较宽,阴毛稀少,外生殖器无明显异常。超声提示:始基子宫,双侧卵巢发育不良。

【遗传检测】

特纳综合征是女性患者缺少一条或部分X染色体所致的较常见的性染色体数目畸变疾病,在女性新生儿中发病率为1/5 000~1/2 500。特纳综合征是较为常见的性染色体异常遗传病,是由于生殖细胞减数分裂时性染色体未分离,形成了无性染色体的配子,与正常配子受精后形成核型为45,X的合子所致(图11-11)。约70%的性染色体不分离为父源性。特纳综合征还包含嵌合型、X缺失型[如46,X,del(Xp)等]等少见核型。

传统染色体显带技术可能难以确定复杂核型,可联合分子遗传学方法协助诊断及评估病情。嵌合型特纳综合征应注意病情的异质性、表现度差异,特别是产前发现胎儿性染色体嵌合时,需谨慎绒毛、羊水及脐血样本对各胚层组织的代表性,具体分析胎儿的预后情况。

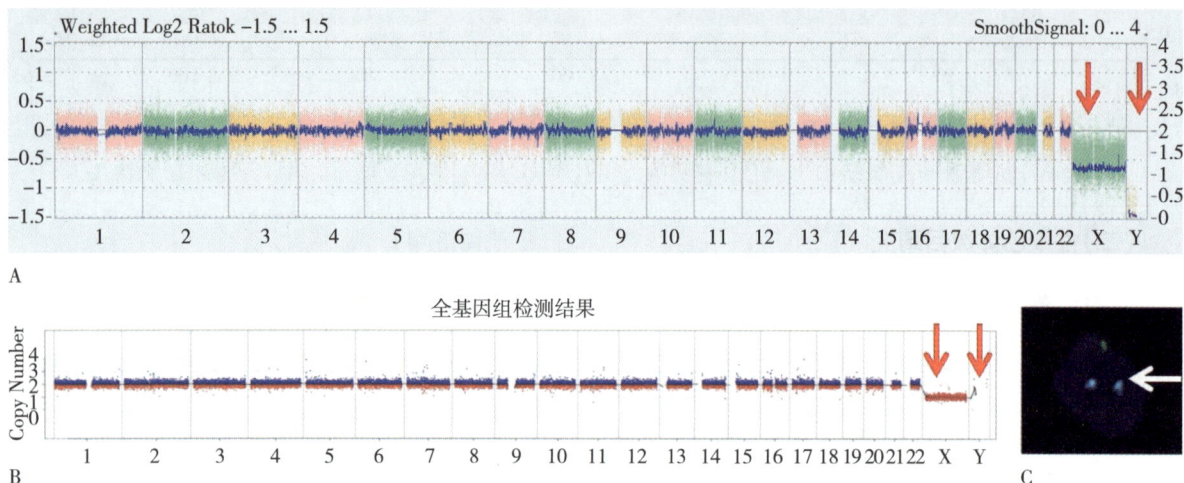

图 11-11　特纳综合征的分子遗传学检测结果

A. SNP array 检测可见 X 染色体拷贝数为 1,Y 染色体拷贝数为 0; B. CNV-seq 检测可见 X 染色体拷贝数为 1,Y 染色体拷贝数为 0; C. FISH 检测可见 X 染色体探针杂交结果为 1 个绿色信号,Y 染色体探针杂交结果为 0 个红色信号,而对照 18 号染色体探针杂交结果为 2 个天蓝色信号。

特纳综合征多为新发,因此再发风险低,对已经孕育过特纳综合征患者的双亲提供相关遗传学检查,建议尽量远离药物、辐射、化学有毒物等可能导致染色体畸变的因素,建议再次妊娠时权衡利弊进行产前诊断。

3. 超雌综合征

【典型案例】

患者,女,27岁,因"原发不孕"至遗传咨询门诊就诊。简要病史:身高170cm,大专学历,月经初潮13岁,月经规律,经量正常。乳房发育正常,腋毛、阴毛稀少。

【遗传检测】

在减数分裂中,X 染色体的同源染色体或姐妹染色单体不分离可导致配子额外多出一条 X 染色体,与正常配子受精则可形成含有 3 条 X 染色体的合子。超雌综合征多为母源性 X 染色体不分离所致,其发生与孕妇高龄相关。若异常发生在合子形成后的有丝分裂中,则可形成嵌合型超雌综合征。

该病可首选染色体显带核型分析进行诊断,当无法明确诊断时,可采用分子遗传学检测方法综合分析(图11-12)。

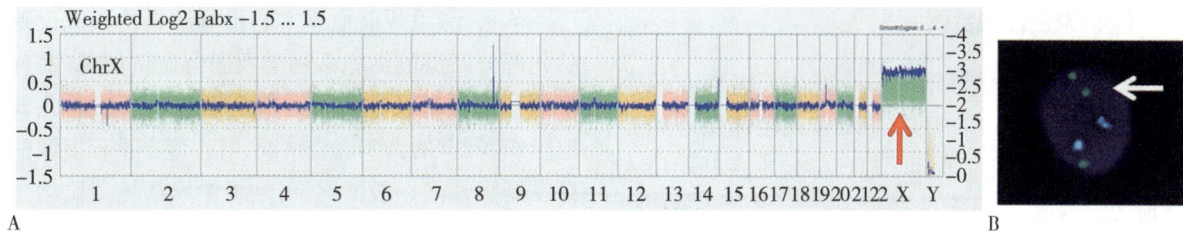

图 11-12　超雌综合征的分子遗传学检测结果

A. SNP array 检测可见 X 染色体拷贝数为 3，Y 染色体拷贝数为 0；B. FISH 检测可见 X 染色体探针
杂交结果为 3 个绿色信号，Y 染色体探针杂交结果为 0 个红色信号，而对照 18 号染色体探针杂交结果为
2 个天蓝色信号。

超雌综合征多为新发，因此再发风险低，但已经孕育过超雌综合征患者的双亲再次妊娠时可进行产前诊断。孕前孕后均建议避免有毒、有害因素的接触。

（三）多倍体

【典型案例】

患者，女，38 岁，孕 8⁺ 周自然流产，至遗传门诊就诊。建议针对流产胚胎组织进行染色体检测。

【遗传检测】

如果染色体的数目变化是单倍体（n）的整倍数，比如 3n=69，4n=92 等，这些细胞称为多倍体细胞，而这种状态称为多倍性。三倍体对于人类是致死的，在流产胚胎中多见，是产前诊断中最常见的多倍体，能够存活的都是二倍体和三倍体的嵌合体。三倍体综合征的临床特征包括大胎盘伴葡萄样改变、发育障碍、并指等。父源性基因表达影响胎盘的发育，而母源性基因的表达对胚胎的发育影响极大。

染色体核型分析是确诊多倍体的重要手段（图 11-13）。嵌合体患者往往需要加大计数外周血核型数目，或可采用染色体微阵列分析等分子遗传学检测方法辅助分析来帮助诊断。

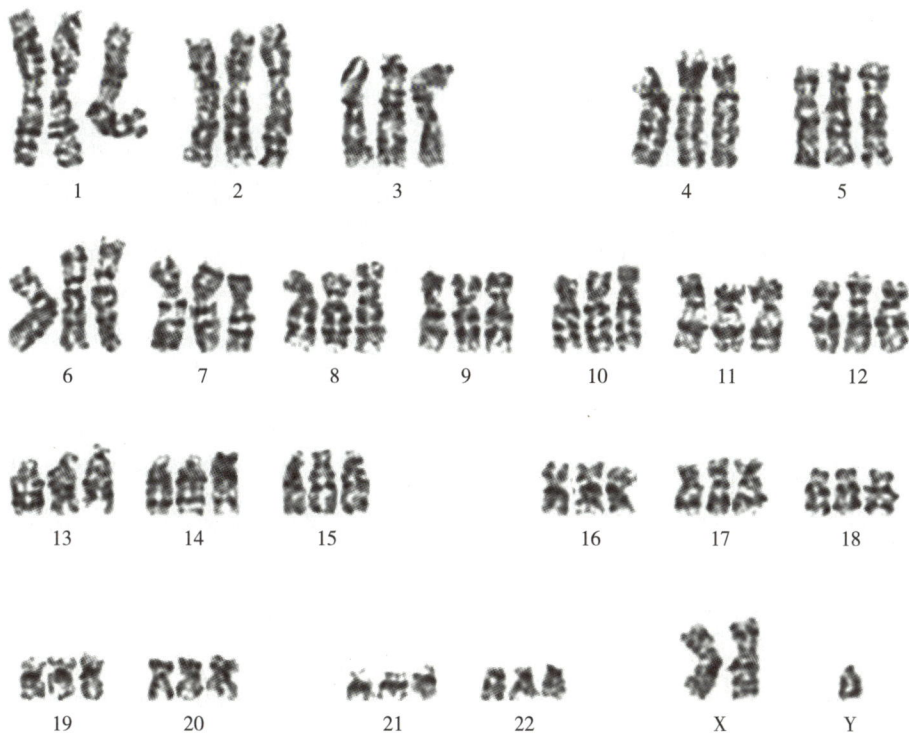

图 11-13　羊水细胞三倍体核型图

该患者的羊水细胞核型为（69，XXY）。

(四)染色体嵌合体

染色体嵌合体是指同一个体中同时存在两个或多个不同细胞系的现象。随着染色体微阵列分析、高通量测序技术等分子遗传学技术在胚胎植入前遗传学检测、胎儿产前遗传学诊断、儿科等遗传疾病诊断中的广泛应用,染色体嵌合体的检出率逐渐升高。因胎儿、胎盘组织遗传物质组成可能不一致,染色体嵌合体的产前诊断和遗传咨询极具挑战,针对产前诊断样本及遗传学检测技术均应合理选择,必要时应综合多种样本、多种检测结果综合分析,提供胎儿预后及再发风险等信息。产前样本的代表性和采样的准确性极其重要。绒毛、羊水和脐血及胎盘样本,均需进行母体细胞污染鉴定(基于 STR 或 SNP 技术),确保获取相对纯净的胎儿或其附属物样本。当产前诊断发现染色体嵌合体时处理如下:

绒毛样本发生嵌合体可能是由于绒毛膜细胞嵌合或绒毛膜与胎儿组织细胞染色体核型不一致造成的。可进一步进行羊膜腔穿刺术,抽取羊水样本进行染色体核型分析。如果羊水核型分析也发现嵌合体,则可以出具嵌合体报告;如果羊水核型分析核型正常,则可考虑再次进行脐血样本核型分析。但是,多次介入性产前诊断手术可能增加流产等风险,应充分权衡利弊。

羊水、绒毛或脐血样本的检测结果均仅能反映胎儿部分胚层的细胞系种类及嵌合比例情况,其异常的核型数目及比例无法完全准确地反映胎儿其他组织、器官的真实嵌合情况,对表型严重程度评估存在局限性。一般情况下,结果中异常核型比例越高,胎儿出现染色体病的概率越大,表型也越严重。

产前遗传学检测技术中,核型分析、FISH、CMA、CNV-seq 等技术,均能检出嵌合体。建议至少两种检测技术均检出嵌合体时确立真性嵌合体的诊断。当只有一种检测技术检出嵌合体时,其结果解读需谨慎,建议结合临床综合分析。羊水染色体嵌合体的诊断标准源自中华人民共和国卫生行业标准《胎儿常见染色体异常与开放性神经管缺陷的产前筛查与诊断技术标准》,见表 11-1。

【注意事项】

1. 产前样本均建议行 STR 或 SNP 方法排除母体细胞污染;绒毛标本在接种前尽可能清除血污和蜕膜。

2. 羊水培养瓶法易产生假性嵌合,也易漏诊嵌合体,建议可将培养的上清液继续培养或传代,必要时可收获进行染色体制备,以备补充计数分析。

3. 建议有条件的实验室优先采用原位培养法进行羊水染色体核型分析。

表 11-1 羊水染色体嵌合体的诊断标准

	原位培养法	培养瓶法
A. 高强度额外工作指征	(1)以下常染色体三体:2、5、8、9、12、13、14、15、16、18、20、21 或 22(SCo[b]、MCo[b]) (2)非平衡性结构重排(MCo) (3)标记染色体(MCo)	(1)以下常染色体三体:2、5、8、9、12、13、14、15、16、18、20、21 或 22(SCo[a]、MCo[a]) (2)非平衡性结构重排(MC) (3)标记染色体(MC)
B. 中等额外强度工作指征	(4)以下常染色体三体:1、3、4、6、7、10、11、17、19(SCo、MCo) (5)45,X(SCo、MCo) (6)除 45,X 以外的单体(SCo、MCo) (7)额外的性染色体(SCo、MCo) (8)标记染色体(SCo) (9)平衡性结构重排(MCo) (10)非平衡性结构重排(SCo)	(4)以下常染色体三体:1、3、4、6、7、10、11、17、19(SC、MC) (5)45,X(MC) (6)除 45,X 以外的单体(MC) (7)额外的性染色体(SC、MC) (8)标记染色体(SC) (9)平衡性结构重排(MC)
C. 无需额外工作的指征	(11)平衡性结构重排(SCo) (12)着丝粒处断裂丢失一臂(SCo)	(10)平衡性结构重排(SC) (11)非平衡性结构重排(SC) (12)45,X(SC) (13)着丝粒处断裂丢失一臂(SC)

注:SCo[a] 指单个培养瓶中的单个细胞(single cell single flask);MCo[a] 指单个培养瓶中的多个细胞(multiple cells single flask);SCo[b] 指单个培养皿中的单个集落[single colony(single dish)];MCo[b] 指单个培养皿中的多个集落[multiple colonies(single dish)]。

第三节
常见染色体结构畸变疾病的实验室检测

除染色体数目畸变外,染色体结构畸变导致重要遗传物质的量发生改变时亦可导致疾病,如染色体非平衡易位等。此外,随着染色体微阵列分析、低深度全基因组高通量测序等分子遗传学检测方法的不断进步,染色体病的检出率不断提高,如染色体微重复/微缺失综合征等。染色体结构畸变的确诊将有助于对患者进行治疗管理、生育指导,也有助于亲属进行风险评估等。

与数目畸变染色体病相似,染色体结构畸变疾病患者的临床表现也通常是系统性的、先天性的,常见表型也包括面容异常、智力障碍、发育迟缓、多发畸形等。临床诊疗策略与染色体数目畸变疾病相同,应详细采集病史并总结发病特点,系统地进行体格检查并完善针对性的实验室检测、影像学检查及神经精神系统评估等。家族史的采集及亲属的针对性检查尤为重要,可为疾病的诊断提供重要依据。遗传学检测仍然是染色体结构畸变疾病确诊及鉴别诊断最关键的手段。

核型分析是传统的染色体数目及结构畸变的检测方法,包括非显带及显带技术。非显带染色体核型分析技术无法检出染色体的易位、倒位和微小缺失/重复等结构改变。染色体显带技术可使染色体沿其长轴显示出明暗或深浅相间的带纹,每条染色体都有其特定的带纹,构成其稳定的带型,通过染色体显带核型分析可以识别每一条染色体及其发生的结构改变。

常用的染色体显带技术有G显带、C显带、Q显带、R显带和N显带法等。常规的染色体核型分析的分辨率为320条带水平,在此显带分辨率的限制下,一些较小缺失、倒位、易位、重复、插入等染色体结构畸变很难分辨,从而导致误诊或漏诊的情况发生。随着细胞遗传学实验室检测技术的发展,染色体显带技术的分辨率日益提高,利用同步化方法可得到长度更长、显出条带更多的染色体,使染色体分辨率达到550条带水平或者更多,在实际应用中通常可稳定检出5Mb及以上的染色体结构或数量异常,从而使染色体结构畸变疾病的检出率大幅

提高。此外,分子遗传学检查技术进一步提高了染色体病检测的准确性和分辨率,主要包括微阵列分析、荧光原位杂交以及低深度全基因组拷贝数变异测序。

一、易位变异及疾病

【典型案例】
夫妻因"妻子两次妊娠早期自然流产史"至遗传咨询门诊就诊。夫妻双方及家族其他亲属均无死胎、死产、新生儿死亡及发育迟缓等病史。

【遗传检测】
易位是指两条或两条以上的染色体相互交换染色体片段,其中常见的类型包括相互易位(reciprocal translocation)、罗伯逊易位(Robertsonian translocation)、插入易位(insertional translocation)等。

染色体易位若未导致染色体的缺失或重复,且断裂重接不影响重要的基因功能,可称为平衡易位携带者,携带这种染色体结构改变的个体通常没有染色体病的表型。细胞遗传学检查可确定携带者染色体核型,首选方法为染色体G显带核型分析,可明确携带者的几号染色体发生易位及易位断裂的区带位置(图11-14),直观可见易位后形成的新衍生染色体的形态,这是分子遗传学检测无法取代的。

若染色体重排伴有遗传物质的缺失或重复,则为染色体非平衡易位。染色体非平衡易位的胚胎大多在妊娠早期停育,少部分胚胎可存活,在新生儿中其发生率为1/20 000~1/10 000。重复或缺失的片段若未涉及关键基因等遗传物质,胚胎存活的可能性越大。染色体缺失(deletion)是指染色体片段的丢失,使位于这个片段的基因也随之发生丢失。染色体重复(duplication)是指一条染色体上某一片段增加,使这些片段的基因多了一份或几份。染色体非平衡易位相关疾病的临床表现与一般染色体病相似,主要为智力落后、发育迟缓、器官发育异常等。

分子遗传学方法或常规核型分析均可检出非平衡染色体结构重排。染色体大片段缺失或重复多可通过染色体核型分析明确几号染色体发生了异常,及其发生结构改变的区带位置,直观了解缺失或重复片段的大小等(图11-15)。染色体微阵列分析、全基因组测序等技术能进一步明确重复或缺失片段是否涉及关键基因,以提供更多临床预后信息(图11-16)。

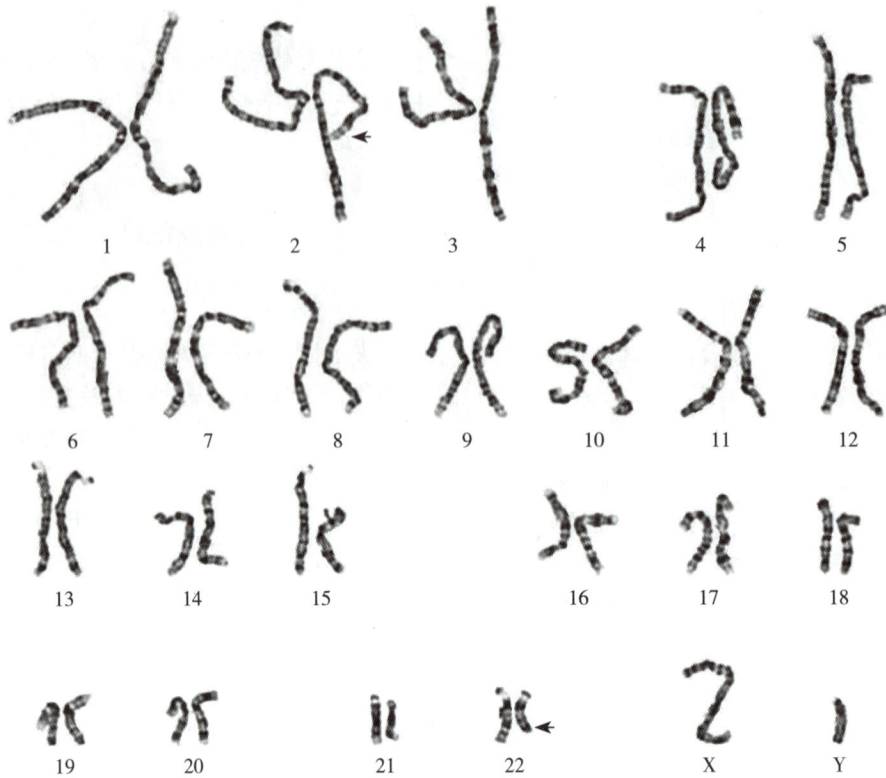

图 11-14　染色体平衡易位携带者的核型图
该携带者的核型为 46,XY,t(2;22)(p25.1;q12.2)。

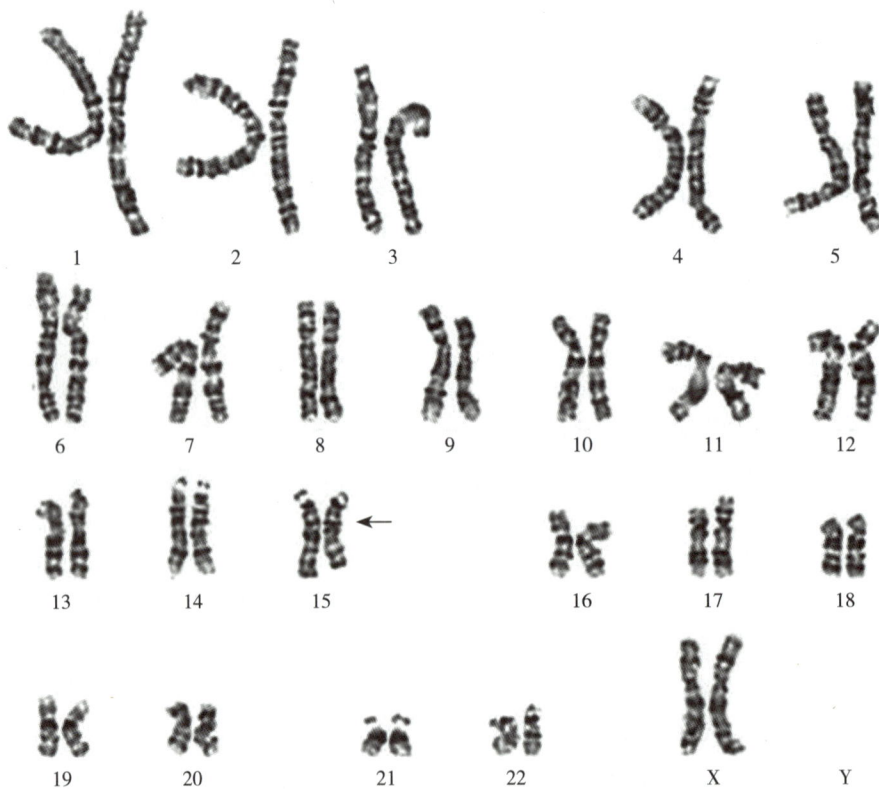

图 11-15　染色体大片段缺失患者的核型图
该患者的核型为 46,XX,del(15)(q15q21.3)。

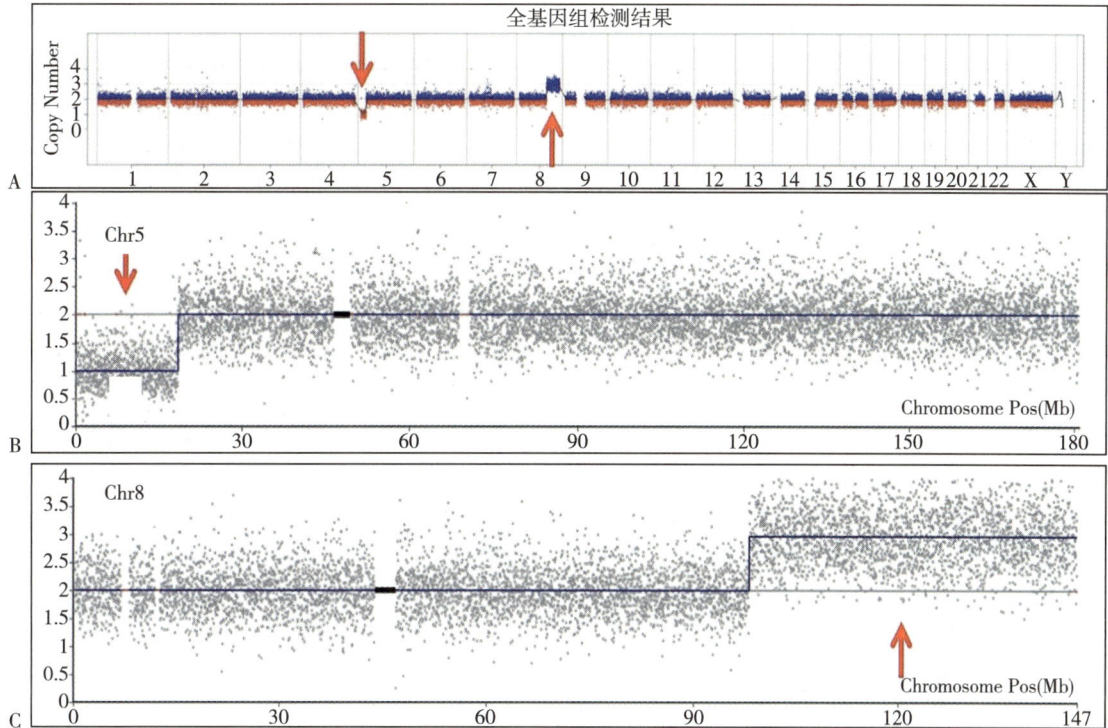

图 11-16　非平衡易位患者的分子遗传学检测结果

A. CNV-seq 检测可见 5 号染色体部分短臂拷贝数为 1，8 号染色体部分长臂拷贝数为 3；

B. CNV-seq 检测可见 5 号染色体部分短臂拷贝数为 1；C. CNV-seq 检测可见 8 号染色体部分长臂拷贝数为 3。

　　若在胎儿期发现染色体非平衡易位，应及时明确染色体结构改变的具体位置及来源，必要时需完善分子遗传学检查以明确非平衡片段所覆盖的具体基因等，综合分析后充分告知孕妇及家属胎儿及其生后可能存在的风险，如出现发育迟缓、智力落后、多发畸形等可能，在知情同意、权衡利弊的情况下，必要时选择终止妊娠。针对出生的染色体非平衡易位先证者，此病尚无有效的治疗方法，主要为对症治疗。此外，应对其生物学父母及亲属进行遗传咨询及相关的遗传学检测。染色体末端非平衡易位患者的双亲之一多为染色体平衡易位的携带者。

　　通过病史及家族史询问，结合染色体核型分析等实验室检测结果，明确遗传物质无数量异常，受检者无临床表现后可排除染色体病，确定为易位核型携带者，应进一步判断染色体易位是散发的还是家族遗传的。染色体平衡易位携带者夫妻虽然多无临床疾病表型，但其生殖细胞在减数分裂时可形成遗传物质数量异常的配子，亦可形成染色体结构正常及携带相同染色体结构易位的配子。因此，染色体易位携带者的胚胎易发生早期流产，胎儿易发生染色体异常，增加胎儿畸形、死胎、死产等风险。

遗传咨询时须告知易位携带者孕育正常核型新生儿的概率，对生育方式进行指导，并定期随访。若双亲之一为 13 号同源染色体罗伯逊易位携带者，几乎 100% 流产；若双亲之一为 13/14 号非同源染色体罗伯逊易位携带者，可孕育正常核型的后代，但后代染色体异常的风险大大增加，预后不良可能性大。易位携带者可自然受孕，或可使用胚胎植入前遗传学检测（preimplantation genetic testing，PGT）、人工授精等方式助孕，妊娠后建议介入性产前诊断手术，并充分告知手术风险及检查的必要性，明确易位携带者所孕胎儿有无染色体数目或结构畸变，是预防出生缺陷的重要措施。

二、倒位变异及疾病

【典型案例】

　　夫妻因"未避孕未孕 2$^+$ 年"至遗传咨询门诊就诊。夫妻表型正常，无自然流产、死胎、死产、新生儿死亡等病史。

【遗传检测】

　　染色体倒位是一条染色体发生两次断裂，形

成三个片段,断裂点之间的片段倒转180°后重新连接,形成一条新的染色体。两个断裂点如果发生在染色体同一臂内(着丝粒同侧),称为臂内倒位(paracentric inversion)。如果两次断裂分别发生于长臂和短臂,形成的倒位则称为臂间倒位(pericentric inversion)。携带者虽发生染色体倒位,染色体物质数量无增减,临床无异常表型,可为新发或来自携带染色体倒位的父母之一。倒位携带者的生殖细胞减数分裂时理论上可形成4种配子类型:正常结构的染色体、倒位但遗传物质数量无增减染色体、两种存在部分缺失或重复的染色体。后二者与正常配子结合后,可由于遗传物质的增减而发生流产,夫妻孕前检出倒位核型将有助于指导优生优育。

细胞遗传学检查可确定携带者染色体核型。

首选方法为染色体G显带核型分析,可明确携带者几号染色体发生倒位、倒位的类型及发生的区带位置,直观可见倒位后形成的新染色体的形态(图11-17),这是分子遗传学检测无法取代的。通过高分辨的染色体核型分析技术,可提高染色体倒位检出率。染色体核型分析提示胎儿新发染色体倒位,父母染色体核型正常,可继续行分子遗传学检测,进一步明确染色体倒位可能导致的影响。如查到致病性或可能致病性的染色体缺失或重复,应充分告知孕妇及家属可能的预后;如未发现已知致病性或可能致病性的染色体缺失或重复,不能排除倒位断裂重接是否导致局部基因功能异常,应告知孕妇及家属可能存在的风险及可选择的进一步检查及其检测范围、局限性等,如全基因组测序。

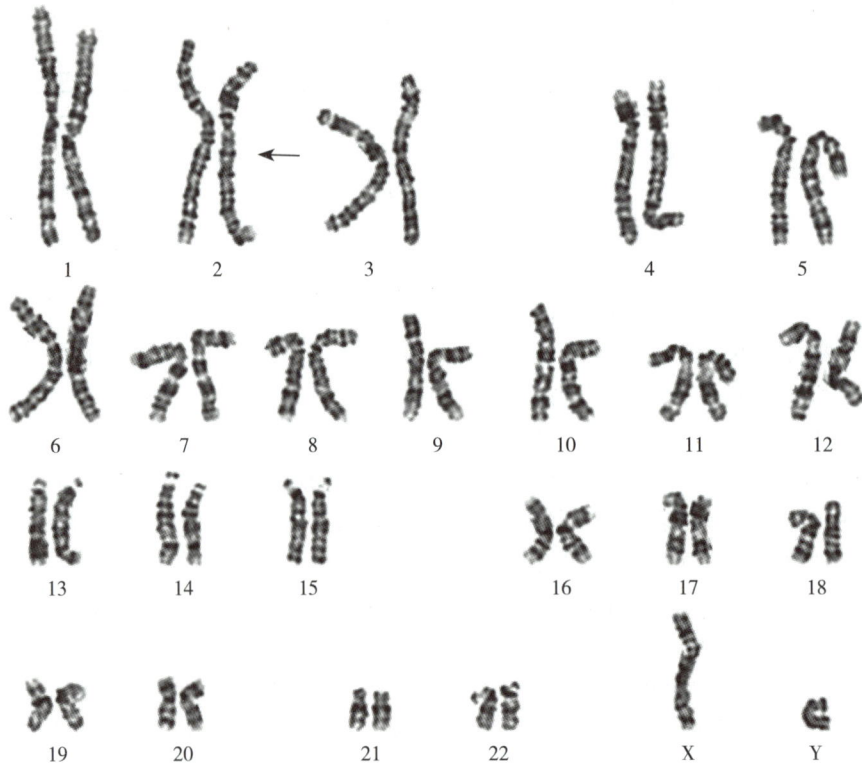

图 11-17　染色体倒位携带者的核型图

该携带者的核型为 46,XY,inv(2)(q13q35)。

在遗传咨询中应详细询问家族史,获取亲属染色体核型结果,判断染色体倒位是散发的还是家族遗传的。遗传咨询时应告知倒位携带者生育正常新生儿的概率,对生育方式进行指导。倒位携带者可选择自然受孕、胚胎植入前遗传学检测、人工授精等,应告知以上受孕方式的利弊,综合应用多种遗传学技术实现对出生缺陷的预防,避免染色体病

患者的出生给家庭或社会带来负担。

三、环状染色体

【典型案例】

患者,17月龄,因"生长发育迟缓"至儿科门诊就诊。特殊面容,小头,自幼生长发育迟滞,语言发

育落后,现仍不能独坐、扶走。

【遗传检测】

环状染色体是指一条染色体的长、短臂发生断裂,带着丝粒的部分可通过两断端的黏合形成一条环状的染色体,又称着丝粒环;如果一条较长的无着丝粒断片两端连接,则形成无着丝粒环。所有染色体均可形成环状染色体,发生率为 1/25 000～1/50 000,其中近一半发生在近端着丝粒染色体。环状染色体大多数为新发变异,即在受精卵形成的过程中染色体发生环形畸变,少数可由父母遗传给子代。

环状染色体的临床特征及其严重程度取决于丢失的染色体物质及数量等。由于环状染色体的复杂性(缺失片段的位置及其大小,断点处是否存在重复片段及其大小,是否伴有嵌合的染色体核型,以及环状染色体本身的不稳定性),环状染色体的临床表现多样,且病情严重程度不一。主要表型包括宫内及出生后的发育迟缓、精神与运动发育落后、小头畸形、短颈等,呈现眼距宽、耳位低、鼻梁低等特殊面容,可伴有心脏畸形、骨骼畸形、性腺发育不全等。

染色体核型分析技术可直观提示几号染色体为环状染色体(图 11-18),但无法得知形成环的过程中是否存在染色体片段的微缺失或微重复,可建议进一步进行染色体分子遗传学检测、基因组测序等,明确环状染色体是否伴有重要基因的改变等。

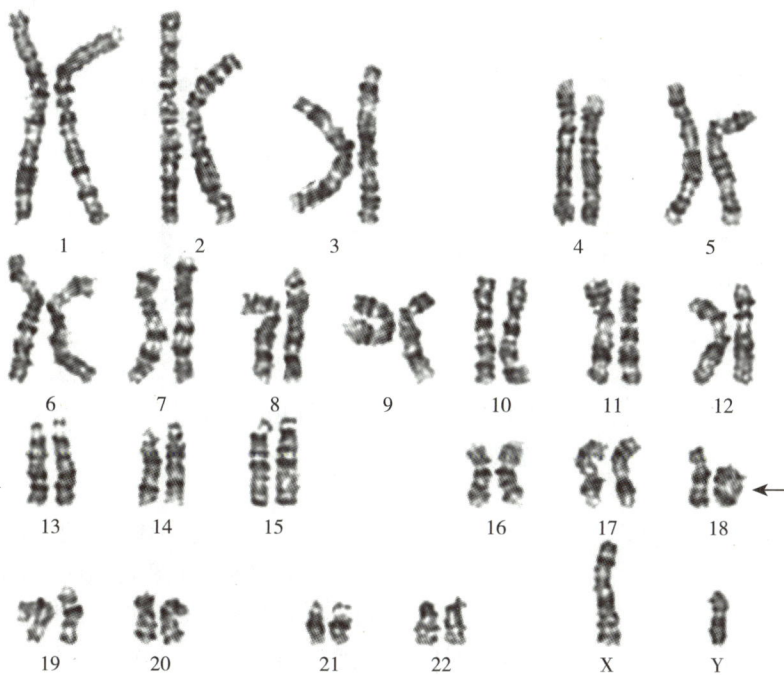

图 11-18 环状染色体患者的核型图

该患者的核型为 46,XY,r(18)(p11.32q23)。

环状染色体病尚无有效的治疗方法,主要为对症治疗。先证者明确诊断后,建议患者父母及亲属进行遗传咨询,必要时亲属行遗传学检测。若为新发变异则再发风险低。患者父母如有再生育需求,建议权衡利弊,在知情同意的前提下,妊娠后行介入性产前诊断及遗传咨询,避免出生缺陷的发生。

四、标记染色体

标记染色体也称额外小标记染色体(small supernumerary marker chromosomes,sSMC)或额外结构异常染色体(extra structurally abnormal chromosome,ESAC),指比正常二倍体额外增多的一种细小染色体,在形态上可辨认、但传统染色体显带技术通常无法识别其来源和结构异常。标记染色体是否引起临床表现取决于标记染色体的来源、含有的染色质片段的大小和基因的组成、含有标记染色体的细胞数与正常细胞数的比例、是否存在单亲二倍体等。家族性 sSMC 大多数表型可正常,新发 sSMC 可表现为多种综合征(如特纳综合征等)、复发性流产、不孕不育等,发育异常的胎儿、患者亦可检出 sSMC。

【遗传检测】

染色体核型分析可明确标记染色体的形态(图11-19),但为进一步明确标记染色体的影响及临床意义,建议进一步进行染色体微阵列分析等。

家族性 sSMC 可在家族中稳定遗传,可无表型,建议加强临床随访。若妊娠期发现新发 sSMC,应在遗传咨询时充分告知孕妇及家属胎儿可能存在的风险及预后的不确定性,除及时明确标记染色体来源外,应加强胎儿超声等临床监护。

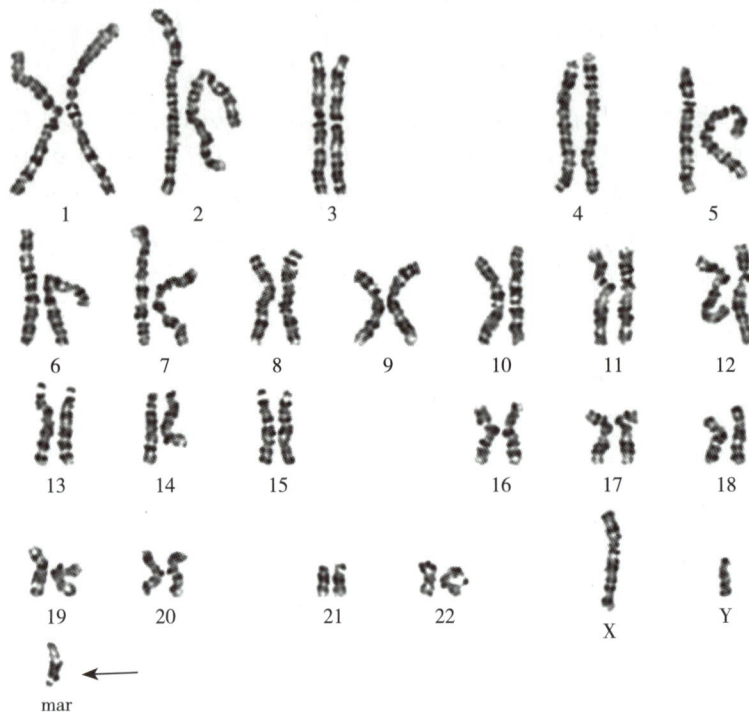

图 11-19　标记染色体患者的核型图

该患者的核型为(47,XY,+mar)。

五、5p 部分单体综合征

【典型案例】

患者,女,21 月龄,因"生长发育迟缓"至儿科就诊。患者系足月顺产儿,出生时 2 500g,身长 49cm,头围 30cm,否认缺氧史。家属述患者自幼生长发育较落后。现身高 75cm,体重 7 100g,头围 43cm,精神发育迟滞,尖头,头发稀疏,眼距宽,外眦下斜,鼻梁宽平,耳位低,下颌小,不能独坐或扶走,不能叫爸妈,哭声小,声音尖细,似猫叫。

其父亲 31 岁,母亲 29 岁,否认近亲结婚及家族遗传病史。母亲妊娠期无特殊毒害物质、药物接触史,无其他不良妊娠史。

【遗传检测】

5p 部分单体综合征,又称猫叫综合征,因患者哭声高调似猫叫而得名,遗传学致病机制是 5 号染色体短臂部分缺失,缺失片段大小不一。

由于 5p 部分单体综合征的临床表型并不特异,分子遗传学检测(图 11-20)或染色体核型分析(图11-21)对明确诊断和鉴别诊断都至关重要。染色体核型分析可直观分析得出 5 号染色体缺失断裂的区带位置。5 号染色体短臂缺失的片段大小不等,可短至仅 5p15.2 区带缺失,也可长至整条短臂缺失。通常缺失片段越大,患者症状越重,其表型可能与 5号染色体短臂上的基因缺失相关。

此病的临床诊断需建立在详细的病史询问及体格检查的基础上,无有效的治疗方法,主要为对症治疗,常需多学科协作。大多数 5p 部分单体综合征患者的 5 号染色体片段缺失是新发的,因此同胞的再发风险很低,约 10% 由父母染色体平衡易位引起,并且不排除生殖腺嵌合可能,因此无论患者父母是否进行外周血遗传学检测,均建议于再次妊娠时权衡利弊进行产前诊断。

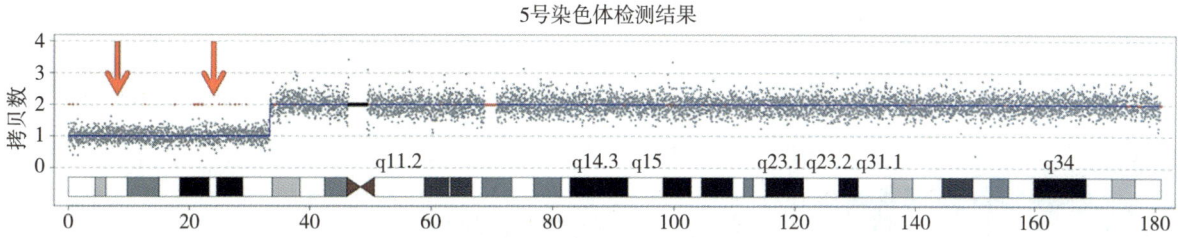

图 11-20　5p 部分单体综合征的分子遗传学检测结果
CNV-seq 检测可见 5 号染色体部分短臂拷贝数为 1，缺失片段大小约 30Mb。

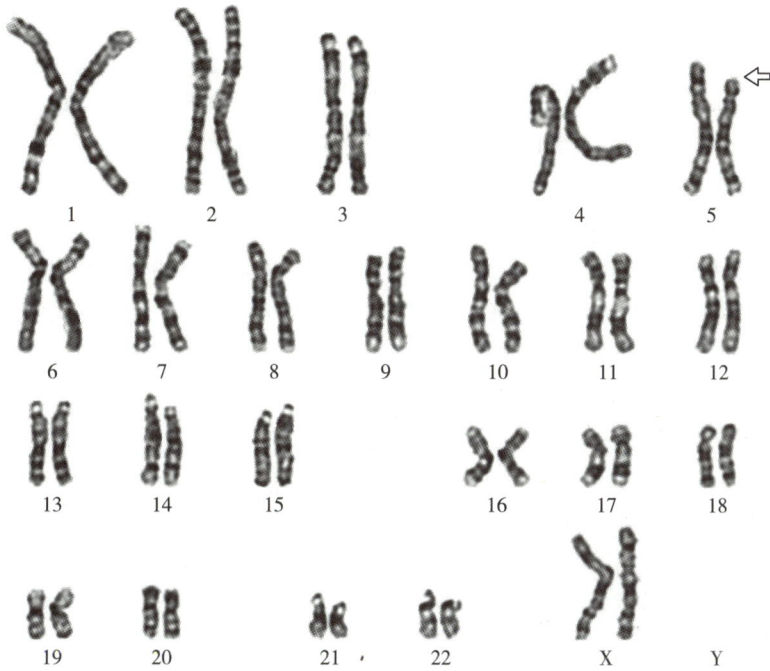

图 11-21　5p 部分单体综合征患者的染色体核型图
该患者的核型为 46,XX,del(5)(p14)。

小　结

染色体作为基因的载体，其发生数目畸变或者结构畸变可导致染色体病，是一大类重要的遗传病。传统染色体核型分析检测是明确染色体异常的重要手段，可为流产、死胎、死产以及多发异常等患者明确遗传学病因。随着分子遗传学检测技术的不断发展，染色体局部区域的拷贝数变异越来越多地被检出，并且研究结果提示此类染色体异常与患者智力障碍、发育迟缓、面容异常、心脏结构异常等临床表现相关。目前，针对染色体数目畸变或者结构畸变的遗传学检查方法包括传统核型分析、染色体微阵列分析（aCGH 及 SNP array）、荧光原位杂交（FISH）、低深度全基因组拷贝数变异测序（CNV-seq）、多重连接探针扩增技术（MLPA）及实时定量 PCR 等。明确染色体病的诊断可为先证者及其家庭提供再发风险等重要信息，由于部分染色体病严重致畸、致残、致智力落后甚至致死，并且鉴于目前医疗技术的限制通常无可治疗的手段，因此预防染色体病发生是目前唯一有效的途径，主要通过胚胎植入前遗传学检测以及产前诊断等方法发现胚胎或胎儿是否存在染色体病，从而预防相关出生缺陷，降低疾病负担。

（夏　蓓　赵倩颖）

基因组病(genomic disorder)的概念最早在1998年由Lupski提出,指由人类基因组DNA的异常重组而引起临床表型的一类疾病。主要分子基础为DNA的异常重组导致基因的缺失/重复,或基因结构的彻底破坏,而基因组重排处的突变发生率($10^{-5}\sim10^{-1}$)可高达点突变(10^{-8})的1 000倍以上。

随着检测技术的逐渐改进和检测成本的降低,采用高分辨率的染色体微阵列分析芯片可在临床上发现更多的基因组拷贝数变异;同时利用新一代测序技术可进行断裂点的序列分析,解释DNA重组的机制。

临床上,可以通过核型分析、荧光原位杂交技术、微阵列比较基因组杂交技术、高通量测序等检测技术进行基因组病的检验。无创产前筛查、胚胎植入前遗传学检测、产前诊断等技术亦在基因组病的预防中发挥重要作用。

第一节

出生缺陷基因组拷贝数变异检测

出生缺陷是指婴儿出生前发生的身体结构、功能或代谢异常。《中国出生缺陷防治报告(2012)》显示,我国的出生缺陷率约5.6%,每年出生时临床可见的出生缺陷患儿约20万人,每年新增出生缺陷患儿约90万人。导致出生缺陷的因素主要分为遗传因素和环境因素,其中由遗传因素直接导致的出生缺陷占20%~30%,遗传和环境因素共同作用占60%~70%,因此遗传因素直接或间接地导致了超过80%的出生缺陷。为了有效预防出生缺陷,WHO提出了三级出生缺陷防控策略(详见第三章第三节染色体病的防治)。

拷贝数变异(copy number variation,CNV)是导致基因组病的一个重要原因。CNV指由基因组发生重排而导致的染色体畸变,一般指长度为50bp至数兆碱基的基因组拷贝数增加或者减少。主要为亚显微水平的缺失或重复,与发育迟缓、智力障碍、器官畸形等多种人类疾病密切相关。CNV致病的分子机制包括基因剂量效应、基因断裂、基因融合、位置效应、隐性半合子及转介效应等。常见CNV导致的疾病有:22q11.2微缺失综合征(MIM 188400,192430,210795)、快乐木偶综合征(Angelman syndrome,AS)(MIM 105830)、威廉姆斯综合征(Williams syndrome,WS)(MIM 194050)、5p部分单体综合征(MIM 123450)、普拉德-威利综合征(Prader-Willi syndrome,PWS)(MIM 176270)等。

由于CNV是亚显微水平的变异,目前CNV的检测技术多采用分子生物学相关技术,如基于二代基因测序原理的CNV-seq以及染色体微阵列分析(chromosomal microarray analysis,CMA)。

一、低深度全基因组拷贝数变异测序技术

1. 适用范围　常规CNV-seq可检测全部染色体的非整倍体、100kb以上CNV变异和低比例嵌合体,但不能检测出染色体易位及倒位等平衡性结构异常。2019年,《低深度全基因组测序技术在产前诊断中的应用专家共识》发布,第一次将CNV-seq技术作为一线产前诊断技术进行推荐,并详细介绍了该技术的特点、检测范围等,规范了该技术的临床应用。2020年,《拷贝数变异检测在产前诊断中的应用指南》中再次提及CNV-seq技术,提醒临床在对于有检测单亲二倍体的需求时,应注意常规

CNV-seq 的局限性,推荐选择可以检测单亲二倍体的 CMA 技术进行产前诊断。此外,指南对产前诊断 CNV 检测的报告范围、变异命名等进行了规范说明。2023 年发布的《流产物基因组拷贝数变异检测应用及家庭再生育咨询的专家共识》推荐将 CNV-seq 常规用于对流产组织的检测,以期发现可能存在的胚胎染色体异常。

综上所述,CNV-seq 的适用范围如下:

(1)**产前诊断**:①对于有介入性产前诊断指征或需求的孕妇,在其充分知情的前提下,可将 CNV-seq 作为一线的产前诊断方法;②胎儿核型分析不能确定染色体畸变的来源和构成者;③胎儿新发染色体结构重排且无法排除重排过程是否导致染色体微缺失/微重复者;④夫妇为染色体平衡重排携带者;⑤需要行产前诊断排除染色体异常,但已无法进行羊水细胞培养的中晚期孕妇;⑥流产物、死胎或死产胎儿组织需明确遗传学病因者。

(2)**成人或儿童**:发育和智力障碍者、多发先天缺陷者和孤独症患者。

2. 检验方法 CNV-seq 是基于高通量测序技术研发的一项临床检测技术,具体操作步骤如下:

(1)**DNA 提取**:使用 DNA 提取试剂盒进行样本 DNA 的提取,注意提取 DNA 的质量和浓度需满足后续实验要求。

(2)**DNA 片段化**:配置含 DNA 内切酶的缓冲液对 DNA 样本进行酶切,将提取的 DNA 切成小片段便于后续测序。

(3)**文库构建**:将片段化后的 DNA 样本补平末端,加上特异性身份标识接头序列,再进行 PCR 扩增以得到大量 DNA 序列。

(4)**上机测序**:稀释文库 DNA,取相应体积稀释后的文库 DNA 加入测序仪点样槽,将芯片放置于测序仪,开启测序程序。

(5)**数据分析**:将所得测序数据处理后,与参考基因组对比,得到唯一比对序列,采用环状二元分割法,以 20kb 为一个窗口,分析基因组每个窗口内的唯一比对序列数,连续 5 个以上窗口出现与相邻窗口明显的序列数增加或减少时,将该连续窗口区域定义为基因组拷贝数重复或缺失。

3. 结果解读 2019 年,美国医学遗传学与基因组学学会(ACMG)和临床基因组资源(ClinGen)发布了关于原发性 CNV 数据解读和报告的共识,此共识描述了 CNV 的分类和性质,阐明与其分类有关的

证据,提高临床 CNV 解读的一致性,建立了统一判读 CNV 致病性的打分系统,通过半定量评分的方式对参考证据(包括 CNV 区域包含的基因类别及数量、文献及数据库相关案例、患者表型及家族史)进行评估,最后计算总分值再对应其分类,共分为致病性、可能致病、临床意义未明、可能良性及良性五大类(详见第十章)。医师应熟知评分标准,严格按照指南进行分类评估,可参照评分标准对孕妇及家属进行结果解读,有利于医患沟通,也可减轻孕妇的心理压力;还可发现与临床主诉无关但具有临床意义的 CNV,如迟发性疾病,这些 CNV 统称为次要发现。在进行 CNV 检测前临床医师需告知患者及家属关于次要发现的可能,ACMG 建议对于次要发现仅报告致病性 CNV 和可能致病 CNV。

4. 典型案例

(1)**背景介绍**:高龄孕妇,36 岁,孕 11 周时胎儿颈后透明层厚度(nuchal translucency,NT)检测显示 NT 值为 4.2mm(> 2.5mm),医生建议行产前诊断。

(2)**检测前知情告知**:医生告知孕妇夫妻,孕妇年龄大于 35 岁,胎儿发生染色体非整倍性改变的概率增加,特别是 21- 三体综合征的发生风险接近 1/200。另外,NT 值 > 2.5mm 提示胎儿有可能存在染色体异常。染色体异常导致的疾病一般无法治愈,且通常会出现智力落后、发育迟缓、特殊面容等表型。但是,产前诊断需进行穿刺取样,可能存在一定的感染和流产风险。就目前而言,技术有所进步,穿刺操作发生感染和流产的风险极低。并且,与胎儿可能存在的染色体病带来的风险相比,行穿刺产前诊断的收益更大。因此,建议行产前诊断进行全面染色体异常排查,夫妻双方采纳医生建议并签署知情同意书。

(3)**收集样本**:目前常规推荐于孕 16 周至 22 周期间穿刺取羊水样本进行产前诊断。孕妇于孕 18 周时在医院完成穿刺取样,获取羊水样本 25ml,样本质量和体积均满足试验要求。侵入性产前诊断取材、送检均遵守医学伦理委员会要求,且术前常规进行咨询、解释并签署知情同意书。

(4)**核型分析和 CNV-seq 检测**

1)染色体核型分析:取材后进行细胞培养、收获、制片及 G 显带核型分析,使用全自动染色体扫描分析系统,观察并计数 20 个分裂象,分析 5 个核型未见异常。

2)CNV-seq:使用高通量测序仪,通过二代测

序法进行检测分析,发现样本在 7q11.23 处存在 1.58Mb 的致病性拷贝数重复变异。

(5)**变异解读**:7q11.23 复发性区域重复会引起 7q11.23 重复综合征,又称为 Williams-Beuren 区域重复综合征(MIM 609757)。7q11.23 重复综合征是一种可能导致神经系统、行为问题以及其他异常的疾病,表型可变,即使同一家族的携带者其表现也不尽相同。主要临床表型为语言发育迟缓、轻度颅面畸形、心脏缺陷、焦虑症、注意力缺陷、多动症等;部分患者还存在从智力落后到孤独症等不同的认知缺陷,个体间临床表现存在差异性。

(6)**检测后遗传咨询**:医生向孕妇夫妻解释羊水 CNV-seq 检测结果以及变异可能导致的临床表型等,由于该变异存在一定的个体表型差异,医生建议孕妇夫妻进行该变异的遗传来源分析。通过对孕妇夫妻的 CNV-seq 检测,发现夫妻并未存在致病性 CNV 异常,即胎儿体内的该变异为新发。鉴于羊水样本基本可以反映胎儿基因组真实情况,以及 CNV-seq 技术对大于 1Mb 以上 CNV 的检测准确性,医生告知孕妇夫妻胎儿可能的出生缺陷情况及预后。该孕妇夫妻认真考虑后,终止妊娠。

二、染色体微阵列分析技术

1. **适用范围** 目前临床常用涵盖 CNV 和 SNP 检测探针的芯片,可同时具有 CNV 和 SNP 芯片的特点,实现对染色体微小缺失 / 重复、单亲二倍体、三倍体及嵌合体的检测,但同样不可检测染色体平衡性结构异常。2014 年《染色体微阵列分析技术在产前诊断中的应用专家共识》发布,提出 CMA 技术有可能取代传统的核型分析方法,成为遗传学诊断的主要检测技术。同时对于 CMA 技术在产前诊断应用的适用人群、检测局限以及遗传咨询等进行了规范说明。2016 年《染色体基因组芯片在儿科遗传病的临床应用专家共识》发布,对以下临床表型的疾病,建议将 CMA 作为主要检测手段:①不明原因的智力落后和 / 或发育迟缓;②非已知综合征的多发畸形;③孤独症谱系障碍。

综上所述,CMA 技术的适用范围为:①儿童复杂、罕见遗传病,如智力障碍、生长发育迟缓、多发畸形、孤独症样临床表现,排除染色体病、代谢病和脆性 X 综合征之后的全基因组 CNV 检测;②对自然流产、胎死宫内、新生儿死亡等妊娠产物的遗传

学检测;③对产前诊断中核型分析结果异常,但无法确认异常片段来源和性质时进行 DNA 水平的更精细分析;④对产前超声检查异常而染色体核型分析结果正常的胎儿进一步行遗传学检测。

2. **检测方法** 目前常用的 CMA 其探针同时涵盖 SNP 和 CNV,芯片是由数十万至百万个小方格以方形矩阵排列而成,每个小方格上连接有独特的数百万个相同序列的探针,以 X 和 Y 轴定位每个小方格来标记每种探针的位置以便后期信号数据转化。具体实验操作如下:

(1)**DNA 提取及前提处理**:提取样本 DNA,对 DNA 进行酶切处理,获得长度在 200~1 800bp 的片段化 DNA,对片段化 DNA 进行扩增,再对扩增产物进行片段化,得到大小在 180bp 左右的 DNA 片段。

(2)**纯化连接**:将得到的片段化的产物 DNA 进行纯化,然后变性成单链。在末端脱氧核苷酸转移酶的作用下,将连接有生物素标记的单核苷酸连接到目标片段上。

(3)**杂交染色**:将带有生物素标记的目标片段与芯片进行杂交,与探针完全匹配的目标片段杂交效率高,可以结合更多探针,而不能完全匹配的目标片段杂交效率低,只能结合少数的探针。杂交完成后,洗去未杂交探针的目标片段,然后用藻红蛋白标记的链霉亲和素染色,链霉亲和素可与生物素结合,藻红蛋白在激发光的照射下可发出红色荧光。

(4)**信号收集和数据分析**:对染色后的芯片进行激光扫描,扫描过程中,能发出荧光的探针说明样本中有对应基因序列的 DNA 片段,根据每个小方格的荧光强度可以判断探针对应区域的染色体缺失、重复以及 SNP 分型情况,再通过软件分析即可获得样本染色体的变异结果。

3. **结果解读** CMA 技术检测结果的遗传解读同上述 CNV-seq 技术,参照 2019 年 ACMG 相关指南进行变异判读。

4. **典型案例**

(1)**背景介绍**:孕妇,32 岁,血清学产前筛查正常,孕 20 周,超声发现胎儿宫内发育迟缓,日常饮食、生活习惯和基础疾病等情况均无异常。

(2)**检测前知情告知**:医生告知孕妇夫妻,导致胎儿宫内发育迟缓的原因主要有孕妇和胎儿两方面因素。孕妇因素主要表现为妊娠期挑食,蛋白质及维生素摄入不足;孕妇本身有高血压等基础疾

病;妊娠期酗酒、抽烟、滥用药物等。胎儿因素为染色体出现变异或患有其他遗传病。结合孕妇产检情况,医生建议行产前诊断,由于患单亲二倍体疾病胎儿也会出现宫内发育迟缓的情况,因此建议采用 CMA 技术。夫妻双方采纳医生建议并签署知情同意书。

(3)收集样本:孕妇于孕 21 周时完成羊水穿刺取样,获取羊水样本 25ml,样本质量和体积满足试验要求。侵入性产前诊断取材、送检均遵守医学伦理学委员会要求,且所有术前常规进行了咨询解释并签署知情同意书。

(4)核型分析和 CMA 检测

1)染色体核型分析:取材后进行细胞培养、收获、制片及 G 显带核型分析,使用全自动染色体扫描分析系统,观察并计数 20 个分裂象,分析 5 个核型未见异常。

2)CMA:使用 PCR 仪和基因芯片扫描仪完成检测,分析发现样本在 15q11.2-q13 区域存在 5.80Mb 的 LOH 变异。

(5)变异解读:15q11.2-q13 区域存在 5.80Mb 的 LOH 变异提示胎儿可能存在普拉德-威利综合征(MIM 176270)或快乐木偶综合征(MIM 105830)。这两种疾病均为致病性,具体表型介绍参见第四章第三节。

(6)检测后遗传咨询:医生向孕妇夫妻告知,检测结果显示胎儿存在致病性染色体畸变,并介绍了该变异常见的临床表型。由于 CMA 技术无法判断胎儿具体患病类型,若要确定具体疾病需对羊水样本再进行甲基化 MLPA 检测,夫妻双方因为其他原因不愿继续检测。医生告知胎儿可能的出生缺陷及预后。考虑到无论哪种类型均具有较严重的临床表型,夫妻双方认真考虑后,决定终止妊娠。

第二节
产前无创筛查基因组疾病

1997 年,香港中文大学的卢煜明(Dennis L.)教授发现在母体外周血浆中存在胎儿游离 DNA。这种胎儿游离 DNA 主要来自胎盘滋养层细胞,在妊娠 5 周便可被检测到,在妊娠 10 周后胎儿游离 DNA 占外周血游离 DNA 的 3%～13%,并随着孕周的增长而增加,直到分娩后 2h 消失。这一发现为无创

产前染色体筛查技术的应用奠定了基础,现在临床使用的无创产前筛查(noninvasive prenatal testing,NIPT),一般特指应用高通量测序技术对母体外周血浆中的游离 DNA 片段(包含胎儿游离 DNA)进行测序,从而评估胎儿患 21/18/13 号染色体三体综合征的风险。

在实践中,除了发病率较高的 21/18/13 号染色体非整倍体综合征,还有一些发病率与其相比并不低的基因组病,如 22q11.2 微缺失综合征在低风险妊娠中胎儿的患病风险约 1/1 000,低于 21-三体综合征,但高于 18-三体综合征和 13-三体综合征。

随着技术和算法的进步,NIPT 技术也逐步拓展应用于一些特定基因组疾病的筛查。

一、适用范围

1.检测范围　目前,研究报道已知的染色体微缺失微重复综合征多达 300 余种,但是哪些致病性拷贝数变异(pathogenic copy number variation,pCNV)可纳入 NIPT 筛查范围是开展该检测的关键点。由于胎儿游离 DNA 浓度、测序深度、假阳性率等因素的影响,NIPT 目前只拓展应用于小部分 pCNV 的筛查。

2021 年,《孕妇外周血浆胎儿游离 DNA 高通量测序筛查致病性拷贝数变异的技术标准共识》指出,NIPT 拓展应用筛查胎儿 pCNV 目标疾病的纳入标准主要参考以下几点。①疾病的严重程度:将严重致死、致残、致智力缺陷的 pCNV,以及目前尚无有效治疗方法的 pCNV 疾病纳入筛查;②疾病在活产儿中的发病率:极罕见疾病或发病率低于 1/100 000 的 pCNV 疾病不建议纳入目标疾病;③pCNV 的外显率:对外显率小于 10% 且表型不严重的 pCNV 疾病不建议纳入;④前期大数据已证实 NIPT 技术可有效检出的 pCNV 可纳入筛查。

综合以上纳入标准,参考已发表的文献以及相关 pCNV 数据库,可将 21/18/13 号染色体三体综合征、特纳综合征、克兰费尔特综合征以及 10 种染色体或 pCNV 疾病(表 12-1)作为基于 NIPT 拓展应用筛查胎儿 pCNV 疾病的目标疾病。

目前国内相关产品除能检测上述疾病外,一般还包括其他染色体非整倍体及 10Mb 以上的染色体大片段缺失重复综合征。此外,若检出数条染色体异常,应在补充报告中提示母源性肿瘤风险增加。

表 12-1　高通量测序无创产前筛查胎儿 pCNV 目标疾病

目标疾病 /MIM	染色体位置 /变异类型	新生儿发病率	pCNV 片段大小	主要表型
22q11.2 微缺失综合征（MIM 188400）	22q11.2 缺失	1/10 000～1/4 000	3Mb（90%），1.5Mb（7%～8%）	先天性心脏病、免疫缺陷、认知和精神异常、生长发育异常等
PWS/AS 综合征（1 型）〔MIM 176270（PWS）〕〔MIM 105830（AS）〕	15q11.2-q13 缺失	PWS：1/30 000～1/10 000 AS：1/20 000～1/12 000	5～7Mb	PWS：新生儿肌张力低下，婴儿期喂养困难，儿童期肥胖，生长发育迟缓，智力迟钝，行为问题 AS：共济失调，癫痫，严重智力落后，严重发育迟缓和语言缺陷
Smith-Magenis 综合征（MIM 182290）	17p11.2 缺失	1/25 000～1/15 000	3.5Mb	颅面部异常、发育迟缓、认知障碍、轻到重度智力障碍，自我伤害行为
4p 部分单体综合征（沃尔夫 - 赫希霍恩综合征）（MIM 194190）	4p16.3 缺失	1/50 000～1/20 000	2～30Mb	特殊面容、小头畸形、癫痫、生长发育和精神发育迟滞
5p 部分单体综合征（cri-du-chat 综合征）（MIM 123450）	5p15.2-5p 缺失	1/50 000～1/15 000	10～45Mb	严重智力障碍、精神发育异常、小头畸形、特殊面容
1p36 缺失综合征（MIM 607872）	1p36.33-1p36.13 缺失	1/10 000～1/5 000	1.5～10Mb	语言障碍、精神行为异常、特殊面容、肌张力低下
9p 缺失综合征（MIM 158170）	9p 缺失	1/50 000	约 43Mb	颅面部畸形、发育迟缓、智力障碍、语言发育落后、心血管系统异常等
18p 缺失综合征（MIM 146390）	18p 缺失	1/50 000	部分或全部 18p 缺失	智力障碍（程度不一）、语言发育迟滞，颅面部畸形
18q 缺失综合征（末端微缺失）（MIM 601808）	18q22.3-q23（关键区域）缺失	1/10 000	4.3Mb（关键区域）	智力落后、肌张力减退、身材矮小、发育迟缓、生长激素缺乏、听力丧失和外耳异常、腭部缺陷、面部畸形、骨骼异常等
11q 缺失综合征（雅各布斯综合征）（MIM 147791）	11q 缺失	1/100 000	7～20Mb	生长发育迟缓、智力落后，先天性心脏病、多系统先天畸形

2. 适用人群及开展时间　NIPT 拓展应用筛查基因组疾病的适用人群和常规 NIPT 一致，根据《国家卫生计生委办公厅关于规范有序开展孕妇外周血胎儿游离 DNA 产前筛查与诊断工作的通知》文件的描述，其中适用人群为：①血清学筛查、影像学检查显示为常见染色体非整倍体临界风险；②有介入性产前诊断禁忌证者（如先兆流产、发热、出血倾向、慢性病原体感染活动期、孕妇 Rh 阴性血型等）；③孕 20[+6] 周以上，错过血清学筛查最佳时间，但要求评估 21- 三体综合征、18- 三体综合征、13- 三体综合征风险者。

随着研究的深入，双胎妊娠、双胎之一消失综合征、胚胎移植辅助生殖等特殊人群在充分知情同意的前提下，也可以使用该技术进行无创产前基因组病筛查。

同样根据国卫办妇幼发〔2016〕45 号文件，NIPT 技术筛查基因组病开展的适宜孕周为孕 12[+0] 至 22[+6] 周，特殊情况最晚可推迟至孕 28 周。因为若筛查为高风险，需预留出产前诊断时间。

二、检验原理

NIPT 拓展应用于基因组病筛查是在 NIPT 的基础上发展起来的，在描述该技术检测原理前，首先阐释 NIPT 的检测原理。

NIPT 检测原理可通过一个例子进行说明：假如孕 12 周，母亲外周血中胎儿平均游离 DNA 浓度占总游离 DNA 浓度的 5%，以 21 号染色体为例，其片段长度占整个基因组片段长度的 1.5%。那么孕 12 周时，胎儿正常的情况下，胎儿游离 DNA 中 21 号染色体片段比例为 5%×1.5%=7.5/万。如果胎儿为 21-三体综合征，则患病胎儿游离 DNA 中 21 号染色体片段比例与正常胎儿游离 DNA 中 21 号染色体片段比例相比会多出 3.75/万，高通量测序技术可获得每个待检样本全基因组的 300 万条读长（reads），可以将 3.75/万的微量差别放大到多出 1 125 条读长（300 万 ×3.75/万），从而准确地判断异常结果。但是相比于整条染色体，基因组疾病的变异区域相对较小，正常胎儿和异常胎儿的区别较小，无法用 NIPT 准确判断基因组疾病的患病风险。

由上述可知，该技术有两个关键变量，一是胎儿游离 DNA 浓度，随孕周而变化，二是测序数据量，随实验操作变化而变化。因此，临床上通过提升胎儿游离 DNA 浓度或提高测序数据量来实现更高的检测准确性以及更广的检测范围，从而实现对基因组病的筛查。

三、临床开展

1. 检测前遗传咨询 检测前遗传咨询是保障技术合规、准确、有效应用的必要环节。在检测前应该向孕妇告知以下几点内容：①虽然 NIPT 检测范围扩展至基因组疾病，但仍属于一种筛查方法，存在假阳性、假阴性以及检测失败的可能性，不可单独根据该检测结果做出流产/引产的决定，最终应以产前诊断结果为准；②告知 NIPT 筛查基因组病的目标疾病、检测方法、检出率、阳性预测值等；③告知孕妇肿瘤、自身免疫性疾病、输血治疗、重度肥胖等因素可能影响检测结果。

2. 知情同意及申请书签署 孕妇在经过检测前遗传咨询后，详细阅读知情同意书，医师填写申请单，经孕妇核查内容无误后，双方签字。此外，在国内开展的 NIPT 及拓展应用多数配备保险，孕妇需了解保险内容后，签署保险单。

3. 样本采集及保存 采血人员应具备专业资质，常规采集 5ml 孕妇外周血。使用不同采血管时，保存及血浆分离送检时间不同，常规 EDTA 抗凝管采集后于 2~8℃保存，需在 8h 内分离血浆；血浆游离 DNA 专用采血管采集后室温保存即可，通常在 96h 内分离血浆。已分离的血浆样本可在 -20℃下暂存 1 周，-70℃下长期保存。样本采集、保存运

输、血浆分离等的核心要点是避免血液中游离 DNA 的降解以及白细胞裂解释放 DNA 而降低胎儿游离 DNA 的浓度比例，从而影响实验的成功率。

4. 实验步骤 检测步骤包括 DNA 提取、末端修复、接头连接与纯化、PCR 扩增与纯化、文库质检、混合文库、混合文库质检、测序前准备、上机测序、生信分析、报告出具等。2021 年发布的《孕妇外周血浆胎儿游离 DNA 高通量测序筛查致病性拷贝数变异的技术标准共识》中对不同测序平台开展 NIPT 技术筛查基因组病进行了质控说明，具体见表 12-2。

表 12-2 室内质控参数指标

测序平台	唯一比对序列数	GC含量/%	Q20/Q30	阳性质控	阴性质控
纳米球测序平台	≥ 10M	38~42	Q30 > 80%	目标疾病检测结果为阳性	检测结果为阴性，空白质控阴性
边合成边测序平台	≥ 10M	37~42	Q30 > 85%		
半导体测序平台	≥ 6M	38~45	Q20 > 50%		

5. 结果解读与临床意义 检测结果一般有三种：筛查高风险、筛查低风险、筛查无结果。三种结果对应不同的临床意义，其结果解读及孕妇随访均不相同。

筛查高风险的解读为：①该技术属于筛查技术，其中胎儿游离 DNA 基本来自胎盘，可能存在遗传物质与胎儿不一致的情况。②NIPT 技术筛查致病性拷贝数变异的准确性低于筛查 21-三体综合征，存在假阳性的可能。③告知该高风险目标疾病的具体表型、外显率、预后与治疗等。④所有高风险孕妇均应选择基因芯片或 CNV-seq 技术进行产前诊断，样本应采取羊水穿刺，不建议绒毛穿刺。⑤若产前诊断结果为阴性，由于存在限制性胎盘嵌合的可能，仍应定期采用超声监测胎儿生长发育情况。此外，若证实 NIPT 结果为染色体非整倍体假阳性，胎儿可能存在单亲二倍体异常，需要进一步进行产前诊断排查单亲二倍体的情况。

当筛查低风险时应告知：①该技术有局限性，对于基因组疾病只能产前筛查较为高发的小部分致病性拷贝数变异，存在漏检可能。②孕妇仍需定

期进行常规产检,特别是妊娠中期系统产前超声检查(妊娠中期超声大排畸),若发现异常,仍需再次进行遗传咨询,进一步选择诊疗方案。

当筛查无结果时应告知:①孕妇无需焦虑,目前筛查无结果大多为实验质控不合格导致,孕妇及胎儿患病概率仍较低。②根据孕周情况,可建议孕妇再次采血进行二次检测。

随访是无创产前基因检测体系的重要阶段,随访一般视筛查结果的不同而采取不同的方案。当筛查结果为高风险时,应在报告发出后 2d 内通知其进行产前诊断,在报告发出后 1～3 个月内随访产前诊断结果及妊娠结局;当筛查低风险时,应在胎儿分娩后 12 周随访妊娠结局。一般要求高风险的随访率为 100%,低风险的随访率高于 95%。

四、典型案例

1. 临床背景　孕妇,33 岁,行无创产前基因组疾病筛查,结果显示 21、18、13 号染色体三体低风险,但显示存在 15 号染色体三体综合征的高风险。

2. 产前诊断　医师建议该孕妇进一步做产前诊断,行羊水穿刺后进行基因芯片检测,判断胎儿是否存在染色体异常。

检测结果显示,羊水样本存在染色体异常:芯片检测结果提示 arr[hg19]15q26.2q26.3(95806550-102395843)x2 hmz。结合分析胎儿样本和母体样本的基因芯片检测结果可知,15q26.2～q26.3 区域存在一个来自母源的约 6.5Mb 大小的单亲二倍体(UPD)。遗传分析可知,该母源性 UPD 会导致普拉德 - 威利综合征。

3. 临床决策　通过前期无创产前基因组疾病筛查及产前诊断结果,可判断胎儿存在普拉德 - 威利综合征,该病属于一种基因组疾病,告知常见临床表型为新生儿肌张力低下、婴儿期喂养困难、儿童期肥胖、生长发育迟缓、智力迟钝、行为问题等,目前尚无有效的临床治疗手段,由孕妇及家属选择是否终止妊娠。

第三节
胚胎植入前遗传学检测

胚胎植入前遗传学诊断(preimplantation genetic diagnosis,PGD)是通过卵泡浆内单精子注射获得胚胎,利用分子生物学技术对胚胎进行检测,以获得不携带已知致病性遗传变异的胚胎进行移植,避免患儿出生以及反复流产或引产导致的生理和精神创伤。

胚胎植入前遗传学筛查(preimplantation genetic screening,PGS)可在胚胎植入前对胚胎染色体结构和数量进行检测和筛查,通过比对,分析胚胎是否存在遗传物质异常,进而选择检测结果正常的胚胎植入以获得良好的妊娠结局。

1989 年,Handyside 首次将 PGD/PGS 技术应用于临床,如今,该技术已在全球范围内广泛应用。2017 年,美国生殖医学学会(ASRM)、欧洲人类生殖与胚胎学学会(ESHRE)等国际学术组织共同发起倡议,建议将 PGD/PGS 更名为胚胎植入前遗传学检测(preimplantation genetic testing,PGT)。PGT 分为 3 个方向:染色体非整倍体检测(PGT for aneuploid,PGT-A)、植入前单基因遗传病检测(preimplantation genetic testing for monogenic disease,PGT-M)和植入前染色体结构重排检测(preimplantation genetic testing for chromosomal structural rearrangement,PGT-SR)。具体来说,PGT-A 针对的是胚胎植入前染色体非整倍体检测,PGT-M 针对的是胚胎植入前单基因病的检测,PGT-SR 针对的是胚胎植入前染色体平衡易位、罗伯逊易位和倒位等结构异常的检测。

一、常用胚胎植入前遗传学检测技术

1990 年,Handyside 团队首次利用基于 PCR 的 PGT 技术,对卵裂球阶段的单细胞进行活检,成功筛选出未携带 X 连锁隐性遗传病变异基因的胚胎并顺利妊娠。自此,世界上首例经 PGT 技术诞生的健康试管婴儿登上历史舞台,实现了技术的革命性创新。

随着技术不断革新,常用于 PGT 方向的技术主要有 PCR 技术、FISH 技术、CGH 技术、SNP array 技术和 NGS 技术。

1. PCR 技术　常规用于 PGT 的 PCR 技术主要用作鉴定胚胎特定基因的点突变、小片段缺失或插入等。但技术本身存在局限性,如通量低、样本本身易污染,加上扩增失败和等位基因脱扣(allele dropout,ADO),导致检测准确性波动较大。若 PCR 环境欠佳、细胞裂解不完全、DNA 发生降解或扩增

片段存在高 GC 含量,则容易发生 ADO,其发生率为 5%～15%,在 PCR 过程中难以规避。故 PCR 通常不适用于 PGT-A。

2. 荧光原位杂交(FISH)技术 FISH 技术是早期用于 PGT 的标准技术,用于 PGT 时仅能判断胚胎是否存在染色体易位,然而发生染色体易位的胚胎还可能包含其他的染色体异常,如其他染色体的非整倍体,而且由于嵌合体的比例较高,选取少量的单卵裂球容易遗漏嵌合体而导致误诊,因此很少用于 PGT-A。对于胚胎非整倍体筛查,不建议采用 FISH 技术。

3. 芯片技术 CGH 技术是通过比较两种荧光探针信号强度的差异,进而判断待测样本拷贝数的变化。与 FISH 相比,CGH 主要技术优势在于具有高通量,可以全面分析所有的染色体数目。由于传统的 CGH 需要制备人类中期染色体,操作较为烦琐。因此在微阵列技术出现后,CGH 技术与之结合形成了 aCGH 技术并被广泛应用于 PGT。

aCGH 技术与传统的 CGH 技术的原理基本相同,不同的是传统的 CGH 是选择中期分裂象染色体作为靶,aCGH 技术主要运用不同的荧光信号标记待检样本和参考品,使其竞争性地与芯片上微阵列分布的探针进行杂交,通过分析待测样本及参考品的信号强度判断拷贝数的异常。但 aCGH 自身存在局限性,当染色体片段 < 500bp 时,aCGH 技术的结果错误率高,不能检测单倍体和多倍体,无法准确分辨正常与平衡染色体易位携带者的胚胎,也不能追踪每个染色体的来源,因而不可用于单亲二倍体的检测。

SNP array 技术用于检测基因组中特定位点单核苷酸的多态性,该多态性出现的频率为 1/1 000～1/500。该检测技术分辨率高达 1.5kb,远高于其他检测技术,能发现上述方法漏检的微小片段的非平衡染色体易位、重复及缺失,因此可用于 PGT-M,也可用于 PGT-SR。

4. 第二代测序(NGS)技术 NGS 技术使用了一种新的测序策略——循环芯片测序法,具有高通量、低成本、耗时少、自动化程度高、可检测未知缺陷和嵌合体等优点,可以一次性对多样本进行测序,适用于遗传异质性较强的单基因病的突变筛查。NGS 技术用于 PGT-A 可以诊断胚胎基因组的染色体畸变、微重复及微缺失,用于 PGT-M 可实现单基因病的检测。目前多采用 NGS 技术提供辅助生殖服务。

二、染色体非整倍体检测技术

目前染色体非整倍体检测(PGT-A)技术通用的检测方法是单细胞全基因组扩增(whole genome amplification,WGA)技术结合 NGS 技术,对待检胚胎的 23 对染色体进行全面分析,主要筛查染色体非整倍体、微缺失及微重复,从而选择优质的胚胎植入,最大程度提高临床妊娠率,降低因染色体异常导致的流产率。

1. 技术原理 采用胚胎活检技术取样,样本类型主要有极体细胞、卵裂期细胞及滋养外胚层细胞。在早期,利用极体进行检测,但极体仅能反映母本遗传信息,检测受限;后来,针对卵裂球细胞的活检在实验室应用,但吸取发育的卵裂球细胞可能会影响胚胎的发育潜能;目前,主要对滋养外胚层细胞进行取样(5～10 个细胞),该操作不会损伤发育成胎儿的内细胞团,不影响胚胎的正常发育。对滋养外胚层细胞进行 WGA 后,再进行 NGS,便可得到数以万计的碱基读长(reads),通过与人类基因组进行匹配比对,将读长精准地定位到基因组上。

通过选取一定长度的窗口,对窗口内的读长进行计数,作为该窗口的信号值(数字信号),该信号会随着测序深度(测序数据量/参考基因组)的增加和窗口的增大而趋于稳定,这些拥有稳定信号值的窗口就是用于判定染色体异常的基础。对于二倍体的区域,将其信号值与正常值比较,则可判定染色体正常、重复或缺失。

在生物信息分析过程中,结合统计模型(PGT-A 一般采用隐马尔可夫模型)校正,如剔除高 GC 含量区域的 PCR 扩增引起的偏好性相关因素,从而使候选变异范围内的序列深度可以正确反映拷贝数。再利用该模型模拟实际的测序深度,最后按照模型以及划分算法(PGT-A 一般采用循环二元分割法)判断变异所处的区域。

窗口长度的选取是上述流程的关键步骤,直接关系到检测结果的假阳性率和/或假阴性率。当窗口过短时,在某些区域的读段数过少,从而引发一种非均匀波动,并最终导致假阳性率和/或假阴性率升高。PGT-A 的测序深度一般为 0.1,该测序深度下常用的窗口长度为 1Mb。参考《胚胎植入前染色体非整倍体检测试剂的质量控制技术评价指南

（高通量测序法）》的标准，当某 1Mb 片段存在拷贝数变异且该变异在 DECIPHER、DGV、ClinVar 等数据库中可查时，报告中会有相应的报道；如果有拷贝数变异的片段在数据库中无记录时，4Mb 以上的 CNV 要求达到 100% 的检出率。

2. 技术优势 该检测方法能全面覆盖 23 对染色体；可进行胚胎嵌合分析；分辨率高；样本处理高效快捷。

3. 适用人群 根据 2018 年中国妇幼保健协会等发布的《胚胎植入前遗传学诊断 / 筛查技术专家共识》，该检测方法适用范围包括：女方高龄（年龄 ≥ 35 岁）；不明原因反复自然流产 2 次及以上；不明原因反复种植失败（移植 3 次及以上或移植高评分卵裂期胚胎数 4~6 个或移植高评分囊胚数 3 个及以上均失败）的情形；严重畸精症患者。

4. 报告解读 在报告解读方面，CNV 分析完成后，会与参考基线相比。胚胎在无偏差时被判断为正常。为了显示方便会生成散点图，当点明显在基线上部（增益 +）或下部（损失 -）时，即存在拷贝数变异。DECIPHER、ClinVar、UCSC 等常用数据库可用于检索并解读 CNV，其中 DECIPHER 记录了每一例 CNV 的染色体位置、纯合与杂合情况、致病性、表现型等信息，ClinVar 数据库记录了 CNV 所在的基因、致病性等信息，UCSC 数据库则可以查看特定 CNV 是否位于基因的功能性区域。

如果报告有嵌合体，一般 30% 以下被认为是正常现象，极大可能由实验操作引起；如果报告结果为"未检测到 DNA"，可能与胚胎的质量以及保存管中是否有胚胎细胞等因素有关。

5. 临床意义 大量临床数据表明，PGT-A 技术可以改善临床结局，提高临床妊娠率，降低流产率，为生育困难的人群带来曙光。

6. 典型案例

（1）临床背景：孕妇，40 岁，前次妊娠孕 8 周，胚胎停育导致流产，夫妻双方核型分析均显示正常。患者属于高龄孕妇，在配子染色体发生机制中发生错配的概率更高，胚胎染色体非整倍体的概率增高，流产发生率也随之增高，建议夫妻行 PGT-A 进行助孕。

（2）植入前遗传学检测：囊胚培养获得 4 枚胚胎，行 PGT-A 时 3 枚正常，具体见表 12-3，经综合考虑，最终决定植入 1 号胚胎；18 周时行羊水穿刺诊断，正常，足月后顺利生产一个健康男婴。

表 12-3 胚胎 PGT-A 结果

胚胎编号	检测结果
1	未见明显异常
2	未见明显异常
3	未见明显异常
4	del(5)(q11.2q35.2)

三、植入前染色体结构重排检测技术

染色体平衡性结构异常主要包括罗伯逊易位、相互易位和倒位，这些变异类型不存在基因组的缺失或重复，因而无法通过常规的 PGT-A 进行区分。

2012 年，《新英格兰医学杂志》报道了美国哈佛大学的研究成果，利用环化建库（mate-pair library）方式结合高通量测序技术寻找断裂点。根据断裂点上下游序列设计特异性引物，对胚胎单细胞全基因组扩增产物进行 PCR 验证，判断胚胎是否存在断裂点。该法需用到特殊的建库方法，对 DNA 的质量要求较高，需要的测序数据量较大，因而临床应用难度较大。2015 年，国内研究者开发了用于检测染色体结构畸变的 Microseq 技术，采用染色体显微切割法，首先对中期分裂象的染色体进行切割并测序，获得染色体断裂点信息，根据染色体断裂点所在区域进行个性化引物设计，进而通过断裂点上下游构建单体型确定胚胎的染色体结构是否异常。2017 年，国内的研究者用 MaReCs 的检测方法对断裂点进行识别，该方法通过检测拷贝数变异识别染色体不平衡胚胎中发生易位的断裂点，并识别在断裂点附近 1Mb 区域的 SNPs 用于分析胚胎是否携带染色体易位，据报告，利用该技术只有 50% 的周期有非整倍体胚胎和二倍体胚胎，有机会进行染色体结构正常胚胎和携带型胚胎的区分。同年，全球首批成功应用胚胎植入前单体型连锁分析（preimplantation genetic haplotyping，PGH）技术的试管婴儿出生。PGH 技术基于 karyomapping 芯片开发而来，主要通过检测胚胎与父母和近亲的 DNA 样本，对平衡易位受试者进行全基因组 SNP 基因分型，然后利用连锁分析构建携带者家系的全基因组单体型，定位胚胎是否携带易位染色体单体型来判断胚胎的染色体状态，从而实现对正常胚胎和易位携带型胚胎的精准区分。

1. **技术原理**　植入前染色体结构重排检测技术（PGT-SR）的数据分析步骤分为基础分析和特定分析，其中基础分析的内容及步骤与 PGT-A 基本一致，即去除重复序列、序列排序，然后进行变异位点分析及单体型分析。其原理是对比胚胎与父母以及近亲的 DNA 样本，对相互易位受试者进行全基因组 SNP 基因分型，然后利用连锁分析构建携带者家系的全基因组单体型，最终通过定位胚胎是否携带易位染色体单体型来判断胚胎的染色体状态，成功区分正常型胚胎和易位型胚胎。

2. **技术优势**　在无先证者资料的情况下，也可进行分析；可检测新发突变；测序深度高时可精确定位致病位点；可以解决等位基因脱扣问题。

3. **适用人群**　反复流产、夫妻一方或双方携带染色体结构畸变，包括相互易位、罗伯逊易位、倒位、复杂易位。

4. **临床意义**　临床数据表明，约 60% 的易位携带者夫妻有完全正常型胚胎可供移植，这改变了临床上对于染色体结构畸变家庭得到正常胚胎移植是低概率事件的看法。因此，精准识别结构正常胚胎，阻断结构异常染色体向子代传递，对于染色体结构畸变家庭有着非常重要的意义。

5. **典型案例**

（1）临床背景：一对夫妻，结婚 4 年未孕，女方月经规律，于 2018 年 2 月行输卵管介入术，2018 年 11 月因原发性不孕症就诊，经细胞遗传学检查发现，男方为遗传性染色体相互易位携带者，核型为：46,XY,t(14;16)(q24;p13.3)，母源。询问遗传病家族史及孕产史后，建议进行胚胎植入前遗传学检测技术助孕。

（2）植入前遗传学检测：取胚胎活检组织后进行 PGT-SR。根据 PGT-SR 的结果（表 12-4），从获得的 9 枚胚胎中，挑选 1 枚染色体拷贝数未见异常且为正常单体型的胚胎进行移植，经产前诊断确认胎儿染色体核型结果与胚胎检测结果一致。

表 12-4　胚胎 PGT-SR 结果

胚胎编号	染色体拷贝数结果	单体型结果
1	dup(14)(q24.1q32.33)	非相互易位型
2	未见明显异常	正常型
3	未见明显异常	正常型
4	del(15)(q25.3q26.1)	正常型

续表

胚胎编号	染色体拷贝数结果	单体型结果
5	未见明显异常	正常型
6	未见明显异常	正常型
7	del(14)(q24.1q32.33)	非相互易位型
8	del(14)(q24.1q32.33)	非相互易位型
9	del(14)(q24.1q32.33)	非相互易位型

第四节　特殊类型基因组结构性变异检验

基因组结构变异（structure variantion，SV）是指由于基因组重排导致原本非连续的片段重新拼接而成新的基因组片段，通常涉及的 DNA 序列长度大于 50bp，常见特殊类型包括串联重复序列、插入、缺失、倒位、单亲二倍体及隐匿性染色体重排等。

一、特殊类型结构变异

1. **串联重复序列**　串联重复序列（tandem repeat sequence）在基因组中是非常常见的现象，指一定长度的核苷酸序列串联在一起形成的高度重复序列。一般重复单位长度为 2～200bp，根据重复单位的大小分为 3 种亚类，即卫星 DNA（satellite DNA）、小卫星 DNA（minisatellite DNA）和微卫星 DNA（microsatellite DNA）由简单序列的串联重复形成，且重复数是可变的。卫星 DNA 由较大的串联重复序列排列组成，分布在 100kb 至数个 Mb 范围内；重复单位可以是一个简单的短核苷酸序列或中等复杂核苷酸序列。小卫星 DNA 由重复单位为 6～64 个核苷酸的串联重复序列组成，常分布在 0.1～20kb 范围内，位于染色体的端粒，绝大多数不转录。微卫星 DNA 由重复单位为 2～6 个核苷酸的串联重复序列组成，常 < 1kb，又称短串联重复序列（short tandem repeat，STR）。在人类基因组中有超过 100 万个 STR 位点，约占整个基因组 DNA 的 3%。

2. **插入**　染色体插入是染色体易位的一种，属于较为罕见的染色体重排类型，有时也被称为"插入易位"或"非相互易位"。即一条染色体发生两处断裂，另一条染色体发生一处断裂，前者的断裂片段插入到后者断裂点位置形成衍生染色体,前者的两个断端重新拼接形成中间缺失的染色体。常见的简单插入涉及两条染色体的三个断裂点,相互插入较为复杂,是涉及四个断裂点的染色体重排。

3. 缺失　染色体缺失是指染色体上某一区段及其带有的基因一起丢失,从而引起变异的现象。缺失的区段如果发生在染色体两臂的内部,称为中间缺失(interstitial deficiency),这种情况比较稳定而常见;如果缺失的区段在染色体的一端,称为末端缺失(terminal deficiency)。由于端粒为染色体复制所必需,外端粒含有能阻止与其他染色体结合的束缚蛋白和环状核苷酸,如果产生末端缺失,它的另一断端和另一个染色体的断端接合,形成双着丝粒染色体,也可能在两个姐妹染色单体之间接合,这样在细胞分裂后期由于着丝粒向相反的两极移动,染色体被拉断,再次出现结构变异而不稳定,因此末端缺失较为少见。

4. 倒位　染色体倒位是一种染色体内的结构性重排,即染色体内的一段片段旋转180°后再次插入,断点重新连接后形成倒位。重排后的染色体由中央倒位片段和两侧远端或非倒位片段组成。若倒位片段包含着丝粒,则称为臂间倒位(pericentric inversion);若不包含,则称为臂内倒位(paracentric inversion)。

5. 单亲二倍体　单亲二倍体(uniparental disomy, UPD)指两条同源染色体均遗传自一个亲代。分为单亲源异二倍体(uniparental heterodisomy)和单亲源同二倍体(uniparental isodisomy)。单亲源同二倍体的两条染色体完全一样;单亲源异二倍体的两条染色体不一样,但是均来源于同一个亲本。有时单亲二倍体只局限于染色体的一个片段,即节段性单亲二倍体(segmental uniparental disomy)。单亲二倍体是否导致临床表型取决于其所在染色体是否受遗传印记的影响,或是否导致相关隐性疾病的发生。

6. 隐匿性染色体重排　隐匿性染色体重排是指染色体畸变片段非常细微或位于末端浅带区,采用常规G显带技术进行染色体核型分析无法识别,包括易位、缺失、重复等多种形式。

二、结构变异检测基本策略

特殊基因组结构变异常用检测方法主要包括三重复引物PCR法(triple repeat-primed PCR,TP-PCR)、联合毛细管电泳(capillary electrophoresis,CE)片段分析法、光学基因组图谱技术、基于序列的计算方法、全染色体涂染探针及特殊序列探针的荧光原位杂交(FISH)技术等。

1. 三重复引物PCR法联合毛细管电泳片段分析法　TP-PCR方法灵敏度高,检测耗时短、通量高。TP-PCR常用于临床上对于脆性X综合征(fragile X syndrome,FXS)关联基因FMR1的CGG重复次数的检测。理论上可检测所有FMR1全突变,全突变病例无论包含多少个CGG重复数,TP-PCR扩增子峰都将超过FXS的200个CGG重复的致病性阈值。TP-PCR还可以对关联基因的FMR1动态突变中的AGG中断模式进行检测,但无法检测到新的插入中断类型。由于特别的设计,在扩增的样品中,TP-PCR将产生高度异质的扩增子片段,这些片段在电泳时表现出特征性的"卡顿"模式。但由于高度重复的区域被扩增,扩增产物片段倾向于较短的读段,使得难以准确确定扩展重复的真实长度,导致有时会无法准确区分全突变和前突变类型。此外,在具有高GC含量的大重复序列(GC含量高的区域导致的二级结构形成会对PCR扩增的效率产生显著影响)、重复的侧翼区域或侧翼变体中,开发出有效的PCR引物及体系都极具挑战性。目前,优化的TP-PCR可以检测多达900个六核苷酸重复的扩展重复大小,但仍旧无法准确确定更大的重复单元数。

2. 基于光学基因组图谱技术的检测　光学基因组图谱技术(optical genome mapping,OGM)是一种新型超长单分子检测技术,通过对DNA分子(>150kb)上特异性的识别序列CTTAAG进行标记,利用软件进行全基因组组装,并与参考基因组图谱进行比较,可一次性检出多种不同类型的染色体畸变。OGM可以称为下一代的核型分析技术,比核型分辨率更高、比FISH便捷,且不需要特定的探针,可在全基因组范围内检测平衡和非平衡易位、拷贝数变异,以及易位破坏的功能基因,且因其高分辨率的特点,可用于对平衡易位胚胎的筛选以及平衡易位导致的单基因病检测,但在高度复杂重复序列的检测能力有待提高,如罗伯逊易位、染色体异染色质区。

3. 基于序列的计算方法　基于序列的计算方法(sequencing-based computational methods)包括以

下四种主要方法：

（1）基于读长匹配：基于读长匹配（read pair, RP）适用于所有类型的基因组结构变异检测。将提取的原始 DNA 进行片段化处理。测序后得到插入片段长度的分布图，理论上呈正态分布，如果某样本出现插入片段长度大于正态分布中心（与参考基因组比），样本 DNA 片段两端读长在比对到参考基因组上时，其距离增大，说明样本 DNA 发生缺失；反之，则说明样本 DNA 发生了插入。

（2）基于读长深度：基于读长深度（read depth, RD）即基于读长的覆盖度（depth of coverage, DOC），在参考基因组上，测序深度是随机分布的。高通量测序获得样本基因组的读长比对到参考基因组上，分析其测序深度，重复区域的测序深度会出现明显增加，缺失区域的测序深度会出现明显减少。但无法检测其他类型的结构变异，无法区分串联重复和散在重复，而且基于本方法无法获得断点的相关信息，只能判断片段中是否存在结构变异，而不能判断出结构变异的准确位置。

（3）基于分割读长：基于分割读长（split-read, SR）起源于 sanger 测序（长片段）数据变异检测，与 RP 法类似。读长中的缺口表示发生缺失，参考序列出现不匹配的部分表示插入。本方法适合于所有类型的基因组结构变异检测。

（4）基于序列组装：基于序列组装（assembly, AS）从头组装序列比对，可以将一个基因组中的每个位置的序列与另一个基因组中相应位置的序列进行比较，可以系统地分析两者之间的差异，检测出所有形式的基因组结构变异，通常用于少量具有挑战性的样本或研究没有参考基因组的物种。

三、典型案例

1. 脆性 X 综合征

（1）临床背景：患者，男，6 岁，有智力落后表现、脆性 X 综合征特殊面容（长脸、大耳，前额突出），伴随狂躁、孤独症状。患者母亲正常，无智力落后家族史，患者外婆有卵巢早衰表现（绝经早）。检测结果：患者 CGG 重复数大于 200，是全突变男性；患者母亲 CGG 重复数为 29 和 113，为女性脆性 X 综合征前突变携带者。

（2）病例分析：脆性 X 综合征（MIM 309550）是最常见的 X 连锁的单基因性智力落后综合征，发病率仅次于 21- 三体综合征。脆性 X 综合征是由于脆性 X 智力落后基因 1（*FMR1*）突变导致。该基因位于 Xq27.3，长约 38kb。其 5′ 端第一外显子上的非翻译区有一个（CGG）三核苷酸串联重复序列。当重复区域异常扩增或功能缺失时，会导致 *FMR1* 编码的维持脑部正常神经传导的脆性 X 智力落后蛋白（fragile X mental retardation protein, FMRP）合成减少或缺失，从而影响突触发育和脑的可塑性，产生临床表现。超过 99% 的脆性 X 综合征患者具有 CGG 三核苷酸重复扩增（通常 > 200）并伴有甲基化异常造成的 *FMR1* 基因功能丧失。

FXS 是由全突变 CGG 重复序列扩增引起 CpG 岛的异常甲基化，使 *FMR1* 基因表达沉默，FMRP 缺失导致突触后致密区蛋白翻译过量、抑制相关 mRNA 在细胞质中的运输和核内选择性剪切，造成树突棘和突触发育异常，突触功能障碍，最终表现为智力发育迟缓和认知障碍等。

FMR1 基因根据（CGG）重复序列的扩增程度，可分为四种基因型，由于基因转录及蛋白表达的改变，不同的基因型有不同的临床表现。正常人群的 CGG 重复范围为 6～44，*FMR1* 基因表达正常，无临床表现。CGG 重复数在 45～55 者为中间型，无临床表现。CGG 重复数在 55～200 者为前突变，具有发生脆性 X 相关震颤 / 共济失调综合征（fragileX-associated tremor/ataxia syndrome, FXTAS）的风险，前突变女性易患脆性 X 相关的原发性卵巢功能不全（fragile X-associated primary ovarian insufficiency, FXPOI）。CGG 重复数超过 200 者为全突变，将发生 FXS。FXS 的发病率较高，在男性中约为 1/8 000，女性约为 1/11 000。我国女性前突变携带率为 1/776～1/580，中间型携带率为 1/142～1/113。

（3）临床策略：目前，基因诊断是 FXS 诊断的金标准，治疗方面无特异性治疗，只能对症处理，主要的治疗包括非药物干预、针对 FXS 致病机制的靶向治疗以及针对精神症状的药物治疗等。FXS 携带者人数多，在婚育年龄既不表现出智力问题，也不会出现卵巢早衰，不易被察觉。本病例中，男孩母亲易发生原发性卵巢早衰，宜尽早生育，须行产前诊断，可行胚胎植入前遗传学检测选择正常胚胎移植。

2. 隐匿性染色体平衡重排

（1）临床背景：患者，女，两次不良孕史。第一次，于 2019 年 6 月孕 17 周因胎停药流 1 次，流产组织行 CMA 检测，结果提示：Xp22.33p22.2 区域存在片段缺失(约 11.49Mb),15q26.3 区域存在片段重复(约 2.86Mb);第二次,于 2019 年 12 月孕 8 周因未见卵黄囊行清宫 1 次,流产组织行 CNV-Seq 检测,结果提示:Xp22.33p22.2 区域存在片段重复(约 8.96Mb),15q26.3 区域存在片段缺失(约 2.97Mb)。

外周血染色体核型分析发现,女方染色体核型结果为 46,XX,其丈夫染色体核型结果为 46,XY,均未见异常,但两次流产组织结果均是相同两条染色体缺失重复,经流产组织与夫妻双方外周血遗传连锁分析,推测女方为 X 染色体、15 号染色体相互易位的可能性较大。

同时,通过 OGM 检测,提示 X 染色体和 15 号染色体之间存在相互易位的可能(图 12-1);应用 Tel Xp(绿色)/CEP X(绿色)/Tel 15q(红色)/CEP 15(白色)探针组合与受检者外周血中期分裂象进行荧光原位杂交(FISH),结果显示受检者为 X 染色体短臂与 15 号染色体长臂相互易位携带者,核型为:46,X,t(X;15)(p22.2;q26.3).ish t(X;15)(Tel Xp-,CEP X+,Tel 15q+,CEP 15-;Tel Xp+,CEP X-,Tel 15q-,CEP 15+),结果见图 12-2。

(2)病例分析: 染色体平衡重排是造成胎儿流产和下一代先天畸形、神经系统等疾病的重要原因,而染色体平衡重排又根据目前的细胞核型技术是否能检出,分为明显的染色体平衡重排和隐匿性染色体平衡重排。明显的染色体平衡重排通常片段大小 > 5Mb,同时要满足染色体区带易于区分的前提;反之片段大小 < 5Mb,或者尽管 > 5Mb 但染色体区带难以区分的为隐匿性染色体平衡重排。

隐匿性染色体平衡重排不能直接在亲代身上靠细胞核型检出,也无法通过其他如染色体微阵列分析(CMA)、全外显子组/全基因组检测技术(WES/WGS)直接检出。在实际临床中,可先通过 CMA、WGS 等在携带者夫妇流产组织或受累子代中检测到染色体不平衡重排作为提示,然后设计特定探针对夫妻双方行 FISH 检测分析原因。

(3)临床策略: 基因芯片可以检出染色体核型分析无法检出的末端隐匿不平衡易位,对家系进行相关染色体末端 FISH 检测分析隐匿性不平衡易位的来源,有助于遗传咨询和再发风险的评估。因此,常建议行胚胎植入前遗传学检测(PGT)技术助

孕。若自然妊娠,则建议做好产前诊断。

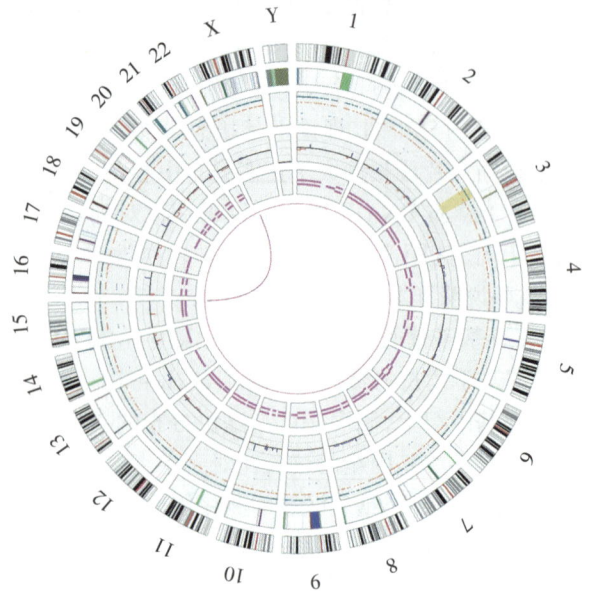

图 12-1 OGM 图谱提示 X 染色体和 15 号染色体之间存在相互易位的可能

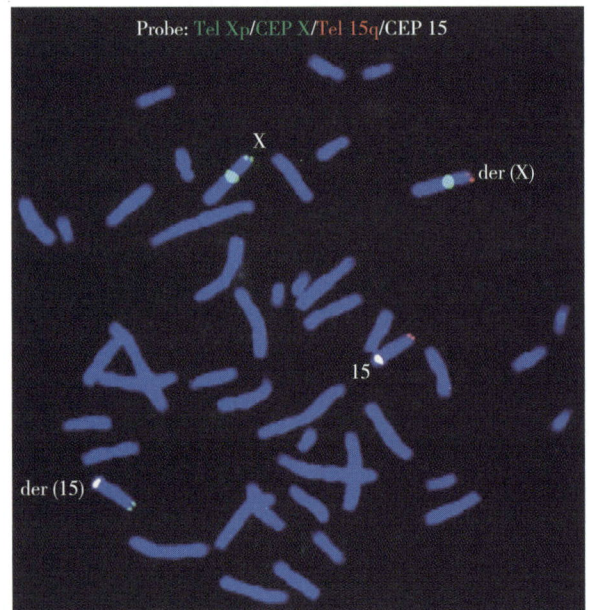

图 12-2 FISH 检测结果图
应用 Tel Xp(绿色)/CEP X(绿色)/Tel 15q(红色)/CEP 15(白色)探针组合与受检者中期分裂象进行荧光原位杂交(FISH),观察 30 个分裂象,每个象中均观察到一条 der(15)号染色体和一条 der(X)染色体。

小　结

人类基因组基因结构变异、拷贝数变异以及单核苷酸多态性，已经成为生物医学领域研究的热点。基因组结构变异是人类疾病的重要致病因素之一，可引起智力障碍、生长发育迟缓、孤独症等多种出生缺陷以及白血病和肿瘤等多种疾病，已成为越来越多研究关注的重点。

NGS 大幅提升了对单核苷酸变异的检测数量、检测种类以及检测效率。随着基因测序技术成本降低，该技术将成为检测全基因组范围内结构变异的首选。当前，高通量基因测序技术已从实验室走入临床，并逐渐成为全球医学界的热门技术。

随着基因组疾病的检测技术日趋成熟，目前国内已发布了 NIPT 相关的指南共识，NIPT 拓展筛查基因组病也已应用于临床，这些技术有效降低了染色体病及基因组疾病患者的出生率。在各类检测技术中，芯片技术是检测全基因组范围内结构变异的常用技术。CNV-seq 是基于高通量测序技术的基因组病检测方法，在发育迟缓疾病中的检测优势超过核型分析，应用于出生缺陷甚至高危人群产前诊断，对再次妊娠有重要的指导意义。胚胎植入前遗传学检测技术的发展和应用，能够实现对植入前胚胎某些单基因病、染色体数目／结构畸变及大部分基因组疾病的检测，可有效阻断某些遗传病的传递。

（李　荣　杜　鸿）

第十三章　单基因病检验

单基因病（monogenic disorder）是指由单对基因突变导致的遗传病，分为核基因遗传病和线粒体遗传病，核基因遗传病的传递方式遵循孟德尔遗传定律，故又称孟德尔遗传病。单对基因可位于常染色体上，也可位于性染色体上，还可存在于线粒体基因组中；单对基因可因仅一条链突变而致病，也可需要两条链均发生突变才致病。在日常的临床应用中，上述遗传规律可以用于对已出现表型的先证者进行明确诊断，也可用于无症状个体携带者的筛查以预防严重出生缺陷，还可用于新生儿的筛查以及产前诊断和胚胎植入前检测。对于临床应用中的不同场景、针对不同来源的标本以及不同的致病变异种类，需要在适应证、方法选择、结果解读和临床意义以及各自优缺点等方面做全面的把握，以便制定最为合适的实验室检测方案，有利于疾病的精准诊断和防控出生缺陷。

第一节　单基因病先证者诊断

单基因病先证者诊断（diagnose of proband with monogenic disorder）是针对已经表现出临床表型的个体的诊断。单基因病先证者的症状可以仅累及单个脏器或功能，也可以涉及多系统甚至全身。随着对表型认知的逐渐规范和高通量测序技术的迅猛发展，更多的单基因病先证者得到了精准诊断。

一、表型特异性先证者诊断

典型单基因病诊断的准确性取决于临床诊断的准确性，而临床诊断的准确性在很大程度上取决于临床医师对单基因病的诊疗经验和单基因病本身是否具有特征性的临床表型。典型单基因病的临床表型可涉及神经系统、循环系统、泌尿系统、生殖系统和内分泌系统等全身各个系统。典型单基因病先证者的临床表型通常只涉及单个系统或者主要表现在单个系统。然而，在临床诊疗过程中，常常会遇到不同致病基因变异出现相似的临床表型，相同基因变异也可能出现完全不同的临床表型。因此，在单基因病先证者诊断流程中应对患者进行系统评估，结合临床表型、系谱分析、辅助检查结果进行分析比较、鉴别诊断，然后针对最为可能的临床诊断，选择对应的基因进行分子检测。

下面以先天性软骨发育不全为例，从典型临床表型单基因病先证者诊断的适用范围、检测方法、结果解读与临床意义、优缺点等几个主要方面做简要讨论。软骨发育不全（achondroplasia，ACH）（MIM 100800），是由于软骨内成骨异常导致的常见遗传性侏儒症，其发病率为 1/30 000～1/10 000。ACH 是完全外显的常染色体显性遗传病，约 85% 为散发病例。ACH 是由于成纤维细胞生长因子受体 3（fibroblast growth factor receptor 3，*FGFR3*）基因突变，导致软骨骨化过程紊乱，无法进行正常的钙化与骨化，因而骨端增大，长骨纵向生长受阻；而膜内化骨过程不受影响，故骨的粗细正常，但因长度减短而相对变粗。ACH 特征性表现是不成比例的身材矮小，包括四肢短小、头部巨大、鼻梁扁平、短而粗的三叉手、腰椎脊柱前凸、腹部以及臀部凸出等，患者智力通常正常。

1. 适用范围　表型特异性单基因病先证者通常表现为单个系统的特征性病变，临床医师应根据该特征性临床表型结合系谱分析和辅助检查结果进行分析比较和鉴别诊断，然后做出最为可能的临床诊断。以 ACH 为例:出生时即表现出短肢侏儒症状;成人患者可以生育,以完全外显方式传给后代。常见并发症有交通性脑积水,运动发育迟缓,枕骨大孔变小引起的颈髓压迫、呼吸暂停,频发性鼻窦炎和中耳炎,脊椎狭窄及其他骨骼畸形等。

2. 检测方法 表型特异性单基因病先证者诊断通常根据最为可能的临床诊断,针对疾病候选基因以及候选基因热点突变,并根据突变类型,通常选择聚合酶链反应(polymerase chain reaction,PCR)技术或基于 PCR 原理发展的技术进行基因突变检测。98% 的 ACH 患者为 *FGFR3* 基因 10 号外显子 c.1138G > A 或 C(p.Gly380Arg)突变所致。因此,临床上可采用 PCR 方法对 *FGFR3* 基因 10 号外显子进行扩增后再用 Sanger 测序分析突变。

3. 结果解读与临床意义 表型特异性单基因病先证者诊断通常依赖致病性明确的基因位点。98% 的 ACH 患者携带有 *FGFR3* 基因 c.1138G > A 或 C(p.Gly380Arg)突变。可以采用简单的分子诊断方法针对热点突变进行检测实现 ACH 的快速准确诊断,也可以在妊娠期对热点突变的检测达到产前筛查和产前诊断的目的。

FGFR3 基因突变还可导致软骨发育不良(hypochondroplasia,HCH)(MIM 146000),其临床特征与 ACH 相似,但相对较轻。60% 以上的 HCH 存在 *FGFR3* 基因 c.1620C > A(p.Asn540Lys)位点的突变(位于 13 号外显子)。因此,在临床做出 ACH 最为可能的临床诊断时,有必要对 *FGFR3* 基因 10 号和 13 号外显子进行扩增后再用 Sanger 测序分析突变,达到鉴别诊断 ACH 和 HCH 的目的。

4. 优缺点 传统的典型单基因病先证者分子诊断可以经济、简便、准确地对某个疑似单基因病做出明确诊断,但仍存在一定的局限性,主要包括以下情形:

(1)多种单基因病存在共同的临床表型,如同属于神经肌肉单基因病的腓骨肌萎缩症、脊髓性肌萎缩和强直性肌营养不良(myotonic dystrophy)都存在肌无力、肌萎缩等表型,给临床诊断带来困难。

(2)某种单基因病存在多个致病基因,如腓骨肌萎缩症的致病基因多达 30 余个,*CX32* 基因只是其中一个,且只占 7%~10%。

(3)一些传统方法通常针对已知致病位点进行检测,存在罕见致病位点或目前致病性不明确位点的漏检。

二、表型非特异性先证者诊断

表型非特异性单基因病是临床较为常见的诊断情形,多种单基因病表现同一种临床特征或同一种单基因病表现出多种临床特征是造成表型非特异性单基因病的主要原因。表型非特异性单基因病由于难以做出有倾向性的临床诊断,采用传统的表型特异性单基因病分子诊断策略极易造成漏诊,此时需要依赖第二代测序(next-generation sequencing,NGS)技术。

NGS 技术能一次性检测人类基因组中的所有基因或所有已知的致病基因,可以在没有明确临床诊断的情况下,通过基因突变的证据达到对单基因病的明确诊断,极大地提高了疾病的诊断率,甚至在一些特殊的病例及家系中能揭示新的候选致病基因,该技术为单基因病诊断提供了新思路和新流程。

下面以腓骨肌萎缩症为例,从表型非特异性单基因病先证者诊断的适用范围、检测方法、结果解读与临床意义、优缺点等几个主要方面做简要讨论。腓骨肌萎缩症(Charcot-Marie-Tooth disease,CMT)(MIM 302800/302801)又称遗传性运动感觉神经病,是最常见的遗传性神经肌肉疾病,发病率约为 1/2 500。临床上依据其病理和电生理特点可分为脱髓鞘型(CMT1 型)和轴索型(CMT2 型),CMT1 型约占 70%。CMT 是一组高度遗传异质性疾病,遗传方式有常染色体显性遗传、常染色隐性遗传以及 X 连锁遗传,迄今为止已经报道了 30 多个致病基因。

1. 适用范围 表型非特异性单基因病先证者诊断通常表现为多个系统的病变,无典型特征性临床表型、特征性表型不明显或表现为全身多系统病变,临床医师难以做出最为可能的临床诊断。以 CMT 为例:CMT1 型通常在 10 岁以内发病,主要症状包括肢体远端肌无力和肌萎缩,从足和下肢开始表现出内翻马蹄足和弓形足畸形,经数月至数年波及手部肌肉和前臂肌肉,伴感觉缺失;常伴脊柱侧凸,足下垂,腿部感觉丧失,腓骨出现肌无力;病程缓慢,部分患者不出现肌无力和肌萎缩,仅有弓形足或神经传导速度减慢。CMT2 型发病晚,成年开始出现肌萎缩,症状及出现部位与 CMT1 型相似,程度较轻,一些亚型病例中枢神经系统也可能受累,表现为听力丧失、精神发育迟滞、眼球扫视运动异常、暂时性下肢完全或非完全瘫痪、锥体束征阳性、共济失调、咽反射消失、发音不清、吞咽困难和亚急性呼吸窘迫综合征等。

2. 检测方法　*GJB1* 基因，也称 *CX32* 基因，是 CMT1 致病基因之一，定位于 Xq13.1。虽 *CX32* 基因无热点突变，但致病变异绝大部分发生在外显子上，因此可采用 PCR 方法对 *CX32* 基因的外显子进行扩增后再用 Sanger 测序分析突变。

然而，CMT 的致病基因超过 30 个，*CX32* 基因变异引发的 CMT 仅占 7%～10%，考虑到临床表型的高度异质性，仅针对 *CX32* 基因采用 Sanger 测序来明确分子诊断存在较大漏诊风险。因此，目前临床上多采用神经肌肉疾病靶向基因包（panel）NGS 检测或者全外显子组测序（whole exome sequencing，WES）对疑似 CMT 患者进行分子诊断（详见第十章）。

panel 检测主要适用于下列情形：①具有很大遗传异质性的临床表型，如耳聋基因包；②需要进行分辨诊断的临床表现类似的疾病，如心肌病基因包；③不同疾病共享一种临床表现的情况，如神经肌肉病基因包；④同一个信号转导途径里的基因，如利用 RASopathy 基因包检测 Noonan 综合征等。对于临床没有一个比较明确的方向或表型极其复杂的病例，通常采用 WES 评估表型非特异性单基因病。

3. 结果解读与临床意义　WES 报告在列出基因变异列表的同时，应进行相应结果解读，从而有助于医师及患者对检测结果的理解。针对 NGS 鉴定发现的孟德尔遗传病相关的基因变异，应采用美国医学遗传学与基因组学学会（the American College of Medical Genetics and Genomics，ACMG）发布的遗传变异分类指南进行致病性评估。根据该指南，可从变异位点在正常人群中的频率、错义变异的软件预测分析、变异的功能研究数据、共分离数据、变异是否为新发以及等位基因数据等方面，收集变异分类的证据，并根据所获得的证据，按照特定规则对变异的致病性进行分类（详见第十章）。WES 报告中需提供变异分类的证据及证据的来源，致病和可能致病的基因变异需要注明相应的疾病及遗传模式，一般可能良性和良性的变异不纳入报告。对于 WES 检测到的位于致病性不明基因上的变异，除了鉴定变异是否会改变基因或蛋白质功能外，还应评估基因与患者表型的相关性。除对变异进行结果解读外，WES 报告还应为送检医师及患者提供相关的建议。

4. 优缺点　WES 除了能检测已知疾病相关基因突变外，同时还能发现新的候选致病基因，因此，WES 是临床表型复杂 / 不特异、临床诊断不明以及尚未出现临床表型病例的理想检测手段，也是发现新致病基因的有效策略。但由于受技术限制，目前仍有部分外显子区域无法通过现行的杂交法进行有效富集捕获；此外，某些外显子区域因为高度同源序列和重复序列的存在无法进行有效测序，这导致目前 WES 的实际有效覆盖度为 90%～95%。也是基于上述因素，一般对单先证者进行 WES 检测到的候选致病变异，仍需要进行 Sanger 测序来验证。

三、几种影响单基因病检测的特殊类型

(一)重复序列

基因的重复序列超出正常范围导致的单基因病，如 *HTT* 基因 1 号外显子 CAG 三核苷酸重复导致的亨廷顿病（Huntington disease，HD）（MIM 143100）。与传统的基因突变所致的单基因病发病机制不同，该类疾病的基因变异是由一定序列的拷贝数数量异常所致。因此检测方法有别于先前介绍的方法。下面以亨廷顿病为例，介绍该类基因变异及其检测方法。

亨廷顿病，又称亨廷顿舞蹈综合征，于 1872 年由英国外科医生 Huntington 首先报道，并以其名字命名。本病属于常染色体显性遗传病，是由于 *HTT* 基因发生变异，产生变异蛋白质在细胞内聚集，形成大分子团在脑中积聚，影响神经细胞功能，导致出现舞蹈样不自主运动，继而发生神经精神障碍、认识力丧失、行为改变，最后成为痴呆，通常在发病后 10～20 年死亡。

(1)致病基因： *HTT* 基因定位于 4p16.3。基因全长 180kb，包含 67 个外显子和 66 个内含子。编码蛋白 3 142 个氨基酸，相对分子量 347 603Da。*HTT* 基因 1 号外显子内存在 CAG 三核苷酸重复序列，当 CAG 重复次数超过一定范围时可导致 HD 发生。在中国人群中正常个体 *HTT* 基因的 CAG 重复次数在 13～26 次，主要集中在 16 次，而患者重复次数大于 36 次。

临床上可根据 CAG 的重复次数对 HD 进行分

类:重复次数 ≤ 26 次时不发病,其后代也无发病风险;27~35 次重复属灰区,携带者本人一般不发病,其后代有发病风险,但发病率小于 50%;36~39 次重复属不完全显性,携带者本人可能发病也可能不发病,其后代发病风险为 50%;大于 40 次重复属完全显性,本人发病,其后代发病风险为 50%。

(2)检测方法:由于 HD 是由 *HTT* 基因 1 号外显子 CAG 的重复序列增加而引起的,分子检测可针对 CAG 的重复序列开展,同时需要考虑纯合和杂合状态,因此可采用 PCR 后对扩增产物行聚丙烯酰胺凝胶电泳检测,判读结果:正常人 PCR 产物多为一条带,片段较小;杂合状态患者 PCR 产物为两条带;纯合状态患者 PCR 产物为一条带,片段较大。如需精确判断 CAG 的重复次数,PCR 产物可经毛细管电泳,根据产物大小扣除引物序列和重复碱基后再除以 3,即可计算 CAG 的重复数;也可对 PCR 产物进行一代测序,直观计算 CAG 的重复数。

(二)长片段缺失

长片段缺失是由于基因簇中隐蔽剪接位点的存在,导致基因全长或部分外显子以及内含子的丢失,残留的基因簇不含有正常功能的目的基因,而引发相应疾病。这种长片段缺失突变在单基因病中广泛存在,由于缺失片段特别大,因此检测方法有别于先前介绍的方法。如缺失型脊髓性肌萎缩和缺失型杜氏进行性肌营养不良等。下面以脊髓性肌萎缩为例,介绍该类基因变异及其检测方法。

脊髓性肌萎缩(spinal muscular atrophy,SMA)(MIM 253300)是一种由运动神经元存活基因(survival motor neuron,*SMN*)变异引起脊髓前角细胞变性而导致的常染色体隐性神经肌肉病,以进行性肌无力和肌萎缩为特点。

(1)致病基因:与 SMA 相关的基因包括 *SMN1* 和 *SMN2*,两个基因高度同源,只有 7 个核苷酸的差异,但致病基因为 *SMN1*。*SMN1* 和 *SMN2* 均定位于 5q13.2,*SMN1* 位于端粒侧,是主功能基因;*SMN2* 位于着丝粒侧,为修饰基因。*SMN2* 在同一条染色体上可有 0~5 个拷贝,携带有多个 *SMN2* 拷贝的 SMA 患者病情常相对较轻。95% 的 SMA 主要致病原因是 *SMN1* 基因纯合缺失,此缺失通常发生在 7 号外显子,或 7 号和 8 号外显子共同缺失,其余为 *SMN1* 点突变所致。

(2)检验方法:SMN1 基因和 SMN2 基因高度相似,全长只有 7 个碱基的差异,在 7 号外显子区域更是只有 1 个碱基的差异(图 13-1),通常采用高特异性的多重连接探针扩增技术(multiplex ligation-dependent probe amplification,MLPA)、定量 PCR 或 Sanger 测序方法检测。

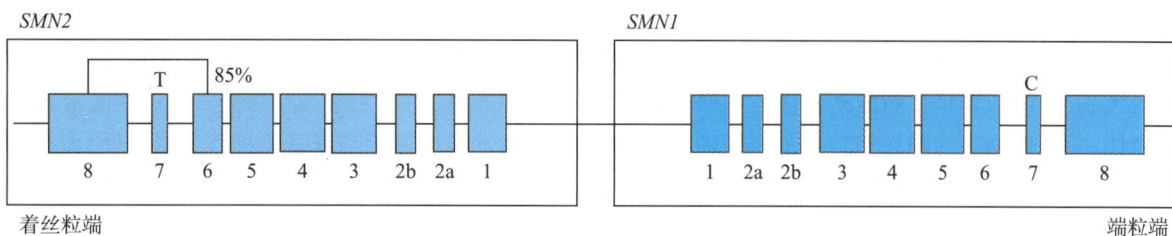

图 13-1 *SMN1* 和 *SMN2* 基因结构示意图

SMN1 和 *SMN2* 相向串联在 5q13.2,*SMN1* 位于端粒端,*SMN2* 位于着丝粒端;两个基因在 7 号外显子上只存在 1 个碱基差异,*SMN1* 为胞嘧啶(C),*SMN2* 为胸腺嘧啶(T);85% 的 *SMN2* 在翻译蛋白时缺失 7 号外显子,形成无功能易降解的截断蛋白。

虽然 SMA 的发病机制是由 *SMN1* 基因突变引起的,但疾病严重程度与之无关,而是与 *SMN2* 拷贝数有关。因此,该疾病严重程度除可通过临床表型来区分外,也可通过检测 *SMN2* 的拷贝数来预测。

(三)基因倒位

基因倒位是指染色体在两个点发生断裂后,产生三个区段,中间的区段发生 180° 的倒转,与另外两个区段重新接合而引起变异的现象。当基因倒位的断点位于功能基因内部或调控区附近,影响该基因的正常表达时可引起疾病,如血友病 A 的致病基因 *F Ⅷ*。下面以血友病 A 为例,介绍该类基因变异及其检测方法。

血友病 A(hemophilia A,HA)(MIM 306700)属

X 连锁隐性遗传出血性疾病。血友病 A 致病机制是由于凝血因子Ⅷ基因缺陷，凝血因子Ⅷ分子合成障碍或结构异常使凝血因子Ⅷ促凝活性(FⅧ:C)降低，并出现血液凝固障碍，多表现为自发性出血不止或手术、创伤后出血不止。血友病 A 患者绝大多数为男性，男性的发病率为 1/5 000;女性患者罕见。

(1)致病基因: FⅧ基因为本病致病基因，位于 Xq28，全长 186kb，包含 26 个外显子和 25 个内含子。FⅧ基因第 22 内含子倒位和第 1 内含子倒位

是其热点突变，分别占重型血友病 A 的 40%～50% 和 5%。22 号内含子是最大的内含子，含有 2 个巢式基因，即 F8A(FⅧ相关的 A 基因)和 F8B(FⅧ相关的 B 基因)(图 13-2)。这两个基因共用一个启动子，其中 F8A 基因转录方向与 FⅧ基因相反，而 F8B 基因转录方向则与 FⅧ基因相同，顺式向下转录穿过 FⅧ的第 23～26 外显子，转录产物长达 2.5kb。F8A 在 FⅧ基因上游存在 2 个同源拷贝(A2 和 A3)。

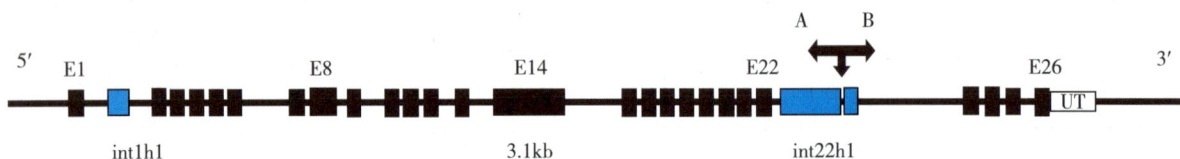

E. 外显子;A. F8A 转录方向;B. F8B 转录方向。

图 13-2　FⅧ基因结构模式图

(2)检验方法: 采用长距离 PCR(long distance PCR,LD-PCR)与倒位 PCR(inverse PCR,I-PCR)对第 22 内含子倒位突变和第 1 内含子倒位突变进行检测。

第二节
单基因病携带者筛查

单基因病携带者(monogenic disorder carrier)为自身无临床症状，但携带有致病基因有害突变位点的个体，相关疾病多为隐性遗传或重复序列动态突变所致。携带人群虽自身无发病风险，但生育后代时，可能会将变异遗传给后代，导致后代发病。发病率较高的单基因病包括:囊性纤维化、脊髓性肌萎缩、血红蛋白病、脆性 X 综合征等。

携带者筛查(carrier screening)指当某种遗传病在某一群体中有高发病率时，为预防该病的发生，采用经济实惠、准确可靠的方法，在该群体中筛出表型正常的携带者后，对其进行风险评估和婚育指导，包括常染色体隐性和 X 连锁隐性疾病基因携带者等。在孕前或者妊娠早期对父母双方的致病位点进行检测，从中发现致病变异的携带者，预判生育遗传病患者的潜在风险。携带者筛查始于 20 世纪 70 年代，早期只针对某些高发地域及人种的遗传病进行筛查，例如:地中海人群的 β 地中海贫血

和犹太人的泰 - 萨克斯病(Tay-Sachs disease)，筛查结果都显示出携带者筛查对出生缺陷防控的重要意义。2021 年，ACMG 指南建议采用一种新的基因分级方法，对妊娠或备孕的人群进行常染色体隐性遗传病和 X 连锁遗传病筛查。更新后的指南中，作者提议构建一个基于分级结构的携带者筛查系统。在该系统中，孕妇以及备孕夫妻都应接受三级携带者筛查，筛查频率为 1/200 或更高(包括 X 连锁遗传病)。根据筛查疾病针对人群和筛查范围，携带者筛查主要分为三类:针对性携带者筛查、高发病携带者筛查和扩展性携带者筛查。针对性携带者筛查和高发病携带者筛查基于种族背景开展，而扩展性携带者筛查因其高效性和经济性，有取代传统筛查之势。在生育咨询的过程中，无论采取何种筛查策略，都建议对常见单基因病进行筛查。

一、针对性携带者筛查

1.适用范围　针对性携带者筛查又称为单种疾病的携带者筛查，需进行携带者筛查的疾病应具备以下几个条件:①在不同种族、地区人群中及特定群体中疾病的发病率较高，携带频率在 1% 以上，有定义明确的表型，严重影响生活质量并且造成认知和躯体损害，需要医疗干预;②应用的筛查手段经济有效，并且假阳性率和假阴性率低;③确诊为单基因病的家庭成员，生育过单基因病患者的夫

妻,有临床表现、还未发生临床事件的所有育龄人群;④在生命早期发病,疾病可通过产前诊断等方式干预,能对确定为携带者的群体进行遗传咨询。

下列以SMA(疾病简介见第一节)为例,介绍针对性携带者筛查。

2. 检测方法 针对性携带者筛查通常为具有单基因病家族史或种族特定携带频率较高的疾病。SMA是临床常见的针对性携带者筛查疾病,主要检测方法如下:

(1)*SMN1* **基因微小变异检测技术**:基因特异性长片段PCR结合巢式PCR、基因逆转录(RT)-克隆测序法。

(2)*SMN1* **大片段缺失检测技术**:MLPA。

(3)**其他检测技术**:聚合酶链反应-限制性片段长度多态性分析(polymerase chain reaction-restriction fragment length polymorphism,PCR-RFLP)、变性高效液相色谱(denaturing high performance liquid chromatography,DHPLC)、第二代及第三代测序技术。

3. 结果解读与临床意义

(1)**结果解读**:SMA是一种儿童常见的常染色体隐性遗传病,以脊髓前角α运动神经元退化变性导致的肌无力和肌萎缩为主要临床特征。在人类基因组中*SMN1*与*SMN2*高度同源,基因诊断技术须分别针对*SMN1*和*SMN2*。SMA患者大多为*SMN1*第7外显子纯合缺失,应首先进行*SMN1*拷贝数定量分析。当受检者没有检测出*SMN1*纯合缺失或复合杂合变异,但具有明确的SMA临床诊断时,则可能存在检测范围外的致病性变异,特别是当患者父母为近亲婚配时,应进行*SMN1*基因全序列分析,以确诊*SMN1*双等位基因均为致病性微小变异的患者。推荐*SMN1*和*SMN2*全长转录物分别作为*SMN1*与*SMN2*基因分析的参考序列。应用定量分析技术进行基因检测时,建议同时报告*SMN1*和*SMN2*的拷贝数。针对SMA的检测技术主要包括:① MLPA、实时荧光定量PCR(Ⅱ-2级证据,A级推荐);② 当MLPA、实时荧光定量PCR阴性时,可考虑微小变异检测(Ⅲ级证据,Ⅰ级推荐)。由于*SMN1*和*SMN2*高度同源,常规的panel检测无法分辨变异位点来源于*SMN1*基因还是*SMN2*基因,此时需要考虑结合巢式PCR来进行检测。其中MLPA以*SMN1/SMN2*不同拷贝数的样本作为平行对照,在完成杂交连接等系列反应后,根据荧光峰面积的比值来判断目标基因序列的拷贝数,

明确区分患者、携带者及正常人,是目前国内外SMA管理共识推荐使用诊断SMA的金标准。基因诊断明确的患者,其父母有必要进行*SMN1*检测,以便确定父母*SMN1*基因型和患者变异基因的来源,进行遗传咨询。

(2)**临床意义**:SMA发病率约为1/10 000,人群携带率约为1/50。约90%的SMA是*SMN1*7号外显子缺失导致的脊髓前角α运动神经元退行性病变,患者病情严重,预后差,家庭和社会负担沉重。脊髓性肌萎缩伴呼吸窘迫1型(spinal muscular atrophy with respiratory distress type 1,SMARD1)(MIM 604320)是一种由免疫球蛋白μ结合蛋白2基因(immunoglobulin μ-binding protein 2 gene,*IGHMBP2*)致病性变异导致的遗传性退行性运动神经元病,主要临床表现为远端肢体进行性肌无力、肌萎缩、关节挛缩、自主神经障碍和膈肌麻痹导致的呼吸衰竭。患者多在出生后3个月内起病,最初表现为哭声低弱、吸气性喘鸣、频繁发生的呼吸道感染和吞咽困难,肌电图提示神经源性损害。对于临床特征高度疑似SMA,基因检测未发现第7外显子或第7、8外显子纯合缺失,且通过*SMN1*测序未发现微小变异的患者,需要考虑非5q型SMA,建议结合NGS完善*IGHMBP2*基因分析。

二、高发病携带者筛查

1. 适用范围 高发病携带者筛查为多个单基因病的联合筛查,与基于地域、人种的单一疾病筛查相比,可以大幅提高检出率。panel检测是高通量基因检测的发展产物,它是在热点基因筛查及Sanger测序法检测后,以未明确的基因突变检测结果为基础,设计一系列可以应用于特定疾病的基因及基因区段的集合,这些位点和基因需要按照标准进行选择和组合,从而构成一个检测panel。综上所述,panel检测通常适用于以下几种情况:①基因明确的特定表型遗传病的诊断,如遗传性痉挛性截瘫、脑白质营养不良等;②重叠疾病表型的诊断,如肌病panel;③虽有重叠表型但又属于不同疾病类型的诊断,如耳聋均因听觉系统中传音、感音及其听觉传导通路中的听神经和各级中枢神经发生病变所致,但其中大部分为遗传性耳聋,临床上可通过检测不同的耳聋基因panel,达到排除、诊断和鉴别诊断的目的;④属于同一类致病机制或分子途径的

疾病,如离子通道病,可将钠、钾、钙、氯等离子通道基因引起的神经系统疾病进行 panel 检测。

本部分以非综合征型耳聋(nonsyndromic hearing impairment,NSHI)携带者筛查为例。耳聋占我国残疾人口的33%,位居各类残疾的首位。造成耳聋的因素很多,其中遗传因素约占60%。遗传性耳聋是单基因病,遗传异质性强,目前已知的耳聋基因超过120个。遗传性耳聋中70%为NSHI,30%为伴其他器官异常的综合征型耳聋(syndomic hearing impairment,SHI)。根据致病基因的不同,NSHI可分为常染色体显性NSHI、常染色体隐性NSHI、X连锁NSHI和线粒体NSHI。目前已发现的NSHI致病基因超过100种,中国人群中常见的致病基因有GJB2、GJB3、SLC26A4和线粒体12S rRNA等4个基因,临床上通常针对这4个基因的多个致病性突变位点进行耳聋基因携带者筛查。

2. 检测方法　目前耳聋基因筛查 panel 众多,覆盖基因范围和致病变异位点各有不同,但对常见耳聋基因筛查位点的选择多数较统一。常用的检测技术包括:①针对小片段缺失/重复:多重连接探针扩增技术(MLPA)、实时荧光定量PCR和微阵列分析等。②针对位点变异:NGS和Sanger测序。

3. 结果解读与临床意义

(1)结果解读:NSHI致病基因变异类型多样,包括点突变、小片段插入/缺失、拷贝数变异、结构变异等,单一技术难以奏效。通常的筛查流程如下:抽取被筛查者外周血2ml于EDTA抗凝管中,提取全血基因组DNA并测定浓度,首先进行热点基因筛查:采用遗传性耳聋基因panel检测4个常见耳聋基因的20多个位点的突变,包括GJB2基因的c.235delC、c.299_300delAT、c.176del16bp、c.167delT、c.257C > G、c.35delG 和 c.512 513insAACG,SLC26A4 基因的c.281C > T、c.589G > A、c.754T > C、c.919-2A > G、c.1079C > T、c.1174A > T、c.1226G > A、c.1229C > T、c.1707+5G > A、c.1975G > C、c.2027T > A、c.2086C > T、c.2162C > T、c.2168A > G,GJB3基因的c.538C > T、c.547G > A 以 及 线 粒 体 12S rRNA 基 因 的 m.1494C > T、m.1555A > G。耳聋基因panel的检测范围包括遗传性耳聋相关的基因编码区域、侧翼10bp的内含子区域以及线粒体DNA的全部序列。

(2)临床意义:先天性听力损失影响患者语言和身心发育,给家庭和社会带来沉重的负担。GJB2和SLC26A4均为常见的遗传性耳聋致病基因,其中GJB2是非综合性遗传性耳聋常见的隐性遗传基因,研究表明,GJB2基因c.235delC是我国耳聋人群中最常见的突变类型,突变率为11.90%。GJB2基因纯合变异和复合杂合变异可导致不同程度听力损失,多数为重度或极重度感音神经性耳聋。《遗传性耳聋基因变异筛查技术专家共识》中明确指出,对孕前或妊娠期夫妇进行遗传性耳聋基因筛查,可评估遗传风险,有效减少耳聋的出生缺陷。建议同时对有遗传咨询需求的夫妻双方进行耳聋基因检测,以验证其耳聋基因变异位点的遗传特征。

三、扩展性携带者筛查

1. 适用范围　扩展性携带者筛查(expanded carrier screening,ECS)是指在妊娠前或妊娠早期表型正常的夫妇,通过一种技术或联合多种技术,同时对多种常染色体或X连锁隐性遗传病相关基因突变进行检测,经过生育风险评估及生育决策指导,达到减少出生缺陷的目的。该筛查模式不针对特定人群、种族或地域,可一次性筛查多种遗传病。ECS于2009年首先在欧美国家出现,但因当时的技术及经济条件等限制,并未真正大规模开展起来。2011年,依托NGS技术,采用致病基因集组合测序筛查包(screening panel)的方式实现了真正意义的ECS,使得携带者筛查从单一疾病向多疾病扩展,从单一种族向多种族扩展,从遗传病高风险人群向所有人群扩展。至此,经过近10年的迅速发展,在妊娠前或产前进行ECS变得越来越普遍。专家共识和指南提出,针对携带者筛查的panel中包含的疾病,应符合以下几点标准:携带频率≥1%;有定义明确的表型;严重影响生活质量,造成认知和躯体损害,需要手术或医疗干预;疾病可进行产前诊断,得以进行产前干预而改善围产结局;可制定个体化分娩管理措施,以改善新生儿和婴儿的健康状况。

2. 检测方法　疾病靶向序列测序技术(disease target sequencing,DTS)和多种技术联合的携带者筛查。

3. 结果解读与临床意义

(1)结果解读:有研究显示,普通人群中平均每人携带 2.8 个隐性遗传病致病基因的有害变异;根据 Baylor Miraca 遗传学实验室统计,在正常东亚人群中每40人就有1人携带有遗传性耳聋基因

GJB2 的有害变异。若夫妻双方在同一种常染色体隐性致病基因上携带有致病性变异,其后代有 1/4 的可能性为患者;当母亲为 X 连锁隐性遗传病致病变异的杂合携带者时,她所生育的男性后代有 1/2 的遗传风险。2023 年,我国"单基因病扩展性携带者筛查新技术研发临床应用评估及救助体系构建"中期进展研讨会报告,目前已完成近万例孕前及备孕夫妇的样本检测,其中单基因病高风险夫妇比例为 3.82%。扩展性携带者筛查对所有个体使用相同的筛查基因集,该基因集包含了目前遗传病携带者筛查指南推荐的大部分疾病,疾病种类超过 100 种,其中大多数为罕见疾病。

隐性遗传病携带者只遗传了父母一方的突变基因,因此不会发病,通常也没有症状,但有可能把突变基因遗传给后代。无遗传病家族史、产检正常的夫妻连续多次生育遗传病患者,如已排除染色体异常和 DNA 拷贝数变异,则往往和单基因缺陷有关。夫妻一方可能是常染色体显性遗传病致病基因变异的生殖系嵌合携带者,或夫妻双方均为常染色体隐性遗传病携带者;若连续多次生育男性遗传病患者,则要考虑母亲为 X 连锁隐性遗传病致病基因携带者。

单基因病携带者筛查结果为阴性时,不能保证后代百分之百不患病,可能的影响因素有:①染色体筛查不能有效分辨小片段重复、缺失;②筛查往往针对高发生率的特定疾病,未包含所有已知疾病基因;③携带者筛查报告筛选基因的明确致病性变异和可能致病性变异,人类染色体和基因组具有一定的新生变异率。如果夫妻双方携带同一个常染色体隐性遗传病致病基因或女方携带 X 连锁隐性遗传病致病基因,可通过三代试管婴儿技术或产前诊断避免生育患者。

(2)临床意义:隐性单基因病携带者表型正常,容易误诊及漏诊,孕前遗传病携带者筛查是主动的一级预防措施和阻断患者出生的有效方法,也可作为遗传咨询和产前诊断的重要依据。此外,临床应对单基因病患者早期进行基因检测分型、明确诊断、指导治疗及预后判断。扩展性携带者筛查的 panel 设计尤为重要,不仅要考虑疾病本身的患病风险,还要考虑备选疾病的变异形式及对应的检测技术来评估可行性。对位点的选择也应更倾向疾病数据库中报道的明确致病突变。不断革新的测序技术和疾病"基因型-表型"数据库的建立,使得一次性准确筛查多种疾病类型成为可能,总体筛检效率更高、成本也更低。

第三节 单基因病新生儿筛查

新生儿疾病筛查(newborn screening,NBS)是指在新生儿群体中,用快速、简便、敏感的检验方法,对一些危及新生儿生命、生长发育或导致新生儿体格及智力发育障碍的先天性、遗传性疾病进行群体筛查检测。其目的是在新生儿期筛查出并明确诊断这些严重疾病,从而对这些患病新生儿在临床症状出现前及时治疗,防止或减轻体格及智力发育障碍,避免痴呆甚至死亡等严重后果的发生,最终降低出生缺陷,提高人口素质。

历经 60 余年的快速发展,新生儿疾病筛查技术从传统的生化检测技术、串联质谱检测技术发展到近几年新的基因筛查技术,使筛查的病种扩展到其他系统严重疾病,包括血液系统、心血管系统、消化系统等,筛查效率也获得了很大程度的提升。

一、生化检测技术

1. 酶免疫分析法 酶免疫分析是以酶标记的抗体或抗原作为主要试剂的免疫测定方法,是标记免疫分析的一种。该技术在新生儿筛查中多应用于先天性甲状腺功能减退症中促甲状腺激素(TSH)的测定。

2. 荧光分析法 荧光测定法又称 McCaman-Robins 测定法,从滤纸干血片上萃取出的苯丙氨酸(phenylalanine,Phe),能与茚三酮形成一种荧光复合物,加入二肽 L-亮氨酸-L-丙氨酸后可大大提高此荧光反应。经琥珀酸盐缓冲液严格控制反应条件,pH 在 5.8±0.1 时可保证理想的荧光值和最大的特异性。加入铜试剂可稳定荧光复合物并终止反应。在 485nm 波长处测定荧光强度(激发光 390nm),荧光物质苯丙氨酸-茚三酮复合物吸收特定波长的光能后,发生原子重排,同时发出更长波长的光。

各种改进后的 McCaman-Robins 法已经广泛用于基于血清和滤纸干血片的 Phe 定量测定,基于 96 孔微量反应板测定滤纸干血片中 Phe 含量。相比细菌抑制法,荧光法不论是实验的精密度还是准确性都更优,具有更灵敏、准确定量、费时少的特点,适于大规模新生儿疾病筛查。

3. 时间分辨荧光免疫分析法 该技术目前已实现全自动化,常用于新生儿先天性甲状腺功能减退症的筛查,以及先天性肾上腺皮质增生症的17α-羟孕酮(17α-OHP)浓度筛查。

4. 高通量自动化免疫分析法 全自动荧光免疫分析仪是用于对微孔板中样本进行时间分辨和即时荧光分析的全自动、高通量分析系统,其预期用途为对干血斑样本中的分析物进行体外定量/定性测定,可检测先天性甲状腺功能减退症、苯丙酮尿症、先天性肾上腺皮质增生症、葡萄糖-6-磷酸脱氢酶缺乏症、半乳糖血症、囊性纤维化、生物素酶缺乏症等新生儿遗传代谢病。该全自动筛查系统不仅包括实验过程的自动化,还包括样本的前处理过程(如自动打孔和自动进样),可以实现多项筛查试验的完全自动化,可连续进样,同时进行2 400个测试,大大提高筛查效率,节约实验室人力资源,同时减少大量手工操作导致的误差与风险,提高新生儿疾病筛查的质量。

5. 高效液相色谱法 高效液相色谱-质谱联用技术通过联合二级检验指标,能够有效地改善传统筛查的性能。有些地区采用高效液相色谱法进行CAH二次筛查,一级筛查阳性的标本通过高效液相色谱-质谱联用技术检测17α-OHP、雄烯二酮和21-脱氧皮质醇等,能够降低假阳性率,提高筛查效率。

6. 气相色谱-质谱法 1966年,Tanaka博士采用气相色谱-质谱(gas chromatography-mass spectrometry,GC-MS)技术对患者的尿液和血液进行分析,首次发现了异戊酸血症,提示了质谱分析技术可以用于医学临床诊断。20世纪70年代初期,国际上开始采用GC-MS技术对先天性遗传代谢疾病的诊断进行研究。1973年,日本著名遗传代谢病学者Matsumoto等首先创建了有机酸血症的GC-MS分析法,为100余种先天性有机酸血症遗传代谢病的临床诊断提供了有力的参考依据。1993年,研究者对原有机酸血症的GC-MS分析法做了改良,提出了尿素酶前处理法的新的遗传代谢病化学诊断体系。新的体系不仅能诊断有机酸血症,同时还可以检出氨基酸代谢病、糖代谢病、脂肪酸氧化代谢病、核酸代谢病,扩大了GC-MS技术在先天性代谢疾病诊断方面的应用范围,现已能通过尿液分析对130余种先天性遗传代谢病进行筛查。

二、串联质谱检测技术

串联质谱技术(tandem mass spectrometry,MS/MS)是目前国际公认的新生儿疾病筛查的前沿技术,可实现一次实验同时检测数十种氨基酸、游离肉碱及酰基肉碱等指标,提示几十种氨基酸代谢病、有机酸血症及脂肪酸氧化代谢病的患病风险,实现了向一次实验检测多种疾病的转变。MS/MS具有高特异性、高灵敏度及快速检测等优点,在大幅度增加新生儿筛查疾病谱的同时显著降低假阳性率及假阴性率,具有很高的性价比。

1. 串联质谱技术筛查遗传代谢病原理 由于遗传因素导致机体内正常代谢途径受阻,氨基酸代谢病患者血中氨基酸水平异常,有机酸血症及脂肪酸氧化代谢病患者血中游离肉碱或不同种类的酰基肉碱水平异常,故可通过检测不同种类的氨基酸水平筛查氨基酸代谢病,通过检测不同种类的酰基肉碱水平筛查有机酸血症及脂肪酸氧化代谢病。由于不同疾病的代谢途径差异,一种氨基酸代谢病可有一种或数种氨基酸水平异常,一种有机酸血症或者脂肪酸氧化代谢病可有一种或数种酰基肉碱水平异常;一种氨基酸水平异常可提示一种或几种氨基酸代谢病,一种酰基肉碱水平异常也可提示一种或几种有机酸血症或脂肪酸氧化代谢病。因此,计算不同氨基酸或酰基肉碱之间的比值,有助于不同疾病之间的鉴别,降低假阳性率或假阴性率。

新生儿疾病筛查中心可采用不同的MS/MS检测,酰基肉碱和氨基酸均可通过衍生化(酯化,主要是丁基酯)或非衍生化(非酯化,游离酸)两种方法来分析,但两种方法实验流程不同,检测能力各异,实验室应综合考虑配套设施、安全防护及项目需求等情况进行合理选择。由于非衍生法较衍生法样品前处理操作时间缩短2h左右,且环境污染显著降低,所以非衍生化MS/MS在新生儿疾病筛查中心较为普及。

2. 技术优势 MS/MS可在2～3min内检测几十种分子代谢产物,实现40多种代谢性疾病(包括18种氨基酸代谢性疾病、14种有机酸代谢性疾病及14种脂肪酸代谢性疾病等)的筛查,筛查病种丰富,筛查时间仅需5h左右;同时,该技术具有高选择性、高特异性及高灵敏度等优良性能。因此在新生儿代谢疾病筛查领域具有显著优势。

3. 报告解读 报告解释应基于特定疾病的关

键生物标志物的检测值和已建立的临界值。可设立不同检测指标的比值,以提高筛选结果筛查的灵敏度和准确性;同时还应考虑到婴儿在采集时的年龄、营养状况、输血情况,婴儿的出生体重或采集体重,胎龄以及其他因素(如标本状况)。

三、基因筛查技术

基因筛查技术是指运用基于目的基因捕获的高通量测序技术对新生儿进行常见遗传病基因检测,通过比对受检者基因组序列与标准序列,分析是否存在重复、缺失、插入、倒位等突变,并对该突变的致病性进行分析,以达到诊断或风险评估的目的。通过基因检测进行新生儿筛查可缩短疾病确诊时间,越早获得基因型,越有利于精准诊治及遗传疾病防控前移。

1. 适用范围:①疾病危害严重,可导致残疾或死亡;②疾病的发生率相对较高,且发病机制与异常产物已阐明;③疾病早期无特殊症状,但有实验室指标能显示阳性;④有准确可靠、适合在新生儿群体中大规模进行筛查的方法,假阳性率和假阴性率均较低,并易为家长所接受;⑤已建立有效治疗方法,特别是通过早期治疗能逆转或减慢疾病发展或者改善其预后;⑥筛查费用、医学治疗效果及社会经济效益的比例合理;⑦虽目前尚无有效治疗方法,但符合上述除第5条外其他原则,且对家庭再生育指导有帮助,致病基因明确的单基因病。

结合我国和国际成熟及探索性新生儿单基因病筛查经验,优先推荐病种包括遗传代谢病及各系统15类、66种单基因病(表13-1)。实际操作过程中可根据本地具体情况酌情增减,或制定包含不同基因数量的靶向测序包供家长在知情同意的情况下结合自身需求自主选择。

表 13-1 新生儿基因筛查推荐病种列表

疾病分类	疾病名称	疾病分类	疾病名称
氨基酸代谢障碍	高苯丙氨酸血症(苯丙酮尿症;四氢生物蝶呤缺乏症)[a]		先天性肾上腺皮质增生症[a]
	酪氨酸血症[a]		先天性甲状腺功能减退症[a]
	精氨酰琥珀酸合成酶缺乏症(瓜氨酸血症1型)[a]		先天性高胰岛素血症
	精氨酰琥珀酸裂解酶缺乏症[a]		莱伦氏综合征
	精氨酸酶缺乏症[a]		Noonan 综合征
	鸟氨酸氨甲酰基转移酶缺乏症[a]	血液系统疾病	β 地中海贫血[a]
	枫糖尿症[a]		先天性纯红细胞再生障碍性贫血
有机酸代谢障碍	甲基丙二酸血症[a]		家族性噬血细胞性淋巴组织细胞增生症
	丙酸血症[a]		范科尼贫血
	异戊酸血症[a]		血友病
	戊二酸血症1型[a]		阵发性睡眠性血红蛋白尿
	全羧化酶合成酶缺乏症[a]		重症先天性粒细胞缺乏症
	生物素酶缺乏症		先天性中性粒细胞减少伴胰腺功能不全综合征
	3-甲基巴豆酰辅酶A羧化酶缺乏症[a]	免疫相关疾病	重症联合免疫缺陷病
	β 酮硫解酶缺乏症[a]		原发性慢性肉芽肿病
脂肪酸代谢障碍	原发性肉碱缺乏症[a]		Chediak-Higashi 综合征
	肉碱棕榈酰基转移酶缺乏症1型[a]		湿疹血小板减少伴免疫缺陷综合征
	肉碱棕榈酰基转移酶缺乏症2型[a]		X 连锁无丙种球蛋白血症
	肉碱酰基肉碱移位酶缺乏症[a]		X 连锁高 IgM 综合征
	中链酰基辅酶A脱氢酶缺乏症[a]		X 连锁淋巴增生症

续表

疾病分类	疾病名称	疾病分类	疾病名称
脂肪酸代谢障碍	极长链酰基辅酶 A 脱氢酶缺乏症[a]	神经肌肉相关疾病	X 连锁肾上腺脑白质营养不良
	长链 3- 羟酰基辅酶 A 脱氢酶缺乏症[a]		进行性肌营养不良
	多种酰基辅酶 A 脱氢酶缺乏症[a]		脊髓性肌萎缩
溶酶体贮积症	法布里病	消化系统疾病	早发炎症性肠病
	戈谢病	心血管系统疾病	特发性肺动脉高压
	庞贝病		
	黏多糖症	五官科疾病	非综合征性耳聋[a]
	尼曼 - 匹克病	泌尿系统疾病	非典型性溶血尿毒综合征
	克拉伯病	呼吸系统疾病	囊性纤维化
	溶酶体酸性脂肪酶缺乏症	皮肤	遗传性大疱性表皮松解症
			先天性角化不良
其他内分泌代谢病	半乳糖症	骨骼	低磷性佝偻病
	糖原贮积症		成骨不全
	肝豆状核变性		低碱性磷酸酶血症

注：a. 标记病种为目前常规生化筛查病种。

2. 检测方法： 基于目标序列捕获的 NGS。

3. 结果解读： 采用 NGS 数据分析流程筛选遗传疾病的候选变异，经碱基识别、剔除接头及低质量读序后，采用生信软件（如 Burrows-Wheeler Aligner 软件）定位至人类基因组参考序列，去除多余信息后检测变异，对变异进行注释，通过 ClinVar、OMIM 及 HGMD 三个数据库筛选致病变异，对变异结果进行评估、分类，并进一步结合相关疾病的遗传模式对阳性病例进行综合判断。

四、典型案例

以中链酰基辅酶 A 脱氢酶缺乏症为例介绍新生儿疾病的筛查流程，检测方法及结果分析。中链酰基辅酶 A 脱氢酶缺乏症（medium-chain acyl-CoA dehydrogenase deficiency，MCADD）（MIM 201450）是由于 *ACADM* 基因图标导致中链酰基辅酶 A 脱氢酶（medium-chain acyl-CoA dehydrogenase，MCAD）功能缺陷，致能量生成减少和毒性代谢产物蓄积，为常染色体隐性遗传病。该病起病隐匿，首次发病的病死率及神经系统后遗症发生率高。

1. 检测前知情告知 新生儿疾病筛查的实施应充分尊重当事人的人格和尊严，保证当事人的自主权和知情权。新生儿疾病筛查应当向当事人提供与新生儿疾病筛查有关的信息，包括发生疾病或缺陷的可能性、风险、疾病的严重程度、治疗方法、预后和可供选择的新生儿疾病筛查方法；应当向当事人提供可实施新生儿疾病筛查的目的和方法，与诊断性检查相关的局限性、不确定性、有无危害后续诊断和疾病筛查方法等；还应提供检查结果的准确性、可能出现的局限性、费用等有关信息。对所有服务对象发放"新生儿疾病筛查告知书"，认真履行告知义务，夫妻双方采纳医生建议并签署知情同意书，并存放在病历内。

医生告知夫妻双方，新生儿遗传代谢病是影响儿童智力和体格发育的严重疾病，若及早诊断和治疗，患者的身心发育大多可达到同龄儿童的水平。本筛查实施依据为《中华人民共和国母婴保健法实施办法》《新生儿疾病筛查管理办法》，是指在新生儿期对严重危害新生儿健康的先天性、遗传病实施的专项检查，以达到早期诊断、早期治疗的目的。

2. 样本采集 新生儿出生后 72～120h 进行足底采血，滴于专用滤纸上自然晾干后，采用非衍生化串联质谱技术检测患者足跟血的中链脂肪酸（氨基酸、有机酸和肉碱）水平。

3. 检测方法

(1) 串联非衍生生化质谱检测：准备包含内标的萃取溶液；从干血斑标本上打出血斑（3.2mm）；将血斑置于 96 孔板中；使用校准的移液器或液体处理装置，添加萃取溶液的等分试样到每孔，孵育合适时间；贴上封片以减少蒸发，摇动孵育平板，孵育合适时间，使萃取溶液与血斑相互作用；取出 96 孔板，每孔转移适量萃取液至新的耐热 96 孔微孔板，用铝箔覆盖，以防挥发；如果测试琥珀酰丙酮，含转移液的微孔板需静置至少 2h；将 96 孔板置于串联质谱仪自动进样器中进行后续分析。

(2) NGS 检测：将采集的标本提取 DNA，构建 NGS 文库，NGS 上机测序，进行生物信息学分析。

4. 结果分析　MCAD 功能缺陷时己酰基肉碱（C6）、辛酰基肉碱（C8）、癸酰基肉碱（C10）增高，以 C8 升高尤为明显，故将 C8 作为 MCADD 新生儿筛查指标。但继发肉碱缺乏时，C6～C10 升高不明显，结合 C8/C10 比值可提高诊断的灵敏度及准确性。因此，以 C8 高于正常 2 倍，或 C8 合并 C8/C10 增高者作为 MCADD 可疑病例；MCADD 的确诊依赖于基因检测 *ACADM* 基因突变或 C8 持续增高。

新生儿疾病筛查的检测技术主要基于传统生化免疫法、串联质谱筛查技术和分子生物学筛查技术。对于新生儿进行传统生化 / 串联质谱筛查和基因筛查，并且二者的目标疾病有交叉时，结合二者的结果可以更加有效和准确地检测到可能患病的新生儿。生化 / 串联质谱筛查的结果可以作为基因筛查结果解读的辅助证据，而基因筛查的结果也可以帮助排查可能的生化 / 串联质谱筛查的假阳性或者假阴性结果。为了对两种筛查结果进行有效联合分析，传统 NBS 实验室与新生儿基因筛查实验室需要建立标准的联络机制，保证结果和数据的及时准确传输。

第四节
单基因病产前诊断

单基因病产前诊断是指针对怀疑有单基因病风险的胎儿，通过遗传学检测技术对胎儿来源标本的遗传物质进行检测，诊断胎儿是否罹患单基因病的过程。单基因病产前诊断是出生缺陷三级防控的重要组成部分，目的是早期识别并诊断单基因病，为临床分级管理提供依据，实现疾病的尽早干预和阻断罹患严重单基因病患者的出生。

单基因病出生缺陷高风险包括：①夫妻双方为同一种常染色体隐性单基因病携带者；②女方为 X 连锁隐性单基因病携带者；③显性单基因病新发突变；④超声显示有结构异常或其他疑似与单基因病相关的形态学变化；⑤临床医生认为其他与单基因病相关的情形。

胎儿来源标本同第十一章和第十二章，包括羊水、绒毛和脐带血，需注意的是，传统单基因病产前诊断的分子生物学检测方法不能直接鉴定（或去除）母体细胞污染对检测结果的影响，因此在实施单基因病产前诊断之前需要对样本进行母体细胞污染的鉴定，如果存在母体细胞污染则需要通过培养或重采样等手段去除母体细胞污染后再做单基因病产前诊断。

一、基于携带者筛查的单基因病产前诊断

传统的单基因病产前诊断都是建立在先证者的基础上，即明确先证者的致病变异后，再对胎儿进行该致病变异的遗传学检测，达到产前诊断的目的。而基于携带者筛查的单基因病产前诊断，即携带者筛查发现夫妻双方携带同一常染色体隐性遗传病或者孕妇携带 X 连锁隐性遗传病致病变异，以此评估胎儿罹患该遗传病风险，最后针对该致病变异检测胎儿是否为该遗传病患者，来阻断罹患严重单基因病患者的出生，达到在无先证者的前提下明确诊断的目的。下面以地中海贫血和进行性假肥大性肌营养不良为例介绍单基因病产前诊断策略。

1. 适用范围　地中海贫血属于常染色体隐性遗传病，中国人常见的地中海贫血有 α 地中海贫血和 β 地中海贫血。α 地中海贫血是由于 α 珠蛋白基因缺失和突变导致的，当缺失或突变一个 α 珠蛋白基因（-α/）称为 α^+ 地中海贫血；当缺失两个 α 珠蛋白基因（--/）称为 α^0 地中海贫血（图 13-3）。

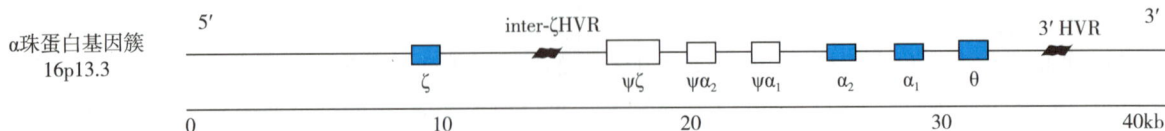

图 13-3　α 珠蛋白基因簇模式图

α⁰ 地中海贫血同时缺失 α₂ 和 α₁；α⁺ 地中海贫血指 α₂ 或 α₁ 缺失或突变。

夫妻双方都是 α⁰ 地中海贫血基因携带者时,有生育 Bart's 水肿胎风险;夫妻一方为 α⁰ 地中海贫血基因携带者,另一方为 α⁺ 地中海贫血基因携带者时,有生育血红蛋白 H 病胎儿风险;夫妻双方都是 β 地中海贫血基因携带者时,有生育中重度 β 地中海贫血胎儿风险,此时均需要进行产前诊断。

进行性假肥大性肌营养不良是一种由编码抗肌萎缩蛋白(dystrophin)的 DMD 基因变异所引起的 X 连锁隐性遗传病,其主要临床特征为进行性近端肌营养不良,伴小腿假性肥大,轻度表型包括无症状性血清肌酸激酶(creatine kinase,CK)浓度升高和伴肌红蛋白尿症肌肉痉挛。DMD 基因致病变异女性携带者理论上每次生育子代均有 50% 的可能传递致病变异,其中遗传致病变异的女性胎儿为携带者,通常无该疾病症状(排除因 X 染色体失活偏斜而出现部分症状可能),而遗传致病变异的男性胎儿则为患者。

2. 检测方法　样本经 STR 排除母源 DNA 污染,如存在母源 DNA 污染,可通过培养去除母源 DNA 污染或重新采样送检。只有在排除母源 DNA 污染后才能进行产前诊断。

对于地中海贫血的产前诊断,通常采用基于 PCR 原理的分子生物学方法对筛查出来的致病变异进行精准检测即可。

对于进行性假肥大性肌营养不良,除了对致病变异进行精准检测外,还需要鉴别胎儿的性别。

与出生后诊断不同,产前诊断需要平行采样两管样本来去除因采样带来的影响,并需要采用两种以上的方法来保障产前诊断结果的准确性。

3. 结果解读与临床意义　对于地中海贫血的产前诊断,在排除母体细胞污染的前提下,两管样本采用两种以上方法检测的结果一致时才可明确诊断。如果出现两管样本不一致时,还应当排除两管样本的亲缘关系,避免因样本错误带来的误诊;如果出现两种方法不一致时,还需要采用第三种方法进行验证。在保障结果的准确前提下,如果结果可能为纯合突变或复合杂合突变、杂合突变或无突变,此时应当经过遗传咨询后再做出明确诊断和进一步妊娠结局的建议。

对于进行性假肥大性肌营养不良,当检测有杂合突变时,还需要对 Y 染色体性别决定区(SRY)进行检测,鉴别胎儿的性别。在保障结果的准确前提下,如果结果可能为杂合突变女胎、半合子突变男胎或无突变,也应当经过遗传咨询后再做出明确诊断和关于对进一步妊娠结局的建议。

4. 优缺点　基于携带者筛查的单基因病产前诊断是在已知父母携带同一致病基因致病变异的基础上进行的,通常是针对已知的严重致畸、致残或致智力损失的严重出生缺陷的单基因病,致病基因的致病变异位点明确,采用检测方法成熟可靠、简便、准确。其最大不足是不能针对新发变异和携带者筛查之外的基因变异做产前诊断。

二、基于表型的单基因病产前诊断

1. 适用范围　如前所述,传统单基因病产前诊断方法是对利用 PCR 扩增的 DNA 片段进行 Sanger 测序。如果有明确目标,Sanger 测序能相对快速、经济、有效、准确地检测绝大部分单基因病产前诊断。然而,对单基因病的临床诊断,尤其是胎儿在宫内时,存在诸多不确定性,由于 Sanger 测序通量小,如果要一次检测许多基因,成本就大大提高,检测效率大大降低,不符合单基因病产前诊断的临床实际情况。此时就需要采用更高通量的分子检测技术对某种表型或疑似存在的表型做出某种单基因病产前诊断。

NGS 的出现改变了遗传检测的方式,引起了遗传检测模式的转变。NGS 包括多种基于不同技术的方法,可实现大规模平行测序。NGS 按其复杂程度由低到高,以及检测对象由少到多可分为 3 个不同的分析水平,即 panel 检测、WES 以及全基因组测序(whole genome sequencing,WGS)。由于产前诊断时,临床表型难以准确把握或处于胎儿期尚未表现出来,采用 panel 检测容易造成漏检,而全基因组测序因成本较高、数据分析困难等不足尚未成为临床产前诊断的首选。全外显子仅占人类基因组的 1% 左右，却含有引起人类疾病的约 85% 的已知变异，目前多使用 WES 进行基于表型的单基因病产前诊断。

2. 检测方法 全外显子组测序（WES）。

3. 结果解读与临床意义 同本章第一节 WES 结果解读与临床意义，但需要考虑 WES 与产前超声或核磁共振诊断表型之间的时间关系，后续观察到的表型很可能随着孕周的增加发生改变，此时需要结合表型进展考虑对测序数据进行再次分析。

4. 优缺点 同本章第一节 WES 优缺点，但由于胎儿期可观察到的表型有限，可能影响对变异位点致病性的评级，此时需要通过充分的遗传咨询和知情同意，必要时需要多学科会诊来做出最优妊娠结局的建议。

三、单基因病无创产前筛查

1. 适用范围 传统的单基因病产前诊断方法多为有创性操作，又称为侵入性产前诊断，通过手术方式获取胎儿细胞用于产前基因诊断。侵入性产前诊断虽然准确度高，但存在一定比例的流产风险。与侵入性产前诊断比较，无创产前筛查（noninvasive prenatal testing，NIPT）无流产、感染等风险，操作简单，对需要进行进一步检测的孕妇群体更容易接受。此外，新发的显性单基因病是重要出生缺陷组成来源，且常呈现表型隐匿，子代新发突变数随着父亲年龄的增长而增加。因此，对单基因病高危群体进行 NIPT 检测有极大的临床意义。

在 NIPT 单基因病诊断中使用的胎儿 DNA 主要有 3 种来源：母体血液中的胎儿游离 DNA（cell-free fetal DNA，cffDNA）、母体血液中的循环胎儿细胞及来源于子宫颈的滋养层细胞。

2. 检测方法 目前采用的方法主要包括 NGS、相对单体型剂量分析（relative haplotype dosage，RHDO）、数字 PCR、低变性温度下复合 PCR 技术（COLD-Polymerase Chain Reaction，COLD-PCR）、实时 PCR、微测序和环化单分子扩增与重测序技术（circulating single-molecule amplification and resequencing technology，cSMART）等。

NGS 是基于靶向序列捕获的第二代测序技术，运用针对性捕获测序方法分析母亲、父亲基因组DNA 及母亲血浆胎儿游离 DNA（cffDNA），使用生物信息学方法分析测序数据，检测显性单基因病新发突变，对于有该疾病家族史、父系遗传或有新发基因突变的孕妇，均可在妊娠早期行单基因病的无创检测。

相对单体型剂量分析（RHDO）是通过先证者及其父母的单核苷酸多态性（SNP）深度测序，利用 SNP 位点构建先证者父母的单体型，并确定父母的风险单体型，再通过对 cffDNA 测序数据的分析构建胎儿单体型，分析胎儿是否携带致病风险基因（单体型）。

微滴化数字 PCR（droplet digital PCR，ddPCR）是一种检测核酸分子的绝对定量技术，其基本原理是将含有核酸分子的荧光 PCR 体系"分散"成数万个纳升级的微滴，核酸分子在各微滴中随机存在，每个微滴含有 1 个或不含目标核酸分子，每个微滴都是 1 个独立的 PCR。经 PCR 扩增后对每个微滴逐个进行检测，有荧光信号的微滴判读为"1"，无荧光信号的微滴判读为"0"，根据泊松分布原理及阳性微滴的比例，通过分析软件可直接给出目标核酸分子的拷贝数浓度，与实时 PCR 技术相比，ddPCR 技术具有高敏感度、高准确度、高耐受性和绝对定量的优势。近年来已广泛应用于痕量核酸、稀有突变、拷贝数变异检测等方面。基于 ddPCR 方法的 NIPT 能够检测父系遗传和母系遗传的胎儿存在的单基因病，在新发突变的检测方面也具有极大的潜力。

低变性温度下复合 PCR 技术（COLD-PCR）是近年来发展起来的新的 PCR 检测方法，其基本原理是利用在野生型、突变型混合样品体系中，完全匹配的同源双链较野生型与突变型的杂合双链的解链温度高，从而设定变性温度处于临界变性温度以达到富集扩增突变片段的目的。与传统 PCR 技术比较，COLD-PCR 克服了传统 PCR 技术许多不足与限制，能够从大量野生型 DNA 中富集低浓度的突变，具有检测敏感度高、准确性好等优势。且 COLD-PCR 本身为非介入性的检测，易于与其他检测技术结合使用，在产前检测方面具有较大的优势。

环化单分子扩增与重测序技术（cSMART）通过对外周血中游离 DNA 片段进行标记、环化、扩增和高通量测序，并采用独特计数方式，检测灵敏度达 3/10 000，因此能够准确、定量地分析外周血中游离 DNA 片段所携带的多种突变。

3. 结果解读与临床意义   单基因病无创产前筛查结果对胎儿妊娠结局的选择具有重要指导意义。由于单基因病无创产前筛查是采集母体外周血以达到检测胎儿单基因病的目的，为此要充分认知检测结果的准确性、检测方法的局限性以及母体外周血中胎儿样本的本质。到目前为止，单基因病无创产前筛查只被认为是一种筛查技术，因此，有必要通过侵入性产前诊断对检测到的致病变异进行验证，同时应当强调做好遗传咨询和对胎儿的随访。

4. 优缺点   虽然目前 NIPT 用于单基因病产前检测的数据表明其几乎具有 100% 的准确性，但考虑到母体血液中胎儿游离 DNA 主要来自胎盘，仍有必要对检测到有致病性变异的胎儿进行侵入性产前诊断，并经过充分遗传咨询和知情告知，做出最优妊娠结局的建议。

第五节

单基因病胚胎植入前检测

植入前单基因遗传病检测（preimplantation genetic testing for monogenic disease，PGT-M）是指从胚胎中挑选出部分细胞，通过单细胞扩增后，检测植入前胚胎的致病基因变异的分子遗传学检测技术，选择没有致病基因变异的剩余胚胎植入子宫，达到阻断单基因病向子代传递的目的。

根据胚胎发育阶段不同，可以选择卵母细胞极体、5～8 细胞期卵裂球和囊胚滋养层细胞活检，简称囊胚活检或胚胎活检。囊胚活检对胚胎发育的潜能影响较小，已成为目前 PGT-M 技术操作系列的主要活检方式。由于在实施 PGT-M 时可能存在母体细胞污染、等位基因脱口和囊胚嵌合体等影响，所得到的检测结果可能与胚胎实际不符，只是反映了当时受检的细胞，加上胚胎在后期发育过程中还存在外部环境的刺激而新发变异，因此对接受 PGT-M 形成的胎儿应当进行产前诊断。

一、适用范围

PGT-M 适用于单基因病和线粒体病，也适用于 HLA 分型、具有较高概率的遗传易感性严重疾病和生殖腺嵌合等情形。PGT-M 实施的前提是致病基因突变或致病基因连锁标记明确，并通过家系连锁分析具有孕育单基因病可能的家系，还需综合考虑疾病的严重程度。

1. 单基因病   夫妻一方为显性遗传单基因病患者或夫妻双方是同一隐性遗传单基因病的携带者（突变基因相同，突变位点可相同也可不同），曾孕育致畸、致残、致死的单基因病患儿或具有生育致畸、致残、致死的单基因病患儿高风险的夫妻。

2. 线粒体病   由细胞核基因突变导致的线粒体病，PGT-M 策略同常规单基因病；由线粒体 DNA（mtDNA）突变导致的线粒体病，在实施 PGT-M 之前，需要查清致病基因的遗传异质性和阈值。

3. 遗传易感性严重疾病   夫妻双方或一方携带能导致严重疾病的具有高外显率、家族遗传倾向、较高致病概率的易感基因突变，如遗传性乳腺癌的 *BRCA1*、*BRCA2* 致病突变等。

4. 生殖腺嵌合   夫妻双方已生育一个携带新发致病基因变异的患儿，因不能完全排除男方或女方生殖腺嵌合的可能，经过充分的遗传咨询，在尊重患者夫妇意愿的前提下，可考虑自然妊娠后行产前诊断或选择 PGT-M 治疗。如有两次或以上患儿生育史或妊娠史，可能存在生殖腺嵌合，符合 PGT-M 适应证。

二、检验方法

1. 单细胞全基因组扩增   因 PGT-M 细胞样本少，在进行下游遗传学检测前应当先进行扩增，获得充足的 DNA 样本，以满足后续遗传学检测需求。目前常用的胚胎 DNA 扩增方式为单细胞全基因组扩增（WGA）。WGA 是对单个细胞或少量细胞的全基因组进行非选择性扩增的技术，可以在没有基因序列偏好的前提下大幅度地增加 DNA 总量，获得完整的、基因组高覆盖率的扩增产物。目前常用的 WGA 技术主要有多重置换扩增（multiple displacement amplification，MDA）、多次退火环状循环扩增（multiple annealing and looping-based amplification cycles，MALBAC）和简并寡核苷酸引物 PCR（degenerate oligonucleotide-primed polymerase chain reaction，DOP-PCR）等。

2. 致病变异位点检测技术   PGT-M 涉及的致病变异位点检测技术同单基因病检测技术，即在单细胞或少量细胞经 WGA 的基础上,根据致病变异位点的特点,针对性选择相应检测技术进行检测,再与家系连锁分析相结合,达到阻断单基因病向子代传递的目的。PGT-M 发展至今,除了仅针对目标单基因病的靶向诊断,也已经发展结合染色体病和基因组病的高通量检测技术,达到同时诊断染色体病和基因组病的目的。

（1）靶向 PGT-M 技术

1）Sanger 测序:对包含有致病变异位点和 / 或遗传多态位点的附近区域进行扩增后,再进行 Sanger 测序。主要用于点突变、小片段插入 / 缺失突变、遗传多态位点的检测。

2）片段分析:常用技术有 QF-PCR 和 MLPA。针对特定 DNA 靶点设计引物,每个靶点扩增得到大小不等的 DNA 片段;引物末端标记荧光,PCR 后产生带不同荧光标记的 DNA 片段;产物经毛细管电泳,利用荧光检测器对 DNA 片段进行识别和区分,从而提供片段大小、相对定量和基因分型等信息。

3）RFLP:限制性内切酶能识别特定 DNA 序列,当致病变异生成新的或破坏了原有的限制性酶切位点时,酶切消化后会产生不同长度的片段,以此进行分析。该技术局限性在于限制性内切酶识别位点有限,而且存在酶切消化不完全或失败导致误诊的可能。

4）实时荧光定量 PCR:变异位点（或多个位点）和遗传信息标记位点同时扩增,探针设计灵活。目前已有许多成熟的适用于 PGT-M 基因分型的定量 PCR（quantitative PCR，qPCR）平台和检测试剂盒。

5）扩增受阻突变系统结合 qPCR:扩增受阻突变系统（amplification refractory mutation system，ARMS）结合 qPCR 又称为等位基因特异性 PCR（allele specific PCR，AS-PCR）,其基本原理为引物 3' 端碱基与模板完全互补配对时,引物能正常进行延伸。如果引物的 3' 端碱基与模板碱基不互补,即存在错配,引物延伸被抑制甚至是完全终止。ARMS-qPCR 方法主要用于点突变、小片段插入 / 缺失突变的胚胎检测。该方法可对已知突变进行检测,但对引物特异性的依赖较高,可用该方法检测的疾病较少。

（2）高通量 PGT-M 技术

1）基于 WGA 的 SNP 微阵列芯片检测策略:该策略既可以检测全基因组 CNV,还可以基于 SNP 连锁分析进行单体型分型,但不能直接对突变位点进行检测,需要有先证者或相关家系成员样本。该技术已成为国内外 PGT-M 的常用检测技术。

2）基于 WGA 的 NGS 检测策略:基于 WGA 的 NGS 技术越来越多地应用于临床 PGT-M。通过测序可同时得到胚胎染色体非整倍性信息和致病变异位点信息,并利用致病基因周围的 SNP 位点进行连锁分析,实现一步测序完成胚胎的染色体筛查、致病变异位点检测及连锁分析。

三、结果解读与临床意义

PGT-M 结果对囊胚的选择具有重要指导意义。由于 PGT-M 可用于检测的细胞数极少,检测结果可能由于污染或等位基因脱扣（allele dropout，ADO）（两个等位基因中的一个优势扩增,而另一个完全扩增失败的现象称为等位基因脱扣）而发生误诊,可通过连锁分析减少误诊;同时,早期胚胎存在一定比例的嵌合可能,所以接受 PGT-M 并不代表胎儿一定是正常的,应当在妊娠中期接受相应产前诊断;用于 HLA 配型,在胚胎选择时,不仅要考虑配型结果,同时还需要分析致病变异结果;PGT 操作步骤多,从胚胎活检、冷冻和解冻,活检细胞装管,WGA 到后期各种检测都可能存在操作过程中混淆胚胎号码的可能。为此,应该在建立标准流程和严格质控的基础上,进行多平台和多技术的验证,同时应当强调对胚胎的溯源和胎儿的随访。

（1）致病基因的变异位点连锁分析:对突变位点进行检测的同时在其附近寻找分子标记做连锁分析,降低 PCR 方法的误诊率。当胚胎样本较少或致病变异位点检测困难无法实现变异位点的直接检测时,连锁分析就更为重要。针对倒位、大片段缺失 / 重复等难以直接检测的变异类型,采用基因上、下游和基因内部的遗传多态位点（STR 或 SNP）连锁分析进行间接诊断。

（2）通过 NGS 使用单体型挑选 HLA 配型一致的胚胎,要求同时具有夫妻双方及患儿的 DNA 样本。使用单体型 HLA 配型需要关注的 HLA 相关基因包括 *HLA-A*、*HLA-B*、*HLA-C*、*HLA-DR* 和 *HLA-DQ*。在具体单体型分析中,要求包括上述 5 个基因所在区域的上下游各不少于 3 个可用的杂合 SNP 位点;在包括上述 5 个基因的 HLA 区域内,要求具有不少于 6 个可用的杂合 SNP 位点。在对胚胎进行 HLA 配型的同时,需同时考虑检测导致患儿疾病的突变位点,排除突变位点的遗传,并排除染色体数量异常。在得到胚胎单体型后，对于仅有母源或父源一方匹配的半合胚胎，夫妻双方需充分知情后决定是否移植。

（3）生殖腺嵌合的家系，需要采用特殊的连锁分析策略进行诊断，并建议对目标变异位点进行直接检测。利用核心家系成员与至少两名确诊为同一单基因病的患儿确定"高危"单体型和"低危"单体型进行连锁分析。不建议使用未受累的样本（子代、产前样本或胚胎）作为单体型分型参考。可通过对单个精子或极体的分析对"高危"单体型和"低危"单体型进行验证。对于生殖腺嵌合家系，理论上携带"低危"单体型的胚胎可以移植，携带"高危"单体型而未检测出致病变异的胚胎，由于在单细胞扩增过程中等位基因脱扣风险较大，不建议移植此类胚胎。

四、典型案例

血友病（hemophilia）（MIM 306700/306900）是一种 X 染色体连锁隐性遗传性出血性疾病，主要分为血友病 A、B 两种亚型，分别由位于 X 染色体上的凝血因子Ⅷ（$F\,Ⅷ$）和Ⅸ（$F\,Ⅸ$）基因突变引起相应表达量的缺乏或质的异常导致。其中血友病 A 占 80%～85%，血友病 B 占 15%～20%。血友病的发病率没有种族和地域差异，通常女性为携带者，男性发病，男性人群中，血友病 A 的发病率约为万分之二，血友病 B 为十万分之四。

1. 致病机制 血友病 A 和血友病 B 均为 X 连锁隐性遗传的单基因病，致病机制为位于 X 染色体长臂末端（Xq28 和 Xq27.1）的 $F\,Ⅷ$或 $F\,Ⅸ$基因存在致病性变异。血友病 A 的主要变异类型有倒位／重组、点突变、插入／缺失，血友病 B 的主要变异类型有点突变、缺失／插入。携带致病性变异的男性为患者，女性通常为携带者，女性患者极为罕见。建议对血友病患者进行基因检测，确定致病基因变异类型后，可为患者本人及同一家族中其他基因突变携带者的产前诊断及胚胎着床前检测提供依据。

2. PGT 咨询 理论上女性携带者的子代中：女性 50% 为携带者，50% 为正常；男性 50% 为血友病患者，50% 为正常。男性血友病患者的子代中：女性均为携带者，男性均为正常。血友病男性患者一般具有典型临床表现，女性携带者通常无临床表现。

对于携带杂合致病性变异的女性胚胎，移植前应充分告知由该胚胎获得的女孩成长到孕龄期生育后代的患病风险。由于女性携带者有出现正常 X 染色体失活的可能性，在 X 染色体失活极度偏倚的情况下，部分女性携带者可以出现相关临床表现。患者移植前应充分知情告知。

对胚胎移植后 PGT 的患者，建议宫内妊娠病例要持续随访妊娠期情况、产前诊断结果等信息。所有 PGT 后妊娠的患者都应进行产前诊断，降低胚胎检测的可能风险。

小　结

单基因病的精准诊断是出生缺陷防控的最核心内容之一。通过单基因病的先证者诊断、携带者筛查、新生儿筛查、产前诊断和胚胎植入前诊断，可以有效地降低先天性缺陷患儿的出生率，或使先天性缺陷患儿得到及时、有效的诊疗机会，从而提高先天性缺陷患儿的生存质量或延长其生命周期。

随着遗传学检测技术，尤其是 NGS 技术的迅猛发展，让遗传物质变异的鉴别能力得到了极大的发展，使得大规模单基因病筛查和精准的产前分子诊断变得越来越便利。尽管如此，仍有一些问题亟待解决。

（刘青松　许　颖）

第十四章 线粒体遗传病检验

原发性线粒体病（primary mitochondrial diseases，PMD）是一组由于线粒体 DNA（mtDNA）或核 DNA（nuclear DNA，nDNA）中编码线粒体结构蛋白或参与线粒体功能蛋白的基因突变使细胞的氧化磷酸化（oxidative phosphorylation，OXPHOS）异常导致细胞产生 ATP 能力下降而引发的一组临床异质性疾病，若仅考虑 mtDNA 突变，则为狭义线粒体病。继发性线粒体功能障碍（secondary mitochondrial dysfunction，SMD）是继发于如衰老、炎症反应、线粒体毒性药物等对线粒体产生不利影响因素或非 OXPHOS 相关基因突变的遗传病，可伴随许多不涉及 OXPHOS 的病理过程。即 SMD 可以来自遗传或获得，而 PMD 只能来自遗传，这是二者的重要区别。研究表明，超过 70 种不同的多肽在线粒体内膜上相互作用形成呼吸链。其中，mtDNA 编码 OXPHOS 呼吸链复合物必需的 13 个多肽基因，编码线粒体蛋白质合成所需的 22 个转运 RNA 及两个核糖体 RNA（12S rRNA、16S rRNA）基因。其余的呼吸链多肽和呼吸链组装、线粒体结构及 mtDNA 维持和表达所必需的蛋白质由 nDNA 编码。此外，约 1 500 种 nDNA 编码的蛋白质定位于线粒体，参与线粒体能量和物质代谢。

据报道，大约 80% 的成人 PMD 和 25% 的儿童 PMD 可能是由 mtDNA 中的致病变异引起的。在其他研究组的统计中，成人 PMD 总患病率约 22.9/100 000，其中 mtDNA 突变占 20/100 000，而 nDNA 突变占 2.9/100 000。突变携带者的症状可能在出生后数年内不会出现，而一旦发生，病程难以逆转。由于线粒体受两个基因组（mtDNA 和 nDNA）的控制，且相同突变可以导致不同的表型，线粒体遗传学的复杂性导致线粒体病的临床表现复杂且家族内和家族间呈现异质性。"任何症状，任何器官，任何年龄"——即是对线粒体病临床表现复杂性的总结。

第一节 线粒体病初诊适应证

一、线粒体病常见临床表现

线粒体病以能量需求较高的细胞组织受累为主，包括中枢神经系统、肌细胞（骨骼肌、心肌）等，其临床表现常包括以下几个方面。

1. **一般情况** 宫内发育迟缓，发育不良，矮小，乳酸酸中毒，低血糖等。

2. **中枢神经系统** 急性脑病，痫性发作，肌张力低下，肌张力障碍，小脑性共济失调，偏头痛，卒中样发作，智力发育迟缓和衰退。

3. **眼和耳** 眼睑下垂，进行性眼外肌麻痹，白内障或角膜混浊，视神经萎缩，色素性视网膜病变，神经性聋。

4. **神经肌肉** 周围神经病，肌无力，运动不耐受，横纹肌溶解。

5. **心脏** 心肌病（肥厚性、扩张性），传导障碍。

6. **内分泌系统** 糖尿病，生长激素缺乏，肾上腺功能不全，甲状腺功能减退，甲状旁腺功能减退。

7. **胃肠和肝脏** 呕吐，慢性腹泻，假性肠梗阻，胰腺外分泌功能不全，肝脏肿大，肝功能不全，暴发性肝衰竭。

8. **肾脏** 肾小管病变，间质性肾炎，激素抵抗型肾病综合征。

9. **血液** 铁粒幼细胞贫血，中性粒细胞减少症,血小板减少,全细胞减少。

10. 皮肤和毛发 多毛症。

因此,建议对可疑线粒体病患者进行系统筛查。当出现下列情况时,应该考虑线粒体病的可能性:①肌病,合并上述其他两个系统(其中之一可能为中枢神经系统)的损害;②中枢神经系统疾病,同时累及其他两个系统(其中之一可能为肌肉);③多系统疾病(至少 3 个系统),包括肌肉和 / 或中枢神经系统。

二、线粒体病分类

按临床表现分类,若病变以中枢神经系统为主,称为线粒体脑病(mitochondrial encephalopathy),中枢神经系统表现常有波动性脑病、癫痫发作、痴呆、偏头痛、卒中样发作、共济失调和痉挛,例如 Leigh 综合征、Alpers 综合征。若病变以肌细胞为主,称为线粒体肌病(mitochondrial myopathy,MM),常见表现为肌肉疲劳、虚弱、运动不耐受,例如慢性进行性眼外肌麻痹(chronic progressive external ophthalmoplegia,CPEO)、线粒体心肌病(mitochondrial cardiomyopathy,MCM)。若病变同时累及中枢神经系统和肌细胞,则称为线粒体脑肌病(mitochondrial encephalomyopathy),例如线粒体脑肌病伴高乳酸血症和卒中样发作(mitochondrial encephalomyopathy with lactic acidosis and stroke-like episodes,MELAS)、Pearson 综合征。

(一)线粒体脑病

1. Leigh 综合征 Leigh 综合征(Leigh syndrome)是一种罕见的遗传性神经变性疾病,多见于婴幼儿,偶见于青少年以及成年人,通常是在病毒感染后出现。早期症状包括吮吸能力差、失去头部控制和运动能力、食欲减退、呕吐以及癫痫发作。随着病情的发展,可能出现虚弱、肌肉张力不足、痉挛、运动障碍(包括舞蹈病)、小脑共济失调以及周围神经病变,并发症可导致呼吸、心脏、胃肠道、肝脏和肾脏功能受损。患者一般在发病后数年死亡,最常见的死因是呼吸衰竭或心力衰竭,个别患者呈良性病程。此外,部分患者还可出现室间隔缺损、肾小管功能紊乱、中性粒细胞减少症、肾病综合征、大耳畸形、宫内发育迟缓、小儿痉挛症以及高额头等少见症状,这些症状因人而异,有些人可能比其他人

有更多的症状,症状从轻微到严重不等(表 14-1)。

表 14-1 Leigh 综合征相关症状

频率	症状
非常频繁	小儿肌张力低下、脑脊液乳酸增加、运动异常
频繁	上运动神经元功能紊乱、精神运动迟缓、进行性神经系统恶化、脑成像异常、齿状核形态异常、脑白质营养不良、弥漫性海绵状白质脑病、感音神经性听力障碍、视神经的异常、视力萎缩、眼肌麻痹、多毛症、不自主运动、肥大性心肌病、生长迟缓、胶质增生、喂养困难、发育迟滞症、发育倒退
偶尔	痉挛、痉挛性偏瘫、骨骼肌萎缩、感觉轴突性神经病、周围神经病变、胼胝体发育不全、橄榄体脑桥小脑萎缩、癫痫发作、上睑下垂、眼球震颤、基底神经节的神经元损失、肌病、肌肉无力、多关节挛缩、呼吸衰竭、肝功能衰竭、肌张力障碍、吞咽困难、远端肌肉无力、充血性心力衰竭、舞蹈症、手足徐动症、舞蹈手足徐动症、共济失调、贫血、骨骼系统的异常、锥体外系运动功能的异常、异常的呼吸方式
不常见	室间隔缺损、肾小管功能紊乱、中性粒细胞减少症、肾病综合征、大耳畸形、宫内发育迟缓、小儿痉挛症、高额头

2. Alpers 综合征 Alpers 综合征(Alpers syndrome)也称线粒体 DNA 耗竭综合征 4A(mitochondrial DNA depletion syndrome 4A,MTDPS4A),是一种常染色体隐性遗传的神经系统疾病。表现为进行性发展的脑病,症状包括肌肉张力增加、痉挛、癫痫发作和认知能力丧失等,患者通常 3 岁前死于肝功能衰竭或癫痫持续状态。其临床特征为精神运动发育迟缓、顽固性癫痫和肝功能衰竭三联征。

(二)线粒体脑肌病

1. 线粒体脑肌病伴高乳酸血症和卒中样发作 线粒体脑肌病伴高乳酸血症和卒中样发作(mitochondrial encephalomyopathy with lactic acidosis and stroke-like episode,MELAS)为母系遗传,患者男女比例为 1.44∶1,发病多数在 2～31 岁,极少在 40 岁以后,具有早发复发性卒中样发作、局灶性和全身性癫痫发作和偏头痛的特征,反复卒中样发作出现在 84.4%～99% 的患者中。其他症状包括偏瘫、偏盲或皮质盲、智能发育迟滞或痴呆、头痛、呕吐和发热,部分患者伴随四肢乏力无力、听力下降和身

材矮小等。少数患者伴糖尿病、心肌病、肾病、视网膜病和胃肠病表现。MELAS 可以重叠 Leigh 综合征,常在发病后 10~15 年内死亡。

2. Pearson 综合征　Pearson 综合征(Pearson syndrome)是一种多器官疾病,母系遗传,婴儿期以大细胞性贫血起病,依赖输血治疗,许多婴儿在生命的最初几年死于肝功能衰竭或严重代谢性酸中毒,即使患者度过婴儿期,也会不可避免地发展为卡恩斯 - 塞尔综合征。

3. 卡恩斯 - 塞尔综合征　卡恩斯 - 塞尔综合征(Kearns-Sayre syndrome,KSS)是一种神经肌肉疾病,母系遗传,患者通常在 20 岁前出现进行性眼外肌麻痹,而后出现色素性视网膜病变(视网膜中的一种"盐胡椒"色素沉着,会影响视力,但通常视野保持完整)。此外,受影响的个体至少有以下一种情况:心脏传导阻滞、脑脊液蛋白浓度大于 100mg/dL 或小脑共济失调。其他常见症状包括听力丧失、痴呆、身材矮小、进行性椎间隙狭窄、肌无力、骨骼肌萎缩、肌腱反射降低等。

4. 线粒体神经胃肠型脑肌病　线粒体神经胃肠型脑肌病(mitochondrial neurogastrointestinal encephalomyopathy,MNGIE)为常染色体隐性遗传,发病年龄多在青少年期。主要临床特征为胃肠神经病(表现为腹泻、便秘或周期性的假性肠梗阻或胃瘫)导致消瘦或恶病质,伴随或随后出现眼外肌麻痹(表现为眼睑下垂和眼球活动障碍),常存在周围神经病和感音神经性聋,胃肠道症状随着患者营养不良和并发症而加剧。

(三)线粒体肌病

1. 慢性进行性眼外肌麻痹　慢性进行性眼外肌麻痹(chronic progressive external ophthalmoplegia,CPEO)为母系或常染色体遗传,多在青少年期缓慢发病,其特征是慢性进行性双侧上睑下垂和眼肌麻痹。部分 CPEO 患者发病数年后可伴随其他多系统的异常,如糖尿病、甲状腺功能减退、抑郁症,以及神经损伤导致的听力损失、四肢无力、感觉丧失、共济失调等,伴有此类体征和症状的患者称为"CPEO+"型。

2. 线粒体心肌病　线粒体心肌病(mitochondrial cardiomyopathy,MCM)常累及心肌和骨骼肌,患者常有严重心力衰竭,表现为劳力性呼吸困难、心动过速、全身无力、水肿、心脏和肝脏增大等。在患有

线粒体病的儿科人群中,MCM 的发病率高达 21%。MCM 主要特征为弥漫性心室肥大,伴有进行性舒张功能障碍和射血分数保留的心力衰竭。此外,通常伴有神经肌肉、内分泌、泌尿、胃肠道等多系统表现。有神经肌肉体征的患者肌酸激酶水平正常或略有升高。内分泌病包括甲状腺功能减退症、甲状旁腺功能减退症、糖尿病、促肾上腺皮质激素缺乏症和性腺功能减退症。泌尿系统可出现肾病综合征、肾小管病变、肾小管间质性肾炎和非特异性肾功能衰竭。胃肠道症状主要有腹泻、便秘、腹痛、恶心和慢性假性肠梗阻。此外,感音神经性听力损失发生在 7%~26% 的患者中,且患病率随年龄增长而增加。

(四)线粒体神经病

1. 莱伯遗传性视神经病变　莱伯遗传性视神经病变(Leber hereditary optic neuropathy,LHON)又称 Leber 视神经萎缩,母系遗传,发病率约为 1/200 000,平均发病年龄从 27 岁到 34 岁不等,范围为 1~70 岁,85% 的患者为男性。主要特征为:急性或亚急性发病,双侧视力同时或先后出现减退,体检发现中央视野丧失,周边视力保存,瞳孔对光反射保存,伴色觉障碍。两只眼睛受累的平均间隔时间约为 2 个月。每只眼睛的进展速度可以从 2 年内进行性下降至丧失到突然完全的视力丧失,平均进展时间约为 3.7 个月。个别患者合并心脏传导阻滞、痉挛性截瘫或肌张力障碍,也易合并多发性硬化。

2. 神经源性肌萎缩 - 共济失调 - 色素视网膜病变综合征　神经源性肌萎缩 - 共济失调 - 色素视网膜病变综合征(neurogenic weakness,ataxia and retinitis pigmentosa syndrome,NARP)为母系遗传,儿童到成年发病,出现四肢远端感觉障碍、肢体无力和腱反射消失以及小脑性共济失调症状。视网膜色素变性导致夜间视力下降。还可以伴随痴呆、癫痫发作、肌张力障碍和感音神经性听力损失。NARP 最早由 Holt 在 1990 年报道,报道中一个家庭的 4 名成员表现出发育迟缓、视网膜色素变性、痴呆、癫痫、共济失调、近端神经源性肌肉无力等症状的可变组合,同时合并感觉神经病,其谱系模式与母系遗传一致。

3. 感觉性共济失调神经病伴随构音障碍和眼外肌麻痹　感觉性共济失调神经病伴随构音障碍和眼外肌麻痹(sensory ataxic neuropathy with dysarthria and ophthalmoparesis，SANDO）综合征是一种常染色体隐性遗传系统性疾病，一般成年发病，出现感觉性共济失调症状，伴随构音障碍或吞咽困难以及眼外肌麻痹，部分患者出现四肢无力。临床症状差异较大，即使在同一家族内也是如此，并且可能包括肌病、癫痫发作和听力损失，但共同的临床特征是感觉性共济失调。SANDO 综合征与线粒体功能障碍引起的骨骼肌和周围神经组织中的线粒体 DNA 耗竭有关。SANDO 综合征最早在 1997 年被报道，4 名非亲属患者出现共济失调步态、远端本体感觉和振动丧失、下肢反射消失、Romberg 征阳性等症状和体征，并发现了轴索型周围神经病的电生理学和病理学证据，其他症状包括偏头痛和抑郁症。

第二节
常见线粒体病的实验室检测

线粒体病相关的医学领域在过去三十年中逐步发展，辅助临床医生明确诊断的证据越来越多，最关键的证据即来自实验室检测，主要项目包含组织病理学检测、神经影像学检测、体液生化检测以及基因检测。本节将回顾诊断线粒体病的生化检测与基因检测的发展现状。

一、生化检测

（一）常规检查

1. 酸碱平衡 评估 pH 和离子检测酸碱平衡以确定是否存在代谢性（乳酸）酸中毒，或者是否只有乳酸升高而没有代谢性酸中毒。

2. 生化肝肾功能常规 氧化磷酸化缺陷患者的肝、肾和肌肉功能常常受损，监测临床指标如天冬氨酸转氨酶（aspartate aminotransferase，AST）、丙氨酸转氨酶（alanine aminotransferase，ALT）、尿素（urea）、肌酐（creatinine，Cre）、尿蛋白（urine protein）、肌酸激酶（creatine kinase，CK）等有益于患者病情评估。

3. 血细胞计数 Pearson 综合征病理特征是难治性铁粒幼细胞贫血伴有骨髓前体细胞空泡化和胰腺纤维化，血细胞计数可用于辅助诊断存在全血细胞减少的 Pearson 综合征患者。

（二）特殊检查

1. 乳酸和丙酮酸 线粒体病患者线粒体呼吸链中 NADH 氧化率降低、NADH/NAD$^+$ 比值升高，为使 NADH 转变为 NAD$^+$，丙酮酸优先还原成乳酸。需注意，单独的血浆乳酸升高并不一定意味着患者存在氧化磷酸化障碍，表 14-2 详细列举了其他导致血浆乳酸增高的因素。此外，线粒体病患者的血浆乳酸水平也可能是正常的，特别是病情较轻的患者。

表 14-2 导致血浆乳酸值增加的环境和遗传
（非氧化磷酸化）因素

因素分类	因素
检测前	止血带时间过长；标本处理不当（抗凝剂）；抽血困难（儿科患者）
环境	感染／败血症；癫痫；缺氧／局部缺血／低灌注（心肺疾病、贫血等）；糖尿病；肿瘤；肝／肾衰竭；剧烈运动；药物治疗
遗传	丙酮酸代谢障碍和三羧酸循环缺陷；糖原储存与糖异生疾病；先天性中间代谢异常（有机酸血症）；线粒体游离脂肪酸氧化缺陷；肝脏遗传病

为提高检测项目的诊断价值，可以进行动态监测、多种样本（尿液和脑脊液）检测或多项目组合（血浆乳酸／丙酮酸比值）检测。

（1）动态监测：严重氧化磷酸化缺陷的新生儿患者的乳酸血症是持续的，且在大多数情况下随着疾病的发展而升高，而脑瘫所致的严重新生儿窒息等患者的血浆乳酸通常在治疗后恢复到正常水平。

（2）多种样本检测：尿液乳酸与血浆乳酸均缺乏灵敏度和特异性，而脑脊液乳酸水平升高通常反映氧化磷酸化缺陷。除脑卒中／癫痫和中枢神经系统感染可能会增加脑脊液乳酸浓度外，大多数检测前因素通常不会改变脑脊液乳酸值。

（3）常规项目组合：生理性乳酸与丙酮酸的比值通常在 12～25，当血浆乳酸／丙酮酸的值升高时，提示氧化磷酸化功能障碍。在检测丙酮酸盐的过程中，需要使用 2,4- 二硝基苯肼法进行特殊处理。并且当收集管中含有高氯酸盐时，应立即将其放在冰上。

2. 氨基酸 血浆丙氨酸与丙酮酸处于动态平衡，当丙氨酸超过 450mmol/L 时提示线粒体功能障碍。当线粒体病引起中枢神经系统受损时，脑脊液丙氨酸增加。若脑脊液乳酸和丙氨酸同时升高,则氧化磷酸化缺陷可能性更高。其他氨基酸可以为特定疾病提供诊断信息,例如在 MELAS 患者中观察到血浆瓜氨酸水平降低。尿氨基酸检测可辅助诊断并发的肾小管病变。

3. **尿液有机酸** 有机酸是氨基酸、游离脂肪酸分解代谢或三羧酸循环的副产物,在线粒体病患者中通常可观察到相关代谢物的升高。然而,其他病因同样可检测出尿有机酸升高。例如,延胡索酸的大量排泄可提示延胡索酸缺乏;氧戊二酸和支链酮酸的升高提示遗传性或营养性硫胺素缺乏或 E3 亚基缺陷;乙基丙二酸和甲基丙二酸的增加则将诊断方向分别指向存在 *ETHE1* 和 *SUCLA2* 基因突变;尿 3- 甲基戊烯二酸(3-methylglutaconic acid)排泄量增加,则可能由 *AUH*、*TAZ*、*SERAC1*、*OPA3*、*DNAJC19* 和 *TMEM70* 等候选基因突变导致。

4. **肉碱** 酰基肉碱谱有助于确认尿有机酸谱结果,肉碱缺乏常见于氧化磷酸化缺陷,主要与肾小管中能量依赖性肉碱转运受损有关。

(三)细胞因子

1. **成纤维细胞生长因子 21** 成纤维细胞生长因子 21(fibroblast growth factor 21,FGF21)是人成纤维细胞生长因子(FGF)家族的成员,含有 209 个氨基酸。FGF 家族成员具有调控细胞有丝分裂、迁移、增殖、分化和存活等功能。作为一种脂质代谢和饥饿反应的调节因子,FGF21 可刺激脂肪组织中葡萄糖的摄取。FGF21 主要在肝脏中合成,在白色脂肪组织、棕色脂肪组织、胰腺、骨骼肌和下丘脑中也有合成。肌肉组织中 FGF21 在线粒体应激时可代偿性增高,进而补偿细胞应激条件下的线粒体功能。与临床表型部分重叠的非线粒体病患者相比,原发性线粒体肌病患者血清 FGF21 水平明显增高。在迟发性线粒体肌病小鼠模型中 FGF21 表达水平增高,而且 FGF21 表达水平与组织中细胞色素 c 氧化酶(cytochrome c oxidase,COX)阴性肌纤维数量相关,可作为疾病严重程度的预测因子。

2. **生长分化因子 15** 生长分化因子 15(growth differentiation factor 15,GDF15)是转化生长因子 -β(transforming growth factor-β,TGF-β)超家族的成员,含有 308 个氨基酸。该家族的配体结合各种 TGF-β 受体,导致调节基因表达的 SMAD 家族转录因子的募集和激活。GDF15 经过蛋白水解处理产生二硫键连接的同型二聚体,受 p53 和氧化应激调控,并作为一种多效性细胞因子参与细胞损伤后细胞的应激反应程序。在胎盘、肾、肝、肺、胰腺以及前列腺等多种组织中均有 GDF15 表达,其蛋白质水平升高与组织缺氧、急性损伤、氧化应激以及心血管疾病引起的炎症等疾病状态有关。胸苷激酶 2(thymidine kinase,TK2)基因突变患者骨骼肌细胞的 GDF15 mRNA 表达增高,推测 GDF15 可作为一种潜在的线粒体病新生物标志物。线粒体病队列中的研究结果表明,血清 FGF21 和 GDF15 循环水平之间存在相关性,而且 GDF15 诊断效能比 FGF21 更高,二者曲线下面积分别为 0.941 和 0.911,二者联合曲线下面积为 0.944。需注意,某些非线粒体病患者血清会出现 GDF15 浓度中度升高,如长期接受腹膜透析的终末期肾病患者、胰岛素抵抗性糖尿病患者。此外,最近的研究表明,FGF21 和 GDF15 水平均与疾病进展无关。

3. **辅酶 Q10** 辅酶 Q10(coenzyme Q10,CoQ10)是线粒体氧化磷酸化的关键组成部分,在心脏、肾脏、肝脏、肌肉中含量较高。CoQ10 的表达水平降低是由生物合成途径中的遗传性缺乏(原发性缺乏)或由直接或间接影响 CoQ10 水平的其他途径中的缺乏(继发性缺乏)引起的。CoQ10 存在于所有组织中,因此可以在各种生物标本中测量,如血液、单核细胞、血小板、肌肉活检组织、培养的皮肤成纤维细胞、脑脊液、尿路细胞和颊黏膜细胞等。传统上,使用肌肉活检组织和培养的皮肤成纤维细胞进行 CoQ10 的检测,鉴于继发性 CoQ10 缺乏在大量线粒体和非线粒体病中存在,分析不同样本中 CoQ10 的状态非常重要。研究表明血浆 CoQ10 水平相当稳定,主要取决于饮食摄入和肝脏生物合成,可用于治疗监测。由于 CoQ10 缺乏是一种可治疗的疾病,因此对氧化磷酸化缺陷患者进行这项检测非常有临床价值。

(四)其他生物标志物

1. **胸腺嘧啶** 测定尿液胸腺嘧啶,可以辅助诊断由胸苷磷酸化酶(thymidine phosphorylase,TYMP)基因突变导致的线粒体神经胃肠脑肌病。

2.**5- 甲基四氢叶酸** 脑脊液中 5- 甲基四氢叶酸的缺乏伴随脑脊液总蛋白的增加可用于诊断卡恩斯 - 塞尔综合征。在线粒体病患者的脑脊液中观察到的生化指标异常可能是脉络丛功能障碍所致,脉络丛是一种产生脑脊液的解剖结构,几乎所有叶酸都以能量依赖的方式通过脉络丛从血液输送到大脑。已经证明,在卡恩斯-塞尔综合征患者的脉络丛中存在突变 mtDNA 的拷贝累积,导致 ATP 缺乏,从而损害多种分子的主动运输。

3. 硫胺素 即维生素 B_1。脑脊液中的硫胺素已被证明是诊断 SLC19A3 基因突变引起的硫胺素转运遗传缺陷的良好生物标志物,SLC19A3 基因突变是一种可治疗的遗传病,可导致 Leigh 综合征。

本节内容单独列出的生化标志物诊断作用有限,特别是在线粒体病临床异质性的表现背景下,对疑似线粒体病患者应进行详细的个人和家族病史采集、全面的体格检查以及神经生理学或其他影像学检查。从发展的角度看,随着测序技术的发展,需要明确的生物标志物来确认氧化磷酸化相关基因突变的致病性,同时对生化相关生物标志物的研究也有待深入。

二、基因检测

原发性线粒体病(primary mitochondrial diseases,PMD)是由基因突变导致线粒体氧化磷酸化功能障碍的遗传病,其遗传背景复杂且受 mtDNA 和 nDNA 双重调控。由于线粒体病与其他疾病表型重叠且缺乏可靠的生物标志物,通过基因检测以查明致病性基因变异对线粒体病的临床诊断至关重要。自1988 年首次发现 mtDNA 突变以来,鉴定出导致线粒体功能障碍的 mtDNA 和 nDNA 突变数量呈指数级增长。相关检测技术主要有基于 PCR 的经典技术以及基于第二代测序(next-generation sequencing,NGS)的新技术,例如定量 PCR(quantitative PCR,qPCR)、数字 PCR(digital PCR,dPCR)、长片段 PCR(long range PCR,LR-PCR)、mtDNA 测序、多基因 panel、全外显子组测序(WES)、全基因组测序(whole genome sequencing,WGS)以及转录组 RNA 测序(RNA sequencing,RNA-seq)。合理应用基因检测技术可以提高诊断率并加速新致病基因的发现。本节内容简要介绍 mtDNA 基因检测以及 mtDNA 变异分类标准。

(一)PCR

1. qPCR 目前多重荧光实时 qPCR 是测量mtDNA 拷贝数(mtDNA copy number,mtDNA-CN)的金标准方法。基本原理:对组织样本使用多重实时 qPCR 测定 mtDNA 特异性靶标(ND1)和 nDNA特异性靶标(RPPH1)的 Ct 值(cycle threshold),而后将 mtDNA 含量与 nDNA 含量做归一化处理获得 mtDNA-CN 标化值。由于细胞中线粒体裂变、融合以及 mtDNA 复制,每个细胞中线粒体数量以及 mtDNA-CN 会发生变化。技术上每个细胞中的线粒体总数难以确定,通常利用 mtDNA-CN 评估线粒体含量。检测 mtDNA-CN 可以诊断 mtDNA 耗竭综合征(mtDNA depletion syndrome,MDDS),MDDS 常见原因是与线粒体的复制与维护相关的 nDNA 发生突变,特征是受影响组织中 mtDNA-CN 显著减少,低于正常组织平均值。mtDNA-CN 也可以通过基因芯片的 mtDNA 探针信号强度和 NGS 技术中 mtDNA读长计数来评估,最新研究表明,利用基于 NGS 技术的 WES 与 WGS 数据评估 mtDNA-CN 比使用多重实时 qPCR 的总体性能更好。

2. dPCR dPCR 是核酸定量的金标准,能够对起始样本中的微量靶 DNA 进行绝对定量,可以用于检测 DNA 突变并评估样本中 DNA 突变体的异质性水平。基本原理:将一份样本分配到几万个荧光 PCR 体系中对目标 DNA 分子进行扩增,而后计数有荧光信号单元的数量,并利用泊松概率分布计算出原样本中的目标 DNA 分子数量。根据定量的原理可知 dPCR 的荧光单元数量不得超过总体单元数量的 80%。dPCR 的优点是灵敏度高、不受扩增效率影响、不依赖 Ct 值。dPCR 的高灵敏度使其成为检测 SNP 的理想方法,例如异质性 mtDNA 突变。当前用于检测和量化 DNA 样本中给定 SNP 频率的dPCR 方法利用两种荧光探针,以区分不同的等位基因,再获得两个等位基因的绝对量化,然后计算每个等位基因的相对频率。

3. LR-PCR 又名 long PCR、long-distance PCR、long fragment PCR,其 PCR 体系的改进成分主要是热稳定 DNA 聚合酶(用于快速延伸)和高保真 DNA聚合酶(用于提高准确性)。"长"通常指扩增 DNA的片段长于 5kb,当前报道较长的片段为 35kb,可覆盖正常完整 mtDNA 的长度。LR-PCR 技术可用于检测 mtDNA 片段的缺失。大致步骤示例:①酚和氯仿抽提法制备 DNA 样本;②根据 mtDNA 参考序列(剑桥序列)设计 LR-PCR 扩增引物,例如上游引物位于 mtDNA 5 701~5 720,下游引物位于15 701~15 720,用以扩增 10 020bp 的长片段;③反应体系配置与扩增程序设置,延伸时间需根据酶的特性与扩增片段大小设定;④产物处理与分析,如酶切后进行琼脂糖凝胶电泳以大致判断缺失片段所在区间,或者克隆纯化测序后利用 Gel-Pro 软件以准确分析缺失的 mtDNA 片段序列。

(二)基于 NGS 的新技术

mtDNA 或 nDNA 突变可以用 Southern 印迹、PCR、基因芯片等技术来鉴定,但都可以被 NGS 取代。NGS 可以更准确地检测血液中低至 1%~2% 的异质率以诊断非典型患者,增进对线粒体病的基因型 - 表型关系的理解。

1. mtDNA 测序　有许多线粒体基因组测序方法,包括直接测序和线粒体芯片法(MitoChip),然而这些方法检测 mtDNA 异质性不够灵敏特异。变性高效液相色谱、Surveyor 核酸酶消化和高分辨率熔解分析等方法,虽然可用于检测 mtDNA 异质性,但是无法准确定位和量化。基于 NGS 的 mtDNA 测序能够灵敏地识别线粒体全基因组异质性,并量化 mtDNA 异质性水平。大致步骤示例:①使用两对引物将 mtDNA 扩增为两个重叠的片段 I 和 II;②通过凝胶电泳质检 PCR 产物,使用分光光度计测量 PCR 产物浓度;③汇集等摩尔数量的片段 I 和 II 构建含索引标签的测序文库,利用测序仪进行 DNA 测序;④分析测序数据以确定异质性程度,包括使用

RTA 软件处理初始数据、Illumina CASAVA 软件过滤序列质量、NextGENe 软件读取序列并与剑桥序列比对作变异和插入缺失分析等。骨骼肌或肝脏是 mtDNA 测序的首选组织来源,因为它们的 mtDNA 含量高,依赖线粒体呼吸,并且可能含有血液中不存在的组织特异性 mtDNA 突变。此外,由于肾上皮细胞 mtDNA 的含量较高,尿液样本也可以用于 mtDNA 基因组分析,尤其适用于 MELAS(线粒体脑肌病伴高乳酸血症和卒中样发作)的诊断。目前,基于 NGS 的新技术已成为 mtDNA 测序的金标准,因为它们显著提高了 mtDNA 点突变、低水平异质性以及片段缺失等检测结果的可靠性和灵敏度。

2. 基因包检测　NGS 技术的改进导致了基因包的开发和临床应用,基因包允许同时检测两个以上的基因。基因包的基因组合取自当前已明确的 PMD 相关基因以及被预测的线粒体功能相关基因(表 14-3)。临床应用的有两种类型的基因包,一种是现成的,另一种是定制的。通常基因检测公司提供现成的基因包,组合包括与多种临床表型或综合征相关的基因。若由临床医生根据病患遗传特征、临床表现以及影像、生化等实验室检查结果而推断并选择需要测序的基因,则为定制基因包。相对于基因组测序,基因包的优点是可以限制检测结果中出现意义不明的和不能解释表型的基因变异。

表 14-3　线粒体病中的多基因组合检测

受影响物质、结构或功能	突变基因
OXPHOS 亚单位	
复合物 I	*NDUFS1、NDUFS2、NDUFS3、NDUFS4、NDUFS6、NDUFS7、NDUFS8、NDUFV1、NDUFV2、NDUFA1、NDUFA10、NDUFA11、NDUFA12、NDUFA2、NDUFA9、NDUFB3、NDUFB9*
复合物 II	*SDHA、SDHB、SDHC、SDHD*
复合物 III	*CYC1、LYRM7、UQCRQ、UQCRC2、UQCRB*
复合物 IV	*COX5A、COX5B、COX4I2、COX6A1、COX6B1、COX7B、NDUFA4*
复合物 V	*ATP5A1、ATP5E*
OXPHOS 组装因子	
复合物 I	*ACAD9、FOXRED1、NDUFAF1、NDUFAF2、NDUFAF3、NDUFAF4、NDUFAF5、NDUFAF6、NUBPL*
复合物 II	*SDHAF1、SDHAF2*
复合物 III	*BCS1L、HCCS、TTC19*
复合物 IV	*COA3、COA5、COX10、COX15、COX14、COX20、FASTKD2、SCO1、SCO2、SURF1*

续表

受影响物质、结构或功能	突变基因
复合物 V	*ATPAF2*、*TMEM70*
mtDNA 维持	*C10ORF2*、*DNA2*、*DGUOK*、*FBXL4*、*POLG*、*MGME1*、*MPV17*、*POLG2*、*SLC25A4*、*SUCLA2*、*SUCLG1*、*TYMP*、*TK2*、*RRM2B*
线粒体翻译	*AARS2*、*C12ORF65*、*CARS2*、*DARS2*、*EARS2*、*ELAC2*、*FARS2*、*GFM1*、*GTPBP3*、*HARS2*、*IARS2*、*KARS*、*LARS*、*LARS2*、*LRPPRC*、*MARS2*、*MRPL23*、*MRPL3*、*MRPL44*、*MRPL50*、*MRPL57*、*MRPS16*、*MRPS22*、*MTFMT*、*MTO1*、*MTPAP*、*NARS2*、*PARS2*、*PNPT1*、*PUS1*、*RARS2*、*RMND1*、*RNASEH1*、*SARS2*、*TACO1*、*TARS2*、*TRMU*、*TRNT1*、*TSFM*、*TUFM*、*VARS2*、*WARS2*、*YARS2*
膜功能与转运	*AGK*、*C19ORF12*、*CISD2*、*DNAJC19*、*DNM1L*、*GDAP1*、*GFER*、*MFF*、*MFN1*、*MFN2*、*MICU1*、*MPC1*、*OPA1*、*SERAC1*、*SLC25A22*、*SLC25A3*、*SLC25A42*、*SLC4A3*、*SLC52A1*、*SLC52A2*、*SLC52A3*、*TAZ*、*TIMM8A*、*TMEM126A*、*TMEM126B*
辅助因子的生物合成（CoQ10、硫辛酸、FeS 簇等）	*ABCB7*、*ADCK3*、*BOLA3*、*COQ2*、*COQ4*、*COQ6*、*COQ9*、*FDX1L*、*GLRX5*、*IBA57*、*ISCU*、*LIAS*、*LIPT1*、*LYRM4*、*NFU1*、*PDSS1*、*PDSS2*、*TPK1*
其他	*ACO2*、*AIFM1*、*ALAS2*、*ALG13*、*APTX*、*AUH*、*C9ORF116*、*CHKB*、*CLN3*、*CLN5*、*CLN6*、*CLN8*、*CLPB*、*CTSD*、*CWF19L1*、*DLAT*、*DLD*、*DNAJC5*、*DOLK*、*ECHS1*、*ETFA*、*ETFB*、*ETFDH*、*ETHE1*、*FLAD1*、*HACE1*、*HIBCH*、*KCTD7*、*KIF5A*、*MEGF10*、*MFSD8*、*MPI*、*NOTCH3*、*OPA3*、*PC*、*PCK2*、*PDHA1*、*PDHB*、*PDHX*、*PDP1*、*PLD1*、*PMM2*、*PPT1*、*SLC19A3*、*SPATA5*、*TPP1*、*WDR45*、*WFS1*

（三）mtDNA 变异分类标准

正确解释变异对准确的临床诊断和遗传咨询至关重要,对 nDNA 变异可以根据美国医学遗传学与基因组学学会（American college of medical genetics and genomics,ACMG）指南进行解读,而对 mtDNA 变异的解读则需要充分考虑 mtDNA 的特点并在 ACMG 的基础上调整变异分类标准。人类 mtDNA 基因组包含 37 个基因,包括 2 个核糖体 RNA（ribosomal RNA,rRNA）基因,22 个线粒体转运 RNA（mitochondrial transfer RNA,mt-tRNA）基因以及 13 个编码蛋白的线粒体信使 RNA（mitochondrial messenger RNA,mt-mRNA）基因。解读 mtDNA 变异的考虑因素包括每个细胞和细胞类型中 mtDNA 拷贝数的差异、异质性、随机分离、不同的组织分布、能量需求的组织差异、阈值效应和母系遗传等。目前对于 mtDNA 变异专门的解读可以参考美国贝勒医学院临床医学遗传诊断室于 2020 年发表的两篇文章,其基于自身临床经验与 mtDNA 变异内部数据库上万病例,结合相关文献与 ACMG 指南推导优化,最终形成 mt-mRNA 变异与 mt-tRNA 变异的分类标准。mt-mRNA 变异分类标准见表 14-4 与表 14-5,mt-tRNA 变异分类标准见表 14-6 与表 14-7。

表 14-4　mt-mRNA 致病变异分类标准

证据等级	分类	适用范围
极强	PVS1:当疾病的致病机制为功能丧失时,无功能变异（无义变异、移码变异、经典 ±1 或 2 的剪接变异、起始密码子变异、单个或多个外显子缺失）	适用于 nDNA 变异,不适用于 mt-mRNA 变异,见 PS6
强	PS1:与先前已确定为致病性的变异有相同的氨基酸改变	mt-mRNA 变异
	PS2:变异的异质性水平 ≥ 10%,并在患者 ≥ 2 种不同的组织中被检测出,而在无症状的母亲中未检出;如果无法获得母亲的生物样本,但在其他无症状的母系亲属（比如先证者的兄弟姐妹,先证者的外祖母）中未检出,该证据被降级至 PM9［变异异质性的检测需要使用可靠且经过临床验证的方法,如使用 LR-PCR 或 MPS,检测方法必须能将某一个核苷酸位点非常低的异质性水平（如 0.1%）与 0 相区别］	mt-mRNA 变异

证据等级	分类	适用范围
	PS3:完善的体内或体外功能实验证实变异影响线粒体功能,包括转线粒体胞质杂交细胞研究、ETC 酶学、OCR、ATP 合成率、mtDNA 拷贝数、COX 阴性肌纤维、单纤维分析等;线粒体的功能障碍或形态学异常必须与变异的异质性水平相关;若与异质性水平相关性未明,则该证据被降级至 PM10	mt-mRNA 变异
	PS4:变异出现在患病群体中的频率显著高于对照群体	mt-mRNA 变异
	PS5:罕见变异在既往报道中多次被评定为致病变异	适用于 mt-tRNA 变异,不适用于 mt-mRNA 变异
	PS6:无功能变异导致明显的蛋白质截短,且异质性水平 ≥ 10%	mt-mRNA 变异
中等	PM1:位于热点变异区域和 / 或位于已知无良性变异的关键功能域	mt-mRNA 变异
	PM2:在 mtDB 或 MITOMAP 中未发现该变异,在其无症状母亲中未检测到该变异或变异的异质性水平 < 10%(变异的异质性的检测需要使用可靠并且经过临床验证的方法,如使用 LR-PCR 或 MPS)	mt-mRNA 变异
	PM3:在隐性遗传病中,在反式位置上检测到致病变异	适用于 nDNA 变异,不适用于 mt-mRNA 变异
	PM4:非重复区框内的插入或缺失或终止密码子丧失导致的蛋白质长度变化	mt-mRNA 变异
	PM5:新的错义变异导致氨基酸变化,此变异之前未曾报道,但在同一位点,导致另外一种氨基酸的变异已经确认是致病性的	mt-mRNA 变异
	PM6:未经父母样本验证的新发变异	适用于 nDNA 变异,不适用于 mt-mRNA 变异,见 PS2
	PM7:MitoTIP 预测评分 > 16.0	适用于 mt-tRNA 变异,不适用于 mt-mRNA 变异
	PM8:变异的异质性水平 ≥ 10%,且在患者的不同组织中,变异的异质性水平与组织的临床或生化表型一致;例如变异异质性水平在肌病患者的肌肉中为 10%,而在血液等未受影响的组织中为 3%,如果与组织的临床或生化表型不一致,则该证据降级至 PP6	mt-mRNA 变异
	PM9:在至少 2 个独立家系或同一家系 2 位母系亲属成员中,检出变异的异质性水平 ≥ 10%,且变异的异质性水平与个体的临床或生化表型一致	mt-mRNA 变异
	PM10:完善的体内或体外功能实验证实变异影响线粒体功能,包括转线粒体胞质杂交细胞研究、ETC 酶学、OCR、ATP 合成率、mtDNA 拷贝数、COX 阴性肌纤维、单纤维分析等;线粒体的功能障碍或形态学异常与异质性水平不相关或相关性未明	适用于 mt-tRNA 变异,不适用于 mt-mRNA 变异
支持	PP1:变异的异质性水平 ≥ 10%,且在家系中存在共分离时,使用 PM8 或 PM9	mt-mRNA 变异
	PP2:对某个基因来说,如果其错义变异是造成某种疾病的原因,并且其中良性变异所占的比例很小,在这样的基因中所发现的新的错义变异	适用于 nDNA 变异,不适用于 mt-mRNA 变异
	PP3:多种统计方法预测出该变异会对基因或基因产物造成有害的影响,包括保守性预测、进化预测、剪接位点影响等	mt-mRNA 变异
	PP4:患者的临床表型或家族史提示其患单基因线粒体病	mt-mRNA 变异
	PP5:有可靠来源的报道认为该变异为致病的,但证据尚不足以支持进行实验室独立评估	适用于 nDNA 变异,不适用于 mt-mRNA 变异
	PP6:在患者中变异的异质性水平 ≥ 10%	mt-mRNA 变异
	PP7:在公共数据库未收录	mt-mRNA 变异

表 14-5　mt-mRNA 良性变异的分类标准

证据等级	分类	适用范围
独立证据	BA1：线粒体 DNA 单倍群的基本变异	mt-mRNA 变异
强	BS1：该变异在 MITOMAP 或 mtDB 等数据库或文献中被报道为多态性	mt-mRNA 变异
	BS2：在 ≥ 3 个无亲缘关系的健康成年人中检测出且为同质性变异	mt-mRNA 变异
	BS3：在体内外实验中确认对蛋白质功能和剪接没有影响的变异	适用于 nDNA 变异，不适用于 mt-mRNA 变异
	BS4：在先证者和至少 2 个无症状母系亲属中检测出且为同质性变异［同质性定义为异质性水平＞99%，变异的异质性的检测需要使用可靠并且经过临床验证的方法，如使用 LR-PCR 和 / 或 MPS，检测方法必须能够将某个核苷酸位点非常低的异质性水平（如 0.1%）与 0 相区别］	mt-mRNA 变异
支持	BP1：已知 1 个疾病的致病原因是某基因的截短变异，在此基因中所发现的是错义变异	适用于 nDNA 变异，不适用于 mt-mRNA 变异
	BP2：在完全显性遗传病中又发现了另一条染色体上同一基因的 1 个已知致病变异，或者是任意遗传模式遗传病中又发现了同一条染色体上同一基因的 1 个已知致病变异	适用于 nDNA 变异，不适用于 mt-mRNA 变异
	BP3：功能未知重复区域内的缺失和 / 或插入，同时没有导致基因编码框改变	mt-mRNA 变异
	BP4：多种统计方法预测出该变异对基因或基因产物无影响	mt-mRNA 变异
	BP5：已有明确的遗传学诊断，除非有证据表明存在 1 种以上的疾病并能解释其临床表现	mt-mRNA 变异
	BP6：在信誉好的实验室里，该变异在至少 1 个无症状成年人中被检测到，且为同质性变异	mt-mRNA 变异
	BP7：同义变异且预测不影响剪接	适用于 nDNA 变异，不适用于 mt-mRNA 变异

表 14-6　基于 ACMG 分类标准的 mt-tRNA 致病性变异分类标准

证据等级	mt-tRNA 变异的标准
极强	PVS1：不适用于 mt-tRNA 变异
强	PS1：不适用于 mt-tRNA 变异
	PS2：变异的异质性水平 ≥ 5%，并在患者 ≥ 2 种不同的组织中被检测出，而在无症状的母亲中未检出；如果无法获得母亲的生物样本，但在其他无症状的母系亲属（比如先证者的兄弟姐妹，先证者的外祖母）中未检出，该证据被降级至 PM9 注：变异异质性的检测需要使用可靠经过临床验证的方法，如使用环形 mtDNA 模板 LR-PCR 产物进行深度二代测序，检测方法必须能将某一个核苷酸位点非常低的异质性水平（如 0.1%）与 0 相区别
	PS3：完善的体内或体外功能实验证实变异影响线粒体功能，包括转线粒体胞质杂交细胞研究、ETC 酶学、OCR、ATP 合成率、mtDNA 拷贝数、COX 阴性肌纤维、单纤维分析等；线粒体的功能障碍或形态学异常必须与变异的异质性水平相关；若与异质性水平相关性未明，则该证据被降级至 PM10
	PS4：适用于 mt-tRNA 变异
	PS5：以前报道的罕见变异具有致病性 注：并非所有的报道都是可靠的，尤其是在深度 NGS 应用之前发表的研究。在使用此标准之前，请仔细查阅文献

续表

证据等级	mt-tRNA 变异的标准
中等	PM1：改变了反密码子的变异
	PM2：在数据库如 mtDB 或 MITOMAP 中未发现该变异，在其无症状母亲中未检测到该变异或变异的异质性水平＜5%。若无母亲样本，该证据被降级至 PP7 注：变异的异质性的检测需要使用可靠并且经过临床验证的方法，如使用环形 mtDNA 模板 LR-PCR 产物进行深度二代测序
	PM3：不适用
	PM4：不适用
	PM5：与先前充分证明的致病性变异在同一核苷酸位点。例如：m.3243A＞T 与 m.3243A＞G
	PM6：不适用（见 PS2）
	PM7：MitoTIP 预测得分＞16.0
	PM8：变异的异质性水平≥5%，且在患者的不同组织中，变异的异质性水平与组织的临床或生化表型一致。例如变异异质性水平在肌病患者的肌肉中为10%，而在血液等未受影响的组织中为3%，如果与组织的临床或生化表型不一致，则该证据降级至 PP6
	PM9：在至少2个独立家系或同一家系2位母系亲属成员中，检出变异的异质性水平≥5%，且变异的异质性水平与个体的临床或生化表型一致
	PM10：完善的体内或体外功能实验证实变异影响线粒体功能，包括转线粒体胞质杂交细胞研究，ETC 酶学、OCR、ATP 合成率、mtDNA 拷贝数、COX 阴性肌纤维、单纤维分析等；线粒体的功能障碍或形态学异常与异质性水平不相关
支持	PP1：变异的异质性水平≥5%，且在家系中存在共分离时，使用 PM8 或 PM9
	PP2：不适用
	PP3：MitoTIP 预测得分在 12.5～16
	PP4：患者的临床表型或家族史提示其患单基因线粒体病
	PP5：不适用
	PP6：在患者中变异的异质性水平≥5%
	PP7：数据库（例如 MITOMAP 和 mtDB）未收录，具有异质性，母亲样本无法获得

表 14-7　基于 ACMG 分类标准的 mt-tRNA 良性变异的分类标准

证据等级	mt-tRNA 变异的标准
独立证据	BA1：线粒体 DNA 单倍群的基本变异
强	BS1：在公共数据库（例如 MITOMAP 或 mtDB）或文献中报告为多态性
	BS2：在≥3个无亲缘关系的健康成年人中检测出且为同质性变异
	BS3：不适用
	BS4：在先证者和至少2个无症状母系亲属中检测出且为同质性变异 注：同质性定义为异质性水平＞99%，变异的异质性的检测需要使用可靠并且经过临床验证的方法，如使用环形 mtDNA 模板 LR-PCR 产物进行深度二代测序，检测方法必须能将某一个核苷酸位点非常低的异质性水平（如0.1%）与0相区别

证据等级	mt-tRNA 变异的标准
支持	BP1:不适用
	BP2:不适用
	BP3:不适用
	BP4:MitoTIP 预测得分 ≤ 10
	BP5:已有明确的遗传学诊断,除非有证据表明存在 1 种以上的疾病并能解释其临床表现
	BP6:在信誉好的实验室里,该变异在至少 1 个无症状成年人中被检测到,且为同质性变异
	BP7:不适用

三、线粒体病实验室检测

(一)线粒体脑病实验室检测

1. Leigh 综合征

(1)病理学特征:包括基底神经节、丘脑、脑干、齿状核和视神经中的多发局灶性对称性坏死性病变。病变呈海绵状,以脱髓鞘、神经胶质增生和血管增生为特征。

(2)生化检测:由于通常存在线粒体呼吸链复合物缺陷,生化检验往往显示血液和 / 或脑脊液乳酸增加和线粒体氧化磷酸化异常。

(3)基因检测:相关突变基因通常编码 OXPHOS 复合物的结构亚基或影响其组装、稳定性和活性的相关蛋白质,如 *MT-TV*、*MT-TK*、*MT-TW* 和 *MT-TL1* 等。Leigh 综合征也可能由丙酮酸脱氢酶复合物相关基因突变引起,如 *DLD* 和 *PDHA1*。此外,辅酶 Q10 缺乏也可表现为 Leigh 综合征。

2. Alpers 综合征

(1)病理特征:大脑灰质中的神经元丢失伴有反应性星形细胞增多症。

(2)生化检测:丙酮酸代谢和 NADH 氧化紊乱,呼吸链复合物 Ⅰ、Ⅱ、Ⅲ 和 Ⅳ 活性的整体降低以及线粒体 DNA 聚合酶 γ 活性的缺乏。

(3)基因检测:最常见的 Alpers 综合征是由 *POLG* 基因突变引起,该基因编码的蛋白质是线粒体 DNA 聚合酶的催化亚基。

(二)线粒体脑肌病实验室检测

1. 线粒体脑肌病伴高乳酸血症和卒中样发作

(1)病理特征:肌肉活检可见破碎红纤维。

(2)生化检测:可发现乳酸血症。

(3)基因检测:近 80% 的患者线粒体基因 *MT-TL1*:m.3243A > G 突变。

2. Pearson 综合征

(1)病理特征:难治性铁粒幼细胞贫血伴有骨髓前体细胞空泡化和胰腺纤维化。

(2)生化检测:可见肝功能衰竭、乳酸酸中毒、各种胰腺外分泌功能障碍。

(3)基因检测:散发性 mtDNA 大片段缺失,研究报道不同病例的缺失从 3.4kb 到 5.5kb 不等。异常 mtDNA 分子的组织分布和相对比例决定了临床表型和病程。病程从造血功能障碍到具有明显肌肉功能障碍,再到卡恩斯 - 塞尔综合征的演变,取决于 mtDNA 缺失片段的分布。

3. 卡恩斯 - 塞尔综合征

(1)生化检测:乳酸酸中毒、甲状旁腺功能减退、糖尿病、铁粒幼细胞贫血,部分可见脑脊液蛋白浓度增高。

(2)基因检测:通常为 mtDNA 大片段缺失,少部分可见 m.3243A > G 或 m.3249G > A 突变。

4. 线粒体神经胃肠型脑肌病

(1)生化检测:可见乳酸、胸苷、脱氧尿苷水平升高。

(2)基因检测:可发现 *TYMP*、*LIG3* 以及 *POLG* 等基因突变。

(三)线粒体肌病实验室检测

1. 慢性进行性眼外肌麻痹

(1)病理特征:肌肉活检可见破碎红纤维。

(2)生化检测:血液分析显示乳酸和丙酮酸水平升高。

（3）基因检测：可见 mtDNA 的大片段缺失或 nDNA 上的 *POLG* 基因突变。较小的 mtDNA 缺失和较高的单个 mtDNA 缺失异质性与 CPEO 患者发病年龄较早有关。需注意，有些病例仅在眼外肌提取的基因组 DNA 中发现多个线粒体基因缺失，而肱二头肌未检测到 mtDNA 的异常。

2.线粒体心肌病

（1）生化检测：肌酸激酶水平可见略有升高。

（2）基因检测：可见 nDNA 或 mtDNA 突变（表14-8），突变导致 MRC 复合物的组装、tRNA、rRNA 和 mtDNA 的维持以及辅酶 Q10（coenzyme Q10，CoQ10）的合成等功能受损。

表 14-8 线粒体心肌病的已知致病基因和变异列表

	基因	氨基酸变化	心脏病学表型
mtDNA 中的基因突变	*MT-ND1*：m.3481G＞A	p.Glu59Lys	HCM,LVNC
	MT-ND4：m.11778G＞A	p.Arg340His	DCM
	MTND5：m.12338T＞C	p.Met1Thr	HCM,WPW
	MT-ATP6/8：m.8528T＞C	p.Pro10Ser	HCM
	MT-ATP6：m.8851T＞C	p.Trp109Arg	HCM
	MT-ND6：m.14453G＞A	p.tRNALeu	HCM
	MT-ND6：m.8528T＞C	Syn	DCM
	MT-CYB：m.14849T＞C	p.Ser35Pro	HCM
	MT-TL1：m.3260A＞G	p.tRNALeu（UUR）	HCM,RCM,LVNC
	MT-TI：m.4300A＞G	–	HCM,DCM
	MT-TV：m.1644G＞A	–	HCM
	MT-TK：m.8344A＞G	p.tRNALys	HCM
	MT-RNR1：m.1555A＞G		RCM
nDNA 中的基因突变	*NDUFS2*：c.208+5G＞A	p.Pro229Gln	HCM
	NDUFV2：c.669_670insG	p.Ser224fs	HCM
	NDUFA11：c.99C+5G＞A	p.Ala132Pro	HCM
	NDUFB11：c.136_142dup	p.Arg134Ser	LVNC,WPW
	SDHD：c.275A＞G	p.Asp92Gly	DCM,LVNC
	NDUFAF1：c.631C＞T	p.Arg211Cys	HCM
	ACAD9：c.797G＞A	p.Arg266Gln	HCM
	SCO2：c.418G＞A	p.Glu140Lys	HCM
	COX10：c.610A＞G	p.Asn204Asp	HCM
	COX15：c.1129A＞T	p.Lys377x	HCM
	COA6：c.196T＞C	p.Trp66Arg	HCM
	COX6B1：c.58C＞T	p.Arg20Cys	HCM
	TEME70：c.366A＞T	p.Tyr112Ter	HCM
	TEME70：c.317-2A＞G	–	HCM
	AARS2：c.1774C＞T	p.Arg958*	HCM
	MRPS22：c.644T＞C	p.Leu215Pro	HCM
	MRPL3：c.950C＞G	p.Pro317Arg	HCM

续表

基因		氨基酸变化	心脏病学表型
nDNA 中的基因突变	MRPL3：c.49delC	Arg17Aspfs*57	HCM
	MRPL44：c.467T > G	p.Leu156Arg	HCM
	TSFM：c.355G > C	p.Val119Leu	HCM,DCM
	GTPB3：c.1291dupC	p.Pro430Argfs*86	HCM,DCM
	GTPB3：c.1375G > A	p.Glu459Lys	HCM,DCM
	GTPB3：c.476A > T	p.Glu159Val	HCM,DCM
	GTPB3：c.964G > C	p.Ala322Pro	HCM,DCM
	MTO1：c.1282G > A	p.Ala428Thr	HCM
	MTO1：c.1858dup	p.Arg620Lysfs*8	HCM
	ELAC2：c.631C > T	p.Arg211*	HCM
	ELAC2：c.1559C > T	p.Thr520Ile	HCM
	ELAC2：c.460T > C	p.Phe154Leu	MELAS
	ELAC2：c.1267C > T	p.Leu423Phe	DCM
	TAZ：c.527A > G	p.His176Arg	DCM,LVNC
	AGK：c.306T > G	p.Tyr102Ter	HCM
	SLC22A5：c.12C > G	p.Tyr4*	HCM,DCM
	ACADVL：c.104delC	p.P35Lfs*26	HCM,DCM
	ACADVL：c.848T > C	p.V283A	HCM
	ACADVL：c.1141_1143delGAG	p.E381del	HCM
	ACAD9：c.555-2A > G	p.Ala390Thr	HCM
	ATAD3A-C：c.1064G > A	p.G355D	HCM
	SLC25A4：c.239G > A	p.Arg80His	HCM
	SLC25A4：c.703C > G	p.Arg235Gly	HCM
	QRSL1：c.398G > T	p.G133V	HCM
	KARS：c.1343T > A	Arg.V448D	HCM,DCM,MC
	KARS：c.953T > C	p.I318T	HCM,DCM,MC
	TOP3A：c.298A > G	p.Met100Val	DCM
	TOP3：c.403C > T	p.Arg135Ter	DCM
	FXN：GAArepeatexpansion	–	HCM
	BOLA3：c.287A > G	p.H96R	HCM
	CoQ4：c.718C > T	p.R240C	HCM
	CoQ4：c.421C > T	p.R141X	HCM
	DNAJC19：IVS3-1G > C	–	DCM,LVNC

注：HCM. 肥厚型心肌病；LVNC. 左室心肌致密化不全；DCM. 扩张型心肌病；WPW. 沃尔夫 - 帕金森 - 怀特综合征；RCM. 限制型心肌病；MELAS. 线粒体脑肌病伴高乳酸血症及和卒中样发作；MC. 线粒体肌病；"–"表示非编码；"*"表示终止密码子的位置；数字表示其在蛋白质中的位置，即 19 表示其位于从 N 端到 C 端的第 19 个位置。

（四）线粒体神经病实验室检测

1. 莱伯遗传性视神经病变

（1）生化检测：肌肉、淋巴母细胞及血小板中线粒体的呼吸速率、复合物活性、辅酶 Q 氧化还原酶活性等指标降低。

（2）基因检测：LHON 可能由 mtDNA 编码的多个基因突变引起，相关的大部分突变都是复合物 Ⅰ、Ⅲ 和Ⅳ 多肽中的错义突变。超过 90% 的病例是由以下三种突变之一引起：m.3460G > A、m.11778G > A 和 m.14484T > C。LHON 患者中，m.11778G > A 突变在亚洲超过 90%，而在西方国家约占 75%，此突变与视力恶化相关。

2. 神经源性肌萎缩 - 共济失调 - 色素视网膜病变综合征

（1）生化检测：细胞中 ATP 酶水解活性以及 ATP 的合成降低。

（2）基因检测：患者的血液和肌肉样本可查见 MT-ATP6 基因 m.8993T > C/G 突变。患者的临床严重程度与突变 mtDNA 的比例之间存在一定的相关性；在同一母系健康年长亲属的血液中，突变 mtDNA 的比例很小。还可发现 MT-ATP6 的截短突变 m.8618-8619insT，点突变 m.9176T > G、m.5789T > C，微缺失 m.9127-9128 del AT 等。NARP 目前已检测的组织中的突变负荷在肌肉中最高，成纤维细胞中次之，血液中最低。

3. 感觉性共济失调神经病伴随构音障碍和眼外肌麻痹

（1）病理特征：骨骼肌活检显示增多的中央核、破碎红纤维、COX 阴性肌纤维。

（2）基因检测：在肌肉和周围神经中检测到从 4.5kb 到 10kb 不等的 mtDNA 缺失。部分病例中，还可发现 POLG 基因相关性 SANDO 综合征，患者 POLG 基因存在纯合或复合杂合突变（表 14-9），其中最常见的突变是 c.1399G > A，其次是 c.2243G > C。

表 14-9　SANDO 综合征患者中 POLG 基因变异统计

核苷酸变异	氨基酸替换	外显子	结构域	变异频度 /%	纯合突变数	杂合突变数
c.8G > C	p.R3P	2	N 端	1.44	0	2
c.32G > A	p.G11D	2	N 端	0.72	0	1
c.452T > C	p.L151P	2	N 端	0.72	0	1
c.695G > A	p.R232H	3	外切酶	1.44	0	2
c.752C > T	p.T251I	3	外切酶	4.32	0	6
c.830A > T	p.H277L	3	外切酶	1.44	0	2
c.911T > G	p.L304R	4	外切酶	2.16	1	1
c.1399G > A	p.A467T	7	拇指区	30.94	8	27
c.1491G > T	p.Q497H	8	连接区	0.72	0	1
c.1676 T > C	p.L559P	9	连接区	0.72	0	1
c.1760C > T	p.P587L	10	连接区	3.6	0	5
c.1774C > T	p.L592F	10	连接区	0.72	0	1
c.1789C > T	p.R597W	10	连接区	0.72	0	1
c.1790G > A	p.R597Q	10	连接区	0.72	0	1
c.1795A > C	p.T599P	10	连接区	1.44	1	0
c.1879C > T	p.R627W	10	连接区	1.44	0	2
c.1880G > A	p.R627Q	10	连接区	3.6	0	5
c.1943C > G	p.P648R	10	连接区	2.16	1	1

续表

核苷酸变异	氨基酸替换	外显子	结构域	变异频度 /%	纯合突变数	杂合突变数
c.2209G > C	p.G737R	13	连接区	0.72	0	1
c.2243G > C	p.W748S	13	连接区	20.86	6	17
c.2293C > A	p.P765T	14	连接区	1.44	1	0
c.2419C > T	p.R807C	14	拇指区	0.72	0	1
c.2542G > A	p.G848S	16	聚合酶	2.16	0	3
c.2543G > C	p.G848A	16	聚合酶	0.72	0	1
c.2554C > T	p.R852C	16	聚合酶	0.72	0	1
c.2591A > G	p.N864S	16	聚合酶	0.72	0	1
c.2606G > A	p.R869Q p	17	聚合酶	0.72	0	1
c.2665G > A	p.A889T	17	聚合酶	0.72	0	1
c.2756T > C	p.M919T	18	聚合酶	0.72	0	1
c.2794C > T	p.H932T	18	聚合酶	1.44	0	2
c.2956T > G	p.Y986D	18	聚合酶	0.72	0	1
c.3151G > C	p.G1051R	20	聚合酶	1.44	0	2
c.3286C > T	p.R1096C	21	聚合酶	0.72	0	1
c.3412C > T	p.R1138C	21	聚合酶	1.44	0	2
c.3428A > G	p.E1143G	21	聚合酶	5.04	2	3

第三节

线粒体病检验诊断策略

线粒体病的准确诊断依赖于对临床症状、家族史、生化检测、病理诊断、影像学检查与基因检测等证据的综合应用。由于线粒体病的临床异质性,不同类型的最佳诊断策略会有差别,本节内容主要介绍诊断儿童线粒体病的标准评分系统、先证者的诊断策略、医学会对于线粒体病现有检测项目(包括体液、DNA、病理学、组织生化)的共识建议以及线粒体病诊断路径示例。

一、线粒体病标准评分系统

线粒体病可以在任何年龄出现,任何器官或组织都可能受到影响,在儿童中的临床表现和病程差异巨大,而且实验室异常检查结果的判定标准不一、NGS 技术之前基因检测的低诊断率以及引起继发性线粒体功能异常等因素的存在,导致识别患有线粒体病的儿童、调查潜在的基因缺陷以及获得准确的发病率数据是复杂而困难的。此时,为促进和规范儿童线粒体病的诊断,临床专家们参考成人标准(adult criteria,AC)及修订的成人标准(modified adult criteria,MAC)制定了适用于婴儿和儿童诊断的线粒体病标准(mitochondrial disease criteria,MDC)评分系统(表 14-10)。在一个 44 例患者的队列研究中,所有经遗传学诊断为原发性线粒体病儿童的 MDC 评分均超过 6 分,而在非线粒体多系统疾病组中 MDC 评分明显较低,即 MDC 评分系统对区分线粒体病和其他多系统疾病具有高度特异性。进入基因组学时代可以利用 NGS 技术验证 MDC 的诊断价值,对 136 例原发性线粒体病患者的多中心队列回顾性研究结果表明,MDC 在线粒体病的临床诊断、解释全外显子组结果和决定是否需要进行肌肉活检方面仍然有效。

表 14-10 线粒体病标准评分系统（床旁使用简化版本）

临床症状和体征（最多 4 分）			代谢 / 影像学研究（最多 4 分）	形态学（最多 4 分）
A. 肌肉表现（最多 2 分）	B. 中枢神经系统表现（最多 2 分）	C. 多系统疾病（最多 3 分）		
眼肌痉挛[1]	发育迟缓	血液学	血液乳酸升高[1]	破碎红 / 蓝肌纤维[2]
脸部肌肉病变	丧失技能	胃肠道	体液乳酸 / 丙酮酸比例升高	COX 阴性肌纤维[2]
运动不耐受	卒中样发作	内分泌 / 生长	血液丙氨酸升高[1]	COX 染色减少[2]
肌肉无力	偏头痛	心脏	脑脊液乳酸升高[1]	SDH 染色减少
横纹肌溶解	癫痫发作	肾脏	脑脊液蛋白升高	SDH 阳性血管[1]
异常的肌电图	肌阵挛	视觉	脑脊液丙氨酸升高[1]	电镜见异常的线粒体[1]
	皮层失明	听觉	尿液三碳酸排泄[1]	
	金字塔体征	神经病变	乙基丙二酸尿症	
	锥体外系体征	复发的 / 家族性的	MRI 见卒中样图像	
	脑干受累		MRI 见 Leigh 综合征[1]	
			MRS 发现乳酸升高	

注：得分 1，不太可能是线粒体病；得分 2～4，可能是线粒体病；得分 5～7，非常可能是线粒体病；得分 8～12，明确的线粒体病。

未标符号的症状，计 1 分；(1) 这一症状记 2 分；(2) 这一症状记 4 分。

二、确定先证者线粒体病遗传原因的诊断策略

1. 体格检查和神经系统评估 全面的体格检查对于确定无症状的器官受累以诊断综合征或确定需要处理的无症状并发症至关重要。线粒体病可影响大多数器官系统，特别是神经肌肉系统和心血管系统。

2. 家族史 应获取三代家族史并通过直接检查或回顾病历记录（包括分子遗传学检测结果），以发现具有线粒体病特征的亲属。如果只发现一名家族成员有症状，则可能性包括：①与新发致病性变异相关的常染色体显性遗传或者与常染色体显性疾病相关的致病性变异的外显率降低；②常染色体隐性遗传、X 连锁或母系遗传疾病；③获得性（非遗传）原因。

如果发现多名家族成员有症状，则可能性包括：①线粒体遗传。有男性和女性受累的家族史，受累的女性将疾病传给所有的孩子，而受累的男性不会将疾病传给他们的孩子，表明为线粒体遗传。与 mtDNA 致病变异相关的临床特征范围很广，家族史可能包括许多无症状的家庭成员（例如，一些糖尿

病或轻度感音神经性听力损失是唯一特征）。②常染色体隐性遗传。仅同胞受累的家族史（即家族中的单代）和 / 或父母是近亲的表明常染色体隐性遗传。③常染色体显性遗传。多代男性和女性受累的家族史提示常染色体显性遗传。需注意在 CPEO 患者中可能会出现明显的常染色体显性遗传模式，但没有已知的家族史不能排除诊断。④ X 连锁遗传。受累个体为男性且通过女性彼此相关的家族史（即没有男性对男性的传播）提示 X 连锁遗传。

3. 生化检查 当临床表现高度提示线粒体病时，应进行生化检查，如测量血浆或脑脊液的乳酸、酮体、血浆酰基肉碱以及尿液有机酸。需注意正常的血浆或脑脊液乳酸浓度并不能排除线粒体病的存在。

4. 神经生理学检查 脑电图（electroencephalogram，EEG）适用于疑似脑病或癫痫发作的个体。脑病可能与脑电图上广泛的慢波活动有关，癫痫患者可能会出现广泛或局灶性棘波放电。肌电图（electromyogram，EMG）适用于有肢体无力、感觉症状或反射消失的个体。此外，磁共振波谱（magnetic resonance spectroscopy，MRS）结合运动试验（测量血液乳酸）可用于无创检测异常线粒体功能。

5. 分子遗传学检测 在具有特定临床表型(如MELAS、LHON、POLG 相关疾病)的个体中,有可能通过 mtDNA 基因的靶向分析或 nDNA 的单基因检测来做出诊断。当这些目标明确的基因检测无法确定诊断时,部分实验室将进行组织活检。然而,也有实验室会直接进行多基因基因包检测或综合基因组(线粒体基因组、外显子组或基因组)测序。需注意,许多 mtDNA 致病性变异是异质性的,并且血液中突变 mtDNA 的比例较低会导致无法检测到,此时可以通过分析来自另一种组织(通常是骨骼肌或泌尿上皮细胞)的 mtDNA 来规避,在这些组织中,突变 mtDNA 异质性水平往往更高。一些常见的 mtDNA 致病性变异(如导致 CPEO 的 mtDNA 大片段缺失)可能仅在骨骼肌中检测到。

6. 其他(非分子遗传)测试 对于分子遗传学检测也无法确诊的疑似病患需拓展检测项目,如利用肌肉活检以检查呼吸链功能。

三、医学会对于线粒体病现有检测项目的共识建议

1. 线粒体病患者血液、尿液和脑脊液检测的专家共识

(1)线粒体病患者血液样本的初步评估应包括全血细胞计数、肌酸磷酸激酶、转氨酶、白蛋白、乳酸和丙酮酸、氨基酸和酰基肉碱,以及尿有机酸定量或定性。按照标准流程采样,确保样本无溶血或反复冻融,尤其是检测乳酸和丙酮酸时。

(2)餐后血液样本乳酸水平变化比空腹时更敏感,可作为乳酸检测首选。

(3)只有当血液或脑脊液中的乳酸水平升高时,血液或脑脊液中的乳酸/丙酮酸值才有价值。

(4)除了评估线粒体病患者的尿液有机酸外,还应尽可能获得血浆和尿液中的 3- 甲基戊烯二酸定量测量值。

(5)对于疑似线粒体病的肌病症状患者,应评估肌酸磷酸激酶和尿酸。

(6)在评估线粒体肾小管病变时应进行尿液氨基酸分析。

(7)脑脊液采样后应检测乳酸、丙酮酸、氨基酸和 5- 甲基四氢叶酸等指标。

(8)必要时,可检测血浆 FGF21、谷胱甘肽和脑脊液新蝶呤等其他生物标志物以进一步明确是否为线粒体病。

2. mtDNA 检测的专家共识

(1)mtDNA 基因组的高通量测序是检测 mtDNA 的首选方法,应在疑似线粒体病的情况下进行,而不是测试有限数量的致病点突变。

(2)对于强烈怀疑为 mtDNA 突变的线粒体病患者,若血液样本测序结果为阴性,应采集其他组织样本检测,以避免漏检组织特异性突变或血液中低异质率突变的可能性。基于组织样本的检测还有助于评估器官受累的风险,并指导遗传咨询。

(3)相对于血液样本,利用尿液样本进行 mtDNA 突变的异质性分析更准确,特别是在 m.3243A > G 突变所导致的 MELAS 病例中。

(4)在疑似线粒体病的情况下,对于患者的活检组织应利用 NGS 进行 mtDNA 基因组检测。当发现 mtDNA 缺失时,建议继续对参与 mtDNA 生物合成的 nDNA 进行测序。

(5)当获得用于线粒体研究的组织样本时,应考虑通过 qPCR 检测 mtDNA 含量(拷贝数)来进行 mtDNA 耗竭分析,因为在血液中可能无法检测到 mtDNA 耗竭。需注意 mtDNA 含量代偿性增高的情况,见于原发性线粒体病、继发性线粒体功能障碍、肌病、肌张力减退以及经常剧烈运动等。

(6)对可能患有原发性线粒体病的对象进行 nDNA 检测时,首选能够完全覆盖已知线粒体病相关基因的基因包。通常应避免进行单基因检测,因为不同基因的突变可能会产生相同的表型。如果通过当前的多基因基因包未发现已知突变,则考虑做全外显子组测序。

3. 线粒体病病理学检测的共识建议

(1)当 DNA 检测无法确认诊断时,应进行肌肉(和/或肝脏)活检。

(2)当进行肌肉活检时,除非所在实验室能保证经皮活检能获得满足质量和数量的活检组织,取样方式一般为开放式活检。

(3)在评估线粒体病时,股外侧肌是肌肉活检的首选部位,因为大多数实验室都使用该部位来确定参考值。

(4)在线粒体病组织的常规分析中,应进行细胞色素 c 氧化酶(cytochrome c oxidase,COX)、琥珀酸脱氢酶(succinate dehydrogenase,SDH)、还原型辅酶Ⅰ四氮唑还原酶(NADH-tetrazolium reductase,NADH-TR)检测,以及 SDH/COX 染色和电镜检查。

强烈建议在接受组织活检的儿童患者中进行电镜检查。

（5）若为线粒体肝病，则可能在肝脏活检组织学上有特征性发现。

（6）多余的组织应冷冻，以便进行额外的测试。

4. 线粒体病组织生化检测的共识建议

（1）组织生化检测不能完全区分原发性线粒体病和继发性线粒体功能障碍。

（2）活检取材首选受影响的组织。应对快速冷冻组织或新鲜分离的线粒体进行复合物Ⅰ～Ⅳ活性的电子传递链（electron transfer chain，ETC）酶学检测。如果可能，应分离复合物Ⅲ进行分析。

（3）为提高结果的诊断可靠性，应参考同一次检测的内部质控并通过标记酶（如柠檬酸合成酶和/或复合物Ⅱ）进行标准化来解释ETC结果。

（4）基于新鲜组织，可以测量五种ETC复合物氧化磷酸化的耗氧量，也可以测量ATP的产生，足以诊断线粒体功能障碍。由于并非所有实验中心都提供这些检测，这些检测不被认为是必需的。

（5）一些中心将线粒体分离、肌纤维透化、免疫印迹测定和放射性标记测定等各种技术用于ETC异常的检测。若作为独立检测项目，需要对其评价与验证。

（6）在解释ETC结果时，应使用公布的诊断标准。ETC酶活性高于对照值20%不一定是线粒体病，仅根据组织检测的生化异常而诊断线粒体病时应谨慎。

（7）ETC组分显著减少或分离组分的酶活性降低可作为诊断线粒体病的补充信息。

（8）多种因素可引起ETC复合物活性的假性正常，因此，ETC结果正常不能独立排除线粒体功能障碍。

（9）肌肉辅酶Q10（CoQ10）检测是确定原发性CoQ10合成缺陷所必需的，特别是当遗传研究无法诊断时，而白细胞CoQ10检测不足以确定原发性CoQ10合成障碍。注意在其他情况下，肌肉中的CoQ10水平也可能会降低。

（10）成纤维细胞ETC检测在某些情况下可以帮助评估线粒体功能障碍，尽管检测可能出现假阴性结果。

（11）颊黏膜拭子样本不是首选检测样本，其ETC检测结果需结合肌肉ETC及基因检测结果进行综合分析。

四、线粒体病诊断路径示例

由于NGS技术的可及性、在临床遗传学检验中的适用性以及检出变异的可靠性，其在线粒体病诊断路径中的重要性逐步提升。一般线粒体病诊断路径基于三个关键步骤而形成（图14-1）：①初步判断患者是线粒体病的可能性；②进一步明确是否存在指示基因型的独特表型；③最终基于分子诊断识别已知致病变异、验证新致病变异或识别遗传表型。

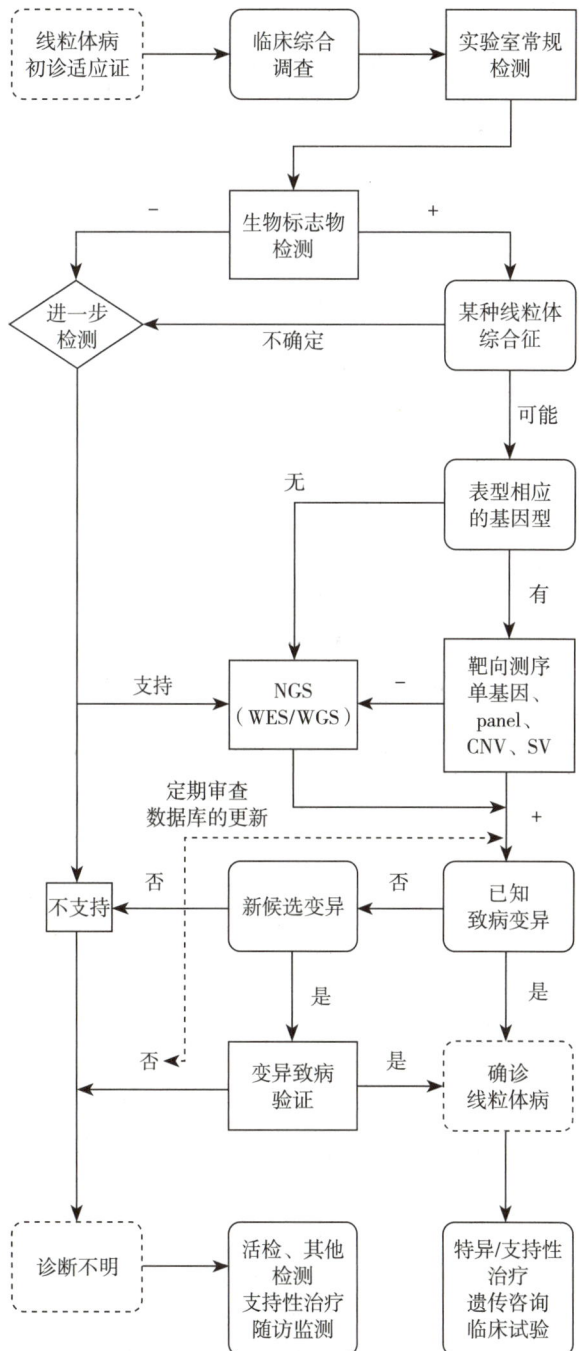

图 14-1　线粒体病诊断路径示例

小 结

原发性线粒体病是由于 mtDNA 或 nDNA 中编码线粒体结构蛋白或参与线粒体功能蛋白的基因突变导致细胞产生 ATP 能力下降而引发的一组临床异质性疾病，临床具体表现复杂且家族内和家族间呈现异质性，总体以能量需求较高的组织受累为主。辅助临床医生明确诊断的证据来自实验室检测，主要项目包含组织病理学检测、神经影像学检测、体液生化检测以及基因检测。

由于线粒体病与其他疾病表型重叠且缺乏可靠的生物标志物，通过基因检测以查明致病性基因变异对线粒体病的临床诊断至关重要。相关检测技术主要有基于 PCR 的经典技术以及基于 NGS 的新技术，例如定量 PCR、数字 PCR、长片段 PCR、基因包、mt-DNA 测序、全外显子组测序、全基因组测序等。合理应用基因检测技术可以提高诊断率并且加速新致病基因的发现。

线粒体病的诊断虽然进入基因层面，然而症状、家族史、生化、病理、影像与基因检测等证据的结合才是提升线粒体病诊断水平的有效方法。由于线粒体病的临床异质性，不同亚型的最佳诊断策略会有差别，因此，本章内容还介绍了诊断线粒体病的标准评分系统、先证者的诊断策略以及线粒体医学学会的关于现有检测项目（包括体液、DNA、病理学、组织生化）的共识建议供读者综合参考。

（刘靳波　张　晖）

肿瘤的发生受遗传因素和环境因素的双重影响。因 DNA 复制异常导致的 DNA 序列改变,或因染色体分离异常导致的染色体畸变,使细胞内基因组不稳定,是肿瘤发生的遗传基础。大部分肿瘤属于体细胞遗传病,不会遗传给子代。若基因突变发生在生殖细胞中,则会导致相对罕见的遗传性肿瘤综合征。

肿瘤有实体肿瘤和非实体肿瘤之分,其生物学基础均是基因异常,致病机制是基因突变导致正常基因表达缺失或基因表达紊乱,从而影响细胞的生物学活性与遗传特性,形成与正常细胞在形态、代谢与功能上均有所不同的肿瘤细胞。

随着分子遗传学技术的发展及其在临床上的应用,逐步实现了对肿瘤细胞突变基因的检测,以发现与肿瘤发生密切相关的基因,即肿瘤的“驱动基因”。临床上根据肿瘤驱动基因的检测结果靶向用药,实现肿瘤的精准治疗。常规的肿瘤细胞突变基因检测主要为病理活检组织,因其标本取材困难、有创,在临床应用中存在局限性。近年来肿瘤驱动基因检测的取材向易得、无创方向发展。肿瘤细胞因脱落、侵袭进入血液循环,在血液中存在的循环肿瘤细胞、循环肿瘤 DNA 和外泌体可作为检测样本,由此产生的技术称为液体活检。液体活检具有微创、可重复性、伴随诊断等优势,在肿瘤的诊断、治疗及预后监测等方面发挥越来越重要的作用。

第一节

实体肿瘤的遗传学检验

分子遗传诊断技术对实体肿瘤的早期诊断、易感性筛查、分型分期、预后评价及个体化靶向治疗具有重要意义。尤其是基于基因水平的分子诊断及特异性靶向药物的应用,推动实体肿瘤治疗进入精准医学时代。随着基因分子水平研究的不断深入,越来越多的肿瘤细胞信号通路被发现。大量临床研究表明,信号通路中的特定基因的扩增/突变/表达状态与靶向化疗药物的有效性密切相关。因此,临床上检测这些通路中特定基因的扩增/突变/表达情况,能针对性地为每位患者“量身定做”一套最适合的治疗方案,从而最大程度地提高治疗的有效率,减少药物的毒副作用,避免用药不当贻误治疗时机。

一、*EGFR* 基因

EGFR 基因位于 7 号染色体短臂,由 28 个外显子组成,长约 192kb,其编码的蛋白共有 1 210 个氨基酸,具有酪氨酸激酶活性,是表皮生长因子相关酪氨酸受体家族的成员。EGFR 蛋白包括胞外区、跨膜区和胞内区。胞外区是其与相应配体的结合部位。跨膜区将受体锚定在胞膜上。胞内区有 ATP 结合位点和酪氨酸激酶区,其中酪氨酸激酶可参与调节细胞增殖及分化。EGFR 蛋白与配体结合,可形成同源二聚体或异源二聚体并发生构象改变,能够结合 ATP 分子从而激活胞内的酪氨酸激酶活性,引发下游信号级联反应包括 RAS-RAF-MEK-ERK-MAPK 通路、激酶信号通路、JAK-STAT 通路和 PI3K-PDK 通路等,调控细胞的增殖、分化、迁移、血管生成及凋亡等。

EGFR 基因在许多上皮性肿瘤如非小细胞肺癌、乳腺癌、结直肠癌、前列腺癌、胃癌、卵巢癌、头颈部肿瘤和多形性胶质细胞瘤等中均可检测到高表达。*EGFR* 基因突变活化主要发生在胞内酪氨酸

激酶区域的 18～21 号外显子上,可导致不依赖于配体的酪氨酸激酶激活。*EGFR* 基因突变常见于 19 号外显子的缺失、L858R、T790M、L861Q、G719X、S768I 和 20 号外显子的插入等,其中以 19 号外显子的缺失和 *L858R* 突变类型居多,占所有突变的 90%。

(一)检测方法

EGFR 基因突变的主要检测方法有扩增受阻突变系统 PCR(amplification refractory mutation system PCR,ARMS-PCR)、第二代测序(next-generation sequencing,NGS)、Sanger 测序、数字 PCR(digital PCR,dPCR)等。这些方法各有利弊,临床应用最为广泛的是 ARMS-PCR 法和 NGS 法。

1. ARMS-PCR 是目前临床上检测 *EGFR* 基因突变常用的方法之一。特别是 Super-ARMS 法的应用,因操作较简单、技术普及度高、耗时短、检测结果易分析等优点在临床中应用广泛。该方法存在检测灵敏度不高、不能检测未知突变或少见突变等缺点。

2. NGS 法 是检测 *EGFR* 基因突变的主要方法,灵敏度高、可对未知或少见突变进行检测,能够绝对定量。但对石蜡包埋组织的检测成功率较低,且存在检测过程烦琐、耗时长、检测结果的数据分析要求较高等缺点,在临床中还需加强标准化操作规范。

3. Sanger 测序 是检测 *EGFR* 基因突变的金标准,检测结果准确性高。但由于检测灵敏度较低,当肿瘤细胞的基因突变率低于 20% 时难以判断是否突变,在临床中应用有限。

4. dPCR 利用 dPCR 可以准确定量 NSCLC 患者血浆和组织中的 *EGFR* 基因突变。dPCR 技术由于灵敏度高,特别适用于大部分 NSCLC 患者经 EGFR-TKI 治疗后的伴随诊断,即检测血浆游离肿瘤 DNA 中是否出现耐药突变。但 dPCR 技术不能检测未知基因突变,检测通量低,成本较高。

用于 *EGFR* 基因突变检测的标本一般是组织标本(包括外科手术标本和穿刺活检标本),其侵入性强,且混有正常细胞,对检测技术的灵敏度要求较高。此外,血液标本主要检测其循环肿瘤 DNA,即 ctDNA(circulating tumor DNA),当无法获得组织和细胞学标本时,可作为检测的有效补充。血液标本无侵入性,可用于动态检测,具有均一性,但因其易出现假阴性,要求采用灵敏度更高的方法,且不

适用于正在化疗或感染的患者。

(二)临床意义

EGFR 是最常见的肿瘤靶向治疗分子,针对 EGFR 靶点的药物主要有两类:一类是单克隆抗体抑制剂,可与 EGFR 胞外区配体结合部位结合,阻断 EGFR 与其相应配体的结合,从而阻断下游信号通路转导途径;另一类是小分子酪氨酸激酶抑制剂(tyrosine kinase inhibitor,TKI),可作用于胞内区酪氨酸激酶区,从而抑制酪氨酸激酶的活性。

1. 目前 *EGFR* 基因检测在临床上常用于 NSCLC 患者。在 NSCLC 患者中,*EGFR* 基因突变较易发生于亚洲人、女性、腺癌、不吸烟或少吸烟的患者。19 号外显子缺失和 L858R 点突变是其最敏感的突变位点,应用 EGFR-TKI(吉非替尼、厄洛替尼和阿法替尼等)可明显改善和延长 NSCLC 预后和生存。此外,G719X、L861Q、S768I 等突变位点也对 EGFR-TKI 治疗敏感。但大多数患者在服用 EGFR-TKI 一段时间后会出现耐药,包括原发性耐药和获得性耐药。*EGFR* 基因 20 号外显子 T790M 突变是导致 EGFR-TKI 获得性耐药的最主要原因(约占 60%)。因此对于使用一、二代 EGFR-TKI 治疗的患者,推荐进行 T790M 检测,若 T790M 突变阳性,则推荐更换第三代 EGFR-TKI 药物奥希替尼继续治疗。EGFR-TKI 原发性耐药常与 20 号外显子插入突变、KRAS 突变和 MET 扩增等相关。此外,血浆样本 *EGER* 基因突变状态的检测,既可以预测患者服用 EGFR-TKI 药物治疗的疗效,也可以在 EGFR-TKI 治疗过程中连续、动态监测 *EGFR* 基因突变状态变化,指导临床治疗。

2. *EGFR* 突变在结直肠癌患者中发生率约占 3%。研究发现,*EGFR* 突变体(G63R、R165Q、E114K、S492R、R222C、P596L、E709K、K708R、G724S、G719S 和 L858R)与结直肠癌发生相关。克隆抗体抑制剂西妥昔单抗或帕尼单抗可抑制 *EGFR* 突变体的致癌潜能,因此携带以上突变体的转移性结直肠癌患者可受益于上述药物。此外,在头颈部肿瘤中 *EGFR* 基因存在过表达与突变,因此也可应用克隆抗体抑制剂进行靶向治疗。

二、*KRAS* 基因

Kirsten 大鼠肉瘤病毒癌基因同源物(Kirsten rat

sarcoma viral oncogene homolog，*KRAS*）基因位于 12 号染色体，长约 35kb，是 *RAS* 基因家族成员之一。KRAS 蛋白定位于细胞膜上，具有 GTP 酶活性，与 GDP 结合时处于非激活状态，与 GTP 结合时处于激活状态，发挥分子开关作用，参与多条信号通路如 PI3K-AKT-mTOR、RAF-MEK-ERK 和 Ral-GDS 等，从而调节肿瘤细胞的增殖、分化和凋亡等。

KRAS 基因突变常位于 2 号外显子的 12 号和 13 号密码子上，以及 3 号外显子的 61 号密码子上，最常见的 7 个突变位点分别为 G12C、G12R、G12S、G12V、G12D、G12A、G13V/D，占总突变的 90% 以上。*KRAS* 基因突变会导致 GTP 酶活性丧失，使细胞持续增殖而发生癌变。目前 *KRAS* 基因突变存在于多种实体肿瘤，尤其在胰腺癌中突变频率最高，可达 90% 以上；在结直肠癌初始阶段，突变率占 30%～40%；有研究显示在欧美人群的 NSCLC 中，突变率接近 30%，但在亚洲人群中较低。

（一）检测方法

KRAS 基因突变常采用的检测方法包括：ARMS-PCR、NGS、Sanger 测序法等。各方法优缺点详见 *EGFR* 基因突变中相关内容。综合灵敏度、特异性和操作流程复杂程度等，推荐用 ARMS-PCR 和 NGS 法检测 *KRAS* 基因突变。

KRAS 基因突变常用的检测标本是组织标本，对于石蜡切片，尽量刮取肿瘤细胞丰富的区域，避开非肿瘤区及坏死区，提高灵敏度，减少假阴性。

（二）临床意义

1. *KRAS* 基因检测最常应用于结直肠癌的靶向治疗。*KRAS* 基因突变状态与抗 EGFR 单克隆抗体对结直肠癌治疗效果密切相关，其突变往往提示对 EGFR 单抗类药物耐药。对于 *KRAS* 基因突变的结直肠癌患者，一般采用化疗；对于 *KRAS* 基因野生型的患者，结直肠癌患者能从抗 EGFR 单抗类药物治疗中获益，推荐首选化疗联合抗 EGFR 单抗治疗，可延长患者的总生存时间。因此，在结直肠癌患者治疗前，应进行 *KRAS* 基因突变的检测。此外，*KRAS* 基因突变发生的时间点对结直肠癌发生发展至关重要，早期 *KRAS* 基因突变一般会导致临界病变或自限性肿瘤增生，但如果发生在腺瘤性结肠息肉病（adenomatous polyposis coli，*APC*）基因突变之后，常会导致癌症发生。

2. 在 NSCLC 中，*KRAS* 基因突变与 EGFR 酪氨酸激酶抑制剂的治疗效果有关，突变预示着 EGFR-TKI 治疗效果不佳。此外，*KRAS* 基因突变也是提示 NSCLC 预后不良的生物标志物。

3. *KRAS* 基因突变引起的肺癌、结直肠癌等肿瘤，即使病理组织学诊断淋巴结转移阴性，肿瘤复发的可能性仍然很高。*KRAS* 基因突变检测对肿瘤的诊断和预后判断都有一定的价值。通过检测 *KRAS* 基因突变状态可以筛选用药人群，实现个体化治疗，延长患者生存期。

三、*BRAF* 基因

鼠类肉瘤滤过性毒菌致癌同源体 B1（v-raf murine sarcoma viral oncogene homolog，*BRAF*）基因位于染色体 7q34，由 18 个外显子和 17 个内含子组成，是 RAF 家族的成员之一，可在所有细胞类型及组织中进行转录。*BRAF* 基因编码蛋白约 94kDa，具有强的激酶活性，是 MAPK（RAS-RAF-MEK-ERK）的重要转导因子之一。

BRAF 基因最常见的突变是 V600E 突变，发生在 1 799 位点，由 15 号外显子的单个碱基 T 和 A 发生错义突变，导致翻译蛋白 600 位密码子的缬氨酸变为谷氨酸（V600E），引起蛋白序列改变，活化下游激酶，进而调控细胞增殖。除 V600E 突变外，*BRAF* 还存在其他位点的突变，如 G465A、R461I 和 K600E 等，*BRAF* 基因突变大多位于 N 端富含甘氨酸的 P 环和侧翼区的激活片段。*BRAF* 基因突变存在于多种实体肿瘤，如结直肠癌、甲状腺癌、肺癌、黑色素瘤、神经胶质瘤、肉瘤、卵巢癌以及乳腺癌等。

（一）检测方法

BRAF 基因突变主要的检测方法有 ARMS-PCR、NGS、Sanger 测序法等。检测标本多采用组织标本。此外，抗 BRAFV600E（VE1）鼠单克隆抗体进行 BRAF V600E 蛋白检测是一种补充方法，对于组织异质性的标本，可选择 BRAF 免疫组化染色后的阳性部分进行测序。

（二）临床意义

1. *BRAF* V600E 基因在结直肠癌中突变率为 10%～15%，发生 *BRAF* V600E 突变时，使用 EGFR 单抗类药物治疗无效，推荐使用 BRAF 抑制剂。美国国立综合癌症网络（national comprehensive cancer network，NCCN）及相关指南推荐使用西妥昔单抗 + 伊立替康 +BRAF 抑制剂或者西妥昔单抗 +BRAF 抑制剂 ±MEK 抑制剂的联合方案对 *BRAF* V600E 突变的结直肠癌患者进行二线治疗。因此结直肠癌在 *RAS* 检测时应同步检测 *BRAF* V600E 基因状态，以指导临床个体化精准治疗。*BRAF* 基因也可用于结直肠癌患者的预后评估，*BRAF* V600E 突变是结直肠癌的不良预后因素。此外，在林奇综合征的诊断中，错配修复基因 mut L 同源物 1（mut L homolog 1，*MLH1*）突变患者必须检测 *MLH1* 甲基化或 *BRAF* V600E 突变，如果 *BRAF* V600E 突变阳性则可以排除林奇综合征。

2. *BRAF* V600E 突变在甲状腺癌的突变频率较高，占 40%～60%。*BRAF* V600E 突变易发生于乳头状癌，而在滤泡型癌、髓样癌和良性甲状腺增生中罕见，有助于乳头状甲状腺癌的辅助诊断。乳头状甲状腺癌不良预后与 *BRAF* V600E 状态相关，携带 *BRAF* V600E 突变的患者具有更高的复发率和死亡风险，且甲状腺癌术后给予放射性碘治疗疗效欠佳，可选用 BRAF 抑制剂维莫非尼等靶向治疗逆转碘抵抗。

3. 在 NSCLC 中，BRAF 抑制剂及 MEK 抑制剂在 *BRAF* V600E 突变的患者中疗效显著，NCCN 指南建议联合使用达拉非尼和曲美替尼的方案作为最初的细胞毒性治疗。如果达拉非尼 / 曲美替尼联合治疗出现不耐受，再采用达拉非尼或维莫非尼单药疗法，此外，与 MEK 抑制剂联合治疗可进一步改善预后。

4. *BRAF* V600E 在黑色素瘤的突变率为 50%，BRAF 抑制剂也可用于携带 *BRAF* V600E 突变的黑色素瘤患者。

四、*HER2* 基因

人类表皮生长因子受体 2（human epidermal growth factor receptor-2，*HER2*）基因位于染色体 17q21，长 29 315bp，含 26 个外显子，是原癌基因。HER2 蛋白相对分子质量为 185kDa，属于人表皮生长因子受体家族，是一种具有酪氨酸激酶活性的跨膜蛋白，可分为胞外配体结合区、跨膜区和胞内酪氨酸激酶区，可与人表皮生长因子受体的其他成员形成异源二聚体，激活下游信号通路，参与细胞增殖、分化和凋亡等。

HER2 表达与乳腺癌、胃癌及肺癌等实体肿瘤发生发展相关。*HER2* 在乳腺癌的表达率为 25%～30%，在卵巢癌中的表达率为 25%～32%，在肺腺癌中的表达率为 30%～35%。

（一）检测方法

HER2 基因突变状态的检测方法主要有实时荧光定量 PCR 法、Sanger 测序法和 NGS。

HER2 基因拷贝数增加的检测方法主要是荧光原位杂交（FISH）和 NGS。

（二）临床意义

1. *HER2* 基因拷贝数增加是乳腺癌分子分型的主要依据之一。伴有 *HER2* 基因拷贝数增加的乳腺癌恶性程度高、转移性强、化疗缓解期短、对化疗药物容易产生耐药且患者预后差，复发率高。靶向药物曲妥珠单抗可改善 *HER2* 阳性乳腺癌患者的预后，是乳腺癌靶向治疗的重要突破。靶向药物帕妥珠单抗、曲妥珠单抗与 HER2 的结合位点不同，两者联合使用具有协同治疗效果。NCCN 推荐帕妥珠单抗加曲妥珠单抗联合紫杉类药物作为 *HER2* 阳性乳腺癌的一线治疗方案。TDM1（曲妥珠单抗 - 美坦新偶联物），是 HER2 靶向的抗体 - 药物结合物，具有靶向和化疗双重作用，其单药治疗是国际上目前曲妥珠单抗治疗失败后的二线首选治疗方案。*HER2* 不仅是靶向药物治疗的重要靶点，还是临床判断预后的关键指标。在乳腺癌中，*HER2* 基因拷贝数增加越多往往预示疾病侵袭性强，易发生复发、转移，预后差。

2. 在 NSCLC 患者中，*HER2* 基因拷贝数增加的检出率为 1%～3%，*HER2* 基因突变的检出率为 2%～4%。*HER2* 基因突变，主要以 20 号外显子插入突变和点突变为主。研究显示，*HER2* 基因突变与 NSCLC 的发病机制相关，*HER2* 基因拷贝数增加是抵抗 EGFR 酪氨酸激酶抑制剂治疗的潜在机制。

3. *HER2* 基因突变的胃癌患者，可使用曲妥珠单抗进行靶向治疗。胃癌 *HER2* 基因拷贝数增加与靶向药物敏感性相关，*HER2* 基因拷贝数增加越多，从曲妥珠单抗治疗中获益越明显。*HER2* 基因突变是胃癌预后不良的重要预测指标，该类患者癌细胞易发生远处转移，无瘤生存期和总生存期短，且 *HER2* 表达情况与高中分化胃癌密切相关。

五、*BRCA*基因

乳腺癌易感基因（breast cancer susceptibility gene，*BRCA*）分为*BRCA1*和*BRCA2*两种，均属于肿瘤抑制基因，其编码蛋白参与DNA双链损伤修复。*BRCA*1基因位于人类染色体17q21，以常染色体显性遗传方式遗传，有很高的外显率。*BRCA1*基因长约100kb，含24个外显子。*BRCA2*基因位于人类染色体13q12，基因长约70kb，由27个外显子组成，其基因序列与*BRCA1*无明显关系。

*BRCA*基因突变分为胚系突变和体细胞突变。胚系突变致机体所有细胞都携带突变基因，可以遗传给后代；体细胞突变则发生于肿瘤细胞中，为非遗传性突变。*BRCA1/2*基因突变是遗传性乳腺癌和卵巢癌最常见的致病原因，有5%~10%的遗传性乳腺癌、20%的卵巢癌是由*BRCA1/2*基因突变引起的；*BRCA1/2*基因突变的携带者患乳腺癌的概率比普通人高10倍以上，患卵巢癌的概率比普通人高30倍以上。

（一）检测方法

*BRCA*基因检测时，对于家族中有已知变异位点的患者，建议采用Sanger测序技术进行检测；对于家族中没有已知变异位点或家族中从未检测过*BRCA*基因的患者，建议采用NGS结合大片段缺失检测法检测*BRCA1/2*基因的全部外显子以及外显子和内含子连接区域±20bp。

（二）临床意义

*BRCA1/2*基因是乳腺癌的易感基因，女性携带*BRCA1/2*突变基因不仅乳腺癌发病风险增高，其他肿瘤如卵巢癌、胰腺癌、输卵管癌、胃肠癌和黑色素瘤等发病风险也增高，男性携带者罹患乳腺癌和前列腺癌风险均增加。*BRCA1/2*基因突变不仅与乳腺癌的发病风险相关，还影响乳腺癌的治疗策略。*BRCA1/2*基因突变乳腺癌患者DNA同源损伤修复功能缺陷，可能对致DNA损伤药物如铂类药物或PARP抑制剂等更为敏感。对于伴有*BRCA1/2*基因突变的晚期或复发转移性乳腺癌患者，化疗时可优先考虑铂类药物，PARP抑制剂如奥拉帕尼可作为化学治疗的替代药物。此外，PARP抑制剂也应用于携带*BRCA1/2*基因突变卵巢癌患者的靶向治疗。

六、*TP53*基因

肿瘤蛋白p53（tumor protein p53，*TP53*）基因位于染色体17q13.1，是一种抑癌基因。50%以上的肿瘤存在*TP53*基因突变，突变主要发生在编码DNA结合区功能区的4~8号外显子区域，且多为错义突变。TP53蛋白使许多基因保持稳定，而*TP53*基因的突变可致与DNA结合能力丧失，从而无法抑制细胞分裂，导致受损的细胞过度分裂最终形成肿瘤。

（一）检测方法

*TP53*基因检测常采用外周血循环肿瘤DNA进行测序，来进行肿瘤早期的筛查评估。

（二）临床意义

1. *TP53*基因可应用于肿瘤的早期预警检测。*TP53*基因与多种肿瘤如胃癌、肺癌、肝癌、结直肠癌、胰腺癌和子宫内膜癌的发生发展相关，*TP53*基因的检测有助于评估患癌的风险。

2. *TP53*基因突变状态与部分肿瘤预后存在一定相关性。定期检测外周血循环肿瘤*TP53*基因的DNA突变，可监控肿瘤术后和评估疗效。

七、微卫星序列

微卫星（microsatellite，MSI）序列是存在人类基因组中一些短而重复的DNA序列，又称短串联重复序列，一般由1~6个核苷酸组成。MSI是指与正常组织相比，肿瘤细胞中的微卫星序列由于重复单位的插入或缺失而造成的微卫星序列长度改变的现象，常与错配修复（mismatch repair，MMR）功能基因突变而引起MMR表达缺失相关。根据微卫星序列的不同状态分为：微卫星稳定（micro-satellite stable，MSS）、低度微卫星不稳定（MSI-L）和高度微卫星不稳定（MSI-H）。MMR蛋白表达状态可分为错配修复功能缺陷（dMMR）和错配修复功能完整（pMMR），通过MMR蛋白表达状态也可推测MSI状态，即dMMR相当于MSI-H，pMMR相当于MSI-L或MSS。

（一）检测方法

目前MSI的检测主要以多重荧光PCR毛细管

电泳技术为主,依据美国国家癌症研究中心推荐的 5 个微卫星位点(BAT-25、BAT-26、D5S346、D2S123 和 D17S250)进行检测。MSI-H 是指 2 个及 2 个以上微卫星位点显示 MSI;MSI-L 是指 1 个位点显示 MSI;MSS 是指没有任何位点显示 MSI。免疫组织化学染色(immunohistochemistry staining,IHC)是 MMR 蛋白检测的推荐方法,检测包括 4 个常见的 MMR 蛋白(MLH1、MSH2、MSH6 和 PMS2),其中任何一种蛋白表达缺失判定为 dMMR,4 个蛋白均表达则判定为 pMMR。

(二)临床意义

1. MSI 和 MMR 状态是结直肠癌疾病预后和多种免疫治疗可行性的重要预测指标。MSI-H 或 dMMR 的 MSI-H 的 Ⅱ 期患者,一般预后较好,但不能从氟尿嘧啶类单药化疗中获益。MSI-H/dMMR 的肿瘤患者往往具有更多的基因突变,更容易被免疫系统识别而成为免疫靶标,将免疫检查点抑制剂(纳武利尤单抗)用于具有 MSI-H/dMMR 转移性的结直肠癌患者一般疗效较好。此外,MSI/MMR 状态在遗传性结直肠癌的诊断中具有重要的意义,*MMR* 基因的胚系突变是林奇综合征确诊的"金标准"。

2. MSI 和 MMR 状态也是胃癌、肝癌、食管癌和胰腺癌等免疫检查点抑制剂可行性的重要预测指标。

八、肿瘤突变负荷

肿瘤突变负荷(tumor mutational burden,TMB)是指特定基因组区域内每兆碱基对体细胞非同义突变的个数,可在肿瘤基因组中,评估基因编码区发生置换、插入和缺失性突变的总和,通常用每兆碱基有多少个突变表示。TMB 可间接反映肿瘤产生新抗原的能力,非同义突变越多,产生的新抗原越多,则会有越多的新抗原被自身免疫系统识别,就越容易从免疫治疗中获益。TMB 与 DNA 修复缺陷密切相关,dMMR 和 MSI-H 的肿瘤患者往往具有较高的 TMB。

(一)检测方法

全外显子组测序(whole exome sequencing,WES)是 TMB 检测的"金标准"。WES 覆盖了编码区大概 2.2 万个基因,占整个基因组的 1%,包括大多数已知致病突变,但由于 WES 成本高、样本需求量大以及数据分析较复杂等原因致其在临床应用中受限。靶向测序基因包是进行肿瘤基因组 TMB 检测的另一种检测选择方法,但其应与 WES 进行一致性评价。目前 TMB 检测标本以组织标本最为常见,推荐使用近期石蜡包埋肿瘤组织样本进行检测,并进行病理质控确保肿瘤细胞数能够满足检测要求。此外,应采集患者唾液、外周血或正常组织作为对照样本,以过滤胚系突变对 TMB 评估的影响。

(二)临床意义

TMB 可作为免疫检查点抑制剂治疗独立的疗效预测生物标志物,高 TMB 的恶性肿瘤患者使用免疫检查点抑制剂一般拥有较好的预后。在 NSCLC 中,高 TMB 患者接受免疫检查点抑制剂治疗,无进展生存期更长。此外,在子宫内膜癌、乳腺癌、结直肠癌和尿路上皮癌等恶性肿瘤中,高 TMB 与免疫检查点抑制剂效果也存在一定相关性。在实体瘤患者中,既往标准治疗后疾病发生进展且没有更好替代疗法时,可进行 TMB 检测,对于高 TMB 患者,可应用免疫检查点抑制剂治疗。

第二节 血液系统肿瘤的遗传学检验

血液系统肿瘤是一种由造血干细胞分化发育受阻形成的恶性克隆性增殖性疾病,主要包括白血病、淋巴瘤和骨髓瘤等。染色体易位和基因突变等基因组异常在血液系统肿瘤发病中起关键作用,广泛应用于临床诊断、个体化用药、预后分析及发现微小残留病变等。大部分白血病和淋巴瘤存在某些染色体易位,染色体易位后融合基因检测作为白血病和淋巴瘤诊断标准的重要的指标之一。白血病早期分型是 MIC 分型,随着分子生物学应用于血液系统肿瘤,WHO 推出了 MICM 分型,即细胞形态(morphology,M)、免疫学(immunology,I)、细胞遗传学(cytogenetics,C)和分子生物学(molecular biology,M),使得分型更加精准细化,能够更有效地指导预后判断和治疗方案的制订。血液系统肿瘤常见的分子标志物包括各种融合基因以及与发生机制相关的突变基因,检测方法主要包括 RT-PCR、实时荧光定量 PCR 和 FISH。实时荧光定量

PCR 可以根据荧光信号强度进行白血病融合基因 RNA 含量的定量检测，并进行融合基因亚型分析。FISH 可用于白血病相关的染色体易位检测。本节主要介绍血液系统肿瘤融合基因、相关基因突变的检测。

一、血液系统肿瘤融合基因的检验

（一）BCR-ABL 融合基因

BCR-ABL 是 t(9;22)(q34;q11) 易位形成的融合基因，最早发现于慢性髓细胞性白血病（chronic myelogenous leukemia，CML）细胞 Ph 染色体，其编码生成的蛋白具有高酪氨酸激酶活性，可激活下游多条信号通路，参与白血病的发生发展。根据 BCR 的断裂点不同，主要可分为 M-BCR（p210）、m-BCR（p190）和 u-BCR（p230）。

1. **检测方法**　BCR-ABL 融合基因最常用的检测方法是 FISH 和实时荧光定量 PCR。FISH 可检测分裂期和分裂间期的细胞，具有特异性强、形象直观、无放射性、能多重染色等优点，但由于其实验步骤繁杂，影响因素较多，使其在临床的应用有一定局限性。实时荧光定量 PCR 法具有灵敏度高、重复性好、快速简便、可定量等优点，可定量检测常见亚型的融合基因 RNA 含量，是临床上应用最多的检测方法。BCR-ABL 融合基因检测的标本类型有骨髓和外周血，一般通过裂解红细胞获得有核细胞来提取 RNA。在标本中 BCR-ABL 融合基因为阳性，且 BCR-ABL 融合基因和内参基因浓度均大于 1×10^2copies/ml 时，才能进行 BCR-ABL 融合基因的定量分析。

ABL 基因突变检测的常规方法是直接测序法，但 BCR-ABL 融合基因阳性是 ABL 突变检测的前提。推荐取 4ml 骨髓或 8ml 外周血标本作为检测标本。为了保证结果的可重复性和准确性，建议用于突变检测的 cDNA 样本 ABL 拷贝数 > 10 000。

2. **临床意义**　BCR-ABL 可表达于约 95% 的 CML、25%～40% 的成人急性淋巴细胞白血病（acute lymphoblastic leukemia，ALL）、4%～6% 的儿童 ALL 患者和小于 2% 的急性髓系白血病（acute myeloid leukemia，AML）。BCR-ABL 是 CML 的分子诊断标志物，辅助 CML 的确诊。绝大多数 CML 患者融合蛋白为 p210 BCR-ABL，可同时表达 p190 BCR-ABL，少数患者单

纯表达 p190 BCR-ABL 或 p230 BCR-ABL。在 ALL 中，以 p190 BCR-ABL 表达最为常见，p210 BCR-ABL 次之，p230 BCR-ABL 较为罕见。

BCR-ABL 融合基因与 ALL 预后不良相关。BCR-ABL 融合基因阳性的 ALL 患者，具有易产生耐药、完全缓解率低及易复发等特点。此外，p190 刺激细胞增殖的能力比 p210 强，病情发展快及恶性程度更高。

对于 BCR-ABL 融合基因阳性的 CML 患者，可应用酪氨酸酶抑制剂（TKI）进行靶向治疗，大多数患者能够获得满意疗效。TKI 治疗 CML 时，仍有部分患者会出现原发性和获得性耐药，主要与 BCR-ABL 酪氨酸激酶区突变相关。伊马替尼、尼洛替尼和达沙替尼等 TKI 对部分 BCR-ABL 激酶区突变类型有不同的敏感性。

BCR-ABL 融合基因存在于 CML 的整个病程中，只有消除 Ph 染色体克隆，检测不出 BCR-ABL，才能完全治愈。早期的分子学反应对 TKI 疗效反应的评估至关重要，特别是 TKI 治疗 3 个月后的 BCR-ABL 水平。BCR-ABL 融合基因表达水平的检测可用于 CML 病情的监测和微量残留病（minimal residual disease，MRD）的评估，指导临床治疗。

（二）PML-RARα 融合基因

PML-RARα 融合基因是通过 t(15;17)(q22;q12-21) 易位形成。根据 PML 断裂点的不同，可将 *PML-RARα* 融合基因分为 L 型、S 型和 V 型三种异构体，L 型约占 55%，S 型约占 40%，V 型约占 5%，且每位患者只表达其中的一种。

1. **检测方法**　PML-RARα 融合基因最常用的检测方法是 FISH 和实时荧光定量 PCR。相比 FISH，实时荧光定量 PCR 灵敏度较高，可对融合基因 RNA 进行定量检测，是监测白血病 MRD 理想的方法。

2. **临床意义**　PML-RARα 蛋白可导致细胞分化阻滞及凋亡不足，使大量细胞阻滞在早幼细胞阶段，是急性早幼粒细胞白血病（acute promyelocytic leukemia，APL）发生的主要分子机制。98% 以上的 APL 患者存在 PML-RARα 融合基因，另有低于 2% 的 APL 患者存在其他 RARα 类融合类型。PML-RARα 融合基因阳性或 FISH 证实 t(15;17)(q22;q12) 可确诊 APL。此外 PML-RARα 融合基因还见于少部分急性非淋巴细胞白血病中。

由于视黄酸 ATRA 与砷剂可靶向作用于 *PML-RARα* 融合基因，APL 目前是 AML 亚型中预后最好的亚型。PML-RARα 表达水平变化可用于 APL 的疗效观察、预后判断及监测复发，但在诱导治疗后，初期细胞遗传学水平正常，*PML-RARα* 融合基因可能为阳性。*PML-RARα* 定量检测对 APL 的 MRD 敏感性显著大于流式细胞术，因此不建议单纯采用流式细胞术，还需定量检测骨髓 *PML-RARα* 转录水平监测 MRD，治疗期间建议每 2～3 个月进行 1 次分子学反应评估。不同 *PML-RARα* 异构体分型的预后不同，L 型 APL 患者缓解前的病死率及缓解后的复发率要低于 S 型，S 型白血病细胞常呈低分化，V 型 APL 患者对 ATRA 的敏感度较低。

（三）*AML1-ETO* 融合基因

AML1-ETO（RUNX1-RUNX1T1）是通过 t（8；21）（q22；q22）易位形成的一种具有致癌活性的融合基因，单独 *AML1-ETO* 基因并不足以导致白血病发生，还需要其他基因突变协同"二次打击"导致白血病的发生，其协同因子主要包括 *C-KIT*、*FLT3-ITD*、*WT1* 高表达、*NRAS* 突变、*KRAS* 突变、DNA 损伤剂治疗及 P21 缺失等。

1. 检测方法 *AML1-ETO* 融合基因检测方法与 *BCR-ABL1* 及 *PML-RARα* 相似，最常用的是 FISH 和实时荧光定量 PCR，检测的标本类型有骨髓和外周血。

2. 临床意义 *AML1-ETO* 融合基因在原发性 AML 中检出率为 6%～8%，在 M_2 中检测率为 20%～40%，在 M_{2b} 中检出率约为 90%，还可见于 M_1、M_4、M_5。*AML1-ETO* 是 M_{2b} 诊断的分子标志物。*AML1-ETO* 阳性提示 AML 预后良好，其白血病细胞有一定程度的分化能力，对大剂量阿糖胞苷治疗较敏感，完全缓解率高达 90%，5 年存活率高达 50%～70%。携带 *AML1-ETO* 基因的 AML 患者预后分层为低危组，但伴有其他基因异常如 *C-KIT* 及 *FLT3-ITD* 等时，AML 的预后就不能归纳为低危组。

（四）*CBFβ-MYH11* 融合基因

CBFβ-MYH11 是由 inv（16）或者 16 号染色体长臂的 *CBFβ* 基因与短臂的 *MYH11* 基因发生重排产生的融合基因，可干扰核结合因子 CBF 作用，抑制造血分化。*CBFβ-MHY11* 本身并不足以导致白血病发生，可能还需要其他异常基因突变同时存在

才能发挥作用。根据 *MYH11* 基因的断裂点，可分为多种亚型，其中以 A 亚型、D 亚型和 E 亚型最为常见，分别约占 80%、5% 和 5%。

1. 检测方法 *CBFβ-MYH11* 检测方法与 *BCR-ABL1* 及 *PML-RARα* 相似，最常用的是 FISH 和实时荧光定量 PCR。

2. 临床意义 *CBFβ-MYH11* 融合基因是 AML 特征性的染色体异常，通常见于 AML-M4EO 亚型，少见于 M_2，*CBFβ-MYH11* 融合基因阳性提示预后良好。

（五）*Ig/TCR* 基因重排

在淋巴细胞发育过程中，T 细胞受体（TCR）和免疫球蛋白（Ig）的基因会发生重排形成新的片段，不同的淋巴细胞有不同序列的 *TCR* 和 *Ig* 片段。正常情况下，*Ig* 和 *TCR* 基因重排是随机的，淋巴细胞表现为多家族和多克隆性。若在肿瘤特异性抗原或肿瘤相关抗原刺激下，淋巴细胞某一个或几个 *Ig* 或者 *TCR* 基因家族会发生针对性和选择性的重排，导致 *TCR* 或 *Ig* 基因单克隆性表达，使淋巴细胞呈现克隆型的增殖。

1. 检测方法 *Ig/TCR* 常用的检测方法是 FISH、实时荧光定量 PCR、Southern 印迹及 NGS 等。目前最常用的方法是实时荧光定量 PCR，实验快速、易于标准化、敏感度及特异性较高，是检测 MRD 的理想工具。

2. 临床意义 *Ig* 和 *TCR* 基因重排检测对淋巴系恶性肿瘤的诊断与鉴别诊断具有重要价值，如淋巴瘤、急性淋巴细胞白血病、肝脏 T 细胞淋巴瘤等。若 *Ig* 或 *TCR* 基因重排呈单克隆表达，则提示存在淋巴系的恶性肿瘤。*Ig* 基因重排和 *TCR* 基因重排分别是 B 细胞和 T 细胞的主要特征，其基因分型可以鉴别细胞源性。此外，*Ig* 基因重排和 *TCR* 基因重排还可用于 MRD 的检测，判断预后。

二、血液系统肿瘤相关基因突变的检验

（一）*FLT3* 基因

FMS 样的酪氨酸激酶 3（FMS-like tyrosine kinase 3，*FLT3*）基因位于染色体 13q12，编码受体酪氨酸激酶，常表达于定向造血干细胞的细胞表面，在免疫系统及正常造血发育中起着重要调控作用。目

前 *FLT3* 主要存在两种突变类型,一种是近膜区的串联重复突变(*FLT3-ITD*),另一种是酪氨酸激酶结构域的点突变(*FLT3-TKD*)。其中,*FLT3-ITD* 是最常见的恶性造血疾病的突变,常发生于 AML,也发生于少部分 CML 和骨髓增生异常综合征(myelodysplastic syndrome,MDS)中。

1. 检测方法　直接测序法是 *FLT3* 突变检测的"金标准",但灵敏度有限,操作烦琐且耗时长。此外,*FLT3* 基因的其他检测方法有 PCR、NGS、聚丙烯酰胺凝胶电泳(PAGE)、毛细管电泳以及变性高效液相色谱技术等。*FLT3-ITD* 等位基因突变比例 < 0.5 为低等位基因比,≥ 0.5 为高等位基因比。此外,如没有进行 *FLT3* 等位基因比检测,*FLT3-ITD* 阳性应按照高等位基因比对待。

2. 临床意义　*FLT3-ITD* 是 AML 的常规分子检测指标,最常见于 APL 中。*FLT3-ITD* 与 AML 的预后相关,是 AML 预后危险度分层的重要分子指标。*FLT3-ITD* 阳性的 AML 患者化疗后,完全缓解率低、疾病复发率高、总体生存期短和预后差。*FLT3-ITD* 中等位基因突变比例、拷贝量与 AML 预后不良程度呈正相关。AML 患者治疗前后的 FLT3-ITD 表达水平,可作为 AML 预后和 MRD 的一项判断指标。目前 *FLT3-TKD* 与 AML 预后的关系还存在争议。

在高等位基因比 *FLT3-ITD* 突变的 AML 中,化疗和自体干细胞移植的治疗效果均不理想,需尽早行异基因造血干细胞移植。FLT3 酪氨酸激酶抑制剂(TKI)可用于 *FLT3-ITD* 阳性 AML 的靶向治疗。在 *FLT3-ITD* 阳性 AML 患者异基因造血干细胞移植后,视复发风险及造血重建状态,可选择 FLT3 抑制剂进行维持治疗。

(二)*NPM1* 基因

核仁磷酸蛋白 1(nuclephosmin 1,*NPM1*)基因定位于染色体 5q35,属核磷蛋白家族,其编码蛋白具有多种功能,包括可调节核糖体生物合成及中心体复制、调节肿瘤抑制基因 *p53* 和 *ALK*、参与许多易位的发生等。*NPM1* 基因突变主要发生 12 号外显子插入突变,常见的有 A 型、B 型和 D 型突变,是白血病发生的主要分子事件之一。

1. 检测方法　*NPM1* 基因突变的检测方法有直接测序法、实时荧光定量 PCR、高分辨率熔解曲线技术(HRM)、NGS、PAGE、毛细管电泳以及变性高效液相色谱技术等,其中直接测序法是 *NPM1* 突变的

金标准。在 MRD 的监测上推荐使用实时荧光定量 PCR。

2. 临床意义　*NPM1* 基因突变可见于 AML 的多种亚型,主要累及 M_4 和 M_5,在正常核型的 AML 的发生率明显高于异常核型的 AML。*NPM1* 突变与 AML 预后相关,是 AML 常规检测的分子指标之一。*NPM1* 突变的 AML 患者,若核型正常且不伴有 *FLT3-ITD* 阳性则归类为预后良好组,若伴有高等位基因比 *FLT3-ITD* 突变则归类为预后中等组。此外,*NPM1* 还可用于 MRD 的监测、预测复发以及疗效判断。

(三)*CEBPA* 基因

转录因子 CCAAT 增强子结合蛋白 -A(CCAAT-enhancer binding protein-alpha,*CEBPA*)基因位于染色体 19q13.1 上,编码 p42 和 p30 两种异构体蛋白,均属亮氨酸拉链结构转录因子家族成员,参与调控髓系原始细胞的增生和分化。*CEBPA* 基因突变主要存在两种形式:C 端亮氨酸拉链区突变,常为框内突变,干扰 DNA 结合;N 端的移码突变,对正常 p42 蛋白具有负调控作用,但引起 p30 蛋白的表达增加。

1. 检测方法　虽然直接测序法是 *CEBPA* 基因突变的金标准,但由于 *CEBPA* 基因突变类型多样,分布于全部编码区,基因片段的序列长以及 GC 含量高,*CEBPA* 基因突变的测序耗时长,难度大。*CEBPA* 突变的检测方法还有实时荧光定量 PCR、NGS、聚丙烯酰胺凝胶电泳(PAGE)、毛细管电泳以及变性高效液相色谱技术等。

2. 临床意义　*CEBPA* 突变在 AML 患者中的发生率为 5%~15%,以 M_1 型和 M_2 型多见,常伴随正常的核型。*CEBPA* 突变与 AML 预后良好相关,是 AML 的预后危险度分层的指标之一。*CEBPA* 突变可分为单突变和双突变,在 AML 以双突变常见。值得注意的是,只有 *CEBPA* 双突变才是 AML 预后良好的分子遗传学指标,而 *CEBPA* 单突变对预后的影响,目前仍然存在争议。若 *CEBPA* 突变同时伴随 *FLT3-ITD* 突变,可能会影响 AML 患者对化疗药物诱导的缓解效果。

(四)*C-KIT* 基因

C-KIT 基因位于染色体 4q11q12,是一种原癌基因,编码蛋白是一种具有酪氨酸激酶活性的跨膜受体。正常情况下,C-KIT 受体仅表达于早期髓系

细胞、正常造血干细胞以及内皮细胞。当 *C-KIT* 基因突变时，该受体酪氨酸激酶区会被持续激活，进而激活下游信号转导途径，引起细胞恶性增殖。现已在多种白血病细胞中发现 *C-KIT* 基因突变，主要位于 8 外显子和 17 外显子，8 外显子主要为缺失突变（D419del），17 外显子主要是置换突变（D816V）。

1. 检测方法 目前 ARMS 是 *C-KIT* 基因突变检测的普遍方法，此外还有直接测序法及 NGS 等。

2. 临床意义 在 AML 中，*C-KIT* 易发生在核心结合因子相关的 AML（core binding factor-AML，CBF-AML），即伴有 t（8；21）（q22；q22）、inv（16）（p13；q22）或 t（16；16）（p13；q22）染色体易位的 AML 患者。*C-KIT* 突变是 AML 的预后指标之一，*C-KIT* D816 突变对 t（8；21）（q22；q22）、inv（16）（p13；q22）或 t（16；16）（p13；q22）患者预后具有影响，归为预后中等组，而 *C-KIT* 其他的突变位点对预后没有影响，仍归入预后良好组。

第三节
遗传性肿瘤相关基因的检验

肿瘤是相关基因发生表达突变的结果。遗传性肿瘤是由于基因的种系突变直接通过双亲的生殖细胞传给子代，子代所有体细胞和生殖细胞都携带这种突变，该类肿瘤占 5%～10%。特别是单基因突变引起的肿瘤有明显的家族史，患者的一级亲属中发病率通常高于一般人群 3～4 倍。对这类肿瘤家族中的患者和有风险的亲属进行基因诊断显得非常重要。基因诊断不受基因表达的时空限制，可越过产物（酶与蛋白质）而直接对基因（DNA 或 RNA）进行检测。它不仅可对遗传病进行临床诊断，还可对有遗传风险的胎儿 / 胚胎做出产前 / 植入前诊断。

遗传性肿瘤目前涉及的致病基因有 100 多个，这里就临床常见和发病率相对较高的致病基因的检测和临床应用做简单的介绍。

一、*MEN1* 基因

MEN1 基因是一种抑癌基因，位于 11q13，全长 9kb，含有 10 个外显子，编码含 610 个氨基酸的 menin 蛋白（一种支架蛋白）。menin 可以通过组蛋白甲基化基因表达的表观遗传调节来增加或减少基因表达，进而影响细胞分裂、基因组稳定性和转录调控功能。

（一）检测方法

MEN1 基因的突变位点分散在 menin 的可读框及其附近区域，9 个编码的外显子都可能出现，且没有明确的热点，突变类型多种多样（约 25% 是无义突变，45% 是缺失突变，15% 是插入突变，10% 是错义突变）。*MEN1* 基因外显子 2、9 和 10 的突变与较高的恶性肿瘤发生率有关，并且移码突变率高达 42%。

检测方法：Western blot、Northern blot 和原位杂交方法分析，DNA 限制性片段长度多态性分析、PCR 法、核苷酸序列分析等。

（二）临床意义

生殖细胞 *MEN1* 基因失活突变引起多发性内分泌肿瘤 1 型（MEN1），又称 Wermer 综合征，发病率为 2/10 万～3/10 万，是甲状旁腺、胰腺、肾上腺及垂体等内分泌腺体肿瘤的不同组合，是一种常染色体显性基因表达的恶性肿瘤。大多数 MEN1 患者的首要症状是甲状旁腺功能亢进，并且发病年龄较早（25～35 岁）。另外，30% 的患者会发生垂体前叶肿瘤，大多数是催乳素瘤（60%），其余为生长激素瘤（20%）、促肾上腺皮质激素细胞腺瘤和无功能性瘤（＜15%）。

二、*RET* 基因

RET 基因位于 10q11，基因全长 60kb，由 21 个外显子组成，编码 1 100 个氨基酸残基组成的酪氨酸激酶受体超家族成员 RET 蛋白。*RET* 基因在器官生成和神经发育中起到重要的作用。*RET* 基因突变 99% 集中在 7 个外显子上（8、10、11、13、14、15 和 16）。

（一）检测方法

包括：qPCR、Sanger 测序以及 NGS、免疫组织化学。qPCR 灵敏度高，操作简单，主要用于已知突变位点的检测。Sanger 测序法可发现新的突变位点，但敏感度比 qPCR 法低。NGS 则可平行检测多个基因多个位点，因检测范围较广，可发现新的基因变异。

(二)临床意义

RET 蛋白是一组酪氨酸激酶受体超家族蛋白,生殖细胞原癌基因 *RET* 激活突变后,其酪氨酸酶生成不受磷酸化的调控而导致多发性内分泌肿瘤 2 型(MEN2),是一种常染色体显性遗传的有肿瘤发生倾向的综合征,其相关的特征性肿瘤是甲状腺髓样癌和嗜铬细胞瘤。MEN2 可分为 3 种亚型:MEN2A、MEN2B 和家族性甲状腺髓样癌,60%~90% 的MEN2 病例是 MEN2A 型,5% 是 MEN2B 型,剩下 5%~35% 是家族性甲状腺髓样癌。在 MEN2A 中,甲状旁腺功能亢进和嗜铬细胞瘤很少在甲状腺髓样癌之前发病。在 MEN2B 中,甲状腺髓样癌会在幼年时期发病,因此筛查工作常常始于婴儿 6 个月时。

三、神经纤维瘤病 I 型基因

神经纤维瘤病 I 型(neurofibromatosis type I)基因,位于 17q11.2,全长 350kb,含 59 个外显子,编码神经纤维瘤蛋白。神经纤维瘤蛋白存在于细胞质中,分子量 327kDa,在神经系统内含量丰富,其结构和功能上与哺乳动物 p21ras-GTP 酶激活蛋白同源。因此,神经纤维素可加速 p21ras-GTP 水解成 GDP,从而将原癌基因从活化状态转化为失活状态,导致的疾病为 NF I。

(一)检测方法

NF1 基因存在大量的假基因,如何区别真假基因是本病分子遗传学诊断的重点和难点。*NF1* 基因突变率较高,大约 50% 的患者是新的突变,目前约有 500 个不同的突变发生于 *NF1* 基因,包括终止突变、氨基酸替代或删除(可能涉及 10 余个氨基酸的编码序列、多个外显子甚至整个基因)或插入影响到拼接的内含子变化、基因 3′ 非翻译区的改变和染色体重排等,一般采用 Sanger 测序法或 NGS 法进行检测。对于已知的突变可采用 PCR-ASO 法、基因芯片法等进行检测。微卫星技术是近年来应用较新的高效的突变检测技术,有研究报道应用该技术进行产前诊断准确率达 90%。

(二)临床意义

NF1 基因种系突变引起的常染色体显性遗传病,临床主要表现为多发神经纤维瘤、恶性外周神经鞘瘤、视神经胶质瘤、其他星形细胞瘤、皮肤多发咖啡牛奶斑、腋窝及腹股沟雀斑、虹膜错构瘤(Lisch 结节)和各种骨病。随着基因检测技术的发展,有望在不久的将来找到 *NF1* 基因的突变热点及其机制,明确 NF I 表型及其基因型的关系,从而提高早期诊断及产前诊断的水平。

四、*VHL* 基因

VHL 基因位于 3p25-p26,基因全长 10kb,有 3个外显子和 1 个含 639 个核苷酸的编码序列。外显子 2 的不同拼接可产生两种广泛表达的转录产物:含 312 个氨基酸的 p30 蛋白质和含 160 个氨基酸的 p19 蛋白质。

(一)检测方法

VHL 家族约有 300 个种系突变,包括部分或全部的基因删除、移码、无义、错义和拼接位点的突变。3 个外显子均可发生突变,密码子 167 是突变的热点区。检测方法包括 PCR、LD-PCR、ASO-PCR、PCR-RFLP、Sanger 序列分析和 NGS 等。

(二)临床意义

VHL 基因突变导致 VHL 蛋白(VHL protein,pVHL)、ElonginC、ElonginB 及 Cul2 复合物形成障碍,从而导致富血管肿瘤中低氧诱导因子 -1(HIF-1)的生成障碍,最终导致 von Hippel-Lindau 综合征(简称 VHL 病)的发生。VHL 病是一种较为罕见的常染色体显性遗传病,可多个器官同时或先后发病,临床主要表现为中枢神经系统血管母细胞瘤、视网膜血管母细胞瘤、胰腺囊肿、肾细胞癌、肾上腺嗜铬细胞瘤、内耳内淋巴囊性肿瘤和附睾囊腺瘤。此外,VHL 病患者还可伴随红细胞增多症。VHL 病早期诊断较为困难,首先该病的临床表现呈年龄依赖性,患者被诊断为视网膜血管母细胞瘤、小脑血管母细胞瘤、肾细胞癌的平均年龄分别为 25 岁、30岁和 37 岁。其次存在无家族遗传史而仅表现为单个肿瘤的 VHL 病患者。因此,并非所有患者均可以通过临床诊断标准早期明确诊断并得到及时治疗。*VHL* 基因检测成为更为有效的诊断方法,特别是可以发现无症状的 VHL 病患者,并可从基因水平进一步确定临床诊断。

五、*WT1* 基因

WT1 基因（Wilm tumor gene 1），位于 11p13，全长 50kb，有 10 个外显子，编码 1 个具有高度同源性的核蛋白，具有激活和抑制双重功能，分子量 52～54kDa。

（一）检测方法

WT1 基因的作用是转录抑制，该基因的缺失和表达异常是致病的主要因素，因此该基因的检测方法主要是 PCR 荧光定量方法和免疫组织化学方法。在 *WT1* 突变所导致的相关疾病中发现 78 种突变，检测方法可以采用 PCR-ASO、PCR-RFLP、基因芯片和 Sanger 测序等方法，NGS 是目前新突变检测的有效方法。

（二）临床意义

1. *WT1* 基因的缺失或表达异常引起 WAGR 综合征　WAGR 名称来源：W 指 Wilms 瘤；A 指虹膜缺失（aniridia）；G 指泌尿生殖系统畸形（geniourinary anomalies）；R 指智力发育迟缓（mental retardation）。WAGR 综合征是一种罕见的遗传病，主要表现在以下几个方面：大多数患者中度智力发育迟缓，半数患者会有小头症和生长发育不良现象；嘴唇突出，下颌过小，外形较怪的耳朵；虹膜缺损，先天性白内障、眼球震颤及眼睑下垂与失明；隐睾症、尿道下裂、小阴茎，同时易合并 Wilms 瘤。此外，还有青光眼、脊柱后侧弯、腹股沟疝、肾脏囊泡损伤、性腺退化、性腺母细胞瘤、小指内弯屈曲、外生性骨疣以及室间隔缺损和肥胖等。

2. *WT1* 杂合突变引起德尼 - 德拉什综合征　德尼 - 德拉什综合征（Denys-Drash syndrome，DDS）是一种较为罕见的先天性疾病，以肾病综合征为主要表现，伴有男性假两性畸形、肾母细胞瘤或两者之一。肾病病理以弥漫性系膜硬化为主要特征，多发生在 2 岁以内，很快进展至终末期肾衰竭死亡。

六、*RB1* 基因

RB1 基因位于 13q14，基因全长 180kb，共有 27 个外显子和 26 个内含子，编码由 928 个氨基酸残基组成的 RB 蛋白。RB 蛋白是一种位于细胞核内的磷蛋白，对细胞周期起负调控作用，*RB1* 基因发生缺失、突变、灭活等改变即可导致肿瘤的发生，即视网膜母细胞瘤（retinoblastoma，RB）。

（一）检测方法

对于点突变和小片段的插入或缺失，主要采用 Sanger 测序法，基因捕获技术联合 Sanger 测序可以针对致病基因多个目标区域进行高通量测序；多重连接依赖性探针扩增、多重定量 PCR、微阵列比较基因组杂交技术用于 *RB1* 基因的大片段缺失和复制以及基因拷贝数的改变；AS-PCR 用于检测已知体细胞突变的低水平镶嵌状态，NGS 用于未知或新发生的突变检测，微卫星多肽标记分析用于比较肿瘤组织和血液 DNA 的微卫星位点，检测 LOH 的基因位点信息；RT-PCR 通过 RNA 转录水平分析了解隐匿的内含子序列改变，染色体核型分析和 FISH 技术用于较大片段和易位检测。

双眼视网膜母细胞瘤患者有 97% 的概率能从外周血标本中检测到 *RB1* 基因突变，但大约 3% 的患者外周血标本检测不到胚系突变，应再对肿瘤组织进行 DNA 检测，以确定致病突变，包括低度的镶嵌突变。相反，对于单眼视网膜母细胞瘤患者应先对肿瘤组织进行检测，再用外周血标本检测 *RB1* 基因突变。

（二）检测意义

RB1 基因变异和表达缺陷分析主要用途：①患者的基因突变情况是视网膜母细胞瘤的最新 TMN 分期标准中的一个重要依据；②用于遗传咨询；③用于产前诊断；④用于胚胎植入前基因诊断；⑤用于随访方案的制定；⑥有助于视网膜母细胞瘤发病机制及治疗的研究。

七、*CDH1* 基因

CDH1 基因位于 16q22.1，是一种肿瘤抑制基因，编码 E-cadherin 蛋白。E-cadherin 是一类介导细胞间相互黏附、具有维持组织结构完整性和极性的钙依赖性跨膜蛋白，由细胞外肽段、跨膜区和细胞内肽段组成。细胞外肽段通过 HAV 序列识别和介导细胞间相互黏附，细胞内肽段通过连结蛋白与细胞骨架连接。E-cadherin 的表达及功能变化与肿瘤细胞分化、侵袭和转移密切相关。

（一）检测方法

迄今为止，已报道了超过155种不同的种系CDH1基因突变。多数致病性突变是截短突变，因此不产生功能性蛋白质。约5%的突变导致大段外显子缺失。CDH1是肿瘤抑制基因，因此需要体细胞的"二次打击"以启动肿瘤形成，其分子机制包括甲基化、体细胞突变、杂合性丢失等。这种固定位置的突变可采用PCR-ASO、ASO探针杂交、基因芯片等。如果怀疑有未知的突变，可以采用PCR-SSCP和PCR-DGGE、DNA测序等。对于E-cadherin蛋白的表达缺陷可以采用实时荧光定量PCR和免疫组织化学分析技术。

（二）临床意义

CDH1基因突变以及E-cadherin表达异常导致遗传性弥漫性胃癌（hereditary diffuse gastric cancer，HDGC）。E-cadherin主要在细胞黏附和细胞极性中发挥作用，从而维持上皮细胞形态和结构的完整性，其表达下调或功能缺失可能导致细胞分化异常，进而形成肿瘤。CDH1基因突变在不同地区和种族的HDGC中的检出率差异很大。

八、APC基因

APC基因是一种抑癌基因，位于染色体5q22.2，全长108kb，包含15个外显子，编码2 843个氨基酸残基的多肽，15号外显子全长6 571bp，占编码区77%，是已知人类基因组中最大的外显子，也是突变发生最多的外显子。

（一）检测方法

常见的APC基因胚系突变形式为编码序列的移码突变、无义突变、剪接位点异常、错义突变以及大片段的缺失，导致产生截短的或突变的APC蛋白。检测的方法包括SSCP、PCR-ASO、DNA序列分析、基因芯片或NGS等。

（二）临床意义

APC基因的胚系突变将导致家族性腺瘤性息肉病（familial adenomatous polyposis，FAP）的发生，11%~25%的病例可追溯到患者身上新出现的突变。典型特征是在整个结肠中形成数百至数千个腺瘤性息肉，这些腺瘤性息肉在10年后逐渐转变为腺瘤。如果不治疗，患者平均在40岁时死于癌症。该疾病的病理学特征是"先天性视网膜色素上皮肥厚（congenital hypertrophy of retinal pigmented epithelium，CHRPE）"，其存在于约85%的患者中，但不影响视力。

另外，APC基因的突变也可导致加德纳综合征（Gardner syndrome）。该病是一组累及多系统的综合征，发病率较低，发病年龄分布较广，临床表现为胃肠道多发性息肉、骨瘤、腹腔硬纤维瘤、软组织瘤、牙齿异常、结肠外恶性肿瘤等。还有报道认为，特科特综合征（Turcot syndrome）与APC基因的突变有关。

第四节
液体活检的应用

肿瘤的液体活检是指以最小侵入性或非侵入性的方法获得患者的血液或其他体液样本（尿液、腹水、唾液、胸腔积液等），对其中的肿瘤细胞或核酸等生物标志物进行检测与分析，检测内容主要有：循环肿瘤细胞（circulating tumor cell，CTC）、循环肿瘤DNA（ctDNA）和外泌体（exosome）等。与传统的诊断金标准（组织活检）相比，液体活检具有以下优势：①采样创伤小；②样本均质，能够均化肿瘤异质性；③耗时短、操作方便；④可多次取材，实时监测肿瘤进展。目前，液体活检在肿瘤的早期诊断、个体化治疗、疗效评估、复发转移以及预后监测等方面展现了广阔的应用前景。

一、循环肿瘤细胞

CTC是指自发或因诊疗操作而由实体瘤或转移灶释放入外周循环的肿瘤细胞。CTC在血液中的数量极其有限，形态不均一，而且存活时间非常短暂，半衰期1~2.4h。外周循环中的CTC因其自身或机体免疫系统作用等原因而在短期内凋亡或坏死，只有具有干细胞样特征的CTC，即循环肿瘤干细胞（circulating tumor stem cell，CTSC）可长期存在。

(一)检测方法

1. 富集分离方法 把 CTC 从正常血细胞中有效地分离出来是进行后续检验的基础,富集方法主要包括基于物理特性(体积、密度、电荷和变形能力等)和基于生物学特性(细胞表面蛋白表达与生存能力等)两方面。

(1)基于物理特性的富集方法。主要包括:①根据细胞体积差异采用特殊膜进行过滤与分离;②根据细胞变形能力差异采用微流控芯片系统进行分离;③根据细胞密度差异采用密度梯度离心进行分离;④根据细胞体积和膜特性差异的介电电泳(dielectrophoresis,DEP)分离法。此类方法无需标记,较为便捷,但由于白细胞的干扰和 CTC 自身体积的差异而导致分离效率有限。

(2)基于生物学特性的富集方法主要为免疫磁珠法。通过耦联有 EpCAM 抗体和抗 CD45 抗体的磁珠在磁场条件下富集 CTC。该方法特异性强,但因上皮标记(EpCAM 和 CK)的表达降低而导致筛选灵敏度的减低。此外,该法需要较多的血液标本才能获得足够的 CTC。近年来报道,将一种纳米检测器放置于患者的手臂静脉中,可在 30min 内有效获取约 1.5L 血液中的 CTC。

2. 鉴定分析方法

(1)细胞计数:①免疫细胞化学染色或免疫荧光染色;②流式细胞术;③核型分析;④微流控技术;⑤激光扫描细胞计量技术。

(2)分子检测:①核酸分析:PCR、RT-PCR、NGS 和基因芯片等分子生物学技术对体液中 CTC 来源的游离 DNA、基因组 DNA 或 mRNA 进行检测。另外,单细胞测序(single-cell sequencing,SCS)技术可分析拷贝数变异、单核苷酸多态性等。②蛋白分析:指通过微流控技术、Western Blot 和酶联免疫斑点技术等方法对 CTC 表面或内部蛋白的构成及功能进行鉴定或分析。还可以分析 CTC 蛋白表达水平。③细胞功能分析:通过体外培养,进行增殖、转化、侵袭等功能的研究。

(二)临床应用

1. 肿瘤的早期筛查与辅助诊断 CTC 在肿瘤早期筛查方面具有一定的临床应用价值。有研究检测了 168 例慢性阻塞性肺疾病患者血液中的 CTC 数量,阳性者在后来 1~4 年间均被确诊为肺癌,说明 CTC 预测早期肺癌的特异性和灵敏度显著高于传统影像学方法。此外,CTC 还能用于肿瘤的分期。美国肿瘤研究联合会(American Joint Committee on Cancer,AJCC)2010 年制定的肿瘤 TNM 分期指南中把 CTC 作为一个新的 M 分期(远处转移)标准。

2. 肿瘤的个体化治疗指导 通过 CTC 对肿瘤治疗相关蛋白或基因进行检测,可实时监控肿瘤细胞的动态变化,并对药物敏感性或耐药性进行评估,进而指导患者的个体化治疗。目前,通过 CTC 检测 *EGFR*、*KRAS*、*HER2* 等基因突变已被临床广泛应用。在前列腺癌中,检测 *AR-V7* 的 mRNA 表达,能够帮助转移性前列腺癌患者进行治疗方案的选择。

3. 肿瘤的疗效与预后评估 CTC 在预后预测方面具有极大优势,其数目及间质化程度(E/M 比例)与疾病进展显著相关。化疗过程中的 CTC 数目变化可先于影像学改变,与 CT 联合使用可将良性小结节判别的假阳性率降低到 10% 以下。

4. 致病机制与治疗靶点的研究 CTC 的研究能够从蛋白质和基因等水平上为致病机制和新型治疗靶点提供宝贵信息。此外,CTC 具备自我更新、无限增殖和免疫逃避等潜能,与肿瘤的转移密切相关,相关研究将为有效控制肿瘤的复发与转移提供重要参考依据。

二、循环肿瘤 DNA

1948 年,Mandel 和 Metais 首次在人类血液中发现了细胞外的游离 DNA(cell-free DNA,cfDNA)片段,这种游离 DNA 以单链或双链 DNA 的形式存在,也可通过与细胞膜、细胞外蛋白质等结合,提高其在循环中的稳定性。循环肿瘤 DNA(ctDNA)是由肿瘤细胞释放入血循环中的 DNA 片段,可来源于原发肿瘤、CTC 或肿瘤转移灶等凋亡和坏死的肿瘤细胞,具有肿瘤的高特异性标记,如单个碱基对的替换或重排、甲基化的改变、杂合子的缺失等。ctDNA 长度比 cfDNA 短,为 134~144bp;半衰期约为 2h,可用于肿瘤变化的实时评估。

(一)检测方法

1. ctDNA 的提取 常用方法有过滤法、亲和柱层析法、磁珠法和酚-氯仿抽提法等,不同方法保持特定片段长度的能力不同,其提取率、获得 ctDNA

的质量与长度也有所差异,并可对后续 ctDNA 的检测产生不同的影响。

2. ctDNA 的检测

(1) ctDNA 的定量检测:实时荧光定量 PCR 法可定量检测突变等位基因的浓度。此外,还有重整末端个性化分析方法(personalized analysis of rearranged ends,PARE)和数字化人类染色体核型分析,灵敏度可达 0.001%。

(2) ctDNA 的突变检测:以 PCR 特异性扩增和 DNA 测序技术为主。基于 PCR 特异性扩增的检测方法主要包括:①扩增受阻突变系统聚合酶链反应(ARMS-PCR)技术,检测灵敏度可达到 1%。②高分辨率熔解曲线技术(HRM),根据目标序列 PCR 退火温度的微小差异进行定性判断。③数字 PCR(dPCR),检测灵敏度达 0.01% 甚至 0.000 1% 频率的突变,并可进行绝对定量,但位点覆盖度小,仅针对已知突变。④磁珠乳液扩增技术(bead,emulsion,amplification and magnetic,BEAMing),该方法结合 dPCR 技术和流式细胞术,能在 10 000 个野生型等位基因中捕获 1 个突变。而基于 DNA 测序技术的方法以 NGS 技术为代表。此类方法检测通量大,并可有效检出未知突变序列,主要有:①标记扩增深度测序(tagged-amplicon deep sequencing,TAM-Seq),灵敏度很高,突变频率检出率可达 2%。②肿瘤个体化分析深度测序(cancer personalized profiling by deep sequencing,CAPP-Seq),经过多次目的性的筛选,靶向捕获后再进行 NGS,故具有较高的特异性。③条形码测序技术(bar code sequencing technology),一种鉴别个体分子的高保真目标测序技术,灵敏度和准确度均高。此外,基于单核苷酸多态性的靶向测序能够检测到 0.5% 的基因拷贝数变异。然而,不同检测方法的灵敏度和特异性因上样量、仪器性能和检测原理等影响因素而存在差异,临床实际应用时要关注。

(3) ctDNA 的甲基化检测:ctDNA 甲基化与肿瘤的功能密切相关,其检测可分为三大类,即甲基化含量检测、候选基因检测以及甲基化模式和甲基化谱检测。采用的技术包括高效液相色谱(HPLC)、高效毛细管电泳、焦磷酸测序、限制性标记基因组扫描(restriction landmark genomic scanning,RLGS)、甲基化特异性 PCR 和全基因组亚硫酸氢盐测序(whole genome bisulfite sequencing,WGBS)等。

(二)临床应用

1. 肿瘤的早期诊断　ctDNA 可在早期肿瘤患者中检测出来。有研究用 CAPP-Seq 检测 NSCLC 患者的 ctDNA,结果 50% 的 I 期患者能被检测到。

2. 肿瘤的个体化治疗与疗效评估　血浆 ctDNA 的基因特性与原位肿瘤高度一致,可用于指导肿瘤患者的个体化治疗,如 ctDNA 的 EGFR T790M 突变可作为肺癌患者对吉非替尼和厄洛替尼耐药的指征。在治疗过程中通过对 ctDNA 的持续监测,可动态获得其突变谱的变化及治疗选择压力所致的异质性等信息,可为疗效评估和调整治疗方案提供及时、准确的参考。

3. 肿瘤的残留病灶及复发监测　ctDNA 可作为手术或治愈性疗法之后残留病灶的潜在标志物,预测肿瘤复发的中位时间比 PET/CT 平均提前了 3.5 个月。

三、外泌体

外泌体(exosome)是广泛存在于血细胞、树突状细胞、肿瘤细胞等各类细胞中的囊泡样结构,直径 40~100nm,密度为 1.13~1.19g/ml,在正常和病理状态下均可释放。因其包含膜表面蛋白、脂质成分以及来源细胞的核酸,能够反映来源细胞的表型状态。外泌体可在细胞间转移,并参与调节受体细胞的基因表达。不同细胞来源的外泌体的形态及组成差异较大。

(一)检测方法

1. 外泌体的分离纯化　外泌体的分离纯度直接关系到后续研究的准确性。常用的分离纯化方法包括离心法、层析法、免疫磁珠法、流式细胞法等。

(1) 离心法:最常用,根据外泌体相对分子量的差异,利用差速离心来区分外泌体和其他大体积的细胞外囊泡,对外泌体活性影响较小,成本较低,适用于大体积样本(如细胞上清液、尿液等)的蛋白组学研究及外泌体的功能研究。但该法操作费时,所得外泌体的纯度有限。

(2) 层析法:利用特定孔径的超滤膜或者固相介质分离不同体积的外泌体,所得外泌体纯度高,形态完整,但不适用于大量样本的分离纯化。

(3) 免疫磁珠法和流式细胞法:利用外泌体表

面膜蛋白特异性抗原进行分离纯化,这些方法特异性高,但成本高,所得外泌体不适用于后续研究。

2. **鉴定分析** 通常采用电镜法、PCR 法、测序法、Western blot 等。此外,流式细胞仪、蛋白芯片、微型磁共振系统等可分析蛋白质成分。或通过构建细胞共培养体系,研究外泌体对靶细胞功能及相关信号通路的影响等。近年来开发出纳米粒子追踪分析(nanoparticle tracking analysis,NTA)和微流控技术的 ExoSearch 等,但其检测结果有待实验验证。

(二)临床应用

1. **肿瘤的辅助诊断** 肿瘤患者与健康人群外泌体所携带分子的表达量存在较大差异。

2. **肿瘤的疗效判断与预后评估** 有研究指出,NSCLC 患者如果检测 ctDNA T790M 突变联合检测外泌体核酸,可明显提高检测灵敏度和特异性,更有利于患者个体化用药的调整。

3. **药物载体及肿瘤疫苗的研究** 外泌体可用于投放化疗药物或抑癌分子,还可以减少由于药物暴露而导致的副反应。此外,外泌体还具有能够呈递肿瘤抗原、增强 T 细胞抗肿瘤免疫的特点,有望在未来肿瘤疫苗的研制中发挥重要功能。

小 结

肿瘤的发生受遗传因素和环境因素的双重影响。肿瘤发生的分子遗传学基础主要是基因及其表达异常,分子诊断对肿瘤的基因变异进行早期诊断、易感性筛查、分型分期、预后评价及个体化靶向治疗意义重大。对实体肿瘤和血液系统肿瘤均可通过检测特定基因的拷贝数增加、突变、重排或表达情况,提供靶向治疗方案,最大程度地提高治疗的有效率,减少药物的毒副作用。常见实体肿瘤相关基因包括 *EGFR* 基因、*KRAS* 基因、*BRAF* 基因、*HER2* 基因、*BRCA* 基因等。常见的血液系统肿瘤相关基因包括 *BCR-ABL1* 融合基因、*PML-RARα* 融合基因、*AML1-ETO* 融合基因、*Ig/TCR* 基因重排、*FLT3* 基因、*NPM1* 基因等。

肿瘤中 5%～10% 为遗传性肿瘤,基因的种系突变直接通过双亲的生殖细胞传给子代,遗传特性主要为常染色体显性遗传和常染色体隐性遗传。对遗传性肿瘤患者家族中有风险的亲属进行基因诊断非常重要。目前研究发现的遗传性肿瘤涉及的基因达 100 多个,常见的有 *MEN1* 基因、*RET* 基因、*NF1* 基因、*VHL* 基因、*RB1* 基因等。

临床上采用 ARMS-PCR、Sanger 测序、NGS、dPCR 等分子诊断技术检测相关基因,对肿瘤进行诊断、风险评估和预后判断。随着生物技术的发展和新材料的应用,检测技术在不断更新。液体活检可实现无创检测,肿瘤的液体活检内容主要包括循环肿瘤细胞、循环肿瘤 DNA 和外泌体的检测。

(方 莉 王玉明)

第十六章

药物基因组检验

药物体内代谢、转运及药物作用靶点基因的遗传变异及其表达水平的变化可通过影响药物的体内代谢和效应，导致药物反应个体差异。药物基因检测是一种通过分析个体基因变异来预测个体对特定药物反应的检测方法。每个人的基因组都存在独特的遗传变异，这些变异可以影响人体对药物的吸收、分布、代谢、排泄过程，进而影响药物的疗效和不良反应。近年来随着基因检测技术的高速发展，基因检测成本大幅度降低，越来越多的药物基因生物标志物被发现并逐步应用于临床参与个体化用药的决策。药物基因组检测已成为指导临床个体化用药、评估严重药物不良反应发生风险的重要工具之一，本章重点介绍药物基因检测相关的基础知识、临床常见的检测项目和基于检测结果为临床提供个体化用药参考建议。

第一节
药物基因组学概述

遗传药理学、药物基因组学、个体化精准医学是一脉相承的。药物基因组学是从基因组角度探讨基因的遗传变异对药物疗效/不良反应的影响。药物在人体内的吸收、分布、代谢、排泄和作用靶点，主要与蛋白质功能有关，编码基因发生突变可能导致蛋白质功能发生增强、减弱或缺失等变化，从而引起药物在人体内吸收、分布、代谢和排泄的改变，或者引起药物与其作用靶点结合能力增强、减弱或消失，最终影响药物效应。

一、药物基因组学的定义

药物基因组学（pharmacogenomics）是20世纪

90年代在遗传学、基因组学、药理学基础上发展起来的一门新兴的交叉学科，是研究DNA和RNA特征的变异与药物反应及其机制的科学，即研究基因序列的多态性与药物效应多样性之间的关系，其主要在基因水平研究药物代谢酶的多态性、药物转运体的多态性、药物受体的多态性和药物靶标的多态性等，以揭示药效和不良反应差异的遗传特征。

药物基因组学的深入研究为个体化药物治疗提供了依据，揭示了遗传因素在个体化用药中的作用。1990年，美国启动人类基因组计划（Human Genome Project，HGP），为研究药物相关基因及其对药物代谢和反应的影响提供了更多、更完整的信息，1997年，"药物基因组学"应运而生。药物基因组学的兴起带动了个体化药物治疗的研究热潮，"量体裁衣"式的药物治疗方式与基因检测紧密联系在一起。2005年3月，美国食品药品监督管理局（Food and Drug Administration，FDA）颁布了面向药企的"药物基因组学资料呈递（pharmacogenomic data submissions）"指南，其目的是推进更有效的新型"个体化用药"进程，最终达到结合"每个人的遗传学状况"用药的效果。2007年，FDA批准药物基因组学检测用于华法林的个体化临床用药指导。2015年，国家卫生计生委发布《药物代谢酶和药物作用靶点基因检测技术指南（试行）》，药物基因组学导向的个体化用药的研究和临床应用开始逐渐发展和普及。

二、药物基因组学的研究内容

药物的治疗效果和毒性作用最终是由其药物代谢动力学（pharmacokinetics，PK）和药物效应动力学（pharmacodynamics，PD）两方面综合作用决定。

药物代谢动力学（简称药动学）研究机体对药物处置的过程，它决定了药物在体内各个部位的暴露值，相应地决定了药物反应的强度；药物效应动力学（简称药效学）研究药物对机体的作用及作用机制，药理效应包括治疗作用和不良反应。而药物基因组学的研究内容主要包括 PK 和 PD 两个通路上涉及的药物代谢酶、转运体、药物靶点及相关信号转导蛋白的遗传变异和合理用药的关系，以及利用基因组学信息优化临床试验设计和发现适合特定人群的药物。

药物基因组学的研究内容主要包括以下 5 个方面。

1. 阐明由遗传变异引起的与药物治疗有关的各种异常。其中，SNP 是经典药物基因组学研究中最受关注的一类遗传标志物。

2. 阐明在决定药物反应个体差异中发挥作用并最终可能有功能意义的候选蛋白及其相关基因、基因家族和导致药物反应个体差异的常见基因多态性。

3. 开发和建立离体模型（包括人类、动物和非哺乳类种属）和计算机模型，并认识和查明这些模型的特性，用以研究人类基因（包括单基因和多基因）及多态性，以及它们在药物反应个体差异中的作用。

4. 基于家系患者和人群进行遗传学和分子流行病学研究，发现和阐明与药物反应个体差异相关的候选基因。

5. 阐明药物反应蛋白和相关基因在疾病发生等方面的作用。

三、药物基因组学的临床相关性

药物基因组学的研究目的是提高药物有效性及安全性。但是，在临床个体化药学服务中，药物基因组学并不是用药决策的唯一依据。药物基因组学与人群多样性密切相关，不同种族的人甚至是同种族的不同个体，携带不同基因或者基因突变类型不同，对某一药物所需的治疗剂量可相差很多倍，这种种属或种族间的不同称为种属或种族差异，明确种族特征有助于实现药物基因组学临床应用中不同种族人群的获益。

目前药物基因组学较为成熟的临床应用证据主要来源于临床药物基因组学实施联盟（Clinical Pharmacogenetics Implementation Consortium，CPIC）指南、药物基因组学知识库（the Pharmacogenomics Knowledge Base，PharmGKB）、NCCN 肿瘤学临床实践指南（NCCN Clinical Practice Guidelines in Oncology）、FDA 的官方网站及药品说明书、国内的学术机构发布的相关指南，以及高质量的临床研究等。

本节列举了临床常用的部分药物基因循证证据级别等信息，具体见表 16-1。

表 16-1　临床常用的部分药物基因循证证据级别信息表

药物类型	药物	基因	遗传变异	CPIC 证据级别	PharmGKB 证据级别	FDA 证据等级	是否有指南
非甾体抗炎药	塞来昔布	CYP2C9	*1、*2、*3、*13	A	1A	可操作	是
	美洛昔康	CYP2C9	*1、*2、*3、*13	A	1A	可操作	是
抗血小板药	氯吡格雷	CYP2C19	*1、*2、*3、*4、*5、*6、*8、*10、*17、*19、*25、*26	A	1A	可操作	是
抗肿瘤药	伊立替康	UGT1A1	*1、*28	A	1A	可操作	否
抗抑郁药	帕罗西汀	CYP2D6	*1、*2、*3、*4、*5、*9、*10、*14、*41	A	1A	可参考	是
	舍曲林	CYP2C19	*1、*2、*3、*17	B	1A	无	是
	艾司西酞普兰	CYP2C19	*1、*2、*3、*17	A	1A	可操作	是
	文拉法辛	CYP2D6	*1、*3、*4、*5、*6、*10、*81	A/B	1A	可操作	否
调血脂药	瑞舒伐他汀	ABCG2	rs2231142	A	1A	无	是
		SLCO1B1	rs4149056、*1、*5、*9、*14、*15、*37	A	1A	可操作	是

续表

药物类型	药物	基因	遗传变异	CPIC证据级别	PharmGKB证据级别	FDA证据等级	是否有指南
免疫抑制剂	他克莫司	CYP3A5	*1、*3、*6、*7	A	1A	可操作	是
	硫唑嘌呤	TPMT	*1、*2、*3A、*3B、*3C、*6	A	1A	建议检测	是
抗真菌药	伏立康唑	CYP2C19	*1、*2、*3、*17	A	1A	可操作	是
抗凝血药	华法林	CYP2C9	*1、*2、*3、*4、*5、*6、*8、*11	A	1A	可操作	是
		CYP4F2	rs2108622	A	1A	无	是
		VKORC1	rs9923231	A	1A	可操作	是
质子泵抑制剂	奥美拉唑	CYP2C19	*1、*2、*3、*9、*10、*17、*24、*26	A	1A	可操作	是
	泮托拉唑	CYP2C19	*1、*2、*3、*17	A	1A	可操作	是
抗精神病药	利培酮	CYP2D6	*1、*3、*4、*5、*6、*10、*14	B	1A	可参考	否
抗癫痫药	苯妥英钠	HLA-B	*15:02	A	1A	可操作	是
	卡马西平	HLA-A	*31:01	A	1A	可操作	是
		HLA-B	*15:02、*15:11	A	1A	要求检测	是
抗病毒药	阿巴卡韦	HLA-A	*57:01	A	1A	要求检测	是
	阿扎那韦	UGT1A1	*1、*6、*28、*36、*37	A	1A	无	是
降尿酸药	别嘌醇	HLA-B	*58:01	A	1A	建议检测	是

注:① CPIC 根据证据强度将基因/药物按照从强到弱分为 A、A/B、B、B/C、C、C/D、D 七个等级。其中 A 级证据可以直接根据遗传信息决定临床用药;B 级证据给临床医生提供有力参考,在有其他药物可供选择时应该换药;C 级和 D 级证据则仅供临床医生参考,并不对药物的选择进行任何建议。② PharmGKB 网站同样也对基因/药物进行证据分级,按照从强到弱分为 1A 级、1B 级、2A 级、2B 级、3 级、4 级。PharmCKB 将 1 级定义为高级别证据,2 级为中等级别证据,3 级为低级别证据,4 级为初步证据。③ FDA 将批准药物的说明书相关药物基因组学信息划分为要求检测(testing required)、建议检测(testing recommended)、可操作(actionable)和可参考(informative)4 个水平。其中,要求检测标签说明某种基因、蛋白质或染色体检测,包括遗传检测、功能性蛋白质测定、细胞遗传学研究等,应在使用本药物前对说明书中提及的基因或基因产物进行检测。④ * 表示该基因不同的变异位点,比如与非甾体抗炎药塞来昔布关联证据等级较高的 CYP2C9 基因具有多态性,存在 CYP2C9*1、CYP2C9*2、CYP2C9*3 等多个变异型。其中,CYP2C9*1 为野生型等位基因;CYP2C9*2 突变是 3 号外显子上发生 C430 > T 的突变,造成 Arg144 > Cys144 氨基酸置换;CYP2C9*3 是在 7 号外显子上发生 A1075 > C 突变,造成 Ile359 > Leu359 氨基酸置换。

四、药物基因组学常用检测方法

目前开展药物基因组学检测常用的方法有荧光原位杂交技术、PCR- 电泳法、PCR- 高分辨率熔解曲线、等位基因特异性 PCR 法、PCR- 限制性片段长度多态性方法、实时荧光定量 PCR 法、PCR-Sanger 测序法、PCR- 焦磷酸测序法、第二代测序、PCR- 基因芯片法和核酸质谱等技术,能够经济、高效、快速地实现一次基因检测,从而得到大量或较全面的药物相关遗传信息,最终为临床提供基于药物基因的个体化用药建议。

第二节
药物基因组学与药物反应个体差异

药物经吸收(absorption)进入血液,随血流分布(distribution)到组织中,部分药物在肝脏等组织中发生代谢(metabolism),药物及其代谢物经胆汁、肾脏等途径排泄(excretion)出体外。药物在体内的吸收、分布、代谢与排泄过程,统称为药物的体内过程(图 16-1),缩写为 ADME。

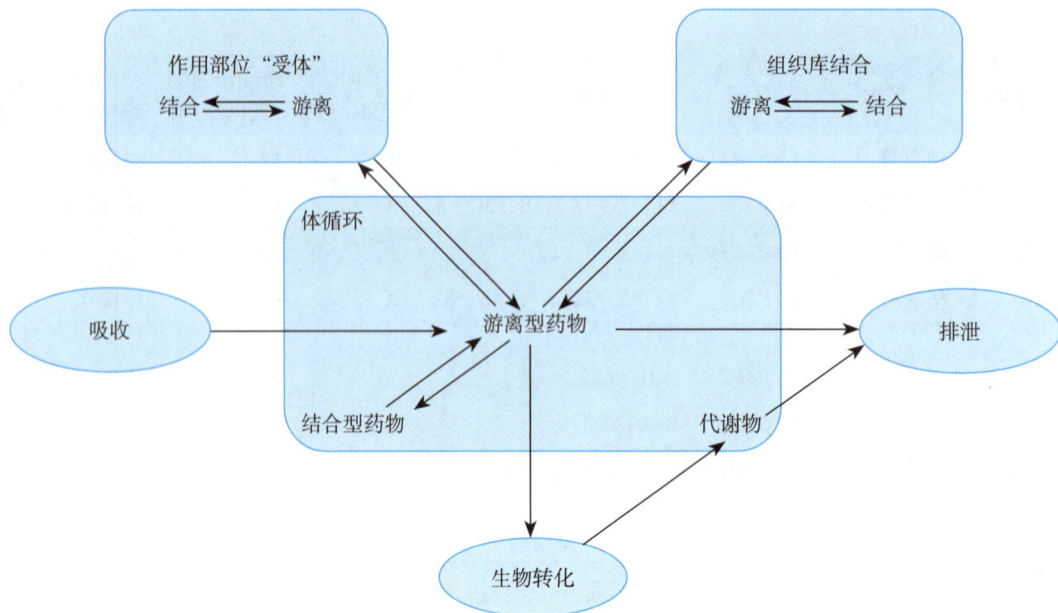

图 16-1 药物的体内过程

药物通过各种途径进入人体后,引起器官和组织的反应,称为药物反应(drug reaction)。不同人群对同一种药物的反应不同,药物反应在人类不同群体之间的差异和同一群体不同个体之间的差异都与遗传密切相关。就遗传因素而言,药物代谢酶的基因变异,会改变药物的处置过程,导致药物剂量过高或剂量不足,使主要药理效应增加或减少,或者药物副作用或毒性增加;由于转运体的分布和功能表现出非常大的变异性,药物转运体基因的遗传变异也可以解释一部分药物药动学和临床疗效上的个体差异;受体的遗传多态性也可能对药物效应产生影响。

一、药物代谢酶基因多态性

据估计人体约有 170 个基因产物影响药物的体内处置,其中超过一半存在基因多态性。药物代谢酶参与内源性物质和外源性物质的代谢,许多药物代谢酶的遗传多态性具有显著的功能差异,通常遵循基因剂量效应。

(一) I 相代谢酶

I 相代谢酶负责催化绝大多数药物在体内的第一步生物转化,生成亲水性更强的代谢物,以便从体内排出。根据代谢酶在体内的代谢快慢,主要分为五种代谢表型:慢代谢型(poor metabolizer,PM)、

中间代谢型(intermediate metabolizer,IM)、正常代谢型(normal metabolizer,NM)、快代谢型(rapid metabolizer,RM)和超快代谢型(ultrarapid metabolizer,UM)。

1. 细胞色素 P_{450} 单加氧酶系 细胞色素 P_{450} 单加氧酶系(cytochrome P_{450} monooxygenases,CYP)超家族是最重要也是目前研究最多的药物代谢酶。科学家根据 CYP 氨基酸序列的相似程度,将其分为 18 个家族和 100 余个亚家族。CYP 根据氨基酸序列的同一性分为家族、亚家族和酶个体。氨基酸序列有 40% 以上相同者划为同一家族,以阿拉伯数字表示;同一家族内氨基酸序列相同达 55% 以上者为同一亚家族,在代表家族的阿拉伯数字之后标以英文字母表示;而同一亚家族的单个同工酶则再以阿拉伯数字表示。如 CYP2D6 中的 CYP 是细胞色素 P_{450} 的缩写,2 是家族,D 是亚家族,6 是单个酶。常见 CYP 同工酶的编码基因呈现高度的变异多态性,包括 CYP2A6、CYP2B6、CYP2C9、CYP2C19、CYP2D6 和 CYP3A4/5 等呈现多态性,成为药物基因组学研究的焦点。

(1) CYP2C9:是 CYP2C 亚家族表达量最高的同工酶之一,占肝总 CYP 含量的 18%~30%,其编码基因存在多态性,目前已知的突变等位基因至少有 60 个,其中 7 个位点在不同人种有明显差异。CYP2C9*2 和 CYP2C9*3 是欧洲裔中最常见的突变,也是研究最多的。CYP2C9*2 等位基因是 3 号外显子上的点突变(c.3608C > T,rs1799853)导致

蛋白第 144 位上精氨酸变为半胱氨酸,*CYP2C9*3* 突变(c.42614A > C,rs1057910)在 7 号外显子上,相应的 359 位异亮氨酸变为亮氨酸。*CYP2C9*2* 和 *CYP2C9*3* 型的酶活性分别只有野生型的 70%~90% 和 10%~20%。对于大多数主要由 CYP2C9 酶代谢的药物,只携带一个拷贝 *3 会使清除率下降约 50%,而 *3 纯合子个体的清除率则会下降 10%~20%。*CYP2C9*2* 和 *CYP2C9*3* 在不同的人群中突变的频率不同,*CYP2C9*2* 亚洲人群中基本上没有突变,*CYP2C9*3* 大约有 4% 的亚洲人是突变型杂合子。FDA 已经在 17 个药物的说明书中提到该基因,国内常用的药物包括华法林、美洛昔康、塞来昔布等。

(2)CYP2C19:约占肝脏 CYP 总含量的 8%,大概涉及 5% 药物的代谢,其活性的个体间差异主要是由基因型决定的。*CYP2C19* 基因具有高度多态性,已知其等位基因超过 25 个。*CYP2C19*2*(rs4244285,c.681G > A)和 *CYP2C19*3*(rs4986893,c.636G > A)是中国人群中存在的 2 种导致 CYP2C19 酶缺陷的主要等位基因。*CYP2C19*2*(rs4244285)是发生在 5 号外显子的剪切突变 681 > A,该突变导致

终止密码子过早出现,翻译生成不完整的无效酶蛋白。*CYP2C19*3*(rs4986893)出现在 4 号外显子上的突变,导致终止密码子提前出现。根据 *CYP2C19* 基因型将患者对药物的不同反应分为:超快代谢类型(如 *17/*17)、快代谢型(如 *1/*17)、正常代谢型(如 *1/*1)、中间代谢型(如 *1/*2、*1/*3)和慢代谢型(如 *2/*2、*2/*3、*3/*3),*CYP2C19* 无功能突变导致的慢代谢型在亚洲人中出现的频率高达 15%。*CYP2C19* 上也存在增强酶活性的突变,即 *CYP2C19*17*(-806C > T,rs12248560)等位基因,它显著升高 CYP2C19 酶的转录活性。*CYP2C19*17* 在高加索人(约 21%)和非洲人(约 16%)中较常见,而在东亚人中很少见(约 2.9%),*CYP2C19* 基因型和表型存在显著的地区和种族差异,见表 16-2。临床数据表明 *17 可以明显降低奥美拉唑、美芬妥英、依他普仑、伏立康唑等的体内暴露量,但可以增加氯吡格雷活性代谢物的量。FDA 已经在 25 个药物的说明书注明要求考虑 *CYP2C19* 基因多态性对用药的影响,包括氯吡格雷、普拉格雷、西酞普兰、伏立康唑、质子泵抑制剂(如奥美拉唑、泮托拉唑)等。

表 16-2 基于 *CYP2C19* 基因型对不同人群表型的突变频率

基因型	表型	酶的功能	美洲突变频率	中南亚突变频率	东亚突变频率	欧洲突变频率
CYP2C19*17/*17	超快代谢型(ultrarapid metabolizer,UM)	酶活性大大增高	0.007 4	0.029 1	0.000 4	0.046 4
CYP2C19*1/*17	快代谢型(rapid metabolizer,RM)	酶活性增高	0.136 4	0.185 7	0.024 5	0.269 4
CYP2C19*1/*1	正常代谢型(normal metabolizer,NM)	酶活性正常	0.627 6	0.295 5	0.354 7	0.390 8
CYP2C19*1/*2、CYP2C19*1/*3	中间代谢型(intermediate metabolizer,IM)	酶活性中等	0.192 8	0.310 5	0.424 0	0.185 6
CYP2C19*2/*2、*2/*3、*3/*3	慢代谢型(poor metabolizer,PM)	酶活性降低或缺失	0.014 8	0.081 6	0.126 7	0.022 0

资料来源:临床药物基因组学实施联盟。

(3)CYP2D6:是药物基因组学研究领域研究最早,也是最为深入的 CYP,参与了 25%~30% 临床用药的代谢。FDA 已经在 72 个药物的说明书注明要求考虑 *CYP2D6* 基因多态性对用药的影响,如氟哌啶醇、美托洛尔、可待因等。CYP2D6 不能被诱导,因此基因型是决定其活性的主要因素。

目前发现的 *CYP2D6* 突变位点已有 80 个左右,其中有的突变可以导致酶活性丧失,称为无效等位基因。*CYP2D6*5* 是无效等位基因,为整条 *CYP2D6* 基因的缺失,在大多数人种中的出现频率

为 3%～6%。有的 CYP2D6 突变只是减弱酶活性，称为功能缺失等位基因，东亚人最常见的 CYP2D6 突变是 *10（rs1065852）（约 50%），导致酶不稳定和催化能力下降。

（4）CYP3A：是一种重要的 CYP，它在肝脏及肠道中含量丰富，约占 CYP 总量的 28.8%，是参与口服药物首过效应的重要酶系。人类 CYP3A 亚家族包括 CYP3A4、CYP3A5、CYP3A7 和 CYP3A43 四个亚家族，其中 CYP3A7 在胎儿阶段发挥重要作用，出生后含量下降，在成人期几乎不表达；CYP3A4 和 CYP3A5 亚型是人体中主要的药物代谢酶，参与临床半数以上药物的代谢分解；CYP3A4 也涉及内源性物质的代谢，如类固醇激素、胆汁酸等。FDA 在 1 个药物的说明书中提到 CYP3A5，PharmGKB 网站有 67 个与 CYP3A 基因相关的药物注释信息，在 CPIC 网站有 19 个药物与 CYP3A4/5 药物基因相关，其中包括免疫抑制剂他克莫司、抗高血压药钙通道阻滞剂（氨氯地平、尼莫地平、维拉帕米）等。

不同种族间 CYP3A4 等位基因的突变频率不同。在已发现的 48 个等位基因中，CYP3A4*4、CYP3A4*5、CYP3A4*6、CYP3A4*18 和 CYP3A4*19 在中国汉族人中的突变频率分别约为 1.5%、0.98%、0.5%、2% 和 2%。由于个体间 CYP3A4 酶活性的差异，约 85% 是由遗传因素决定的。探寻 CYP3A4 基因变异也成为诠释酶活性差异的研究热点之一。

CYP3A5 的基因突变是产生酶活性差异的最主要原因，其中 CYP3A5*3 在 3 号内含子（6986A＞G）的突变引起可变剪切，产生了不稳定的蛋白质，从而使得突变型纯合子个体（即携带基因为 CYP3A5*3/*3 的人）不表达 CYP3A5 酶。CYP3A5*3 在东亚人群中发生频率为 70%～85%，南亚人群为 59%～61%，黑种人中为 27%～55%，白种人中为 84%～95%。由于 CYP3A5*3 突变最具有功能意义，并且在不同种族人群间发生频率具有显著差异性，所以是经典的药物基因研究位点之一。

2. 5,10- 亚甲基四氢叶酸还原酶 5,10- 亚甲基四氢叶酸还原酶（5,10-methyleneneterahydrofolate reductase，MTHFR）是甲硫氨酸 - 叶酸代谢循环过程中的关键酶，负责将四氢叶酸催化生成 5,10- 亚甲基四氢叶酸，它决定体内是否能够有效利用叶酸，对于维持同型半胱氨酸的正常水平具有重要作用。

MTHFR 由 MTHFR 基因编码，具有多态性，目前研究最多的 SNP 是 677C＞T（rs1801133）和 A1298C（rs1801131），两个最重要的错义突变，均导致所编码叶酸循环的限速酶 MTHFR 活性的改变，其催化 5,10- 亚甲基四氢叶酸生成 5- 甲基四氢叶酸的过程受阻。677C＞T 突变导致编码氨基酸第 222 位丙氨酸替换为缬氨酸（Ala222Val），使得 MTHFR 酶活性和稳定性均下降，导致高同型半胱氨酸血症，进一步促进血小板黏附和聚集。677C＞T 导致的血液凝固异常极大提高了脑卒中、冠心病和静脉血栓等疾病的风险。对孕妇而言，677C＞T 导致的叶酸代谢障碍会在妊娠早期干扰神经管闭合，导致新生儿的多种出生缺陷，例如神经管缺陷、21- 三体综合征和唇腭裂等。因此，对于 CT 基因型，尤其是 TT 基因型的人来讲，需要更加注意对疾病的预防，如选择健康的生活方式并且每天补充适量叶酸以降低脑卒中发生率。

3. 乙醛脱氢酶 2 乙醛脱氢酶 2（acetaldehyde dehydrogenase 2，ALDH2）的编码基因 ALDH2 位于人类 12 号染色体上，全长 44kb，由 13 个外显子构成。ALDH2 基因呈高度多态性，Glu504Lys（rs671，ALDH2*2）多态性，包含两个等位基因：具有催化活性的野生型称为 G 等位基因（ALDH2*1）；催化能力失活的突变型称为 A 等位基因（ALDH2*2）。ALDH2 多态性导致第 504 位氨基酸由谷氨酸（Glu）到赖氨酸（Lys）的替换。ALDH2 呈现 3 种不同的基因型（表 16-3）：野生纯合子（GG 型或 ALDH2*1/*1）、杂合子基因型（GA 型或 ALDH2*1/*2）、突变纯合子（AA 型，ALDH2*2/*2）。亚洲人群中 ALDH2*2 等位基因携带率高达 40%，而在高加索人群中不到 5%。ALDH2*2 会影响心血管药物硝酸甘油的疗效。该位点突变导致 ALDH2 对硝酸甘油的亲和力和脱硝活性比野生型低，NO 生成速率降低 50%，因此 ALDH2*1/*1 基因型冠心病患者硝酸甘油的剂量需求相对较低，使用常规剂量时病情能得到及时控制，病情改善患者的比例显著高于携带 ALDH2*2 等位基因的患者。ALDH2*2 是导致亚洲人群饮酒后脸红的主要原因，ALDH2*2 和消化道肿瘤易感性有一定关联。

表 16-3　中国人群 ALDH2*2 多态性位点不同基因型患者硝酸甘油使用建议及乙醇代谢能力

ALDH2 基因型	发生频率 /%	硝酸甘油代谢		乙醇代谢	
		硝酸酯酶活性 /%	用药建议	乙醛脱氢酶活性 /%	乙醇代谢能力
GG（*1/*1）	61	100	可用	100	好
GA（*1/*2）	32	8～15	慎用	13～14	差
AA（*2/*2）	7	6～7	不用	2	很差

（二）Ⅱ相代谢酶

Ⅱ相代谢的主要目的是增加体内化学物的极性和亲水性,便于这些异物从体内排出。很多Ⅰ相代谢物的亲水性还不能使它们被有效地排泄,因此还需要经历Ⅱ相代谢。

1. 尿苷二磷酸葡糖醛酸转移酶　尿苷二磷酸葡糖醛酸转移酶(uridinediphosphate-glucuronosyltransferase, UGT)是药物相关的最重要Ⅱ相代谢酶系统,UGT同工酶中 UGT1A1 研究最多,以 UGT1A1*28 多态性研究最为深入。UGT1A1*28 纯合子在美国白种人中的频率为 9%,在美国黑种人中则达 23%,而在中国人中只有 2%。亚洲人比较特有和常见的变异是 UGT1A1*6 基因型,即 c.211G > ASNP(第 71 位的甘氨酸变为精氨酸),占比 16%～23%。UGT1A1 最重要的内源性底物是胆红素,脂溶性的未结合胆红素被 UGT1A1 催化生成水溶性胆红素葡糖醛酸结合物,由于未结合胆红素的毒性远远大于结合型胆红素,因此胆红素的葡糖醛酸化也是其代谢解毒过程。UGT1A1 由基因变异引起的活性下降会导致胆红素代谢异常,进而引发相关疾病或者容易出现药物诱导的高胆红素血症 / 黄疸,例如在亚洲人中, UGT1A1*6 是导致 Gilbert 综合征(临床表现为长期间歇性轻度黄疸)的一个常见原因。UGT1A1*28 基因型对伊立替康毒副作用的影响是被 FDA 最早加入药品说明书的药物基因组学信息。由于突变频率的差异,对于中国人应该关注 UGT1A1*6 和 *28 两个位点的基因型。

2. 硫代嘌呤甲基转移酶　硫代嘌呤甲基转移酶(thiopurine-S-methyltransferase, TPMT)对 6- 硫基嘌呤、硫唑嘌呤和 6- 硫鸟嘌呤等硫嘌呤药物的解毒过程非常关键,其基因变异导致的酶活性缺陷会大大增加服用硫嘌呤类药物后出现毒性的可能性,例如骨髓抑制。因此临床上携带 TPMT 缺陷基因型的患者应该降低药物剂量以避免毒性反应。高加索人中最常见的是 *3A,出现频率约为 4%,该等位基因由 G460A(rs1800460, Ala154Thr)和 A719G (rs1142345, Tyr240Cys)两个非同义 SNP 构成,*2 和 *3A 导致的酶蛋白结构改变会使得蛋白降解加快,从而降低活性。东亚人和非裔美国人中最常见的是 *3C,发生率为 2%,只包含 A719G(Tyr240Cys)这个 SNP。目前中国人中没有发现 TPMT*2、*3A 和 *3B 三种等位基因。*2、*3A 和 *3C 三种突变体的纯合子或者组合杂合子的携带者是低酶活性或无活性,而杂合子个体则是中等酶活性。除了基因型可以预测 TPMT 活性,红细胞里的 TPMT 活性也可以反映组织里的 TPMT 活性。因此,如果红细胞里的 6- 硫鸟嘌呤核苷酸浓度过高,就有骨髓抑制的风险,需要降低剂量。总体来说,TPMT 低活性现象在中国人中比较少见。

3. N- 乙酰转移酶　20 世纪 50 年代早期,研究发现用于治疗肺结核的异烟肼乙酰化代谢存在很大的个体差异,后来进一步的试验表明异烟肼乙酰化能力很大程度上由 N- 乙酰转移酶(N-acetyl-transferase, NAT)的基因变异决定。人体内 NAT 分两种亚型:NAT1 和 NAT2,其中 NAT1 广泛分布于全身各组织器官,而 NAT2 主要在肝脏、小肠和结肠表达,负责药物Ⅱ相结合代谢,包括异烟肼、肼屈嗪和磺胺二甲嘧啶等。野生基因型为 NAT2*4,突变 NAT2 等位基因被命名为 NAT2*5 ～ NAT2*19。其中一些与慢代谢有关的基因型(NAT2*5、NAT2*6、NAT2*7、NAT2*14)和与快代谢有关的基因型 (NAT2*11、NAT2*12、NAT2*13)存在显著的地区和种族差异:除 NAT2*14A 突变等位基因几乎只见于黑种人外,白种人和黑种人其他各等位基因的频率相似,NAT2*5 等位基因突变频率较高(> 28%),而 NAT2*7 等位基因突变频率较低(< 5%);中国人、日本人、韩国人及其他亚洲人中各等位基因的频率相似,NAT2*5 的频率较低(7%),而 NAT2*7 的频率较高(10%～18%)。由此可见,亚洲人慢型乙酰化表型发生率(10%～30%)显著低于白种人

（40%～70%）的原因主要是亚洲人中 *NAT2*5* 的发生率较低。慢型乙酰化会造成血液中异烟肼浓度升高，导致毒性反应的增加。

二、药物转运体基因多态性

许多细胞膜上具有特殊的跨膜蛋白（transmembrane protein），控制体内一些重要的内源性生理物质（如糖、氨基酸、神经递质、金属离子等）和药物进出细胞。这类蛋白可以分为两个超家族：腺苷三磷酸结合盒转运体（ATP-binding cassette transporter，ABC transporter）（简称 ABC 转运体）超家族和溶质转运蛋白（solute carriers，SLC）家族。这些跨膜蛋白称为转运体（transporter）。

药物转运体几乎存在于所有组织中。某些转运体（如 MRP1、MRP4）在各种组织中广泛表达，有些则只在特定组织中表达（如 MDR3 和 OATP1B1 仅存在于肝脏）。某一蛋白可能有多个被转运的底物，而且底物差异可以很大。近年来对体内药物转运体的研究已取得很大进展，许多药物已被证明是转运体的底物或抑制剂，如强心苷类、钙通道阻滞剂、多种抗肿瘤药、抗生素、HIV 蛋白酶抑制剂、免疫抑制剂等药物的体内转运均涉及特异的或非特异的转运体。因而，转运体在药物代谢中有重要作用。

（一）ABC 转运体

ABC 转运体主要参与细胞的外排过程，在药物的解毒和多药耐药方面发挥着十分重要的作用。ABC 转运体需要 ATP 来驱动分子转运。ABC 转运体蛋白包括约 50 个成员，分为 7 个家族（ABCA～ABCG）。P- 糖蛋白（P-gp）或由 ABCB1 编码的 MDR1 是肿瘤耐药中最早被阐明的一类膜转运蛋白，也是被大家熟知和研究最广泛的转运体。下面重点介绍目前研究较多的 ABCB1、ABCG2 转运体。

1. ABCB1 P- 糖蛋白（P-glycoprotein，P-gp）转运体也称为多药耐药蛋白 1（mutidrug resistance protein 1，MDR1），主要分布在小肠、肝脏、肾脏等，其底物包括镇痛药、抗肿瘤药、抗艾滋病药和丙型肝炎的蛋白酶抑制剂、免疫抑制剂、类固醇激素、抗生素等。P- 糖蛋白转运体的编码基因 *ABCB1* 位于染色体 7q21.12，含有 28 个外显子，全长 4.5kb，编码 1 280 个氨基酸多肽。大部分关于 *ABCB1* 多态性的临床研究都是关于 3 个常见编码区 SNP 的，其中两

个是同义的：rs1128503（1236C＞T，Gly412Gly）和 rs1045642（3435C＞T，Ile1145Ile），还有一个是非同义的：rs2032582（2677G＞T/A，Ser893Ala/Thr），这 3 个 SNP 处于高度的连锁不平衡。多项体外研究发现 *2677T* 突变体引起的蛋白结构改变（p.893A＞S）会增强 P-gp 的转运活性，并且其突变频率在东亚人群中相对较高（13.51%），高于欧美人群（0.44%～3.13%）。另一个重要的 SNP 是第 26 外显子上的 *3435C＞T*，该位点的突变频率在欧美人群中为 20.3%～61.12%，而在东亚人群中则为 38.04%，体外研究表明它可以降低 P-gp 的表达量。类似地，临床数据表明 *3435T* 等位基因会导致肠道 P-gp 外排能力下降，反映为 P-gp 典型底物地高辛血浆浓度升高。P-gp 另外的重要底物，免疫抑制剂环孢素、他克莫司、西罗莫司也受到类似的影响。但是以上这些基因变异对药动学的影响尚未在临床研究中得到证实。

2. ABCG2 ABCG2 转运蛋白，也被称为乳腺癌耐药蛋白（BCRP），主要表达于胎盘、结肠、小肠和肝脏。它可以有效地从细胞中排出各种化合物，包括细胞抑制剂、抗病毒药、他汀类药物、抗生素、镇痛药等。*ABCG2* 基因位于 4q22，全长 66kb，由 16 个外显子和 15 个内含子组成，编码生成 655 个氨基酸的蛋白。目前为止，*ABCG2* 基因的 180 多个遗传变异中，研究最多的非同义 *ABCG2* 多态性等位基因为 34G＞A（Val12Met）和 421C＞A（Gln141Lys），表现为蛋白功能下降。34G＞A 影响 BCRP 蛋白在 Lewis 肺癌细胞血浆侧膜上的定位，而 421C＞A 与 BCRP 蛋白表达降低、ATP 酶活性下降有关。421C＞A 突变等位基因的发生频率存在种族差异，在亚洲人中的突变频率较高，约为 35%。

（二）SLC 家族

SLC 家族主要参与细胞的摄入过程，限制药物进入细胞，但 SLC47A 转运体家族参与药物的外排。SLC 家族可以自发依靠细胞膜内外电位差促进扩散或借助细胞内外离子浓度差发生继发性主动转运。SLC 超家族成员超过 300 个，分为 47 个家族。下面重点介绍目前研究较多的有机阳离子转运体、有机阴离子转运多肽。

1. 有机阳离子转运体 有机阳离子转运蛋白（organic cation transporter，OCT）包括 OCT1、OCT2 和 OCT3。OCT1 存在许多基因多态性，有些多态性与

其转运活性密切相关。OCT2 主要是将血液中的有机阳离子物质转运到肾脏进行排泄,而 OCT3 与一些有机阳离子药物进入大脑发挥作用有关。目前发现由 OCT 转运的临床药物包括抗帕金森病药(金刚烷胺)、口服降糖药(二甲双胍)、抗肿瘤药(奥沙利铂)和 H₂ 受体拮抗药(西咪替丁)。

OCT1 由 SLC22A1 编码,主要在肝细胞膜表达,介导许多有机阳离子从血液中摄取到上皮细胞中。SLC22A1 位于 6 号染色体上,包含 7 个外显子和 6 个内含子。目前已鉴定出超过 200 个 SLC22A1 的 SNPs。研究最为广泛的四个非同义 SLC22A1 变异是 rs12208357、rs34130495、OCT1420 缺失(rs35167514、rs34305973、rs35191146、rs72552763)和 rs34059508,这四种变体都可能影响二甲双胍、托烷司琼、昂丹司琼、吗啡和曲马多的药动学和药效学。在全球范围内,OCT1 活性丧失的频率存在显著差异。大多数东亚和大洋洲个体具有完全功能性的 OCT1,但 80% 的南美洲本土印第安人缺乏功能性的 OCT1 等位基因。编码 OCT2 的 SLC22A2 基因定位于 6q25.3,包含 11 个外显子。研究发现 SLC22A2 基因多态性中部分突变可以引起氨基酸的改变。4 个非同义突变:Met165Ile(495G > C/A)、Ala270Ser(808G > T)、Arg400Cys(1198G > A/T)、Lys432Gln(1294A > G/C)中,仅 Ala270Ser(808G > T)有较高的等位基因频率,其中美洲人为 9.2%,非洲人为 18.5%。此外,Thr199Ile(596C > T)和 Thr201Met(602C > T)变异只在亚洲人群中出现,其等位基因频率较低(< 1%)。SLC22A2 基因多态性与顺铂肾毒性的易感性相关。SLC22A2 基因 808G > T 突变致 OCT2 对底物的转运能力降低,而蛋白表达没有变化。

2. 有机阴离子转运多肽 有机阴离子转运多肽(organic anion-transporting polypeptides,OATPs)的编码基因统称为 SLCO 基因。到目前为止,已经鉴定出 11 种人类 OATP 转运体,主要成员为 OATP1A2、OATP1B1、OATP1B3、OATP2B1 等。OATPs 也是许多治疗药物的底物,如他汀类药物、血管紧张素转换酶抑制剂、血管紧张素受体阻滞剂、抗生素、抗组胺药物和抗肿瘤药物等,对于药物在人体内的吸收、分布和消除具有重要影响。

OATP1B1 是一种由 SLCO1B1 基因编码的糖蛋白,由 691 个氨基酸组成,主要在人肝细胞基底外侧膜表达。SLCO1B1 定位于 12p21.2,全长 10.86kb,包括 14 个外显子,编码 691 个氨基酸。SLCO1B1 基因具有高度多态性,多种变异体对 OATP1B1 的表达和功能都有显著的影响。其中 4 号外显子上的 c.388A > G(p.Asn130Asp)(rs2306283)和 5 号外显子上的 c.521T > C(p.Val174Ala)(rs4149056)是相对常见的 SLCO1B1 变异体,会降低 OATP1B1 的转运活性。这两个常见的 SNPs(c.388A > G 和 c.521T > C)会形成四种不同的单体型,称为 *1A(c.388A-c.521T)、*1B(c.388G-c.521T)、*5(c.388A-c.521C)和 *15(c.388G-c.521C)。SLCO1B1 变异的频率显示出很大的种族差异。521T > C 在欧洲人和亚洲人中较为常见(等位基因频率为 10%～20%),在撒哈拉沙漠以南非洲人中等位基因频率较低(约 2%)。388A > G 在欧洲人中等位基因频率约 26%,在南亚 / 中亚人中约为 39%,在东亚人中为 63%,在撒哈拉沙漠以南的非洲人中高至 77%。第一个确定的 OATP1B1 底物药物是普伐他汀。目前临床使用的所有他汀类药物均以 OATP1B1 为底物,因此临床用药主要参考 SLCO1B1 基因型,其对他汀类药物的肝选择性摄取、组织特异性分布、治疗效应具有重要作用。

当药物代谢或转运主要依赖某个单一的酶或转运体时,该酶或转运体编码基因的多态性将可能导致明显的药物疗效和不良反应的差异。此外,当服用的药物能够通过诱导作用或抑制作用调节该酶或转运体的活性时,药物的代谢和处置过程将会受到较大的影响。

三、药物受体基因多态性

受体是基因表达的产物,而基因在进化过程中呈现结构多态性是一种普遍现象。受体遗传多态性至少包括了基因和蛋白质两个水平上的多态性。受体基因多态性指人群中一定数量(一般 > 1%)的个体发生在受体结构基因或调节基因上的突变,包括基因插入 / 缺失突变、剪接异常、点突变等类型,其中发生在结构基因外显子上的突变可能引起受体蛋白多态性,但由于密码子的简并性,也有可能不导致编码氨基酸的改变。受体的遗传多态性一旦具有功能意义,就极可能对药物效应产生影响,受影响的药物一般是需要通过该受体产生效应的药物,但有时也影响其他药物。

1. 多巴胺受体 多巴胺受体(dopamine receptor)

属于 G 蛋白偶联受体超家族,多巴胺受体介导人类许多神经和精神活动,其结构与功能的异常可导致许多神经与精神疾病,常见的如帕金森病(Parkinson's disease)、精神分裂症。多巴胺受体也是十分重要的药理受体,药物与多巴胺受体结合后,通过脑内的多巴胺系统可影响大脑的多个区域。多巴胺受体有 5 种亚型:从 D1 到 D5,其中 D2 和 D3 的药物基因组学研究最多。因此,了解多巴胺受体基因上的突变以及由此引起的受体蛋白结构和功能的改变,对阐明神经精神疾病和相应药物的疗效差异具有重要意义。

D2 受体是第一代抗精神病药(如氯丙嗪和氟哌啶醇)的主要靶点。D2 受体基因中 7 号外显子中第 311 个密码子可发生 C → G 的点突变,引起受体蛋白上相应的氨基酸由丝氨酸变为半胱氨酸(Ser311 → Cys),而 311Cys 导致受体功能减弱,引起 D2 受体对抗精神病药的反应下降。一项新的药物遗传学研究首次发现,在高加索人群中,DRD2 中的 SNP(rs1800497 和 rs6277)与卡利拉嗪治疗反应之间具有相关性,但仍需更大的患者队列进行验证。

2. 肾上腺素受体 肾上腺素受体在心血管和呼吸系统扮演着重要角色,特别是 β 受体,其特异性的拮抗剂和激动剂已经用于治疗不同疾病。β 肾上腺素受体为肾上腺素受体的一个亚家族,属于 G 蛋白偶联受体超家族。受体基因的多态性通过改变受体蛋白的表达水平或结构等而影响个体的生理与药理特征。

药物基因组学研究主要集中于 $β_1$ 肾上腺素受体($β_1$-AR)的编码基因 ADRB1 的功能相关多态性,且主要关注 ADRB1Ser49Gly(145A > G,rs1801252)和 Arg389Gly(1165C > G,rs1801253)与 β 受体阻滞剂降压和减慢心率的关联性。Arg389 对应的 C 等位基因频率和 Ser49 对应的 A 等位基因频率在中国患者中分别为 93.14% 和 85.91%,目前研究显示,ADRB1Ser49/Arg389 是心血管不良结局的风险因子。

但是在肾上腺素受体信号通路中的 GNAS1、ADRA2C、GNB3 和 GRK4 基因与临床表型的相关性研究中,大部分都只通过了单次研究证实其与 β 受体阻滞剂降压反应的相关性,缺乏重复性研究的验证,而且研究规模小,样本数少,总体而言,结果证据性相对不足,有待进一步研究。

3. 5-羟色胺受体 5-羟色胺受体(5-hydroxytry-ptamine receptor,5-HT receptor)由 HTR2A 基因编码,其位于染色体 13q14-21 上。根据结构、药理作用及信号转导机制的不同,脑内现已发现的 5-HT 受体有 7 个亚型,即 5-HT1～5-HT7 受体,而每个 5-HT 受体中还有多个亚型;其中 5-HT1、5-HT4、5-HT6 受体是与腺苷酸环化酶相关的 G 蛋白偶联受体,5-HT2 受体是与磷脂酶相关的 G 蛋白偶联受体,5-HT3 受体是配体门控离子通道。目前 5-HT 受体具体药理作用与机制还不十分清楚,其中研究较多的是 5-HT2 和 5-HT6 受体的基因多态性对精神分裂症的影响。

4. P_2Y_{12} 受体 P_2Y_{12} 受体属于 G 蛋白偶联受体,位于血小板膜表面,是噻吩吡啶类药物(如氯吡格雷、普拉格雷)的作用靶点。研究发现 P_2Y_{12} 基因的多态性与冠心病的发生有关。例如,对白种人的研究发现 34C > T 突变与冠心病的发生率以及心肌梗死密切相关,中国冠心病患者中的研究也发现 34C > T 的 T 等位基因可能会提高个体对冠心病的易感性。2 号内含子上的 139C > T、744T > C,ins801A 和 3 号外显子上的 52G > T 组成两种单体型,野生型单体型 H1 和突变型单体型 H_2。研究发现,携带 H_2 单倍体的患者服用氯吡格雷后血小板聚集率高,易发生动脉粥样硬化,治疗效果差,提示可能为氯吡格雷抵抗。原因可能是 H_2 单倍体型导致血小板表面 P_2Y_{12} 受体数目增加。

5. 胰岛素受体 胰岛素受体是细胞膜表面一种跨膜糖蛋白,由两个 α 亚基和两个 β 亚基形成四聚体结构,位于膜外的 α 亚基有抑制跨膜 β 亚基上的酪氨酸激酶活性的作用。当膜外的 α 亚基和胰岛素结合后,不再抑制 β 亚基酪氨酸激酶活性,活化后的酪氨酸激酶会激活信号转导通路下游的相关底物,引发胞内生物学反应。研究发现胰岛素受体基因变异可以通过减少细胞表面的胰岛素受体数目或者削弱胰岛素受体的正常功能而导致胰岛素抵抗,给糖尿病的治疗带来困难。

6. 肿瘤坏死因子受体 肿瘤坏死因子 α(TNF-α)是一种由 157 个氨基酸组成的同源三聚体蛋白,是一种有效的促炎细胞因子。TNF-α 基因位于染色体 6p21 上,位于 TNF-α 启动子区域的多态性与高水平 TNF-α、类风湿关节炎(rheumatoid arthritis,RA)遗传易感性和对临床治疗应答有关。TNF-α 受体基因多态性与生物制剂的疗效和不良反应有关。其中,-38(rs361525)、-308(rs1800629)和 -857(rs1799724)被广泛研究。目前,临床用于治疗 RA

的 3 个 TNF-α 受体拮抗剂是依那西普、英夫利昔单抗、阿达木单抗。然而，对 TNF-α 受体拮抗剂的应答存在个体差异，只有 60% 的患者对 TNF-α 受体拮抗剂表现出满意应答。通过评价发现 TNF 基因区域中 8 个 SNP 与对依那西普的应答之间存在关联。与 TNF-308AA 基因型相比，TNF-308GG 基因型有更好的应答。TNF 启动子区域中的 -308G/A SNP 影响对英夫利昔单抗的应答，G/G 基因型患者对英夫利昔单抗表现出更好的应答，推测 TNF-308 多态性通过影响循环 TNF 水平，影响对英夫利昔单抗的应答。

随着药物基因学的临床研究和临床应用的开展，受体的遗传多态性的生物标志物的数量和临床解释也将会越来越多。

第三节
药物基因组学临床检测项目

目前药物基因组学在心血管疾病和肿瘤个体化用药指导等方面的应用日益广泛。药物基因检测是对血液及其他体液、组织或细胞等来源的遗传物质进行检测的过程，一般需经过核酸提取、基因扩增等步骤，通过特定设备对受试者的核酸分子信息进行检测，获取相关基因的类型、状态及功能。

常用的药物基因检测技术包括一代测序、荧光定量 PCR、基因芯片、荧光原位杂交和 PCR- 焦磷酸测序等。近几年发展起来的以大规模、高通量、微型化和自动化为特点的二代测序和核酸质谱，以及以高灵敏度、高准确度和绝对定量为特点的数字 PCR，作为基因检测的最新技术也开始应用于药物基因组研究与实践。个体化用药相关基因检测规范化操作可参考其他相关指南与标准。

一、氯吡格雷个体化用药的临床实施建议

氯吡格雷是目前世界范围内使用最广泛的噻吩吡啶类抗血小板药物，用于心肌梗死、缺血性卒中、外周动脉疾病和急性冠脉综合征患者粥样硬化动脉血栓形成的预防。由于遗传变异，不同心血管药物的代谢和药效普遍存在个体差异，药效差异引起患者抗血小板不足并最终导致心血管事件再发风险升高，给患者和社会造成极大经济负担。

多项研究表明遗传因素在氯吡格雷药物反应的个体差异中起重要作用，引发临床十分关注药物基因组学在其抗血小板治疗中的作用。研究氯吡格雷抗血小板机制和体内生物学代谢具有重要的理论价值和临床意义，有助于揭示氯吡格雷个体化差异的发生原因和发生机制。

氯吡格雷是 ADP 受体抑制剂，能不可逆地拮抗血小板膜上的 ADP 受体 P_2Y_{12}，使纤维蛋白原无法与其受体糖蛋白结合，抑制血小板稳定聚集。氯吡格雷是不具有生物学活性的药物前体，口服经小肠吸收后由肝脏代谢。氯吡格雷在小肠的吸收受到编码外排功能的 ABCB1 基因的调控。ABCB1 基因影响了氯吡格雷在肠道中的吸收率，85% 药物前体通过酯酶代谢为无活性形式，只有 15% 通过肝脏内 CYP_{450} 系统代谢。氯吡格雷在肝脏先由 CYP1A2、CYP2B6 和 CYP2C19 转化为 2- 氧代 - 氯吡格雷，再经过 CYP2C19、CYP3A4 和 CYP2B6 最终代谢成具有药物活性的含巯基氯吡格雷。CYP2C19 在氯吡格雷体内代谢中发挥重要作用。

目前临床上，氯吡格雷药物基因常检测的位点为 CYP2C19*2、*3、*17，常用的技术包括实时荧光定量 PCR、PCR- 微阵列芯片、原位荧光杂交法、PCR- 焦磷酸测序等检测方法。基于氯吡格雷药物基因的用药建议见表 16-4。

表 16-4　基于 CYP2C19 基因型对氯吡格雷的用药建议

表型	酶的功能	基因型	药物反应	用药建议
超快 / 快代谢型（UM/RM）	酶活性增高	CYP2C19*17/*17、*1/*17	氯吡格雷活性代谢产物的血药浓度增加	氯吡格雷转化为具有药理活性的代谢产物增加，导致严重心血管和脑血管事件的风险降低，但是同时出血的风险增加
正常代谢型（NM）	酶活性正常	CYP2C19*1/*1	酶活性正常，氯吡格雷活性代谢产物的血药浓度较高	无药物剂量调整说明，按照药物说明书标准剂量使用

续表

表型	酶的功能	基因型	药物反应	用药建议
中间代谢型（IM）	酶活性中等	CYP2C19*1/*2、*1/*3	CYP2C19 中间代谢型人群中氯吡格雷活性代谢产物的血药浓度降低	PCI 治疗史、脑卒中或短暂性脑缺血发作人群：考虑选择其他替代药物，如普拉格雷、替格瑞洛和阿司匹林/双嘧达莫等，或者增加剂量至每天 150mg（负荷剂量是 600mg）
慢代谢型（PM）	酶活性降低或缺失	CYP2C19*2/*2、*2/*3、*3/*3	CYP2C19 慢代谢型人群中氯吡格雷活性代谢产物的血药浓度降低	PCI 治疗史、脑卒中或短暂性脑缺血发作人群：避免使用氯吡格雷，可以考虑替换为普拉格雷、替格瑞洛等

资料来源：临床药物基因组学实施联盟。

二、伏立康唑个体化用药的临床实施建议

伏立康唑（voriconazole，VRC）是临床上广泛使用的第二代三唑类抗真菌药物，对于各种侵袭性真菌感染（invasive fungal infection，IFI）的治疗和预防都能起到良好的效果，是指南推荐的一线治疗药物。许多临床研究已经表明 CYP2C19 基因多态性与伏立康唑血药浓度具有显著相关性，其中 CYP2C19*1/*1 野生型对伏立康唑药物代谢能力无影响，而 CYP2C19*2 等位基因携带者会使得代谢酶的活性降低，从而减慢药物代谢的速率。CPIC 临床实施指南基于 CYP2C19 基因型推荐了伏立康唑在成年人和儿童的个体化用药建议，下面归纳整理了成年人的用药建议供临床检测后用药参考，见表16-5。

表 16-5　基于 CYP2C19 基因型伏立康唑治疗成人患者的剂量建议

CYP2C19基因型	CYP2C19表型	伏立康唑药理学的意义	治疗建议	分类建议
*17/*17	超快代谢型（UM）	标准剂量达到治疗浓度的可能性很小	不建议使用伏立康唑。使用不经过 CYP2C19 代谢的药物包括艾沙康唑、脂质体两性霉素 B 和泊沙康唑	中等
*1/*17	快代谢型（RM）	标准剂量达到治疗浓度的可能性不大	不建议使用伏立康唑。使用不经过 CYP2C19 代谢的药物包括艾沙康唑、脂质体两性霉素 B 和泊沙康唑	中等
*1/*1	正常代谢型（NM）	正常代谢	标准剂量	强烈
*1/*2、*1/*3、*2/*17、*3/*17	中间代谢型（IM）	与正常代谢者相比，伏立康唑的谷浓度更高	标准剂量	中等
*2/*2、*2/*3、*3/*3	慢代谢型（PM）	与正常代谢者相比，伏立康唑的谷浓度更高且不良事件可能会增加	不推荐首选伏立康唑。选用不经过 CYP2C19 代谢的药物（艾沙康唑、脂质体两性霉素 B 和泊沙康唑等）；若必须使用伏立康唑时，剂量应低于标准剂量，并进行治疗药物监测	中等

资料来源：临床药物基因组学实施联盟。

三、华法林个体化用药的临床实施建议

华法林作为最广泛应用的香豆素类口服抗凝药，具有治疗窗窄、出血风险高、达到抗凝目标所需治疗剂量个体间差异大的特点。十余年来，大量强有力的药物基因组学临床研究证据表明，华法林代谢和作用通路上的基因多态性与华法林治疗剂量密切相关，结合临床因素建立的华法林药物基因组学模型能够很大程度上（约 50%）合理解释并预测华法林个体治疗剂量的差异。鉴于此，CPIC 在 2011 年首次发布了关于应用 CYP2C9 和 VKORC1 基因型指导华法林治疗剂量的实施指南，随后，在 2017 年结合国际上不同种族人群最新的华法林药物基因研究证据，对 2011 年的指南进行了更新，不

仅增加了与华法林治疗剂量相关的基因多态性，还强调有必要针对不同种族（如非洲人群）进行选择性基因位点的检测和药物基因组学模型的应用。

临床对于如何使用华法林负荷剂量一直存在争议，国际上不同地区的意见也都不一致，主要依据经验和当地的标准给药。来自美国多个队列研究的最新数据表明，在不携带或者仅有 1 个 *VKORC1* 或 *CYP2C9* 变异等位基因的患者中，不提供负荷剂量可能会延迟国际标准化比值达标时间，并导致治疗起始 1 个月内目标治疗范围内的时间缩短。指南认为，如果需要使用华法林负荷剂量，则采用药物基因组学方法计算负荷剂量可能会有帮助。基于 *CYP2C9* 和 *VKORC1* 基因型的华法林剂量推荐见表 16-6。

表 16-6　基于 *CYP2C9* 和 *VKORC1* 基因型的华法林剂量推荐表　　　　单位：mg

VKORC1	CYP2C9					
	*1/*1	*1/*2	*1/*3	*2/*2	*2/*3	*3/*3
GG	5～7	5～7	3～4	3～4	3～4	0.5～2
AG	5～7	3～4	3～4	3～4	0.5～2	0.5～2
AA	3～4	3～4	0.5～2	0.5～2	0.5～2	0.5～2

四、他汀类药物个体化用药的临床实施建议

他汀类亦称羟甲基戊二酰辅酶 A 还原酶（hydroxy methylglutaryl coenzyme A-reductase，HMG-CoA reductase）抑制剂，能够抑制胆固醇合成限速酶 HMG-CoA 还原酶，减少胆固醇合成，继而上调细胞表面的 LDL 受体，加速血清 LDL 分解代谢。他汀类药物除了调脂外，还具有"多效性"，包括改善内皮细胞功能、抗炎、抗氧化、抗血栓形成及抗动脉粥样硬化等作用。

他汀类药物是临床使用最为广泛的降脂药，对抑制心脑血管疾病也有显著作用，但其疗效具有明显的个体差异，主要原因是他汀类药物在肝脏代谢的关键性转运蛋白如阴离子转运多肽（OATP1B1）（由 *SLCO1B1* 基因编码）以及载脂蛋白 E（apolipoprotein E，ApoE）的基因多态性可影响他汀类药物的疗效和安全性。

SLCO1B1 基因是他汀类药物导致不良反应的关键因素，其编码的蛋白主要参与药物的转运，负责将血液中的药物转移至肝脏中直接发挥药效或

代谢转化为有活性的物质。*SLCO1B1* 具有高度多态性，目前已有约 20 种 *SLCO1B1* 基因的突变在不同研究人群中被发现。其中，521T > C 和 388A > G 突变是发生于欧美人群和亚洲人群中分布频率较高且功能意义明显的突变位点。突变型 *SLCO1B1* 基因引起自身转运活力减弱，表现为肝脏摄取药物能力降低，引起他汀类药物血药浓度上升，增加横纹肌溶解症或肌病的发生风险。全球多个实验室发现，*SLCO1B1* 基因多态性与他汀类药物主要不良反应之间存在显著正相关。

ApoE 是一种载脂蛋白，参与血脂的运输、存储和排泄。该基因结构具有多态性，由三种单体型构成 6 种不同的基因型（E2/E2、E3/E3、E4/E4、E2/E3、E2/E4 和 E3/E4）。其多态性与总胆固醇（total cholesterol，TC）水平密切相关，不同的 ApoE 基因型 TC 水平不同，最高为 E4/E4，最低为 E2/E2，且与性别、年龄等因素无关。该基因是高脂蛋白血症及动脉粥样硬化的易感候选基因，突变型 ApoE 基因会影响他汀类药物的疗效。有研究表明，ApoE 基因与降脂治疗效果相关，E3/E3 基因型患者使用他汀类药物治疗效果较好，而 E3/E4 基因型患者他汀类药物治疗效果较差。目前 FDA 已将 ApoE2 列为影响普伐他汀药物反应相关的生物标志物。基因型为 APOEE2/E2 的高脂血症患者使用普伐他汀的降脂疗效更好。

SLCO1B1 和 ApoE 基因多态性检测可预先判断患者对他汀类药物的代谢速率类型和药物敏感程度，辅助临床合理调整用药剂量，降低药物不良反应风险。

ABCG2 编码 ATP 结合盒转运体 G2（又称为乳腺癌耐药蛋白，BCRP）在许多不同的组织中表达，包括肝脏、血脑屏障和肠道，属于外排型转运体。因此 ABCG2 活性可能限制其底物在小肠上的吸收及增加在肝肾的清除。*ABCG2* 遗传多态性 c.421C > A 显著降低其转运活性，进而可能导致阿托伐他汀在小肠吸收增加，肝细胞外排减少，肝细胞内阿托伐他汀浓度增加，最终导致其疗效增强。有文章报道，c.421AA 基因型的瑞舒伐他汀暴露（AUC）比 c.421CC 基因型（野生型）高 144%，且 c.421C > A 变异可增加瑞舒伐他汀降低胆固醇的疗效，但对肌病的影响暂且不明。

ApoE 在 CPIC 的证据等级为 D，基于 *ABCG2* 和 *SLCO1B1* 药物基因型对他汀类药物的用药建议见表 16-7。

表 16-7　基于 *ABCG2* 和 *SLCO1B1* 基因型对他汀类药物的用药建议

基因	rs 号	表型	变异位点	基因特点	药物反应	用药建议
ABCG2	rs2231142	正常功能型	c.421C/C	携带 2 个正常功能等位基因	瑞舒伐他汀降脂作用不变	常规剂量,及时调整
		功能减弱型	c.421C/A	携带 1 个正常功能等位基因加一个功能下降等位基因	瑞舒伐他汀暴露增加,降脂作用增强	常规剂量,及时调整
		功能不良型	c.421A/A	携带 2 个功能下降等位基因	瑞舒伐他汀暴露增加,降脂作用增强	起始剂量为 ≤ 20mg,并及时调整。若需要 > 20mg 剂量以达到预期疗效,则考虑替代他汀类药物或联合治疗(即瑞舒伐他汀加非他汀指导药物治疗)
SLCO1B1	rs2306283 rs4149056	功能正常型	*1a/*1a *1a/*1b *1b/*1a	携带 2 个正常功能等位基因	瑞舒伐他汀降脂作用不变	常规剂量,及时调整
		功能减弱型	*1a/*5 *1a/*15 *1b/*15	携带 1 个正常功能等位基因加一个无功能等位基因	瑞舒伐他汀暴露增加,剂量 ≤ 20mg 有典型肌病风险	应评估药物相互作用的可能性以及基于肝肾功能和种族差异的剂量限制。药物 - 药物相互作用的影响可能更明显,导致肌病的风险更高
		功能不良型	*5/*5 *5/*15 *15/*15	携带 2 个无功能等位基因	瑞舒伐他汀暴露增加,剂量 ≤ 20mg 有典型肌病风险	起始剂量 ≤ 20mg,并及时调整,如果需要 > 20mg 的剂量达到理想的疗效,考虑考虑联合治疗(如瑞舒伐他汀加非他汀指导药物治疗)

资料来源:临床药物基因组学实施联盟。

五、伊立替康个体化用药的临床实施建议

伊立替康(irinotecan)是拓扑异构酶 Ⅰ 抑制剂,属于喜树碱(camptothecin)的半合成衍生物,因此又称为 CPT-11。可特异性地作用于细胞周期的 S 期,使 DNA 合成受阻从而产生细胞毒性作用。自 20 世纪 90 年代上市以来,CPT-11 在结直肠癌、胃癌、肺癌、胰腺癌等实体肿瘤的治疗中均表现出较好的效果。

然而,药物不良反应限制了 CPT-11 的临床应用。CPT-11 诱发的不良反应存在明显的个体差异。CPT-11 的毒性与其主要的药物代谢酶 UGT1A1 的活性有关,其活性的高低受 *UGT1A1* 基因多态性的影响。

由法国国家药物遗传学网络(the French National Network of Pharmacogenetics,RNPGx)和临床肿瘤药理学小组(Group of Clinical Onco-pharmacology,GPCO Unicancer)组成的法国联合工作小组发布了 *UGT1A1*28* 基因型指导临床 CPT-11 使用的指南,他们建议 *UGT1A1*28/*28* 基因型患者减少 CPT-11 的剂量,而高剂量 CPT-11($\geq 240mg/m^2$)仅适用于 *UGT1A1*1/*1* 基因型患者。荷兰药物遗传学工作组(Dutch Pharmacogenetics Working Group,DPWG)2018 年指南指出,在使用 CPT-11 治疗时,携带 *UGT1A1*28/*28* 基因变异的患者更容易发生严重的、危及生命的不良事件,建议从标准剂量的 70% 开始,如果患者耐受这一初始剂量,可根据中性粒细胞计数增加剂量。

FDA 已于 2005 年批准 *UGT1A1*28* 用于预测 CPT-11 的不良反应,建议 UGT1A1 酶活性异常者(如 Gilbert 综合征患者)检测 *UGT1A1*28* 等位基因。目前,FDA、欧盟药品监管(European Medicines Regulation,EMA)和瑞士已经在 CPT-11 的药物标签中加入了关于 *UGT1A1*28* 基因多态性的相关注释内容。如 CPT-11(CAMPTOSAR)的 FDA 药物标签注释,*UGT1A1*28* 等位基因纯合子的患者应考虑至少减少一个水平的 CPT-11 的起始剂量;CPT-11(ONIVYDE)的 EMA 药物标签注释,*UGT1A1*28* 等位基因纯合子的患者应考虑使用 $50mg/m^2$ 的起始

剂量,如果在随后的周期中耐受,应考虑增加剂量至 70mg/m²;CPT-11(ONIVYDE)的瑞士医药标签注释,对于 *UGT1A1*28* 纯合子携带者推荐初始剂量为 60mg/m²,如果耐受后的周期,可考虑将 CPT-11(ONIVYDE)剂量增加到 80mg/m²。基于 *UGT1A1* 基因型对伊立替康的用药建议见表 16-8。

表 16-8　基于 *UGT1A1* 基因型对伊立替康的用药建议

表型	基因型	DPWG 用药建议	2015 年中国指南(试用)	RNPGx 用药建议	FDA 用药建议
NM	*1/*1	常规用药方案	无	仅 *UGT1A1*1/*1* 基因型的患者使用高剂量伊立替康($\geq 240mg/m^2$)	无
IM	*1/*28,*1/*6	常规用药方案	*UGT1A1*28* 基因型为 6/7 和 7/7 基因型选用低剂量,以免发生严重腹泻;*UGT1A1*6* 基因突变发生 4 级粒细胞减少的危险性增加,应慎用	常规用药方案	*UGT1A1*28* 纯合突变起始剂量减少至少一个水平的 CAMPTOSAR。ONIVYDE 的推荐剂量为 70mg/m²,*UGT1A1*28* 纯合突变,ONIVYDE 的推荐起始剂量为 50mg/m²。将 ONIVYDE 的剂量增加至 70mg/m²,作为后续耐受剂量
PM	*28/*28,*6/*6,*6/*28	从标准剂量的 70% 开始。若患者耐受,可根据中性粒细胞计数增加剂量		建议 *UGT1A1*28/*28* 基因型的患者第一周期剂量减少 30%	

小　结

药物基因组学起源于 20 世纪 90 年代,是研究基因多态性与药物效应多样性之间关系的新兴学科,为临床个体化用药提供理论基础。目前药物基因组学在心脑血管疾病、精神类疾病、肿瘤治疗等领域的应用比较广泛。遗传因素是影响药物疗效和不良反应的重要因素,在个体化精准用药中具有重要的作用。

药物基因组学是从基因组角度探讨基因的遗传变异对药物治疗效果的影响。药物在人体内的吸收、分布、代谢、排泄和作用靶点,主要与蛋白质有关。这些蛋白质包括药物受体、转运体和代谢酶等。所有蛋白质都是由相应编码基因经转录、翻译和修饰而来。编码基因发生突变可能导致氨基酸序列发生改变随之引起蛋白质功能发生增强、减弱或缺失等变化,从而引起药物在人体内吸收、分布、代谢和排泄的改变或者引起药物与其作用靶点结合能力增强、减弱或消失,最终影响药物效应。药物基因组学是开展个体化精准医疗的重要学科。

药物基因组学相关基因检测技术多种多样,包括 PCR- 测序法、PCR- 焦磷酸测序法、荧光定量 PCR、PCR- 基因芯片法、PCR- 高分辨率熔解曲线、等位基因特异性 PCR 法、PCR- 限制性片段长度多态性方法、荧光原位杂交技术、PCR- 电泳法等。各种方法具有不同的适用性和局限性,应根据具体情况选择合适的检测手段。

由于基因变异仅能够部分解释药物反应的个体差异,如何将药物基因组学检测结果与临床环境因素相结合,共同指导临床患者的个体化用药,是药物基因组学临床应用面临的问题。将基因型与目前已有的个体化用药模型相结合,已被证实能够提高原有临床模型对患者临床转归的预测能力,以及优化对患者药物治疗剂量的估算能力。通过多基因位点检测,建立药物基因组学基因风险评分也被证实能够帮助患者个体化选择用药。因此,未来通过基因型结合临床试验验证,建立药物基因组学剂量、不良反应、个体化用药预测模型,将有利于药物基因组学检测结果的解读和临床应用。

(何　霞　邢　蔚)

第十七章　遗传咨询与遗传服务伦理

随着以遗传学和分子生物学为核心的检测技术和诊断方法的迅猛发展，以及人类遗传疾病基因-表型循证证据的积累更新，人们对遗传病的认识不断加深，逐步关注肿瘤、糖尿病、高血压等常见慢性病的遗传学因素。遗传咨询（genetic counseling）作为帮助人们理解遗传因素对疾病影响的重要手段，在临床诊疗中逐渐得到广泛应用，其目的是让患者和家属了解自身及生育后代发生疾病的风险，并积极开展预防、诊断及治疗，从而降低遗传病的发生，改善患者生活质量，提高人群遗传素质和人口质量。与此同时，遗传咨询涉及的伦理问题日渐凸显。为了让遗传咨询更好地服务于临床，除了医学遗传学专业知识外，遗传咨询时要兼顾咨询对象的个人利益、家庭利益和社会利益，综合考虑医学、伦理、社会观念、道德规范和现行法律法规等。

第一节　遗传咨询概述

遗传咨询是预防遗传病和实现优生的有效办法。随着对遗传病认识和遗传学诊断技术的飞速进步，遗传咨询成为知识更新更快、涵盖范围更广的一个专业。遗传咨询的适应证也在逐渐增加。

一、遗传咨询的定义

遗传咨询是通过应用遗传学和临床医学的基本原理和技术，与遗传病患者、家属以及有关社会服务人员讨论遗传病的发病原因、遗传方式、诊断、治疗、预后等问题，并在权衡个人、家庭、社会的利弊基础上，给予婚姻、生育、治疗及预防等多方面的医学指导，供患者及其家属参考。在基因组医学快速发展的推动下，美国国家遗传咨询协会（National Society of Genetic Counselors，NSGC）于2006年将遗传咨询定义为帮助患者理解和适应遗传病对患者本人及其家人身体、心理、生活影响的过程。这一过程包括：①通过家族史及现病史评估疾病发生与再发风险率；②讲解疾病的遗传方式、实验室检测技术、治疗方法和疾病预防措施方案，并提供疾病相关的医疗资源和研究进展等信息；③通过咨询促进咨询者对所患疾病治疗措施及预防疾病再发的知情选择和适应。

遗传咨询是连接患者、医师和诊断实验室的桥梁，需要进行遗传咨询的指征通常包括：①夫妇之一患有遗传病或有遗传病家族史；②生育过遗传病或先天畸形患者；③不明原因的不孕不育史、复发性流产史和死胎史；④一方已知或可能是遗传病致病基因携带者、染色体结构畸变携带者；⑤携带者筛查、产前筛查、新生儿筛查结果阳性或高风险者；⑥35岁以上的孕妇；⑦近亲婚配的夫妇；⑧有害环境接触史或妊娠期用药史；⑨胚胎植入前诊断的夫妇；⑩肿瘤和其他与遗传因素关系密切的疾病。

随着医学的发展，遗传咨询范围将不断扩展，遗传咨询的内容会更为广泛，包括机体对药物治疗敏感性或对环境污染物反应的遗传多态、人的正常行为和生理特征等。

二、遗传咨询的分类

根据遗传咨询的目的不同，可以把遗传咨询分为婚前咨询、产前咨询和一般咨询。

(一)婚前咨询

婚前咨询是对将要结婚的青年男女通过询问病史和家系调查,进行包括影像学检查及实验室检查在内的医学检查,了解其有无遗传病家族史,提出对结婚、生育的具体指导意见,从而达到减少甚至避免遗传病患儿出生的目的。婚前咨询是出生缺陷一级防控的重要措施,涉及的主要问题包括:①男女一方或双方以及亲属中的某种遗传病对婚姻及后代的影响;②能否结婚、能否生育以及后代罹患疾病的风险及预后估测等。

(二)产前咨询

产前咨询是已婚男女在妊娠期或生育过出生缺陷患者后前来进行咨询,一般涉及的问题包括:①夫妻一方或亲属有遗传病或先天畸形家族史,生育子女是否会患病以及患病概率;②曾生育过遗传病患者,再次妊娠是否会生育同样患者以及概率;③双方之一有致畸因素接触史,尤其是妊娠前 3 个月接触过放射线、化学物质或服用过药物等,是否影响胎儿健康。

(三)一般咨询

一般咨询常遇到的问题包括:①夫妻一方或家属有遗传病家族史,这种疾病是否会累及本人及子女;②夫妻多年不孕或习惯性流产是否为遗传因素所致,希望获得生育指导;③某些畸形或疾病是否与遗传有关;④已诊断的遗传病能否治疗以及治疗效果等。

三、遗传咨询的主要内容

遗传咨询的主要内容包括:①明确疾病的临床诊断和遗传学诊断;②根据遗传病类型,评估再发风险;③告知疾病的相关遗传学知识,提供各种可能的预防、诊断与治疗的建议或措施,并帮助咨询者做出选择;④提供心理咨询。

(一)明确诊断

明确遗传病诊断是开展遗传咨询和遗传病防治工作的基础,不仅可提供有效的预防与治疗方案,也为确定遗传方式与评估再发风险奠定基础。遗传病的诊断包括临床诊断与遗传学诊断。除了通过病史、症状和体征以及辅助性检查给出临床诊断外,还必须应用遗传学的检测技术,如系谱分析、细胞水平的染色体检查、生化水平的酶和蛋白质的分析以及分子水平的基因诊断等给出遗传学诊断。

准确和详尽的病史采集是明确诊断的第一步,也是最基本的一步。病史采集内容包括:现病史、既往史,特别应关注出生史、发育史、致畸因子暴露史,以及家族史(含种族、近亲婚配情况、患病人数及亲缘关系、先证者与家系患者年龄、临床表型出现时间等)。在病史采集过程中,应让咨询者及其家人了解病史采集的重要性。通过家族史和绘制系谱图可判断患者所患疾病是否为遗传病及其遗传方式。但由于现代家庭小型化,难以收集典型的家族史,此外不少遗传病是新发突变所致,遗传病的诊断及遗传方式的判断依赖于遗传学诊断。遗传病的诊断要求医生不但具有丰富的临床知识和技术,还必须掌握遗传病的发病原因和发病规律。在掌握各种检测技术适用范围和局限性的基础上,选择合适的检查项目非常重要。因此,临床医生与实验室的紧密配合对遗传病诊断至关重要。

如能明确疾病的诊断,通常可以确定疾病的遗传方式,但必须认识到遗传病存在遗传异质性,相同或相似的疾病可以有不同的遗传学诊断结果,也可以有不同的遗传方式。

(二)风险评估

再发风险评估是遗传咨询的核心内容,也是遗传咨询门诊区别于一般医疗门诊的主要特点。不同种类的遗传病,其子代的再发风险率有其各自独特的规律,在明确诊断和确定遗传方式后,可计算再发风险。

再发风险的估计一般遵循下列原则:单基因病根据孟德尔遗传定律做出再发风险估计,多基因病和染色体病则以其群体发病率为经验风险值,但有少数例外。

1. 单基因病的再发风险估计　在计算单基因病再发风险时,应根据夫妻双方基因型是否明确来选用不同的方法。

(1)夫妻双方基因型明确:夫妻双方基因型已明确时,通过孟德尔遗传定律进行风险估算。对于常染色体显性(autosomal dominant, AD)遗传病,在实际工作中常遇到如下几个问题。

1)外显率:外显率是指一个有致病基因群体的

个体中,表现出相应病理表型人数的百分率。在每个具有致病基因的个体都会发病的情况下,这种遗传病为完全外显。在相同基因型情况下,有的个体有临床表现,有的个体没有临床表现,则为外显不全,即外显率低于100%。当外显率降低时,会造成许多遗传病与孟德尔分离定律的预期值不相符,计算再发风险时,应该用外显率进行校正。若外显率为K,则子女患病风险为K/2。遗传咨询中对外显不全的疾病应考虑到即使没有临床表现,仍可能携带致病基因,其子代也有发病可能。

2)表现度差异:表现度差异是指相同基因型个体,在不同遗传背景和环境因素的影响下,其性状或疾病的表现程度存在差异的现象,是常染色体显性遗传病最常见的特征之一。在一个家系中,患病的不同个体,即使基因型相同,其病情程度也不尽相同,即表现不一致。

表现度与外显率是两个不同的概念,外显率是指携带致病基因并受累个体与所有携带致病突变个体的比例;而表现度是指患病的不同个体临床表现程度不同。前者说明的是基因表达与否,属于"质"的范畴;后者说明的是在基因表达前提下,表现程度如何,属于"量"的范畴。

3)迟发型或发病年龄差异:带有显性致病基因的个体,在出生后并不立刻表现出相应症状,而是发育到一定年龄后才表现出疾病,即疾病迟发或发病年龄有差异,常见于亨廷顿病、常染色体显性遗传多囊肾病等。对于这类疾病,临床实践中对携带明确致病基因的个体进行风险评估时,很难准确评估其发病年龄。

4)新发突变:对于一个典型的外显完全的常染色体显性遗传病来说,如在一个无遗传病史的家系中,突然出现一个遗传病患者,则该患者很可能是致病基因新发突变的结果。此患者的子代再发风险率为50%,但其兄弟姊妹的再发风险则并不高于群体发病率,新发突变者在全部患者中所占比例与该病的适合度有关。在判定为新发突变以及进行风险评估时,还应考虑到是否存在生殖腺嵌合现象。

5)生殖腺嵌合现象:嵌合现象是指个体细胞或组织中含有不同遗传组分的现象,通常由于胚胎发育过程的不同阶段发生突变,导致产生全身性或组织部分性嵌合体。若突变的细胞系仅为生殖腺的一部分而不存在于体细胞中,这样的嵌合体为生殖腺嵌合体,即致病变异只存在于生殖细胞,而其他

组织未携带致病变异。生殖腺嵌合现象之所以需要重视是因为致病变异可能会存在于表型正常个体的生殖系统中,先证者会被认为是由新发突变导致。这种情况下,由于亲代卵子或精子携带了致病变异,生育时,子代疾病再发风险较高。

(2)夫妻双方基因型不明确:基因型不确定时,运用Bayes法计算再发风险。在系谱分析中,如果父母双方或一方的基因型不能确定,但在家系中有提供的其他信息,如疾病的外显率、子女数等,这种情况下可以运用Bayes法进行再发风险估计。

Bayes法,又称逆概率定律,是条件概率中的基本定理之一,用于计算几种互斥事件的相对概率。其原理是根据事情易发生的结果反过来推算形成这种结果的各种前提的概率,其计算程序分为四步:①计算前概率(prior probability),即按照该病的遗传方式和孟德尔定律推算出某个体为携带者的概率。②找出条件概率(conditional probability),即在了解家庭成员发病情况、正常子女数、患者数、发病年龄以及检查结果等信息后,估算出某种基因型产生这种特殊情况的概率。③算出联合概率(joint probability),即在某一种基因型前提下,前概率和条件概率的乘积。④计算后概率(posterior probability),指某一基因型的联合概率除以各个联合概率之和,即联合概率的相对概率。

Bayes法在遗传咨询中主要应用于在父母双方或一方基因型未知的情况下,估计未发病子女或再生育子女的再发风险,从而使遗传咨询结果更为准确。临床实践中,应该全面了解各种单基因病的遗传方式和遗传规律,根据患者家族信息,熟练地运用孟德尔定律,掌握各种遗传方式在不同组合下亲代与子代的关系,将逆概率定律运用于医学遗传学领域。

2. 多基因病的再发风险估计　多基因遗传病由两对以上基因的变异累积效应导致,其发病是遗传因素与环境因素共同起作用的结果。因此这类疾病的遗传规律比单基因病要复杂得多,一般只能根据遗传率、亲属等级、性别、家庭患者人数、病情严重程度等因素进行粗略估算,其结果通常为经验再发风险(empirical recurrence risk)。临床实践中,应注意多基因遗传病通常具有一定程度的遗传倾向和家族聚集性,如先天性心脏病、精神性疾病、冠心病等。与相同种族的正常人群比较,患者的一级亲属的再发风险可能增高;与患者的亲缘关系越

近,发病风险越高。若近亲婚配则再发风险升高。

3. 染色体病的再发风险估计 大部分染色体病为散发,其染色体畸变主要发生在亲代生殖细胞的形成过程中。染色体病患者同胞的再发风险与其父母的染色体核型是否正常相关。如果已生育染色体病患者的父母核型正常,再生育子女的再发风险与一般人群大致相同。此外,临床实践中,还应注意大多数三体综合征的再发风险与母亲年龄呈正相关,随着母亲年龄增大,三体综合征的再发风险也随之增加,可能是由于 35 岁以上女性的卵巢开始退化,卵子形成过程中染色体不分离高发导致。如果父母一方为平衡易位携带者或嵌合体,则再生育子女的再发风险显著提高。例如 der(13q14q);der(13q15q);der(13q21q);der(13q22q);der(14q15q);der(14q21q);der(14q22q);der(15q21q);der(15q22q);der(21q22q) 等 10 种非同源罗伯逊易位携带者,根据经典遗传学理论,非同源罗伯逊易位携带者在形成配子过程中可产生 6 种配子(2 种部分重复,2 种单体,1 种平衡易位,1 种正常)。她/他们的后代有 1/3 的可能性为三体型患者,1/3 的可能性为单体型患者,1/6 的可能性是罗伯逊易位携带者,1/6 的可能性为正常者。罗伯逊易位携带者与核型正常胚胎可正常发育,因此理论上正常生育的概率约为 1/3,其他可导致流产或胎儿畸形。有研究显示,男性非同源罗伯逊易位携带者产生平衡性配子的比例为 78.4%～91.2%。因此,在临床中,非同源罗伯逊易位携带者正常生育的概率可高于 1/3 的理论值。

在遗传咨询中,咨询者关心的核心问题是个体患病或者未来再生育的风险。遗传咨询师应熟练掌握各种遗传病复发风险的计算方法,通过系谱分析区分疾病是遗传自父母还是由新发突变导致,还需要考虑外显不全、表现度及其他非经典孟德尔遗传等情况。在统计学计算时通常需要考虑其他因素,如群体内携带者频率、外显率、咨询者年龄、性别等加以修正,结合患者携带突变的类型、遗传方式、携带情况等,帮助患者及其家庭成员计算再发风险。

(三)建议与指导

在充分为咨询者提供了疾病状况、遗传方式和再发风险咨询后,遗传咨询师需要为咨询者提供可以采取的措施与对策,包括检测方法、治疗措施等。旨在向遗传病患者及其家属提出可供选择的诊断、治疗、预防处理方案以及婚育指导等,比较各种对策的优劣,提高受检者有效使用遗传信息的能力,以最大限度地提高个人自主能力,从而促进知情决策。鉴于遗传疾病的复杂性及其涉及敏感的隐私问题,临床检测前和检测后的遗传咨询是必不可少的。

检测前,根据咨询者的实际情况,协助咨询者选择最适合的医学影像学、细胞遗传学、分子遗传学、生化免疫等检查项目,并提前充分告知各个检测项目的目的、意义、适用范围、检测能力和局限性等。值得关注的是,随着分子诊断技术的飞速发展,遗传学检测方法与策略很多,例如染色体微阵列分析、靶向基因测序、全外显子组或全基因组测序等,应根据咨询者具体情况,告知所需检测样本的类型、各检测方法适应证、预期检测结果、影响因素及技术局限性等。受检者在充分知情后,必须签署知情同意书后方可进行检测。

检测后,遗传咨询师要充分告知咨询者检查结果的意义、解释疾病的诊断和遗传方式、描述疾病的状况、计算个体发病的风险和再发风险,协助咨询者获得诊断和治疗相关信息,为已经确诊患者及其亲属提供生育相关建议和指导。如涉及患者家属,应由咨询者自己决定是否告知家属。同时应告知该遗传病的相关研究进展和研究成果,以帮助患者决策。

对于可采用的对策,则应先由遗传咨询师提出并客观、详细地陈述各种方案的优缺点及可能对个体和家庭乃至社会带来的后果。具体抉择需要咨询者自己和家属商量后做出,遗传咨询师不能代替或强制咨询者做出决定。因为在处理对策上往往存在多种选择,各有利弊,而这种选择又必须适应社会、家庭及个人的不同要求。对于我国婚姻法等法规强制性条例,可告知详细条例,并提醒违反强制性条例的可能后果。

(四)心理咨询

遗传咨询不仅是提供遗传病信息和计算发病风险,更是一种解释和沟通的过程,其核心内容是解答遗传病的诊疗和预防相关问题,缓解咨询者复杂的社会心理障碍。遗传咨询师不仅要了解咨询者对咨询信息的理解程度,还要了解这些信息对咨询者意味着什么及对其心理的影响。因此在对咨询者进行遗传咨询服务时,心理咨询服务尤其重要。目前在临床实践中,遗传咨询所采取的心理治疗模式主要是针对咨询者的焦虑情绪和负罪感。

1. 焦虑情绪 所有咨询者都带有不同程度的焦虑情绪,而且这种焦虑情绪会伴随遗传咨询的整个过程,特别是经历过多次不良生育史的夫妇,或者家中有遗传病或出生缺陷患者的夫妇。遗传咨询师应理解他们这种情绪,从心理上应同情他们,适时给予宽慰和开导,告诉他们不必担心未知的事情,要面对的真正问题是什么,所采取干预措施的有效性,帮助他们减轻焦虑,以积极的态度解决问题,同时建立对未来生活的信心。

2. 负罪感 遗传咨询实践中,许多遗传病致病基因携带者认为孩子患病是因为遗传了自己的致病基因,进而产生自责和内疚,错误地认为自己对孩子与家庭有负罪感。遗传咨询师可用简单易懂的语言向咨询者解释遗传病病因、遗传方式、致病变异在人群中携带率、疾病发病率及疾病治疗与预防措施等。在人群中遗传病致病基因携带是一个普遍现象,每个人都是遗传病致病基因携带者,而人类只要有生命的传承,就会有发生遗传病的可能性。通过加强遗传病知识科普、提供心理支持、倡导包容与理解的社会和家庭环境等措施,帮助咨询者及其家庭成员理解并消除对遗传病的误解和偏见,减少咨询者的家庭矛盾。对于 X 连锁遗传病携带者家庭,女方的心理压力会更大,遗传咨询师应有技巧地尽量避免触动和加深其负罪感,并尽量帮助减少咨询者的家庭矛盾。

第二节
遗传咨询的医学伦理原则

遗传咨询是为了帮助有遗传相关问题的人们和他们的家庭,是医学遗传服务的主要形式。依据世界卫生组织《医学遗传和遗传服务中伦理问题的国际准则》建议的内容,将遗传咨询在应用实践中的伦理原则归纳为尊重原则、平等原则、非指令性原则、教育与持续支持原则。

一、尊重原则

尊重原则指尊重咨询者的个人自主权、知情同意权和隐私权。咨询者有权利就涉及个人的问题

做出选择,对自己的行为负责。这就要求咨询医师应向咨询者就某种遗传病提供足够的信息,使咨询者根据这些信息做出独立的、自愿的判断。但由于我国的社会文化特点,在许多情况下咨询者及其家庭联系密切,医疗决策往往通过医生、咨询者、家属之间的协商做出,而最后的决策者往往是咨询者及其家属。有些患者由于年幼、智力落后、精神不正常等,缺乏自主做出合理决定的能力。因此这种情况下协商显得尤为重要。

为了维护咨询者利益及尊重他们的自主权,在进行遗传学检查前必须取得受检者的知情同意。实行知情同意是一个在医生与咨询者(有时包括患者家属)之间相互交流、协商,有时包括耐心说服的过程。充分的沟通交流过程能够维护咨询者的利益,尊重咨询者的自主权,同时也有利于医生履行责任,促进医患关系和谐。医务人员或研究人员应让咨询者充分了解检查的目的、必要性、风险以及对个人健康可能产生的影响,争取他们的配合,而不能强加于人。在基因组医学时代,全外显子组测序与全基因组测序会产生大量临床意义未明变异和偶然发现(incidental findings,IFs),这些信息是否需要告知咨询者存在一定争议,咨询者最好在检测前应知情是否愿意披露这些信息。避免由于遗传咨询师缺乏与咨询者的交流协商,不考虑咨询者的意愿,从而导致纠纷等后果。

遗传信息属于个人隐私范畴,因此遗传咨询必然引出信任和隐私的保护问题。遗传咨询师是第一个知晓咨询者个人隐私的人,应对咨询者或后代的家族史、携带者的状态、遗传病风险等信息予以保密,确保信息安全。如果隐私信息被第三者掌握,容易给患者或当事人造成伤害,第三者包括家庭成员、保险机构、工作单位、雇主、其他人员等。例如,如果投保人带有致病基因或易感基因,将来可能发生某种遗传病,这些遗传信息被保险机构掌握后,保险机构可能拒绝保险。但当咨询者的有关信息不仅对其本人,也可对其家人具有重要意义时,在具备有效控制信息扩大传播的条件下,大部分遗传咨询师赞同有责任将相关的遗传信息告知咨询者家属,并鼓励咨询者与其家属共享遗传信息。

二、平等原则

理想的状态是所有遗传学服务,包括遗传咨询

服务、遗传病诊断和治疗应该被平等地提供给所有需要的人。

三、非指令性原则

非指令性原则被视为遗传咨询的基本原则。非指令性咨询是指遗传咨询师仅就疾病的诊断方法、再发风险、病程、预后等向咨询者进行解释，由咨询者自己做出决定，不主导、不暗示他们选择对策，不就他们所做的决定进行任何评价。在非指令性咨询中，遗传咨询师应向咨询者提供尽可能全面的科学信息，各种信息的提供都应该是启发式、有影响力和负责任的。反之，指令性咨询则是指遗传咨询师对患者和家庭所采取的对策提出主导性或暗示性的建议，主导他们做出决定。

在现代医学飞速发展的时代，咨询者普遍缺乏专业的医学遗传学知识，往往不能或不敢自己决定，总是希望遗传咨询师能直接告诉他们应该怎么做。有学者向遗传咨询的非指令性原则提出了挑战：在面对复杂的遗传学服务、矛盾的数据及存在道德问题时，完全采用非指令性原则，会让咨询者不知所措。所以也有学者认为，让缺乏医学遗传学知识的咨询者自行做出决定，而掌握着医学遗传学知识的遗传咨询师则不负任何责任，是把问题摆到了咨询者的面前，是遗传咨询服务提供者推卸责任的一种遁词。因此，遗传咨询中遗传咨询师不能简单地遵从非指令性原则，应该恰当处理非指令性原则和指令性原则的关系。遗传咨询师应在遗传咨询中坚持伦理学上最基本的原则——不伤害原则，指出关键问题，帮助咨询者避免错误的选择，做出正确的决策。这仍然符合伦理要求，与自主权并行不悖。

四、教育与持续支持原则

遗传咨询的重要特征是对咨询者的教育，包括以下内容：①疾病特征、病史、疾病进程；②遗传或非遗传的基础；③如何诊断和治疗；④在不同家庭成员中发生风险或再发风险；⑤对经济、社会和心理可能产生的影响；⑥为因疾病出现困难的患者家庭介绍相应的求助机构；⑦康复或预防的策略。

针对咨询时所遇到的心理问题，遗传咨询师应帮助咨询者缓解其承受的心理压力。遗传咨询师首先掌握咨询者的心理状态，在充分理解的情况下告

知准确和恰当的信息，有助于实现支持。根据咨询者的需要，其他专业人员也可提供其他的支持。例如，WES 或 WGS 会检出临床意义未明变异，给受检者带来更多的心理负担，遗传咨询师需要为受检者提供更多的资源支持，制订适当的随访计划，间隔 6 个月或 12 个月对变异进行重新分析，有可能将临床意义未明变异重新分类成为良性变异，这些措施有助于缓解受检者的焦虑情绪与心理压力。

第三节
遗传服务的医学伦理原则

遗传服务不仅涉及就诊者本人，还涉及一个家庭，将影响到其他亲属。因此，提供遗传服务时，除需遵循一般医学伦理原则外，医务工作者还需要关注一些特定遗传服务的医学伦理问题，才能更好地为患者提供合适的遗传服务，同时避免伤害服务对象的权益。

一、单基因遗传病携带者筛查的医学伦理问题

携带者筛查是指当某种遗传病在某一群体中有高发病率时，为了预防该病在该群体中的发生，采用经济实惠、准确可靠的方法，在群体中筛出表型正常的携带者后，对其进行风险评估和婚育指导。传统的携带者筛查是基于种族、地域等因素对某些特定遗传病和突变进行筛查。地中海贫血的携带者筛查在我国南方得到广泛实施，有效降低了重型地中海贫血出生缺陷的发生率，充分证明了携带者筛查是预防严重遗传病的有效措施。随着基因组医学时代的到来，扩展性携带者筛查（expanded carrier screening，ECS）在我国也已经开始实施。ECS 是指在妊娠前或妊娠早期通过检测表型正常的夫妇是否携带有常染色体或 X 连锁隐性遗传病相关的基因突变，从而进行生育风险评估及指导生育决策，达到降低出生缺陷率的目的，该筛查模式不针对特定人群、种族或地域，可一次性筛查多种遗传病。携带者筛查必须遵循合理的医学伦理原则才能保障受检者利益最大化，负面影响最小化。

WHO 建议携带者筛查的医学伦理准则：①遗传筛查与检测应尊重个人意愿，不得以任何形式强

制进行(第⑧点所述的特殊情况除外);②在进行遗传筛查或检测前,必须清晰地向受检者说明此次筛查的目的、可能的结果,以及他们面临的不同选择;③只有在充分告知并征得筛查人群同意后,方可开展以流行病学研究为目的的匿名筛查;④未经个人明确许可,不得将筛查结果泄露给雇主、保险公司、学校或任何其他第三方,以防止潜在的歧视现象发生;⑤在极少数情况下,若公开信息对保护个人或公共安全至关重要,医疗卫生服务提供者应与受检者深入沟通,由其自主决定是否分享信息;⑥得到筛查结果后,应及时为受检者提供遗传咨询服务,尤其是在面对不利结果时,这一点尤为重要;⑦若存在有效的治疗或预防措施,应尽早提供给受检者;⑧鉴于早期诊断和早期治疗对新生儿有显著益处,新生儿筛查应被设定为强制性项目,并免费提供给所有新生儿。

目前在我国南方,地中海贫血基因携带者筛查技术已经广泛实施,对于我国人群携带率较高的耳聋(*GJB2、SLC26A4*)、脊髓性肌萎缩(SMA)及脆性X综合征基因携带者筛查也已在临床中应用。但在扩展性携带者筛查病种的选择上,尚没有形成统一的标准或共识。我国不能完全采用在西方国家实施的携带者筛查的内容,需结合国情,经过严谨的大样本数据积累、调研和讨论,发展和实施扩展性携带者筛查。

携带者筛查对个人、家庭及整个社会的有益影响已经被广泛接受,是一种有效预防出生缺陷的方法,但因携带者筛查不是强制实施的,是否参加携带者筛查应该在向夫妻双方提供充分的信息和遗传咨询的情况下,由夫妻二人共同决定。遗传咨询要采用非指令的语言,主动、客观地介绍携带者筛查,并且尊重咨询者的选择,咨询者有权拒绝部分或全部筛查。参与者应该签署知情同意书。对于不愿意参加携带者筛查的夫妇,也应该为其提供同等水平的医疗服务。

携带者筛查主要是针对隐性遗传病进行筛查,由于受检者认为家庭中并无遗传病,大多数夫妇不能意识到他们的生育风险,认为无需进行携带者筛查。因此,检测前对受检者进行携带者筛查的遗传知识教育极为重要。医生在检测前运用易于理解的语言,向受检者详细解释携带者筛查的内容、获益、风险与局限等,使其在充分知情同意的情形下自主选择并签署书面的知情同意,积极地参与到筛查中。但对于某些隐性遗传病来说,基因筛查并不能带来益处,反而可能引起受检者焦虑和担心。

检测前应告知受检者,携带者筛查只是覆盖了常见单基因遗传病的常见致病基因或常见基因变异位点,而不是所有基因的变异信息,即使检测结果为阴性,也不能排除受检者存在其他致病位点的可能性。因此,筛查前务必告知受检者存在残余风险。需要向受检者强调携带者筛查可以降低目标疾病的发生风险,但不能绝对排除生育遗传病患儿的风险。在携带者频率和检测率都已知的情况下,应在检测报告中告知残余风险。但在ECS的筛查疾病清单中常包括一些罕见疾病,其携带率、检出率与残余风险可能并不清楚。随着基因检测技术的快速发展及新的致病基因及致病位点不断被发现,筛查内容也会不断更新。对于既往接受ECS的受检者,需要遗传咨询师综合评估,确定是否有必要进行二次筛查。

由于临床意义未明变异(VUS)位点致病性不确定,告知受检者携带VUS可能会产生不必要的焦虑,原则上携带者筛查不报告VUS。但VUS位点也不能完全忽视,在夫妻双方同时筛查,另一方携带致病或可能致病变异的情况下,需要遗传咨询师对各种证据进行评估,谨慎地对VUS进行报告和咨询。对检测机构而言,客观充分的告知,不仅是义务和责任,也能最大程度地规避医疗风险。

检测后应确保受检者能得到充分的遗传咨询。当夫妇一方为某一常染色体隐性遗传病致病基因的携带者,在这种情况下生育筛查目标遗传病患儿的风险较低,但由于多数群众缺乏医学遗传学知识,检测结果仍有可能会影响家庭。隐性遗传病致病基因携带者有可能感到羞愧、遭受社会歧视和制度歧视;一些携带者可能潜意识里过度关注未来发病的可能性和身体健康,从而导致生活质量和自尊心下降;一些携带者甚至后悔接受了携带者筛查。因此,必须为携带者筛查受检者提供充分的检测前与检测后遗传咨询服务。

此外,基于公正原则,携带者筛查不应只提供给有能力承担费用的夫妇,为保障所有育龄夫妇享有同等参与筛查的机会,需要为其提供相关信息和遗传咨询服务。筛查相关的费用应该保持尽可能低的水平。政府对携带者筛查进行宣传和为受检者提供适当补贴,可确保尽可能多的育龄夫妇广泛参与。

二、症状前检测和易感性检测的医学伦理

症状前检测是针对某些遗传病高风险个体、家庭或潜在的风险人群，通过遗传学检测来预测其未来健康状态的一种检测手段。易感性检测是通过检测疾病易感基因，用于疾病风险评估，如特定疾病的风险增加，则可通过改变患者行为或临床干预来改善结局，包括增加筛查、应用降低风险的手术和药物等。对于症状前检测和易感性检测是否应该进行还存在较大争议，特别在儿童期或成年前实施症状前检测和易感性检测应该非常慎重。我国目前还没有完善的法律法规与共识指导和规范症状前检测和易感性检测。

WHO 建议的症状前检测和易感性检测的伦理准则：①如检测提供的信息可有效地用于预防或治疗，如心脏病、肿瘤或其他常见病家族史的人群，应鼓励进行遗传易感性检测；②所有易感性检测应为自愿，在检测之前应为受检者提供适当信息，并基于知情同意的情况下进行检测；③在提供充分咨询服务和取得知情同意后，即使疾病缺乏治疗措施，也可为需要症状前检测的高风险成年人提供检测；④只有儿童和未成年人可能从症状前检测受益时，才给予儿童和未成年人进行症状前检测；⑤雇主、保险机构、学校、政府部门或其他单位等第三者不应接触检测结果。

在临床实践中，对于成年发病或症状出现前的遗传病是否需要进行症状前检测需依据具体情况而定。进行性假肥大性肌营养不良与脊髓性肌萎缩（SMA）等儿童期发病的严重疾病的症状前诊断已经成为常规诊断。对于儿童及未成年人，如果疾病暂无有效治疗方法，一般不建议行症状前检测。因为很难预测未成年人在未来生活中如何面对检测结果，很可能给未成年人带来歧视。但不建议给儿童及未成年人进行症状前检测，并不意味着完全拒绝父母的检测要求，应该将疾病的相关信息详细告知父母，取得他们的理解，同意将基因检测推迟到孩子成年后，由其自行提出检测申请。

对于具有行为能力的成年人，是否进行症状前检测，由其本人自主决定。对成年期发病且无有效治疗措施的疾病，例如亨廷顿病及常染色体显性遗传多囊肾病等，症状前检测的可靠性较高。经过症状前检测，如果受检者未携带致病变异，可以消除精神压力；如果受检者携带致病变异，能为受检者提供有效的预防性治疗措施；在无有效治疗与预防措施的情况下，可以在生育前进行干预，通过产前诊断或胚胎植入前诊断阻断该病传递给后代；同时，也可以尽早规划自己的生活、职业等。但受检者提前了解到自己患有疾病，也可能导致严重心理负担，过早地陷入悲观情绪。

与亨廷顿病及常染色体显性遗传多囊肾病等疾病不同，对于高外显率的遗传性肿瘤，如遗传性乳腺癌与卵巢癌、林奇综合征，绝大部分指南与专家共识均推荐对致病基因明确的遗传性肿瘤进行症状前检测。进行症状前肿瘤基因检测有助于疾病预防与疾病早期诊断，例如 BRCA1/2 基因检测已经用于乳腺癌与卵巢癌早期预防及疾病治疗。与其他单基因病的遗传咨询相比，肿瘤遗传咨询有其特殊性。因此遗传性肿瘤实施易感性前检测主要应考虑以下内容：①在实施症状前检测前，对受检者的宣传教育尤为重要，内容至少包括遗传性肿瘤与散发肿瘤的基本信息、肿瘤基因传递方式与外显率、疾病的高度异质性、是否存在有效的预防或早期治疗策略来改变病程；②解释肿瘤基因检测的必要性、技术方法的准确性和局限性，并提供合适的基因检测策略；③提倡受检者自愿行使自由选择的权利，不强求、不欺诈、不过度干预，且不采用隐秘的强制手段，知情同意的内容应包括采用检测技术的灵敏度、特异性及其潜在的风险、益处和局限性，也要告知可能得到的检测结果以及出现不确定结论的可能性；④针对受检者潜在性伤害的心理疏导，对患者、高风险的肿瘤基因携带者及整个家族成员的心理疏导是肿瘤基因检测工作的重要内容。充分的遗传咨询和全程的心理疏导能让患者更好地建立生活信心，配合治疗。让高风险的肿瘤致病基因携带者及家人明白疾病是基因和环境相互作用的结果且会受到外显率的影响，基因检测能更好地预防疾病。一旦出现肿瘤征象，及时治疗能提高生存质量，同时为产前诊断或胚胎植入前诊断提供依据，避免疾病在家族中传递。

三、产前诊断的医学伦理

在产前诊断中，应坚持以服务母胎健康为目标，严格掌握产前诊断适应证及操作规范。在我国产前诊断应遵守《中华人民共和国母婴保健法》与

《产前诊断技术管理办法》等相关法律法规的要求，除此以外，还要遵循基本医学伦理原则，也应考虑孕妇个人及其家庭情况、社会背景、胎儿异常类型等一系列具体情况。

（一）WHO 建议的产前诊断伦理准则

产前诊断伦理准则包括：①要将包括产前诊断在内的遗传服务公平地提供给最需要医疗服务的群体，不受他们的支付能力或其他因素的影响；②产前诊断应为自愿，胎儿父母应自行决定是否对某种特定遗传病进行产前诊断或对受累胎儿终止妊娠；③如在医学上有产前诊断的指征，不论夫妻关于流产的观念如何，都应为其提供产前诊断，在某些情况下，产前诊断可为患儿出生后进一步的诊疗做准备；④产前诊断仅给胎儿父母和医师提供有关胎儿健康的信息，不应利用产前诊断作父子关系鉴定（强奸或乱伦除外）或作性别选择（性连锁疾病除外）；⑤在医疗资源分配时，有医学指征的产前诊断应优先于无医学指征、仅为缓解母亲焦虑情绪的产前诊断；⑥产前诊断前进行充分的遗传咨询；⑦医师应将所有与临床有关的发现告知孕妇及其配偶；⑧在家庭和国家法律、文化及社会结构的框架内，孕妇及其配偶对受累胎儿妊娠的选择应得到尊重与保护，胎儿父母对受累胎儿是否继续妊娠做出决定，而不是医学专业人员或其他人员做出决定。

（二）严格掌握产前诊断指征

产前诊断的指征主要包括：①夫妇双方之一为染色体平衡易位、倒位或插入携带者；②夫妇为隐性致病基因携带者、夫妇一方是显性遗传病患者或曾生育过单基因病患儿；③产前筛查提示胎儿有患染色体病或单基因病的高风险；④夫妇曾生育过智力落后、发育迟缓或器官畸形的患儿；⑤妊娠早期接触过可能导致胎儿先天缺陷的物质；⑥孕妇年龄超过 35 周岁；⑦产前影像学检查提示胎儿发育异常或者胎儿有可疑畸形。

产前诊断前的咨询中，要明确告知孕妇及其家属行产前诊断的目的及相关风险，尊重孕妇及其家属的知情同意权。

（三）产前诊断技术手段局限

细胞遗传学与分子细胞遗传学是产前诊断胎儿染色体病的方法，如染色体核型分析、荧光原位杂交技术、荧光定量 PCR 技术、多重连接探针扩增技术（MLPA）、染色体微阵列分析（CMA）和低深度全基因组拷贝数变异测序（CNV-seq）等。生化遗传学与分子遗传学技术是诊断单基因病的主要技术手段。对于结构畸形而核型和 CMA 结果正常的胎儿，全外显子组测序（WES）能作为有效的补充手段，从而提高产前诊断的诊断率。在不同临床表型的胎儿中 WES 产前总体诊断阳性率存在较大差异，非免疫性胎儿水肿、骨骼发育不良和中枢神经系统畸形的诊断阳性率最高。以上所提到的产前诊断方法各有适应证及技术局限，不是互相取代关系，而是互补关系。在应用时要考虑到当地的医疗技术条件，孕妇及其家庭的经济承受能力，以及对结果的准确性和快速性的要求不同，选择不同的组合方案。在产前诊断中，孕妇有权在不受伤害的前提下，获得适宜的产前诊断服务。

产前诊断本身具有不准确性，风险很高。影响产前诊断结果准确性的因素包括了疾病的异质性，胎儿表型的不确定性、个体的特殊性，普遍适用的方案不一定会在每个个案中均有效。虽然产前诊断已有一套严格的程序，但也无法完全消除诊断技术的局限与从业人员人为差错所带来的风险。因此，产前诊断可以最大限度地避免严重出生缺陷患儿出生，是降低风险，不是绝对杜绝胎儿患病风险。孕妇在选择产前诊断时，应该做好准备，接受产前诊断不准确的后果，这是孕妇的义务，也是医者的权利。在产前诊断实施前，必须对申请产前诊断孕妇进行充分的遗传咨询，充分告知产前诊断的风险，要让孕妇和家属在决定接受检查前充分认识到遗传学诊断的局限性，如有意外发生不能简单地将其归结为医疗事故。当然，实验室必须有完整的质量控制体系和完善的运行机制，排除实验人员人为因素的干扰，将专业技术局限性影响降到最低。

（四）胎儿异常的伦理问题

产前诊断最大的伦理问题主要是出生缺陷胎儿是否继续妊娠或终止妊娠的问题，即胎儿的生存权利。我国对围产期的定义为妊娠 28 周到产后 1 周。在 28 周之前的胎儿还不是一个具有法律地位的主体，不是真正意义上的"人"。无论是否有出生缺陷，原则上均可按照孕妇本人的意愿终止妊娠。如果超过 28 周，对于这个阶段的终止妊娠存在较大的分歧和争议。有缺陷的胎儿固然有生存的权利，但是胎儿毕竟不同于成年人,胎儿无思维和选择能力。目前的医学技术对大多数严重畸形的胎儿无有效治疗手段,严重畸形胎儿的出生对孕妇及其家庭,甚至对患儿本人都可能是极大的伤害。严重畸形是指严重影响胎儿出生后生存能力和生活质量的结构畸形、染色体及基因异常等,例如21-三体综合征、无脑儿、脑脊膜膨出、严重的脑积水、严重的心脏畸形、肠闭锁等。尽管目前伦理学上还存在不同的观点,但对于有先天缺陷的胎儿是否终止妊娠的选择权应由胎儿的父亲与母亲做出决定已达成共识。按照国际通行的伦理原则,对于严重的胎儿畸形,要告知孕妇及其家属可以选择终止妊娠,也可以选择继续妊娠。医生应向其提供疾病的相关信息,包括患病胎儿出生后的疾病自然病程、预后、各种可能的治疗措施及治疗费用等。

(五)禁止非医学目的的胎儿性别鉴定

在我国禁止非医学目的的胎儿性别鉴定。但是,并不是禁止所有胎儿性别鉴定或在产前检测报告中不能标注胎儿性别。若产前诊断发现胎儿性染色体异常,如特纳综合征(45,X)、克兰费尔特综合征(47,XXY)等,需要详细报告染色体核型。对于X连锁疾病如血友病A、进行性假肥大性肌营养不良及限性遗传疾病如子宫阴道积水症、类固醇5α还原酶2缺乏症等,其发病与性别有关,如果在产前诊断中,发现胎儿携带相关致病变异,应该报告胎儿性别。医生应为孕妇及其家属提供充分的产前诊断咨询,使其获得关于胎儿尽可能详尽的信息,以帮助孕妇及其家属做出合理选择。

四、新生儿疾病筛查的医学伦理

新生儿疾病筛查(newborn screening,NBS)是指在新生儿群体中,对一些危害儿童生命、导致儿童体格及智能发育障碍的先天性、遗传性疾病进行筛检,做出早期诊断,并在患儿临床症状出现前,给予及时治疗,避免患儿机体各器官受到不可逆损伤的一项系统保健服务。在我国,新生儿疾病筛查应遵守《中华人民共和国母婴保健法》《新生儿疾病筛查管理办法》《新生儿疾病筛查技术规范》等相关法律法规的要求,同时应遵循基本医学伦理原则。此外,还应注意新生儿群体特殊性、筛查病种选择、筛查方法局限性、追踪随访、信息安全与隐私保护等具体情况。

(一)知情同意原则

知情同意是医学伦理学的基本原则,但新生儿是一个知情权、决定权均由其父母或监护人行使的特殊群体,因此新生儿疾病筛查必须具备对新生儿有利的前提,同时应遵循监护人自愿、知情的原则。WHO提出,新生儿疾病筛查在由政府出资、有法律或者法规保障患儿筛查、诊断、治疗受益的情况下,可以强制开展。实施新生儿疾病筛查前,应告知监护人为什么进行新生儿疾病筛查,筛查病种是什么,进而告知监护人新生儿疾病筛查将使患儿在疾病临床表现尚未出现之前,就可得到早期诊断和及时治疗,进而避免或减轻智能和/或体格发育障碍,或避免部分因环境诱发因素所致疾病的发病风险,使患儿生长发育可以接近正常同龄儿童,同时告知监护人,未筛查可能面临的患病风险、主要危害等。而对于筛查手段不尽完善、后续诊疗滞后的筛查项目,是否有必要开展,还存在争议,必要时应尽可能完善知情同意,以尊重和保障新生儿权益。此外,新生儿疾病筛查知情同意中,应明确新生儿监护人的责任主体及不同意筛查的情况,明确监护人积极配合筛查的流程及途径,防范潜在的医疗风险。

(二)筛查病种选择

遗传病病种繁多,如何选择疾病作为筛查病种进行防控,是一项系统而严谨的工作。某种疾病是否适合作为筛查病种,其选择的依据不仅仅由疾病自身特点所决定,如疾病的严重程度、干预效益、发病年龄、筛查技术费用等;同时应考虑到,新生儿疾病筛查易受政策影响,带有明显的国家性、区域性和当地化特征。国际上对于新生儿疾病筛查病种选择的共识是在符合伦理学要求的基础上,根据社会经济发展水平和流行病学特点进行选择的。因此,新生儿疾病筛查病种选择时,建议的选择条件如下,但不局限于此:

1. 发病率较高,或呈区域性高发;
2. 对新生儿、儿童健康影响较大,常导致死亡或生长发育迟缓及智力残疾;
3. 导致运动、生殖功能或其他重要功能丧失;
4. 疾病的发病过程及特征清楚;
5. 发病后治疗费用昂贵,因病致贫或耗费大量经济资源;

6. 筛查方法简便、通量大、易于大规模筛查;

7. 筛查方法易于接受;

8. 筛查效益 / 成本比较好;

9. 经过早期诊断、干预和治疗能够尽可能减少死亡和智力残疾,改善生长发育、避免重要功能丧失或明显改善预后,提高生活质量;

10. 知晓病情后,患者生理或心理负担小于其所能获取的效益。

(三)筛查方法局限性

新生儿疾病筛查是出生缺陷防控的重要环节,不同于一般的临床检验,筛查试验是无法弥补的一次性检验。若采用方法不当,可造成漏筛、漏诊,导致新生儿在早期不能及时获得干预治疗,引起严重后果。因此,应严格按照《新生儿疾病筛查技术规范》的要求合理选择筛查方法,在血片采集、实验室筛查、召回复查、确诊及随访等环节加强质量控制和全流程管理,将筛查方法所致局限性降到最低程度。同时,应关注到新生儿疾病筛查结果易受环境因素、采血时间、新生儿饮食及健康状况、妊娠期营养等影响,如:

1. 高苯丙氨酸血症筛查时,新生儿蛋白质摄入不足可导致筛查结果假阴性。而早产儿、未成熟儿较常见一过性的血液苯丙氨酸浓度升高,造成假阳性。此外,肝损害和某些遗传代谢病患儿血苯丙氨酸也可轻度升高。

2. 先天性甲状腺功能减退症筛查时,血促甲状腺激素(TSH)在新生儿出生 1~2d 时有生理性增高,提前采血(< 48h)可导致假阳性升高;妊娠期服用左甲状腺素钠等补充甲状腺激素的药物,可导致新生儿筛查结果假阴性;此外,以 TSH 为筛查指标只能检测出原发性甲状腺功能减退症,如甲状腺缺如、萎缩或发育不良导致的甲状腺功能减退症,对于垂体或者下丘脑功能低下引起的甲状腺功能减退症,因 TSH 在血中不升高,故无法检出。

3. 葡萄糖 -6- 磷酸脱氢酶缺乏症筛查时,由于女性携带者酶活性的变异较大,固定的 cut-off 值可能造成女性杂合子漏筛,因此针对男、女新生儿设置不同的 cut-off 值,有助于女性杂合子的检出;不合格的样本保存及夏季高温可能造成假阳性。

4. 先天性肾上腺皮质增生症筛查时,出生应激反应、出生 24~48h 内采血、早产儿、低体重儿(肾上腺功能不成熟、酶活性较低)、危重疾病(如呼吸衰竭、败血症等)、黄疸、脱水等,可导致假阳性增高,增加家长不必要的精神负担。孕妇或新生儿糖皮质激素治疗史可导致新生儿血 17α-OHP 延迟升高,故对筛查阴性及临床高度疑似者仍需要进行诊断性实验室检查。

5. 多种遗传代谢病筛查时,采用串联质谱法对不同种类疾病筛查的灵敏度并不一致。部分疾病在新生儿期的筛查指标或标志物浓度水平的变化不够特异,存在漏筛可能。

综上所述,新生儿疾病筛查的实验方法尚不能获得 100% 的灵敏度和特异度。知情同意时应明确筛查方法的局限性,告知新生儿监护人要充分理解新生儿疾病筛查阳性结果不是最终诊断结论,需配合完成复查及确诊工作;筛查结果阴性的新生儿仍需定期进行体格和智能发育评估。

(四)追踪随访原则

新生儿疾病筛查相关政策应优先关注患病儿童,例如政策倾向于帮扶患儿的治疗、随访,其次才是筛查本身。应把筛查后的追踪治疗与随访管理放在比初次筛查更重要的位置。同时还应重点关注患儿家长在患儿初筛阳性后复查、确诊及随访过程中出现的一系列社会、心理问题。做好可疑患儿复查原因的解释,简化复查流程,确诊后应及时给予患儿相应的治疗、随访、疗效评估与预防措施。鼓励患儿及家庭坚持治疗与随访,减少失访,确保新生儿疾病筛查真正有利于新生儿本人,并提供遗传咨询与心理疏导服务,关爱患儿,尽可能减轻患儿家庭的心理负担。

(五)信息安全与隐私保护

信息安全及隐私保护是医学伦理的基本要求。新生儿疾病筛查整个过程复杂(包括知情同意、采血、递送、检测、诊断、治疗、随访以及评估等),涉及人员众多(包括医生、护士、检验人员、公共卫生医师、统计师、质控员、社区工作人员以及物流人员等),涉及机构众多(包括妇幼保健机构、新生儿疾病筛查实验室、医疗机构、物流公司、质量控制管理机构以及各级行政管理部门等)。由于每年新生儿数量巨大,活产新生儿数据涉及众多个人隐私信息,新生儿疾病筛查系统的基层用户多,流动性大,账号公用,给系统安全带来隐患,因此需要从法律和伦理的层面确保信息安全,隐私得到保护。

1.国家关于信息安全与隐私保护的要求 2014年5月13日,国家卫生计生委发布了关于印发《人口健康信息管理办法(试行)》(简称《办法》)的通知,在人口健康信息采集、管理、利用等过程中,要落实隐私保护要求,确保人口健康信息的安全性,不得泄露隐私信息。该《办法》指出,人口健康信息涉及个人隐私,如责任单位确需委托其他机构存储和运维人口健康信息,应当严格按照国家有关法律和标准,确保受委托单位具备相应的资质和条件,受委托的存储、运维机构应当严格按照委托协议做好人口健康信息管理的技术支持工作,禁止超权限采集、开发和利用人口健康信息。该《办法》还要求按照国家信息安全等级保护制度要求,建立信息安全保障体系。

2.新生儿疾病筛查信息采集 新生儿疾病筛查信息应基于筛查试验报告解读的需要进行采集。除政策规定外,非必需的信息不能采集。关于信息安全及隐私保护的声明应在知情同意书中明确体现。有资质开展临床剩余样本再研究的机构,应于知情同意书中书面告知,若新生儿监护人同意参与,应再次签署项目相关的知情同意书进行权益的阐释。血片样本信息的登记人、新生儿系统信息录入人应对信息的准确性负责。变更信息时需要相应资质或负责人账户的授权。

3.新生儿疾病筛查信息安全及隐私保护 新生儿疾病筛查的信息服务要求运行稳定和持续不断的改进,因此建议各筛查管理机构采用专业的新生儿疾病筛查信息管理系统,以实现筛查服务和信息化管理的有机融合。新生儿疾病筛查信息系统本身要求有严格的权限划分,每个用户只能看到授权的信息。在有省级管理单位、区县级管理单位、采血机构共三级机构划分的地区,账户应以管理单位责任的范围以及信息流的方向进行分级设置。

信息系统还应有防SQL(一种常见的Web安全漏洞)注入机制,防止通过程序漏洞恶意攻击系统,获取系统信息。对用户的密码有强度的要求,必须达到一定的位数或者必须数字和字母共有,并要求定期更改密码。信息数据按照国家有关规定及《新生儿疾病筛查技术规范》进行保存,超过10年的信息数据可定期进行清除。

小 结

遗传咨询作为帮助人们理解遗传因素对疾病影响的重要手段,是医学遗传服务的主要形式。根据遗传咨询目的不同,可以把遗传咨询分为婚前咨询、产前咨询和一般咨询。遗传咨询的主要内容包括:明确疾病的临床诊断和遗传学诊断、评估再发风险、帮助咨询者做出选择、提供心理咨询。在临床实践中,应遵循医学伦理学基本原则:尊重原则、平等原则、非指令性原则、教育与持续支持原则。

随着医学遗传服务内容的扩展,临床实践中涉及许多特殊的伦理问题。携带者筛查主要是针对隐性遗传病进行筛查,是一种有效预防出生缺陷的方法。是否参加携带者筛查应在向夫妻双方提供充分的信息和遗传咨询的情况下,由夫妻二人共同决定。不建议给儿童及未成年人进行无有效治疗方法疾病的症状前检测。对于具有行为能力的成年人,由其本人自主决定是否进行症状前检测。在产前诊断中,应坚持以服务母体及胎儿健康为目标,严格掌握产前诊断适应证及操作规范。新生儿疾病筛查应遵守我国相关法律法规要求,还应注意新生儿群体特殊性、筛查病种选择、筛查方法局限性、追踪随访、信息安全与隐私保护等具体情况。

(杨季云 何晓燕)

第十八章

临床遗传学检验质量管理

一般意义上，实验室质量管理指的是实验室通过建立质量控制（quality control，QC）和质量保证（quality assurance，QA）程序，对检测项目开展检测前、检测中、检测后全流程的持续性监测和优化，以保证检测结果的准确性。质量控制/质量保证（QC/QA）程序借助在监测过程中获得的量化数据或指标信息来提高实验室及其服务的整体质量。

质量控制（QC）是指临床遗传学实验室为达到质量要求所采取的作业技术和活动。质量控制主要针对仪器设备、试剂耗材、检测方法、环境管理和技术人员等，旨在评估、发现和减少错误。

质量保证（QA）是指临床遗传学实验室为了提供足够的信任，表明实体能够满足质量要求，而在质量体系中实施并根据需要进行证实的全部有计划和有系统的活动。质量保证包括检验全过程（检验前、检验中和检验后）的质量保证政策和程序。

第一节
临床遗传学检验质量控制

现代实验室全面质量管理理论认为，影响实验室质量的主要因素为：人员（man）、机器（machine）、物料（material）、方法（method）、环境（environment）这五个因素，简称"人、机、料、法、环"或"4M1E"。"人、机、料、法、环"是临床遗传学实验室各环节质量参数的重要组成部分，其动态监测和优化是实验室质量控制体系的基础。

一、人员质量控制

（一）人员资质要求

在美国，临床遗传学实验室由政府部门与非政府专业机构联合监管，在指导管理美国所有临床检验实验室及其临床检测活动的《临床实验室改进法案修正案》（Clinical Laboratory Improvement Amendments of 1988，CLIA'88）指导下，政府部门包括食品与药品监督管理局（Food and Drug Administration，FDA）、医疗保险和医疗补助服务中心（Centers for Medicare & Medicaid Services，CMS）负责制定法规和监管条例，并颁发实验室临床服务许可证。而专业协会如美国医学遗传学资质委员会（American Board of Medical Genetics，ABMG）、美国医学遗传学与基因组学学会（American College of Medical Genetics and Genomics，ACMG）、美国分子病理学会（Association for Molecular Pathology，AMP）等则给予临床实践指导，培训专业人员，为技术人员颁发相关资格证书，以确保实验室人员的专业性。

我国的临床遗传学实验室起步较晚，随着以无创产前筛查和肿瘤分子病理为代表的一系列分子遗传学检验技术在临床的推广应用，临床遗传学实验室逐渐呈现出医疗机构所属临床医学实验室与第三方检测机构共同发展的状态。随着产前筛查与诊断、胚胎植入前诊断、扩展性携带者筛查、精准医疗等遗传学检验需求的增加，遗传学实验室的人员资质要求逐渐完善。2022年，"出生缺陷防控咨询师"作为新职业，正式被人力资源和社会保障部纳入《中华人民共和国职业分类大典》，出生缺陷防控咨询师可能成为沟通临床、遗传实验室、患者之间的桥梁。

我国对人员资质的要求主要来自卫生主管部门的任职资格和专业资质审批。根据实验室专业，除临床检验技师资格或执业医师资格外，遗传实验室技术人员还应具备由省级以上卫生部门根据实验室所在机构及实际开展业务培训和授予的临床基因扩增实验室技术、母婴保健技术（产前筛查实验室、产前诊断实验室）、人类辅助生殖技术等资质。

（二）人员培训和继续教育

遗传学检验技术人员专业并不仅限于临床检验学和病理学，遗传学、分子生物学等多个学科的技术人员都有可能参与实验室工作。然而，多数临床检验和病理专业技术人员的培训和考核项目中，较少有涉及染色体病和遗传病诊断的，因此需要针对不同专业背景人员，制订个性化学习计划和继续教育方案。

从事临床遗传学检验的技术人员在校期间仅接受了最基本的培训，相关知识积累有限，进入临床遗传学实验室后仍需进行大量培训才能开展工作，继续教育是保证人才素质的另一重要组成部分。所有实验室工作人员都应参加继续教育，应使操作人员熟悉全检测流程，并熟练掌握相应岗位的操作技能；制定的标准化操作程序应具有可实操性，其执行过程应受到监督和评价。

二、设备质量控制

设备质量控制的内涵主要包括对实验室仪器、设备和器材开展定期保养、定期校准和性能验证，确保相关设备的使用安全和维持其应有的性能标准。仪器和设备校准、维护是实验室质量控制中的重要环节，所有的校准和维护必须记录，并作为重要的实验室质量控制文件存档。

实验室设备应建立设备操作手册或标准操作程序，并在设备附近张贴设备档案卡片和操作程序。重要设备应保证独立供电或供气，并为需要长时间开机的设备配备应急电源，如 CO_2 恒温培养箱、PCR扩增仪、高通量基因测序仪和基因分析仪、染色体核型扫描系统、存储和计算服务器等。

三、物料质量控制

临床实验室需要对实验室物料包括商品试剂、自配试剂和溶液、耗材以及其他实验用品进行质量控制。

所有商品试剂（含阴、阳性质控品）、自配试剂和溶液都应在其容器表面建立明确标识，内容包括但不限于试剂名称、浓度、制备日期、有效期、储存条件、制备者名称或首字母。用于细胞培养的试剂在投入常规使用前，必须根据所使用的细胞类型进行无菌性和细胞生长支持度的预实验，预实验可使用实验室在用的确效试剂作为对照试剂。新批次试剂在开展检测前，应按照质量控制流程进行性能验证。

遗传学实验室使用试剂，包含多种有毒有害试剂和易燃易爆危险化学品，如秋水仙素、甲醇、乙醇、冰醋酸等。根据国家相关法规要求，此类试剂应由专人严格管理，相关废弃物及废液处理应符合环境保护要求。实验室必须根据室内所有有毒有害试剂和危险化学品种类建立风险防控机制和暴露（接触、吸入、摄入等）应急处理流程。

作为必要的实验室质控项目，采血管、采样管、培养瓶、离心管、吸头、玻片、96孔板、深孔板等实验耗材，应记录供应商、货号和批号等指标，应在进入耗材库时即进行登记，在单次实验中应避免不同批次、不同供应商耗材混用的情况。

四、制度建设

遗传学实验室制度包括实验室标准操作规程（standard operating procedure，SOP）和管理制度，实验室主任应每年审查一次，并归集成册便于工作人员查阅。所有重要文件的变更都应由实验室主任或技术主管签发。标准操作规程指的是将某一事件／实验／检验的标准操作步骤和要求以统一的格式描述出来，用于指导和规范日常的工作。实验室标准操作规程应包括SOP的说明、试剂制备的说明、描述方法的关键参考文献以及SOP中使用的设备和试剂的特定安全信息等。

实验室 QC/QA 活动应进行记录，用于实验室质量体系的维持和质量失控后问题回溯和追查。实验室开展的检测活动应有针对污染和混样的排查机制,所有的操作都需要进行规范登记,做到所有的结果均可溯源分析。需登记的项目包括但不限于以下方面。

1. 供应商的选择和表现,以及获准供应商清单的更改。

2. 员工资格、培训及能力记录。

3. 检验申请单。

4. 实验室接收标本记录。

5. 检验用试剂和材料信息(如批次文件、供应品证书、包装插页)。

6. 实验室工作簿或样本流转工作单。

7. 仪器打印结果以及保留的数据和信息。

8. 检验结果和报告。

9. 仪器维护记录,包括内部及外部校准记录。

10. 校准函数和换算因子。

11. 质量控制记录。

12. 事件记录及采取的措施。

13. 事故记录及采取的措施。

14. 风险管理记录。

15. 识别出的不符合及采取的应急或纠正措施。

16. 采取的预防措施。

17. 投诉及采取的措施。

18. 内部及外部审核记录。

19. 实验室间比对结果。

20. 质量改进活动记录。

21. 涉及实验室质量管理体系活动的各类决定的会议纪要。

22. 管理评审记录。

五、环境质量控制

实验室环境是影响实验质量的重要因素,实验室环境指标包括空气洁净度、温度、湿度等。环境指标的设定需要符合仪器、试剂、实验程序和工作人员人性化考虑,不同实验区间对于温度、湿度、气压和洁净度要求也有所区别,在进行实验室设计时应充分考虑当地气候条件、温度及湿度控制、气压控制、换气要求、实验室空间和可能的业务发展需要,进行合理布局和规划。

临床遗传学实验室为二级生物安全(biosafety level 2,BSL-2)实验室,环境和空气清洁度要求较高。以 10 万级空气清洁度 BSL-2 实验室为例,实验室环境要求见表 18-1。

表 18-1 BSL-2 实验室环境要求(10 万级空气清洁度)

质控项		参数
温度		18~25℃
相对湿度		45%~65%
新风换气次数		≥ 15 次 /h
静压差	不同洁净级别洁净室(区)之间	≥ 5Pa
	洁净室(区)与室外	≥ 10Pa
尘埃粒子	直径≥ 0.5μm	≤ 3 500 000 个 /m³
	直径≥ 5μm	≤ 20 000 个 /m³
浮游菌		≤ 500 个 /m³
沉降菌		≤ 10 个 / 皿

临床分子遗传实验室应按照临床基因扩增实验室的基本要求,设置空间上完全相互独立的以下功能区域:试剂准备区、样本制备区、扩增区、产物分析区。根据实际工作需要及工作流程,可补充设置样本接收与存储区、文库制备区、测序区、洗消区等功能区域。各功能区域间压力、人员、物品传递和清洁顺序等应严格遵守从核酸低浓度区域(清洁级别高)到核酸高浓度区域(清洁级别低)的顺序。

第二节 临床遗传学检验质量保证

临床遗传学检验工作对质量要求高且责任重大,检验的各个环节都有可能直接影响报告的准确性,需建立质量保证管理制度并加以落实。

一、检验前质量保证

在检验前阶段,质量保证包括标本采集,以及对遗传咨询医生、专科医生甚至患者的教育,让他们对项目有充分的了解,保证实验室能得到足量的、恰当的标本以及充足的信息以确保根据临床目的选择适当的检验项目。

(一)标本采集的标准、运送及质检的质量控制

患者准备和标本采集是检验前质量保证的重要环节。在这个过程中应明确注意的事项包括:

1. 接受标本采集的患者身份的确认 标本采

集前应确认接受标本采集的患者身份。此外,需要明确所采集标本患者与先证者的关系,如患者为特定遗传病家系成员,还应明确其他家系成员信息。

2. 确认患者符合检验前要求　在患者体内未引入外来器官、组织细胞或遗传物质(如骨髓移植、输血、接受免疫治疗等)的前提下,遗传学检验项目对于饮食、体位和采样时间以及患者的生理或病理状态并无特殊要求。一般分子遗传学检验项目患者采血前无需空腹,清淡饮食避免乳糜血即可;外周血染色体核型分析采血前,患者须保持空腹。

部分药品会影响遗传学检验质量,如肝素对核酸提取及 PCR 扩增效率均有影响,孕妇采集 NIPT 血样前,一般要求肝素类药物停药 24~48h 以上再行采血。

3. 标本采集　遗传学标本类型较多,外周血、羊水、脐血、组织、流产物、绒毛等都有可能成为临床遗传学检测的标本,其采集要求不同(表 18-2)。

表 18-2　遗传类标本采集要求

样本类型	用途	采集容器	检测前保存温度 /℃
外周血、脐血	染色体核型	肝素抗凝管	4
	分子遗传	EDTA 抗凝管	4
外周血	NIPT/cfDNA 检测	Streck 采血管 *	6~35
		EDTA 抗凝管	4
足跟血、脐带血	遗传病筛查	干血斑片	常温 /4
羊水、绒毛	染色体核型	无菌离心管(可含无菌保存液)	常温 /4
	分子遗传		
流产组织及其他组织、细胞	分子遗传	无菌离心管(可含无菌保存液)	常温 /4

注:Streck 采血管含细胞稳定剂,防止细胞破坏释放 DNA,专用于游离 DNA(cfDNA)检测的抗凝采血管。

4. 标本转运　遗传类标本转运时应使用符合生物安全要求的标本转运箱,转运箱需要采取适当措施保证箱内温度符合标本检测前保存温度要求,长距离运输样本应使用设备对箱内温度进行监测和记录,转运温度严重失控的标本应予以拒收并重新采集符合要求的标本。

5. 标本接收　实验室应建立明确的标本质量要求和接收、拒收标准,并明确相应处理的措施。外周血标本,如出现凝血、严重溶血,应对患者重新采血,如出现采血管帽脱落漏液,除需通知患者重新采血外,还需要对外包装及容器进行消毒灭菌。若标本被污染物(如细菌、真菌、其他来源血液或组织等)污染,应拒收并重新采集标本。

6. 异体细胞污染　除一般标本质控规范外,遗传学实验室应在质控体系中建立异体细胞污染的检测体系和风险防控体系。

(1)外周血检测的异体细胞污染:多数情况下,遗传学检验的样本为受检者外周血,异体输血和器官移植引入的异体组织细胞携带的遗传物质可能对检测结果造成严重影响。①异体输血史:绝大多数的供血者细胞在受血者体内能生存数周,因此近期异体输血可能影响染色体或基因检测的结果,尤白细胞(如血小板或红细胞)的成分输血对检验结果多不产生影响,输全血者应 3 个月后再行遗传学检验;②异体移植史:有骨髓移植史的患者应避免使用外周血进行遗传学检验,其他器官移植对外周血遗传学检验影响较小,骨髓移植史患者可通过采集口腔黏膜或尿液脱落上皮细胞代替外周血进行遗传学检验;③异体细胞治疗:接受免疫细胞治疗、干细胞治疗等细胞治疗的患者,应在遗传学检验前进行评估,避免异体细胞对检验结果造成影响。

(2)NIPT 检测中的异体细胞污染:异体细胞产生的 cfDNA 对 NIPT 结果准确性有严重影响,如来自男性的异体细胞 Y 染色体产生的 cfDNA 对胎儿性染色体的整倍性判断有严重影响,一年内有异体全血输血史、异体器官移植史、异体细胞治疗史的孕妇禁用 NIPT。

(3)产前诊断的母体细胞污染:母体细胞污染(maternal cell contamination,MCC)是指在进行产前诊断或流产物检测的取样时,样本中可能会带入一些母体组分进而造成的母源污染。产前诊断多使用经优化用于产前诊断标本的培养基,羊水细胞及绒毛细胞有生长优势,培养后 MCC 比例显著低于原代细胞。MCC 比例直接影响产前诊断结果,一般把培养后 MCC > 5% 作为显著影响产前诊断结果的标准。MCC 可由羊膜细胞的血液混合物标本、未成功清除母体蜕膜的绒毛标本以及细胞培养经历广泛传代导致母体细胞增殖造成。

1)产前诊断标本 MCC 发生率:胎儿羊水标本 MCC 发生率约为 0.5%,母体血液混杂是最主要的 MCC 发生原因;绒毛细胞发生 MCC 的风险显著高于羊膜腔穿刺术,为 1%~2%,应在显微镜下观察绒毛细胞标本并将母体蜕膜、血液及其他组织清洗掉再行培养。

2)培养后的已知或疑有 MCC 产前诊断标本质控:对已知或疑有 MCC 的标本,根据获得标本的条件或培养中明显的母体细胞形态学证据,有不同的分析要求。如在 46,XY 细胞分析中发现嵌合有少量 46,XX 细胞,最可能的解释就是 MCC。对于有显著 MCC 风险(如血性羊水标本)而又产生正常女性核型的结果标本,应在报告中加上不能除外所分析细胞为 MCC 细胞的声明。任何时候如果怀疑或确认存在 MCC,实验室负责人应努力明确污染原因并通知进行取材操作的医师,将 MCC 质控作为实验室质量控制的一部分。

3)未培养的已知或疑有 MCC 产前诊断标本质控:未培养的产前诊断标本一般用于 FISH 或分子遗传学(如 CMA 及 CNV-seq)检验,应对所有未培养的产前标本进行 MCC 分析。一般 SNP array 基因芯片可直接分析 MCC,而 aCGH 及 CNV-seq 则需要同时进行其他检测(如 STR 分析)以排除 MCC 干扰。此外,标本用于 CNV 检测时,实验室还应了解 MCC 的存在对 CNV 类型和片段大小的可能影响。

(二)临床信息收集

遗传学检验前多数患者应进行遗传咨询,可采用"以患者为中心"的访谈模式,由具备遗传学或遗传咨询背景的临床医师对患者进行问诊和有针对性的查体,全面、详细、准确地采集病史,并对信息进行有针对性的归纳总结,信息提取不完整或不准确可能影响数据分析和报告的准确性。

需要收集的信息应包括:

1. 基本信息　姓名、性别、年龄、民族、籍贯、现居住地、联系方式、工作等,如患者生理性别不明确,可记录其社会性别并加以标注。

2. 主诉　就诊的最主要原因。主诉是患者自述自己和/或家系症状和/或体征、性质,以及持续时间等内容,也是患者寻求遗传学检验的主要原因。主诉作为患者最主要的表型,是细胞遗传学和分子遗传学检验的关键证据项。

3. 现病史　包括发病年龄、主要/伴随症状及病程进展情况、临床诊疗过程(包括临床治疗手段及治疗效果)。

4. 既往病史　包括急慢性病史、传染病史、异体输血史、异体移植史、重大手术史、特殊治疗史、生育史及不良孕产史等。

生育史和不良孕产史主要指患者本人和/或其母亲的孕产次数(可描述为孕 × 产 ×)、胎停育史、自然流产史等。若患者为孕妇或有孕产史,应描述其本人及其母亲的生育史和不良孕产史;对于有先天缺陷的患儿,则应描述其母亲的生育史和不良孕产史。

5. 家族史　包括家族孕产史、近亲婚配史等,根据家族史绘制系谱图,同时尽可能收集家族成员的表型。应至少询问三代内直系亲属(父母、兄弟姐妹、祖父母、外祖父母、父母的兄弟姐妹及其子女)的情况形成系谱图,询问家族中是否有与先证者症状相似的个体(注意轻微的症状/体征)。收集家族史时应特别注意询问是否有婴幼儿夭折以及"意外"死亡的家庭人员。

6. 生活史　过敏史、吸烟饮酒史、有毒有害物质接触史、有害环境接触史、电离辐射接触史、宠物喂养史、女性患者的月经史等。

7. 查体　由主诊医师根据患者的情况进行相应查体;对患者的身高/长、体重、头围、五官、牙齿、四肢、指、趾、肌张力及特殊体貌、体征等基本信息参数进行测量和记录。对于特殊体貌特征,可对患者进行针对性局部照片采集,照片采集前需获得患者或监护人的书面知情同意,所有照片均应与表型对应,描述参照《人类体表畸形学通用术语》,并在主要症状描述中写明异常情况。

8. 既往的辅助检查结果和遗传诊断结果　包括染色体、基因检测以及生化、病理和影像学等检查的结果。如受检者为孕妇,需要包括其产前筛查、产前诊断、超声诊断等结果。

二、检验中质量保证

检验中质量保证主要依靠本章第一节中介绍的各质量控制要素的相互配合和有机衔接。遗传学实验室应建立质量管理体系以维持质量控制机制的有效运行，参加室间质量评价以确保报告质量达到行业内平均水准。

（一）质量管理体系

1. ISO 15189　目前包括我国认可的国际医学实验室质量管理体系为 ISO 15189《医学实验室质量和能力的要求》。ISO 是"国际标准化组织（International Organization for Standardization）"的缩写。ISO 15189 通过提供全球各地的临床检验普适的质量与能力标准来协调，实现统一的质量安全标准。

ISO 15189 的最新版本是 2022 年修订的 ISO 15189:2022，ISO 15189 提供了实验室管理框架，包括遗传学实验室在内的医学实验室可以按照质量管理体系的思路，改进工作流程，保证实验质量。实验室 ISO 15189 质量体系需要经过专业机构的审核和认证，中国合格评定国家认可委员会（China National Accreditation Service for Conformity Assessment，CNAS）是我国开展 ISO 认可工作的机构，CNAS 按照认可规范的规定对认证机构、实验室和检验机构的管理能力、技术能力进行符合性评审。对于遗传学实验室，应至少进行"XB 遗传性疾病的分子检测及细胞遗传学检验"目类的认证。ISO 15189 主要提供以下方面的评估和认证：①临床检验实验室建立质量管理体系；②评估实验室提供可靠、准确检验结果的技术能力。

2. CLIA 与 CAP　ISO 15189 质量管理体系认证适用于我国和世界上多数国家，除 ISO 15189 认证外，我国还有部分实验室通过了 CLIA 认证和美国病理学会（College of American Pathologists，CAP）认证。CLIA 和 CAP 认证是美国主导的实验室质量管理体系。

（二）室间质量评价

实验室检验质量水平的重要评价指标是室间质量评价，室间质量评价也称外部质量保证（external quality assurance，EQA）、能力验证（proficiency test，PT），指由独立机构组织多家实验室分析同一标本并将结果上报，由组织方向各实验室反馈结果，用于评价实验室操作的过程。

实验室参加室间质评计划进行外部质量监测的情况，是持续监测实验室质量水平的关键指标。EQA 体现实验室检验结果的可比性和同质性，同时为临床检验结果互认提供科学依据。

我国的 EQA 体系主要由国家卫生健康委临床检验中心和各省临床检验中心组织实施的室间质量评价组成。按照国家卫生健康委的相关文件要求，三级公立医院应当参加国家临床检验中心组织的临床检验室间质量评价工作，二级公立医院应当参加所在地的省级临床检验中心组织的临床检验室间质量评价工作。实验室的室间质评参评率和室间质评合格率均为重要的考核指标。

对于细胞遗传学实验室，应参加产前诊断染色体核型分析的室间质评项目。分子遗传学实验室可根据所开展项目选择合适的室间质评项目，如外周血胎儿染色体非整倍体（T21、T18 和 T13）高通量测序检测、肿瘤游离 DNA 基因突变高通量测序检测、新生儿耳聋基因检测、特定单基因病基因检测（地中海贫血基因分型、进行性假肥大性肌营养不良等）、肿瘤相关基因（如 *BRAF*、*HER2*、*EGFR* 等）、药物代谢基因（如 *CYP2D6*、*CYP2C9* 等）及高通量测序检测生物信息学分析（肿瘤体细胞突变、遗传病等）。

未开展 EQA 评价的检验项目可以通过室间比对的形式开展室间质量评价。室间比对是指按照预先规定的条件，由两个或多个实验室对相同或类似的测试样本进行检测的组织、实施和评价，从而明确实验室能力、识别实验室问题与实验室间差异，是判断和监控实验室能力的有效手段之一。

（三）室内质量控制

1. 细胞遗传学检验室内质控　细胞遗传学检验项目的一般要求与其他项目类似，涉及产前诊断的细胞遗传学检验项目如羊水细胞染色体核型分析及绒毛细胞染色体核型分析则应按照《胎儿染色体异常的细胞遗传学产前诊断技术标准》要求，建立两个独立培养体系并对每个独立的培养体系中的细胞进行染色体核型分析。必要时可为单一样本建立除染色体核型分析以外的其他技术体系进行质控（如荧光原位杂交、CMA 等）。

根据培养方法不同，产前诊断染色体核型分析的质控标准如下。

(1)培养瓶法

1)计数:计数在 2 个以上独立培养的培养瓶中平均分布的 20 个细胞,记录任何观察到的染色体数目或结构畸变。

2)分析:分析在 2 个以上独立培养的培养瓶中的 5 个细胞,所分析的细胞的染色体分辨率应达到相应标准。

3)核型分析:2 个细胞,每个独立的培养瓶各分析 1 个细胞。

(2)原位法

1)计数:计数在 2 个以上独立培养的器皿中平均分布的 15 个细胞集落中的 15 个细胞,1 个集落计数 1 个细胞。如果没有 15 个集落,则至少计数 10 个集落中的 15 个细胞。记录任何观察到的染色体数目或结构畸变。

2)分析:分析在 2 个以上独立培养的培养器皿中的 5 个细胞,所分析的细胞的染色体分辨率应达到相应标准。

3)核型分析:2 个细胞,如果发现有 1 个以上的细胞克隆,则每个克隆核型分析 1 个细胞。

2.分子遗传学检验室内质控　一般分子遗传学检验项目的室内质控规则包括以下几项。

(1)核酸质量控制:使用临床标本提取的 DNA 或 RNA 总量、纯度、完整性和稳定性,存在较明显个体差异和实验室差异,建立核酸质量控制流程,避免提取的 DNA 或 RNA 样本受到外界因素的污染和干扰是保证分子遗传学检验质量的首要条件。一般情况下,可使用微量紫外分光光度计检测 DNA 或 RNA 样本在 A_{230nm}、A_{260nm}、A_{280nm} 处的吸收波长以完成核酸质控和定量(图 18-1)。其主要评价指标如下。

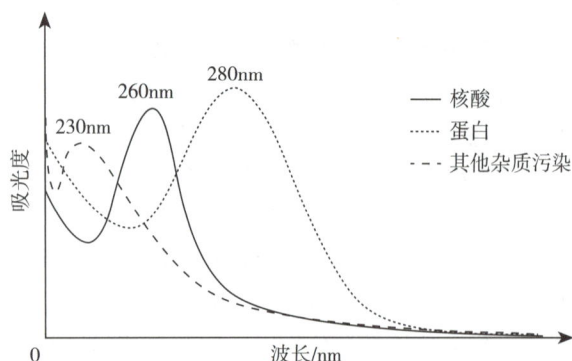

图 18-1　常见核酸提取物及残留物吸光度值

1)A_{260nm}:核酸最高吸收峰的吸收波长。对于纯度较高的 DNA 或 RNA 样本,只要读出 A_{260nm} 即可计算含量。$A_{260nm}=1.0$ 时,双链 DNA 的含量为 50μg/ml,单链 DNA 为 33μg/ml,RNA 为 40μg/ml,寡聚核苷酸为 20～30μg/ml。A_{260nm} 最佳测量值的范围为 0.1～1.0,不在此范围,可对样本进行稀释或浓缩再进行测量。

2)A_{280nm}:蛋白最高吸收峰的吸收波长,过高代表核酸提取过程中蛋白残留去除不足。

3)A_{230nm}:碳水化合物最高吸收峰的吸收波长,过高代表核酸提取过程中糖类、醇类及盐类杂质残留如胍盐(如 Trizol)等去除不足。

4)A_{260}/A_{280} 比值:A_{260}/A_{280} 比值是最简单快速、经济实惠的核酸质控方法之一。pH 在 7.0～8.5 的条件下,DNA 或 RNA 样本 A_{260}/A_{280} 的比值范围应该为 1.8～2.0。纯 DNA 样本比值为 1.8,纯 RNA 样本为 2.0,如 A_{260}/A_{280} 比值＜1.8,则提示蛋白残留去除不足。

5)A_{260}/A_{230} 比值:核酸提取样本的 A_{260}/A_{230} 的比值范围应该为 2.0～2.2。如 A_{260}/A_{230} 比值＜2.0,则提示杂质残留去除不足。

(2)试剂质量控制:检查试剂的纯度、批次、有效期和存储条件等符合要求,避免试剂带来假阳性或假阴性结果。

(3)仪器质量控制:定期对仪器设备进行性能校准和验证,保证仪器的性能、精度和准确性符合要求,避免仪器带来的误差和偏差。

(4)操作流程质量控制:确保操作流程的标准化和规范化,避免人为因素对检验结果造成影响。

(5)对照的设置:分子遗传学检验应根据技术特点、突变类型等建立可靠的阴、阳性对照体系,除试剂盒自带阴、阳性质控品外,还可使用前期检验过并经过验证的阳性样本作为室内质控品。必要时设置 1 个不含模板或样本的反应管,作为检验反应体系中是否存在污染和假阳性结果的负对照。

(6)重复检测:对同一样本进行多次检测,检测结果的一致性和可重复性。有必要时可对样本进行双方法学检测,避免单一方法学的局限性影响结果准确性。

(7)检出限和线性范围:检测标本的最低检出限(如 DNA 浓度等)和线性检测范围,确保检测结果的准确性和灵敏度。

(8)数据分析质量控制:确保对检验结果的数据分析、报告和解释符合质量标准,避免因数据分析不当带来错误的结论。

3. 高通量测序实验室的室内质控 高通量测序步骤繁多,单次上机成本高昂且分析耗时长,如数据分析过程中才会发现失控将对整个检测项目造成不可估量的影响。故除一般分子遗传学检验基础质控规则外,开展高通量测序的实验室还应建立以下额外的室内质控项目。

(1)标本质控

1)DNA 样本质检:高通量测序对于临床标本的质量要求较高,如临床标本未按照保存条件保存,组织细胞可发生降解或自溶,所提取的核酸中含有大量降解的 DNA 片段,严重影响建库质量和准确性。怀疑降解的临床标本,可使用凝胶电泳或毛细管电泳检测 DNA 样本的片段化程度,电泳结果中 DNA 主带明显(无明显降解),无明显的蛋白质、多糖和 RNA 污染才可进行后续检测。以 cfDNA 等片段化 DNA 为检测目标的高通量测序(如 NIPT)无需对提取的 DNA 样本进行片段化检测。

2)DNA 样本定量:文库构建前需要对 DNA 样本进行准确定量,因微量紫外分光光度计较易受到杂质影响,高通量测序实验室一般使用荧光仪(Qubit)或荧光酶标仪等荧光法定量设备对 DNA 样本进行定量。荧光检测法使用与样本中靶分子(DNA、RNA、蛋白等)高度特异性结合的荧光染料,这些染料只有与靶分子结合时才会发射荧光信号,不容易受到靶分子以外的杂质干扰,因此读数灵敏,定量更加准确。因为需额外购买染料、标准品和配套耗材,荧光检测法成本略高。

(2)文库质控:完成 DNA 打断及文库构建后,需要对文库进行质控。一般情况下,可使用毛细管电泳检测 DNA 片段大小的方法对建库质量以及接头残留情况进行质控,文库 DNA 片段的峰值大小等于目的片段加上接头序列的总长度;文库的浓度质控可以使用荧光检测法。除片段和浓度质控外,评价文库质量的指标还包括:①文库转化率:文库转化率为测得产量与理论最高产量的比值,文库转化率是起始 DNA 分子被转化成"可测序的"DNA 片段的比例,即文库中两端都连上接头的目的片段占总片段数的比值。②文库复杂度:指的是文库中 DNA 序列的复杂程度,复杂度越高,代表文库中更多的独特序列被测序,数据集中的重复读取越少。③均一性:指的是读取数据在基因组或目标区域的分布覆盖均一程度。均一性越高,达到特定深度所需的

测序就越少。④准确性:文库 DNA 与待测核苷酸之间的差异通常在文库制备 PCR 扩增以及测序过程中引入,测序错误通常低于 1%。NGS 文库制备的准确性越高,变异报告的可信程度就越高。

(3)下机数据质控:高通量测序得到的序列原始测序数据中含有带接头的、低质量的测序数据。下机数据质控指对高通量测序的产生的原始测序数据进行分析和评估,以确保数据的质量和可靠性。为了保证生信分析质量,需要对原始测序数据进行处理,常用的数据质控软件包括 FastQC、Trimmomatic、Cutadapt 等,这些软件可以对测序数据进行质量评估、去除低质量序列、去除接头序列、去除污染序列等操作,以提高数据质量和准确性。

具体的数据质控步骤如下。

1)FastQC 评估:使用 FastQC 对原始测序数据进行评估,检查数据中的质量问题,例如测序质量、GC 含量、序列长度分布、复杂度等。

2)去除低质量和接头序列:根据 FastQC 评估的结果,使用 Trimmomatic 或 Cutadapt 等软件去除数据中的低质量序列和接头序列。

3)FastQC 再次评估:处理后的数据再次进行 FastQC 评估,以确认数据质量是否已经得到提高。

4)去除污染序列:对数据进行 BLAST 比对,去除可能存在的污染序列。

5)数据过滤:根据实验设计和检验需求,对数据进行过滤,例如去除低表达基因、去除未知序列等。

(4)高通量测序质量指标

1)碱基质量值:碱基质量值(quality score)是衡量测序质量的重要指标,质量值(Q)越高代表碱基被测错的概率(P)越小,其计算公式为 $Q=-10\times\lg P$。如当 $Q=30$ 时,代表该碱基测序错误的概率为 0.1%($P=10^{-0.1Q}=10^{-0.1\times30}=0.001$)。作为测序质量指标时,$Q20$ 与 $Q30$ 一般用于表示 $Q\geqslant20$ 或 30 的碱基所占的百分比,如 $Q30=91.2\%$ 代表 91.2% 的碱基测序质量 $Q\geqslant30$。一般情况下,遗传学高通量测序 $Q30$ 应至少达到 85%。

2)GC 含量:GC 含量指 G 和 C 这两种碱基数占总碱基数的比例。人类基因组的 GC 含量一般在 40% 左右。GC 含量值可用于判断测序过程的随机性,GC 含量明显偏离正常水平表明存在较高的测序偏倚,基因组中部分特定区域被反复测序的概率高于平均水平,影响变异检测和 CNV 分析。

3）N 碱基含量：N 碱基为测序的光学信号无法被清晰分辨的碱基，N 碱基含量代表测序系统或者测序试剂的错误比例，N 碱基含量过高代表测序体系（试剂或操作）有严重问题或测序仪故障。

4）序列重复水平：序列重复水平（sequence duplication levels）统计序列完全一样的测序数据出现的频率，又称序列重复率。序列重复率随着测序深度的加深而增加，也与测序的建库方式有关，过高的重复率代表存在测序偏倚，影响变异检测和 CNV 分析。

5）序列测序长度分布：不论采用何种测序方式和原理，理论上每次测序的长度应该完全相等。虽然容许出现少量偏差，但如果测序长度分布出现严重偏差，则表明此次测序数据不可信。

6）接头含量：未被去除的全部或部分接头序列会影响后续的分析，可使用工具去除接头序列，降低接头含量。

4. 实验记录的室内质控　实验室应建立完整的实验流程记录，如建立实验流程记录表对检验过程中每个质控环节进行记录，记录内容包括但不限于操作人、仪器设备、试剂批号及性状、耗材批号及性状、操作质控点核对、检验质控数据、环境温度和湿度等。建立实验记录质控的主要目的是避免操作过程出现差错、及时发现差错环节及避免差错再次发生。

考虑到仪器损耗与试剂批次间的差异，应在高通量测序过程中定期或在更换试剂批次时，加入标准品文库的测序与数据质量评估，对测序试剂与仪器的稳定性进行评估。高通量测序的下机原始数据建议保存 0.5～1 个月。FASTQ 文件格式的数据保存时应考虑的内容包括：①原始数据的可溯源性；②现有技术（包括测序技术、遗传变异位点处理技术）的版本可溯源性；③基于目前知识注释解读的可溯源性；④患者在一定时限内对数据的索取权，一般数据应保存 5 年以上，如应用于产前诊断，应按产前诊断相关管理办法进行保留。同时，基于数据安全的考虑，应考虑实施必要的防火墙、加密和数据备份管理。

三、检验后质量保证

在检验后阶段，质量保证主要涉及医生与患者之间就报告进行的适当沟通。因此，遗传学实验室检验后阶段质量保证的基础在很大程度上是医生对实验室提供的检测结果和报告进行的分析和临床验证。

（一）检验报告的形式和内容

1. 细胞遗传学报告　细胞遗传学报告检测结果部分应根据人类细胞遗传学国际命名体系（International System for Human Cytogenetic Nomenclature, ISCN）进行描述，目前该系统的最新版本为 2020 年版即 ISCN2020。ISCN2020 对细胞遗传学常见技术（染色体核型、FISH、基因芯片、特定区域检测、高通量测序等）的结果进行了标准化描述，便于不同实验机构间结果的互认，也利于遗传咨询师对报告进行解读。

根据我国相关法律及管理办法规定，医疗保健机构不得擅自进行胎儿的性别鉴定。对可能患性染色体遗传病的胎儿，需要进行性别鉴定的，由省、自治区、直辖市人民政府卫生行政部门指定的医疗保健机构按照有关规定进行鉴定。除非涉及胎儿性染色体数目、结构畸变或性染色体遗传病，产前筛查和产前诊断报告中不得出现与性染色体数目和性质相关的内容。

2. 分子遗传学报告　一般意义上的分子遗传学报告可分为正文和附录两个部分。正文部分为必不可少的内容，应包含采样机构信息、检验机构信息、受检者信息、检测方法及其局限性、检测结果、必要的结果解释及遗传咨询等内容。而报告的附录部分呈现的信息则包含对检测的补充信息，如测序参数、与结果相关的临床表型信息、变异位点读长图、Sanger 测序图等，供临床医师和遗传咨询师参考。

3. 遗传学报告的签发　遗传学报告（如染色体核型分析报告）多属于诊断性报告，按照我国相关规定，诊断性报告需要副主任医师职称以上的医师签发；产前诊断报告需要通过省级卫生行政部门的考核，获得从事产前诊断技术资格的"母婴保健技术考核合格证书"的副主任医师职称以上的医师签发。

鉴于遗传学报告具有极强的专业性，检测报告应首选发送给送检医师，由送检医师与患者沟通检测结果并提供遗传咨询，以免造成受检者及其家属对报告的误解以及产生不必要的心理负担，如送检医师不具备遗传咨询能力，应转诊至遗传咨询医生或通过建立多学科会诊机制解决受检者的遗传咨询。

在我国，多数情况下需将遗传学报告直接发送给受检者或其受委托人、监护人，此类情况下应同时告知预约报告解读及遗传咨询的必要性，并说明报告解读和遗传咨询的途径。遗传学报告多包含受检者的个人身份、证件信息、联系方式等敏感信息，报告发送流程应严格遵循信息保密原则，如非必要或经受检者书面授权，不建议通过网络发送电子版报告。

(二)遗传咨询

1. **咨询对象** 依据受检者的身份及检测目的来决定向谁提供遗传咨询、检测结果是否可以分享给亲属。若受检者为有自主决策和认知的成人，检测结果需直接告知本人，同时由其决定是否要分享给配偶或其他亲属，受检者可选择授权或与亲属一起接受检测后的报告结果解读及遗传咨询；若受检者有智力障碍或为未成年人，检测结果需要告知其父母或法定监护人，并严格遵循伦理原则。

2. **遗传咨询前准备** 在遗传咨询前遗传咨询师需仔细审查、复核遗传检验报告的结果，结合先证者/受检者的临床表型、系谱图、影像学等信息，依据表型初步评估检测结果是否能够解释先证者/受检者的表型，并进一步对结果进行确认。若检测结果无法解释先证者/受检者的表型，则需要预先分析和列出可能的原因，以及可以采用的解决方法，如补充其他检测、确认临床表型描述的准确性等。必要时可组织多学科会诊和疑难病例讨论会，确定遗传咨询预案。

3. **遗传咨询内容** 遗传咨询师应清晰、客观、无倾向地传达检测结果，根据咨询对象的教育背景及理解能力，尽量用通俗易懂的语言进行遗传咨询，并及时向咨询对象确认是否理解讲述的内容。在咨询过程中，应注意对象的心理和情感变化，及时回应和调整策略。对于意外或次要发现结果的遗传咨询，需要考虑亲属可能患病的风险，告知受检者与高风险亲属分享检测结果的意义和重要性。对于可能涉及的伦理问题，可向所在机构的伦理或法律团队寻求指导和帮助。

(1)**阴性结果**：告知受检者阴性结果的意义(不能完全排除遗传学病因)、检测范围和局限性、残余风险和后续检测方案推荐及意义等。

(2)**意义未明结果**：告知结果的意义(不能确定致病原因)、后续家系验证的意义及局限性、残余风险和功能研究分析等科研方案的可能性等。

(3)**阳性结果**：①阳性结果的判断标准及解释；②结合家族史、病史、检测结果，根据具体情况，解释结果的临床意义；③再发风险及预后的评估；④告知是否需要对家系其他成员进行检测；⑤疾病治疗进展或疾病预防及生育指导；⑥若需要，推荐临床专科医师或专家；⑦如受检者为孕妇，应根据胎儿遗传病的严重程度和法规要求给予相应医学建议。

(三)结果解读

1. **检出与表型相关且符合遗传模式的致病/疑似致病变异** 与表型相关且符合遗传模式的致病/疑似致病变异检出，可能构成先证者/受检者的病因。医师应结合临床症状与遗传学检测的结果对先证者/受检者进行确诊。根据受检者遗传咨询的目的、受检者与先证者的关系给出相应指导，告知咨询者相应疾病是否有针对性疗法，并评估生育风险及产前诊断、胚胎植入前遗传学诊断的选择。

2. **意外检出** 在遗传学检测中，常常检出与表型/目标检测无关，或与表型/目标检测有关，但现有理论并不支持其致病性的染色体或基因异常，称为意外检出。意外检出多数为非目标检测区域，但在检测过程中发现的其他异常，也可能与检测技术局限性、尚未认知的发病模式或其他原因有关。

NIPT检出目标检测疾病以外的胎儿染色体非整倍体和拷贝数异常，不属于报告应包含的内容，由于此类异常阳性预测值(positive predictive value,PPV)通常不高或很低，报告中提示意外检出可能造成孕妇和家属心理焦虑并带来过度咨询的风险，可在检测知情同意书中附加条款，由孕妇自主选择是否获知意外检出结果。

在高通量测序检测单基因病基因位点突变时发现的意外检出，也可通过检测前咨询和知情同意书进行规定，由受检者决定是否获得意外检出结果。此类意外检出应建议咨询医师或临床医师详细检查受检者是否出现相关疾病的症状。对于一些延迟外显或外显不全的疾病，应提示受检者定期随访并规避疾病诱发因素。对于常染色体隐性遗传病，先证者为致病变异携带者，应建议其配偶行相关基因的检测，排查携带情况。

（四）跟踪随访

检测后跟踪随访机制是重要的质量保证环节，也是实验室临床、科研水平提升的重要手段。在受检者知情同意的前提下，把电话随访、受检者病案及其他检验检测结果形成随访数据并建立随访档案，必要时对意义未明的结果或原始测序数据进行重分析，若有新的发现，应及时按约定的途径报告给受检者。

（五）医学伦理及保密原则

医学遗传学检验的整个检测过程应遵循有利、不伤害、尊重、公正的伦理准则，在检测前征得充分的知情同意并进行数据标准化处理，整个检测活动、数据分析、报告发送环节均需建立管理系统/制度，保证数据安全，防止数据外泄。

受检者身份信息、受检者本人及家系的检测结果、胎儿性别、亲子关系及其他相关基因信息均受国际、国内相关伦理规定和法律保护，实验人员、技术人员及咨询医师应形成自我约束机制，避免受检者检测信息外泄。数据分析和报告发送的过程应权衡受检者健康利益和知情权，同时尊重受检者的"不知情权"。

小　结

临床遗传学实验室应建立包括质量控制和质量保证在内的各部分、各环节的质量管理体系。以"人、机、料、法、环"为核心的质量控制体系和开展室间质量评价可保证检测结果的准确性和可追溯性。遗传学检验报告多属于定性报告和诊断性报告，对检验前、检验中、检验后整个检验流程的质量保证体系要求高于常规检验项目，在检验前、后形成临床 - 患者 - 实验室之间的有效沟通是保证实验室提供有效辅助诊断信息的关键。

（王一鹏）

推荐阅读

[1] 左伋.医学遗传学.8版.北京：人民卫生出版社,2024.
[2] 朱宝生,曾凡一.医学遗传学.北京:科学出版社,2020.
[3] 中华预防医学会出生缺陷预防与控制专业委员会遗传病防控学组.流产物基因组拷贝数变异检测应用及家庭再生育咨询的专家共识.中华医学遗传学杂志,2023,40（2）:129-134.
[4] 中华预防医学会出生缺陷预防与控制专业委员会.拷贝数变异检测在产前诊断中的应用指南.中华医学遗传学杂志,2020,37（9）:909-917.
[5] 中华预防医学会出生缺陷预防与控制专业委员会新生儿遗传代谢病筛查学组,中华医学会儿科学分会新生儿学组.中国新生儿基因筛查专家共识:高通量测序在单基因病筛查中的应用.中华实用儿科临床杂志,2023,38（1）:31-36.
[6] 中华医学会医学遗传学分会临床遗传学组,中国医师协会医学遗传医师分会遗传病产前诊断专业委员会,中华预防医学会出生缺陷预防与控制专业委员会遗传病防控学组.低深度全基因组测序技术在产前诊断中的应用专家共识.中华医学遗传学杂志,2019,36（4）:293-296.
[7] 中华儿科杂志编辑委员会.儿童遗传病遗传检测临床应用专家共识.中华儿科杂志,2019,57（3）:172-176.
[8] 郑芳,王晓春.临床分子诊断学.北京:人民卫生出版社,2018.
[9] 张学,朱宝生.重大出生缺陷与精准预防.上海:上海交通大学出版社,2020.
[10] 尹彤,周洲,张伟.临床心血管药物基因组学.北京:科学出版社,2022.
[11] 伊正君,杨清玲.临床分子生物学检验技术.武汉:华中科技大学出版社,2020.
[12] 杨慧霞,郑勤田.母胎医学.北京:人民卫生出版社,2021.
[13] 杨焕明.基因组学.北京:科学出版社,2016.
[14] 邬玲仟,刘俊涛,詹启敏.孕产前筛查与精准诊断.上海:上海交通大学出版社,2020.
[15] 魏克伦,文伟.新生儿遗传代谢病筛查.北京:科学出版社,2020.
[16] 王锡山,李宗芳,苏敏.肿瘤学概论.2版.北京:人民卫生出版社,2021.
[17] 王前,王建中.临床检验医学.北京:人民卫生出版社,2021.
[18] 陆国辉,张学.产前遗传病诊断.广州:广东科技出版社,2020.
[19] 刘维强,杨洁霞,章钧,等.孕妇外周血浆胎儿游离DNA高通量测序筛查致病性拷贝数变异的技术标准共识.中华医学遗传学杂志,2021,38（7）:613-619.
[20] 刘铭,张开立.临床遗传咨询.北京:人民卫生出版社,2020.
[21] 梁素华,邓初夏.医学遗传学.5版.北京:人民卫生出版社,2019.
[22] 贺林.今日遗传咨询.北京:人民卫生出版社,2019.
[23] 国家卫生健康委临床检验中心产前筛查与诊断专家委员会.孕妇外周血胎儿游离DNA产前筛查实验室技术专家共识.中华检验医学杂志,2019,42（5）:341-346.
[24] 傅松滨.临床遗传学.北京:人民卫生出版社,2018.
[25] 陈誉华,陈志南.医学细胞生物学.6版.北京:人民卫生出版社,2018.
[26] 胚胎植入前遗传学诊断筛查专家共识编写组.胚胎植入前遗传学诊断/筛查技术专家共识.中华医学遗传学杂志,2018,35（2）:151-155.
[27] 里法伊,霍瓦特,威特沃.临床质谱原理与应用.潘柏申,译.上海:上海科学技术出版社,2020.
[28] 中国合格评定国家认可委员会.医学实验室质量和能力认可准则:CNAS-CL02:2023.（2023-06-01）[2023-09-15].https://www.cnas.org.cn/rkgf/sysrk/jbzz/2023/06/911424.shtml.
[29] 努斯鲍姆,麦金尼斯,威拉德.医学遗传学.张咸宁,刘雯,吴白燕,译.北京:北京大学医学出版社,2016.
[30] 乔德,凯里,巴姆沙德.医学遗传学.6版.卢光琇,译.北京:人民卫生出版社,2023.
[31] REED E,BRUCE R,WAYNE W.Emery and Rimoin's principles and practice of medical genetics and genomics.7th ed.London:Academic Press,2019.
[32] PAN S Y,TANG J H.Clinical molecular diagnostics.Singapore:Springer,2021.

索 引